U0137588

本册撰稿:

王大文　吴　超　吴善中

李　玺　王　玥　汪杏莉

张　进

国家出版基金项目
NATIONAL PUBLICATION FOUNDATION

"十四五"时期国家重点出版物出版专项规划项目

扬州通史

《扬州通史》编纂委员会 编

王永平 总主编

清代卷 上

吴善中 刘建臻 主编

广陵书社

图书在版编目（CIP）数据

扬州通史. 清代卷 / 《扬州通史》编纂委员会编；
王永平总主编；吴善中，刘建臻主编. -- 扬州：广陵
书社，2023.3
ISBN 978-7-5554-2032-3

Ⅰ. ①扬… Ⅱ. ①扬… ②王… ③吴… ④刘… Ⅲ.
①扬州－地方史－清代 Ⅳ. ①K295.33

中国国家版本馆CIP数据核字(2023)第051145号

书　　名	扬州通史：清代卷	
编　　者	《扬州通史》编纂委员会	
总 主 编	王永平	
本卷主编	吴善中　　刘建臻	
出 版 人	曾学文	
责任编辑	王　丹　王　丽　严　岚	
出版发行	广陵书社	

扬州市四望亭路 2-4 号　　　邮编　225001

（0514）85228081（总编办）　　85228088（发行部）

http://www.yzglpub.com　　E-mail:yzglss@163.com

印　　刷	常州市金坛古籍印刷厂有限公司	
开　　本	720 毫米 × 1020 毫米 1/16	
印　　张	59.75	
字　　数	923 千字	
版　　次	2023 年 3 月第 1 版	
印　　次	2023 年 3 月第 1 次印刷	
标准书号	ISBN 978-7-5554-2032-3	
定　　价	270.00 元	

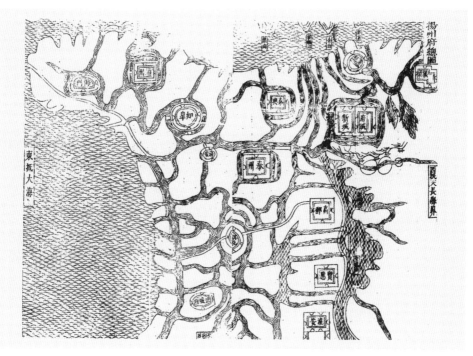

扬州府总图(选自《〔康熙三年〕扬州府志》)

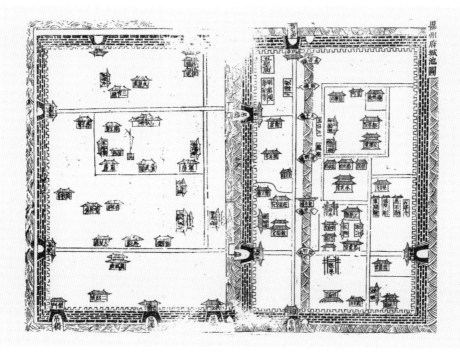

扬州府城池图(选自《〔康熙三年〕扬州府志》)

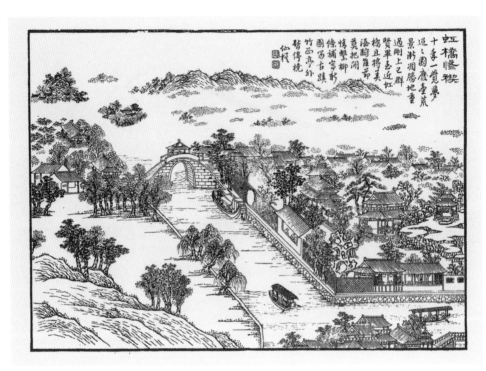

虹桥修禊（选自《泛槎图》）

叶芳林绘《九日行庵文宴图》局部（美国克利夫兰艺术博物馆藏）

个园

何园

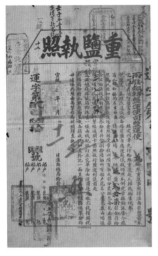

重盐执照

街南书屋

两淮盐运使司衙署门厅

天宁寺

文汇阁(选自《鸿雪因缘图记》)

《四库全书》书影

《扬州画舫录》书影

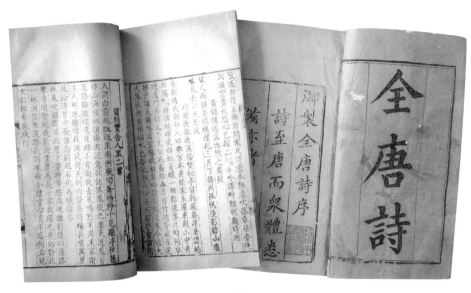

《全唐诗》书影

石涛山水图

金农芍药画与题款漆书

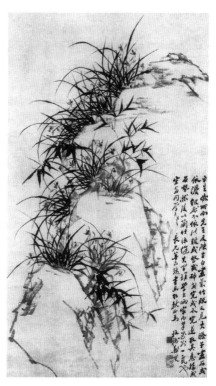

郑燮《兰竹石图》

清漆盘

清金冠，嵌珠宝龙、凤金簪

清大禹治水玉雕

吴让之：花好月圆人寿（印＋款）、
保身行善读书（印＋款）

坚持历史自信　拥抱辉煌未来

——《扬州通史》序

　　《扬州通史》正式出版,这是扬州人民在推进中国式现代化征途上文化建设中的一件大事。可喜可贺!

　　2020 年 11 月,习近平总书记视察扬州时称赞:"扬州是个好地方,依水而建、缘水而兴、因水而美,是国家重要历史文化名城。""特别是文明、文化、历史古城,在全国都很有分量。"

　　扬州有着悠久而深厚的历史文化。早在距今约 7000—5000 年间,就有土著先民繁衍生息于其间,新石器时代的龙虬庄文化成为江淮大地的文明之光。夏商周时期,扬州先是作为南北文化交流的走廊和过渡地带,继有干(邗)国活跃于此,虽然至今尚缺少充分的干(邗)国考古资料,但历朝历代众多的遗存器物、制度无不打上"邗"的印记,可见影响之巨。而公元前 486 年"吴城邗,沟通江淮",则成为扬州有文字记载的历史的开篇。由此至中华人民共和国成立前的 2400 余年,综合政治、经济、社会、文化诸因素,扬州历史发展的脉络大致可以分为几个阶段:先秦起步发展期——汉代初步兴盛期——魏晋南北朝融合发展期——隋唐鼎盛发展期——宋元明起伏发展期——清代前中期全面繁盛发展期——晚清民国转型发展期。

　　扬州的历史命运从来都是与国家、民族的命运紧密相联的,正如钱穆《中国近三百年学术史》所言:"扬州一地之盛衰,可以觇国运。"扬州对于中国政治、经济、社会、文化等许多方面都有过特殊贡献。

　　以政治而言,广陵人召平矫诏命项梁渡江,为亡秦立下首功;董仲舒为江都相十年,提倡"正谊明道",政风影响后世;谢安以广陵为基地,命谢玄训练北府兵,与苻坚决战于淝水,大获全胜,后移镇广陵,治水安民,筹备北伐,遗爱千秋;杨广经营江都,为隋唐扬州的繁盛奠定了基础;康、乾二帝南巡,推动了扬州经济文化的发达和政治地位的提升。

　　以经济而言,播在人口的是汉代广陵"才力雄富",唐代扬州"扬一益二",清代两淮盐业"动关国计"。特别是大运河的开通,使扬州成为东南财赋重地;邗沟第一锹的意义,经济大于军事。

　　以社会而言,"江都俗好商贾",渔盐之利、商贸之利,造就了城市,更造就了人。扬州较早出现商人和士民两大阶层,率先突破坊市分区制度,为其他城市起到了示范作用。

　　以文化而言,从古到今,从官到民,扬州士农工商各阶层对文化都有着特殊的敬畏与爱好;在学术、艺术、技术的各个领域、各个门类多能自成一派,独树一帜,都有在全国堪称一流的代表人物,有些技艺"扬州工"成为公认的标识。中国文化史上,不少大事都发生在扬州。扬州虽然地处江北,却被视为江南文化的代表性城市之一。更重要的是,两汉、隋唐、清代在扬州周边地区客观存在着一个以河、漕、盐、学为纽带的扬州文化圈。

　　以对外交往而言,汉唐以来,扬州曾经是陆上丝绸之路和海上丝绸之路的连接点,成为对外交往最广泛、最频繁的地区之一,以波斯、大食人为主的"胡商",日本遣唐使和留学人员,朝鲜半岛在华的文化名人,欧洲传教士、一赐乐业犹太人的定居者及有关活动家,都在扬州留下了历史的印迹。扬州本地人也不畏艰险地走向国外,传播中华文化。扬州无愧为中外交流、文明互鉴的窗口。

　　以城池而言,扬州城遗址大体分为蜀冈古代城址和蜀冈下城址两部分。扬州虽迭经兴衰成败,但历代城池都未偏离过这块土地。蜀冈古代城址始于春秋,历经两汉、六朝、隋唐至南宋晚期;蜀冈下城池始于唐代,沿用至明、清,这两部分构成了一部完整的扬州城遗址的通史。正因其特有的价值,故被国家列入大遗址保护名录。

在漫长的历史岁月中,扬州涌现出众多彪炳千秋的仁人志士、英雄豪杰,大量脍炙人口的名篇佳作、诗文著述,不少惊心动魄的军事、政治、文化大事与盛事,无数巧夺天工的工艺制品。这些可观、可触、可闻、可用的载体背后,折射出来的是一个城市的深沉的文化力量,是一个城市得以绵延发展、永葆生机活力的遗传基因。特别是鉴真东渡传法的献身精神、史可法舍身护城的浩然正气、朱自清宁可饿死不领美国救济粮的爱国气节等,已成为炎黄子孙民族精神的代表,被列入中华民族的精神谱系,万世景仰。

清代思想家龚自珍在《尊史》一文中说:"出乎史,入乎道。欲知大道,必先为史。"扬州一直有着尊史的传统,官员、学者都力求为扬州一地留下信史。远在汉代,即有王逸撰《广陵郡图经》,三国两晋时有华融的《广陵烈士传》、逸名的《广陵耆旧传》《江都图经》等,可惜多已不存。唐宋时期崔致远的《桂苑笔耕集》、王观的《扬州赋》、陈洪范的《续扬州赋》等,虽以诗文名,而其史料价值更为重要。李善《文选注》征引经史子集图书一千余种,保存了众多已亡佚古籍的重要资料。明代方志勃兴,扬州府及所属州县修成志书三十多种,宋代扬州诸多志书如《扬州图经》《广陵志》《仪征志》《高邮志》等也赖以留下蛛丝马迹。《两淮运司志》是最早的区域性盐业史专著。清代扬州学人以朴学为标识,把清代学术推向高峰,如张舜徽《清代扬州学记》所云:"无扬州之通学,则清学不能大。"他们研究的重点是经学,但"辨章学术,考镜源流",同样体现出他们自觉的史学意识。阮元的《儒林传稿》、江藩的《汉学师承记》《宋学渊源记》等其实皆为学术史专著。他们最值得称道的是对方志学的贡献。乾嘉道时期,扬州学派的一些著名人物,如王念孙、汪中、刘台拱、朱彬、江藩、焦循、阮元、王引之、刘文淇、刘宝楠等,直至刘师培,大多直接从事过地方志书的编修。王念孙的《〔乾隆〕高邮州志》,江藩、焦循等参与的《〔嘉庆〕重修扬州府志》,刘文淇、刘毓崧父子重修《〔道光〕仪征县志》,刘寿曾纂修《〔光绪〕江都县续志》等,都被视为名志。焦循的《北湖小志》、董恂的《甘棠小志》影响也很大。

虽然说,方志可称为"一方之史",但毕竟不同于史。前人有所谓"县志盖一国之书,其视史差易者三",曰"书约则易殚,地狭则易稽,人近则易辩"(清施闰章《安福县志序》)。或曰:"志与史不同,史兼褒诛,重垂戒也;志则志其佳景奇迹、名人胜事,以彰一邑之盛。"(程大夏《〔康熙〕黎城县志叙例》)故相较而言,历代扬州学人编著地方通史者不多。清代仅汪中一人有《广陵对》,以文学笔调简述扬州贤杰对国家的贡献以及扬州之精神。朱珪称赞:"善乎,子之张广陵也! 辞富而事核,可谓有征矣。"江藩云:"《广陵对》三千余言,博征载籍,贯穿史事,天地间有数之文也。"汪中更有《广陵通典》,以编年形式概述扬州史之大纲,始于吴王夫差城邗沟,止于唐昭宗乾宁元年杨行密割据扬州。梁启超《中国近三百年学术史》评价:"此书极佳,实一部有断制之扬州史。"惜其未能完稿。后之人虽欲续之,但有心无力。新中国成立后,百业待举,百废待兴,间有此议,亦终未果。

进入新时期,国力日强,文化日盛,撰修《扬州通史》的条件渐次成熟:《扬州地方文献丛刊》《清宫扬州御档》《扬州文库》等文献资料整理出版,提供了良好的文献基础;考古事业的发展,大量遗址文物的出土,提供了有力的历史实物证据;《唐代扬州史考》《扬州八怪人物传记丛书》《扬州学派人物评传》《扬州文化丛书》《扬州史话丛书》《江苏地方文化史·扬州卷》等成果的涌现,作了较好的前期铺垫;扬州文化研究会和扬州大学中国史学科聚集了一批有志于扬州历史文化研究的学者,实现了扬州地方和高校力量的有效整合,培育了一批专业化的研究骨干力量;更重要的是,党和国家重视弘扬中华优秀传统文化,盛世修典的大气候、大环境已经形成,为区域历史文化研究提供了最可靠的政治保障和学术支撑。可以说,市委、市政府作出编撰《扬州通史》的决定是顺应形势、水到渠成的。

为此,扬州市成立了由市委、市政府主要负责同志为主任、各有关部门和扬州大学负责同志组成的《扬州通史》编委会，聘请了学术顾问和总主编，采用市、校合作形式，编委会负责内容把关和总体把握，委托扬州大学社会发展学院负责项目实施，市委宣传部负责协调，广陵书社负责出版。明确分工，各负其责。经过五年努力，各位学者精心结撰，反复打磨，终于向世人捧出了扬州历史上第一部真正意义上的通史著作《扬州通史》。

《扬州通史》大致以扬州现辖行政区划为地理范围，根据扬州历史特点，分为《先秦秦汉魏晋南北朝卷》《隋唐五代卷（上下册）》《宋代卷》《元明卷》《清代卷（上下册）》《中华民国卷》等六卷八册，总计400余万字。此书以时代为经，以城池、事件、人物为纬，勾勒扬州自先秦至民国两千多年的历史演进脉络，综合政治、军事、经济、社会、文化等诸多内容，兼及自然地理条件变化，突出扬州各个历史时期的主要特点，努力探求历代治乱兴衰之由，以为镜鉴。总体上看，《扬州通史》体例完整，写作规范，资料丰富，史论结合，编校精严，印制精美，是一部具有一定学术水准与可读性，能够站得住、留得下的史学著作。

《扬州通史》的编辑出版告一段落，如何运用这一部新的史著，充分发挥其应有的作用，为当代的中国式现代化事业服务，是摆在我们面前的一项重要任务。

我们党历来十分重视历史，重视鉴古知今，征往训来。对于历史的学习和认知，有种种态度，我们坚决反对怀疑和否定流传几千年的中华优秀传统文化、否定中国历史发展创造的文明成果、否定中国共产党领导人民取得的丰功伟绩，反对迎合"西方中心论"的历史虚无主义；坚决纠正言必称古、似是而非，甚至错把糟粕当精华的厚古薄今的不良倾向；坚决反对在区域历史文化研究中，束书不观，游谈无根，罔顾历史事实，牵强附会、任意拔高的乡土自恋情结；也注意克服以搜集历史上一鳞半爪的奇闻逸事，以供茶余饭后谈资为旨趣的浅表式、碎片化的史学态度。我们大力提倡立足客观事实，对历史过程、历史事件、历史人物进行"原始察终""由表及里""由浅入深"，把感性认识上升到理性高度,把历史认识变为历史真知,从而增强历史自信。我们之所以强调历史自信,因为它来自于历史,植根于历史,又映照现实,指引未来,对于道路自信、理论自信、制度自信和文化自信,具有历史支撑和精神滋养作用。

在学习中,要通过阅读《扬州通史》,分析扬州在中华文明史上的地位和作用,加深对习近平新时代中国特色社会主义思想和习近平总书记视察扬州重要讲话指示精神的全面、系统、深刻的理解,增强爱国、爱乡的家国情怀;通过对中华文明的突出特征(连续性、创新性、统一性、包容性、和平性)在扬州历史上体现的分析研究,加深对"两个结合",即把马克思主义基本原理同中国具体实际相结合、同中华优秀传统文化相结合重大意义的理解,增强建设中华民族现代文明的强大动力;通过对扬州历史治乱兴衰,特别是对汉、唐、清三度辉煌史实的剖析,加深对社会发展规律的认识,增强在国家治理大框架下发挥敢于作为的积极性和主动性;通过对在重大历史转折点上扬州种种表现的考察,加深对当前正面临百年未有之大变局的认识,增强危机意识和抗击风险的能力。

总之,要学习历史,尊重历史,总结历史,敬畏历史,树立历史自信,把握历史主动,担负起时代赋予我们的历史使命,运用历史智慧,去创造新的历史,实现中华民族伟大复兴,构建人类文明新形态。我们有理由相信,扬州的明天一定更加灿烂辉煌!

《扬州通史》编纂委员会

2023 年 3 月

导　言

　　"扬州"之名称,最早见于先秦时期的《尚书·禹贡》:"淮、海惟扬州……沿于江、海,达于淮、泗。"传说大禹治水后,按山川形变与土地物产,将天下划分为九州以定贡赋,扬州则居其一。这里的"扬州",所指为北达淮河,东南抵海,涵盖长江下游的广大地区,大体与今江苏、安徽两省淮水以南及浙江、江西、福建三省相当。汉武帝以先秦九州为基础设十三刺史部,以为监察区,汉灵帝增刺史权重,改监察区为高层行政区,迤至南北朝,皆设"扬州"。但无论从地理方位、地域广狭,抑或区域性质等角度而言,隋代以前的"扬州"与当今的扬州都不能简单地直接对应。

　　今扬州得名始于隋代。春秋以来,该地域曾相继附属吴、越;战国一度属楚国;秦统一后,先后属薛郡、东海郡。西汉初先后属荆国、吴国,汉景帝时更名江都国,汉武帝时更名广陵国。东汉以后称广陵郡,隶属徐州。南朝刘宋元嘉中侨置南兖州于广陵郡,北齐改为东广州,后周称吴州。隋开皇九年(589)平陈,改为扬州,作为一级统县政区,自此扬州遂为本地专名——虽然隋炀帝大业年间与唐玄宗天宝年间一度称广陵郡,唐高祖武德年间一度称兖州、邗州,五代杨吴时期一度称江都府,明代初期称为淮海府、维扬府,但千余年来,则以称扬州为常态;除元代置扬州路外,隋以后的扬州皆为统县政区。历代扬州辖境盈缩不定,区划沿革变动较为频繁,但历代幅员基本处于长江北岸、江淮平原南端。今扬州辖广陵、邗江、江都3个区与宝应县,代管仪征、高邮2个县级市。

　　就地形地貌而言,扬州地处江淮下游平原,是长江下游北岸的三角洲区与宁镇扬丘陵区的交接地带,地势西北高、东南低。除了今仪征市的大部分地区为丘冈、丘陵地貌,其余皆为江淮冲积平原,地势平坦。千百年来,扬州

地区的地质地貌没有发生实质性的变化,值得留意的局部变化有两个方面:
(一)约距今7500年以前,由于海面的上升,今扬州、镇江为长江入海口处,
随着长江泥沙的堆积,长江三角洲逐步向东发育,扬州东境不断拓展,江口
东移,扬州经历了由滨海转为内陆地区的过程。(二)扬州地域江中沙洲的
积长,蜀冈以南滩涂地的发育,导致扬州南境的拓展,江面渐狭。

　　就气候而言,扬州地处北亚热带气候向温带季风性气候的过渡区,东受
海洋气候、西受内陆气候交错影响,温和湿润,四季分明,雨量充沛,光照充
足,雨热同季。盛行风向随季节有明显变化,夏季多为从海洋吹来的湿热东
南风和东风,冬季盛行干冷的偏北风。历史上扬州的气候经历过阶段性的冷
暖交替,与中国历史上的气候变迁基本同步。气候变化,对人类最直接的影
响是农业生产和生活方式的变动。就历史的宏观走向来看,全域性的气候变
化造成社会局势变动,扬州区域历史面貌与进程亦深受影响。

　　地形地貌的沧海桑田,气候的冷暖升降,短时间内也许难以察觉,但其社
会影响确实潜移默化地发生着。正是在这样的地理环境所提供的空间舞台
上,一代又一代的扬州先民生生不息,不断推衍其人文历史的兴替变革,上演
了丰富多彩的历史话剧,绘就了灿烂辉煌的历史画卷。

一、先秦至魏晋南北朝时期的扬州

　　至今可以证实扬州地区已有先民聚集、生活的历史始于新石器时代中
期。龙虬庄遗址的发现,表明当时形成了面积广阔、覆盖江淮东部的"龙虬
庄文化",距今约7000—5000年,具有南北过渡地带的文化特征。当时江
淮东部的人类生活,在采集与渔猎经济、原始农业和畜牧业、原始手工业和
商业等方面都有所表现。从社会形态看,"龙虬庄文化"的第二期大约处于
母系氏族社会的繁荣阶段,第三期则处于母系氏族社会的衰落阶段,缓慢地
向父系氏族社会过渡。新石器时代晚期,当各地逐渐步入父系氏族社会时,
江淮东部因海侵处于千年之久的空白期,出现了父系氏族社会的缺环,此后
受到王油坊类型的龙山文化影响,氏族社会逐渐解体,从而跨越文明时代的
门槛。

　　大约距今4000年前后至西周时期,原居于山东一带的"东夷"不断南下,

占据了江淮东部地区,史称"九夷"。夏朝末年,在江淮东部出现了一个"干辛邦"的方国,与后来的"干国"可能有名号继承的关系。商朝时期,江淮东部形成了"夷方"联合体,周初太伯、仲雍奔吴,在宁镇地区建立吴国,"夷方"二十六邦建立夷系"干国",以对抗西周的"大吴"战略。夏商西周时期,居住在江淮东部的"九夷""夷方""干国"及"徐国",都是独立于中原王朝的"外服"邦国,所呈现的地域特色是夷文化。干国的核心区域当在江淮之间。公元前584年前后,吴(邗)王寿梦占据江淮东部。公元前486年,吴(邗)王夫差"城邗,沟通江、淮",北上争霸。战国初,越灭吴,江淮东部属越国。战国后期,楚败越国,占领江淮东部。秦统一前,江淮东部处于各国相争的前沿地带,受到诸国政策的影响,其社会风尚在保持"东夷"旧习的基础上,呈现出多元杂糅的特点。

秦汉时期是中国历史上社会发展的一个高峰期,扬州地区随之进入第一个兴盛时期。

在区域政治地位与影响方面,秦朝末年,陈胜、吴广领导的第一次全国性大规模民变在大泽乡(今属安徽宿州)暴发,东楚刘邦、项羽和召平、陈婴等纷起响应。陈婴等于盱眙立楚怀王孙心,项羽一度打算建都于江都,凸显扬州南达吴会、北通淮河的地理区位优势,可谓东楚的核心区域。西汉建立后,先后设置荆国、吴国,管控大江南北的3郡53县。"吴楚七国之乱"后,汉景帝采用削藩之策,设江都国,其后该地区或为广陵郡,或为广陵国,至东汉明帝废除广陵王刘荆,改国为郡,直到东汉末年未再变更。两汉时期,扬州始终是郡、国的政治、经济、文化中心。西汉初期,对诸侯国实行相对宽松的政策,吴王刘濞扩张军政势力,开创其"全盛之时";后朝廷对江都国和广陵国加强控制,迭经废立,辖域日蹙,西汉后期的广陵郡仅辖4县。东汉中后期,在广陵太守马棱、张纲、陈登等人治理下,江淮东部呈现出持续发展的态势。整体而言,两汉时期扬州地区政治、社会秩序较为稳定。

秦汉时期扬州经济显著发展。吴王刘濞在位四十余年,充分利用"海盐之饶,章山之铜"等资源优势和王国特权,冶铜煮盐,开运盐河,颁行钱币,国用富饶,百姓无赋,区域经济得到了前所未有的发展,一度成为全国翘楚。汉武帝时强化中央集权,盐铁官营,对扬州经济有所影响。东汉章帝时推行官营政策,广陵太守马棱"奏罢盐官,以利百姓",促使朝廷调整政策,官营、民营并行。铁器、牛耕逐渐推广,农业技术日益更新,水利事业成就卓著,对农业生产与交通运输具有促进作用。当时扬州的冶铁、铸铜、煮盐和漆器、玉器业等都得到了空前的发展;城市商业繁荣,吴王刘濞时的广陵城,"城周十四里半",所属各县城也在汉初"县邑城"的基础上逐渐形成规模。

秦汉时期扬州文化卓有建树。作为汉代新儒学开创者之一的董仲舒曾任江都王国相,传播儒学,推行教化。为维护"大一统",董仲舒倡导"独尊儒术",对中国历史影响深远。董仲舒主张"立学校之官",倡导文化教育,"正谊明道",任江都相期间当有所实践,故扬州"绩传董相"。吴王刘濞招揽文士宾客,枚乘创作《七发》,标志着汉代大赋的正式形成,邹阳、庄忌等也声名远播。江都公主刘细君善诗文,"和亲"乌孙,促进民族文化交流与融合。东汉时,佛教传入江淮东部,楚王刘英"学为浮屠斋戒祭祀",东汉末笮融督广陵、彭城运漕,"大起浮屠祠",民众"来观及就食且万人"。在社会风俗方面,汉宣帝时,朝廷将江水祠徙至江都,使"岳镇海渎"的国家祠祀理念在扬州得以具体落实;"观涛广陵"及其文学佳作应运而生,区域影响不断扩大;当时扬州的社会风俗,既显现出浓郁的楚文化色彩,又融合了新时代的因子,呈现出"大一统"与地域性不断交融的时代特点。

魏晋南北朝时期,扬州地区陷入衰落状态,主要原因在于南北分裂。当时南北诸政权在此不断争夺,本土人口外迁,外来流民聚集,战争与流民成为这一时期扬州历史的显著特征。

东汉末魏、吴隔江对峙,曹操废弃江北,坚壁清野以待孙吴,广陵成为弃地,急遽衰败。虽然魏、吴曾多次想打破南北对峙的僵局而经略广陵,但没有取得实质性的效果。地处南北夹缝之间的广陵无法获得长期的稳定,经济社会也不可能恢复两汉的繁盛局面。由于战乱的波及,大量广陵人士播迁离乡,或仕于孙吴,或仕于曹魏。西晋的短暂统一,没有完成对南北社会的有效整合,在政治取向上,曾仕于孙吴的广陵人士及其子弟与三吴世族趋同,皆被西晋视为吴人,受到晋廷的歧视,广陵华谭为此建言晋武帝,力求打破南北畛域之见,表明自汉末以来侨寓并出仕孙吴的广陵人士及其后裔,其政治境遇和取向与江东本土人士呈现出一体化的倾向。自永嘉南渡至隋灭陈,长期南北分裂,广陵大体归属东晋南朝,当时大批流民沿邗沟南下,集聚在广陵及其周边地域,东晋南朝无法在地处江北的广陵建立起完备的行政体系,形同羁縻,遍置侨州郡县。

广陵地处邗沟与长江交汇处,与京口隔江对峙,当地又多流民武装,这使得东晋南朝时期的广陵逐渐与京口呈现出一体化的格局,维持现状则镇京口,图谋北进则镇广陵。广陵与建康在地理空间上相距不远,然有大江之隔,这就使得广陵成为独立于建康之外,又可就近制衡建康的具有特殊意义的战略要地。谢安在淝水之战后,受晋廷排挤,于是统军于广陵以自保,并图谋北伐;宋武帝临终,以宿将檀道济统军于广陵以备建康缓急之需。北朝南下,常沿邗沟至广陵。南朝北上,渡江至广陵后再沿邗沟入淮水也是常态。因此,广陵实际上是建康的东部门户。由此东晋南朝常以广陵为北伐基地,桓温、谢安、宋武帝、宋文帝北伐皆沿此路线北进。北方政权一旦兵至广陵,建康必定惊惧。萧梁后期,淮南江北被北齐占领,北齐置东广州于广陵,北周又改称吴州,南北隔江对峙。自此广陵非但不能遮蔽京口,拱卫建康,反而成为北朝南伐的前沿基地。隋灭陈之役,晋王杨广坐镇广陵,隋将贺若弼自广陵渡江至京口,进而入建康,正是南北朝后期广陵军事地位最典型的体现。

当时扬州地区屡遭战乱,缺乏发展经济所必需的安定环境。官方主导的诸如疏浚邗沟、兴修水利等工程,主要出于征战运输之需,少有发展经济与保障民生的考虑。持续的战争状态深刻地影响着扬州地区的文化生态与社会结构。魏晋时期的广陵士人,大多尚存汉末士人风习,汉晋之际肇始于洛阳的玄学风尚,对广陵人士影响甚微,广陵学人多恪守汉儒旧学,儒法兼综,尚忠节孝义,其言行与魏晋玄学名士差异明显。永嘉乱后,江淮之间战乱频仍,文化世族难以立足,次等士族、寒族成为广陵社会的上层,统领乡党、囤聚坞壁的豪强则成为地方上具有一定独立性的武装势力。

汉晋之际,出于军政需要,以邗沟为中心的江淮漕运体系,在客观上成为南北文化交流的通道。广陵不仅曾是北方佛教流传至南方的前沿,南北朝至隋唐之际又成为南方佛教传入北方的基地,东晋南北朝时期广陵地域能融通南北,义学、律学兼而有之,成为江淮间弘扬佛法的重镇。

二、隋唐五代时期的扬州

在中国古代历史发展高峰期的隋唐时期,扬州的区域经济、社会发展也臻于全面兴盛状态。

隋文帝开皇九年(589)平陈而统一南北,改吴州为扬州,扬州从此成为本地域的专有名称。隋朝设置扬州大总管府,扬州成为东南地区的军政中心。隋炀帝在江都境内置江都宫,具有陪都性质;唐朝在扬州设置大都督府。安史之乱后,在扬州置淮南节度使,总揽治下诸州的军、政、民、财大权,为当时唐廷最为倚重的方镇。五代十国时,杨吴政权曾定都扬州;南唐迁都金陵,以扬州为东都。后周世宗于显德年间南征,扬州成为北方王朝经略江南的基地。

隋唐五代时期,扬州城市建筑规模宏大。隋炀帝三下江都并长时间留居,扬州一度作为"帝都"加以经营,兴建了包括江都宫、临江宫、成象殿、流珠堂等著名宫殿在内的庞大建筑群,为扬州城建史上的极盛时期。唐代扬州城由子城和罗城两部分构成,衙署区和居民区分设。唐中期以前,沿袭传统的坊市分离制,随着工商业经济的发展与市民生活的变化,唐代后期扬州突破了旧有的坊市制度,城内出现了市井相连的开放性商业街区。

隋唐时期,扬州作为江淮地区的中心城市,经济持续发展,成为带动长江中下游乃至江淮地区经济、社会发展的引擎。尤其是安史之乱以后,随着黄河流域动乱与藩镇割据不断恶化,江淮地区成为维系唐朝经济命脉的核心经济区。当时以扬州为中心的长江下游经济区的农业发展在全国处于领先地位,成为唐朝廷财赋的保障。扬州手工业发达,其中造船业、冶炼铸造业、纺织业等生产规模大,从业人员多,组织化程度高,经济影响显著。扬州也是全国性的商品贸易集散地,商品贸易以盐、茶、药、瓷器等为大宗;淮南地区是全国最重要的海盐产区,扬州则是江淮食盐的集散地和转运中心。安史之乱后,唐朝"盐铁重务,根本在于江淮",朝廷在扬州设置盐铁转运使,负责食盐的专卖事宜,同时兼营铜、铁的开采与冶炼,且多由淮南节度使兼任。唐代扬州商业发达,出现了经营"飞钱""便换"的金融机构,显现出商业发展、变革的信息。

隋唐时期扬州居于交通枢纽地位。当时随着政治统一与经济发展,全国性的航运交通网络逐步形成,长江的内河航运成为商业流通的主干道,大运河的全面通航沟通了全国主要大河流域。以扬州为中心而形成的交通网络,密集程度不亚于长安、洛阳。扬州发展成为汇聚多元文化的国际化大都市,成为中外文化交流的基地或中转站,对东亚的日本以及今朝鲜半岛诸国的影响尤为显著。以鉴真东渡日本传法为代表,中国文化对日本古代文化的发展产生了深刻影响;日本使节来中国,多从扬州登陆,再前往洛阳、长安等地。此外,海外民间人士亦多由扬州入境开展经商交流,扬州成为当时东南地区最为重要的国际交流与贸易中心之一。

隋唐五代时期,扬州人文荟萃,学术兴盛。就文学而言,"《文选》学"诞生于扬州,江都学者曹宪肇其端,其后如李善、许淹、魏模、公孙罗等皆出其门下;原籍江夏而著籍江都的李善构建了"《文选》学"的基本框架。唐诗作为唐代社会文化的灵魂,多有以扬州为吟诵对象的篇什,唐代诗人或游历或仕宦于此,七十余人有吟咏扬州的作品;张若虚的《春江花月夜》,有"孤篇压全唐"之美誉。在史学领域,杜佑在扬州任职淮南节度使期间撰著《通典》,开创了典制史的新体裁。当时扬州是区域性的佛教中心。扬州佛教发展与隋炀帝杨广关系密切,杨广在扬州担任大总管期间,大兴道场,延揽高僧,极力推动南北佛教融合,为唐代扬州佛学的进一步发展奠定了基础。唐代扬州地区佛教宗派众多,主要的佛教宗派如天台宗(法华宗)、真言宗(又称密宗)、唯识宗(法相宗)、禅宗、律宗等,在扬州都有传法布道的寺院,其中影响最大的是律宗,其代表性人物为大明寺僧鉴真。

三、两宋时期的扬州

北宋统一江南后,扬州的转运地位日益凸显。宋室南渡,扬州一度成为宋高宗赵构行在之所。宋高宗后以临安为行在,宋金(蒙)对峙格局成为常态,扬州作为边郡,被视为南宋"国之门户"。两宋时期的地方高层行政机构淮东提刑司、提举常平司、安抚司等常设于扬州;南宋时期,扬州的战略地位更加突出,不但是重兵屯驻之地,而且扬州守臣多带有军衔。

宋代扬州政区多有变动,主要特点是幅员缩小、属县减少,这与唐末以来扬州地区经济实力上升、运河航道变化、南北军事态势等因素密切相关。就区域经济社会发展而言,高邮、真州的分置,表明区域内总体经济实力不断增强,推动了以扬州为中心的区域城市群的兴起。

两宋时期扬州地区经济持续发展。在农业方面,耕作技术有所进步,农作物分布区域不断拓展。在商业方面,北宋时期扬州持续稳定近 170 年,为商业繁荣创造了良好的环境。真宗天禧年间(1017—1021)重开扬州古运河,为商业发展提供了交通保障,沿水陆交通要道的市镇经济日渐繁荣,乡村与城市的经济互动频繁。宋代扬州有固定的交易琼花、芍药的花市,颇具地方特色。南宋时,扬州由腹地城市转变为边防重镇,对商业经济产生了负面影响。

作为运河沿线的重要城市,扬州的水运交通受到中央和地方的重视。两宋时期,官方十分重视扬州运河的畅通以确保漕运。就两宋食盐的运销来看,无论是专卖制下的"官般官卖",还是钞引盐制下的"官般商卖""商般商卖",都需经由真州转般仓。宋代真州的逐步崛起,分割了扬州的漕运功能,这是宋代扬州经济逊于唐代的一个重要原因。

在城市建设与布局方面,宋朝廷放弃蜀冈旧城,以蜀冈之下的周小城为基础,将其修缮为扬州州城,顺应了中晚唐以降扬州城市经济发展的趋势。北宋时期扬州城池建设变化不大;南宋时期鉴于扬州长期作为淮东制置司治所,不断修缮、扩建城池,尤以孝宗朝最突出,除修缮州城外,另创堡寨城与夹城,宋代扬州的"三城"格局,或称"复式城市",便是出现在这一阶段。

两宋时期扬州知州 254 名,其中北宋 151 名,平均任期一年有余,任职三年者甚少,任期一年左右者居多,最短者仅有数月。南宋扬州地方官守总计 103 名,平均任期一年半,相较北宋略长,这当与战争因素有关。依照宋代地方官员选任制度,一般不选用本籍人士,不少非扬州籍的守臣为两宋时期扬州经济社会发展贡献颇多,如欧阳修、苏轼、韩琦、崔与之、李庭芝等。

两宋时期扬州文化成就卓著。地方官员普遍重视文化事业,一些著名文士参与扬州文化建设,欧阳修创建平山堂,苏轼等人对扬州花卉的文学书写等,对扬州文化名胜的打造与地方风物的宣传,皆具典范意义。当时与扬州关系密切的非本籍文人众多,他们借助扬州的意象与情境,或抒怀,或咏史,或纪实。宋代诗词中多有描述扬州商业经济与市井生活的作品,从中可见扬州经济社会的风貌。在文学创作方面,秦观、孙觉、王令等知名文士,为一代诗词风尚的代表。在学术方面,除众多学人致力于经史著述外,还出现了一些实用技艺方面的著述,如陈旉所撰《农书》等。在社会风尚与信仰等方面,扬州诸多旧俗逐渐完成转型,由"野"入"文",出现了"率渐于礼""好学而文""好谈儒学"等崇文重教的社会风尚。

四、元明时期的扬州

元世祖至元十三年(1276),元军占领扬州后,设江淮行省为一级行政区,管控两淮、江东地区。此后十数年,江淮行省治所在扬州和杭州之间往复迁移,表明元朝在统管南宋故地与保障东南漕运之间反复权衡,直到海运相对完善,江淮行省的治所才固定在杭州,并改称江浙行省。至元二十八年(1291),扬州划入河南江北行省,成为元代的常态。元代设扬州路,上属河南江北行省淮东道宣慰司,下辖高邮府、真州、滁州、通州、泰州、崇明州6个州府,州府各辖属县,较前代扬州辖境为大。元朝统一后,始终在扬州屯驻重兵。及至元末,江淮间民变迭起,元顺帝至正十二年(1352)置淮南江北行中书省,以扬州为治所。至正十三年,张士诚占领泰州、高邮等地,围攻扬州。至正十五年,元朝廷于扬州设淮南江北等处行枢密院,镇遏江北。至正十七年,朱元璋军攻克扬州。

元朝统一后,扬州的经济有所恢复,造船业发达,促进了漕运、海运的发展。元代前期扬州运河不畅,元仁宗时疏浚运河,漕运大都(今北京)的粮食远超宋代。海运逐步兴盛以后,设置两淮都转盐运使司,运河仍然承担着运送食盐、茶叶、各地土产、手工业品、海外贡品及使客往来的功能。

元代"羁留"、寓居扬州及本土文士、学者数量不少,郝经、吴澄和张翥被称为"三贤"。剧作家睢景臣、小说家施耐庵、数学家朱世杰等,都在中国文化史上留下了不朽印记。元代扬州是中西文化交流史上的重要城市,意大利人马可·波罗、鄂多立克都曾到过扬州;马可·波罗在扬州生活三年,《马可·波罗行纪》记录了扬州的风土人情。

明代扬州府承元末朱元璋所置淮海府、维扬府格局,成为统县政区,以辖3州7县为常态,相当于现扬州、泰州、南通3市的地域,还曾管辖今南京市六合区与上海市崇明区。元明鼎革之际，扬州遭受摧残，经过明前期的休养生息，逐步恢复繁华。明中后期，明武宗南巡至扬州，扰乱地方，民不堪命。嘉靖中叶后，内忧外患频仍，万历之后，政局昏暗，扬州受到影响。明末史可法督师扬州，抗击清军，城破人亡。有明一代的重大事件，如洪武开国、靖难之役、武宗亲征、大礼仪之争、严嵩专权、抗击倭寇、输饷辽东、矿使四出、魏阉乱政、抵御清军等，无不关涉扬州。明代扬州属军事重镇，为维护地方稳定和国家安全，扬州府构建了相对完备的水陆防御网络。嘉靖年间，倭患骤剧，扬州抗倭取得了"淮扬大捷"等一系列胜利，成为明朝抗倭战争的典范。

在经济方面，明代扬州在全国地位相对重要。扬州府人口从洪武至嘉靖的百余年间持续增长。扬州官绅注重兴修水利。在交通方面，运河、长江与漫长的海岸线构成了扬州四通八达的水上交通网，大量驿站、铺舍、递运所的建设，保障了陆路交通的顺畅。明代扬州手工业、商业繁盛，漆器制作技艺不断提升，出现了雕漆、百宝嵌、螺钿镶嵌等新工艺。明廷在扬州设有牙行、税课司、河泊所、钞关等税务部门，其中扬州钞关为全国七大钞关之一。

明代两淮盐场产量巨大，两淮盐课在国家财政中的地位举足轻重，明廷在此设置盐法察院、都转运盐使司，并派员巡查，定御史巡盐制度，形成规模庞大、组织严密的管理体系。为保证国家对盐业经营的垄断，明朝制定了繁复的交易程序。盐业蕴含巨大财富，上自王公贵戚，下至盐官胥吏，无不试图从中渔利。明朝中央与扬州地方皆重视对盐业经营的管理。在食盐流通中，明初以来实施的"开中制"，催生出盐商群体。他们交粮报中，边地积储因而丰盈；行销食盐，保证百姓生活所需。明朝对食盐生产者灶户有所赈恤与安抚，注重改善其生产、生活条件。

明代扬州的城市建设，在加强军事防御的功能外，城内行政、生活设施较前代有相当进步。乡村地区也有规划，出现了一些或以军事地位显要，或以工商业繁盛著称的不同类型的名镇。当时扬州园林众多，形成园林鉴赏与品评的风气。在社会生活方面，明代扬州形成了较为完善的地方仓储设施和赈恤制度，地方官员救灾赈济颇为得力。

在教育方面，明代扬州的学校以社学、儒学为主体，以书院为补充。社学属于启蒙教育。儒学以经史、律诰等为主要教学内容，以学田收入为主要运行经费,以培养科举应试生员为目的。分布较广的书院,或由官设,或由民间倡立而官方主导,在教学内容上与儒学基本一致。当时科举是最重要的人才选拔方式,数量众多的扬州生员通过科举步入仕途。此外,地方官学定期向国子监选送优秀生员,有援例入监、纳粟入监、恩贡等不同形式。

明代扬州学术文化颇有建树。经学方面,理学、心学相竞的新学风引人关注,王艮创立的泰州学派影响甚著。史学方面,扬州学人著作颇丰,类型多样,方志编撰成就突出,盐法志尤具特色。文学方面,涌现出如宝应朱氏、如皋冒氏、兴化李氏等文学家族,柳敬亭说书家喻户晓。书画方面,周嘉胄总结中国古代书画装裱技艺,所著《装潢志》别具一格。就技艺实学而言,扬州学人在天文、术数、医学、法律、军事、农业、建筑、园林等领域皆有建树,计成所著《园冶》全面系统地总结造园法则与技艺,开中国古代园林艺术理论之先河;王磐《野菜谱》、王徵《诸器图说》等备受称道,体现了扬州学人重视技艺实学的新学风。

五、清代的扬州

清代是扬州又一次全面兴盛发展的辉煌时期。

清代扬州行政区划间有更易,顺治时扬州府辖泰州、通州、高邮 3 州及江都、仪真、泰兴、兴化、宝应、如皋、海门 7 县;康熙中,海门县废;雍正时通州及泰兴、如皋 2 县析出,新置甘泉县,仪真改称仪征;乾隆时置东台县;宣统中,改仪征县为扬子县,清末扬州实辖 2 州 6 县。

清廷注重两淮盐业的经营管理,扬州倍受重视。清廷多选用具备管理经验、熟悉南方社会的降清汉人充任扬州地方官长。此后扬州知府及其属县主要官员、两淮巡盐御史、两淮盐运使等,大多为来自奉天、直隶等地的汉人,他们与清廷关系较为密切,有助于落实清廷的政策,以致扬州日趋安定,盐商回流,经济复苏。清代前期,两淮盐政、盐运使等盐务官员积极参与扬州城市的基础设施、涉盐公共工程、地方赈灾等事务,影响力远超扬州知府等地方官。

随着政局稳定,特别是盐业的复兴和漕运的发展,皖、晋、陕等多地商人来扬贸易,盐业经济成为扬州发展的核心动力。至康熙中期,扬州显现繁华之势,成为全国重要的商业城市。清前期的两淮盐课收入占全国盐税收入的

40% 以上,对清廷的财政收入与军费贡献甚巨。康雍乾时期,扬州凭借产业优势和地理区位优势,社会经济发展再次实现飞跃。康、乾二帝南巡,极大地促进了扬州的城市建设和水利工程修筑。清廷或派亲信掌管盐务,或命地方高官兼管相关事务,可见清廷对扬州的倚重。康乾时期的两淮盐务管理存在一些难以根治的弊端,如私盐贩运和官吏贪赃枉法,乾隆三十三年(1768)的两淮预提盐引案暴露了两淮盐官和两淮盐商之间的利益关联,这也是乾隆朝以后两淮盐业逐渐转衰的重要诱因之一。

鸦片战争后,反帝反封建成为新的历史主题。1851 年太平军起义,1853年太平天国定都天京后,天京、镇江、扬州三地呈犄角之势,扬州成为军事争夺的关键,太平军与清军在此长期拉锯。太平军曾三进扬州城,1853 年 4 月1 日,太平军首占扬州,于 12 月 26 日撤出;1856 年和 1858 年,太平军又两度攻入扬州城。清军与太平军在扬州长达八年的争夺,对地方经济、文化等方面自然造成严重的损害。

清代扬州经济经历了恢复、繁荣与衰落的复杂进程。明清之际扬州人口锐减,经济凋敝。随着统治的逐渐稳定,清廷与地方官府着力加强治理,对运河沿岸水利建设尤为重视,这为漕运与农田灌溉提供了基本保障。康熙年间以来,推动"导淮入江"工程,对解决扬州地域水患影响尤著。漕运对扬州社会经济影响甚著,就关税征收而言,仅乾隆七年(1742)免征米谷麦豆税银即达 6 万余两。扬州下属诸沿河州县市镇,如高邮、仪征、瓜洲等,皆随漕运而兴。盐商将淮盐行销本盐区各口岸,回程又装载湖广之粮食、木材等分销江南,以盐业行销为中心,形成了相关转运销售的商业链。在扬州城内及周边市镇,由于盐业与诸商业活动繁盛,衍生出一系列休闲消费的社会服务行业。盐商对扬州城市建设和环境治理功不可没,诸如修桥铺路、治理街肆、疏浚水道等,皆有建树。清代扬州的造园理法和技艺臻于完善,公共风景园林和私家园林繁盛,扬州园林臻于成熟。工艺方面,清代扬州官营工艺制造发达,其中最显著的雕版印刷业、玉雕业皆由两淮盐政承办。

清代扬州的教育体系以地方官学和书院为主体。地方官学以扬州府儒学与各县儒学最为重要。晚清以前,扬州构建起官学与私学相互结合、组织完备、分布广泛的教育体系,教育、科举在国内均处于领先地位。安定、梅花书院等名师聚集,成为国内重要的人才培养基地与学术研究重镇。扬州崇文重教,涌现出一些绵延数代的学术世家,其中以高邮王氏、宝应刘氏和仪征刘氏最为著名。鸦片战争后,西方传教士开始在扬州创办新式学校,传授西学。20世纪初,废除科举,扬州原有的教育体系随之发生根本变革,传统教育体系被新式学堂体系所取代。

　　清初以来,扬州本籍与侨寓学人交流融通,造就了学术文化繁荣的局面,出现了扬州学派、扬州画派、广陵琴派等既融汇多元又具有鲜明地域印记的学术、艺术群体。清代扬州学术成就卓著,清前期学者在经学考订、舆地之学、“江左”文学等研究方面颇有建树;清代中期,扬州学术臻于繁盛,涌现出汪中、焦循、阮元、王念孙等学术巨匠,还有刘台拱、李惇、任大椿、朱彬、王引之、凌廷堪、江藩、刘文淇、刘寿曾、刘宝楠、刘恭冕、刘毓崧、成蓉镜等,可谓群星璀璨,诸人贯通古今,涉猎广泛,形成博通的学风。清代后期,扬州学术继承传统,汲取西学,如太谷学派代表张积中糅合古今,李光炘融佛、道以释儒经,刘岳云、徐凤诰汲取西学以探究传统实学。在文学方面,形成了具有广陵特色的文学流派,文人结社雅集蔚然成风;曲艺方面,扬州汇集了南腔北调和优秀的梨园艺人,成为南方的戏曲中心;书画方面,以石涛和“扬州八怪”为代表的扬州画派,开启了清代绘画新风;广陵琴派名家辈出,乐谱纷呈,尤以“广陵琴派五谱”为著。

　　清代扬州社会生活受徽商及其文化影响颇深。两淮盐商将“徽派”文化风俗带入扬州。乾嘉时期,扬州一度引领世风,形成所谓的“扬气”。随着时局变动,扬州城市经济过度依赖盐业与盐商的内在缺陷日益彰显,两淮盐业的衰落,扬州民众生活显现出一些“苏式”风采,隐含着苏州风尚渗透的印迹。鸦片战争后,在欧风美雨的侵蚀下,扬州社会生活明显地体现出“洋气”。

六、民国时期的扬州

　　民国时期扬州军政局势经历了激烈的变革。1911年10月10日,武昌起义结束了清朝的统治。此后,具有革命党背景的孙天生宣布扬州光复,成立军政府,自任都督;徐宝山率军自镇江入扬州,成立扬州军政分府。1912年1月1日,中华民国成立,废除扬州府,设民政长公署,扬州民政长改称江都县民政长,后相继改称县知事、县长。地方自治过程中,扬州各县的县议会为议事机关。1928 年,废除淮扬道,江都县直属江苏省。1927 至 1931 年间,扬州成为拱卫民国首都南京的江北重镇。1933 年,江苏省行政区划调整,于省之下、县之上增设行政督察区,第 9 行政督察区(即江都区)下辖江都、高邮、宝应、仪征、六合、江浦等县;1935 年,省府将第 9 区(江都区)改名为第 5 区。

1937 年 7 月 7 日,抗日战争全面爆发,扬州地区商民团体积极支持全国抗战,成立抗日救亡团体,一些扬州籍青年奔赴各地参加抗日部队。扬州沦陷前夕,各政府部门、银行、学校等机构撤退。12 月 14 日,扬州沦陷。日军在攻占扬州各地及统治过程中,制造了无数惨案,其中较为重大的惨案发生在天宁寺、万福桥、仙女庙等地。在日伪政权统治下,扬州的经济、社会、教育、文化事业等遭受到严重摧残。1939 年 4 月,新四军挺进纵队渡江北上至江都。1941 年 4 月,苏中军区成立,下辖 6 个军分区和兴化、东台、泰县特区"联抗"司令部。扬州地区划入苏中一分区范围内。1944 年 3 月 5 日,新四军发动的车桥战役是苏中战略反攻的重大转折,增强了苏中与苏北、淮南、淮北抗日根据地的联系,揭开了华中地区战略反攻的序幕,宝应由此逐渐成为苏中抗日斗争的政治、军事中心和指挥中枢。扬州地区建有苏北抗战桥头阵地、仪扬抗日根据地、江高宝抗日根据地、江镇抗日根据地等中国共产党领导的根据地。1945 年 12 月,日本宣布无条件投降后数月,占据高邮的日军拒绝向新四军投降。19 日,粟裕指挥华中野战军主力第 7、第 8 纵队及地方武装共 15 个团,向盘踞高邮、邵伯的日军发动进攻,经过一周的战斗,迫使日军投降,收复高邮城,被称为"中国抗日战争的最后一役"。1945 年,国民政府陆续恢复对扬州部分城镇的统治。1946 年 6 月全面内战爆发后,国民党军于 7 月下旬至 8 月下旬,集结约 12 万兵力进攻苏中解放区。中共华中野战军奋起迎战,苏中七战七捷后,国民党军再次集结优势兵力反攻,华中野战军于 1946 年 9 月主动撤出了苏中解放地区。1949 年 1 月 25 日,扬州城解放,成立中共扬州市委会、军管会与市政府;1949 年 4 月 20 日,扬州全境解放。

民国时期,扬州经济与社会出现新变化。自 1912 年恢复两淮盐运使建置始,扬州仍为两淮盐务中心,至 1931 年 2 月,两淮盐运使移驻连云港板浦镇,扬州失去了两淮盐务的中心地位。1931年5月,国民政府颁布新盐法,实行自由贸易,十二圩淮盐总栈的作用逐渐式微。1937年11月,日军占领十二圩,淮盐总栈彻底消亡。扬州经济领域出现的新行业和组织主要有新式垦殖业、蚕桑业、近代化的工厂和银行业。北京国民政府时期,扬州境内先后有交通银行、中国银行、江苏省银行、盐业银行、淮海银行、中国实业银行、天津中孚银行7家银行入驻。南京国民政府时期,"四行二局"均在扬州设立分支机构。扬州农业有所发展,各县设立农场、农业改良场、农业推广所等。20世纪二三十年代,扬州境内由政府主导的水利工程建设主要集中在淮河入江水道及圩堤建设、京杭运河扬州段与长江下游扬州段的建设。1947年,国民政府导淮委员会、江北运河工程局、行总苏宁分署三方联合对运河部分堵口实施复堤工程。1949年1月,人民军队军管会接管国民政府的运河工程处,第二行政区专员公署成立苏北运河南段工程处,在江都、高邮、宝应等县成立运河工程事务所。民国时期扬州初步形成了公路网,出现轮船与汽车运输,开通一些市际、县际公路,组建民营汽车长途客运公司。

　　民国时期扬州城基本延续了以往的城厢格局,城内埂子街、多子街经教场至彩衣街一带为商业区,各类学校多在西部旧城区域,官署区位于两者之间。钞关至东关街一线为商贾居住区,北门外西北方向为蜀冈–瘦西湖风景区。南京国民政府建立后,地方政府规划拓宽城市道路,但阻力重重;沦陷时期,城市遭受破坏。抗战胜利后,1945年11月,江都县政府拟定了《江都县城营建计划大纲》,拆除城墙,建设道路、桥梁,城市照明、用水、清洁卫生等公共设施有所改善。扬州新式学校数量大增,1927年正式成立的江苏省立扬州中学,办学成效卓著。在学术与文化方面,刘师培、朱自清等在各自研究领域取得了一定的成就;以李涵秋为代表的鸳鸯蝴蝶派扬州作家群体,大多旅居上海,从事新闻报刊、编辑出版行业,创作诸多反映社会生活的通俗文学作品。

　　通过概略梳理自上古至中华人民共和国成立前扬州地域历史演进的大体脉络,可见距今7000—5000年的龙虬庄文化时期,扬州的先民已经生活于江淮东部大地,开启了地域社会历史的进程,奠定了地域文明的基石。自春秋战国以来,扬州逐渐步入地域社会快速发展的历史时期。此后的各个历史阶段,扬州作为区域社会中心在关乎全国的军政格局、国家财政、文脉传承等方面扮演着不可替代的重要角色,发挥了独特的作用,经历了数度盛衰起伏的演变历程。

作为中国历史的一个有机组成部分,要准确把握扬州区域历史发展的特征、规律与贡献,必须将其放置于中华历史的整体格局之中予以观照与体察,其中两方面的感悟尤为深切:

其一,作为一座具有"通史性"特征的历史文化名城,扬州地域历史发展与中国整体历史进程基本同频共振。

众所周知,扬州的文明历史持续发展,春秋战国以降,先后出现了汉代初盛、唐代鼎盛、清代繁盛三个世所公认的"兴盛期",其间地域社会政治昌明,经济繁荣,文教发达,学术卓越,为全国之翘楚,地位显著。而这三个历史时期,正是中华历史上三个大一统王朝,国势鼎盛。显而易见,扬州地域社会的繁荣发展,可谓国家整体兴盛的局部缩影与生动侧面。

在汉、唐、清三个鼎盛期前后的诸间隔历史时段,国家整体处于历史演进的变动更替期,大多表现为分裂动荡状态,如秦汉之前的春秋战国时期,汉唐之间的魏晋南北朝时期,即中国历史上历时长久、程度深重的分裂时期。唐末至清代,其间经历了两宋元明诸朝。在这一历史时段,北宋、明代国势有所局限;至于五代十国、南宋时期,则处于大分裂状态。在这一格局下,扬州或为地域纷争的"中心",或处于南北对抗的"沿边",在经济、社会等方面,或相对"衰落""停滞",或相对"平静""沉寂"。

当然,从长时段或整体性的历史与文化发展的视角看,这些"分裂期"与"衰落期",实际上是中国整体历史发展进程中的积蕴、变革与转型阶段,诸多的社会制度变革与思想文化更替,正是在这些阶段逐步孕育生发而来的,为此后的"兴盛期"聚积了足够催生转型与变革的历史资源,准备了充分发展的历史条件。就扬州地域历史而言,以上诸历史阶段,在或"衰滞"或"沉寂"的表象下,往往积极应对,顺势而为,特别在北宋、明代等国祚较长的王朝统治时期,扬州地方积极作为,储备能量,奠定未来再现辉煌的社会基础。

由此可以说,扬州历史上的数度盛衰兴替,与整个国家的历史发展轨迹基本同频共振,进而言之,在中华历史与文化演进的诸多历史关头,不难感受到来自扬州地域社会的具体作用与影响。

其二,特定的地理区位与交通地位,对扬州历史、文化之衍生与发展影响至深,赋予其鲜明的地域社会特征。

作为区域社会中心,扬州地处江淮之间,临江濒海,特别是凿通运河,其连接南北、沟通东西的地理区位优势日益彰显。早在新石器时期,扬州地域便表现出"南北文化走廊"或"南北文化通道"的区域性特征,这不仅是南北文化的"传输"或"中转",也在此进行南北风尚、异质文化的汇聚、融通与糅合、再造,进而形成具有本地域特征的新文化因素。春秋战国以来特别是隋唐以来,贯通南北的大运河对国家整体的军事、政治、经济与文化发展意义重大,扬州处于运河的中枢区位,在大一统国家中自然成为南北交通的中心与关键;在开放的唐代,扬州一度还成为国际化都市。

扬州地域经济社会繁荣,必然显现"虹吸效应",导致人才聚集,引发文化交融与新变,进而催生学术文化创新——扬州的每一个"兴盛期",都是地域社会文化的高峰期——这是扬州有别于其他偏重政治、军事、经济的地域性中心的鲜明特征——扬州的兴盛,往往具有社会综合性或整体性,尤其学术文化要素凸显。扬州地域的学术文化,包括地域社会生活习尚,具有与生俱来的开放性、包容性、融通性——这正是扬州文化突出的地域性特征。不仅如此,各历史时期,融汇东西南北的扬州文化往往凭借其交通与物流优势而转输各地,对各时代的学术文化与社会风尚产生或轻或重、或显或隐的影响,引领时代风尚。如果用最简洁的词语概括扬州历史文化的特征,那么"融通""汇通""会通""联通""变通"等词语应当是妥帖恰当的。

与此相应,在中国历史上的"分裂动荡"或"变革更替"时期,扬州的地理与交通区位则往往使其处于南北对抗的"前沿",或为南北政权的"过渡地带",有时成为"羁縻"之地,甚至成为"弃地"。随着统一战争的来临,扬州自是南北政权激烈争夺的所在。可见这一地理区位也决定着扬州屡遭兵燹与劫难的历史命运,赋予其悲壮的历史色彩和英雄的历史气息。

因此,准确地把握扬州地域历史文化的特质,应当具备通达的"大历史"眼光,注重强化扬州与中国历史乃至世界历史的关联与"互动"意识,以明其"通",以知其"变"。

扬州历史绵延厚重，扬州文化博大精深。对扬州历史与文化的宏观性论述与规律性阐发，是一个无止境的话题，期待博雅有识之士的真切感悟与深刻思考。

"雄关漫道真如铁，而今迈步从头越。"1949年10月1日中华人民共和国的建立，掀开了中华民族历史的崭新篇章，历史文化名城扬州也焕发出新的生机，迈进了新的历史时期。回顾历史，是为了正视现实，展望未来。在经历了新中国的政治、经济、文化与社会的诸多深刻变革，特别是经过了改革开放的砥砺磨炼，扬州的经济社会步入了高速发展阶段，取得了前所未有的辉煌成就，达到了前所未有的文明高度，这是历史上任何一个"兴盛期"都无可比拟的。我们坚信，在全面建设社会主义现代化国家、全面推进中华民族伟大复兴的新时代征程中，扬州人民一定会用自己辛劳的汗水与无穷的智慧，谱写出无愧于先民的更加波澜壮阔的历史新篇章！

目 录

第一章　清代扬州的行政区划与管理机构

扬州府沿江面海,境内多湖河,京杭运河穿越南北,扬州的自然环境亦受上述因素的影响:"郡西地多冈阜,绵亘相属,若起若伏。高、宝诸湖,受西山汉涧,汇为巨浸。以射阳、庙湾为委控,引淮河与海波通,遵海而南。诸盐场所棋布,捍以堤堰,以防潮汐。两淮盐策所自出,大江奔泻,迄与海会,咸淡所分……实长江门户。而江左南徐诸山,若拱若揖,隐然为江北壮观。若夫舟樯枻比,车毂鳞接,东南数百万漕艘,浮江而上,此为隘部。"[1]

扬州在清朝政治经济舞台上有着举足轻重的地位,被称为"江淮间一都会",地处"四通五达之地"。扬州府是清代最重要的盐业经济中心,是南北漕运的"襟喉"。所谓"唇齿淮左,肘腋金陵,自昔重其形势,而漕运之所经,财赋之所输,动关国计,谓之雄邦。"[2]清代扬州经历了重建、繁荣、中衰的历史发展过程,其主线表现在两个方面:一是扬州府及其所辖州县的行政区划的添设、归并的调整变化过程;二是清廷所设与扬州相关的行政、经济、军事管理机构及其职官等。

第一节　行政区划的变迁

行政区划指国家对于有层级的行政区域的划分,是一个现代概念。[3]清

---

［1］〔清〕雷应元纂修:《〔康熙三年〕扬州府志》卷一《郡县志上·总论》,卢桂平主编:《扬州文库》第1辑第2册,广陵书社2015年版,第38页。

［2］〔清〕尹继善等修,〔清〕黄之隽等纂:《〔乾隆〕江南通志》卷一《舆地志·扬州府图说》,《中国地方志集成·省志辑·江南》第3册,凤凰出版社2011年版,第111页。

［3］周振鹤:《中国行政区划通史·总论、先秦卷》,复旦大学出版社2009年版,第7—8页。

代行政区划的层级以省—府—县(州)的三级制为主。清初,扬州府管辖区域继承明制。顺治二年(1645)四月,清军攻占扬州,清廷设立了扬州府,首任知府是胡蕲忠。顺治年间,扬州府辖三州七县:高邮州、泰州、通州,江都县、仪真县、泰兴县、兴化县、宝应县、如皋县、海门县。江都县为附郭县[1],宝应、兴化二县为高邮州属县,如皋为泰州属县,海门县属通州。江苏境内的长江口河道因上游来水和海潮的共同作用出现了大大小小不同的沙洲,元明以来,海门沿海沿江地区时常受到潮灾的威胁。康熙十一年(1672),海门县县城被海潮冲圮,废为乡,并入通州。扬州府辖三州六县:江都县、仪真县、泰兴县、高邮州、兴化县、宝应县、泰州、如皋县、通州。江都县为附郭县。

雍正元年(1723),为避讳雍正皇帝爱新觉罗·胤禛,改仪真县为仪征县。雍正二年,通州升为直隶州,辖泰兴、如皋二县,不再属扬州府。清前期的江都县长期作为附郭县,是扬州的政治经济中心,商民众多,盐务、漕务、河务等事务繁杂,难以治理。为了加强府县官的地方治理能力,雍正九年(1731),清廷分江都县置甘泉县,二县皆为附郭县,甘泉县首任知县为龚鉴。乾隆三十二年(1767),两江总督高晋题奏,因东台镇为泰州分司第一大镇,人口稠密,钱粮刑名事务繁多,仅靠东台同知等无法管理,故奏请将东台镇及其附近盐场、村庄改设为东台县。清廷批准设立,并将泰州州判改为东台水利县丞,西溪司巡检改为东台典史,泰州训导亦隶属东台县。[2]东台县首任知县为王玉成。扬州府辖二州六县:江都县、甘泉县、仪征县、高邮州、兴化县、宝应县、泰州、东台县。约乾隆九年(1744),兴化县、宝应县直属于扬州府。[3]除了咸丰年间太平军曾占领江都等三县县域外,这一行政区划一直延续至光绪朝。其中,太平军在所占江苏地区建立江南省,曾三次占领扬州。咸丰三年(1853)二月,太平军占领扬州府,改为扬州郡,辖江都、甘泉、仪征三

---

[1] 指统县政区和高层政区的治理机构所在的县。

[2]〔清〕周右修,〔清〕蔡复午等纂:《〔嘉庆〕东台县志》,《中国方志丛书·华中地方:27》,台北成文出版社1970年版,第295—305页。《高宗纯皇帝实录》卷七九六,《清实录》第18册,中华书局1986年版,第748页。

[3]〔清〕梁园棣修,〔清〕郑之侨、赵彦俞纂:《〔咸丰〕重修兴化县志》卷一,《中国地方志集成·江苏府县志辑》第48册,江苏古籍出版社1991年版,第25页。胡阿祥、姚乐主编:《江苏建置志》,江苏人民出版社2013年版,第547页。

县,不久仪征即失守。咸丰三年十一月,江都、甘泉二县为清军收复,太平军占仪征,十二月,清军收复仪征。咸丰六年三月,太平军再次占领江都、甘泉、仪征三县,同月即败退。咸丰八年八月,太平军再占仪征,九月又占江都、甘泉,不久三县均被清军收复。[1]宣统元年(1909),为避宣统帝溥仪的名讳,仪征县改为扬子县。宣统年间,扬州府辖二州六县:江都县、甘泉县、扬子县、高邮州、兴化县、宝应县、泰州、东台县。江都县、甘泉县为附郭县。1911年11月,扬州各地先后光复,扬州历史又翻开了新篇章。

在所辖州县调整的影响下,清代扬州府的府境亦有所变化。康熙年间,扬州府广袤500余里。东至本府如皋县掘港场360里,西至凤阳府天长县界70里,南至瓜洲扬子江40里,北至淮安府山阳县界280里。[2]乾隆年间,扬州府东西广470里,南北袤300里。东至通州如皋县界360里,西至江宁府六合县界110里,南至镇江府丹徒县界40里,北至淮安府山阳县界260里。[3]

第二节　治理机构与职官

行政区划的归属、治理机构及其职官是理解该行政区域内政治、经济、社会、文化、风俗等内容的基础。清初继承明制,设立督抚作为地方最高长官。从顺治至乾隆时期,督抚的职掌、辖区多有调整,其制度的确立经历了一个较长的过程,且繁杂多变。本节仅论述与扬州相关的治理机构、职官的设置及调整,不涉及其治扬的日常具体事务。

一、省级管理机构

清代扬州府先后归江南省、江苏省管辖。清代江苏经历了多次行政机构的调整,扬州府的省级主管部门也有所变化。

---

[1] 胡阿祥、姚乐主编:《江苏建置志》,第92页。

[2] 〔清〕于成龙等修,〔清〕张九徵、陈焯纂:《〔康熙〕江南通志》卷六《疆域》,《中国地方志集成·省志辑·江南》第1册,第123页。

[3] 〔清〕尹继善等修,〔清〕黄之隽等纂:《〔乾隆〕江南通志》卷一〇《舆地志·疆域》,《中国地方志集成·省志辑·江南》第3册,第262页。

（一）两江总督

顺治二年（1645），设江南总督，辖江南、江西、河南等处。顺治六年
（1649），河南划出，改为江南江西总督。顺治十八年（1661），又改为江南总
督。康熙四年（1665），复改为江南江西总督。康熙末年，开始习称"两江总
督"，直至清末。[1]两江总督是管理江苏的最高军政长官，扬州地区的行政、
司法、军事、监察等事务皆受其节制。

（二）凤阳巡抚

顺治二年（1645）五月设置，驻泰州。扬州、淮安等府归其管辖。顺治
六年（1649）五月，凤阳巡抚被裁，由漕运总督管理其原有辖区，顺治十七年
（1660）二月，复设凤阳巡抚，全称为巡抚凤阳等处地方兼海防、提督军务。
康熙四年（1665）五月再裁凤阳巡抚，辖区分归江宁、安徽巡抚。康熙四年
（1665）十一月，扬州府划归江宁巡抚管理。

（三）江苏巡抚

顺治二年（1645）七月置江宁巡抚，驻苏州。康熙四年（1665）十一月，
因凤阳巡抚已裁撤，江宁巡抚开始管辖扬州府。康熙二十三年（1684），设江
苏巡抚为江苏省的行政长官。[2]江苏巡抚管全省行政、司法、教育等事务，偏
重于民政事务，与两江总督有所分工。需要注意的是，光绪三十年（1904）十
二月，在张謇建议下，政务处设立江淮巡抚，江淮省管辖江宁布政使所属之
江宁、淮安、扬州、徐州四府及通州、海州两个直隶州，两江总督仍兼辖江淮
省。[3]光绪三十一年（1905）三月，江淮巡抚被裁，并改淮扬镇总兵为江北提
督。[4]扬州仍归江苏巡抚管辖。

（四）江宁布政使司

顺治十八年（1661），江南省分设左、右布政使司。左布政使驻江宁，辖

［1］傅林祥等：《中国行政区划通史·清代卷》，复旦大学出版社2017年版，第248—249页。

［2］江宁巡抚一名仍继续沿用。江宁巡抚的名称后来还和江南巡抚、苏州巡抚、苏松巡抚混用。
具体可参考龚小峰：《"江苏巡抚"定名考辨》，《江苏社会科学》2010年第4期；傅林祥：《清代两江
总督和江苏巡抚得名的时间与方式》，《江苏社会科学》2014年第3期。

［3］中国第一历史档案馆编：《光绪朝上谕档》第30册，广西师范大学出版社1996年版，第254
页。

［4］《德宗景皇帝实录》卷五四三，《清实录》第59册，中华书局1987年版，第215页。

安庆、扬州等九府四州。右布政使领江宁、苏州等五府,驻苏州。康熙五年
(1666),右布政使增领扬州、淮安二府及徐州。康熙六年(1667),改为江苏、
安徽二布政使司,分驻苏州、安庆,扬州归江苏布政使司管辖。[1]乾隆二十五
年(1760)八月,设江宁布政使司,扬州归其管辖,[2]并延续至清末。康熙年
间起,江宁布政使的主要职责是管理所辖地区的财政事务。

(五)江苏按察使司

顺治年间,江南省设按察使1员。康熙三年(1664)五月,设江北按察使,
驻泗州,扬州府司法事务归其管辖。康熙五年(1666),江北按察使移驻安庆,
改为安徽按察使,在江宁设江苏按察使。雍正八年(1730),经江苏巡抚尹继
善奏请,江苏按察使司迁至苏州,扬州府的刑名案件仍归其管辖。

上述机构是江苏省管理扬州府的主要部门。清末新政时期,在全国进
行政治改革的大背景下,江苏的省级机构也出现了一些新变化。光绪三十
二年(1906)四月二十日,经学部奏请,清廷任命了23位提学使,其中包括江
苏1人、江宁1人。提学使衙门为学务公所,有议长1人,公所设总务、专门、
普通、实业、图书、会计6课。提学使还主管各省的新式教育,州县在其领导
下设立劝学所,划分学区并设置劝学员。[3]

宣统元年(1909)九月,在宁属咨议局筹办处和苏属咨议局筹办处约一
年时间的努力之后,江苏咨议局在江宁正式成立。此后,它对江苏省的政治、
经济、社会文化等方面的治理产生了一定的影响,原有督抚治理模式也受到
一定的冲击。宣统三年(1911)九月,江苏咨议局退出历史舞台。[4]

宣统二年(1910)二月,江苏省开始启动设立提法使的工作。宣统
二年九月,江苏按察使左孝同任第一任江苏提法使。[5]兼辖全省驿传事

[1]〔清〕尹继善等修,〔清〕黄之隽等纂:《〔乾隆〕江南通志》卷四《舆地志·建置沿革总表》,《中国地方志集成·省志辑·江南》第3册,第147页。

[2]《高宗纯皇帝实录》卷六一九,《清实录》第16册,中华书局1986年版,第965页。

[3]刘伟等:《清季外官制改革研究》,社会科学文献出版社2015年版,第49—52页。

[4]刁振娇:《清末地方议会制度研究——以江苏咨议局为视角的考察》,上海人民出版社2008年版。

[5]史新恒:《清末提法使研究》,社会科学文献出版社2014年版,第31、37页。

务。[1]江苏的官制改革主要是清理积弊、裁并局所,省级新机构的设置,如巡警道、劝业道等落后于其他省。此次改革的许多内容只是停留在纸面上。[2]

二、盐务机构

清代扬州盐务机构是本地区最重要的管理机构,其职掌以盐务为主,也涉及河道治理、缉私巡察、城市建设等地方政务,影响力超过扬州知府等府县官。清前期,户部及其山东清吏司长期掌管全国盐政事务。光绪三十二年(1906),户部改为度支部,其分支机构管榷司兼管盐政事务。宣统元年,改管榷司为督办盐政处,任命镇国公载泽为督办盐政大臣,一切盐务事宜统归其管理。宣统二年(1910),以两江总督兼会办盐政大臣。宣统三年(1911),拟将督办盐政处改为盐政院,在各地相关盐区拟设盐务监督、副监督。不久清朝灭亡,未能实行。[3]但在清前期两淮盐务的具体处理过程中,内务府的造办处、广储司及养心殿等和两淮盐税的解运关系十分密切。这是清廷中央的盐政概况。具体到扬州的情况是,明代在两淮盐区设有巡盐御史与都转盐运使司运使。清初沿袭明制,两淮设巡盐御史1人、都转盐运使司盐运使1人、运同1人、副使1人、运判4人,经历、知事,并所属各场盐课司大使、盐引批验所大使、库仓大使、巡检,则因事设立,无定员。

(一)两淮巡盐御史

两淮巡盐御史又称两淮盐政,驻扬州。盐政廨署原名盐漕察院,因处理盐务需要,沿明旧址,设立两处衙门:一在扬州府旧城内(扬州府署东,北抵钞库巷,西抵通衢,东南皆抵民舍),一在仪征县南一里。两淮盐政统辖江南、江西、湖广、河南等省的府州县额引,督察两淮运司、分司、场灶、官丁、亭户,稽查卫所有司,缉捕私贩。顺治二年(1645),清廷定巡视两淮、长芦、两浙、河东盐政之策,派监察御史各一员,任期一年。道光十年(1830),因盐政事务繁杂等因素,清廷裁撤两淮盐政,命两江总督兼理。在此180余年间,两淮盐政一职的相关制度多有调整。

[1]　内阁印铸局:《宣统三年冬季职官录》,沈云龙主编:《近代中国史料丛刊》第29辑第290册,台北文海出版社1968年版,第689、694页。

[2]　刘伟等:《清季外官制改革研究》,第41、45页。

[3]　刘锦藻:《清朝续文献通考》卷一二一《职官考七》,《万有文库》本。

顺治三年(1646)八月,户部以两淮、浙江领盐引距京师较远,命户部右侍郎李茂芳督理淮浙引务,驻扬州。[1]顺治七年(1650),裁撤引部。顺治十年(1653),停派巡盐御史,责成两淮都转盐运使司盐运使管理两淮盐务。顺治十二年(1655),复派巡盐御史。

康熙七年(1668),清廷规定两淮盐政之差不分满汉,在六部郎中、员外郎及监察御史内选贤任能,每次差遣满汉官各1员。康熙八年(1669),两淮巡盐御史仍专派御史,停差六部官员。康熙十年(1671),两淮盐政不再巡历地方。因左都御史艾元征请,不拘满汉,一次只派一名御史,带笔帖式前往。康熙十一年(1672),停派两淮巡盐御史,盐法事务归安徽巡抚管理。康熙十二年(1673),复派两淮盐政,仍照旧例,按年更换。康熙四十三年(1704)十月,两淮盐课事务,令江宁织造曹寅、苏州织造李煦轮流各兼理一年,停罢笔帖式。该笔帖式原为翻译公文所设。康熙七年(1668),巡盐御史随带翻译满汉文笔帖式一员。康熙十年(1671),添带满文笔帖式一员。康熙十六年(1677),停罢笔帖式。不习汉文的满御史,仍许带满汉文笔帖式一员。雍正元年(1723),因各盐差笔帖式并无承办抄写档案事务,照各关差例,停差笔帖式。

雍正九年(1731)十二月,因两淮盐政所辖地方辽阔,缉私禁弊事务纷繁复杂,由署两江总督尹继善兼理盐务。乾隆元年(1736),专设盐政管理两淮盐务,兼辖江西、湖广、安徽等处。道光十年(1830)十二月,因两淮官引盐滞销,盐务疲敝,根据户部尚书王鼎等奏,将两淮盐政撤销,改由两江总督直接管理两淮盐务。

(二)两淮都转盐运使司盐运使

两淮都转盐运使司盐运使简称两淮运司或运使。两淮盐运使署,位于宁海门外(一说在大东门外张家巷内蕃釐观),是明运使署旧址,康熙二十八年(1689)运使崔华募资重修。乾隆年间,运使曾燠亦曾修葺。太平军攻陷扬州城,署廨毁。同治年间,运使方濬颐重建。

两淮运司掌理两淮盐法,严察场灶户丁,稽核派销,速征斤引,纳疏积

---

[1]〔清〕雷应元纂修:《〔康熙三年〕扬州府志》卷一二《盐法志下》记载,引部设立时间为"顺治四年六月";〔清〕王定安等纂修:《〔光绪〕重修两淮盐法志》卷一二九《职官门》所载引部设立时间为"顺治三年八月"。本书采用"顺治三年"。

雍，兼辖行盐地方的州县盐务，兼管下河水利。凡盐场火伏，及三江、青山二营，暨各委巡备弁兵，并各处盐义仓谷，均归其约束管理。

两淮运司掌两淮盐务政令的执行，统率僚属以办其职务，督引票，理课饷，杜私贩，疏商盐，参与审理商灶案件。"凡兴革之事，咸质于运使，运使乃参酌详审，白于御史，而后宣布于治境焉。"[1]乾隆十九年（1754），因户部侍郎嵇璜奏请，两淮运司兼管下河水利。

两淮运司下设 19 个房，承办具体盐业事务：吏房；户房，分南北二房，南房管淮南食岸引盐，北房管淮北及江、甘、高、宝、泰食岸引盐；礼房；柬房；兵房；刑房；工房；广盈库房；杂科房；饷房；正另库房；折价房；收支房；架阁库房；承发房；宁盐房；仓房；经历房；稿房。

运司衙门佐贰官有运同、运副和运判。盐运同知掌关桥过盐事宜，盐运副使掌解捆事务，康熙十六年（1677）议裁。运判有两种：一是佐理运务之分司运判；二是管理场务之分司运判。[2]顺治十七年（1660），应巡盐御史李赞元奏请将运判调至淮北任职，管淮北盐务。

两淮都转盐运使司经历司，设有经历 1 人，掌管往来文件，并管理北桥称放淮南各纲食引盐。凡商盐船只自坝开行，出六闸运赴北桥。本驳盐船到北桥后，由北桥查验引数，报完发桥旗，限票开行，赴仪征候掣。并轮流委掣江都、甘泉两县的引盐，每月三、六、九日在堂监看收兑盐课钱粮。[3]

盐运司知事 1 人，专管淮南北纲食引盐，"呈纲每引，细按皮票，并请单呈纲，银票逐一磨对算明，造具真纲册银册"。兼管江都、甘泉二县的垣盐解捆，并督查江都、甘泉县缉私事务。[4]

广盈库大使 1 人。旧为未入流。雍正六年（1728），改为正八品。专司

[1]〔清〕谢开宠总纂，〔清〕崔华、程浚等参订：《〔康熙〕两淮盐法志》卷五《秩官》，卢桂平主编：《扬州文库》第 1 辑第 27 册，第 363 页。

[2]〔清〕王定安等纂修：《〔光绪〕两淮盐法志》卷一三〇《职官门·官制下》，卢桂平主编：《扬州文库》第 1 辑第 37 册，第 1908 页。

[3]〔清〕王定安等纂修：《〔光绪〕两淮盐法志》卷一二九《职官门·官制上》，卢桂平主编：《扬州文库》第 1 辑第 37 册，第 1901 页。

[4]〔清〕王定安等纂修：《〔光绪〕两淮盐法志》卷一二九《职官门·官制上》，卢桂平主编：《扬州文库》第 1 辑第 37 册，第 1902 页。

给发淮南北纲食盐引。凡有商盐到桥,据巡检塔报印单,投赴大使衙门,领给引目。

三江营同知,三江营地方旧以江宁府同知 1 员移驻,兼司巡缉。雍正十年(1732),添设三江营同知 1 员,归巡盐御史管。雍正十一年(1733),两江总督尹继善请将三江营同知加衔为分巡盐务金事道,改为道缺,以备管辖弹压本地区私盐。三江营同知盐务道管辖范围:扬州府的江都、仪征、高邮、宝应、兴化、泰州,淮安府属之盐城,常州府属之靖江,以及通州如皋、泰兴等州县。[1]

雍正十三年(1735),两江总督赵弘恩题准,三江营移驻泰州,淮扬通泰等属缉私事务及各场火伏与所坝场关事宜仍令三江营盐务道查察,于巡查火伏之时留心海疆,禁戢枭贩。并在三江营地方添守备 1 员,增兵 80 名,归扬州营游击管辖。乾隆六年(1741),三江营盐务道被裁。乾隆七年(1742),经两江总督那苏图、直隶总督高斌等商讨、奏议,原三江营盐务道缉私、盐义仓、盐场河道等事务改归淮扬道管辖,青山头专营守备、三江营陆路守备及各营弁丁亦归淮扬道约束。淮、扬、海一带场灶由淮扬道管辖,并将通州场灶的盐务事宜归并淮扬道管理。

为了管理盐运、督缉私盐等,两淮盐区派设一些官兵,以加强治理能力。雍正十三年(1735)六月,两江总督赵弘恩题准,仪征县青山头设立专营守备,及江都县马家桥、甘泉县邵伯北坝、僧道桥把总 4 员、外委把总 1 员,俱经拨补。青山头兵丁归奇兵营兼辖,奏销归江宁副将统辖。马家桥等处弁兵归扬州营兼辖,奏销仍听狼山总兵官统辖。乾隆六年(1741),三江营盐务金事道裁撤后,该地营兵归提标管辖。

扬州地区督缉私盐、管理盐运的武官分别是:三江营守备 1 员、把总 1 员、水师千总 1 员、外委把总 2 员;青山营守备 1 员、把总 1 员、外委 1 员;马家桥把总 1 员、外委 1 员;邵伯北坝把总 1 员、外委 1 员;僧道桥把总 1 员、外委 1 员。[2]

---

[1]〔清〕吉庆监修,〔清〕王世球纂:《〔乾隆〕两淮盐法志》卷二三《职官一·官制》,卢桂平主编:《扬州文库》第 1 辑第 31 册,第 566—567 页。

[2]〔清〕吉庆监修,〔清〕王世球纂:《〔乾隆〕两淮盐法志》卷二四《职官二·官制》,卢桂平主编:《扬州文库》第 1 辑第 31 册,第 585 页。另据《〔康熙〕两淮盐法志》卷三记载:掘港场曾设有守备营一座,有官兵驻守。

巡检原为缉私盐捕盗贼而设。两淮盐区设有两个盐务巡检司：白塔河巡检司与安东坝巡检司，前者管理淮南盐船，后者辖淮北盐船。

白塔河巡检司，设有巡检 1 人，管淮南纲食引盐塔报。凡盐船运至六闸，商人先持照单赴巡检衙门投验，钤用印信，给商呈纲。船户将所装商名引数、舱口盐数开明呈报，汇至数船或数十船，每船具结报一本，呈送运司核知。到桥船数转发经历，赴桥查放。另造草册一本，呈送监掣官稽销限票。[1]

白塔河巡检原驻白塔河，康熙三十七年（1698）移驻运司衙门内，与经历、知事、库大使同为运司四首领官。白塔河巡检原系部选之缺。乾隆四十六年（1781），经盐政图明阿奏请，将白塔河巡检、安东坝巡检改为知事借补之缺。

淮南监掣同知，驻扎仪征，设有同知 1 人，下辖典吏 2 人，又称仪所监掣同知。雍正十三年（1735）设立，负责验掣淮南引盐，"准权衡，割余斤，分拆引目，稽督报运。"淮南监掣旧系通判改置。乾隆二十五年（1760），专责监掣，改作同知额缺。[2]淮南监掣同知署，初以民舍办公。乾隆十七年（1752），同知李暲请以裁废之卫署作为办公场所。乾隆二十五年（1760）改为实缺后，同知署遂为淮南掣盐同知署。后毁于太平军战火。

淮南批验所大使，驻仪征，有大使 1 人，下辖攒典 1 人。掌管协掣淮南纲食引盐，订封引目，稽查督催等事。如发现弊窦则报告总司，达于盐政。

淮南泰坝监掣官，驻泰州，有监掣官一员，"管淮南通纲引盐秤掣，凡皮票马簿以及屯船给发验单，并稽查通、泰两属透漏夹带等弊"。其属员有：溱潼巡缉委员 1 人、海安巡缉委员 1 人。[3]雍正六年（1728），派专官管理坝务。雍正十一年（1733），经两江总督尹继善奏，此后坝官务令总督会同盐政于通省佐贰内选用。泰坝盐船出湾头等闸，有绞闸经历督率人夫帮运。乾隆二

[1]〔清〕王定安等纂修：《〔光绪〕两淮盐法志》卷一二九《职官门·官制上》，卢桂平主编：《扬州文库》第 1 辑第 37 册，第 1903 页。

[2]〔清〕王定安等纂修：《〔光绪〕两淮盐法志》卷一二九《职官门·官制上》，卢桂平主编：《扬州文库》第 1 辑第 37 册，第 1904—1905 页。民国盐务署编：《清盐法志》卷一二一《运销门·掣验》记载：顺治十四年五月，淮南掣验盐船设所于仪征旧港。于浩辑：《稀见明清经济史料丛刊》第 2 辑第 6 册，国家图书馆出版社 2012 年版，第 189 页。

[3] 民国盐务署编：《清盐法志》卷一四六《职官门·官制》，于浩辑：《稀见明清经济史料丛刊》第 2 辑第 7 册，第 471 页。

十二年（1757），运使卢见曾详定六闸皆如湾头之例。

　　子盐委员专管子盐出长江黄泥滩、铁鹞子二处的查验，驻仪征，严查夹带透漏，点数请桅封，兼同仪所大使，每日协理掣验。雍正十年（1732）时，有2员分查。乾隆九年（1744）时，仅有1员。乾隆十九年（1754），由仪所大使兼任。后盐政普福仍委专员。两淮改行票法后，撤销子盐委员。

　　两淮南北运盐河渠，大致可分为六段：如漕盐运河、泰州串场盐河等。[1]雍正、乾隆年间，扬州先后设闸官多员，管理盐运船只。雍正十年（1732）五月，工部同意江南河道总督嵇曾筠奏请，设立扬州芒稻河闸闸官1员。乾隆五年（1740）十二月，吏部覆准总办江南水利大理寺卿汪漋奏请，设天妃、石磋二闸闸官1员，白驹三闸闸官1员，上冈北、草堰二闸各设闸官1员，共请设闸官4员，专司启闭，仍令盐务分司并州县官统辖、稽查。"蓄泄合宜，盐运灌溉，均资调剂。"在此之前，草堰场大使兼管白驹三闸内的南中二闸，安丰司巡检兼管白驹三闸内的北闸。上冈北、草堰二闸向隶新兴场大使兼管，兼管大使距离各闸较远，不便管理。"且佐贰场官既有地方盐务之责，更多出差他委，徒存兼管之名。"[2]

　　两淮运司下辖三个分司：泰州分司、通州分司、淮安分司。通泰二司属淮南，淮安分司属淮北。乾隆二十八年（1763），淮安分司改为海州分司。三个分司中仅有泰州分司一直在扬州府境内。

　　泰州分司有运判1人，典吏2人，驻东台，其管辖盐场大部分在扬州府境内。掌各场盐业，顺治至雍正年间辖盐课司大使10人，"催办盐课之政令。日督总灶，巡视各团锅户，浚卤池，修灶舍，筑亭场，稽盘锹"。[3]乾隆元年（1736），栟茶、角斜2场改隶通州分司，刘庄、伍祐、新兴、庙湾4场归泰州

　　[1]〔清〕吉庆监修，〔清〕王世球纂：《〔乾隆〕两淮盐法志》卷四《转运四·河渠》，卢桂平主编：《扬州文库》第1辑第30册，第140页。

　　[2]〔清〕吉庆监修，〔清〕王世球纂：《〔乾隆〕两淮盐法志》卷二四《职官二·官制》，卢桂平主编：《扬州文库》第1辑第31册，第583—584页。

　　[3]〔清〕谢开宠总纂，〔清〕崔华、程浚等参订：《〔康熙〕两淮盐法志》卷五《秩官》，卢桂平主编：《扬州文库》第1辑第27册，第364页。

分司管。乾隆元年,白驹场并入草堰场。[1]泰州分司所属原有 12 场,乾隆三十三年(1768)裁小海 1 场,归并丁溪,始辖 11 场,并延续至清末。

泰州分司统辖 11 场,分属四县:富安、安丰、梁垛、东台、何垛、丁溪 6 场属东台县,草堰、刘庄 2 场属东台、兴化 2 县,伍祐、新兴 2 场属盐城县(属淮安府),庙湾属阜宁(属淮安府)。东台为南北盐务要区,分司驻扎其地,以便管理各场盐务。[2]乾隆元年(1736),淮安分司所属之刘庄、伍祐、新兴、庙湾 4 场改隶泰州分司。泰州分司所属之栟茶、角斜 2 场改隶通州分司管辖。通、泰、淮三分司下各场设有盐课司大使,其职责包括:经征灶课,稽煎缉私,弹压商灶等。两淮部分盐场还曾设有副使,康熙五年(1666)七月裁副使 6 员:安丰场盐课司副使、梁垛场盐课司副使、东台场盐课司副使、刘庄场盐课司副使、伍祐场盐课司副使、板浦场盐课司副使。[3]

通州分司在顺治、康熙年间辖 10 场。雍正二年(1724),通州升为直隶州,通州分司各盐场便不再属于扬州府境内。

表 1-1　　　　　　清代扬州府境内盐场表

时间	分司	盐场								
康熙	泰司	富安	安丰	梁垛	东台	何垛	丁溪	草堰	小海	栟茶	角斜
雍正	泰司	富安	安丰	梁垛	东台	丁溪	草堰	小海	角斜	栟茶	何垛
乾隆	泰司[4]	东台	何垛	伍祐	安丰	小海	富安	梁垛	草堰	刘庄	丁溪
康熙	通司	丰利	马塘	掘港	石港	西亭	金沙	余西	余中	余东	吕四
雍正	通司[5]	丰利	马塘	掘港	石港	西亭	金沙	余西	余中	余东	吕四

[1]〔清〕吉庆监修,〔清〕王世球纂:《〔乾隆〕两淮盐法志》卷一五《场灶一·场界》,卢桂平主编:《扬州文库》第 1 辑第 31 册,第 456、461、463—465 页。

[2]〔清〕王定安等纂修:《〔光绪〕两淮盐法志》卷一七《图说门·泰属图说》,卢桂平主编:《扬州文库》第 1 辑第 34 册,第 277—278 页。

[3]〔清〕谢开宠总纂,〔清〕崔华、程浚等参订:《〔康熙〕两淮盐法志》卷五《秩官》,卢桂平主编:《扬州文库》第 1 辑第 27 册,第 363 页。

[4]乾隆初年,泰州分司管理新兴场、庙湾场盐务。乾隆三十三年将小海场归入丁溪场,辖十一场。嘉庆、光绪年间,仍辖十一场,未有变化。

[5]〔清〕谢开宠总纂,〔清〕崔华、程浚等参订:《〔康熙〕两淮盐法志》卷三《场考》,卢桂平主编:《扬州文库》第 1 辑第 27 册,第 296—304 页;〔清〕噶尔泰纂辑,〔清〕程梦星等纂:《〔雍正〕敕修两淮盐法志》卷二《职官》,卢桂平主编:《扬州文库》第 1 辑第 29 册,第 62—64 页。

（三）晚清两淮盐务机构改革

晚清以来,两淮盐业实行改革,以道光十年(1830)陶澍开启的"废引改票"为序幕。扬州地区盐务管理机构进行调整,并设立了一些新的盐业管理机构。咸丰三年(1853)八月,因淮南盐引销售不畅,两江总督令运司移驻通泰地方,督同运判,场员就场征课,后该令旋即废除。[1]

征税方面。淮南总局,设有总办委员1员,帮办、会办委员3员,总理文案委员1员,管理通泰二十场垣盐等的运销、纳课、缴捐、给发照单等事务。咸丰七年(1857)七月,在泰州设淮南总局,在东台设泰属分局,就场征课。同治四年(1865)四月,因盐运改道,在瓜洲设立官栈——淮南总局,管淮南税盐。同治十二年(1873)四月,盐运复道,在仪征县十二圩设立盐栈。[2]

存储方面。道光三十年(1850)十月,在仪征解捆处设立栈房,以存盐。[3]光绪二十八年(1902),将沙漫洲缉私卡裁去,职能归属仪栈。咸丰九年(1859)七月,在泰州设立公栈,将场商产盐运栈堆储,由栈发贩。扬子淮盐总栈,总办1员,会办1员。淮南20场产盐运至总栈,入库储藏,并调剂盐品。[4]

掣验方面。同治二年(1863)十二月,因行票盐法,要求泰坝加强秤掣,该处为盐运出江首要之区,泰州秤掣委员负责该事务。同治五年(1866)十一月,定瓜栈掣验章程。原先由运司派员在泰州的四浦、分浦抽掣。此时改在新河口内河处掣验。纲盐掣验先在泰坝抽掣,再至仪征掣验。此时将南掣同知和南批验大使移驻新河口,办理掣验。[5]

[1] 民国盐务署编:《清盐法志》卷一四六《职官门·官制》,于浩辑:《稀见明清经济史料丛刊》第2辑第7册,第453页。

[2] 民国盐务署编:《清盐法志》卷一五〇《建置门·盐栈》,于浩辑:《稀见明清经济史料丛刊》第2辑第7册,第528页。

[3] 民国盐务署编:《清盐法志》卷一五〇《建置门·盐栈》,于浩辑:《稀见明清经济史料丛刊》第2辑第7册,第527—528页。

[4] 民国盐务署编:《清盐法志》卷一四六《职官门·官制》,于浩辑:《稀见明清经济史料丛刊》第2辑第7册,第476—477页。

[5] 民国盐务署编:《清盐法志》卷一二一《运销门·掣验》,于浩辑:《稀见明清经济史料丛刊》第2辑第6册,第196—197页。

运输方面。泰坝官除了管辖本处盐务外,还管辖多名官员:四浦掣验委员 3 人、泰坝监筹委员 1 人、泰州南门掣验委员 1 人。晚清也设有盐河闸务官员管理盐船运输。仙六巡护委员 1 人,盐船自仙女庙至六闸,当水大时,委员督率人夫维持调护。六闸提溜委员 1 人,六闸当夏秋时水涨溜急,盐船上闸时,委员督率人夫维持。南盐厅查验正、副委员各 1 人。凡通泰 20 场重运盐船,行抵扬州缺口门外,到厅报查。委员亲往点验,核与重照相符,加戳放行,将验过船引若干具报运司总局。

缉私方面。道光二十六年(1846),两淮运使但明伦奏设盐捕营,获准。于是,盐运使始加兵备衔。扬州盐捕营有都司 1 员、千总 2 员、外委 2 员、把总 2 员、额外 4 员。衙署在霍家桥。[1]

泰州分司属有缉私总巡委员 1 人,统管泰属 11 场,巡缉垣灶透漏私盐。另有分巡 8 员,分别是:溱潼、许坎关、仇湖口、丁溪闸、草堰闸、大团闸、盐城北闸、庙湾海关等 8 处缉私分巡委员。泰州分司还派 1 人任海道口查验委员,掣验南五场重运出场之盐定章。另派 1 人任孙家庄查验委员,掣验北六场重运出场之盐定章。

高邮、宝应设缉私总巡委员 1 人,查缉搬堤出湖之私。六漫闸缉私分巡委员 1 人,负责江运过卡的挂号事宜,委员按旬申报上司。

姜堰缉私总巡委员 1 人,通属场盐运栈,必经力乏桥、姜堰一带,不肖船户偷爬洒卖,患在济枭。而泰属场私,又或于此搬堤,循河出江。所以设置缉私总巡委员 1 人,另有缉私分巡委员 5 人:姜堰、力乏桥、黄桥、曲塘、宝带桥。

孔家涵缉私总巡委员 1 人,孔家涵为上下河通舟孔道,即为泰属场灶走私门户。另有缉私分巡委员 5 人:孔家涵、沈家渡、界沟、白塔河、三江营。

另有南盐厅查盐色委员 1 人,扬河催趱委员 1 人,三汊河缉私查验委员 1 人,新城查验委员 1 人,旧港缉私总巡委员 1 人,黄泥港缉私分巡委员 1 人,宝坊寺缉私分巡委员 1 人,泗源沟缉私分巡委员 1 人,十二圩楚盐查舱委员

[1] 〔清〕王定安等纂修:《〔光绪〕两淮盐法志》卷一三〇《职官门·官制下》,卢桂平主编:《扬州文库》第 1 辑第 37 册,第 1916 页。

1人,十二圩西盐查舱委员1人,仪浦监秤委员3人,十二圩查空委员1人,旧港弹压委员1人,焦山缉私总巡委员1人,瓜洲口缉私分巡委员1人。[1]

光绪、宣统年间,两淮盐业由盐栈、缉私各卡、盐厘各局并督销分局掌理运销、税课、缉私等事务。[2]宣统二年(1910),设立淮南盐政公所,总办1员,属员:提调兼文案、庶务兼调查委员。驻扬州府。该公所整理淮南盐务事宜,由督办盐政处委道员开办。[3]

三、漕运与河务管理机构

扬州是清代南方漕运的咽喉,是河运漕粮的集散中心。江苏苏南、浙江漕粮经瓜洲运至扬州,湖北、湖南、安徽、江西的漕粮则经仪征运抵扬州,再由扬州分帮北运。清初由于征战不止,漕运制度的建立经历了漫长过程,直到"三藩之乱"结束,才算基本确立下来。[4]

漕运总督:顺治二年(1645)五月设立,全称总督淮扬等处、提督漕运海防军务兼理粮饷,驻淮安,后专管南北漕运事务,扬州府漕运亦归其节制。乾隆二十三年(1758),原驻扎淮安巡漕御史改驻瓜洲、仪征之间催趱[5]。咸丰三年(1853),太平军攻占镇江、扬州,漕运河道再次中断。江浙漕粮海运的推行和湖广等省河运漕粮的停止,使得在整个太平天国运动期间,漕运总督的主要精力聚焦于镇压起义。漕运总督自咸丰十年(1860)六月起还曾兼管江苏省江北镇、道以下各员。[6]光绪二十七年(1901),江苏、浙江、山东正式停止征漕。光绪二十八年(1902),清廷正式下令裁撤漕运兵丁、屯田兵丁及卫守备、千总等。[7]光绪三十年(1904)十二月,因河运难行,漕运总督被裁。

[1]〔清〕王定安等纂修:《〔光绪〕两淮盐法志》卷一三〇《职官门·官制下》,卢桂平主编:《扬州文库》第1辑第37册,第1917页。

[2]民国盐务署编:《清盐法志》卷一四六《职官门·官制》,于浩辑:《稀见明清经济史料丛刊》第2辑第7册,第486—491页。

[3]民国盐务署编:《清盐法志》卷一四六《职官门·官制》,于浩辑:《稀见明清经济史料丛刊》第2辑第7册,第472—473页。

[4]倪玉平:《清代漕粮海运与社会变迁》,科学出版社2017年版,第28页。

[5]〔清〕昆冈等修,〔清〕刘启端等纂:《钦定大清会典事例》卷一〇二七《都察院·各道·巡漕》,《续修四库全书》第812册,上海古籍出版社2002年版,第314页。

[6]《文宗显皇帝实录》卷三二二,《清实录》第44册,中华书局1987年版,第775页。

[7]〔清〕朱寿朋编:《光绪朝东华录》,中华书局1958年版,第4749—4750、4829—4830页。

　　江南河道总督：顺治元年（1644），清廷设河道总督，专管黄河、运河事务，驻山东济宁。康熙十六年（1677），河道总督移驻江苏清江浦。雍正七年（1729），河道总督改为河东河道总督与江南河道总督。江苏、安徽两省河务则由江南河道总督管辖，驻清江浦。扬州府境内的河务亦归江南河道总督节制。咸丰五年（1855），黄河决口于河南铜瓦厢，并由此改道入海。咸丰十年（1860）六月，因黄河改道后江南河务减少及衙署被捻军焚烧，清廷裁撤江南河道总督。江南河道事务由漕运总督兼管。

　　扬州的漕运与河务在清代前中期十分重要，除了漕运总督、江南河道总督外，清廷还派设道员来治理，另外扬州知府等各级官吏亦有相应责任协办漕运、河务。扬州管河通判管扬州运河，从山阳县黄浦至江都县三岔河止。康熙三十一年（1692）十二月，因扬州管河通判事务繁多，且兼管兴、泰、如、通四州县下河。令将下河兴、泰、如、通并范公堤、串场河等归扬州府管粮通判兼管，移驻泰州。南河分司驻高邮州，顺治初仅有汉官一员，每三年一换。康熙时添设满差，康熙十七年（1678）裁分司，事务归淮扬、淮徐道管理。该年靳辅奏请设置扬州河营，扬州河营有守备1员，千总2员，把总3员，河营官兵归河道总督统领。扬州河营下辖五汛：宝应汛（驻县城）、氾水汛（驻氾水镇）、永安汛（驻永安河）、高邮汛（驻州城）和江都汛（驻邵伯镇）。通州通判管理瓜仪运河，康熙三十二年（1693），改归江防同知管辖。

　　清初扬州有河务同知1人。顺治七年（1650），裁扬州造船同知等。顺治九年（1652），设扬州府西河船政同知1人，康熙元年（1662）裁。雍正八年（1730），设扬州府水利同知1人，驻泰州东台场。雍正九年（1731），改江防同知为扬河江防同知。[1]

　　道光二十一年（1841），改扬州府总捕同知为粮捕同知。道光二十九年（1849），改扬州府江防同知为江运同知，裁扬州府粮河通判1人，归并江运同知管理。咸丰十年（1860），裁管理洪湖运河之中河、里河、运河、高堰、山盱、扬河、江运等厅同知7人。裁撤高堰、山盱二厅。同治十年（1871），改扬

　　[1]〔清〕昆冈等修，〔清〕刘启端等纂：《钦定大清会典事例》卷二六《吏部·官制·各省知府等官一》，《续修四库全书》第798册，第436、439—444页。

州府总捕同知为河务同知,兼管地方事务。[1]

道光十二年(1832),江都县芒稻闸闸官改为海南汛分防巡检,仍归海阜属管辖。裁仪征清江闸闸官1人。咸丰十年(1860),裁东台、江都、宝应、仪征等处管河县丞19人,宝应、甘泉等处管河主簿21人,庙湾、兴化、安丰、瓜洲等管河巡检16人。[2]

四、税务机构

(一)扬州钞关与工部关

扬州钞关属于户部关,顺治二年(1645)九月设立。清初,中央派满汉笔帖式管理各关,或为六部选派,或为户部派遣,每年更换。康熙四年(一说五年),扬州关归驿传道管辖。康熙八年(1669),仍令六部满汉官擎差。雍正元年(1723),扬州关交与地方官监收,由江苏巡抚委常镇道或常镇通道兼理,有时也由扬州知府暂代管理。时任江苏巡抚何天培曾委派扬州知府孔毓璞管理。[3]乾隆四年(1739)九月,因江苏巡抚张渠奏请,两淮盐政曾兼管扬州关,不久后又改由江苏巡抚管理,成为定制。据乾隆《大清一统志》卷四九记载:清中期,驻镇江府的常镇道一度监收扬州钞关。后该道改为分巡常镇通海兵备道,仍监收扬州钞关,并兼管河务。[4]清末,苏州织造一度兼管扬州钞关、瓜仪关税务。

扬州的工部关主要有瓜洲闸和仪征由闸。瓜洲闸征收河饷、三汊河过坝河饷、竹木税等,仪征由闸征收河饷、过闸货船税等。[5]

仪征河饷银原由仪征县征解,康熙三年(1664)归并瓜洲由闸。瓜洲闸

[1]〔清〕昆冈等修,〔清〕刘启端等纂:《钦定大清会典事例》卷二七《吏部·官制·各省知府等官二》,《续修四库全书》第798册,第459—460页。

[2]〔清〕昆冈等修,〔清〕刘启端等纂:《钦定大清会典事例》卷三一《吏部·官制·各省知县等官三》,《续修四库全书》第798册,第513—514页。

[3]〔清〕昆冈等修,〔清〕刘启端等纂:《钦定大清会典事例》卷二三六《户部·关税·直省关差》,《续修四库全书》第801册,第780、783页。

[4]〔清〕穆彰阿、潘锡恩等纂修:嘉道《大清一统志》卷七二,《续修四库全书》第614册,第231页。

[5]〔清〕昆冈等修,〔清〕刘启端等纂:《钦定大清会典事例》卷九四一《工部·关税》,《续修四库全书》第811册,第364页。

税原属扬河江防同知监收,雍正五年由扬州钞关管理。[1]雍正六年(1728),将胜家坝落地税交由扬州关征收。乾隆四年(1739),定两淮盐政管理扬州税务,后改由江苏巡抚委常镇通海道征收,两淮运司代收盐税,税银解充漕河总督衙门河饷,不经税关监督之手。[2]嘉庆年间,因运河阻塞和扬州等地饥荒的影响,扬州关税课盈余开始减少。鸦片战争期间,扬州关征税工作亦受到战争影响,出现亏欠。因太平军的影响,咸丰三年、四年,扬州关停征。咸丰五年(1855),旋复征旋停征,直至咸丰八年(1858)。咸丰九年(1859),清廷要求扬州关恢复征税,情况仍不理想。太平天国运动之后,扬州关征税出现困难,同治年间,扬州关征收所得税收只有定额的一半,扬州关认为是"洋税侵占"所致。[3]扬州关衙署原在挹江门西二道沟,太平军占领期间搬迁,同治二年(1863)又迁回二道沟。

扬州关口岸有大关、由闸、中闸征收税银,便益门、芒稻河、邵伯镇、白塔河、仪征闸派役巡查。光绪年间有白塔、邵伯、芒稻、中闸4处征税口岸。清末,扬由常关划为通商口岸五十里外常关,扬关在江都县钞关门,由关在江都县三岔河镇,泰关在泰县南门外。[4]

（二）厘金机构

厘金原是咸丰年间为了筹集军饷而对城镇商户强制性收取的一种费用,后逐渐推广至全国,并演变为晚清重要的新税种。咸丰三年(1853),为了筹集镇压太平军的军饷,江北大营扬州帮办军务雷以诚在扬州的仙女庙、邵伯、宜陵、张纲沟等镇抽取厘金。在创立厘金法之初,雷以诚仅请当地有名望的绅董征收管理,设有厘局,但并未委派官员管理。

咸丰四年(1854),雷以诚在泰州设立厘捐分局——泰州公局。同年,在宝应、高邮等地也设立了厘捐分局。咸丰四年(1854)正月,清廷命时任江宁布政使司文煜总理江北诸路清军粮务,并将粮台迁至扬州。咸丰五年(1855),仙女庙设立捐厘总局,由文煜管理江北厘金事。该年,扬州、镇江、

［1］ 祁美琴:《清代榷关制度研究》,内蒙古大学出版社 2004 年版,第 49—50 页。

［2］ 倪玉平:《清朝嘉道关税研究》,科学出版社 2017 年版,第 68 页。

［3］ 倪玉平:《清代关税:1644—1911 年》,科学出版社 2017 年版,第 84—85 页。

［4］ 祁美琴:《清代榷关制度研究》,第 108 页。

常州三府交界地设立了三江营、荷花池、小河口、普安、新港 5 个厘局。咸丰十年(1860),裁撤泰兴县口岸镇的厘局。

同治二年(1863),江北厘捐总局设立,裁并原先的厘金机构,保留 26 处。同治三年(1864),曾国藩在金陵设厘捐总局,江宁、扬州、通州、海门的厘权归其管理。同治四年(1865),江北厘捐总局改名为金陵厘捐总局,由泰州迁往江宁,扬州府厘捐归其管辖。增设漕捐、台捐、统捐三厘局,酌留沿江的厘金局。宣统二年(1910),金陵厘捐总局及其附属机构归并于江南财政公所,公所设有厘务总巡,下辖 27 个厘局。宣统年间,江苏省的厘金机构进行了调整、改置,其中扬州府情况如下。[1]

荷花池厘局:三江营卡、沙头卡。

泗源沟厘局:太平桥卡、新城卡、北河口卡、土桥卡、瓜洲卡、铁路旱卡。

湾郏厘局:严家桥卡、昭关坝卡、刘家洼卡、茶庵分巡、邵伯卡、鳅鱼口分巡、露筋祠分巡、芦庄分巡。

宝应厘局:拦军楼卡、氾水卡、泥甸卡、均卜卡、王通河卡、黄浦卡、子婴闸卡、南闸卡、金沟卡、涂沟卡、唐港卡、马沟卡。

高邮厘局:十港卡、新河卡、马棚湾卡、南河卡、东河卡。

五、道

清代的道是省属的地方一级机构,分为辖区道和专业道两大类。分守道、分巡道多管地方水利、兵备事务,有其辖区。粮道、盐道、河道等则管理专门事务,有时兼巡部分地方事务。顺康时期,各省设道调整最为频繁,可以说是清代设道规制发生根本性变化的一个时期。清初的道制基本沿袭明制,守巡道、兵备道是地方道的主体,他们之间的职掌差异逐渐缩小,行政化、地方化趋势进一步固定。这在客观上又增添了后人认识的难度。[2]江苏省及管辖扬州府粮食、河工、盐法、兵备等事务的各道亦经历了复杂变化,现梳理如下。

江安督粮道:顺治三年(1646)二月,设江南省督粮道,驻江宁府,管辖

---

[1]　崔启明:《晚清江苏境内厘金机构考》,《社科纵横》2011 年第 12 期。

[2]　周勇进:《清代地方道制研究》,南开大学博士学位论文,2010 年,第 115、256 页。

江宁、扬州、安庆等 10 府 4 州相关事务,又称江安督粮道。

分巡扬州兵备道:亦称整饬扬州海防兵备道、扬州江海道,顺治二年(1645)五月设,驻泰州,兼管河道、粮饷、盐法、驿传。康熙二年(1663)十月裁,辖区并入驿盐道。[1]扬州兵备道 1 员,标下守备 1 员。[2]

江南驿传盐法道:顺治二年(1645)八月设,驻江宁府,管辖江南全省驿传、盐法事务。顺治十三年(1656)裁。康熙二年(1663)十月复设,兼分巡扬州府,驻江宁府、仪真县。康熙六年(1667)不再分巡扬州府。[3]康熙十三年(1674),改设江苏等处驿盐道,仍驻江宁。乾隆二十八年(1763),各处运盐河道、闸坝、挑浚工程仍令两淮运司、淮扬道会同办理。乾隆二十九年(1764),署两江总督庄有恭奏请将淮扬道所管盐务除河道事外,改归常镇扬通淮徐道分管。所有各道兼理盐务,各归所辖之地。乾隆四十四年(1779),驿站归按察使司管理,各道专理盐法。咸丰以后,因添设督销、官运等局,两江总督直接管辖盐务,盐法道作用变小。"军兴以后,各省多设督销、官运等局,运司之权既分,而盐道一职尤成虚设。"[4]

淮扬道:又称分巡淮扬道,康熙九年(1670)四月改淮海道置,驻淮安府。管淮安、扬州河工事务。康熙三十五年(1696)后,改江南里河同知为江南通省管河道,扬州河工事务归江南通省管河道员管辖,康熙三十八年(1699)裁江南通省管河道。[5]雍正九年(1731),改淮扬道为淮扬海道。[6]乾隆八年(1743)四月,淮扬海道改为河务道,不再分巡地方。[7]乾隆十三年(1748),为分巡淮扬海河务道兼理漕务盐法,加按察使司副使衔。乾隆

---

[1]《圣祖仁皇帝实录》卷一〇,《清实录》第 4 册,中华书局 1985 年版,第 160 页。

[2]〔清〕允禄等监修:雍正《大清会典》卷一二九《兵部职方司·镇戍十》,沈云龙主编:《近代中国史料丛刊三编》第 77 辑 776 册,台北文海出版社 1994 年版,第 8205 页。

[3]《圣祖仁皇帝实录》卷一〇,《清实录》第 4 册,第 160 页。〔清〕昆冈等修,〔清〕刘启端等纂:《钦定大清会典事例》卷二五《吏部·官制·各省道员》,《续修四库全书》第 798 册,第 424—426 页。

[4]《宣统政纪》卷六一,《清实录》第 60 册,中华书局 1987 年版,第 1083 页。

[5]《圣祖仁皇帝实录》卷一七一、卷一九三,《清实录》第 5 册,中华书局 1985 年版,第 850、1042 页。

[6]〔清〕尹继善等修,〔清〕黄之隽等纂:《〔乾隆〕江南通志》卷一〇六《职官志·文职》,《中国地方志集成·省志辑·江南》第 5 册,第 46 页。

[7]《高宗纯皇帝实录》卷一八九,《清实录》第 11 册,中华书局 1985 年版,第 430 页。

三十年（1765）四月,淮扬海道改名淮扬道,全称分巡淮扬河务兵备道兼理漕务盐法海防等处地方。扬州府地方分巡事务,仍归淮扬河道兼管。嘉庆七年（1802）,淮扬道原管之江防、扬粮两厅改归常镇道管辖。嘉庆十六年（1811）,淮扬道专管桃南、里河、外河、扬河、高堰、山盱六厅河务,并所属淮扬二府地方。咸丰三年（1853）,裁河库道一缺,其所管收放钱粮即归淮扬、淮海、海徐各道分管。咸丰十年（1860）六月,并入淮徐扬海道。改淮徐道为淮扬海道,驻徐州,淮扬、淮海二道所管地方河工事宜,统归该道管辖。[1]同治四年（1865）正月,复置淮扬河务兵备道,分巡淮安、扬州,并管理河务。[2]光绪三年（1877）,因海州来属,更名为淮扬海道。光绪后期,淮扬海道兼按察使衔,管理淮扬地区狱讼。[3]

分守江镇道:康熙十三年（1674）复设,驻镇江府。乾隆八年（1743）,扬州府来属,改称常镇扬通道,习称常镇道。[4]乾隆三十年（1765）四月,扬州府往属淮扬道。[5]

六、扬州的府州县机构

清代扬州府及其所属州县职官的设置、数量等相对而言较为稳定。康熙年间,扬州府所设职官包括行政、司法、税收、教育、仓储、交通等多个方面,具体如下。知府 1 人,同知 2 人,通判 2 人,推官裁;经历司:经历 1 人,知事裁;照磨所:照磨 1 人;检校:1 人;司狱司:司狱 1 人;儒学:教授 1 人,训导 1人;大积库:副使 1 人;军储仓;税课司:大使 1 人;瓜洲税课司:大使 1 人;广陵驿:驿丞 1 人;瓜洲闸:闸官 1 人;阴阳学:正术 1 人;医学:正科 1 人;僧纲司:都纲、副都纲各 1 人;道纪司:都纪、副都纪各 1 人。[6]

［1］《文宗显皇帝实录》卷三二二,《清实录》第 44 册,第 774 页。

［2］《穆宗毅皇帝实录》卷一二七,《清实录》第 48 册,中华书局 1987 年版,第 34 页。

［3］《德宗景皇帝实录》卷五四四,《清实录》第 59 册,中华书局 1987 年版,第 225—226 页。〔清〕昆冈等修,〔清〕刘启端等纂:《钦定大清会典事例》卷二五《吏部·官制·各省道员》,《续修四库全书》第 798 册,第 433 页。

［4］《高宗纯皇帝实录》卷一八九,《清实录》第 11 册,第 430 页。

［5］《高宗纯皇帝实录》卷七三四,《清实录》第 18 册,第 88 页。

［6］〔清〕于成龙等修,〔清〕张九徵、陈焯纂:《〔康熙〕江南通志》卷二六《职官》,《中国地方志集成·省志辑·江南》第 1 册,第 501—502 页。

其中,同知分为清军捕盗同知和江防同知,雍正九年(1731)改江防同知为扬河江防河务同知,驻扎瓜洲镇。康熙元年(1662)裁原设船政同知1员。雍正八年(1730),添设水利同知1员,驻扎泰州东一场。

扬河通判1员,康熙三十一年(1692)分驻高邮州。粮河通判1员,本督粮通判,康熙三十五年(1696)分下河通判1员,管辖兴、泰、如、通四州县河道串场河、范公堤等处工程,以扬州督粮通判兼摄,移驻泰州,乾隆年间改为粮河通判。监掣盐务通判1员,雍正十二年(1734)设,驻仪征。军储仓大使、税课司大使于康熙五十五年(1716)裁撤。[1]

康熙初年,扬州府城沿用明城,江都县城与府城在同一地。乾隆二年(1737),江都知县五格、甘泉知县吴鄂主持修建扬州城。仪真县、宝应县、兴化县等扬州府属州县均使用前代旧城。

扬州知府衙门位于通泗桥西北,知府办公、居住均在此地,其属员办公场所亦在其周围,如经历司、军器库、照磨所等,属员住处亦位于该地,便于知府及时联系下属处理事务。另有圣谕亭、旌善亭、广恤所等。义仓在广储门。惠民药局、盘诘厅,俱在各城门内。江防同知分署,别建于瓜洲城。府属杂职者:僧纲司在天宁寺,道纪司在明真观,广陵驿在南门外,税课司在南门内。

表1-2　　　　**康熙年间扬州府辖县职官表**

江都县	仪真县	泰兴县	兴化县	宝应县	如皋县
知县一	知县一	知县一	知县一	知县一	知县一
县丞一	县丞一	—	县丞一	县丞一	县丞裁
主簿一	主簿裁	主簿裁	主簿裁	主簿一	主簿裁
典史一	典史一	典史一	典史一	典史一	典史一
儒学:教谕一,训导一	儒学:教谕一,训导一	儒学:教谕一,训导一	儒学:教谕一,训导一	儒学:教谕一,训导一	儒学:教谕一,训导一
邵伯镇巡检一	税课局大使一	黄桥巡检一	安丰巡检一	衡阳镇巡检一	西场巡检一

[1]〔清〕尹继善等修,〔清〕黄之隽等纂:《〔乾隆〕江南通志》卷一〇八《职官志·文职》,《中国地方志集成·省志辑·江南》第5册,第73页。

续表 1-2

江都县	仪真县	泰兴县	兴化县	宝应县	如皋县
瓜洲镇巡检一	广实仓	印庄巡检一	永兴仓	安平驿:驿丞一	石庄巡检一
万寿巡检一	清江闸:闸官一	—	—	—	—
上官桥巡检一	仪真水驿:驿丞一	—	—	—	—
邵伯驿:驿丞一	阴阳学:训术一	阴阳学:训术一	阴阳学:训术一	阴阳学:训术一	阴阳学:训术一
—	医学:训科一	医学:训科一	医学:训科一	医学:训科一	医学:训科一
—	僧会司:僧会一	僧会司:僧会一	僧会司:僧会一	僧会司:僧会一	僧会司:僧会一
—	道会司:道会一	道会司:道会一	道会司:道会一	道会司:道会一	道会司:道会一

资料来源:《〔康熙〕江南通志》卷二六

乾隆年间,各县职官有所调整。江都县:原有主簿 1 员,今分属甘泉县。儒学训导分属甘泉。增设广陵驿驿丞 1 员、瓜洲闸闸官 1 员。

甘泉县:添设知县 1 员。管河主簿 1 员,系江都县分拨。典史 1 员,添设。儒学复设训导 1 员,系江都县分拨。邵伯司巡检 1 员。上官桥巡检 1 员。邵伯驿驿丞 1 员。三者系分拨。

仪征县:增设旧江口巡检 1 员,批验所大使 1 员;仪征驿驿丞裁并。阴阳学等裁。

兴化县:永兴仓裁。阴阳学等裁。

宝应县:衡阳镇巡检 1 员,槐楼司巡检 1 员。安平驿驿丞裁并。

泰兴县:原设县丞 1 员,康熙三十二年(1693)拨改如皋县管河县丞。主簿 1 员,顺治年间裁。增设口岸司巡检 1 员。阴阳学等裁。[1]

---

[1]　〔清〕尹继善等修,〔清〕黄之隽等纂:《〔乾隆〕江南通志》卷一〇八《职官志·文职》,《中国地方志集成·省志辑·江南》第 5 册,第 74—77 页。

表1-3　　　　　　　康熙年间扬州府辖州职官表

高邮州	泰州	通州
知州一	知州一	知州一
同知一	同知一	同知裁
州判一	州判一	州判一
吏目一	吏目一	吏目一
儒学：学正一，训导一	儒学：学正一，训导一	儒学：学正一，训导一
广储仓：大使一	常丰仓	税课司：大使一
时堡司巡检一	税课局：大使一	通济仓：大使一
界首驿：驿丞一	宁乡司巡检一	狼山巡检一
阴阳学：典术一	西溪司巡检一	阴阳学：典术一
医学：典科一	海安司巡检一	医学：典科一
僧正司：僧正一	阴阳学：典术一	僧正司：僧正一
道正司：道正一	医学：典科一	道正司：道正一
—	僧正司：僧正一	—
—	道正司：道正一	—

资料来源：《〔康熙〕江南通志》卷二六

乾隆年间，泰州裁常丰仓、税课局大使1员；高邮州裁省广储仓大使、陆漫闸闸官。[1]

在辛亥革命之前，扬州地区的主要官员有两淮盐运使增厚、淮南盐运总局局办汪铭恩、扬州府知府嵩峋、扬州营参将刘永兴、扬州城守营守备夏松年等。[2]

第三节　军事部署与机构职官

清代扬州面江滨海，面临着江防与海防的双重任务，"通州以西为江防，

[1]〔清〕尹继善等修，〔清〕黄之隽等纂：《〔乾隆〕江南通志》卷一○八《职官志·文职》，《中国地方志集成·省志辑·江南》第5册，第75页。

[2]周新国等：《江苏辛亥革命史》，社会科学文献出版社2011年版，第265页。

通州以东为海防"[1]。《〔康熙二十四年〕扬州府志》对扬州的江防海防环境有较为具体的概括,"扬子江上自九江,下至通州海门,数千里,江南北远者数十里,近亦十余里,中隔洲渚港汊丛杂,诸奸宄亡命窜伏其中,伺间为劫,商旅船多被劫掠,甚则贼杀,公吏不顾。在扬州境者,黄天荡、孟渎河,其要害也。海滨故饶鱼盐,群不逞之徒,规私贩利厚,辄张高桅巨舶,出没怒涛骇浪中"[2]。

尤其是顺康年间,郑成功等抗清力量的存在使得扬州地区的军事防务压力较大。"江南水师布防可谓犬牙交错,互相联系,互相制约。以江防、海防任务划分,大致以两江总督直辖下的 16 营以江防为主,江南水师提督统辖下的各营以及狼山镇、苏松镇所辖各营既有海防职责,又有江防任务,而河督、漕督所辖各营重在河防。"[3]顺治十六年(1659)六、七月,郑成功军队曾攻占镇江京口,北破瓜洲、仪真,郑军旋败而兵退。康熙二十二年(1683),郑克塽降清后,东南各省的海上威胁才正式解除。另外,明代以来的倭寇影响对清前期江南地区的海防产生了显著影响,这种影响不仅体现在海防观念中,也体现在海防的具体举措方面。[4]江苏内洋的海防基线为海岸线和崇明岛岸线,内外洋交界线大致在汇头、崇明岛东端、廖角嘴一线附近。[5]

扬州的军事力量管理呈现出不断调整和多方牵制的特征。除了清廷军事力量部署的整体特征外,清初郑成功势力、"三藩之乱"的冲击和明代军事制度的影响等因素都实际影响着扬州军事力量的部署与管理制度。[6]扬州的自然地理环境特征和经济地位也是清廷考量的重要因素。

　　[1]〔清〕于成龙等修,〔清〕张九徵、陈焯纂:《〔康熙〕江南通志》卷一三《江防海防》,《中国地方志集成·省志辑·江南》第 1 册,第 230 页。

　　[2]〔清〕金镇原本,〔清〕崔华、张万寿续修,〔清〕王方岐续纂:《〔康熙二十四年〕扬州府志》卷五《江防海防》,卢桂平主编:《扬州文库》第 1 辑第 3 册,第 70 页。

　　[3]王宏斌:《清代前期海防:思想与制度》,社会科学文献出版社 2002 年版,第 67 页。

　　[4]李恭忠、李霞:《倭寇记忆与中国海权观念的演进——从〈筹海图编〉到〈洋防辑要〉的考察》,《江海学刊》2007 年第 3 期。

　　[5]王宏斌:《清代前期江苏的内外洋与水师巡洋制度研究》,《安徽史学》2017 年第 1 期。

　　[6]王刚:《清代前中期江南军事驻防研究(1645—1853)》,南京大学博士学位论文,2014 年,第 32—49 页。

一、海防

扬州府的海防主要指原属扬州的通州地区的海防事务,由狼山镇及其兼辖的掘港营负责,防御范围集中在近海区域。江南河道总督兼辖的庙湾、佃湖 2 营也就各自所辖海域进行巡洋。[1]在雍正二年(1724)通州升为直隶州之前,其海防驻军情况如下。通州狼山镇原设四寨:大河口、斜角嘴、徐稍港、石港,分 10 营:壮捷、壮武、镇远、旌忠、济武、登庸、平定、忠节、兴义、威武。由副总兵总管狼山镇军事,与海防道相策应,统辖狼山、掘港、周桥、大河等处,明朝在狼山镇派驻水陆兵丁 8000 余人。清初酌用明制,额设副总兵 1 员,守备 1 员,把总 6 员,兵 1200 名。顺治十六年(1659),郑成功侵袭长江后,狼山镇改由总兵把守,增立 3 营,添派驻兵 3000 人。如皋掘港营在掘港场东迄海洋 50 里,为倭寇登陆首要。清初设守备兵 300 名防守,与狼山接应。[2]顺治年间,清廷还曾在泰州设立海防兵备副使,周亮工等曾任该职。

二、江防

江苏省的长江巡防区域划分如下:狼山水师负责从长江口北岸的廖家嘴到西面的京口。京口水师则负责巡防通州狼山至江宁的江面区域。[3]扬州府的江防即由狼山水师和京口水师分别承担。

顺治十一年(1654),南明将领张名振三次攻打长江,曾占领金山、瓜洲等地。原本驻扎安庆管理长江下游防务的操江巡抚在张名振之役后改驻瓜洲,以加强防御南明的水师力量。郑成功北伐之役后,操江巡抚又转驻安庆。顺治十六年(1659),郑成功率军攻占瓜洲、仪真,该年冬,清廷命随征江南左路总兵杨捷镇守扬州,后由塞白理任总兵。郑军撤退后,清廷重新在京口设八旗驻防,裁撤扬州军,但沿江的墩、堡等防卫设施均保留下来,与京口互

[1] 王刚:《清代前中期江南军事驻防研究(1645—1853)》,南京大学博士学位论文,2014 年,第 130 页。

[2] 〔清〕金镇原本,〔清〕崔华、张万寿续修,〔清〕王方岐续纂:《〔康熙二十四年〕扬州府志》卷五《江防海防》,卢桂平主编:《扬州文库》第 1 辑第 3 册,第 70—71 页。

[3] 王刚:《清代前中期江南军事驻防研究(1645—1853)》,南京大学博士学位论文,2014 年,第 133 页。

为犄角。

康熙二十三年（1684），京口右路水师总兵被裁，[1]京口左路水师总兵改称京口水师总兵，辖中、左、右三营。[2]康熙三十六年（1697），裁京口水师总兵，改设副将，仍属京口将军管辖。[3]并裁去右营，将中营、左营改为左、右二营。[4]水兵数量由3860人裁减到康熙五十三年（1714）的1900人。[5]京口水师曾在扬州驻扎部分士兵。康熙十年（1671），京口右路水师移驻瓜洲。[6]康熙三十六年后，京口右营在瓜洲派游击1员，在江都驻有水师兵丁。[7]

三、职官

统辖或管理扬州府军事的武职官包括省级武官和本地武官，另外京口武官和狼山镇武官亦管理扬州的军备，其职官沿革情况如下。江南水陆提督1人，节制狼山、淮扬等5镇，驻扎松江府。两江总督兼辖扬州盐捕2营，江宁城守协副将驻江宁，兼辖奇兵、瓜洲等4营。奇兵营游击1人，驻仪征县，兼辖青山1营。青山营守备1人，驻扎仪征县。瓜洲营守备1人，驻扎江都县瓜洲。狼山镇总兵具体管辖扬州地区的江防和海防事宜。

狼山镇总兵官驻扎通州，辖本标中、右2营，兼辖通州、掘港、泰州、泰兴、三江5营。右营属内洋水师，游击1人，驻扎北岸上游。通州营属内洋水师，游击1人，驻扎北岸下游。掘港营属外海水师，游击1人，驻扎吴淞口。泰州营都司1人，驻扎泰州。泰兴营守备1人，驻扎泰兴县。三江营属内河水师，

---

［1］《圣祖仁皇帝实录》卷一一六，《清实录》第5册，中华书局1985年版，第211页。

［2］〔清〕伊桑阿等纂修：康熙《大清会典》卷九一《兵部十一·镇戍六》，沈云龙主编：《近代中国史料丛刊三编》第72辑第722册，台北文海出版社1992年版，第4590页。

［3］《圣祖仁皇帝实录》卷一八四，《清实录》第5册，第966页。

［4］〔清〕允禄等监修：雍正《大清会典》卷一二六《兵部职方司·镇戍七》，沈云龙主编：《近代中国史料丛刊三编》第77辑第776册，台北文海出版社1994年版，第8026页。

［5］〔清〕于成龙等修，〔清〕张九徵、陈焯纂：《〔康熙〕江南通志》卷一一《兵制·皇清兵制》，《中国地方志集成·省志辑·江南》第1册，第216页。中国第一历史档案馆：《康熙朝汉文朱批奏折汇编》第5册，档案出版社1984年版，第842页。

［6］〔清〕高得贵修，〔清〕张九徵等纂，〔清〕朱霖等增纂：《〔乾隆〕镇江府志》卷一六《武卫·国朝》，《中国地方志集成·江苏府县志辑》第27册，第353页。

［7］〔清〕尹继善等修，〔清〕黄之隽等纂：《〔乾隆〕江南通志》卷九三《武备志·兵制二》，《中国地方志集成·省志辑·江南》第4册，第692页。

守备 1 人,驻扎三江口。

淮扬镇总兵官驻扎清河,辖本标中、左、右 3 营,兼辖庙湾等 7 营。庙湾营属内河水师,游击 1 人,驻扎阜宁县。

长江水师瓜洲镇总兵官驻扎扬州府江都县大江北岸瓜洲地方,统辖本标 4 营,分驻瓜洲、瓜洲大口、丹徒县鲇鱼套、六合县东沟口、江阴县大江南岸黄田港、靖江县八圩港等。三江营:游击 1 人,左哨都司 1 人,右哨都司 1 人,驻扎江都县大江北岸;前哨守备 1 人,驻扎泰兴县黄家港。[1]

扬州府境内的武职官调整情况如下。顺治二年(1645),设有扬州营、庙湾营游击,瓜洲营、泰州营、掘港营、东海营守备。此后,扬州绿营兵制多有调整。顺治十八年(1661),裁扬州兵备道标下守备 1 人。康熙元年(1662),瓜洲营隶督标,改守备为参将。康熙十一年(1672),裁瓜洲营参将,改设守备。增设泰州营游击。康熙二十五年(1686),增设扬州营把总 1 人。康熙三十六年(1697),裁庙湾营把总。雍正六年(1728),设淮扬河营游击 1 人。雍正七年(1729),设扬河江防河营守备 1 人。雍正八年(1730),泰州营增千总、把总各 1 人,改奇兵营、瓜洲营归督标江宁副将管辖,移狼山总兵官标下右营游击驻吕四场,守备驻余西场。雍正十一年(1733),设青山营守备 1 人,把总 1 人,外委 1 人,增设马家桥、邵伯镇、北坝、僧道桥把总各 1 人。雍正十三年(1735),增设督标奇兵营守备 1 人,三江营守备 1 人。

嘉庆十七年(1812),扬州营改隶两江总督统辖,此前由江南提督管辖。并增设千总 1 人,把总 1 人,外委 1 人,额外外委 2 人,归扬州营管辖。嘉庆二十五年(1820),改邵伯汛把总为千总,拨原设把总归三江营管辖。移扬州营驻防外委驻马家桥,增设马家桥、北坝汛外委 2 人,水北汛额外外委 1 人。道光十年(1830),移扬州营左军守备驻高邮,改高邮原设千总为城守千总。道光二十四年(1844),裁泰兴营额外外委 2 人。道光二十六年(1846),增设扬州城内盐捕营都司 1 人,千总 2 人,把总 2 人,外委 2 人,额外外委 4 人。又增设三江营外委 1 人。

---

[1] 〔清〕昆冈等修,〔清〕刘启端等纂:《钦定大清会典事例》卷五九二《兵部·绿旗营制》,《续修四库全书》第 807 册,第 250、251、253、254、260 页。

咸丰十年（1860），裁江南河道总督1人，添设总兵1人，驻扎清江地方，为淮扬镇总兵官。裁高、宝江防二营等官，改为高邮营，酌留守备1人，千总1人，把总1人，外委2人，驻高邮州，均归淮扬镇总兵官统辖。同治二年（1863），裁高邮营备弁5人，仍由高、宝江防二营酌留千总1人，把总1人，外委4人，归扬州府军捕同知管辖。咸丰八年（1858），裁扬州营邵伯汛千总1人，拨归狼山镇标。咸丰九年（1859），扬州营拨千总1人至狼山镇标中营任千总。泰州营改拨把总1人至狼山镇标中营。三江、泰兴营拨外委2人至狼山镇标中营。咸丰十一年（1861），裁泰州营守备1人，原设泰兴营都司1人驻泰州，为泰州营都司。[1]另外，扬州地区还设有卫所、河标等兵力，但其主要职责是漕运和河务。

江苏省的八旗驻防主要驻扎在江宁和京口，扬州地区的军事力量以绿营为主。咸丰以后，绿营兵制渐生弊窦。同治九年（1870），扬州营参将1人、中军守备1人驻府城，左军守备旧驻徐凝门外，于道光七年（1827）移驻高邮。千总3人，前哨千总驻城守汛，后哨千总原驻邵伯汛，已改隶狼山镇标，不入扬营额数。其左右哨千总，驻高邮及宝应汛，把总7人，驻县境者西南汛，兼跨甘泉县地，把总驻西门钞关汛，把总驻钞关外马家桥汛，把总驻马家桥。其余驻甘泉及高、宝各汛。光、宣以降，绿营被渐次裁汰，新军则逐渐登上历史舞台。光绪二十三年（1897），淮扬镇标练兵1营，每营500人。光绪二十九年（1903），曾改部分绿营为巡警。光绪三十年（1904）十二月，两江总督周馥设立督练公所，负责新军事务，扬州地区属第1镇。同年，扬州设立了武备学堂，培养新式军事人才。至宣统二年（1910），实存巡警军什长20名、巡警军正兵193名。宣统二年（1910）十二月，两江总督张人骏、江苏巡抚程德全、江北提督段祺瑞、江南提督刘光才等奏裁减江苏绿营案内，复裁扬州营守备1员等，实存正兵130名、战马15匹。[2]

---

〔1〕〔清〕昆冈等修，〔清〕刘启端等纂：《钦定大清会典事例》卷五四九《兵部·官制·江南绿营》，《续修四库全书》第806册，第595—598页。

〔2〕钱祥保修，桂邦杰等纂：《〔民国〕江都县续志》卷九《兵防考》，《中国地方志集成·江苏府县志辑》第67册，第529—530页。

　　作为一个府级地区,清代扬州行政区划的调整与行政机构的改革过程与整个清朝地方行政制度变化进程基本一致,可以分为清初的"清袭明制"时期、不断完善的"清制"时期以及光宣年间的近代化变革期[1]。顺治年间至康熙二十二年之间,除了继承明制外,扬州的行政体制以发展盐务、漕运及防范南明、郑成功势力为主要特点。康熙二十三年之后,扬州的行政机构以盐务部门为主导,府州县机构主管境内钱粮刑名事务,地方重要政务往往由两江总督、江苏巡抚督导,两淮盐政等主持。这一时期,行政机构及职官的调整往往围绕发展盐业、打击私盐及保障漕运而进行,经济色彩较为浓厚,军事功能则相对较弱。晚清以来,扬州的行政体制也有所调整,其中厘金等税收征管制度的变化最为重要。光绪末年,清廷在扬州地区新政举措极少。

---

[1]　傅林祥等:《中国行政区划通史·清代卷》,第3页。

第二章 清初扬州社会

在明清易代的社会巨变中,繁华、富庶的扬州遭受到重创,特别是清军占领扬州后所执行的惨绝人寰的屠城举措,导致人口锐减、城垣残破、经济萧条。为改变遭受洗劫后扬州荒凉、凋敝的惨状,清廷所选任的扬州府县各级官员实施了一系列措施,恢复经济社会运行秩序,并取得较好的效果——扬州府经济社会秩序得到有序恢复。

第一节 兵燹后的扬州

"兵燹"给扬州社会、经济与文化造成了深重的灾难,社会经济的恢复和发展面临着严重困境。清廷入关后所推行的圈地、剃发等令,使得社会矛盾更加尖锐、激烈。为缓和社会矛盾,解决民众物质生活的困顿,安抚民众所遭受心理上的摧残,清廷在调整其统治策略的同时,又采取了一系列恢复发展农业、手工业、商业的措施。

一、扬州兵燹

崇祯十七年三月(1644年4月),李自成率兵攻占北京,崇祯皇帝于三月十九日(1644年4月25日)在煤山(今北京市景山公园)自杀。这一事件虽标志着明王朝的覆亡及其在北方统治的结束,但淮河以南的广大地区还在明王朝残余势力的控制之下。

崇祯皇帝自杀的消息传到明留都南京,在南京的明王朝官员们拥立崇祯皇帝的堂兄福王朱由崧[1]继承皇位,改元"弘光",史称南明弘光政权。为

---

[1] 朱由崧,明神宗的孙子,明神宗第三子福王朱常洵的长子,生于万历三十五年(1607)。

拱卫新成立的南明政权,抵御来自大顺[1]和清政权的军事进攻,时任兵部尚书史可法构建了江北防线,设置江北四镇[2],并督师扬州。

清廷为消灭各残余势力,在击溃李自成农民军后,即挥军南下,攻打南明弘光政权。南明政权在史可法的主持下,虽然构建了江北四镇防御体系,但由于江北四镇诸将各怀心事,并互相攻伐,致使江北防御体系不能发挥应有的作用。这不仅导致南明军心涣散,削弱了南明政权的军事实力,并且导致人们对南明政权丧失信心,客观上加速了南明政权的消亡。在清军的大举进攻之下,江北四镇相继沦陷,史可法所构建的形同虚设的江北防御体系全面崩溃。

清军长驱直入,直逼扬州。扬州军民在史可法的率领下,进行了艰苦卓绝的战斗,终因寡不敌众,史可法等人被俘,城池失守。清军虽入城,但并没有完全控制扬州城。

扬州城军民在刘肇基[3]等将佐的带领下展开激烈的巷战,给清军造成了巨大的伤亡。[4]在清军的围攻之下,"肇基矢贯额死,邦才自刎死,楼挺战死城上。其余文武将吏,死者甚众"[5]。史载清军入城后,史可法的部属史书、顾起龙、龚之厚、陆晓、唐经世等皆以死报国。[6]豫亲王多铎对扬州城军民顽强抵抗给清军的沉重打击大为恼火,虽然史可法在殉国前曾向豫亲王多铎

---

[1] 大顺政权(1644—1645),明崇祯十七年(1644)正月,起义军领袖李自成在长安建国,国号大顺。1644年三月,李自成率军进入北京,明朝灭亡。但由于战略失误,大顺军退出北京,一路败退至湖北。1645年五月,李自成率兵退至湖北九宫山,遭到当地地主武装的袭击,不幸死亡,大顺政权灭亡。

[2] 江北四镇:南明时期,兵部尚书史可法为抵御来自大顺、大清政权的威胁,任命高杰、刘良佐、刘泽清、黄得功四名将领率军驻守江北,以拱卫南京,史称"江北四镇"。四镇额兵各3万。高杰,在四镇中兵力最强,最受史可法器重,辖徐州、泗州(今安徽宿州泗县),驻泗州;刘良佐,辖凤阳、寿州(今安徽淮南寿县),驻寿州;刘泽清,辖山阳、海州(今江苏连云港),驻淮安;黄得功,辖滁州、和州(今安徽和县),驻仪真(今江苏仪征)。

[3] 刘肇基(?—1645),字鼎维,辽东人,明末抗清名将。

[4] 〔清〕温睿临:《南疆绎史》卷五《史可法》,中华书局1958年版,第43页。

[5] 〔清〕温睿临:《南疆绎史》卷五《史可法》,第43页。邦才,指乙邦才,字奇山,山东青州人,随史可法镇守扬州,任副将,城破,自刎殉国。楼挺,字文达,号镇阳,浙江义乌人,与史可法同守扬州,阵亡。

[6] 〔清〕温睿临:《南疆绎史》卷五《史可法》,第43页。

提出了"扬州百万生灵,不可杀戮"[1]的请求,但其已经被扬州城军民的顽强抵抗所激怒,对史可法所提出的"不可杀戮"扬州军民的请求不屑一顾。清廷一方面痛恨扬州军民的抵抗,另一方面贪恋扬州的富庶,同时为提升遭受重创清军的士气,进一步壮大清军的声威,全面洗劫扬州城成为清军的首选项。清军占领扬州城后,纵兵抢劫屠杀,此举导致扬州人口锐减,城镇毁废,扬州城呈现出一片凋零残破的景象。

清军在豫亲王多铎的命令下,屠戮扬州城军民。虽然没有相关文献记载是豫亲王所下的屠城命令,但据《扬州十日记》所载,"去时顾予曰:'吾不杀你,自有人杀你也。'知洗城之说已确"[2],即可推知清兵杀人应是源于上级的命令,而这个命令应当是"洗城"。所谓洗城,就是对扬州城内军民大肆屠戮抢劫。另据"红衣人曰:明日王爷下令封刀,汝等得生矣"[3],可知红衣人应在清军中具有一定的地位,但具体是谁则不可考。其所云"王爷下令封刀,汝等得生矣",则说明王爷曾有下令屠戮的命令。当时带兵攻打扬州城的最高统帅是豫亲王多铎,据此推测应是豫亲王多铎下达的"屠城"和"封刀"令。

扬州城陷落后,城中有些居民相约迎接清军,"邻人相约,共迎三师,设案焚香,示不敢抗"[4]。这种"设案焚香"迎接清军的行为,能不能得到清军的认可,这些民众并不清楚,他们只是一厢情愿地以为只要表示"不敢抗",就能得到清军的优待和宽恕。据此后所发生的屠城事件来看,民众这种自以为是的做法没有起到他们所期望的效果。

清军围城之时,扬州城民众对其可能采取的行动是有一定预见的,并采取了他们认为可行的应对措施来保护自己的财产,如"有金若干,付汝收藏",或"吾有金,在家地窖中"。[5]清军进入扬州城之初,主要是勒索金银,并未伤人性命。史载"是时,人自为守,往来不通,虽相违咫尺,而声息

[1] 〔清〕杨奉苞:《秋室集》卷三《文》,清光绪十一年(1885)陆心源刻本。

[2] 〔清〕王秀楚:《扬州十日记》,早稻田大学藏(泷泽文库)钞本。

[3] 〔清〕王秀楚:《扬州十日记》,早稻田大学藏(泷泽文库)钞本。

[4] 〔清〕王秀楚:《扬州十日记》,早稻田大学藏(泷泽文库)钞本。

[5] 〔清〕王秀楚:《扬州十日记》,早稻田大学藏(泷泽文库)钞本。

莫闻。迨稍近,始知为逐户索金也。然意颇不奢,稍有所得,即置不问,或有不应,虽操刀相向,尚不及人"[1]。据此可知扬州城居民在清军进城后小心翼翼,生怕有所冒犯,对清军勒索金钱的要求也是尽最大可能予以满足。清军将领、士兵为了得到金钱,往往采取威胁的手段,并没有杀人行为。但从四月二十五日傍晚,清军接到了屠城的命令后即开始行动,"大兵杀人声,已彻门外"[2]。慑于清军的暴行,惊恐失措的扬州城民众大多隐藏起来,这给清军的搜寻造成了诸多不便。清军发出布告,"给众人以安民符,即不诛"[3]。扬州城居民信以为真,不再隐藏逃避,但清军却没有兑现其给"安民符"和"不诛"的承诺,而是把50人或60人分成一组,由三四名兵丁监督,用绳子捆起来,"被执男子五十余人,提刀一呼,魂魄皆丧,无一人敢动者。……见外面杀人,众皆次第待命"[4]。清军为将隐藏的民众逼出,竟然放火烧房,"忽又烈火四起,何家坟前后多草房,燃则立刻成烬。其有寸壤隙地,一二漏网者,为火一逼,无不奔窜自出。出则遇害,而无一免"[5]。

此时的扬州城已沦为人间炼狱,处处有积尸,到处有哀嚎。在残暴的屠城行动之下,清军毫无顾忌,任意妄为,他们视生命如草芥。在清军疯狂的屠杀之下,手无寸铁的扬州民众无力反抗,只能"垂首匍伏,引颈受刃"[6],扬州城内很快就积尸如山。扬州城的"红水汪"是"前明用兵之遗迹也,杀人如麻,血流成河"[7]。那些逃到城外的民众又受到流氓无赖的讹诈,"城外亡命人,利城中所有,结伴夜入官沟盘诘,搜其金银,人莫敢谁何"[8]。

扬州城遭到清军如此洗劫,早已是"富家大室,搜括无余,女子自十余岁起,抢掠殆无遗类"[9]。在清军开始屠城的当天,扬州城民众又遭到高杰残部

[1]　〔清〕王秀楚:《扬州十日记》,早稻田大学藏(泷泽文库)钞本。
[2]　〔清〕王秀楚:《扬州十日记》,早稻田大学藏(泷泽文库)钞本。
[3]　〔清〕王秀楚:《扬州十日记》,早稻田大学藏(泷泽文库)钞本。
[4]　〔清〕王秀楚:《扬州十日记》,早稻田大学藏(泷泽文库)钞本。
[5]　〔清〕王秀楚:《扬州十日记》,早稻田大学藏(泷泽文库)钞本。
[6]　〔清〕王秀楚:《扬州十日记》,早稻田大学藏(泷泽文库)钞本。
[7]　陆林:《清代笔记小说类编·烟粉卷》,黄山书社1994年版,第256页。
[8]　〔清〕王秀楚:《扬州十日记》,早稻田大学藏(泷泽文库)钞本。
[9]　〔清〕王秀楚:《扬州十日记》,早稻田大学藏(泷泽文库)钞本。

的抢掠,"兴平伯复入扬城,而寸丝粒米,尽入虎口矣"[1],可谓是雪上加霜。扬州城居民在清军的血腥屠杀之下,大量死亡、逃匿,史载被杀的民众竟达80余万人[2]。清廷意识到如此疯狂地屠戮下去,扬州城将成为一座空城。五月初一日,豫亲王多铎下令禁杀,并赈济百姓。虽然禁止屠杀百姓的命令已经下达,但清军抢掠、杀人的事件依然时有发生。在战事和屠城中幸存的民众,面对稍定的时局,依然"晨起早食,即出处野畔,其妆饰一如前日",这主要是因为"往来打粮者,日不下数十辈,虽不操戈,而各制棰恐吓,诈人财物,每有毙于杖下者。一遇妇女,仍肆掳劫。初不知为清兵、为镇兵、为乱民也"[3]。

有关扬州屠城的时长,大都认为屠杀了十天,这源于王秀楚《扬州十日记》载清军在扬州城的屠城暴行,后人出于宣传的需要,把这一事件称为"扬州十日"。其实大多数人并没有阅读过该书,望文生义,认为清军在扬州进行了十日屠城,并形成了约定俗成的"扬州十日"的概念。实际上根据王秀楚《扬州十日记》的记载,扬州城屠城时限应当是从四月二十五日至五月一日,历时六天[4]。

二、城镇残破

自明代中期以来,扬州城因地处漕运交通节点上,舟楫往来,商贾云集,加之盐商聚集,成为一繁华都市。而战乱后的扬州城,沦为满目疮痍的废墟。南明王朝建立后,江北四镇诸将虽然在名义上受到南明政权的节制,但实际

---

[1]〔清〕王秀楚:《扬州十日记》,早稻田大学藏(泷泽文库)钞本。

[2] 目前所见众多版本的《扬州十日记》多载为"八十万"人,但这个数字是存在争议的,如张德芳《〈扬州十日记〉辨误》,认为王秀楚的原文可能是"八万余";金宝森在《〈扬州十日记〉正讹》认为清军屠杀八十万人的说法靠不住,屠杀人数不会超过十万;陈国庆等《扬州大屠杀的遇难人口考证》认为清军屠杀的人数应远少于八十万人;何正标《"扬州十日"真相——南明遗民王秀楚手记解析》认为屠城八十万这个数字是被大大夸张了。上述学者们根据文献所载相关数据,对被屠杀的人数进行分析,得出被屠杀的人数远远少于八十万的结论,并没有明确文献记载可以佐证。近据上海图书馆藏钞本《扬州十日记》所载:"查簿载数,前后约共人十余万,其落井、投河、闭门焚缢者不与焉。"这个钞本所载被杀人数与学者们所推测的数字大致相当,故可为扬州城被屠杀的人数应远远低于八十万提供有力的佐证。上海图书馆所藏《扬州十日记》钞本可能是最为接近原本的钞本,也基本上可以认为被清军屠杀的扬州民众约十万人。

[3]〔清〕王秀楚:《扬州十日记》,早稻田大学藏(泷泽文库)钞本。

[4] 据陈垣《二十史朔闰表》,弘光元年(1645)四月二十五日为丁丑,弘光元年(1645)五月一日为壬午,即弘光元年(1645)四月份共29天,故扬州屠城应历时六天。

上对其并不顺服,以致他们的势力逐渐坐大。四镇诸将为了各自的利益,展开了争夺地盘的混战。扬州城成为四镇诸将垂涎的对象,互相争夺。如高杰欲入驻扬州城,"率兵南下,大肆劫掠,抵扬,欲入城。扬人畏惧,为之罢市登陴死守。杰攻之,多杀掠"[1]。高杰又与黄得功因争夺扬州城而发生激烈的冲突,引发了著名的土桥[2]之役。四镇诸将的军事冲突,尤其是高杰及其属部对扬州城的围攻,给扬州城造成了严重的破坏。

扬州城的残破[3],主要缘于清军猛烈的炮火轰击。史载清军集中火力炮轰扬州城"崩声如雷"[4]"红夷炮攻城,铅弹大者如罍"[5]。在猛烈的炮火攻击之下,扬州城"西北隅破"[6]。清军攻城时,所使用的是红衣大炮[7],杀伤力巨大,坚固的扬州城墙在红衣大炮轰击下"堞堕不能修"[8],当时扬州城的荒凉残破可以想见。清军进城后,又到处放火焚城,"城中四周火起,近者十余家,远者不计其数。赤光相映,如霞电,爆烨声轰耳不绝","忽又烈火四起,何家坟前后多草房,燃则立刻成烬"[9]。意大利传教士马丁诺·马尔蒂尼[10]对扬州

---

　　[1]〔清〕计六奇:《明季南略》卷一《高杰》,中华书局1984年版,第32页。

　　[2]土桥,地名。因黄得功在仪真驻扎,土桥为仪真通往扬州城必经之地,推知土桥之役应发生在今江苏省仪征市土桥村附近。

　　[3]扬州城的残破是否和天启四年(1624)扬州发生大地震有关不可考。史载1624年扬州发生地震后,造成城垣损毁,此后是否修复没有相关文献记载,但在当时的社会条件下,扬州城可能并没有得到很好的修复。1645年史可法为抵御清军的进攻,曾经对扬州城进行过修复,无从得知史可法的修复是否和1624年地震造成扬州城的损毁相关。

　　[4]〔清〕温睿临:《南疆绎史》卷五《史可法》,第42页。

　　[5]〔清〕徐鼒:《小腆纪传》卷一〇《史可法》,中华书局1958年版,第128页。

　　[6]〔清〕金镇原本,〔清〕崔华、张万寿续修,〔清〕王方岐续纂:《〔康熙二十四年〕扬州府志》卷九《封建》,卢桂平主编:《扬州文库》第1辑第3册,第134页。

　　[7]有关红衣大炮的杀伤力,《明史》有过描述:"大西洋船至,复得巨炮,曰红夷。长二丈余,重者至三千斤,能洞裂石城,震数十里。"(〔清〕张廷玉等:《明史》卷九二《兵四》,中华书局1974年版,第2265页)后金在天命五年(1620)成功铸造红衣大炮。(赵尔巽等:《清史稿》卷二《太宗一》,中华书局1977年版,第34页。)红衣大炮在以后清统一全国的过程中发挥了巨大作用。

　　[8]〔清〕徐鼒:《小腆纪传》卷一〇《史可法》,第128页。

　　[9]〔清〕王秀楚:《扬州十日记》,早稻田大学藏(泷泽文库)钞本。

　　[10]马丁诺·马尔蒂尼(1614—1661),意大利耶稣会传教士,汉文名卫匡国,字济泰,明崇祯十六年(1643)来华,曾在浙江、福建、广东等地传教,清顺治十八年(1661)死于杭州,葬于杭州大方井天主教司铎公墓。

城遭受破坏的情状进行了描述："那里有个叫扬州的城，鞑靼屡次进攻都遭到激烈抵抗，损失了一个王爷之子。这座城由忠于明室的大臣史阁老（史可法）防守，但他虽有一支强大戍军，最后还是失败，全城被洗劫，百姓和士兵悉遭屠杀。鞑靼人为了不使尸体污染空气，发生瘟疫，把尸体置于屋顶，放火焚城及四郊，一切都化作灰烬，成为一片废墟。"[1]正如王秀楚所言扬州城"萧条残破，难以奉述"[2]。

清初扬州府所辖江都、仪征、高邮等县城亦遭到不同程度的损害。如：顺治四年（1647）知县郭知逊重修江都县城；顺治十八年（1661），知县熊明遂再修江都城墙、台铺；[3]顺治十一年（1654），知县牟文龙重修仪征四门城楼[4]；顺治十五年（1658）知州吴之俊修葺高邮州城，治四城楼。[5]顺治年间，扬州府所属州县官员对城池的修整，应同清初的战争所造成的损毁相关。

战争之外，频繁的水灾对扬州地区造成了巨大的破坏。明末清初，连年的战乱，导致百姓流离失所，水工停顿，更加重了扬州地区水灾发生的频次。《〔康熙二十四年〕扬州府志》对清初扬州水工的情况进行了描述："国初天下既定，与民休息，工筑不兴，河堤仅增庳培薄以固其防而已。"[6]所导致的后果也是显而易见，"淮流常泄，河沙岁浸，洪泽湖底日高"，"淮扬自是岁以灾告"。[7]清廷在扬州的统治确立后，这种因水利荒废而导致水患的状况并没有因社会趋于稳定而减少。如：顺治六年（1649），高邮州大水，导致南北

［1］〔意大利〕卫匡国著，何高济译：《鞑靼战纪》，中华书局2008年版，第370页。

［2］〔清〕王秀楚：《扬州十日记》，早稻田大学藏（泷泽文库）钞本。

［3］〔清〕陆朝玑修，〔清〕程梦星等纂：《〔雍正〕江都县志》卷五《建置志》，卢桂平主编：《扬州文库》第1辑第10册，第97页。

［4］〔清〕陆师修纂：《〔康熙〕仪真志》卷五《建置志》，卢桂平主编：《扬州文库》第1辑第17册，第411页。

［5］〔清〕孙宗彝纂，〔清〕李培茂增修，〔清〕余恭增纂：《〔康熙〕高邮州志》卷一《城池志》，卢桂平主编：《扬州文库》第1辑第20册，第17页。

［6］〔清〕金镇原本，〔清〕崔华、张万寿续修，〔清〕王方岐续纂：《〔康熙二十四年〕扬州府志》卷六《河渠》，卢桂平主编：《扬州文库》第1辑第3册，第78页。

［7］〔清〕金镇原本，〔清〕崔华、张万寿续修，〔清〕王方岐续纂：《〔康熙二十四年〕扬州府志》卷六《河渠》，卢桂平主编：《扬州文库》第1辑第3册，第78页。

堤决口,由此引发饥荒;[1]康熙六年(1667),河决桃源(今江苏泗阳)黄家嘴,水淹高邮城,乡民溺毙者数万;[2]康熙七年(1668),高邮州因大雨淹城,城门堵塞,乡村飘淌,死人数万;[3]康熙九年(1670),黄、淮水大涨,高堰决口,"江、高、宝、泰以东无田地,兴化以北无城郭室庐"。[4]在频发大水的冲击下,扬州府及其所属州县的城镇、乡村的残破可以想见。

三、经济凋零

明末清初的战乱和频繁的水灾对扬州经济造成了巨大破坏,农业、商业及其他行业无不遭受冲击与摧残。

农业生产因战乱和水患而停顿甚至倒退。战乱和频繁的水灾,使得土地无法正常耕作,百姓不得不离开家乡,甚至卖儿鬻女,以维持生计,社会生产和生活陷入困顿、停滞的局面。如吴嘉纪在《朝雨下》写道:"贫家未夕关门卧,前日昨天三日饿,至今门外无人过。"[5]《流民船》:"蔽体无完裙,蔽身无败絮。"[6]此诗吴嘉纪作于康熙九年(1670),是其亲历水患后真实的描写,亦是灾区百姓悲惨生活的真实写照。李宗孔亦对康熙九年(1670)扬州府受灾状况进行了描写:"去岁淮、扬两府水灾滔天漫地,如高、宝、兴、盐、江、安、山、桃等处十一州县之民,田地陆沉,房屋倒塌,牛畜种粮漂浮,父子、兄弟、夫妻、儿女死于洪波巨浪者,不几千百人;而无衣无食,露处江干……闻去岁十二月内,淮扬大雪,连阴三十余日,严寒积冰。饥民数万,屯住扬州四郊寺观……而雪久寒深,冻饿死者,一日之内,少者数十,多者百余;一月之内,死无数矣。饥民携儿挈女,鸠形鹄面,百结鹑衣,行乞城野。四乡内外,结聚成群。"[7]正

---

[1]〔清〕孙宗彝纂,〔清〕李培茂增修,〔清〕余恭增纂:《〔康熙〕高邮州志》卷六《灾祥志》,卢桂平主编:《扬州文库》第1辑第20册,第93页。

[2]赵尔巽等:《清史稿》卷一二六《河渠一·黄河》,第3718页。

[3]〔清〕孙宗彝纂,〔清〕李培茂增修,〔清〕余恭增纂:《〔康熙〕高邮州志》卷六《灾祥志》,卢桂平主编:《扬州文库》第1辑第20册,第93页。

[4]赵尔巽等:《清史稿》卷一二六《河渠一·黄河》,第3719页。

[5]宁业高、桑传贤选编:《中国历代农业诗歌选》,农业出版社1988年版,第456页。

[6]宁业高、桑传贤选编:《中国历代农业诗歌选》,第457页。

[7]〔清〕李宗孔:《请拨盐课赈济维扬疏》,〔清〕金镇原本,〔清〕崔华、张万寿续修,〔清〕王方岐续纂:《〔康熙二十四年〕扬州府志》卷三七《艺文》,卢桂平主编:《扬州文库》第1辑第4册,第773页。

是由于频繁战争和连绵的水灾,导致大量的土地无法耕作,百姓流离失所。水工不兴、水患、百姓流离失所、土地抛荒的恶性循环,加剧了扬州地区经济凋敝,以致出现"扬州财赋不能当江南什五,然或困于水患"[1]的窘境。

　　商人的逃离进一步加剧了扬州经济的萧条。扬州经济的繁荣,与商业的兴盛关系密切,富有、豪侈的盐商在扬州汇集,带动了扬州商业、手工业的繁荣发展。扬州是两淮盐商集聚地,史载"内商,多徽歙及山陕之寓籍淮扬者"[2],即山西、陕西和徽州籍盐商构成了淮扬盐商的主体。遭受清军屠城后的扬州,盐商纷纷逃离,"商心已散"[3]及"商人未集"[4],是清初扬州商人逃离扬州的真实写照。大量的商人离开扬州,进一步加剧了扬州经济的萧条。

第二节　清初治理扬州的策略

　　清军屠城,不仅是对扬州士民的残酷屠杀,而且也给他们的心理造成了极大的伤害。短时间内,扬州府士民很难转变"华夷之别"的观念,从而难以接受清王朝统治。鉴于此,清廷在统治方式上采取了相对怀柔的策略,这对于缓解清初满汉民族矛盾及阶级矛盾,恢复与发展社会经济,具有一定的作用。

---

　　[1]〔清〕雷应元纂修:《〔康熙三年〕扬州府志》卷三《赋役志上》,卢桂平主编:《扬州文库》第1辑第2册,第64页。

　　[2]〔明〕杨洵修,〔明〕徐銮等纂:《〔万历〕扬州府志》卷一一《盐法志上》,卢桂平主编:《扬州文库》第1辑第1册,第460页。内商:古代经营食盐收购或运销的盐商之一。宋代实行引法后,凭引运销食盐的盐商称为引商。明孝宗弘治朝后,引商又分为边商、内商、水商三种。通常边商交纳盐税后,方能领取盐引,并按照官价将引向内商出售;内商则专买边引,到盐场向盐户收盐,按照官价将盐向水商出售;水商则专收内商出售的食盐,并在指定的引岸销售。清代,边商和水商转化为运商,内商转化为场商。运商也被称为岸商,是在各引岸运送并销售食盐的盐商。场商,是清代专门在指定盐场向盐户收盐,然后专卖给官府的商人,也指运商的中间商,具有垄断的特权。因食盐产区不同,场商的名称各异,如两淮盐场称场商为垣商,长芦盐场称坨商,两浙盐场称廒商。

　　[3]〔清〕王定安等纂修:《〔光绪〕重修两淮盐法志》卷一三九《优恤门·恤商上》,《续修四库全书》第845册,第441页。

　　[4]〔清〕王定安等纂修:《〔光绪〕重修两淮盐法志》卷一三七《职官门·名宦传上·李发元》,《续修四库全书》第845册,第421页。

一、清初扬州地区官员的选任

清廷占领扬州后，为了有效地对本地区进行统治，以安定社会，恢复和发展经济，很快就任命了扬州府官员，全面接管扬州各项事务，这标志着扬州及其所在的淮扬地区正式纳入了清王朝的统治范围。不过饱受战乱之苦的扬州居民在感情上对清廷是仇视的，心理上是抵触的，文化上是不相容的，清朝统治者对此应当是深有感触的。为此，清廷力图消除扬州士民对其的仇视、抵触情绪，以接受其统治，在扬州府官员的选任及政策方面均有所变化与调整。

（一）扬州府知府及所属州县知州、知县的选任

知府是府一级的最高行政长官，掌管一府的政令。据《清史稿》载："知府掌总领属县，宣布条教，兴利除害，决讼检奸。三岁察属吏贤否，职事修废，刺举上达，地方要政白督、抚，允乃行。"[1]清廷采取什么样的措施安抚遭受到清军屠城的扬州城居民，这不仅考验着清廷，同时考验着即将上任的扬州府知府。为了安抚扬州府民众，尽最大可能消除百姓对其的敌对情绪，清廷必须选择合适的人充任扬州府知府，即扬州府知府的人选问题，清廷一定要根据一定的标准和条件进行筛选。清廷有三种选择：其一选任旗人充任扬州府知府，却可能会激起扬州人的更大的怨恨，甚至可能会因此激起事变；其二选任北方汉人，虽然较选任旗人能稍平息扬州民众对清廷的仇视、敌对情绪，其效果却远不如直接选用江南汉人；其三选任江南汉人，江南汉人熟悉江南情状，远较选任北方汉人、旗人充任扬州府知府更利于抚绥汉人的仇视、敌对情绪。

清廷经过慎重考虑，决定任命胡蕲忠[2]为扬州府知府，他是清军占领扬州后的首任知府[3]。清廷之所以选择胡蕲忠担任扬州府首任知府，应同其是

---

[1] 赵尔巽等：《清史稿》卷一一六《职官三》，第3356页。

[2] 胡蕲忠被认为是"南中大无赖"，在其担任扬州府知府时，出现诈取财物的事情也就不难理解了。〔清〕李天根：《爝火录》卷九《乙酉》，浙江古籍出版社1986年版，第433页。

[3] 有关胡蕲忠的任职时间问题，相关史料并没有详细说明，据《〔雍正〕扬州府志》卷一二《学校》载："国朝顺治二年，知府胡蕲忠"修学校。清军在顺治二年（1645）四月二十五日占领扬州城，接着进行灭绝人寰的屠城，五月一日禁止屠城，在这一段时间内，扬州城处于军事占领时期。五月一日之后，清廷才开始对扬州城进行正式的行政管理。但是在顺治二年（1645）五月，胡蕲忠因犯法而受到惩处。据此推知胡蕲忠应在顺治二年（1645）五月初出任扬州府知府，任职不足一月，即因事被免职。

江南人,且有在南明担任知州的经历有关。南明弘光年间,胡蕲忠曾任睢州
(今河南睢县)知州,清军南下时,投降了清军。随着清廷控制区域的扩大,
其人才缺乏的窘境日益凸显,清廷不得不从投降清廷的原明朝官员、士绅中
选取管理人才。胡蕲忠不仅是汉人,而且是江南人,虽然是降清人员,但有
丰富的治理地方经验。扬州城一直被视为江南城市,任用江南人胡蕲忠担
任扬州知府,会让扬州民众在心理层面上有一定的亲近感,这种亲近感能在
很大程度上缓解其抵触、仇视心理。此外清廷任用胡蕲忠担任扬州知府,还
有其榜样示范作用,即曾在南明政权担任官职的人员,只要投降清廷,就会
得到重用。这种榜样示范效应,会引导一些士绅的仿效,从而有助于消除百
姓对清廷的敌对情绪。

　　仅以胡蕲忠一人担任扬州府知府就得出这样的结论,其说服力显然是
不足的。那么对 1645 年至 1689 年扬州府 22 任知府的相关情况进行梳理,
应该可以窥知清廷统治策略的变化。

表 2-1　　　　　　　　1645—1689 年扬州府知府表[1]

姓　名	籍贯	出身	任职时间
胡蕲忠	江南	—	顺治二年(1645)
卞三元	盖州(今属辽宁)	—	顺治三年(1646)
刘奇遇	盖州(今属辽宁)	—	顺治三年(1646)
王宇春	奉天(今辽宁沈阳)	—	顺治四年(1647)
金应选	奉天(今辽宁沈阳)	生员	顺治六年(1649)
张元璘	奉天(今辽宁沈阳)	—	顺治八年(1651)
萧　琯	云南	举人	顺治十年(1653)
罗大猷	南昌(今属江西)	进士	顺治十二年(1655)
傅登荣	奉天(今辽宁沈阳)	—	顺治十四年(1657)
蒋文灿	直隶	举人	顺治十五年(1658)
戈时雍	直隶	贡生	顺治十六年(1659)
雷应元	奉天(今辽宁沈阳)	荫生	顺治十七年(1660)

[1.]〔清〕尹继善等修,〔清〕黄之隽等纂:《〔乾隆〕江南通志》卷一〇八《职官志·文职》,《中国
地方志集成·省志辑·江南》第 5 册,第 73—74 页。

续表 2-1

姓　名	籍贯	出身	任职时间
陈祚昌	仁和(今属浙江杭州)	进士	康熙三年(1664)
毛赓南	南郑(今属陕西汉中)	拔贡	康熙五年(1666)
赵良相	锦州(今属辽宁)	—	康熙七年(1668)
金　镇	浙江	举人	康熙十二年(1673)
佟国勋	奉天(今辽宁沈阳)	荫生	康熙十四年(1675)
高得贵	济阳(今属山东济南)	监生	康熙十六年(1677)
崔　华	平山(今属河北石家庄)	进士	康熙十九年(1680)
张万寿	浮山(今属山西临汾)	拔贡	康熙二十四年(1685)
高承爵	奉天(今辽宁沈阳)	荫生	康熙二十五年(1686)
施世纶	福建(后被编入镶黄旗)	—	康熙二十八年(1689)

据表可知：第一，从 1645 年至 1689 年间，担任过扬州府知府的 22 人，全部为汉人。如果以淮河作为南北方的分界，这 22 人中除胡蕲忠、萧珂、罗大猷、陈祚昌、毛赓南、金镇和施世纶外，全部为北方人。清初的这 22 任扬州府知府，分别来自奉天 10 人、直隶 3 人、山东 1 人、山西 1 人、陕西 1 人、江南 1 人、浙江 2 人、江西 1 人、福建 1 人、云南 1 人。[1]清初北方汉人担任扬州知府的数量约占到扬州府知府总数的 68.2%，其中奉天籍汉人的数量又约占到北方汉人数量的 66.7%。第二，知府的任期较短。清初扬州府知府绝大多数在扬州任职时间为 1—2 年，胡蕲忠任职时间甚至不足一月。第三，扬州府知府的出身多样，生员、荫生、监生占了相当的比例。其出身可考的知府有 14 人，其中进士 3 人，举人 3 人，贡生 3 人，监生 1 人，荫生 3 人，生员 1 人。

清初扬州府知府，何以大多为北方汉人，尤其是奉天籍的北方汉人？究其原因在于，随着后金的崛起，原明王朝北方的士绅、官僚群体较早归顺了后金(清)政权，逐渐受到后金(清)的重用，成为清廷管理社会的一支非常重要的力量。据乾隆时期成书的《贰臣传》所载，顺治年间的汉人高级官员主

---

[1] 奉天，为清奉天所辖区域。直隶，为清直隶所辖区域。下同。

要来自直隶、山东、山西、河南等北方省份。[1]这同清初所选任的扬州府知府籍贯分布情况基本上是吻合的。北方官僚、士人的加入，为清朝迅速稳定北方，进而统一全国打下了基础。北方汉人，尤其是奉天籍的汉人接受清廷统治已久，受清廷影响已深，已经从心理上接受并认可了清廷的统治，所以相较于南方汉人，更易于领会清廷的国家治理方针，推行清廷的统治方略。如清扬州府第二任知府卞三元，上任后即着手恢复扬州的统治秩序，较好地体现了清初的抚绥政策。

清初历任扬州府知府由汉人担任的局面，在康熙二十八年(1689)汉军镶黄旗人施世纶[2]担任扬州知府后才有所改变。其实施世纶本身也是汉人，只不过其父施琅因军功被抬籍入旗而已。

清廷频繁地更换扬州知府，则是清廷急于恢复扬州昔日繁华，而又不得其法的表现。北方汉人担任扬州知府，虽然与江南官僚、士人能够有效沟通，但在短短一两年任期内就对扬州地区的情状有深入的了解，则是绝无可能的。故他们在任期间虽然采取了一定的措施，但由于任期短，政策缺乏有效的连续性，没有取得令扬州居民及清廷满意的效果。

当然，仅从扬州府知府的任用上来说明这些问题稍显单薄。再梳理清初扬州府所辖江都、仪征、高邮、宝应四州县知州、知县的相关情况。

表 2-2　　清初扬州府所辖江都、高邮、仪征、宝应四州县知州、知县表[3]

地域	姓　名	籍　贯	出身	任职时间
江都县	宋　泽	襄城(今属河南)	贡生	顺治二年(1645)
	聂　炌	蒲城(今属陕西)	进士	顺治三年(1646)

[1] 清国史馆编：《贰臣传》，台北明文书局1985年版。

[2] 施世纶(1659—1722)，字文贤，号浔江，清靖海侯施琅之子。福建晋江人，祖籍河南固始，后被编入清朝八旗汉军镶黄旗。赵尔巽等：《清史稿》卷二七七《施世纶》载："施世纶，字文贤，汉军镶黄旗人，琅仲子。康熙二十四年(1685)，以荫生授江南泰州知州。……擢扬州知府。"〔清〕李鸿章等：《〔光绪〕顺天府志》卷七四《官师志三》载："施世纶，福建晋江人。"清光绪十一年(1885)至十三年(1887)刻本。

[3]〔清〕尹继善等修，〔清〕黄之隽等纂：《〔乾隆〕江南通志》卷一○八《职官志·文职》，《中国地方志集成·省志辑·江南》第5册，第74—77页。

续表 2-2

地域	姓名	籍贯	出身	任职时间
江都县	郭知逊	潍县(今山东潍坊)	进士	顺治四年(1647)
	谢承惠	奉天(今辽宁沈阳)	贡生	顺治六年(1649)
	管大勋	奉天(今辽宁沈阳)	贡生	顺治九年(1652)
	刘玉瓒	大兴(今属北京)	进士	顺治十年(1653)
	卜昌运	永平(今属云南)	拔贡	顺治十一年(1654)
	司守麟	真定(今河北正定)	岁贡	顺治十三年(1656)
	何翊汉	陕西(今陕西、甘肃)	举人	顺治十五年(1658)
	冯应麒	奉天(今辽宁沈阳)	生员	顺治十七年(1660)
	熊明遂	丰城(今属江西)	举人	顺治十八年(1661)
	梁 舟	安塞(今属陕西延安)	进士	康熙二年(1663)
	罗国绅	陕西(今陕西、甘肃)	贡生	康熙四年(1665)
	轩辕允	山东	进士	康熙六年(1667)
	熊 撰	丰城(今属江西)	进士	康熙八年(1669)
	林逢震	晋江(今属福建)	贡生	康熙十年(1671)
	李时灿	宝鸡(今属陕西)	举人	康熙十一年(1672)
	文 谟	锦州(今属辽宁)	举人	康熙十二年(1673)
	骆 云	海盐(今属浙江)	进士	康熙十三年(1674)
	李 起	平安(今属河北涿县)	进士	康熙十四年(1675)
	张应皋	鄞县(今属浙江宁波)	一	康熙十五年(1676)
	刘豫祥	蠡县(今属河北)	进士	康熙十八年(1679)
	王维翰	奉天(今辽宁沈阳)	一	康熙二十二年(1683)
	刘 涛	泾阳(今属陕西)	贡生	康熙二十三年(1684)
高邮州	闵依圣	孝感(今属湖北)	举人	顺治二年(1645)
	龚蕃锡	密云(今属北京)	拔贡	顺治五年(1648)
	张士望	大兴(今属北京)	贡生	顺治九年(1652)
	吴之俊	奉天(今辽宁沈阳)	贡生	顺治十二年(1655)
	曾懋蔚	古田(今属福建)	贡生	康熙元年(1662)
	李应祖	奉天(今辽宁沈阳)	荫生	康熙三年(1664)
	吴之俊	奉天(今辽宁沈阳)	贡生	康熙五年(1666)再任

续表 2-2

地域	姓　名	籍　贯	出身	任职时间
高邮州	佟有信	奉天(今辽宁沈阳)	—	康熙六年(1667)
	吴良谟	奉天(今辽宁沈阳)	荫生	康熙十年(1671)
	庄振徽	侯官(今福建福州)	举人	康熙十三年(1674)
	马云阶	奉天(今辽宁沈阳)	荫生	康熙十五年(1676)
	蔡芝生	良乡(今属北京房山区)	拔贡	康熙十七年(1678)
	白登明	镶白旗	贡生	康熙十八年(1679)
	李培茂	商丘(今属河南)	进士	康熙二十年(1681)
仪征县	李济春	江西	—	顺治二年(1645)
	连擅场	永年(今属河北邯郸)	进士	顺治三年(1646)
	张奎昂	安邑(今属山西运城)	进士	顺治五年(1648)
	刘宗孟	奉天(今辽宁沈阳)	—	顺治七年(1650)
	牟文龙	奉天(今辽宁沈阳)	贡生	顺治九年(1652)
	邱时中	济宁(今属山东)	进士	顺治十七年(1660)
	童钦承	会稽(今浙江绍兴)	进士	顺治十八年(1661)
	陈兴邦	福清(今属福建)	举人	康熙元年(1662)
	胡崇伦	山阴(今浙江绍兴)	吏员	康熙三年(1664)
	汪时泰	汉川(今属湖北)	进士	康熙七年(1668)
	张英华	元氏(今属河北)	举人	康熙十年(1671)
	许维祚	广宁(今属广东肇庆)	生员	康熙十二年(1673)
	马云升	奉天(今辽宁沈阳)	监生	康熙二十年(1681)
	马玉章	会稽(今浙江绍兴)	—	康熙二十六年(1687)
宝应县	李　楷	朝邑(今属陕西大荔)	举人	顺治二年(1645)
	靳龙光	大兴(今属北京)	进士	顺治六年(1649)
	寇万年	盖州(今属辽宁)	贡生	顺治九年(1652)
	祁登第	奉天(今辽宁沈阳)	举人	顺治十一年(1654)
	王同春	兰州(今属甘肃)	拔贡	顺治十二年(1655)
	郎秉中	奉天(今辽宁沈阳)	举人	康熙三年(1664)
	孙　蕙	淄川(今属山东淄博)	进士	康熙八年(1669)

续表 2-2

地域	姓 名	籍 贯	出身	任职时间
宝应县	叶 燮	嘉兴(今属浙江)	进士	康熙十四年(1675)
	王之舜	浙江	吏员	康熙十六年(1677)
	杨廷栋	海盐(今属浙江)	举人	康熙二十年(1681)
	张 哲	翼城(今属山西)	—	康熙三十年(1691)

据上表,江都、高邮、仪征、宝应四州县的知州、知县共计63任,其中吴之俊两度担任高邮州知州。这63任知州、知县中除康熙十八年(1679)任高邮州知州的白登明为镶白旗人外,其余全部为汉人,即汉人占比达98.4%。同样以淮河为界划分南北,北方人有44人,其中汉人43人,约占到68.3%;南方人19人,约占30.2%。这63任分别来自奉天17人、直隶10人、山东4人、山西2人、陕西(包括甘肃)8人、河南2人、镶白旗1人、浙江8人、福建4人、云南1人、江西3人、湖北2人、广东1人。其中奉天籍的北方汉人约占63任的27%,约占北方汉人总数44人的38.6%,这一非常高的比例,说明奉天籍汉人是扬州府所属四州县知县、知州的主要来源。江都、高邮、仪征、宝应四州县的知州、知县的任期与扬州府知府的任期相较则任期较长。

扬州府所属四州县知州、知县62人中,其出身可考的有55人,其中吏员2人,荫生3人,贡生(拔贡)17人,监生1人,生员(秀才)2人,举人12人,进士18人。据此可知清廷对这四州县知州、知县的选任,生员(秀才)、吏员、贡生占有相当的比例,这更进一步说明了清初管理人才的匮乏。在缺乏可用之人的前提下,清廷不得不选用生员、吏员等出任地方要职。这并不是说生员、吏员、贡生等的管理能力逊于举人、进士,而是说这一时期举人、进士等管理人才的相对稀缺。

据江都、高邮、仪征、宝应四州县知州、知县的选任可知,在扬州府属知州、知县的选任上,清廷亦优先选用北方汉人,尤其是奉天籍的汉人充任扬州府属州县主官。这主要是因为知州、知县是地方基层官员,更贴近基层百姓,处置具体事务。

兵燹之后的扬州府属州县百姓,对清廷还抱有畏惧、仇恨情绪,对已经消亡的明王朝还有一定的留恋情感。扬州府民众,尤其是士人,受"反清复明"口号的影响较大,仍以明朝遗民自居,不肯与清王朝合作。如明朝灭亡后,生活在扬州北湖地区的王玉藻、王方岐、王方魏[1]父子三人,拒绝在清廷任职。因此,清廷在基层官员的选任上要全盘考虑,地方主官选用汉人,一方面出于削减汉人抵触心理的需要,另一方面给扬州府的汉人树立榜样,引导其接纳清廷。

清初扬州府属知州、知县不少人也确实做到了恪尽职守。如江都县知县郭知逊,"此地屡经战乱,百废待举,而知逊有理繁治剧之才,治绩颇显"[2]。《〔乾隆〕潍县志》也载郭知逊"惠爱在民,操守廉洁,不愧循吏"[3]。这些汉人知县上任后,能较好地执行清廷安抚民众的政策,达到维护社会安定,恢复发展生产的目的,取得了较好的效果。清初在扬州府知府及所属州县知州、知县等官员选任汉人的策略,对于维护清初扬州府政局的稳定、民心的安定、经济的恢复都起到了不可忽视的作用。

(二)两淮巡盐御史、两淮盐运使的选任

清代都察院的监察御史在奉命巡查盐务的时候被称为巡盐御史,其职责是监督地方盐务和地方官员。"顺治二年(1645),世祖定巡视长芦、两淮、两浙、河东盐政,差监察御史各一,岁一更代"[4],即巡盐御史是朝廷派出的钦差,奉旨巡查盐务的差遣性职务。两淮巡盐御史虽然是差遣性的职务,却是两淮地区的高级盐务官员,全面负责监督两淮盐政的运行。

清代地方盐务管理机构是都转盐运使司,全国共设置盐运使7人。两淮都转盐运使司衙门设在扬州,设盐运使一名,从三品。史载其主要职能为"掌理两淮盐法,严察场灶户丁,稽核派销斤引,速征纳,疏积壅,兼辖行盐地方该管州县,兼管下河水利。凡盐场火伏及三江、青山二营暨各委巡备弁兵役,并各处盐义仓谷,俱归钤束经管"[5]。

〔1〕 王玉藻(1616—?),字质夫,江都人。崇祯十六年(1643)进士,曾任慈溪县(今属浙江)知县。明亡,同其子王方岐、王方魏隐居扬州北湖。《清史稿》有传。

〔2〕 刘廷銮、孙家兰:《山东明清进士通览·清代卷》,山东文艺出版社2014年版,第16页。

〔3〕 〔清〕王诵芬等纂:《〔乾隆〕潍县志》卷四《宦绩》,乾隆二十五年(1760)刻本。

〔4〕 赵尔巽等:《清史稿》卷一二三《食货四·盐法》,第3608页。

〔5〕 〔清〕王定安等纂修:《〔光绪〕重修两淮盐法志》卷一二九《职官门·官制上》,《续修四库全书》第845册,第310页。

盐课是政府的一项非常重要的财政收入,盐课"居赋税之半,而两淮又居天下之半"[1]。两淮盐课关系着"军国急需"[2],即清初军费的支出需两淮盐课来维持。清廷为掌控两淮盐课,在两淮盐官的选任上就需要挑选既对清廷忠心尽责,又熟悉盐务,且不易引起两淮地区百姓抵触的人员。清军占领扬州后,即委任了两淮盐官,由此掌控两淮盐课。顺治二年(1645)任命直隶高阳人李发元[3]担任两淮巡盐御史,这是清廷的第一任两淮巡盐御史。从顺治二年至康熙二十三年(1684)共有40人担任两淮巡盐御史。对这40人的籍贯、出身进行梳理,可以窥知清选任两淮巡盐御史的内在特点。

表2-3　　　　　1645—1684年两淮巡盐御史表[4]

姓　名	籍　贯	出身	任职时间
李发元	直隶高阳(今属河北)	进士	顺治二年(1645)
李嵩阳	河南封丘(今属河南)	举人	顺治三年(1646)
张　翩	山西高平(今属山西)	进士	顺治四年(1647)
王士骥	浙江山阴(今浙江绍兴)	进士	顺治五年(1648)
崔应宏	直隶长垣(今河南长垣)	进士	顺治六年(1649)
王士骥	浙江山阴(今浙江绍兴)	进士	顺治七年(1650)
张　琦	山西阳城(今属山西)	进士	顺治八年(1651)
陈自德	奉天复州(今属辽宁大连)	贡士	顺治九年(1652)
姜图南	浙江山阴(今浙江绍兴)	进士	顺治十二年(1655)
白尚登	奉天铁岭(今属辽宁)	贡士	顺治十三年(1656)
周宸藻	浙江嘉善(今属浙江)	进士	顺治十四年(1657)

---

[1]〔清〕王定安等纂修:《〔光绪〕重修两淮盐法志》卷一六〇《杂纪门·嘉庆重修两淮盐法志序》,《续修四库全书》第845册,第733—734页。

[2]〔清〕王定安等纂修:《〔光绪〕重修两淮盐法志》卷一《王制门·制诏一》,《续修四库全书》第842册,第619页。

[3] 李发元,生卒年不详,字元毓,直隶高阳(今属河北)人,崇祯七年(1634)进士,明代时任浙江宁波府推官、广西道监察御史、两淮盐院。顺治二年(1645)任两淮巡盐御史。

[4]〔清〕王定安等纂修:《〔光绪〕重修两淮盐法志》卷一三一《职官门·职名表一》、卷一三七《职官门·名宦传上》,《续修四库全书》第845册,第342—343、421—423页。赵尔巽等:《清史稿》卷一二三《食货四·盐法》载康熙九年(1670)席特纳和徐旭龄同时出任两淮巡盐御史。

续表 2-3

姓　名	籍　贯	出身	任职时间
高尔位	辽东锦州(今属辽宁)	贡生	顺治十五年(1658)
李赞元	山东大嵩卫(今属山东海阳)	进士	顺治十七年(1660)
胡文学	浙江鄞县(今浙江宁波)	进士	顺治十八年(1661)
郑　名	直隶宁晋(今属河北邢台)	进士	康熙元年(1662)
张问政	奉天广宁(今辽宁北镇)	贡生	康熙二年(1663)
赵玉堂	陕西麟游(今属陕西)	举人	康熙三年(1664)
黄敬玑	山东曲阜(今属山东)	进士	康熙四年(1665)
马大士	直隶浚县(今属河南)	进士	康熙五年(1666)
宁尔讲	直隶永年(今属河北)	进士	康熙六年(1667)
郭　丕	满洲	—	康熙七年(1668)
宋　翔	顺天大兴(今属北京)	进士	康熙七年(1668)
胡什巴	满洲	—	康熙八年(1669)
侯于唐	陕西三原(今属陕西)	—	康熙八年(1669)
席特纳	满洲	—	康熙九年(1670)
徐旭龄	浙江钱塘(今浙江杭州)	进士	康熙九年(1670)
色克德	满洲	—	康熙十年(1671)
陈可畏	浙江山阴(今浙江绍兴)	进士	康熙十年(1671)
聂尔古	满洲	—	康熙十一年(1672)
刘　锡	满洲	—	康熙十二年(1673)
魏双凤	直隶获鹿(今属河北石家庄)	进士	康熙十三年(1674)
戈　英	直隶献县(今属河北)	进士	康熙十四年(1675)
席　珠	满洲	—	康熙十五年(1676)
郝　浴	直隶定州(今属河北)	进士	康熙十六年(1677)
布　哈	满洲	—	康熙十八年(1679)
丹　代	满洲	—	康熙十九年(1680)
堪　泰	满洲	—	康熙二十年(1681)
裘充美	直隶昌平(今属北京)	进士	康熙二十一年(1682)
张志栋	山东潍县(今山东潍坊)	进士	康熙二十二年(1683)
查纳哈	满洲	—	康熙二十三年(1684)

据表,清初两淮巡盐御史大致有如下特点:首先,民族构成上,汉人29人,满洲人11人。两淮巡盐御史的委任,以1668年为界分为两个阶段,1668年以前的20任巡盐御史,均为汉人;自1668年至1684年的20任巡盐御史,汉人9人,满洲人11人,这体现了清廷选任巡盐御史的标准上有了一定的改变,形成了满汉兼用,以满洲人为主的特点。其次,汉人是以北方籍贯的汉人为主,尤其以直隶籍汉人占比较大。1645—1684年间汉人担任两淮巡盐御史者,北方汉人22人,南方汉人仅有7人,且有5位南方汉人任巡盐御史的时间在1667年以前。北方汉人,主要来自直隶、奉天、山西、山东、河南。两淮巡盐官员的选任符合顺治年间的汉人高级官员主要来自直隶、山东、山西、河南等北方省份的特征。[1]再次,从两淮巡盐御史的出身来看,40任两淮巡盐御史,进士出身的有22人,举人出身的有2人,贡生或贡士出身的有4人。除满洲人外,仅有1名汉人没有功名。清初的40位两淮巡盐御史中,进士出身的人数占比达55%,远高于扬州府知府及其所属各州县主官进士出身人数的占比30%[2]。

仅以清初两淮巡盐御史的选任来说明两淮盐官的特点,其说服力稍显不足。再梳理清廷两淮都转盐运使相关情况,来验证两淮盐官的特点。

表2-4　　　　1645—1684年两淮都转盐运使表[3]

姓　名	籍　贯	出　身	任职时间
周亮工	河南祥符(今河南开封)	进士	顺治二年(1645)
朱延庆	奉天辽阳右卫(今属辽宁)	—	顺治三年(1646)
夏时芳	奉天(今辽宁沈阳)	国学生	顺治四年(1647)
白本质	奉天铁岭卫(今辽宁铁岭)	国学生	顺治五年(1648)
孙永盛	奉天宽甸(今辽宁宽甸满族自治县)	国学生	顺治六年(1649)

[1] 清国史馆编:《贰臣传》,台北明文书局1985年版。

[2] 据表2-1、表2-2,清初扬州府及所属四州县主官出身可考者共70人,其出身为进士者21人。

[3] 〔清〕王定安等纂修:《〔光绪〕重修两淮盐法志》卷一三一《职官门·职名表一》、卷一三七《职官门·名宦传上》,《续修四库全书》第845册,第342—343、421—423页;〔清〕金镇原本,〔清〕崔华、张万寿续修,〔清〕王方岐纂:《〔康熙二十四年〕扬州府志》卷一一《盐法》,卢桂平主编:《扬州文库》第1辑第3册,第176页。

续表 2-4

姓　名	籍　贯	出身	任职时间
陆登甲	奉天锦州卫（今属辽宁）	生员	顺治七年（1650）
梁鸣凤	满洲正白旗	国学生	顺治九年（1652）
方　策	满洲正红旗	生员	顺治十三年（1656）
马　元	汉军正蓝旗	贡士	顺治十五年（1658）
梁知先	山东邹平	进士	顺治十七年（1660）
朱之瑞	奉天义州（今辽宁义县）	贡生	康熙元年（1662）
李月桂	汉军镶白旗	贡生	康熙七年（1668）
王维新	汉军镶白旗	贡生	康熙九年（1670）
张应瑞	汉军正白旗	进士	康熙十四年（1675）
罗文瑜	奉天广宁（今辽宁北镇）	进士	康熙十六年（1677）
龚其裕	福建闽县（今福建福州）	贡生	康熙二十一年（1682）
崔　华	直隶平山（今属河北）	进士	康熙二十三年（1684）

　　自顺治二年（1645）至康熙二十三年（1684）两淮都转盐运使共有 17 人，其中北方汉人 14 人（含汉军旗人 4 人），满洲旗人 2 人，南方人 1 人，他们分别来自直隶 1 人、奉天 7 人、山东 1 人、河南 1 人、福建 1 人。在这一职位上重用汉人，尤其是北方汉人的特点更加明显。奉天籍的汉人为两淮都转盐运使的占比达 41.2%，远高于其他地区，这可能同奉天籍汉人归顺清廷时间较长，能够更好地执行清廷相关政策，有效维护其统治有关。

　　清初的 17 任两淮都转盐运使，进士出身的有 5 人，贡生出身的 5 人，生员或国学生有 6 人。清初两淮都转盐运使中进士人数的占比达 29.4%，较扬州府知府及所属州县主官中进士人数占比 30% 略低，远低于巡盐御史中进士人数 55% 的占比。这可能因为巡盐御史为中央所派差官，是关系国家财政收入的要缺，两淮巡盐御史则是要缺中的要缺，关系重大，不得不慎重选择。清廷选任具有进士出身的汉人充任巡盐御史，不仅是因为他们对中原地区情状较为熟悉，而且是因为他们汉人的出身更容易为广大百姓所接受。他们的进士出身，更进一步说明清廷对这一要缺的重视程度。

　　综上，清初扬州府及其所属州县各主官、两淮盐官，除去满洲旗人和汉军旗人外,来自北方奉天37人、直隶24人、陕西(包括甘肃)11人、山东9人、山西5人、河南4人,来自南方浙江17人、福建6人、江西4人、江南2人、湖北2人、云南2人。来自奉天和直隶的汉人数量达到61人,占到扬州府汉人主官123人的49.6%,来自北方汉人主官的数量达到90人,则占到扬州府汉人主官123人的73.2%。扬州府知府及所各县主官、两淮盐官的选任,北方汉人均占半数以上。北方汉人,尤其是奉天籍的汉人又是比较突出。据此可知清初对扬州府的重视程度,时人称扬州为"南北之奥区"[1]。

清初,北方汉人官员在扬州府及所属州县、两淮盐官中的优势比较明显。出现这种现象的原因可能同当时的南北党争相关。在顺治统治时期,以冯铨[2]为首的北党和以陈名夏[3]为首的南党互相争斗,最后陈名夏被绞死,陈之遴[4]被流放辽东。南北党争,以冯铨为首的北方汉人士人(官僚)群体获胜而宣告结束。虽然是南北汉人的斗争,但满洲官员在其中却起到了至关重要的作用——即满洲官员对南方士人(官僚)群体的不信任感始终存在,这种不信任使得北方汉人士人(官僚)在朝野均占有明显优势,扬州府及所属州县官员及两淮盐官由北方汉人士人充任就是这种不信任感在地方官员选任上的表现。

二、清廷恢复发展扬州府社会经济的举措

清廷选任的扬州府及其所属州县官员、两淮盐官等官员,面对荒凉残破

[1]〔清〕雷应元纂修:《〔康熙三年〕扬州府志》之《序维扬志》,卢桂平主编:《扬州文库》第1辑第2册,第9页。

[2]冯铨(1596—1672),字伯衡,顺天府涿县(今河北涿州)人,明万历年间进士。其投靠魏忠贤,以礼部侍郎兼东阁大学士。崇祯初,罢官为民。顺治元年(1644)投降清廷,入内院佐理机务,顺治二年(1645)授内翰林弘文院大学士兼礼部尚书,为顺治时期北党的代表人物。

[3]陈名夏(1601—1654),字百史,江南溧阳(今属江苏)人,崇祯十六年(1643),廷试第三名(探花),授翰林修撰,兼户兵二科都给事中。顺治二年(1645),投降清廷,任吏部左侍郎兼翰林侍读学士、秘书院大学士,为顺治时期南党的代表人物。顺治十一年(1654),因倡导"留发复衣冠,天下即太平"被劾,后被处以绞刑。

[4]陈之遴(1605—1666),字彦升,海宁盐官(今属浙江)人。出身浙东名门,年轻时与钱谦益、陈名夏结交,参与活动。崇祯十年(1637),廷试一甲二名进士(榜眼),授翰林院编修。崇祯十一年(1638)因其父顺天府巡抚陈祖苞在抵抗清军时失职,受到牵连而罢官。清军入关后投降清廷,顺治四年(1647)陈之遴被任命为秘书院侍读学士,后升礼部右侍郎、礼部尚书、太子太保、弘文院大学士,是顺治时期南党的代表人物之一,后被流放辽东。

的扬州,采取了一系列安定民心,稳定社会秩序,恢复经济举措,得到士民的认可。这些官员大都能够克己奉公,尽职尽责,为清初扬州的稳定和发展奠定了坚实基础。如戈时雍[1]担任扬州府知府时,郑成功[2]带兵北上,进犯京口(镇江),围困南京。戈时雍压制了城中欲投降郑成功的官员,战乱后,他又将"扬人告变者日千纸"[3]焚烧,即将扬州府欲叛乱者名录烧掉。戈时雍的做法,对于保全百姓、安定民心起到十分重要的作用。在扬州府的历任官员、扬州士民的互相配合下,扬州府的政治、经济秩序在短时间内得到了恢复,扬州城很快又恢复了昔日的繁荣。但由于扬州所属州县常年遭受水灾的侵扰,百姓仍然过着颠沛流离的生活,这就出现了清初扬州城的繁华和所属州县的贫困不协调的状况,需要进一步加强相关治理。

(一)治理水患

自宋绍熙五年(1194),黄河夺淮入海。由于黄河的汇入,淮河水势遽增,这就极大地增加了淮河下游的水量。除了水量增加外,黄河夹杂的大量泥沙也随之进入淮河,导致泥沙淤积,河床抬高,淮河水患日趋严重。扬州地区处于长江、淮河之间,地势低洼,河水在此汇聚成洪泽湖、高邮湖等重要水体,它们虽然具有蓄洪、泄洪作用,但水汇入量过大时,则会导致水灾的发生。再加上当时黄河、淮河入海口泄水不畅,加大了扬州府水患发生的频度,加深了水灾的危害程度。

明末清初,战乱频仍,河政不修,进一步加重了水患发生危害。清初扬州府水利设施大都是明朝留存下来的,由于年久失修,多有毁废。因此清廷对扬州府水患治理基本策略——修堤疏浚,主要表现为对黄河、淮河和运河堤防加固及河道的疏浚。

---

[1] 戈时雍(生卒年不详),直隶景州(今河北景县)人,顺治年间拔贡,历任福安县(今属福建)知县、严州(今浙江建德)同知、扬州府知府等职。

[2] 郑成功(1624—1662),原名森,字明俨,号大木,福建南安(今属福建泉州)人。因受南明隆武皇帝倚重,被授予总统使,招讨大将军,赐姓朱,名成功,人称国姓爷。郑成功以金门、厦门为根据地坚持抗清斗争,是明清之际著名的抗清将领。顺治十八年(1661),郑成功率军渡过台湾海峡,结束了荷兰殖民者在台湾的统治。

[3] 〔清〕杜甲等修,〔清〕黄文莲等纂:《〔乾隆〕河间府志》卷一二《人物志·吏师》,乾隆二十五年(1760)刻本。

　　首先,治理黄河。清初河道总督,如杨方兴、朱之锡、杨茂勋、王光裕等人[1]在任期间,均能秉持治淮先治黄的理念,致力治理黄河水患。在治理黄河水患时,他们虽然意识到黄河水含沙量大,导致下游河道淤积的问题[2],但是没有找到治理淤积的办法。他们治理水患的方法多为疏浚河道、培固大堤、修建水闸、堵塞决口。如顺治元年(1644)七月,杨方兴疏浚黄、淮,并修筑通济闸上下堤岸,江都、高邮等处石堤;[3]顺治十五年(1658),朱之锡疏浚堤渠,堵塞决口;[4]康熙六年(1667),杨茂勋堵塞桃源烟墩、桃源黄家嘴决口;[5]康熙九年(1670),罗多[6]创筑大古城缕堤等工程;[7]康熙十年(1671),王光裕复建崔坝镇等三坝,迁移季太坝。[8]他们虽费工不少,却没有找到水灾发生的关键所在,所以导致屡治屡败。康熙十六年(1677),靳辅[9]任河道总督后,这种现象才得以扭转。靳辅认为治运必须治黄,治黄必引淮水助黄攻沙。他在借鉴明潘季驯[10]治理黄河的基础上,采取"疏决浚导,

　　[1] 杨方兴(？—1665),字渤然,广宁卫(今辽宁北镇)人,隶属汉军镶白旗,历内秘书院学士、兵部右侍郎兼右金都御史、河道总督、兵部尚书等职;朱之锡(1623—1666),字孟九,浙江义乌人,清顺治三年(1646)进士,历任弘文院侍读学士、吏部侍郎,顺治十四年(1657)出任河道总督;杨茂勋(？—1693),奉天辽阳(今属辽宁)人,后隶籍汉军镶红旗,荫生,历任太仆寺副理事、贵州总督、河道总督、湖广巡抚、四川总督等职;王光裕(生卒年不详),汉军镶红旗人,历任都察院左副都御史、河道总督、兵部左侍郎、兵部尚书等职。

　　[2] 赵尔巽等:《清史稿》卷二七九《杨方兴》,第10110页。

　　[3] 赵尔巽等:《清史稿》卷二七九《杨方兴》,第10109—10110页。

　　[4] 赵尔巽等:《清史稿》卷二七九《朱之锡》,第10111—10113页。

　　[5] 赵尔巽等:《清史稿》卷一二六《河渠一・黄河》,第3718页。

　　[6] 罗多(生卒年不详),满洲人,历任刑部理事郎中、工部侍郎、山陕总督、河道总督等职。

　　[7]〔清〕尹继善等修,〔清〕黄之隽等纂:《〔乾隆〕江南通志》卷五一《河渠志・黄河三》,《中国地方志集成・省志辑・江南》第4册,第102页。

　　[8] 赵尔巽等:《清史稿》卷一二六《河渠一・黄河》,第3719页。

　　[9] 靳辅(1633—1692),字紫垣,汉军镶黄旗人,祖籍辽阳(今属辽宁)。历任安徽巡抚、河道总督。其所著《治河方略》一书,成为后世治河的重要参考文献。《清史稿》有传。

　　[10] 潘季驯(1521—1595),字时良,号印川,湖州府乌程县(今浙江湖州吴兴区)人。从嘉靖四十四年(1565)开始,到万历二十年(1592)止,他先后四次出任总理河道都御史,主持治理黄河和运河。在长期的治河实践中,总结并提出了"筑堤束水,以水攻沙"的治黄方略和"蓄清(淮河)刷浑(黄河)"以保漕运的治运方略,发明"束水冲沙法"。其"治黄通运"的方略和"筑近堤(缕堤)以束河流,筑遥堤以防溃决"的治河工程思路及其相应的堤防体系和严格的修守制度,成为其后直至清末治河的主导思想,为中国古代的治河事业做出了重大贡献。

广开引河""筑堤束水刷沙""筑减水坝闸和涵洞保固堤堰"等方法治理黄河,[1]取得了显著的成效。此后黄河再没有出现大的溃决,直到1855年黄河改道北流。靳辅"抓住了治河的症结所在,克服了治黄中河运对立的弊病,使我国古代治河初步摆脱了尾随黄患筑堤堵决的被动地位"[2]。

其次,治理淮河。由于黄河、淮河水患交织,在治理黄河水患的同时,亦要治理淮河水患。清廷采取清淤、归堤、筑坝的方法治理淮河。如:康熙三年(1664),采取"计障淮刷黄"[3]的治理方法;康熙六年(1667),杨茂勋筑堤"逼黄引淮"[4];康熙七年(1668)"筑翟家坝"[5];康熙八年(1669)"束淮水以制黄河浊沙"[6];康熙九年(1670)修复"归仁堤"与"高堰"[7];康熙十七年(1678),河督靳辅修筑大堤、堵塞决口,最后将淮河水归入故道,淮河水患的治理取得阶段性的成效。[8]在清初历任河督的治理之下,淮河水患亦得到有效的治理。

再次,治理运河。清初运河的治理主要表现为疏浚、堵口、筑堤。如:顺

---

[1] 有关靳辅治河的研究可参照:李鸿彬:《试论靳辅治河》,《人民黄河》1983年第2期,第59—61页;宋德宣:《靳辅治河简论》,《社会科学》1985年第2期,第90—96页;孙琰:《清朝治国重心的转移与靳辅治河》,《社会科学辑刊》1996年第6期,第113—116页;苏凤格:《功在前代,泽被后世——论康熙年间的靳辅治河》,《广西师范大学学报(哲学社会科学版)》1998年第A2期,第195—199页;钱光华:《靳辅治河方略及其实践》,《江苏水利》1999年第9期,第47—48页;马红丽:《靳辅治河研究》,广西师范大学硕士学位论文,2007年;杨文衡:《靳辅的治河理论和实践研究》,《淮阴工学院学报》2010年第2期,第1—3页;姬忠科:《靳辅治河相关问题研究》,中央民族大学硕士学位论文,2011年;贾国静:《清前期的河督与皇权政治——以靳辅治河为中心的考察》,《中南大学学报(社会科学版)》2017年第3期,第186—190页。

[2] 宋德宣:《靳辅治河简论》,《社会科学》1985年第2期,第90—96页。

[3] 〔清〕阿克当阿监修,〔清〕姚文田等纂:《〔嘉庆〕重修扬州府志》卷一四《河渠志六》,卢桂平主编:《扬州文库》第1辑第6册,第244页。

[4] 〔清〕金镇原本,〔清〕崔华、张万寿续修,〔清〕王方岐续纂:《〔康熙二十四年〕扬州府志》卷六《河渠》,卢桂平主编:《扬州文库》第1辑第3册,第78页。

[5] 〔清〕尹继善等修,〔清〕黄之隽等纂:《〔乾隆〕江南通志》卷五五《河渠志·淮二》,《中国地方志集成·省志辑·江南》第4册,第158页。

[6] 〔清〕金镇原本,〔清〕崔华、张万寿续修,〔清〕王方岐续纂:《〔康熙二十四年〕扬州府志》卷六《河渠》,卢桂平主编:《扬州文库》第1辑第3册,第78页。

[7] 〔清〕金镇原本,〔清〕崔华、张万寿续修,〔清〕王方岐续纂:《〔康熙二十四年〕扬州府志》卷六《河渠》,卢桂平主编:《扬州文库》第1辑第3册,第78页。

[8] 〔清〕阿克当阿监修,〔清〕姚文田等纂:《〔嘉庆〕重修扬州府志》卷一四《河渠志六》,卢桂平主编:《扬州文库》第1辑第6册,第244页。

治七年（1650）修筑运河东堤[1]；顺治八年（1651），河道总督杨方兴募民修治漕河[2]；康熙五年（1666），疏浚运河仪征至淮安段[3]；康熙十年（1671）疏浚了腰铺支河[4]；自康熙十年，河道总督王光裕先后修建或改建了季太坝、邵伯滚水坝、宝应子婴等闸口[5]；康熙十六年（1677），靳辅疏浚运河，筑江都漕堤，开南运口，开永安河，塞清水潭，增挑南运河，并在江都鳅鱼嘴、高邮城南、宝应子婴沟开滚水坝，同时又重挑金湾人字河，大修两河各堤，创建惠济闸。[6]在他们的治理下，运河漕运得以恢复。

　　清自顺治朝即开始对淮扬地区的水患进行治理。由于本地区水患成因复杂，治理难度大。清廷所选任的历任河督及地方各员，采取疏、筑、堵、冲的方法，有针对性地对黄河、淮河、运河进行治理。在官民的共同努力之下，扬州府水患治理取得了显著成效，扬州府属地区出现了"诸废具举，扬民骎骎有起色矣"[7]的局面。

　　（二）整顿盐政

　　明清时期两淮地区的盐赋在国家财政收入中占有重要地位。明人认为"两淮盐赋，实居天下诸司之半"[8]，清人秉持了类似的观点，"夫山泽之利，

　　[1]〔清〕张德盛修，〔清〕邓绍焕、汪士璜等纂：《〔雍正〕高邮州志》卷三《水利志》，卢桂平主编：《扬州文库》第1辑第20册，第317页。

　　[2]〔清〕张德盛修，〔清〕邓绍焕、汪士璜等纂：《〔雍正〕高邮州志》卷三《水利志》，卢桂平主编：《扬州文库》第1辑第20册，第316页。

　　[3]〔清〕尹继善等修，〔清〕黄之隽等纂：《〔乾隆〕江南通志》卷六〇《河渠志·运河三》，《中国地方志集成·省志辑·江南》第4册，第214页。

　　[4]〔清〕尹继善等修，〔清〕黄之隽等纂：《〔乾隆〕江南通志》卷六〇《河渠志·运河三》，《中国地方志集成·省志辑·江南》第4册，第214页。

　　[5]〔清〕金镇原本，〔清〕崔华、张万寿续修，〔清〕王方岐续纂：《〔康熙二十四年〕扬州府志》卷六《河渠》，卢桂平主编：《扬州文库》第1辑第3册，第79页。

　　[6]〔清〕金镇原本，〔清〕崔华、张万寿续修，〔清〕王方岐续纂：《〔康熙二十四年〕扬州府志》卷六《河渠》，卢桂平主编：《扬州文库》第1辑第3册，第80页。〔清〕尹继善等修，〔清〕黄之隽等纂：《〔乾隆〕江南通志》卷六〇《河渠志·运河三》，《中国地方志集成·省志辑·江南》第4册，第215页。

　　[7]〔清〕金镇原本，〔清〕崔华、张万寿续修，〔清〕王方岐续纂：《〔康熙二十四年〕扬州府志》卷六《河渠》，卢桂平主编：《扬州文库》第1辑第3册，第80页。

　　[8]〔明〕杨选、陈暹等纂：《〔嘉靖〕两淮盐法志》，方志出版社2010年版，第1页。

盐赋为最,而两淮盐赋,实居天下诸司之半"[1]。清代关于扬州的盐赋居"天下诸司之半"的说辞应是沿袭明朝,但却说明了清代扬州盐赋的重要性。清初,统一全国的战争尚在继续,庞大的军费开支成为清廷十分棘手的问题。清廷甚为清楚,控制扬州以收取两淮盐课,能有效缓解清初财政窘迫,解决庞大军费开支的问题。

经历过"十日"浩劫后的扬州城已是一片废墟,聚集在扬州的盐商不可避免地受到冲击。在清军灭绝人寰的屠城政策之下,盐商不仅家产耗尽,而且四散逃亡,有的甚至被杀死。可以想见,在此情状下,两淮盐业受到了沉重的打击!

清廷为恢复两淮盐业,采取了一系列恢复发展盐业的措施,如招徕灶丁、蠲免灶课、优恤盐商等,吸引灶丁、盐商返扬继续从事盐业的生产和贸易。在清廷一系列措施的推动下,两淮盐业逐渐得到恢复和发展,有学者认为"它为扬州在 16 至 18 世纪复兴并成为中国的主要城市之一提供了基础"[2]。

首先,优恤灶丁。明末清初的社会动荡,引起灶丁大量逃亡。顺治十六年(1659)两淮巡盐御史高尔位因灶丁逃亡殆尽,请求蠲免灶课。[3]他又推行一些恢复性的措施,如采用"焙灶"以"保盐产"的方法[4]。"焙灶"政策,主要用来招徕和优恤灶丁,修复盐场生产设备。针对兵丁侵扰、勒索灶户事件频繁发生的情况[5],李发元采取以"重法治之"的举措,在"重法"之下,兵丁侵扰、勒索灶户的情状有所改观。上述措施的推行,能够在一定程度上保证灶丁在盐场从事正常的生产活动,从而保证了两淮盐场出产盐的数量。

其次,招徕盐商。清初因战乱导致大量盐商逃离扬州,在社会稍定之初并没有返回扬州,为此两淮盐官采取招徕盐商返扬的措施。如:顺治二年(1645)

[1]〔清〕王定安等纂修:《〔光绪〕重修两淮盐法志》卷一六〇《杂纪门》,《续修四库全书》第 845 册,第 732 页。

[2]〔澳大利亚〕安东篱著,李霞译:《说扬州:1550—1850 年的一座中国城市》,中华书局 2007 年版,第 22 页。

[3]〔清〕佶山监修,〔清〕单渠总纂,〔清〕方濬颐续纂:《〔嘉庆〕两淮盐法志》卷四一《优恤二》,卢桂平主编:《扬州文库》第 1 辑第 33 册,第 819 页。

[4] 陈锋:《论清顺治朝的盐税政策》,《社会科学辑刊》1987 年第 6 期,第 53—58 页。

[5]〔清〕王定安等纂修:《〔光绪〕重修两淮盐法志》卷一三七《职官门·名宦传上》、卷一三九《优恤门·恤商上》,《续修四库全书》第 845 册,第 421、442 页。

李发元为吸引盐商返扬,采取"留垣盐、通残盐、轻正额、请恩免、核支官、量赍力"[1]的办法,给盐商以各种优惠,招徕盐商,让他们重新回到扬州从事盐业贸易。李发元所采取的整顿盐政的举措,有助于盐商行销与其财力相适应的盐。顺治二年(1645)周亮工[2]出任盐运使后,亦"百计招徕"[3]盐商返扬从事盐业贸易。顺治十六年(1659)高尔位又"招商"以办盐纳课[4]。在两淮盐官的努力下,盐商陆续返扬,如从陕西返扬的盐商孙枝蔚、徽州盐商闵世璋等人。

第三,废旧引,行新引。清初,各盐商"所行皆前朝旧引,其中不无混冒"[5],清廷为了改变继续使用明代旧盐引和假冒盐引的情状,决定淮盐变价充饷。顺治二年(1645)两淮盐运使周亮工采取"削旧饷,行新盐"的举措,以改变继续使用明代旧盐引和假冒盐引的情状,并取得"商困尽苏,课因以裕"[6]的成效。但是废除明代旧盐引,以实物"盐"代替盐引出售,充实军饷的举措,打击了继续使用明代旧盐引的盐商,却导致了"商情惶惑"[7],盐引壅积的局面。为解决两淮地区盐引壅积的问题,顺治二年(1645)又采取"刊定引额,剖一为二"[8]的办法,将前朝每引四百斤改为二百斤[9]。这对于按斤纳税取得盐引的财力稍弱的小盐商是有利的。为方便盐商就近领引,顺治三

---

[1]〔清〕李发元:《盐院题名碑记》,〔清〕王定安等纂修:《〔光绪〕重修两淮盐法志》卷一五九《杂纪门》,《续修四库全书》第845册,第720页。

[2]周亮工(1612—1672),字元亮,号栎园,河南祥符(今河南开封)人,明崇祯十三年(1640)进士,授监察御史。降清后,历任两淮盐运使(清代第一任两淮盐运使)、扬州兵备道、福建按察使、布政使、户部右侍郎、江安督粮道。著《赖古堂集》。

[3]〔清〕金镇原本,〔清〕崔华、张万寿续修,〔清〕王方岐续纂:《〔康熙二十四年〕扬州府志》卷二二《名宦下》,卢桂平主编:《扬州文库》第1辑第3册,第425页。

[4]〔清〕佶山监修,〔清〕单渠总纂,〔清〕方濬颐续纂:《〔嘉庆〕两淮盐法志》卷四一《优恤二》,卢桂平主编:《扬州文库》第1辑第33册,第819页。

[5]《世祖章皇帝实录》卷一八,《清实录》第3册,中华书局1985年版,第163页。

[6]〔清〕尹会一纂修,〔清〕程梦星等纂:《〔雍正〕扬州府志》卷二七《名宦下》,卢桂平主编:《扬州文库》第1辑第5册,第464页。

[7]〔清〕王定安等纂修:《〔光绪〕重修两淮盐法志》卷一三七《职官门·名宦传上》、卷一三九《优恤门·恤商上》,见《续修四库全书》第845册,第421、442页。

[8]〔清〕雷应元纂修:《〔康熙三年〕扬州府志》卷一二《盐法志上》,卢桂平主编:《扬州文库》第1辑第2册,第210页。

[9]〔清〕尹会一纂修,〔清〕程梦星等纂:《〔雍正〕扬州府志》卷一八《盐法》,卢桂平主编:《扬州文库》第1辑第5册,第201页。

年（1646）在扬州设立引部。但在商困民乏的情状之下，清廷虽然采取了提振本区盐业的举措，却无法有效舒缓两淮盐引壅积的现象，顺治九年（1652）两淮壅积盐引达二百三十余万。[1]针对盐引不断壅积的问题，顺治九年，清廷采纳了巡盐御史张瑃建议，对顺治初年加征淮商的正课银蠲豁或带征。[2]正课的蠲免及带征，极大地舒缓了两淮盐商财匮力绌的局面。顺治十七年（1660）巡盐御史李赞元采取"将积盐带入正纲内，二引附销一引，每包加盐一百斤"[3]，但这个措施并没有效缓解积盐，却导致盐引进一步壅积。顺治十八年（1661）巡盐御史胡文学采取"纳引半之课，止行一引之盐，除去加带百斤"[4]的措施，刺激了盐商行销盐引的热情，两淮"由是引疏而课亦不绌"[5]，从而解决了盐引壅积问题，达到足额征收盐课的目的。胡文学抓住了"引课过高"导致盐引壅积这一问题的核心，有效解决了两淮盐引壅积的问题。

第四，剔除规费。清初两淮盐政诸弊中最为突出的当属规费之弊。顺治二年（1645），李发元虽然采取革除浮课招徕盐商的举措，[6]但规费的问题却越来越突出。康熙九年（1670）巡盐御史席特纳、徐旭龄采取"永革各项私费名目，并严饬以后盐差官，毋得因循陋规，致商重累"[7]的措施后，两淮盐政诸弊得到一定程度的治理。康熙十六年（1677），两淮巡盐御史郝浴采取"严剔

————————

[1]〔清〕雷应元纂修：《〔康熙三年〕扬州府志》卷一二《盐法志上》，卢桂平主编：《扬州文库》第1辑第2册，第210页。

[2]〔清〕王定安等纂修：《〔光绪〕重修两淮盐法志》卷一三九《优恤门·恤商上》，《续修四库全书》第845册，第442页。

[3]〔清〕雷应元纂修：《〔康熙三年〕扬州府志》卷一二《盐法志上》，卢桂平主编：《扬州文库》第1辑第2册，第210页。

[4]〔清〕雷应元纂修：《〔康熙三年〕扬州府志》卷一二《盐法志上》，卢桂平主编：《扬州文库》第1辑第2册，第211页。

[5]〔清〕尹会一纂修，〔清〕程梦星等纂：《〔雍正〕扬州府志》卷一八《盐法》，卢桂平主编：《扬州文库》第1辑第5册，第201页。

[6]〔清〕金镇原本，〔清〕崔华、张万寿续修，〔清〕王方岐续纂：《〔康熙二十四年〕扬州府志》卷一一《盐法》，卢桂平主编：《扬州文库》第1辑第3册，第170页。

[7]徐旭龄认为：六苦为"输纳""关桥科费""江掣之费、茶果之费""封引解捆之费""关津勒索之费""进引入匣之费"等；三弊为"加铊之弊""坐斤之弊""做斤改斤之弊"。〔清〕金镇原本，〔清〕崔华、张万寿续修，〔清〕王方岐续纂：《〔康熙二十四年〕扬州府志》卷一一《盐法》，卢桂平主编：《扬州文库》第1辑第3册，第171页。

宿蠹"[1]的手段整顿两淮盐政,亦使两淮盐政有一定的改观。但清廷所采取的废除陋规的举措,仅是稍稍舒缓众商的苦累,并没有从根本上杜绝两淮规费之弊。如康熙四十三年(1704)八月,江南总督阿山题请永禁浮费,认为各种浮费"实系众商不得已之费累"[2]。盐务衙门的各级官员照引分肥,[3]"凡经一署,投一房,则有一次费。合计所费,殆浮正杂,而迂曲备至"[4]。盐务衙门内部机构繁多,层层收费,甚至已经到了不择手段的地步。扬州的盐商对政府官吏的勒索虽然极不情愿,但他们需在盐务衙门官吏支持下从事盐业贸易,这就形成了"官以商之富也,而朘之;商以官之可以护己也,而豢之"[5]的局面。

清初,两淮历任盐官多能根据当时的盐政弊端,找出相应的解决方法,清廷亦对两淮盐官的建议予以支持,"历任各盐臣权其利病,酌于时宜,凡有裨益商民者,一经题奏,朝廷无不立赐施行"[6]。在清廷与两淮盐官的大力治理之下,两淮盐政诸弊有了一定改观,两淮盐业有了很大起色。两淮盐官所采取的整顿两淮盐政的举措,为两淮盐业的恢复和发展、扬州社会的安定和经济的重振做出了应有的贡献。

在全国尚未平定,频繁的军事行动仍在进行,清廷急需大量经费的背景下,"恤商"也可能只是表面文章。如:顺治十六年(1659),郑成功进兵京口(今江苏镇江)导致清军猝不及防。清廷急需大量军饷,但两淮盐商尚未恢复,盐课又积欠银高达四十五万余两。御史高尔位采取"绳以严刑"的方法,逼迫盐商交纳盐课,那些无法交纳盐课的盐商"毙杖下者日数人"[7]。直到清廷平定三藩、台湾抗清力量投降之后,国家进入稳定期,清廷的"恤商裕课"策

---

[1] 赵尔巽等:《清史稿》卷二七〇《郝浴》,第9999页。

[2]〔清〕王定安等纂修:《〔光绪〕重修两淮盐法志》卷一三九《优恤门·恤商上》,《续修四库全书》第845册,第444页。

[3]〔清〕王定安等纂修:《〔光绪〕重修两淮盐法志》卷一《王制门·制诏一》,《续修四库全书》第842册,第622页。

[4]〔清〕包世臣:《安吴四种》卷五《小倦游阁杂说二》,清同治十一年(1872)包诚刻本。

[5]〔清〕盛昱:《意园文略》卷一《两淮盐法录要序》,《续修四库全书》第1567册,第240页。

[6]〔清〕尹会一纂修,〔清〕程梦星等纂:《〔雍正〕扬州府志》卷一八《盐法》,卢桂平主编:《扬州文库》第1辑第5册,第201页。

[7]〔清〕佶山监修,〔清〕单渠总纂,〔清〕方濬颐续纂:《〔嘉庆〕两淮盐法志》卷四四《人物二·才略》,卢桂平主编:《扬州文库》第1辑第33册,第887页。

略才真正得以实施。

（三）扬州府及所属州县官员的治理

清初，扬州府历任知府均能有效地执行清廷怀柔汉人的政策，安抚饱受战乱之苦的民众。为有效管理扬州，顺治二年（1645）清军占领扬州之后，即任命胡蘄忠为扬州府知府。在扬州府各级官员的治理下，扬州社会趋于安定，经济得以恢复。

首先，恢复府学，宣讲大义。清扬州首任知府胡蘄忠上任后，即着手恢复扬州府学，据载胡蘄忠顺治二年（1645）重建扬州府学。[1]扬州府学的重建，是清重塑扬州文化的一个重要标志，同时也向世人表明清廷对儒家文化的重视，这让人们看到清廷对汉文化并非排斥而是接纳。扬州府学的重建更重要的意义在于，它打开了扬州士人通往统治阶层的通道，让扬州府士民通过科考的渠道，跻身于统治阶层的行列。卞三元接任扬州知府后，"亲临学宫，讲导大义，士子观听者踵至"[2]。傅登荣在扬州知府任内，"以导民化俗为先务"，带领僚属到书院"与诸生讲论，反复辩难"，引来"环听者千人"[3]。金镇在扬州知府任内，"课文兴学"，重建平山堂，[4]不仅重振文教而且安定了民心。卞三元、傅登荣、金镇等人的"讲导大义""反复辩难""课文兴学"，不仅宣扬了清廷统治的合法性，而且有效地传播了清廷的统治理念，在士人中间引起轰动效应，影响巨大。在他们的大力宣扬之下，扬州士民对清廷的敌对情绪逐渐削弱，人们从思想上逐渐接纳清廷统治，出现"多士蒸蒸向化"[5]局面。

其次，招抚流亡。明末清初的战乱，加上频繁的水灾，扬州民众大量逃亡，生活极端贫困。面对如此惨景，扬州府各级官员采取了招抚流亡的举措。如：

---

〔1〕〔清〕尹会一纂修，〔清〕程梦星等纂：《〔雍正〕扬州府志》卷一二《学校》，卢桂平主编：《扬州文库》第 1 辑第 5 册，第 122 页。

〔2〕〔清〕阿克当阿监修，〔清〕姚文田等纂：《〔嘉庆〕重修扬州府志》卷四五《宦迹志三》，卢桂平主编：《扬州文库》第 1 辑第 7 册，第 793 页。

〔3〕〔清〕金镇原本，〔清〕崔华、张万寿续修，〔清〕王方岐续纂：《〔康熙二十四年〕扬州府志》卷二二《名宦下》，卢桂平主编：《扬州文库》第 1 辑第 3 册，第 427 页。

〔4〕〔清〕金镇原本，〔清〕崔华、张万寿续修，〔清〕王方岐续纂：《〔康熙二十四年〕扬州府志》卷二二《名宦下》，卢桂平主编：《扬州文库》第 1 辑第 3 册，第 428 页。

〔5〕〔清〕金镇原本，〔清〕崔华、张万寿续修，〔清〕王方岐续纂：《〔康熙二十四年〕扬州府志》卷二二《名宦下》，卢桂平主编：《扬州文库》第 1 辑第 3 册，第 428 页。

顺治二年（1645）卞三元接替胡蕲忠出任扬州府知府时，"时戡定之始，民多失业"。卞三元到任后即采取"招徕流亡"的措施，吸引逃离扬州的民众返乡，在卞三元的治理下，仅一年的时间，扬州即呈现"地辟士满"的局面。[1]

第三，纾缓民困。清扬州府各级官员采取蠲免或缓征赋税、裁汰冗役等措施减轻民众的负担。如：顺治二年（1645）卞三元"力请蠲逋缓征"[2]。顺治四年（1647）王宇春[3]出任扬州知府，其"为政虚己和衷，咨询民间疾苦"，"每戎旅经过，辄亲至郊外，设供帐犒劳约束，出境无敢哗者"[4]，他的"犒师之法"减少了军旅对民众的侵扰，减轻了民众的负担。顺治八年（1651），扬州知府张元璘（遴）"汰冗役，禁健讼，不遣一胥至属邑，郡内以安三载"[5]。在扬州府知府的治理下，扬州府的民困有了一定程度的改观。

扬州府属州县亦采取纾缓民困的措施。如：顺治七年（1650）时任仪征县知县的刘宗孟采用"犒师之法"以减轻军旅对民众的侵扰[6]，他又整顿仪征县政，"正项一两，杂科加数倍，蠹胥蚕食其中，民欲避徭役，田不受直，悉归之势家"。在其治理下，仪征县"民困始苏"[7]。顺治十八年（1661），江都

［1］〔清〕阿克当阿监修，〔清〕姚文田等纂：《〔嘉庆〕重修扬州府志》卷四五《宦迹志三》，卢桂平主编：《扬州文库》第 1 辑第 7 册，第 793 页。卞三元（1616—1697），据〔清〕雷应元纂修：《〔康熙三年〕扬州府志》载："知府，胡蕲忠，江南人，顺治二年（1645）任；卞三元，盖州人，顺治三年（1646）任。"又载："卞三元，辽东人，皇清定鼎，简莅扬州府知府，值两城勘定伊始。"可知卞三元在胡蕲忠被免职后，出任扬州府知府，至顺治三年（1646）二月任山东按察使司副使、临清兵备道。

［2］〔清〕阿克当阿监修，〔清〕姚文田等纂：《〔嘉庆〕重修扬州府志》卷四五《宦迹志三》，卢桂平主编：《扬州文库》第 1 辑第 7 册，第 793 页。

［3］王宇春（生卒年不详），辽东（今辽宁沈阳）人，顺治五年（1648）任扬州知府。表 2-1 中顺治四年（1647）任扬州府知府，据现有文献来看，王宇春具体出任扬州府知府的时间难以确定。

［4］〔清〕尹继善等修，〔清〕黄之隽等纂：《〔乾隆〕江南通志》卷一一五《职官志·名宦四》，《中国地方志集成·省志辑·江南》第 5 册，第 211 页。

［5］〔清〕尹会一纂修，〔清〕程梦星等纂：《〔雍正〕扬州府志》卷二七《名宦下》，卢桂平主编：《扬州文库》第 1 辑第 5 册，第 465 页。

［6］〔清〕尹会一纂修，〔清〕程梦星等纂：《〔雍正〕扬州府志》卷二七《名宦下》，卢桂平主编：《扬州文库》第 1 辑第 5 册，第 465 页。

［7］〔清〕尹会一纂修，〔清〕程梦星等纂：《〔雍正〕扬州府志》卷二七《名宦下》，卢桂平主编：《扬州文库》第 1 辑第 5 册，第 465 页。

县知县熊明遂，"平徭均赋"[1]。康熙八年（1669），宝应县知县孙蕙因宝应县"民贫不可状"，故"除杂派"，民人"岁省巨万计"，他又采取免除"凤米解淮"的"输挽之费"措施以纾缓民困。[2]在孙蕙的努力下，宝应县民众生存困顿的状况得到极大的改善。康熙十八年（1679），高邮州知州白登明[3]，清正廉洁，赈济民人，在正赋之外，不收耗羡，不轻发夫役。[4]他在任时，高邮州民困有一定程度的缓解。

除扬州府及其所属官员外，康熙年间两江总督麻勒吉、阿席熙、于成龙，江苏布政使慕天颜等人均能体恤民情，积极赈济受灾百姓。在清廷各级官员采取的安抚民众、纾缓民困措施下，逃亡的扬州民众回到扬州从事本业，这对于饱受战乱的扬州恢复和发展社会经济是十分有利的。

第四，严格执法。清初由于社会动荡，各种违法、扰乱社会治安的行为层出不穷。清初，扬州府最为有名的当属首任知府胡蕲忠的违法事件。顺治二年（1645）五月，胡蕲忠"乘扬城新破，掳江都知县周志畏之姊，诱透窖银，押令高岱等挖取银两、首饰、酒器共八百两"[5]。刘奇遇[6]接任扬州府知府后，对胡蕲忠案件进行了审理，认为胡蕲忠"奸淫周知县之妻姊，挖掘埋藏之白镪，致周钟官饥饿于旅邸，坏伦撄金，真衣冠禽兽，逐妇荩子，乃牛马衿裾"[7]，这仅是对胡蕲忠行为的评述，至于其受到什么惩处，相关文献没有记

---

[1]　〔清〕尹会一纂修，〔清〕程梦星等纂：《〔雍正〕扬州府志》卷二七《名宦下》，卢桂平主编：《扬州文库》第1辑第5册，第466页。

[2]　〔清〕尹会一纂修，〔清〕程梦星等纂：《〔雍正〕扬州府志》卷二七《名宦下》，卢桂平主编：《扬州文库》第1辑第5册，第466页。

[3]　白登明（？—1679），字林九，奉天盖平（今辽宁盖州）人，隶汉军镶白旗，顺治二年（1645）拔贡。历任柘城（今属河南）知县、太仓州（今属江苏）知州、高邮州知州。白登明是清初著名的清官，治理地方以务实著称。

[4]　〔清〕尹会一纂修，〔清〕程梦星等纂：《〔雍正〕扬州府志》卷二七《名宦下》，卢桂平主编：《扬州文库》第1辑第5册，第468页。

[5]　台湾"中央研究院"历史语言研究所编：《明清史料己编》（1），中华书局1987年版，第67页。

[6]　刘奇遇（生卒年不详），正白旗佟三牛录下生员，辽东（今辽宁）人。〔清〕金镇原本、〔清〕崔华、张万寿续修，〔清〕王方岐续纂：《〔康熙二十四年〕扬州府志》载："刘奇遇，辽东人，四年任，有传。"《清世祖实录》卷三〇，顺治四年（1647）二月辛卯载"江南扬州府知府刘奇遇，为本省按察使司副使、凤泗兵备道"。说明刘奇遇任扬州府知府的时间并不长。

[7]　台湾"中央研究院"历史语言研究所编：《明清史料己编》（1），第67页。

载,无从得知,但对胡蕲忠的处置一定会起到震慑作用。扬州旧俗有"巨猾犯法具谳,应赃若干,匿不吐,或挟私仇,或觊富户,展转株染,代为输官,而反渔其利",扬州府推官刘毓桂,"绝去刻锲之政","屹然定案,毋许以甲移乙",在其治理之下"良民安业"。[1]扬州府推官王士禛"不畏强御,每疑谳重狱,据案立决,牍无留滞"[2]。清初,扬州府各级官员多能廉正不阿,严格执法,为稳定社会风气、安定民心起到了十分重要的作用。

(四)扬州文化的重塑

清廷在扬州统治的确立,对于扬州民众而言则意味着要改变传统观念,接受新秩序。虽然清廷建立的新秩序在某种程度上延续了明朝旧的制度,但对于长期受传统文化影响的民众,尤其是士人,要转变"华夷之别"这一根深蒂固的观念仍是比较困难的。明清易代之时,明朝遗民有些象征性的反抗特性,如自杀、装疯、拒言、出家为僧、拒绝仕宦、归隐田园等,如唐复思、吴野翁、卢象晋等[3],虽然对清廷在全国统治的确立影响不大,但他们始终是社会的不稳定因素。为了解决这个问题,清廷采取了文化重塑措施。

首先,清廷强制推行剃发令。"剃发"与否被视为是否归顺清廷的一个重要标志,"尽令剃发,遵依者为我国之民,迟疑者同逆命之寇,必置重罪"[4]。在清廷的"留头不留发,留发不留头"[5]剃发令胁迫之下,广大汉人只能被迫接受。其间经历了从"抵抗"到"被迫接受",到"心甘情愿接受",再到"自然而然接受"的发展过程。

其次,开科取士。汉人接受新王朝的科举考试,是其承认并接受新王朝统治合法性的标志之一。在清军入关以前,皇太极为缓和满汉矛盾,提出"振

---

[1]〔清〕尹会一纂修,〔清〕程梦星等纂:《〔雍正〕扬州府志》卷二七《名宦下》,卢桂平主编:《扬州文库》第1辑第5册,第465页。

[2]〔清〕尹会一纂修,〔清〕程梦星等纂:《〔雍正〕扬州府志》卷二七《名宦下》,卢桂平主编:《扬州文库》第1辑第5册,第465页。

[3]有关明遗民的一些反抗性的行动,参阅《明遗民录》所载各遗民。〔清〕孙静庵:《明遗民录》,浙江古籍出版社1985年版,第1、10、22页。

[4]《世祖章皇帝实录》卷一七,《清实录》第3册,第151页。

[5]小横香室主人:《清朝野史大观》卷三《清朝史料·剃发之令》,第3册,中央编译出版社2009年版,第175页。

兴文治",把开科取士作为争取汉人的重要手段。"科举制度是中国古代历史中封建王朝必不可少的'抢才大典',它表示一个王朝实行'文治'的水平,也标志着它的'汉文化'水平。"[1]在 1645 年至 1672 年清廷所举办的 10次武举考试中,扬州府共有 67 人考中。自 1647 年至 1684 年清廷所举办的历次科举考试中,扬州府高邮、江都、仪真、宝应四县的士人共考中进士 54人、贡士 37 人、举人 145 人。[2]这组数据一方面说明参加科举考试的汉族士人数量众多,他们希望通过科举考试,实现身份的转变——加入到清统治阶层;另一方面也说明遭受重创后的扬州士人在心理和文化上对清廷统治的认可,并愿意为之服务。

第三,重塑文化。扬州文化的重塑,王士禛尤具有代表性,有的学者甚至认为"王士禛的文学活动起到了将扬州重新绘入中国文化地图的作用"[3]。顺治十七年(1660)王士禛任扬州府推官,在任期间,他广泛结交扬州遗民文人,如方文、冒襄、孙枝蔚、汪楫、吴嘉纪、宗元鼎、林古度、程邃、许承宣、许承家等,这些人在扬州文坛均有一定的影响力。王士禛在公务之余,常集名流雅士于蜀冈、红桥之畔"授简赋诗"[4],一时传为盛事。这就是有名的"红(虹)桥修禊"。王士禛诗词中的"雷塘""红桥""隋宫""芜城"[5]等具有典型的地形学特征。他"并不直接抒写明清之际的那段历史",却"通过吊念古迹来表达这种感情"。[6]安东篱认为:"这些诗文的唤起能力远远超过了其中的视觉和情感因素。他的诗文与其诗歌理论一致,充满了典故,能够通过间接涉及久远的事情,来反思过去和现在,这种策略使这些地方本身重新获得

---

[1]　李洵、薛虹:《清代全史》第一卷,辽宁人民出版社 1991 年版,第 348 页。

[2]　〔清〕金镇原本,〔清〕崔华、张万寿续修,〔清〕王方岐续纂:《〔康熙二十四年〕扬州府志》卷一六《选举下》,卢桂平主编:《扬州文库》第 1 辑第 3 册,第 309—319 页。

[3]　〔澳大利亚〕安东篱著、李霞译:《说扬州:1550—1850 年的一座中国城市》,第 96 页。

[4]　〔清〕金镇原本,〔清〕崔华、张万寿续修,〔清〕王方岐续纂:《〔康熙二十四年〕扬州府志》卷二二《名宦下》,卢桂平主编:《扬州文库》第 1 辑第 3 册,第 427 页。

[5]　《绝句》:"波绕雷塘一带流,至今水调怨扬州。"《红桥二首》:"舟人红桥路,垂杨面面风。销魂一曲水,终古傍隋宫。"《寄陈伯玑金陵》:"东风作意吹杨柳,绿到芜城第几桥。"〔清〕王士禛著,惠栋、金荣注,宫晓卫等点校:《渔洋精华录集注》(上),齐鲁书社 2009 年版,第 185、186、187 页。

[6]　王小舒、陈广澧译注:《王士禛诗选译》之《前言》,凤凰出版社 2011 年版,第 4 页。

了某种由于王朝变迁而被危及的历史意义。"[1]不仅如此,这些人在扬州文坛均有一定的影响力。王士禛和扬州遗民文人的交往,为扬州遗民文人和清廷之间提供了一个纽带。这一方面能够激起扬州遗民文人反思历史,发自内心地接受清廷的统治,另一方面也将明末遗民牢牢地纳入其管控范围内。

第四,重建文化地标。文选楼和平山堂,在扬州士人心中占有十分重要的地位。顺治年间,在两淮巡盐御史崔胤弘捐俸并主持下,昭明文选楼得以重建。[2]有学者认为"文选楼不仅是难以追述的逝去朝代辉煌历史的纪念碑,更代表着文学足以超越死亡的不朽价值"[3],此论述虽有夸大的成分,但足以说明文选楼在士人心中的地位。平山堂(位于今扬州市大明寺内),原为宋仁宗庆历八年(1048)欧阳修在扬州任职时修建。此后平山堂屡经毁废,又屡次重建,至清康熙元年(1662)改为寺庙。康熙十三年(1674)在扬州知府金镇的主持下,平山堂得以重建。此时正值三藩叛乱,"民畏兵,襁负,争出城"[4],金镇放开城门让人们自由出入,又张榜告示,安定民心。为了让因战乱而浮动的民心安定下来,金镇捐出自己的俸禄修建古迹平山堂,整个工程"一钱不役"。这不仅显示清廷平定叛乱的从容,同时亦显示其有足够的信心和决心维持政局的稳定,这对安定民心起到十分重要的作用。魏禧在《重建平山堂记》中认为金镇在蜀冈修建平山堂,"习以俎豆之事,抑将以文事靖兵气焉"[5]。

清初,有许多汉人,或者可以称其为"明朝遗民",依然顽固地执着"反

---

[1]　〔澳大利亚〕安东篱著,李霞译:《说扬州:1550—1850年的一座中国城市》,第96页。

[2]　扬州有两处文选楼,一处为位于太平桥北旌忠寺的昭明文选楼,据《重建文选楼碑记》所载,为清顺治年间重修(《重建文选楼碑记》现存扬州旌忠寺内)。一处为文选巷曹宪文选楼。曹宪文选楼是阮元于嘉庆年间在其家庙内修建,因阮氏认为隋秘书监曹宪是文选学的开创者,故命名"隋文选楼",又称之为"曹宪文选楼"。钱祥保等修,桂邦杰纂:《〔民国〕甘泉县续志》卷二九《杂录》,卢桂平主编:《扬州文库》第1辑第16册,第351页。

[3]　付优:《清代扬州通俗小说与城市文化研究》,西南大学硕士学位论文,2012年,第32页。

[4]　〔清〕尹会一纂修,〔清〕程梦星等纂:《〔雍正〕扬州府志》卷二七《名宦下》,卢桂平主编:《扬州文库》第1辑第5册,第467页。

[5]　〔清〕魏禧:《魏叔子文集》卷一六《重建平山堂记》,中华书局2003年版,第756页。魏禧(1624—1680),字冰叔,号裕斋,亦号勺庭先生,江西宁都(今属江西)人,明末清初著名散文家。著有《魏叔子文集》《诗集》《左传经世》等。

清复明”的理念,并为之奋斗,但这丝毫不能阻挡清廷统一全国的进程。清廷从强推剃发令,到开科取士,再到重塑文化及再造文化地标,无不说明清廷为重建文化所做的努力。随着战事的平复,社会趋于安定,百姓的生产、生活趋于稳定,出现了安居乐业、繁华盛世的景象。文化的重建不仅有利于扬州士民精神文化的提振,同时也可以让他们在心理层面逐渐接受清廷统治,这种转变虽然艰难,但却不得不面对——无论愿意与否,都不得不接受夷人(满洲人)在全国统治的现实。随着时间的流逝,扬州士民已在心理层面接受清廷的统治,表明他们已经和旧王朝割裂,并在社会经济恢复的过程中,寻找到了朝代更替的正当理由,“华夷”之争已不再成为人们关注的焦点。

（五）扬州经济的复苏

在清廷的治理之下,社会逐渐趋于安定。清廷及地方官员的有效治理,扬州府百姓生活趋于稳定,社会经济得到恢复和发展,扬州城恢复了昔日的繁华景象。可以从以下几个方面窥知一斑。

首先,清初扬州府的人口数量增加。清初,扬州府的人口较兵燹后有了显著的增加。康熙三年(1664)扬州府高邮、江都、仪真、宝应共有原额人丁128285,实在人丁119231,[1]实在人丁约占到原额人丁的93%,绝户、逃亡、优免人丁仅占到不足7%。康熙二十四年(1685)扬州府高邮、江都、仪真、宝应四州县原额人丁129000,实在当差人丁142575,户数95372户。[2]实在当差人丁约是原额人丁的1.11倍,平均每户约有1.5个当差的人丁。1685年扬州府原额人丁数与1664年基本相当,但是实在人丁则增长了约20%。康熙年间扬州府实在人丁数量的增加,则说明扬州府人口数量在增长,这与社会安定、人们恢复本业、经济得以恢复发展密切相关。

其次,扬州府的土地垦殖逐渐恢复。嘉靖二十三年(1544)高邮有田地

---

[1]〔清〕雷应元纂修:《〔康熙三年〕扬州府志》卷四《赋役志下》,卢桂平主编:《扬州文库》第1辑第2册,第67—68页。此为1664年之前的数据,实在当差人丁,是指除去逃亡、故绝、优免人丁后,需要承担丁徭的人丁。仪真县丁徭银的标准,各科不等。宝应县丁徭银的标准:每丁一例,派征银二钱四分八厘,每丁带征优免缺额银一厘四毫五丝余。据此可知,因逃亡、故绝和优免人丁所需承担的丁徭银,转嫁到了实在当差人丁身上。

[2]〔清〕金镇原本,〔清〕崔华、张万寿续修,〔清〕王方岐续纂:《〔康熙二十四年〕扬州府志》卷一〇《赋役》,卢桂平主编:《扬州文库》第1辑第3册,第159—160页。

1.576余万顷[1],康熙初年高邮州土地的数额则达到2.5822余万顷[2]。清初仪真县在册额田2402余顷,实在田2401余顷;[3]江都县有田1.76万余顷,折实田2368余顷,[4]约7.5亩田地折算成1亩纳赋田地。宝应县地亩亦按照一定的规则折算,约折田2452顷余。[5]据上可知,清初扬州府所辖高邮等四州县土地垦殖得到一定程度的恢复和发展。

再次,扬州商业的恢复。在两淮盐官的招徕下,盐商陆续返扬。盐商的商贸活动促进了扬州商业的恢复和发展,形成了集中的街市,如:扬州城小东门"商民稠密",徐凝门为"商居市廛交集之区",怀远坊"商民杂处",太平坊"市廛民居最为稠密",便益门地傍运河,"商市民居环聚",文峰阁一带近接骡行,"商旅繁杂",东关门外塘,"沿河民居稠密,商船丛泊"[6]。扬州城周围,水陆交通险要之地亦发展成为人口稠密的市镇,如湾头镇"民居稠密,河港通江,村落丛杂",邵伯镇"市烟户四万,居处丛杂,商贾鳞集,胜甲偏邑"。[7]高邮州"商民辐辏,市井繁盛",车逻镇"通衢大镇,烟户丛杂"。[8]宝应县"城市商民丛密",北门挡军楼一带"商民辏集"。[9]商业的繁荣,进而带动其他行业的发展,如漆器、玉器、铜器、竹木器具、刺绣品、化妆品等行

　　[1]〔清〕孙宗彝纂,〔清〕李培茂增修,〔清〕余恭增纂:《〔康熙〕高邮州志》卷二《田赋志》,卢桂平主编:《扬州文库》第1辑第20册,第21页。

　　[2]〔清〕孙宗彝纂,〔清〕李培茂增修,〔清〕余恭增纂:《〔康熙〕高邮州志》卷二《田赋志》,卢桂平主编:《扬州文库》第1辑第20册,第21页。

　　[3]〔清〕胡崇伦、舒文灿纂,〔清〕汤有光、陈邦桢等纂,〔清〕马章玉增修:《〔康熙〕仪真县志》卷四《田赋志》,卢桂平主编:《扬州文库》第1辑第17册,第93页。

　　[4]〔清〕李苏纂:《〔康熙〕江都县志》卷四《田赋》,卢桂平主编:《扬州文库》第1辑第9册,第249页。

　　[5]〔清〕徐翙修,〔清〕乔莱纂:《〔康熙〕宝应县志》卷五《土田》,卢桂平主编:《扬州文库》第1辑第24册,第496页。

　　[6]〔清〕陈述祖修,〔清〕郑徐堂、李北山撰:《扬州营志》卷五《疆域志》,卢桂平主编:《扬州文库》第1辑第39册,第513—516页。

　　[7]〔清〕陈述祖修,〔清〕郑徐堂、李北山撰:《扬州营志》卷五《疆域志》,卢桂平主编:《扬州文库》第1辑第39册,第518页。

　　[8]〔清〕陈述祖修,〔清〕郑徐堂、李北山撰:《扬州营志》卷五《疆域志》,卢桂平主编:《扬州文库》第1辑第39册,第521、520页。

　　[9]〔清〕陈述祖修,〔清〕郑徐堂、李北山撰:《扬州营志》卷五《疆域志》,卢桂平主编:《扬州文库》第1辑第39册,第522页。

业均得到一定程度的恢复与发展。

第四，清初扬州府的正赋征收恢复正常。顺治二年（1645），扬州府"赋税起积存留，悉依先朝旧额"[1]。所谓先朝旧额，应指明代在扬州府征收赋税的数额。扬州府的正赋主要是田赋，田赋是由地丁税和粮税组成。地丁税是土地税和徭役合并而成，土地税则是严格意义上的田赋，田赋的征收和土地的垦殖密切相关。据载，明代扬州府地亩共银 28.8343 万余两，本色漕米 10.5016 万余石，本色凤米 2.011 万余石[2]，这是明代扬州府所隶属三州七县总额。清初扬州府所辖高邮等四州县地亩银为 128560.2 两、本色漕米 25071.29 石、本色凤米 10170.77 石，分别约占扬州府的 44.6%、23.9%、50.6%。[3]这说明清代扬州府的赋税已经恢复常态，客观上说明扬州府的社会生活和生产已经恢复正常。

第五，清初扬州府杂税征收亦趋正常。清代田赋以外的各种课税，都可以称之为杂税。如清初仪真芦田有 500 余顷，芦课银 1800 余两[4]；江都县芦田有 3160 余顷，芦课银 11595 余两。[5]扬州府"学田租银三百七十二两三钱一分三厘"[6]。康熙年间江都县的田房税契银 3300 余两[7]，宝应县的田房税契银 380 余两。扬州府的杂赋征收恢复正常，亦可以说明扬州府经济得以恢复和发展。

---

[1]〔清〕雷应元纂修：《〔康熙三年〕扬州府志》卷三《赋役志上》，卢桂平主编：《扬州文库》第 1 辑第 2 册，第 64 页。

[2]〔清〕雷应元纂修：《〔康熙三年〕扬州府志》卷四《赋役志下》，卢桂平主编：《扬州文库》第 1 辑第 2 册，第 65 页。

[3]〔清〕雷应元纂修：《〔康熙三年〕扬州府志》卷四《赋役志下》，卢桂平主编：《扬州文库》第 1 辑第 2 册，第 65—66 页。

[4] 由于坍江、蠲免课银等因素，芦田和课银的数量是不断变化的，此数字只是一个大概数字。〔清〕金镇原本，〔清〕崔华、张万寿续修，〔清〕王方岐续纂：《〔康熙二十四年〕扬州府志》卷一〇《赋役》，卢桂平主编：《扬州文库》第 1 辑第 3 册，第 155 页。

[5]〔清〕金镇原本，〔清〕崔华、张万寿续修，〔清〕王方岐续纂：《扬州府志》卷一〇《赋役》，卢桂平主编：《扬州文库》第 1 辑第 3 册，第 154 页。

[6]〔清〕雷应元纂修：《〔康熙三年〕扬州府志》卷四《赋役志下》，卢桂平主编：《扬州文库》第 1 辑第 2 册，第 83 页。

[7]〔清〕李苏纂：《〔康熙〕江都县志》卷四《田赋》，卢桂平主编：《扬州文库》第 1 辑第 9 册，第 252 页。

第六，清初赋税的蠲免和缓征，对于舒缓民力起到十分重要的作用。所谓蠲免，是指免除应征收之赋税；所谓缓征，则是将应征之赋税暂缓征收。一般而言，清廷的蠲免和缓征钱粮，主要是因为灾荒发生，为纾缓灾区民力，而采取的救济措施。自顺治二年（1645）至康熙六十年（1721）的76年中，有46个年份对扬州府江都、仪真、高邮、宝应等四州县蠲免和缓征，基本上不到两年就有一次蠲免或缓征。清初扬州府的蠲免缓征，是根据受灾轻重执行不同的蠲免分数。[1]如康熙十三年（1674）、十四年（1675），扬州府高邮、宝应等处被灾，"仍免赋有差"和"蠲银有差"[2]，即根据不同的受灾情状，执行不同的蠲免分数。清廷所采取的蠲免和缓征措施，在一定程度上减轻了农民在一定时期的赋税负担，避免了大批农民离家出走、土地荒芜的局面出现，为他们重建家园创造了条件。蠲免政策的推行，对于缓和阶级矛盾和民族矛盾，巩固清王朝的统治起到十分重要的作用。

随着战事的平息，社会逐渐安定，人们得以在安定的社会环境下从事本业。在清廷及各级官员的有效治理下，扬州府人口数量得到一定程度的增长，水患得到治理，土地得以开垦，商业、手工业等均得到一定程度的恢复和发展，社会生产、生活日趋正常，繁华、富庶的扬州逐渐重现。

第三节　清初扬州府的驻防

顺治初，清廷的统治基础还比较薄弱，统治力量严重不足。为威慑和镇压各种"反清复明"的势力，清廷任用一些将领在内地重要地点驻防。清军的驻防地点随着战事的发展而不断变动，但驻地大多选择在"各大省会、重要城镇、水陆要冲、边疆海防，扼控着京师以外所有最重要的军事据点"[3]。

---

[1]　康熙四年（1665），清政府规定"凡被灾地方，夏灾不出六月，秋灾不出九月。各抚具题，差官履亩踏勘，将被灾分数，详造册结，题照分数蠲免。但本年钱粮，有司畏于考成，必已敲扑全完，则有蠲免之名，而民不得实惠。以后被灾州县，将本年钱粮，先暂行停征十分之三，候题明分数，照例蠲免，庶小民得沾实惠"。《圣祖仁皇帝实录》卷一四，《清实录》第4册，第218页。

[2]　戴邦桢、赵世荣修，冯煦、朱学程等纂：《〔民国二十一年〕宝应县志》卷五《食货志下・蠲恤》，卢桂平主编：《扬州文库》第1辑第26册，第77页。

[3]　定宜庄：《清代八旗驻防研究》，辽宁民族出版社2003年版，第2页。

满洲八旗兵力有限,各驻防点并非均为满洲八旗劲旅,而是以八旗劲旅作为主体,绿营军为补充,甚至有的驻防点是以绿营军为主体。扬州地处水陆交通要冲,"间于江淮,鹾贾之所聚,繁盛甲于东南"[1],清军在占领扬州后,即以绿营兵驻防扬州,随着南明政权的覆灭,清军在扬州府驻防融入清廷在江南构建的军事防御体系之中。

顺治初年的江南驻防,仅在江宁(今江苏南京)驻有满洲八旗。顺治二年(1645)十一月,清廷任命甲喇章京巴山为左翼梅勒章京[2]、康喀剌为右翼梅勒章京,"于每牛录各率三名马兵,披甲驻防江宁府"[3]。这标志着江宁八旗驻防正式建立,江宁的驻防兵力为"左翼四旗满洲、蒙古二千名,弓匠五十六名,铁匠五十六名"[4]。顺治后期,为了抵御来自郑成功的威胁,又相继在京口(今江苏镇江)、苏州设驻防八旗。清初扬州府的驻防,则是绿营和卫所。

一、扬州绿营

清代绿营兵大多是前明降军改编而来,清廷对其并不信任。但是随着战事的逐渐推进,兵员较少的八旗劲旅无暇驻防其占领区域,绿营兵承担了清廷控制区的驻防职责。清代绿营兵驻防则分为"标""协""营""汛"四级。清代总督、巡抚皆有直属绿营,即"督标"和"抚标",作为督、抚亲兵驻防在督抚驻地,督、抚还兼辖部分协、营,兼辖营大多与统辖官员不驻同一地点。兼辖营

---

[1]〔清〕陈述祖修,〔清〕郑徐堂、李北山撰:《扬州营志·序》,卢桂平主编:《扬州文库》第1辑第39册,第473页。

[2]甲喇章京:清代官名,亦作"甲喇额真",为满语音译,清代八旗组织中中层编制单位甲喇的长官。明万历四十三年(1615),努尔哈赤编制八旗,将五个牛录编为一个甲喇,每个甲喇设甲喇额真。后金天聪八年(1634),皇太极改称"甲喇章京"。顺治十七年(1660),定汉官名"参领",秩正三品。梅勒章京:清代官名,亦作"梅勒额真",满语音译。"梅勒"意思是"肩""副","额真"意思是"主子"。努尔哈赤编组八旗组织规定,每旗设"固山额真"一人,设左右"梅勒额真"各一人,佐理旗务。后金天聪八年(1634),皇太极改称"梅勒章京"。顺治十七年(1660),定汉官名"副都统",秩正二品。

[3]中国第一历史档案馆:《清初内国史院满文档案译编》(中)"顺治二年十一月初七日",光明日报出版社1989年版,第190页。牛录:满语,汉译为"佐"或"佐领",清八旗组织的基层单位,源于满族先民出兵、狩猎的组织。披甲:清八旗兵的别称。"甲"指索子甲,披甲,即穿索子甲的兵。八旗制度规定,男丁到16岁,即由各佐领选充甲兵。几丁抽一披甲,视当时需要而定。应选的人要通过马、步、箭的考试,入选者称为披甲。有马甲(骑兵)、步甲(步兵)等名目。

[4]《钦定大清会典则例》卷一七四《八旗都统·兵制》,《景印文渊阁四库全书》第625册,台湾商务印书馆1983年版,第499页。

与直辖营相比,统辖关系相对疏远,另设统辖者。提督、总兵亦有自己的直属绿营,称为"提标"和"镇标",兼辖部分协、营。这就形成了绿营多层统辖的错综复杂的关系。

清廷对军队尤其是对绿营的控制采用"以文制武"[1]的原则,以地方大员(总督、巡抚)兼任本区军事统帅,牵制各省绿营武职官员提督、总兵。在统辖关系上,提督受到总督、巡抚的节制,各省绿营则受到提督的节制和统辖;提督、总兵各有自己的标营,兼辖协、营,又有自己的专辖防区。

顺治二年(1645),设立江南绿营。[2]顺治三年(1646)三月,设立扬州营,属两江总督统辖。[3]驻防扬州府的绿营为江南右营(驻江都县瓜洲)、瓜洲营(驻瓜洲)、奇兵营(驻扬州府)、青山营(驻仪征青山),各营统辖绿营兵数量不等,因此分设额数不等的游击、守备、千总、把总等员。[4]顺治十六年(1659)清廷在京口设水师大镇,"右路总兵官驻扎扬州府,嗣移镇瓜洲",后裁撤扬州驻军,但"营务归游击专统",由"总督节制"。[5]康熙元年(1662),清廷将狼山协镇(驻今南通市)改设总兵官,扬州营隶属狼山总兵统辖。自康熙二年(1663)始,扬州营又裁抽兵丁一百名归总漕标营。至此扬州营兵制始确定为"马一、战二、守七"的规制,即扬州营有"官七员、马兵五十名、战兵一百名、守兵三百五十名"[6]。

扬州营游击驻扎扬州府新城内,扬州营中军守备坐营专防扬州府新、旧

[1] "以文制武"是宋太祖吸取了唐末五代时期将帅拥兵自重、藩镇割据、兵祸频仍等一系列历史经验教训,为加强皇帝对军权的控制,确定的"重文轻武""以文制武"的军事领导原则,此后明清两朝均采用了这一政策。清政府实行的"以文制武"的政策,特别是在各直省的绿营兵中,执行得最为彻底。主要是让各地方的文职官员(总督、巡抚)兼任军事统帅,牵制武职官员(提督、总兵)的行动。

[2] 赵尔巽等:《清史稿》卷一三一《兵二·绿营》,第3893页。

[3] 〔清〕陈述祖修,〔清〕郑徐堂、李北山撰:《扬州营志》卷三《建置志》,卢桂平主编:《扬州文库》第1辑第39册,第490页。

[4] 《钦定皇朝通典》卷七一《兵四》,《景印文渊阁四库全书》第643册,台湾商务印书馆1983年版,第511页。

[5] 〔清〕陈述祖修,〔清〕郑徐堂、李北山撰:《扬州营志》卷三《建置志》,卢桂平主编:《扬州文库》第1辑第39册,第491页。

[6] 〔清〕陈述祖修,〔清〕郑徐堂、李北山撰:《扬州营志》卷三《建置志》,卢桂平主编:《扬州文库》第1辑第39册,第491页。

二城。有参将(驻扬州新城)、守备(驻扬州旧城)各一员,另有千总、把总、外委、额外外委数员。[1]扬州府城外设有防守东南、钞关、西南、东北守汛千总或营司差。其驻防四周分别为仪真营(1664年改为奇兵营)、瓜洲营、泰州营、狼山营、高邮卫。[2]

清初高邮的驻防最初由高邮卫负责,顺治八年(1651),从扬州营拨兵四十人,"驻防州城库、狱"。康熙四年(1665)六月,设置高邮州守汛,从扬州营调千总官一员,领兵五十人驻防。康熙二十五年(1686),又从扬州营拨兵五十人,添防高邮汛,分派塘汛六所。[3]

清初宝应县没有专设守城官兵,城守职责属宝应县捕官。顺治八年(1651),由扬州营发兵二十名,驻防县城库、狱。康熙五年(1666)九月,从扬州营调把总一人,领兵五十名,分派塘汛十四所驻防。康熙二十五年(1686),又从扬州营拨兵三十名,添防宝应汛。其塘汛亦从十四所,陆续增添至十九所。[4]

宝应县衡阳镇汛,始于明朝的衡阳司。顺治初年,因战乱导致的人口逃亡,加上本地屡遭水患,因此衡阳司移驻黎城镇,改衡阳镇为衡羡庄,康熙五年(1666)九月,从扬州营拨官兵添防宝应县,衡阳镇汛属湖西汛防。[5]

扬州河营。清廷为保护运河漕堤,在总河督靳辅的奏请下,于康熙十七年(1678)设立河营,该营并不专设河兵,"分拨各汛防守工程,兼充驾船力役"[6]。雍正七年(1729),改总河为总督江南河道,其所统辖绿营驻扬州府

［1］〔清〕昆冈等修,〔清〕刘启端等纂:《钦定大清会典事例》卷五九二《兵部·绿旗营制》,《续修四库全书》第807册,第251页。

［2］〔清〕陈述祖修,〔清〕郑徐堂、李北山撰:《扬州营志》卷三《建置志》,卢桂平主编:《扬州文库》第1辑第39册,第490页。

［3］〔清〕陈述祖修,〔清〕郑徐堂、李北山撰:《扬州营志》卷三《建置志》,卢桂平主编:《扬州文库》第1辑第39册,第501页。

［4］〔清〕陈述祖修,〔清〕郑徐堂、李北山撰:《扬州营志》卷三《建置志》,卢桂平主编:《扬州文库》第1辑第39册,第502—503页。

［5］〔清〕陈述祖修,〔清〕郑徐堂、李北山撰:《扬州营志》卷三《建置志》,卢桂平主编:《扬州文库》第1辑第39册,第503—504页。

［6］〔清〕尹会一纂修,〔清〕程梦星等纂:《〔雍正〕扬州府志》卷一七《军政》,卢桂平主编:《扬州文库》第1辑第5册,第196页。

者,有高宝运河营(驻高邮州)、江防营(驻江都县瓜洲),分设守备、千总等员,领有数量不等的绿营兵。[1]

表2-5　清初扬州营、瓜洲营、仪真奇兵营、扬州河营制表[2]

职官	扬州营		瓜洲营		仪征奇兵营		扬州河营	
	员数	驻防	员数	驻防	员数	驻防	员数	驻防
游击	1	—	—	—	1	—	—	—
守备	1	—	1	—	1	—	2	高邮州
								瓜洲
千总	2	高邮州	1	—	2	江宁县新江口	2	驻防氾水汛
		衡阳镇				仪真县东沟		驻防永安汛
把总	4	钞关门外	2	瓜洲城外汛地	3	驻防江宁县新江口	3	驻防宝应汛
		府城便北门				换防仪真旧江		驻防高邮汛
		府城西、南门		大桥汛地		换防仪真黄泥滩		驻防邵伯汛
		宝应县						
外委千总	2	—	1	瓜洲城内汛地	2	协防新江口	—	—
						协防黄泥滩		
外委把总	4	—	2	八里铺	3	协防新江口	—	—
						协防东沟		
				张王镇		协防旧江		
哨官	—	—	2	瓜洲内河巡河	2	巡防左哨江汛	—	—
						巡防右哨江汛		

二、扬州卫所

明代"扬州卫约军八千九百六十名,高邮卫约军六千七百二十名,仪真卫约军四千四百八十名"[3]。入清后延续明朝旧制,扬州卫所得以继续留存,

---

[1]《钦定皇朝通典》卷七一《兵四》,《景印文渊阁四库全书》第643册,第515页。

[2]〔清〕尹会一纂修,〔清〕程梦星等纂:《〔雍正〕扬州府志》卷一七《军政》,卢桂平主编:《扬州文库》第1辑第5册,第195—196页。

[3]〔明〕朱怀干修,〔明〕盛仪辑:《嘉靖惟扬志》卷一〇《军政志》,卢桂平主编:《扬州文库》第1辑第1册,第88页。

以"世袭指挥使领卫事,世袭千百户领所事"。[1]扬州、高邮、仪真三卫各设卫指挥使等职。[2]顺治二年(1645)四月"裁革卫所官军"[3],扬州、高邮、仪真三卫,均设卫守备等职。[4]嗣后卫所裁并,归扬州卫。清初卫所的职能由明代的江防、屯种、守城转变为屯田、漕运,其江防的职责为扬州营所取代。扬州卫所职能的变化,也是明清卫所变化的具体体现。

三、扬州府营汛

汛是绿营的基本单位,"各省督、抚、提、镇所辖标下兵,曰训练兵。其兼辖之城守、分防各营,皆分领汛地,遇沿边、沿海、沿江处所及大道旁,皆按段置立墩堡,分驻弁兵,是为差防兵"[5]。绿营各汛在各自的汛地,负有四项基本职能,"一缉捕要案,二防守驿道,三护卫行人,四稽察匪类"[6]。清廷为保证盐税的征收,扬州绿营各汛除了上述职责外,还负有缉私的职责。

(一)扬州营汛

扬州营所辖区域范围"周九百九十里有奇",东西"广共一百六十七里",南北"袤共二百九十里",辖府城汛、西南汛、便北汛、钞关汛、马家桥汛、邵伯北坝汛、僧道桥汛、高邮州汛、水南北汛、宝应县汛、衡阳汛,[7]其中府城汛,专防府城新旧两城、十二门禁、四水关、串城市河二道、扬关、运司、府县库狱仓廒、三十五铺信地,同时负责本营兵马钱粮军火甲械事项。其余各汛分驻各

---

[1]〔清〕雷应元纂修:《〔康熙三年〕扬州府志》卷一四《武秩官志》,卢桂平主编:《扬州文库》第1辑第2册,第227页。

[2]〔清〕雷应元纂修:《〔康熙三年〕扬州府志》卷一四《武秩官志》,卢桂平主编:《扬州文库》第1辑第2册,第227页。

[3]〔清〕陈述祖修,〔清〕郑徐堂、李北山撰:《扬州营志》卷三《建置志》,卢桂平主编:《扬州文库》第1辑第39册,第490页。

[4]〔清〕雷应元纂修:《〔康熙三年〕扬州府志》卷一四《武秩官志》,卢桂平主编:《扬州文库》第1辑第2册,第227页。

[5]中国第一历史档案馆,辽宁省档案馆编:《中国清代营房史料选辑》,军事科学出版社2006年版,第269页。

[6]罗尔纲:《绿营兵志》,中华书局1984年版,第264页。

[7]〔清〕陈述祖修,〔清〕郑徐堂、李北山撰:《扬州营志》卷五《疆域志》,卢桂平主编:《扬州文库》第1辑第39册,第512页。

地,于每月上旬(初二日)、中旬(十二日)、下旬(二十二日),传旗会哨。[1]

表2-6　　　　　　　扬州营所辖各汛四至里程表[2]

单位:里

方位	营汛	里程	方位	营汛	里程
东	府城汛	—	北	宝应县汛	240
西	西南汛	4	东北	马家桥汛	37
南	钞关汛	3	东南	三江营	70
北	便北汛	3	西北	僧道桥汛	50
北	邵伯北坝汛	70	西北	水南北汛	90
北	高邮州汛	120	西北	衡阳汛	220

　　扬州营各汛(堆汛、墩塘)多分布在城、沿河、沿湖等人口较多、交通便利之区。各汛所辖区域大小不一,其所辖各堆汛、墩塘的数量亦不一。各堆汛、墩塘间相距一里至十数里不等。如:府城守汛,广五里,袤三里,有堆汛十五处,堆汛间相距一至二里;西南汛,广六十里,袤三十三里,有墩塘小汛四处,堆汛二处,各堆汛间相距二至二十里不等。[3]从各汛的驻防区域来看,在城各汛驻防区域较小,且其墩塘、堆汛分布较为密集;远离府城或县城营汛,其驻防区域较大,且墩塘、堆汛分布较为稀疏。营和城守汛驻扎在府城或县城,分防大汛、堆汛则设在人口较多、交通位置重要的市镇,这就构成了各分防大汛以府城、州县为中心分布,各堆汛(墩塘)以市镇为中心分布的基层驻防体系。城守汛、大汛,并不是规模较大的汛,而是"诸多小汛之上统辖它们的单位"[4],是各小汛的上级单位,由千总或把总驻所。各大汛、堆汛(墩塘)沿陆路、水路按照一定的间隔分布。大汛、堆汛(墩塘)以地理区划"村"或"图"

---

[1]〔清〕陈述祖修,〔清〕郑徐堂、李北山撰:《扬州营志》卷一〇《信地志》,卢桂平主编:《扬州文库》第1辑第39册,第557页。其中高邮州汛分上旬和下旬会哨。

[2]〔清〕陈述祖修,〔清〕郑徐堂、李北山撰:《扬州营志》卷五《疆域志》,卢桂平主编:《扬州文库》第1辑第39册,第512页。

[3]〔清〕陈述祖修,〔清〕郑徐堂、李北山撰:《扬州营志》卷五《疆域志》,卢桂平主编:《扬州文库》第1辑第39册,第512—513页。

[4]〔日〕太田出:《清代绿营的管辖区域与区域社会——以江南三角洲为中心》,《清史研究》1997年第2期。

为基础,划分出若干个辖区。汛辖区的划分,不仅要考虑人的密集程度,同时还要考虑水路交通因素。

扬州沿河各闸溜的监查,由各汛负责。每年漕船返回之时,均需在扬州搜盐厅停泊,"听候营员会同委员监查"[1]。南下漕船需要经过扬子桥、扬关溜、湾头闸、金门闸、六漫闸、邵伯溜、稽家闸、瓦甸闸、洪济闸等九个闸口,分别由不同营汛负责监查。

表 2-7　　　　　　　　　　扬州沿河闸溜表[2]

营汛	闸溜	负责监查营汛	营汛	闸溜	负责监查营汛
江都县钞关汛	扬子桥	西南汛	甘泉县北坝汛	邵伯溜	马桥汛
	扬关溜	钞关汛		稽家闸	北坝汛
	湾头闸	便北汛			
高邮州城守汛	金门闸	高邮汛	宝应县城守汛	瓦甸闸	衡阳汛
	六漫闸	僧道桥汛		洪济闸	宝应汛

扬州营各汛负有稽查私盐的职责。清初扬州府属高邮、仪真、江都、宝应四州县虽然没有盐场,但两淮盐运使司设在扬州,这是清初六大盐业总管机构之一。扬州是当时全国最大的食盐集散地,因此本区私盐活动十分猖獗。为有效打击私盐活动,扬州营各汛巡盐官兵须在各自所辖区域稽查私盐。

表 2-8　　　　　　　　　　扬州营辖口岸表[3]

单位:里

运盐河所在	南起	北至	东起	西至	河长	缉私营汛
江都县	—	—	谢家铺	芒稻河	70	北岸:马家桥汛
						南岸:三江营汛

[1]〔清〕陈述祖修,〔清〕郑徐堂、李北山撰:《扬州营志》卷一二《漕政志》,卢桂平主编:《扬州文库》第1辑第39册,第562页。

[2]〔清〕陈述祖修,〔清〕郑徐堂、李北山撰:《扬州营志》卷一二《漕政志》,卢桂平主编:《扬州文库》第1辑第39册,第562—563页。

[3]〔清〕陈述祖修,〔清〕郑徐堂、李北山撰:《扬州营志》卷一三《醚务志》,卢桂平主编:《扬州文库》第1辑第39册,第564页。

续表 2-8

运盐河所在	南起	北至	东起	西至	河长	缉私营汛
甘泉县	湾头闸	腰铺镇	—	—	70	东岸：邵伯北坝汛
						西岸：僧道桥汛
高邮州	露筋镇	界首镇	—	—	100	东岸：高邮州汛
						西岸：水南北汛
宝应县	界首镇	黄浦镇	—	—	80	东岸：宝应县汛
						西岸：衡阳镇汛

据上表可知，扬州营辖口岸，南起江都，北至宝应，全长三百二十里，沿运盐河两岸巡防，每营汛各负责一段巡防事务，基本上能够做到无缝衔接。这可以有效打击私盐贩运。

（二）扬州三江营、瓜洲营汛

扬州府三江营，设立于顺治初年，设守备、千总、把总等官，初领兵五百名（后减至二百五十名），专防大江北岸，范围从瓜洲营江汛至狼山营廖角嘴洋汛，兼管七十二洲大小河口烽墩、木楼、信地。康熙年间，裁撤京口水师两镇，三江营官兵移驻泗州营，其江北防汛则归并到瓜洲营大桥汛。康熙五十七年（1718），江宁府江防同知分驻扬州三江营，兼管盐捕。[1]

瓜洲营，设于顺治二年（1645），设有守备等官，专防江北水汛，唬船八艘。康熙元年（1662）改守备为参将，并入江南督标。康熙十一年（1672）改为瓜洲城守备，唬船八艘。各县分防水师，宝应汛船十五艘，氾水汛船十四艘，永安汛船二十三艘，高邮汛船十六艘，江都汛船十四艘。[2]

（三）扬州的驿传

驿传，是古代供官员往来和递送公文的交通机构。清代驿道之上亦设有绿营汛地，因此防守驿道的职责也归绿营防汛担任。[3]扬州地处水陆交通

---

[1]〔清〕陈述祖修，〔清〕郑徐堂、李北山撰：《扬州营志》卷三《建置志》，卢桂平主编：《扬州文库》第 1 辑第 39 册，第 504 页。

[2]赵尔巽等：《清史稿》卷一三五《兵六·水师》，第 4005—4006 页。

[3]〔清〕岑毓英：《岑毓英集》卷一五《更正下游新设碉屯折》，广西民族出版社 2005 年版，第215 页。

要冲,历代在扬州均设有驿传。清代扬州府属江都、仪真、高邮、宝应四州县辖有驿传六处,其中一等极卫有五处,二等次卫有一处。列表如下。

表 2-9　　　　　　　　　　扬州府所辖驿传表[1]

驿传名	等级	马(匹)	马夫(名)	水旱夫(名)
江都县广陵驿	一等极卫	100	60	110
甘泉县邵伯驿腰站	一等极卫	40	24	—
仪征县銮江驿	二等次卫	40	24	46
高邮州盂城驿	一等极卫	75	46	96
高邮州界首驿腰站	一等极卫	40	24	—
宝应县安平驿	一等极卫	75	46	96

扬州驿传是清代驿传系统的重要组成部分,由于漕运在清代的重要地位,扬州的驿传等级较高。清代改变了驿传体系的经费来源,由官府从赋税正项中划拨。驿传差役逐步改为官府雇募。据上表可知扬州府所辖各驿传马匹总数达到 370 匹,马夫 224 人,水旱夫可统计的就达到 348 人。

扬州驻防绿营由扬州营、瓜洲营、仪征奇兵营、扬州河营等组成。绿营兵平时最重要的任务为差操,而差操就是差役和训练,因此绿营不仅要应付各种差役,而且还要担负起战争的任务,绿营是“以镇守与百役并肩,以差操混为一谈”[2]。绿营的差使繁多,可以分为“解送、守护、缉捕、察奸、缉私、承催及特别差役”[3]等,绿营各汛的作用亦和其差使密切相关,即“缉捕要案”“防守驿道”“护卫行人”“稽察匪类”[4]。这种处处防范、周密布控、分段责成的严密的基层防控系统,虽扩大了其驻防的地域范围,却分散了有限的兵力。绿营在维护社会治安、巡防、缉私等活动中尚可发挥一定的作用,但在面对稍大规模的冲突,则难以应付,且会错失解决冲突的最佳时机。

[1]　〔清〕尹会一纂修,〔清〕程梦星等纂:《〔雍正〕扬州府志》卷一七《军政·驿传》,卢桂平主编:《扬州文库》第 1 辑第 5 册,第 197—198 页。

[2]　罗尔纲:《绿营兵志》,第 251 页。

[3]　罗尔纲:《绿营兵志》,第 252—254 页。

[4]　罗尔纲:《绿营兵志》,第 264 页。

综上,清廷为改变扬州民生凋敝、满目疮痍的面貌,施行了一系列怀柔举措,以安抚民众,发展生产。在清廷及扬州府各级官员的有效治理下,扬州的水患得到治理,盐政得以改善,文化得到重塑,从而农业、手工业、商业得到恢复和发展。民众的心理情感也发生从抗拒到被迫接受、接受,再到主动融入清王朝统治的转变。扬州的绿营驻防体系,对于维护本地区社会的安定、经济的正常运行起到了一定的积极作用。经过一段时间的发展,扬州社会经济秩序步入正轨,恢复了昔日的繁荣。

第三章　盛世时期的扬州

清代康雍乾时期,政治清明,经济繁荣,疆域辽阔,社会文化发达,史称"康雍乾盛世"。盛世时期的扬州社会经济发展也取得了较大成就,特别是在盐业经济方面。在两淮盐政的主管下,以扬州地区为代表的两淮产盐区在生产规模、盐课数额、从业人数等方面均有明显发展。两淮盐商不但为清廷贡献了大量财政资金,也是清前期扬州社会经济发展的主要推动力量之一。康乾二帝多次南巡时经过扬州,由此又进一步推动了扬州城市建设和文化发展。本章将重点叙述康乾南巡对扬州经济社会发展的直接影响、清前期两淮盐政等盐务官员的具体政务、清前期两淮盐业经济的贡献及影响、扬州关税管理等内容。

第一节　康乾南巡与扬州繁盛

扬州府是清前期东南地区的重要都会,清帝对扬州颇为关注。康熙五十一年(1712)二月,康熙帝心腹、管理两淮盐政的李煦奏报江宁、镇江、扬州等府百姓因噶礼解任而连日罢市的情况。康熙五十一年(1712)六、七月间,李煦又多次奏报原任江苏布政司宜思恭叩阍一案在扬州审理的具体进展。康熙帝曾有朱批:未知众论如何?[1]康熙帝较为关切民间舆论对案情的评价。

清前期帝王以出巡的方式治理国家,特别是借巡幸亲自督察地方政务。

---

[1]　中国第一历史档案馆、扬州市档案馆编:《清宫扬州御档》第1册,广陵书社2010年版,第144—145、160、164页。

康熙帝、乾隆帝先后各六次南巡,扬州是其南下、回銮的必经之地。康乾南巡对扬州府的发展产生了重要影响,特别是在城市建设、水利治理等方面。

康乾二帝的南巡也对清前期扬州经济社会的发展产生了一定的推动作用。乾隆四十一年(1776),清朝官员护送缅甸质子回国途中对扬州盛况的赞美便是一例证,“伏思诸省风景,惟扬州一带最为名胜,可使广为领阅,传扬缅国,愈见天朝之盛。遂带领伊等乘骑,由东门至天宁寺,上船至平山堂。彼时街市观者如堵,河傍看船如蚁”。[1]

乾隆四十九年(1784),乾隆帝命将扬州行宫的装饰材料运送至京城,以供其用。“昨伊龄阿面奏,欲将天宁寺行宫内看戏房之西洋式装修,拆卸运京等语。因思现在圆明园等处,并无隙地可容建盖,未免徒滋靡费。量为日无几,自未拆动。著传谕伊龄阿,止须将屋内悬设之玻璃镜送京备用。其木植装修,皆不可擅动。将此由四百里传谕知之。”[2]这体现出清乾隆朝扬州人引领时尚,在诸多领域“甲于天下”。[3]

一、康乾南巡与扬州治理

(一)重点关注水利建设

康熙帝重视水利事务,特别是淮扬地区运河、盐河的修筑。康熙二十三年(1684),康熙帝第一次南巡的主要目的即是考察江南水利等问题,海口工程的讨论、修筑是其关注的核心问题之一。康熙帝曾对河道总督王新命谈及南巡见闻,“惟高邮等地方百姓甚为可悯。今虽水涸,民择高阜栖息。但庐舍田畴仍被水淹,未复生业。朕心殊为不忍”。康熙帝改舟行为登岸巡行,召集高邮地方耆老详问灾情,“朕此行,原欲访问民间疾苦。凡有地方利弊,必设法兴除,使之各得其所”[4]。康熙帝一度派京官户部右侍郎开音布管理串场河的修筑工程,草堰、白驹等盐场的水利工程,工部也多有指导、监督,后清帝又派侍郎徐廷玺、巡抚于成龙勘阅。

---

[1] 中国第一历史档案馆、扬州市档案馆编:《清宫扬州御档》第8册,第5640—5641页。

[2] 中国第一历史档案馆、扬州市档案馆编:《清宫扬州御档》第9册,第6328页。

[3] 冯尔康:《清代乾隆时期扬州人的引领时尚——建设文化教育休憩城的历史启示》,《安徽史学》2011年第1期。

[4] 《圣祖仁皇帝实录》卷一一七,《清实录》第5册,第223页。

　　靳辅、于成龙关于淮扬运河入海工程的争论是康熙朝水利史、政治史上的重要事件,这一争论也体现着康熙帝本人和朝廷对淮扬水利的高度重视。徐乾学等诸多大臣参与了上述论争,康熙帝多次颁发谕旨作出决策。康熙南巡途中也多次亲自指导相关工程的建设。康熙三十八年(1699)正月,康熙驻跸界首、清水潭、高邮州城等地时,皆用水平测量运河水,比较运河水与湖水高低关系,考察河道安全等。康熙用谕旨将其实地调研所见告诉河道总督于成龙,以便于成龙修治相关工程。康熙四十六年(1707)三月至五月,康熙帝在南巡过程中又对高邮湖等处水利作出指示。乾隆帝第三次南巡途中也对扬州地区水利治理提出较为详细的指导,包括湾头闸、壁虎桥、凤凰桥等处河道工程,金湾六闸等工程,以及闸坝管理办法、管理吏员调任等。[1]

　　乾隆七年(1742)六、七月,扬州水势较大,高邮宝应等地受灾,湖水冲开大坝,高邮、邵伯并扬州城俱被水淹,扬州米价顿涨每石二两至二两五六钱不等。扬州府上级主管官员根据灾情,派员勘灾赈济。两江总督德沛接到灾情信息后,先是委令江安粮道翁藻星驰扬州办理赈务。七月二十三日,德沛亲自从江宁到扬州督赈。[2]苏州巡抚陈大受也亲往高邮等处查勘灾情,并与德沛商议赈济。[3]扬州水灾发生后,七月十八日,苏州织造图拉听闻灾情,即派人前往查看,二十八日得到汇报后,图拉于八月初一日上折汇报所得灾情。[4]

　　乾隆帝了解淮扬水灾后,多次降旨要求地方官认真办理赈务,并于乾隆七年(1742)八月初派高斌、刑部侍郎周学健前往协助赈灾。八月初二日,内阁奉上谕:"兹据陈大受奏称,扬州目下河水日逐增长,民间自中人之家以及极贫下户,皆流离四散。虽有平粜之官粮、抚恤之公项,亦不能奔走领籴。似此情形,实非寻常被灾可比。朕心深为轸恻。"[5]面对这次大水灾,十月初一日,江南江北狼山总兵官陈伦炯奏报了扬州、泰州等地在灾后收成,以及

[1]　中国第一历史档案馆、扬州市档案馆编:《清宫扬州御档》第6册,第3868—3869页。

[2]　中国第一历史档案馆、扬州市档案馆编:《清宫扬州御档》第3册,第1264—1265页。

[3]　中国第一历史档案馆、扬州市档案馆编:《清宫扬州御档》第3册,第1265—1266页。

[4]　中国第一历史档案馆、扬州市档案馆编:《清宫扬州御档》第3册,第1274—1275页。

[5]　中国第一历史档案馆、扬州市档案馆编:《清宫扬州御档》第3册,第1278页。

其所派兵役维护泰州、东台等被水地方治安的情况。[1]乾隆七年的淮扬大水灾救灾过程,体现出清帝十分重视扬州地方的赈灾与水利治理。

乾隆二十五年(1760)六月,扬州遭遇水灾,特别是高邮、宝应等地,受灾较重。乾隆帝因此更改了南巡时间,并要求两江督抚等暂停办理相关南巡差务,专心办赈。

清前期扬州的水利治理受到黄河、淮河、运河、长江及淮南盐场、农业生产等多重因素的影响。特别是黄河全面夺淮后,扬州的水利受到淮安府来水的影响更大,常见史书记录受灾情形。如乾隆十八年(1753)七月,车逻、邵伯二闸被冲塌,江都、甘泉、宝应、高邮、泰兴、兴化六州县受灾,轻重不等。乾隆二十六年(1761)五、六月间,阴雨连绵,湖河积水,已盈堤岸。七月十九日,又骤起狂风,二十日,大雨如注。高邮、邵伯一带运河东岸漫溢石工等俱被冲毁。

作为两淮盐业中心和南北漕运的重要转运城市,清帝对扬州水利治理甚为重视,特别是在南巡途中多次直接颁发谕旨指导相关水利工程的修筑。清前期扬州水利治理多有成效,为扬州社会经济恢复、发展提供了较好的自然环境方面的保障。

(二)推动扬州城市建设

康乾二帝的南巡为众多城市带来了城市建设的强大动力。两淮盐政、扬州知府等在主持行宫建设、文化工程等方面着力尤多。扬州盐商则凭借雄厚财力为建设本地巡幸路线上的园林、寺庙、桥梁等工程捐出大批银两。

为了筹备康熙帝第五次南巡,江宁织造曹寅等费力颇多。康熙四十三年(1704)十二月初二日,曹寅率官民迎接康熙帝第四次南巡扬州时御批高旻寺碑文,并挑选工匠按照高士奇等人要求建造碑亭。此时,曹寅等已经在高旻寺西赶建行宫,以备第五次南巡之用。[2]除了碑文,曹寅等还获赐金佛。康熙四十三年(1704)十二月,江宁织造曹寅会同李煦延请僧纪荫到高旻寺主持事务,最初被纪荫拒绝。后曹寅以该寺是康熙临幸之地,且被赐金佛,

---

[1] 中国第一历史档案馆、扬州市档案馆编:《清宫扬州御档》第3册,第1356—1357页。

[2] 中国第一历史档案馆、扬州市档案馆编:《清宫扬州御档》第1册,第72—73页。

再次邀请纪荫。十二月初八日,曹寅等迎请纪荫入院。[1]高旻寺行宫建成后成为清帝南巡经过扬州时的重要驻跸地,后发展成为扬州南部重要宗教场所。

乾隆二十二年(1757),乾隆帝在南巡经过宝应时,要求修筑宝应城。乾隆二十三年冬开始,两江总督尹继善、河道总督白钟山派员开始修城工程,共耗费工料土方银三万八千二百余两。这些银两来源一是刘师恕、蒋炳、孙廷铖等案件追银二万余两,二是河库拨银。二十四年四月,宝应城修筑完工。[2]

清前期扬州的园林名胜影响颇大,以至于有"扬州以园亭胜"之说。[3]除了高旻寺行宫外,乾隆二十一年(1756),高恒主持修建了天宁寺行宫,成为乾隆帝南巡驻跸扬州的主要场所。清前期,扬州盐商在清帝南巡时常巡游的平山堂、瘦西湖、虹桥、蜀冈以及梅岭一带修建了大量私人园林,如康山草堂、小方壶、吴园、倚虹园、小玲珑山馆等,都成为江南园林的重要组成部分和具有代表性的名胜。

乾隆帝南巡扬州期间,"临幸沿湖各鹾商园林,宸翰留题,不可殚纪。如江氏之净香园、黄氏之趣园、洪氏之倚虹园、汪氏之九峰园等,皆高宗亲书园名赐之"[4]。扬州官员为了迎接乾隆帝南巡,专门绘制了《扬州行宫名胜全图》以进呈清宫。清帝南巡是扬州盐商大量修建园林的最主要动因。另外,地方名宦与文人学者的集会,进一步推动了扬州园林的发展。如王士禛任职扬州时,多次在平山堂、虹桥与文人、友朋诗酒唱和,"虹桥修禊"成为一时佳话。平山堂也成为康乾时期官员、学者游览、讲学的重要场所。

二、地方官的选任与管理

清前期扬州的府州县各级官员选任一般先由上级主管江苏巡抚题请,再与两江总督一起奏请吏部。如乾隆七年(1742),甘泉县知县张弘运调任铜山县,两江总督德沛、苏州巡抚陈大受奏请由阳湖县知县王熙泰补授甘泉

[1] 中国第一历史档案馆、扬州市档案馆编:《清宫扬州御档》第1册,第72—74页。

[2] 中国第一历史档案馆、扬州市档案馆编:《清宫扬州御档》第6册,第3559页。

[3] 〔清〕李斗著,陈文和点校:《扬州画舫录》卷六,广陵书社2017年版,第78页。

[4] 王振世著,蒋孝达校点:《扬州览胜录》,江苏古籍出版社2002年版,第9页。

县知县员缺;署宝应县知县金祖端因病离任,督抚奏请由崇明县县丞熊会玢暂署,均获得乾隆帝同意。[1]乾隆七年(1742)十二月,两江总督德沛、苏州巡抚陈大受奏请将常熟县知县许松佶升补高邮州知州,亦获朝廷批准。[2]

扬州知府"承上接下,为州县之表率,诚亲民最要之职"。因其辖区内钱粮、河务、赈济等事务较多,并牵涉到盐运、漕运,故扬州知府"系冲繁疲难四项相兼最要之缺",[3]清廷对扬州知府人选的要求也较高。乾隆十一年(1746)二月,两江总督、协办河务尹继善奏请将扬州府知府高士钥勒令休致,因高士钥"年近七旬,精力衰惫,近来办事不能周到,察吏亦欠精明,难以勉强供职"[4]。乾隆二十四年(1759)十月,总督尹继善奏请将现任知府兆麟调补简缺,兆麟"为人谨慎,供职亦勤,但才具不能肆应于冲繁最要之缺,不能胜任。如以事简知府改补,尚属相宜"。[5]

江都县属于政务繁杂的难治之区,该知县员缺属"冲繁疲难四项兼全、沿河要缺",且江都县属首邑,商人聚集,五方杂处,缉匪安民类事务亦属繁重,这就需要得力干练之员方能胜任。乾隆十四年(1749)十一月,两江总督黄廷桂、署理苏州巡抚雅尔哈善上奏题参江都县知县黄湘昏庸不职。所遗员缺,黄廷桂、雅尔哈善同布政司辰垣、按察司李肖筠于所属各员内再四详商遴选,后选出常熟县知县赵天爵。赵天爵自句容调补常熟两年有余,其所办政务井井有绪,黄廷桂等认为赵天爵是江都县知县的合适人选,且其现在并无参罚事故,但与调补之例不符,因赵天爵到任未满三年,故黄廷桂等上奏乾隆帝,乾隆批准了这一提议。[6]

乾隆十三年(1748)五月,两江总督、协办河务尹继善在与苏州巡抚协商后,合奏请六合县知县严森升补高邮州知州。尽管严森在任内有岁参芦课未完停升六案、漕项未完停升两案等多个事件,不符合升补之例,但其人明

[1] 中国第一历史档案馆、扬州市档案馆编:《清宫扬州御档》第3册,第1374—1375页。
[2] 中国第一历史档案馆、扬州市档案馆编:《清宫扬州御档》第3册,第1377页。
[3] 中国第一历史档案馆、扬州市档案馆编:《清宫扬州御档》第4册,第2007—2008页;第6册,第3599—3600页。
[4] 中国第一历史档案馆、扬州市档案馆编:《清宫扬州御档》第4册,第2007—2008页。
[5] 中国第一历史档案馆、扬州市档案馆编:《清宫扬州御档》第6册,第3599—3600页。
[6] 中国第一历史档案馆、扬州市档案馆编:《清宫扬州御档》第4册,第2607页。

白干练,才能素著。最后获得乾隆帝同意。[1]两江总督、江苏巡抚负责扬州府属地方官员的选任,有时他们的提议并不能得到清帝的支持。原高邮州知州龙灿岷因奉终养而离任,乾隆三十七年(1772)六月,高晋、萨载奏请以句容县知县林光照升署高邮州知州,并向乾隆帝汇报了林光照的任职履历,乾隆帝要求吏部议奏。最终,林光照未能任职高邮州。乾隆三十七年(1772)十月,高晋、萨载又推荐清河县知县陈楸,并会同江南总河吴嗣爵一起具奏,乾隆帝仍然要求吏部议奏这次提名的可行性。其他如宝应县、仪征县、泰州等扬州府属州县官选任也基本按照上述程序进行。根据方志记载,在顺治到嘉庆时期,扬州府的知府、知县、知州等官员调动还是比较频繁的,特别是在乾隆十三年(1748)确定“三年准调,五年准升”之例后,各级主要官员的调动仍旧较多,不利于地方治理的延续性。如因扬州府知府陈用敷升授广东雷琼道,乾隆三十九年(1774)正月,高晋、萨载奏报以镇江府知府谢启昆调补扬州府知府。尽管镇江、扬州二府相距不远,谢启昆仍需将本任事务交接完毕后方可到扬州赴任。在其到任前,高晋等奏请以扬州府总捕同知巴通阿暂署扬州知府事。[2]这些扬州府官员频繁调任的情形主要有两种:一是调任他官,二是因事被罚而调离或革职等。

扬州府所属州县的知县或知州在未按要求完成年度钱粮事务(正项、盐课、漕课等)时,会被参处,或降级,或革职留任等。当钱粮补完后,可由督抚奏请开复。乾隆九年(1744)八月,仪征县知县冷时松因未及时完成税银任务被参。署苏州布政使爱必达、江宁巡抚陈大受等题奏该事,请求吏部处理。[3]

乾隆二十二年(1757)三月,尹继善奏请将宝应县知县吴家驹革职拿问。因该知县在办理南巡事务过程中,纤夫准备未善,又躲避不出,“玩误差务”,“特参请旨,将吴家驹革职拿问,以便严审究拟者也。除一面照例委员摘印署理,并查明此外有无经手钱粮未清”,尹继善指出,督办不力的常镇道亢保、扬州府知府兆麟在吴家驹案上也有过错,应一并交吏部议处。乾隆帝朱批,吴家驹被革职,其他官员则从宽免于惩处。[1]

乾隆五十七年(1792)闰四月,宝应县知县万廷梧革职。因为高邮州民韩桂林之妹发生命案而死,仵作郁邦隐匿不报,有受贿嫌疑。万廷梧在处理该事过程中徇私偏袒。[2]上述两例皆是官员不作为、乱作为而被惩处。扬州地区盐务繁重,除了两淮盐政及其属官外,扬州地方官在日常政务中也多涉及盐务,当地官员被处分案例中也有这类事件。如乾隆二十四年(1759)十月,两淮盐政高恒参奏仪征县知县勒索盐船牙行,贪婪不职。后又将此事札知苏州巡抚陈宏谋。因被参奏的是仪征县知县,乾隆帝下旨令尹继善负责处理。[3]

有些扬州官员在违反律例后则被免于处罚。扬州营已故把总李居仁透支乾隆十七年(1752)俸薪银十六两六钱二分三厘。乾隆三十八年(1773),江苏、山东两地官员分别在其扬州任所、历城县原籍住所调查其家产,并无隐匿财产。李居仁子李元相佣工度日,无力补缴透支俸银。苏、鲁两地巡抚根据调查结果,奏请按照豁免之例免除李氏后人赔补相关银两。乾隆帝最终批准了这一请求。[4]乾隆二十二年(1757),仪征县知县王斯恩名下应追乾隆三年(1738)平粜缺买谷物,无力完缴,经傅恒等奏请,准其豁免。[5]乾隆二十三年(1758),江都县前任知县黄湘应追买补平粜谷物,核减银两,查无财产可追,傅恒等奏请豁免,最终亦获允。[6]

三、清前期扬州的城市建设与社会治理

经历明末清初的战火冲击后,扬州的各类基础设施亟需恢复。随着盐业经济恢复发展,社会经济走向繁荣。在两淮盐政的主导下,扬州的城市建设与社会治理取得了明显进展。

---

[1] 中国第一历史档案馆、扬州市档案馆编:《清宫扬州御档》第6册,第3320页。

[2] 中国第一历史档案馆、扬州市档案馆编:《清宫扬州御档》第10册,第6757页。

[3] 中国第一历史档案馆、扬州市档案馆编:《清宫扬州御档》第6册,第3601—3602页。

[4] 中国第一历史档案馆、扬州市档案馆编:《清宫扬州御档》第8册,第5271—5273页。

[5] 中国第一历史档案馆、扬州市档案馆编:《清宫扬州御档》第6册,第3412—3416页。

[6] 中国第一历史档案馆、扬州市档案馆编:《清宫扬州御档》第6册,第3453—3457页。

（一）水利治理

清前期扬州水利治理的主要对象是境内的运河、盐河。这些水利工程的修筑，往往牵涉到江南漕运，因此需要多方面官员进行协调管理。乾隆十年（1745）春，仪征三汊河口江水水位低，往来帮船受阻。漕运总督顾琮会同属员移咨江南河道总督白钟山、两淮盐政吉庆确定挑浚办法。在维修过程中，影响了江广粮船、江南上江帮船、苏浙帮船的南北运务。乾隆十一年（1746）正月，顾琮在与白钟山等人商议后，向乾隆帝汇报了上述帮船调整航运路线的具体办法。[1]

扬州盐河或场河的小规模修建工程一般由两淮盐政主管，有时两江督抚也会向清帝奏报该类事务。乾隆二十三年（1758）十二月，盐政高恒奏报，扬属三汊河至仪征县江口一带河道，有淤浅之处。经仪所监掣同知杨重英等逐段探量，发现乌塔沟、地藏寺两处，共河长三千二百余丈，亟需挑浚。另有浅河三段、淤滩一处，均应捞切，共估银一万一千五百余两。高恒认为，现在扬州运河奉旨挑浚，仪河应与运河一同兴工完成，这样不会影响盐运事务。高恒还汇报了他与卢见曾等组织相关水利工程的具体工作。[2]乾隆二十四年（1759）三月，盐政高恒在仪征办理开掣改捆、开江稽查事务后，计划于四月初二日赴淮北验收盐河、车轴河工程。[3]乾隆五十年（1785）十月，在盐政全德奏报盐河修筑情况后，总督萨载、河臣李奉翰也作了奏报。[4]

（二）城市基础设施建设

扬州府城内百姓日常生活用水，依靠井泉。乾隆二年，"两城官井，淤塞者六十余口"。在盐政三保主持下，扬商捐资维修城内官井，方便了居民生活。同时，三保等还加强府城防火能力建设，"扬城附郭民居，率多草舍，失火甚易。自奴才到任以后，业已三次俱亲行救者。窃见救火器具甚不齐备，以致延烧不止，殊堪悯恻。且筑坝之后，水涸尤为可虞。奴才现与督臣庆复

［1］ 中国第一历史档案馆、扬州市档案馆编：《清宫扬州御档》第 4 册，第 2004—2005 页。

［2］ 中国第一历史档案馆、扬州市档案馆编：《清宫扬州御档》第 6 册，第 3495—3496 页。

［3］ 中国第一历史档案馆、扬州市档案馆编：《清宫扬州御档》第 6 册，第 3541—3542 页。

［4］ 中国第一历史档案馆、扬州市档案馆编：《清宫扬州御档》第 9 册，第 6425 页。

商酌,多设器械等物,交与在城文武员弁,预防不测".[1]

乾隆年间,扬州新旧两城,商贾辐辏,人口稠密。旧城北门至南门,有市河一道,并新旧两城之护城河,自雍正九年(1731)挑浚后,三十年无修筑工程,河道质量堪忧。在淮南盐商的捐助下,盐政高恒率运使卢见曾、知府兆麟等筹集银一万七千六百余两。由江都、甘泉两县知县及盐大使等,分别带领属员挑浚。乾隆二十四年(1759)三月,盐政高恒向乾隆帝奏报了疏浚扬州市河、护城河计划事宜。十月,高恒又奏报了上述工程验收情况,并汇报了新制定的河道管理办法,以便于商民往来。[2]扬州城外自天宁门至西北城角一带,护城河两岸有板石驳岸,年久损坏,往往坍入河内。乾隆二十五年(1760)四月十二日,盐政高恒向乾隆帝汇报商捐修筑河岸石工、桥梁事务。经高恒与运使卢见曾、知府杨重英详细勘估,石驳岸共长六百九十余丈。各门吊桥,以及城内桥梁,亦多损坏,需要经费维修。两项工程共约估银三万二千余两,均按照乾隆二十四年挑浚护城河之例,由盐商捐办。[3]这些地方的城市建设过程中都可以看到两淮盐务官和盐商参与其中。

乾隆三十一年(1766),两江总督高晋视察扬州府城内教场的兵营。该教场较为狭窄,不利于官兵操练,周围民居铺面稠密,兵民生活多有窒碍。乾隆三十二年(1767)五月,高晋奏请将教场移到城西门外三里许,远近适中,与营制相宜。迁建教场需银五百九十余两。原教场地方出租后可得银一千一百十七余两。后经运使赵之壁详称,淮南商人黄源德等愿承租该地,交纳租银,用于建造水神、财神庙宇。后高晋又询问盐政普福、江苏巡抚明德,商议妥当后才上奏乾隆帝。[4]但直至乾隆三十六年(1771)才将教场挪至平山堂后。乾隆四十四年(1779),官府于旧教场处建盖市房,开挖沟槽,便于排放积水。[5]

[1] 中国第一历史档案馆、扬州市档案馆编:《清宫扬州御档》第2册,第622页。

[2] 中国第一历史档案馆、扬州市档案馆编:《清宫扬州御档》第6册,第3598—3599页。

[3] 中国第一历史档案馆、扬州市档案馆编:《清宫扬州御档》第6册,第3670页。

[4] 中国第一历史档案馆、扬州市档案馆编:《清宫扬州御档》第7册,第4438—4439页。

[5] 中国第一历史档案馆、扬州市档案馆编:《清宫扬州御档》第9册,第6327页。

（三）文化治理

清前期，康熙帝等推行文治政策，稽古右文，编修多部典籍，同时又利用文字狱、征书禁书等手段控制思想文化领域。扬州文化事业发展正是受这一政治文化政策影响的产物。

《全唐诗》是清代雕版印刷技术的代表性典籍。康熙四十四年（1705），江宁织造曹寅在天宁寺组建"扬州诗局"，负责《全唐诗》的刊刻工作。康熙四十四年五月初一日，曹寅向康熙帝汇报：彭定求等九人被选派至扬州校刊诗集，但此时尚未到扬州，无法开展校刻。七月初一日，曹寅又汇报了《全唐诗》刊刻进展。彭定求等人在五月份抵达扬州，但汪士铉尚未到。他们修改凡例，进行缮写、校对、访诗等工作。尽管因掣盐往来于仪真、扬州之间，曹寅主持诗集的刊刻不敢有丝毫怠慢。[1]

康熙四十五年（1706）七月初一日，《全唐诗》剩五百余页需要刊刻，预计先行刷印十二套。校对官认真校对御制诗序。编修汪绎已经病故，彭定求、杨中讷、汪士铉、徐树本、俞梅五人继续在扬州校刊。其他有病或告假的翰林官皆令回本籍。康熙帝对曹寅的这次工作很是满意，称"刻的书甚好"。康熙四十五年九月十五日，曹寅汇报了他与李煦交接《全唐诗》工作情况，并在赴京时进呈已经刻好的《全唐诗》，其他未刻完部分计划于月内进呈。[2]耗时两年完成的《全唐诗》，为扬州刊刻其他清宫典籍奠定了基础。康熙四十九年（1710），李煦遵旨刷印《御批资治通鉴纲目》六百部。康熙五十二年（1713），李煦、曹寅与孙文成等奉旨在扬州刻印《佩文韵府》一千余部。[3]它们和《全唐文》《武英殿聚珍版丛书》等成为清代扬州官刻典籍的典型代表。

乾隆三十八年（1773），清廷开四库全书馆，掀开了中国历史上规模最大的一次官方整理典籍运动的序幕。对各地进献珍贵典籍，乾隆帝十分重视，扬州为此作出了相应的贡献。盐商马曰琯、马曰璐兄弟是清代扬州著名藏书家，献书令发布后，其后人积极捐献家中珍藏的善本书籍，因此得到乾隆帝褒奖。两淮盐政李质颖等也积极觅书、献书。如乾隆三十八年（1773）七

［1］　中国第一历史档案馆、扬州市档案馆编：《清宫扬州御档》第1册，第75—76页。

［2］　中国第一历史档案馆、扬州市档案馆编：《清宫扬州御档》第1册，第84、86页。

［3］　中国第一历史档案馆、扬州市档案馆编：《清宫扬州御档》第1册，第120、199—200页。

月,李质颖进呈自己觅得旧板书十五种、仿旧板抄本书七种。[1]

乾隆四十二年(1777)七月,盐政寅著奏请在扬州天宁寺、镇江金山行宫仿照天一阁样式建造书阁,以用于收藏《古今图书集成》等,获得批准。[2]乾隆四十五年(1780),书阁建成,即是后来的文汇阁。因扬州文化繁荣,且藏书家等献书较多,为弘扬文治,乾隆四十七年(1782)七月,乾隆帝颁发谕旨,要求盐政伊龄阿改造文汇阁的藏书设施,以备将来《四库全书》存放之用。[3]乾隆五十七年(1792)四月,江苏学政胡高望在奏报江苏省科考时指出:"扬通二属,为江北文风较盛之区。书艺颇有可观,其与考诗赋者,亦多谐畅。"[4]可见清前期扬州文化盛况之一斑。

乾隆四十五年(1780),伊龄阿奉旨在扬州设立词曲局,审查、整理时下流行曲目,以检查、销毁其中违禁字句。总校黄文旸、李经,分校凌廷堪、程枚、陈治、荆汝为,淮北分司张辅、经历查建嗣、板浦场大使汤惟镜任委员。乾隆四十六年(1781)正月,伊龄阿将删改抽掣的《精忠传》等五种曲目进呈,不久即调任粤海关。新任两淮盐政图明阿亦兼理曲目审查事务。三月,图明阿奏报了曲目审查的一些进展,"窃以凡系明季国初之事,有关涉本朝字句,及南宋与金朝剧本扮演失实者,皆当遵旨酌拟删改抽掣,另缮清本,仍将粘签之原本,一并进呈,恭候钦定。其余曲本,或一部中有一二处情节乖谬,恐其诳惑愚民,亦应照此办理。若但系字句偶有违碍,应即就原本内粘签改正,恭呈御览"。这时,图明阿等已经收集待审曲本二百八十四种,其中还包括苏州织造全德送来的应审曲目。[5]为了办好乾隆帝交代的"正人心"之事,图明阿在任期间多次奏报其审查曲本的进展。[6]扬州词曲局先后有109人参与其事,历时4年,清理删改了众多作品,有些优秀作品也因此而遭禁毁、失传。黄文旸编成《曲海》20卷,记录词曲局所审曲目的作品概况。

[1]　中国第一历史档案馆、扬州市档案馆编:《清宫扬州御档》第8册,第5307页。

[2]　中国第一历史档案馆、扬州市档案馆编:《清宫扬州御档》第9册,第5713页。

[3]　中国第一历史档案馆、扬州市档案馆编:《清宫扬州御档》第9册,第6220页。

[4]　中国第一历史档案馆、扬州市档案馆编:《清宫扬州御档》第10册,第6749页。

[5]　中国第一历史档案馆、扬州市档案馆编:《清宫扬州御档》第9册,第6045—6046页。

[6]　中国第一历史档案馆、扬州市档案馆编:《清宫扬州御档》第9册,第6055、6087页。

（四）社会治理

清前期,清帝十分重视民间疾苦,无论水旱灾害,均及时派官员赈济,以稳定其统治秩序。清代官方为主的救济活动被称为荒政,其救济的主要方式有平粜、蠲免、赈济、调粟、借贷、除害、安辑和抚恤等。康熙三十六年(1697)十月,因淮扬地区灾情严重,江宁织造曹寅会同漕臣桑格亲自查勘灾情,督押粮船到扬州江都、兴化、泰州、宝应、高邮及淮安府等地赈灾。此后,抚臣宋荦亲督银米到淮扬地区办理赈务。[1]康熙五十一年(1712)八月初,扬州等地近海盐场遭遇连日大雨及风暴潮,范公堤被冲决数处,灶户房屋亭场被淹,出现灾民死伤,部分近场农田亦被淹。李煦会同盐道李陈常亲自到受灾各场,分发银米给灾民,并劝两淮商人捐助银两,建造民屋,修筑范公堤。[2]

清廷有时也通过减免米粮税来实施赈济。乾隆三年(1738),江苏、安徽因旱灾歉收。乾隆四年(1739)四月,奉上谕,扬州、浒墅等关免征米税,以促进米粮流通,平抑粮价。[3]乾隆四十年(1775),扬州部分山田及高阜之区受旱灾影响,收成较少。米价二两三四钱,百姓生活出现困难。盐政伊龄阿奏报,湖广、江西地区秋粮丰收,米运到扬州后,将平减本地粮价。[4]

乾隆元年(1736)四月初一日,苏州织造海保奏,该年正月间,天宁寺僧明章到苏州控告扬州地方棍徒仍希入寺混扰生事、寻衅僧众等事。此后,海保密加察访,舆论咸称寺僧并无劣迹。于是,海保密行知会总督赵弘恩再加察查。[5]这时,明章并未寻求扬州知府等本地官员介入与保护,而是远赴苏州向苏州织造海保控诉。

邵伯、瓜洲、宜陵、仙女庙等镇是米粮木植的商品集散地,商贾云集。市侩奸牙通过吞骗客货等手段造成客商损失,进而出现客欠案难以按时审理的情况。乾隆四年(1739)七月,江苏巡抚张渠根据江宁、苏州等地委派通判专门查办客欠案的经验,派扬州府军捕同知负责审理境内的客欠案,以解决

[1] 中国第一历史档案馆、扬州市档案馆编:《清宫扬州御档》第1册,第64页。

[2] 中国第一历史档案馆、扬州市档案馆编:《清宫扬州御档》第1册,第170—171页。

[3] 中国第一历史档案馆、扬州市档案馆编:《清宫扬州御档》第2册,第845页。

[4] 中国第一历史档案馆、扬州市档案馆编:《清宫扬州御档》第8册,第5519页。

[5] 中国第一历史档案馆、扬州市档案馆编:《清宫扬州御档》第2册,第335页。

远来商人的经济纠纷。[1]

康熙五十年(1711),江南乡试科场案爆发。左必蕃、赵晋主考期间被指考试选拔不公,扬州盐商子弟考中甚多。扬州、苏州等地士子联合抗议。康熙五十年(1711)十一月二十七日,户部尚书张鹏翮奉命到扬州审理相关案情,漕运总督赫寿、安徽巡抚梁世勋也参与审理。曹寅、李煦先后多次向清帝奏报案情审讯进展,认为张鹏翮等审理吴泌、程光奎较多,有袒护两位主考之嫌疑。康熙帝多次要求李煦等认真打听案情。张鹏翮等所审案件,得不到江南士子的认可,清帝也认为所审不妥。[2]

康熙五十一年(1712)八月,钦差穆和伦、张廷枢来扬再审科场案,举人席轩、马士龙、徐宗轼,本房房官溧阳县知县鄢柳、石埭县知县李颂,正主考左必蕃、副主考赵晋等皆被提讯审问。该年九月,穆和伦等审案结束,回京复命。涉案人员左必蕃、赵晋、吴泌等都受到处罚。[3]

这次江南科场案因两淮盐商子弟而爆发,其背后也掺杂康熙时期两江地区督抚矛盾、官场作风问题及科举考试机制的种种弊端等因素。然而,不能因此而忽视两淮盐商为扬州科举教育作出的重要贡献,包括提供教学场所、资金,聘请学者讲学等。根据清前期律例规定,盐商之后人只能从商籍途径参加科举。两淮地区针对盐商子弟的科举政策也作过多次调整尝试。顺治时期,录取商籍童生七人、灶籍童生十三人,不裁不并,俱附于扬州府学。其中商籍特指山陕商人子弟,其他地区盐商子弟不可在扬州以商籍身份参加考试。康熙五十七年(1718)前后,商籍童生录取名额十四人。康熙五十七年五月,两淮盐政李煦根据徽商诉求奏请允许徽商子弟在扬参加考试,以商籍童生身份录取。康熙帝要求李煦等再详细商议题奏。

乾隆四十一年(1776),江苏学政谢墉以山陕商人久居扬州,与土著无异,且一段时期内,商籍、灶籍童生参考人数比定额较少,故奏请将商灶两籍童生改为按照民籍身份参加科考。江苏巡抚杨魁在审议谢墉的提议时,不

[1] 中国第一历史档案馆、扬州市档案馆编:《清宫扬州御档》第2册,第855页。
[2] 中国第一历史档案馆、扬州市档案馆编:《清宫扬州御档》第1册,第132—137页。
[3] 中国第一历史档案馆、扬州市档案馆编:《清宫扬州御档》第1册,第169—170、177页。

赞同将商灶两籍童生归并入民籍,应秉持宁缺毋滥的原则,选拔科举人才。[1]

第二节　清前期扬州盐业经济与盐务管理

《〔嘉庆〕重修扬州府志》序文曾概括清前期扬州治理的特点:"东南三大政,曰漕,曰盐,曰河。广陵本盐策要区,北距河、淮,乃转输之咽吭,实兼三者之难。"[2]清初扬州盐业经历了恢复、发展、繁荣的历程。明崇祯年间,受宦官势力、党争与地方军、盗匪等影响,淮扬盐务废弛,盐商回籍,灶户逃亡。清军占领扬州后,很快着手恢复盐务,为朝廷提供财源。顺治二年(1645)闰六月,派巡盐御史李发元管理扬州盐务,招揽商民经营。顺治三年(1646)八月,户部题议派遣理事官李茂芳加升户部右侍郎,督理淮浙盐务,奉旨遵行,驻扎扬州,是为引部。顺治六年(1649)九月,户部题准差孙垱、杨麒以户部右侍郎职衔到扬州,接替李茂芳。顺治七年(1650)四月,三院、六部、都察院等衙门会议认为,引部之设,耗费钱粮,扰害商民,似应裁撤,淮浙盐引仍赴户部给领。奉旨将引部裁撤,后仍岁差巡盐御史。顺治十六年(1659),停盐差年余。康熙帝继位后,仍照旧每年差遣巡盐御史治理两淮盐务。

一、清前期扬州盐业的发展与贡献

扬州是清前期两淮盐业的中心,两淮盐业发展的众多表现某种程度上可看作是扬州盐业的发展。清初,两淮有灶丁 6.6 万左右,随着盐业生产规模的恢复、扩大,灶丁增至 60.6 万。盐引方面,顺治初年,每引重 200 斤。康熙四十三年(1704),增至每引重 267 斤。雍正元年(1723),调整为每引重 317 斤。雍正十年(1732),每引增至 344 斤。[3]灶丁队伍的扩大和引重的增加是扬州盐业发展的重要表现。两淮盐业发展带来的直接影响即是两

---

[1]　中国第一历史档案馆、扬州市档案馆编:《清宫扬州御档》第 1 册,第 274、275 页;第 8 册,第 5630 页。

[2]　〔清〕阿克当阿监修,〔清〕姚文田等纂:《〔嘉庆〕重修扬州府志》,卢桂平主编:《扬州文库》第 1 辑第 6 册,第 5 页。

[3]　吴海波:《两淮私盐与地方社会:1736—1861》,中华书局 2018 年版,第 144—145、174—175 页。

淮盐政为清廷及一些地方提供了大量的资金支持。

乾隆二十六年（1761），军机大臣傅恒等指出："盐务一项，虽经官办，究系商人贸易之事。"[1]自顺治朝两淮盐业恢复经营后，清前期的两淮盐业是有着浓厚官方色彩的垄断经济，它不但为扬州发展提供了丰厚资金，也是清廷财政的重要来源。

表3-1　　　　　　两淮盐区盐课实征银

单位：两

时　间	实征银
顺治十年（1653）	1197090
顺治十四年（1657）	1390602
顺治十五年（1658）	787975
康熙三年（1664）	1768791
康熙十八年（1679）	2193525
康熙二十二年（1683）	2193525
乾隆八年（1743）	2568348
乾隆九年（1744）	2096000[2]
乾隆二十年（1755）	2503955
乾隆三十一年（1766）	2872586
乾隆三十五年（1770）	2155021
乾隆三十七年（1772）	2203472
嘉庆八年（1803）	2308197

顺治十年（1653），两淮送往五省经略洪承畴军等四部军队的军费有六十万八千一百三十九两盐课银。顺治十四年（1657），清军还在进行统一战事，该年份的两淮盐课被送往五省经略洪承畴军、陕西总督马之先军、两广总督王国光军、福建巡抚刘汉祚军、浙闽总督李率泰军等处用作军费。清廷

---

[1] 中国第一历史档案馆、扬州市档案馆编：《清宫扬州御档》第6册，第3792页。

[2] 该年除了征收额征盐课外，还带征乙卯纲盐课银十九万八千两，带征其他年份引课、折价银等共二十四万二千两。另表中乾隆二十年、乾隆三十七年征银还包括铜斤、折价等银。该表资料来源：中国第一历史档案馆、扬州市档案馆编：《清宫扬州御档》第4册，第1808—1809页；第6册，第3314—3319、5295页；陈锋：《清代盐政与盐税》，武汉大学出版社2013年版，第222、219页。

镇压"三藩"期间,两淮为两湖、福建、两广等地军队也提供了大量军费保障。[1]即便至晚清时期,两淮的盐厘仍是重要的军费来源,"近年各路军营皆赖抽厘济饷。如扬州大营、镇江大营、金陵大营、皖江南北水路各营,所设之卡,皆以盐厘为大宗"。[2]

乾隆二十二年(1757),户部等调查乾隆二十年两淮乙亥纲征收盐课档册。据户部档案,我们可以了解当时两淮盐业在经济层面重要贡献的一斑。根据档册记载,两淮旧管存库银一百八十八万九千二两余,新收乾隆二十年额征正杂盐课并铜斤、织造、折价等银二百五十万三千九百五十五两余,以上新旧共银四百三十九万二千九百五十七两余。其中,解送户部银一百三十一万五千三百八十六两余,解河饷银二十九万九千九百九十七两余,又解乙亥、丙子二纲河饷银六十万两赴总河衙门交纳,解内务府铜斤脚费银五万两,又解公捐备赏银六十四万四千一百八十两余,修芒稻河工程开支一万二千四百五十七两余,徐州府领过赈济借拨银五十万两,修筑吕四等场,奉部追缴银内未完银一百零七两余,借给煎丁未还银二万三千五百三十三两余,买补扬、泰等仓缺额谷石借支银三万八千七百二十九两余,借支商捐挑浚泰、通二属等场灶河银十二万二千一百七十一两余,通、泰、淮所属被灾赈恤银五万六千八百四十八两,又加赈并借给口粮银五万九千七十二两余,挑浚山阳等处河道、泰属丁溪场古河,估需银一万零五百五十九两余。[3]从乾隆二十年(1755)两淮盐课的用途可以了解,这些盐业收入既是清宫财政收入的重要来源,也支持各地修筑水利、赈济灾民;既支持两淮地区的盐业生产,也是当地赈济银两的主要来源。因清宫档册保存的缺陷,已无法梳理出清前期两淮盐课全部数据,但通过上述多份材料,可看出两淮盐业发展的大体情况。另外,通过两淮盐政在军费、清宫经费、地方事务经费等方面的报效,可间接得出两淮盐业经济的发展与贡献。乾隆朝两淮盐商捐输银数高达2893.3万两,嘉庆朝则增长至5360.7万两,两淮盐商报效银两占乾嘉两

---

[1]　陈锋:《清代盐政与盐税》,第229—230页。

[2]　〔清〕曾国藩:《淮盐运楚章程》,〔清〕庞际云编:《淮南盐法纪略》卷三,同治十二年(1873)淮南书局刊本。

[3]　中国第一历史档案馆、扬州市档案馆编:《清宫扬州御档》第6册,第3314—3319页。

朝盐商报效资金的七成以上,两淮盐商成为乾嘉时期报效的绝对主力[1]。总之,两淮盐课收入为保障各地的政务运转、社会经济发展提供了重要的资金支持。

二、两淮盐务官的选任与管理

两淮盐务是清代盐业管理中事务最繁杂的,各类官吏尤多,时任江南总督赵弘恩认为:"臣向闻办理盐政最难者,莫甚于两淮。"[2]两淮盐政与盐运使对扬州地方政务影响较大,凡牵涉盐业事务,均由其负责筹办。这里主要从盐政的任免、对盐政及运使监督、属员管理、日常盐务管理、钱粮管理、办贡及临时事务等方面叙述两淮盐政、盐运使等官员在两淮盐业事务中的具体作为。

(一)任免方面

据载,"各省盐政、织造、关差,皆系内府世仆"。[3]这既道出了盐政等官与清帝的密切关系,也体现了清帝对盐务的重视与控制。这在两淮盐政的任免过程中表现得尤为突出。康熙帝亲信曹寅、李煦兼管两淮盐务即可视为上述关系的例证。

康熙四十四年(1705)十月,管理苏州织造、大理寺卿李煦奉旨兼任两淮盐差。十一月,康熙派医生为两淮盐政李煦治病,后李煦回苏州调养。[4]康熙五十一年(1712),曹寅在扬州病重后,李煦代其向康熙帝求药。康熙也是十分关切,并赐人参等物品。但药未送到,曹寅即病逝。[5]曹寅去世后,留下亏空银两未补完。其姻亲李煦被任命为两淮盐政,代曹頫清理积欠,并将所得余银三万六千余两留给曹頫解决生计问题,"如此弘慈,真亘古之所未有也"。[6]

盐差的选任事关清廷财政及内府收入,清帝向来重视,故两淮盐政任期

[1] 江晓成:《清乾嘉两朝盐商捐输数额新考》,《中国经济史研究》2021年第4期。

[2] 中国第一历史档案馆、扬州市档案馆编:《清宫扬州御档》第2册,第409页。

[3]《高宗纯皇帝实录》卷一一八九,《清实录》第23册,中华书局1986年版,第904页。

[4] 中国第一历史档案馆、扬州市档案馆编:《清宫扬州御档》第1册,第80—81页。

[5] 中国第一历史档案馆、扬州市档案馆编:《清宫扬州御档》第1册,第163—164页。

[6] 中国第一历史档案馆、扬州市档案馆编:《清宫扬州御档》第1册,第202—203页。

也有明确规定,一年一任,且选任权掌于清帝本人。但在不同时期,两淮盐政的到任时间略有不同。

康熙五十六年(1717)六月,据两淮盐政李煦奏,两淮盐差,向于十月十三日到任,次年十月十二日满差。每任盐政的任期相沿如是。李煦此次专门奏报是因其任期与规定不符,因户部办理李煦的连任事务影响,李煦此次五十五年十一月十一日始得奉到敕印,即于十一月十三日上任。[1]康熙四十七年(1708)十一月初二日,李煦奏,他此次盐差任期至十月十二日,但因有核造复命册籍的任务,故需在此事完成后才可离任赴京觐见。[2]康熙五十七年(1718)十一月十六日,李煦奏报,因敕印未到扬州,新任盐政张应诏无法到任。[3]乾隆九年(1744),署理盐政吉庆到任时间是八月十五日。[4]

乾隆二十二年(1757)九月,普福奉旨不再任盐政,降补内务府主事,管理淮关税务。乾隆二十二年十月二十八日,普福自扬州带印启程,十一月初二日至淮安,与新任两淮盐政的高恒交接。[5]乾隆四十年(1775)二月,两淮盐政李质颖调任安徽布政使,淮关监督伊龄阿补任两淮盐政。乾隆帝要求伊龄阿来京请训后再赴两淮新任。伊龄阿请训后于四月二十七日到扬州。乾隆四十年(1775)四月二十八日,李质颖差委淮南监掣同知张景宗将两淮盐政印信一颗,并历次奉到圣训、上谕、一应流传书籍,并未用火牌二张、书吏文卷等项给伊龄阿,同日李质颖卸任赴京。[6]

清前期的两淮盐政官的实际任期往往存在连任的情况,如前文提及的曹寅、李煦等。康熙五十三年(1714)三月,李煦保举运使李陈常加衔署理两淮盐院三年。康熙五十三年(1714)九月,李陈常奉旨任两淮巡盐御史,

[1] 中国第一历史档案馆、扬州市档案馆编:《清宫扬州御档》第1册,第258页。

[2] 中国第一历史档案馆、扬州市档案馆编:《清宫扬州御档》第1册,第112—113页。

[3] 中国第一历史档案馆、扬州市档案馆编:《清宫扬州御档》第1册,第286页。

[4] 中国第一历史档案馆、扬州市档案馆编:《清宫扬州御档》第3册,第1748—1750页。

[5] 中国第一历史档案馆、扬州市档案馆编:《清宫扬州御档》第6册,第3382—3383、3391页。

[6] 中国第一历史档案馆、扬州市档案馆编:《清宫扬州御档》第8册,第5428—5429、5466—5467页。

并命其补上李煦任时所欠钱粮。经李煦奏请后,李陈常才获得具折权。[1]康熙五十五年(1716)七月,李陈常病故,李煦在该年九月奉旨接任两淮盐政一年。[2]两淮盐政由盐运使升任的极少,除了上述的李陈常,还有乾隆元年的尹会一由运使署理两淮盐政印务,并仍兼管运使事务。[3]

清前期两淮盐业史上,盐政可谓大权独掌,风光无限,两淮盐运使则往往成为史书极少记载的对象。然而,在处理具体盐务过程中,运使因不受一年一换任期限制,故更为明悉盐务管理的细节,是两淮盐政不可或缺的助手。曹寅、李煦管理两淮盐务时出现亏空,运使李斯佺本应俸满升任,康熙四十九年(1710)二月奉旨留任,以协助清理积欠。李斯佺不久因病身故。李煦又会同两江督抚调淮安府理事船政同知满都署理运使印务,但满都任职与运使无题授满洲之例不符。康熙四十九年(1710)十月底,李煦、曹寅奏请批准满都署理运使印务一两年,以帮助他们补完亏空。康熙帝以"两淮运使甚有关系"及与例不合,拒绝了这两位亲信之臣的要求。[4]

康熙五十一年(1712),李煦向康熙帝汇报了运使李陈常在任期间的表现:"臣查李陈常自到运使任以来,感戴天恩,立心要做好官,于商人规例,分文不取,办事又极勤慎。"[5]

康熙五十一年(1712)十一月,江苏巡抚张伯行欲委任李陈常署理江苏布政使印,李煦得知后,奏请不准调任苏州,"运使衙门征收钱粮二百四十余万两,经管商盐一百七十余万引,每日有请单呈纲,与催盐征课诸事,不可一日无官料理。而事甚繁多,亦不能再管别衙门印篆。……则运使李陈常得以专心盐政,庶几事无贻误,而两淮之仰沐天恩"。康熙帝同意了李煦的请求。[6]

(二)对两淮盐政及运使的监督

清帝任用较为信任的内府人员担任两淮盐政,但对其监督并未放松。康

---

[1] 中国第一历史档案馆、扬州市档案馆编:《清宫扬州御档》第1册,第207—209、218—221页。

[2] 中国第一历史档案馆、扬州市档案馆编:《清宫扬州御档》第1册,第237—239页。

[3] 中国第一历史档案馆、扬州市档案馆编:《清宫扬州御档》第2册,第322页。

[4] 中国第一历史档案馆、扬州市档案馆编:《清宫扬州御档》第1册,第127—128页。

[5] 中国第一历史档案馆、扬州市档案馆编:《清宫扬州御档》第1册,第151—152页。

[6] 中国第一历史档案馆、扬州市档案馆编:《清宫扬州御档》第1册,第182—183页。

熙年间曹寅、李煦任上亏空却得以善终是例外。盐官考核,最初由巡盐御史负责。乾隆九年时,开始由盐政会同督抚一并考核。清代地方官在钱粮、盐课、关税方面都有考成,朝廷制定相应的考成则例,对官员某一段时期内催科完成情况进行考察,地方州县官"最为重要的评荐标准是官员们的收税才能"[1]。

在外文官,三年进行一次"大计"。大计是清代外官考课制度的主要形式。从顺治初年开始实行,最初是配合以藩、臬朝觐的形式,至康熙二十五年(1686),废藩、臬朝觐。康熙元年(1662),停大计制度,行考满。康熙六年(1667),恢复外官大计制度,后因军务而暂停。但大计作为清代地方官考课制度自此确立,直至清末。地方官员逐级考察属员贤否,由总督、巡抚、布政使、按察使会同呈报,上达吏部。吏部、都察院和河南道(乾隆后改为京畿道)负责地方官大计。[2]

雍正二年(1724)九月,户部左侍郎李周望、内阁学士塞楞额奉命调查、监督两淮运司的各项盐务工作。[3]乾隆五十一年(1786)五月,两淮运使仓圣裔六年俸满,吏部调取引见。两淮盐政全德与署两江总督闵鹗元商议选派官员署理运使印务等,"查有淮南监掣同知陈洪绪,才具稳妥,在淮年久,熟悉运务,堪以暂行护理。臣等面商,意见相同"。全德等人将相关情况奏报乾隆帝。乾隆五十一年七月,运使仓圣裔到京,引见后,乾隆帝命其回两淮原任,并给予"老实中平"的评价。[4]

乾隆二年(1737),两淮运使卢见曾多次被劾性格不好、官箴有污。乾隆四年(1739),卢见曾被查出侵隐运课余平银三百六十一两余,又擅动关税余平银一百六十余两等情弊,最终被发往军台效力赎罪。[5]乾隆十三年(1748)下半年,盐政吉庆被漕臣蕴著参奏两次,指其声名狼藉,怨声载道。但无具

[1]　瞿同祖:《清代地方政府》,法律出版社2003版,第60页。
[2]　常越男:《清代考课制度研究》,北京大学出版社2010年版,第65、176页。
[3]　中国第一历史档案馆、扬州市档案馆编:《清宫扬州御档》第1册,第293页。
[4]　中国第一历史档案馆、扬州市档案馆编:《清宫扬州御档》第9册,第6457、6467页。
[5]　中国第一历史档案馆、扬州市档案馆编:《清宫扬州御档》第2册,第609页;第3册,第1545—1546页。

体事实。乾隆帝只命再查。后乾隆帝又命傅恒到内务府查询相关情况。[1]
经军机大臣、两淮盐政吉庆、运使舒隆安等调查,漕运总督蕴著与淮北盐商
程志仁等有经济往来等不法行为,"有玷国体",蕴著被革职受审。[2]乾隆十
四年(1749)七月底,吉庆回任两淮盐政,所用不合规银两在内务府赔补。[3]

　　乾隆四十一年(1776)十月十五日,乾隆帝颁发上谕批评新任淮关监督
伊龄阿在两淮盐政任上多有不称职,"伊龄阿今春于山东接驾时,见其诸事
颇露高兴,进贡次数勤而且多。朕以其断非一人养廉所能购买,必系派令商
众代办,伊龄阿攘为己有,所谓慷他人之慨,尤属非理。当加训饬教导"。又
责其"所见甚属小气"等。寅著调任两淮盐政后,即奉旨查访前任伊龄阿有
无不法之事。寅著查奏,伊龄阿办理贡物是照李质颖办理方法处理,并无情
弊。但在山东接驾办差方面,伊龄阿令总商出银承办,与例不符。另经两江
总督高晋调查,伊龄阿任职期间,办理盐务"俱系率由旧章",盐商收益也有
所增长,办理贡物则由众总商公办,无不妥之处。[4]

　　两淮盐政若因公私事务无法履职时,亦需向清帝奏报。乾隆三十五年
(1770),乾隆帝南巡,盐政尤拔世奉旨陪伴南巡,其间由两淮运使郑大进护
理盐政印务。四月初十日,盐政尤拔世奏,他于三月二十二日在浦口真福寺
地方恭送圣驾。奉旨回任后,尤拔世即启程,于四月初八日抵扬州,接着处
理盐务。[5]

　　乾隆三十五年(1770)四月初四日,李质颖奉旨调补两淮盐政,并要求其
到京请训后再赴扬州任事。在李到任前,两淮盐务由江苏巡抚萨载暂行代
管。萨载在该年四月二十五日接到吏部咨文后,当天即赶往扬州,运使郑大
进委员将印信送至无锡,萨载途中接印信,向乾隆帝汇报赴任情况。五月初
八日,李质颖从京城抵达扬州,萨载将印信交给李,即回苏赶办秋录。[6]

───────────

　　[1]　中国第一历史档案馆、扬州市档案馆编:《清宫扬州御档》第4册,第2423—2424页。

　　[2]　中国第一历史档案馆、扬州市档案馆编:《清宫扬州御档》第4册,第2476页。

　　[3]　中国第一历史档案馆、扬州市档案馆编:《清宫扬州御档》第4册,第2528—2529页。

　　[4]　中国第一历史档案馆、扬州市档案馆编:《清宫扬州御档》第8册,第5667—5671页。

　　[5]　中国第一历史档案馆、扬州市档案馆编:《清宫扬州御档》第8册,第4895页。

　　[6]　中国第一历史档案馆、扬州市档案馆编:《清宫扬州御档》第8册,第4897、4901—4902、
4904页。

乾隆四十一年(1776),两淮运司大堂发生失鞘案,运使边廷抡按照徇庇例被革职,其积蓄银二万两奉旨被留为江苏省公用。[1]乾隆五十七年(1792),两淮盐运使柴桢私挪库银案案发,经查柴桢私用运库银二十二万两,柴桢终被抄家、处决,两淮盐政全德调任浙江盐政,长芦盐政穆腾额调补两淮盐政(因贪腐案未到任)[2]。涉案商人王履泰等补交库银二十二万两,两淮盐商与王履泰等交罚银四十四万两。[3]

(三)属员管理

两淮盐政所属官员的选任,也需按例向清帝奏报。因前任淮南监掣同知苏尔通阿奉旨补授成都府知府,乾隆三十二年(1767)五月,盐政普福奏请调任淮南监掣同知人选。按例应于通省同知、通判等官内遴选调任。普福与总督高晋、江苏巡抚明德商议后,在地方府佐及盐属各员内未发现符合要求的选调官员,于是共同推荐淮安府盐捕通判宋维琦,并向清廷奏报了宋维琦的履历及为官情况。乾隆帝批准了普福等人的推选。[4]乾隆十年(1745)二月,署理盐政吉庆就盐场大使选用办法奏请准许照知县改教例,准与题请改教,分别选用。吉庆因此受到乾隆帝严斥。[5]

自乾隆三十七年(1772)起,两淮盐政每年年底均需向清廷汇报淮南、淮北两监掣同知,通州、泰州、海州三分司及各场大使有无换帖、上省、宴会等情弊,以整顿史治,防微杜渐。[6]同时,每年年底还需汇报两淮盐政所招幕友及其他盐务官所招幕友有无违法之举等情形。[7]乾隆四十五年(1780)前后,两淮盐政须每年奏报其所属各盐务官、两淮各盐商办理各自盐务是否合规,

---

[1] 中国第一历史档案馆、扬州市档案馆编:《清宫扬州御档》第8册,第5605、5611—5612页。

[2] 《高宗纯皇帝实录》卷一四二〇、卷一四二一,《清实录》第27册,中华书局1986年版,第5、11页。

[3] 中国第一历史档案馆、扬州市档案馆编:《清宫扬州御档》第10册,第6829—6830、6842—6843、6864页。

[4] 中国第一历史档案馆、扬州市档案馆编:《清宫扬州御档》第7册,第4441—4442页。

[5] 中国第一历史档案馆、扬州市档案馆编:《清宫扬州御档》第4册,第1810—1811页。

[6] 中国第一历史档案馆、扬州市档案馆编:《清宫扬州御档》第8册,第5236—5238页。

[7] 中国第一历史档案馆、扬州市档案馆编:《清宫扬州御档》第8册,第5397—5398页。

有无不法情弊等。[1]乾隆四十年(1775)四月底,伊龄阿接任两淮盐政后不久,便申请将其姻亲、淮北监掣同知张永贵按回避例调离。[2]

三、两淮盐务官的政务

(一)办公经费

康熙年间,两淮盐商承担了盐务衙门及江苏督抚司道衙门的大部分办公经费,共有以下四种:盐差衙门旧例有寿礼、灯节等项院费,共八万六千一百两有零。省费,系江苏督抚司道各衙门规礼,共三万四千五百两有零。司费,系运道衙门陋规,书承、衙役、家人杂费等,共二万四千六百两有零。杂费,系两淮杂用交际。在阿山条奏别敬及过往士夫两款之外,共六万二千五百两有零。[3]

雍正帝实行养廉银制度后,两淮盐政衙门费用,一度无定数。自雍正十二年(1734),酌定盐政养廉银一万五千两,总理盐政总督养廉银三千两,盐运使六千两。乾隆十二年(1747)底裁减运使养廉银二千两归公。乾隆二十六年(1761)起,改盐政养廉银为一万两。乾隆四十五年(1780)八月,清廷将两淮运司的四千两养廉银裁去二千两。[4]

乾隆六年(1741),经盐政准泰奏定于每纲设外支银四万八千两。除办常贡一万二千两外,余三万六千两,作为公用。其他往来应酬、助恤等项,亦取给于此。如有不敷,仍由众商摊出。[5]乾隆年间,两淮盐政衙门经费改革后,有办公经费银六万五千四百七十三两余,包括外支银四万八千两和裁革陋规银一万七千余两。乾隆三十五年(1770),规定这些办公银两专门用于传办装修支用,按实造册,送造办处查核。所余银两,照例解缴。据盐政李质颖奏报,辛卯纲已竣,因乾隆三十六年(1771)并未有传办事件,两淮的办公经费银也要交造办处查收。[6]因乾隆三十七年(1772),两淮未承办传办

---

[1]　中国第一历史档案馆、扬州市档案馆编:《清宫扬州御档》第9册,第5959—5960、6044—6045页。

[2]　中国第一历史档案馆、扬州市档案馆编:《清宫扬州御档》第8册,第5468—5469页。

[3]　中国第一历史档案馆、扬州市档案馆编:《清宫扬州御档》第1册,第71页。

[4]　中国第一历史档案馆、扬州市档案馆编:《清宫扬州御档》第9册,第6007页。

[5]　《高宗纯皇帝实录》卷六三五,《清实录》第17册,中华书局1986年版,第86—88页。

[6]　中国第一历史档案馆、扬州市档案馆编:《清宫扬州御档》第8册,第5159页。

事件,乾隆三十八年(1773)七月,李质颖奏将壬辰纲办公经费银六万五千四百七十三两余交造办处查收。[1]

两淮盐业收入除了支持两江地区政务开支等经费外,还需根据清廷财政需要,支持两淮盐区内其他省份的经费支出,其中两淮盐规银规模较大。淮盐销售至湖广地区时,需要策商料理。每年各衙门及仕客馈送开销,各商策费由十二三万至十七八万两不等。两淮盐商在汉口还需交纳匣费。雍正十年(1732)之前原无额数,自雍正十年奉部议准,每纲额定十二万两。汉口匣费"为湖广大小衙门养廉,暨巡缉卡费、发课水脚,以及一切公事之用"。乾隆四年(1739)起,两淮征收盐课时,盐商须交纳耗银,每年四千余两至一万二三千两不等,用于支付京协各饷运送、加工等环节的损耗。[2]

(二)日常盐务管理

两淮盐业的日常管理包括生产、运销、课税、缉私等众多环节。两淮盐政则统领相关事务,无论哪个环节遇有问题,皆必须向清帝请旨奏报,以稳定两淮盐课收入。康熙朝的盐法规定,两淮于每年六月向户部奏销盐课。康熙四十五年(1706)五月,到任两淮盐政数月的李煦发现盐商仍有未足额交纳课银的情况。出于维护清帝体恤商人等考虑,李煦奏请将奏销期限推迟至十月,并著为定例。这样有利于商人运销盐斤,也有利国课。康熙帝并未同意李煦的奏请,要求他与曹寅商定后再奏报。[3]

康熙四十七年(1708)六月初三日,李煦自扬州府城到仪真盐所,开掣丁亥纲新盐。[4]康熙五十二年(1713),李煦于七月十三日自扬州至仪真衙门秤掣商盐,不敢怠慢。但未出场之引盐尚多。康熙五十二年(1713)八月初六日,他奏报了督催商人加紧捆筑等情形。[5]

两淮各场灶户,一般于五月夏季天晴之时,赶紧煎盐,以供商人捆筑。及至六月,盐斤陆续出场,运到仪真,等候盐臣秤掣。但若遇天气阴雨或水

[1] 中国第一历史档案馆、扬州市档案馆编:《清宫扬州御档》第8册,第5302页。

[2] 中国第一历史档案馆、扬州市档案馆编:《清宫扬州御档》第4册,第2148—2151页。

[3] 中国第一历史档案馆、扬州市档案馆编:《清宫扬州御档》第1册,第83—84页。

[4] 中国第一历史档案馆、扬州市档案馆编:《清宫扬州御档》第1册,第105页。

[5] 中国第一历史档案馆、扬州市档案馆编:《清宫扬州御档》第1册,第196—197页。

灾等,盐场的生产就会受到较大影响。康熙五十二年(1713)闰五月,李煦奏报,今年五月,滨海地方天气多阴,晴雨不定。及交闰五月以来,又雨水颇多,是以灶户未能煎盐。今时已闰五月将尽,尚少盐应捆。现在天气渐晴,他督催各属官,令灶户赶紧煎盐,以供运销。[1]

两淮盐区用煎盐法为主的生产方式,连绵阴雨或荡草短缺都会影响场灶进行正常的生产,进而拖延运销、纳课等进程。乾隆七年(1742),两淮盐政准泰于三月初六日即赴仪征盐所开掣新纲盐斤,以接济民食,丰裕国课。但三月下旬即多阴雨天气,盐斤生产多受影响,盐价也维持在高位。准泰专门向清帝汇报相关情形。[2]

湖北地区属两淮行盐区,乾隆五年(1740)四月,两淮盐政三保因病奏请回京任职,盐政职务由他人接任。另外,他还奏报了与湖北巡抚崔纪在湖北行盐问题上的较大分歧。乾隆帝命二人到京,与部臣一起商议湖北行盐事务。[3]将相关地方官员召进京城商议具体盐务问题,在清前期的两淮盐业史上并不多见。

乾隆二十五年(1760)七月十一日,盐政高恒自扬州前往淮安办理淮北盐务,之后即进京叩祝万寿。盐政印信暂交运使卢见曾护理。知府杨重英这时也参与办理盐务。乾隆二十五年(1760)九月初七日,盐政高恒回任。

乾隆三十年(1765)冬,盐政普福觐见时,奏报将于三十一年办理新纲开江行盐之后,巡查江广各口岸运盐情况,并会同督抚筹办缉私疏引事务。乾隆三十一年(1766),正月二十二日开征钱粮,二月初七日开请行盐之单,十九日开重场盐,二十五日开坝过盐。三月初七日开桥查盐,十三日开所掣盐,十六日开捆包盐,十九日开江行盐。上述盐务办理过程中,普福与运使赵之壁商议开办。三月二十二日,普福自仪征由水路先赴湖广,次抵江西,开始巡查各口岸盐务情况。[4]

乾隆三十五年(1770),江都、甘泉的引盐出现壅滞情况,李质颖请求照

[1] 中国第一历史档案馆、扬州市档案馆编:《清宫扬州御档》第1册,第191—192页。

[2] 中国第一历史档案馆、扬州市档案馆编:《清宫扬州御档》第3册,第1195—1196页。

[3] 中国第一历史档案馆、扬州市档案馆编:《清宫扬州御档》第2册,第953—956页。

[4] 中国第一历史档案馆、扬州市档案馆编:《清宫扬州御档》第7册,第4250页。

此前淮北山、清等处情形处理,以五分融纲,五分运食。乾隆帝命户部议奏。乾隆三十五年(1770)八月十六日,总督高晋、江苏巡抚萨载就李质颖汇报的江、甘盐引问题提出意见,汇报清帝,清帝再命户部审议。[1]

乾隆三十五年(1770)十月十九日,李质颖奏报他于九月初八日至十月十二日期间由陆路赴楚办理盐务的经过。李质颖先考察了六合、江浦、滁州、定远、合肥、舒城、桐城、潜山、太湖、宿松等州县的淮北引盐口岸,各商人照时销售盐斤,未造成滞销。接着考察湖北黄梅、广济、蕲州、蕲水、黄冈、江夏等县淮南口岸盐斤销售情况。并重点查看汉口地区盐引销售、储存情况。李质颖还和总督吴达善商讨治理湖广地区私盐的办法。[2]

盐价是关系到盐商利润和民众生活的重要因素,清帝和两淮盐政等均十分重视,一般情况下不得随意调整。乾隆三十四年(1769)三月初七日,盐政尤拔世向皇帝汇报己丑新纲的盐价,因去年夏秋被旱等因素,导致盐价成本提高,拟以每引二两六钱定价,实为酌中定价。尤拔世与运使又重加细查,实系照实开报,并无欺隐。据尤拔世报,此前每年窝价每引自二两至三两不等,或增或减。[3]

乾隆三十六年(1771)十一月底,因两淮等处盐商为皇太后祝寿,经李质颖调查奏请,清廷同意将两淮梁盐每斤增价二厘,安盐每斤减价二厘,以增加各盐商的收益。[4]乾隆三十七年(1772)三月,李质颖奏报了壬辰纲盐价事务,根据当年实际情况,盐价有增减,湖广汉口、江西南昌的盐价不同,梁盐、安盐价格也不同。

清朝盐法完备,两淮等地盐务若有大小调整,均需奏报清廷审批。乾隆四十一年(1776)正月,伊龄阿曾奏请将乙未纲奏销展限,但户部驳回其奏。乾隆帝根据场灶生产情况予以批准。江广达、程谦德等五百二十一人联名感谢皇恩,伊龄阿负责转奏盐商们的意见。[5]

————————————

[1]　中国第一历史档案馆、扬州市档案馆编:《清宫扬州御档》第8册,第4944、4963—4967页。

[2]　中国第一历史档案馆、扬州市档案馆编:《清宫扬州御档》第8册,第4985—4986页。

[3]　中国第一历史档案馆、扬州市档案馆编:《清宫扬州御档》第7册,第4764—4765页。

[4]　中国第一历史档案馆、扬州市档案馆编:《清宫扬州御档》第8册,第5087—5088页。

[5]　中国第一历史档案馆、扬州市档案馆编:《清宫扬州御档》第8册,第5560—5562页。

　　具体而微,对于称盐斤的砝码,两淮盐政也需亲自管理。乾隆二十三年(1758),盐政高恒照部颁砝码,新制铊秤,取代了各场、坝、仪所用的顺康年间旧制铜铊,高恒"眼同运使卢见曾,较准发用",并封存旧铊,这样利于加强引盐重量管理和打击私盐。[1]

　　两淮各场盐斤运输出场大多依赖水运,天气晴朗利于产盐,但若造成干旱少水,则不利于河运。乾隆九年(1744)五月,场河水位较低,大型盐船难以迅速转运盐斤,以致盐斤积压在场。盐政准泰则率各属官积极督运,以利各口岸商人运销盐斤。[2]乾隆五十年(1785),扬州、通州一带运盐河道浅阻,盐政全德办理不力,且不向乾隆帝奏报,被传旨申饬。[3]

　　(三)钱粮管理

　　两淮钱粮运输事关清廷财政,十分重要。两淮盐政最重要的职责是管理好每年度钱粮,并按期上交户部或内务府,并将所管钱粮的收入、支出情况汇报给清帝和户部。根据清朝律例,两淮盐政并无权限随意使用所管钱粮,如有突发情况,需随时报告户部,获得批准后,方可动用钱粮办理政务。如康熙五十七年(1718)十一月十六日,李煦奏报,他任内有余银三十一万七千两,著运使收贮运库,报户部拨解,以充公用。另,李煦任职的两年内,盐商共缴银十三万二千两,皆发运库贮存。[4]。两淮盐政除了每年要按期奏报前一年运库实存盐课银两数、支出银两数外,遇有特别之事,需每事奏报,批准后方可实施。乾隆三十一年(1766)十一月,盐政普福奏,该年秋拨两淮本年存库正杂等银一百十四万二千八百八十余两,又有搭解分交内务府各项等银三十六万五千一百六十余两。经过运使赵之壁等筹备,正派员分批起解京城。但冬季河水冰冻使得运船无法行驶,故奏请照乾隆三十年江浙事例,经过山东、直隶时,请由陆路进京。最终获乾隆帝批准。[5]

　　两淮盐政到任后,应及时盘查运库银两。乾隆四十年(1775)五月,盐政

---

[1] 中国第一历史档案馆、扬州市档案馆编:《清宫扬州御档》第6册,第3474—3476页。

[2] 中国第一历史档案馆、扬州市档案馆编:《清宫扬州御档》第3册,第1648页。

[3] 中国第一历史档案馆、扬州市档案馆编:《清宫扬州御档》第9册,第6405—6407页。

[4] 中国第一历史档案馆、扬州市档案馆编:《清宫扬州御档》第1册,第286—287页。

[5] 中国第一历史档案馆、扬州市档案馆编:《清宫扬州御档》第7册,第4406—4407页。

伊龄阿查验运库所存银两情况，"亲身至库，逐号点查，抽封弹兑，俱实贮在库，并无短少"。经查核后得出该年运库存正杂各项，共银一百九十六万八千九百六十四两三钱五分八厘，没有出入。[1] 从上述记载可知，清廷对两淮盐务衙门钱粮管理制度的严密程度。

两淮盐政及运司衙门每年经手巨额银两，按例皆应有册档保存，以报户部审查。其中每纲所收经费、解费、脚费等银两，除了用于公事支出外，其所余银两，向系盐政、运司各半分用。自雍正年间噶尔泰任盐政后，两淮节省银也报部充公，两淮盐政等不得私自开支。

乾隆七年（1742），两淮盐政和运司衙门共节省银十一万五千三百八十一两余，其中起解八旗养廉银二万四千两，剩余九万一千三百八十一两余，根据乾隆帝谕旨，解送四万两给内大臣海望，其余解送户部。[2] 据清宫档案记载，乾隆年间，两淮盐政曾运送大量银两给内务府等处，用于清宫开销。如乾隆七年（1742）三月，盐政准泰奏报两淮运库所存闲款数额中，乾隆六年八月时曾交银一万三百二十两余给内大臣海望，这次又存银一万二千一百五十一两余，仍奉旨交给海望。[3] 内府收到两淮银两后，也需按例奏报清帝。乾隆十九年（1754）十二月，海望奏称，吉庆解到挑浚河道余剩银二万一千八百九十两余，交到该处。奉旨将二万两交沧州，其余一千余两交造办处查收。[4]

乾隆二十七年（1762）七月初六日，阿里衮奏报两淮盐政高恒解交的节省养廉银、盐政养廉银、运司养廉银、积存闲款银、积存规费五项银十三万六千九百八两余，奉旨交养心殿十万两，其余三万六千九百八两余交圆明园。[5] 乾隆二十七年（1762）十一月初四日，高恒奏请交节省银两于何处，奉朱批交三和。乾隆二十八年（1763）三月十四日，三和又奏问如何处理办差节省银六万八百四十三两，奉旨将五万两交养心殿，其余银两交圆明园。[6]

---

[1]　中国第一历史档案馆、扬州市档案馆编：《清宫扬州御档》第8册，第5487页。

[2]　中国第一历史档案馆、扬州市档案馆编：《清宫扬州御档》第3册，第1198—1199页。

[3]　中国第一历史档案馆、扬州市档案馆编：《清宫扬州御档》第3册，第1197—1198页。

[4]　中国第一历史档案馆、扬州市档案馆编：《清宫扬州御档》第5册，第3149页。

[5]　中国第一历史档案馆、扬州市档案馆编：《清宫扬州御档》第6册，第3932页。

[6]　中国第一历史档案馆、扬州市档案馆编：《清宫扬州御档》第6册，第3954页。

两淮盐业的收入还常被用于支持盐区内一些地方衙门的经费开支,如总督、盐政、运司、漕运总督等官员的养廉银两。乾隆三年(1738)时,两淮裁存商规银内,每年支出一万一千两给湖南驿盐道,用于湖南巡抚衙门的养廉银。[1]乾隆八年(1743),苏州巡抚耗羡存公银两入不敷出。苏州巡抚陈大受奏将两淮归公盐规银六万五千四百五十两拨归江苏藩库使用,乾隆帝同意其奏请。[2]

乾隆初年,两淮盐政管理的经费分为奏销钱粮和未奏销钱粮,后者存运库,由两淮盐政自主支配,但使用时也需申请、报备、存档登记等。未奏销钱粮主要包括历年商捐各场火伏月费,及裁减盐务道书吏工食,并巡缉私盐兵役饭食,裁减盐义仓人役工食,以及淮南匣费等项。乾隆三年(1738)二月,两淮盐政三保奏请将未奏销银十万九千余两用于维修镇江金山寺、扬州三汊河西岸行宫。乾隆帝同意其奏请。[3]

两淮盐课中有部分用于京饷、各省协饷。如乾隆二十四年(1759),两淮首次拨河南协饷银三十万两。[4]乾隆三十四年(1769),两淮拨盐引银五十二万两至云南,用于办理缅甸事务。[5]

两淮盐政、盐商所捐银两或被罚银两等,也均是通过有具奏权的两淮盐政呈送清廷。盐政准泰此前奏请将淮南商人程可正等捐银十六万两交与海望。乾隆帝初批"览",折留中。后又下旨此银不必交与内大臣。乾隆九年(1744)七月初一日,准泰再奏,已派员试用大使钱华、叶四聪率人于六月初三日自扬州启程,将上述银两交与海望查收。[6]

乾隆三十四年(1769)八月,内务府大臣英廉奏称,两淮盐政尤拔世解到节省养廉八千两,又赵之壁赎罪银一万两,查对数目相符。应交何处查收?奉旨交养心殿内。[7]两淮盐引案中各盐商补交银两一部分运送内务府,如乾

[1] 中国第一历史档案馆、扬州市档案馆编:《清宫扬州御档》第2册,第742—743页。

[2] 中国第一历史档案馆、扬州市档案馆编:《清宫扬州御档》第3册,第1481—1482页。

[3] 中国第一历史档案馆、扬州市档案馆编:《清宫扬州御档》第2册,第644—645页。

[4] 中国第一历史档案馆、扬州市档案馆编:《清宫扬州御档》第6册,第3667—3668页。

[5] 中国第一历史档案馆、扬州市档案馆编:《清宫扬州御档》第7册,第4819页。

[6] 中国第一历史档案馆、扬州市档案馆编:《清宫扬州御档》第3册,第1684页。

[7] 中国第一历史档案馆、扬州市档案馆编:《清宫扬州御档》第7册,第4837页。

隆三十四年各商应完银一百二十七万五百四十八两均分配给内务府。[1]

康熙五十年（1711）前后，清廷规定，两淮运使离任也要接受钱粮合规方面的审查。[2]卢见曾于乾隆十八年（1753）十一月十七日至二十四年（1759）十二月十七日期间任两淮运使，乾隆二十五年（1760）三月，盐政高恒奏报前盐运使卢见曾任内经管各项钱粮无亏空。乾隆帝命户部等审核后具奏。乾隆二十五年（1760）六月，户部等对运使卢见曾任内的钱粮进行审核，傅恒等并未查出亏空等大问题。[3]乾隆二十五年（1760）九月，经管户部尚书事蒋溥等奏报卢见曾任内经管钱粮交代清楚，无亏空情况。乾隆帝对上述两次奏报均予以认可。[4]乾隆三十六年（1771）十二月，两淮运使郑大进因丁母忧回籍。在郑回籍后，盐政李质颖会同江苏巡抚萨载审查郑大进任职期间经手钱粮。

雍正四年（1726），清帝批准盐政噶尔泰在两淮盐区设立盐义仓，用于赈济场灶之民。最初，在泰州、通州、如皋、海州、盐城、板浦等处建仓六座，由盐商负责到江西、湖广等地采办米谷贮存。乾隆元年（1736），署理两淮盐政尹会一奏请增加设仓地点。这一时期，扬州四仓，额贮米六万六千二十石九斗一升九合，谷二十九万八千六百五十石四斗五合五勺。[5]

盐义仓设立后，成为历任盐政管理的另一重要事务。乾隆二年（1737）十一月，经前任两江总督庆复奏报，乾隆帝同意将包括扬州仓十二万石、泰州仓六万石及其他仓三十六万石的盐义仓米谷运到淮扬平粜，因该年挑浚运河工程，河道不通，民食维艰。乾隆命盐政三保和知府高士钥负责扬城平粜事务，各县地方官负责本地平粜。总督那苏图、巡抚杨永斌监管本次淮扬平粜之事。[6]

乾隆十一年（1746）八月，署理盐政吉庆奏："两淮盐义十三仓额贮谷三

［1］ 中国第一历史档案馆、扬州市档案馆编：《清宫扬州御档》第7册，第4809页。

［2］ 中国第一历史档案馆、扬州市档案馆编：《清宫扬州御档》第2册，第538—539页。

［3］ 中国第一历史档案馆、扬州市档案馆编：《清宫扬州御档》第6册，第3659—3661页。

［4］ 中国第一历史档案馆、扬州市档案馆编：《清宫扬州御档》第6册，第3721—3725页。

［5］ 中国第一历史档案馆、扬州市档案馆编：《清宫扬州御档》第2册，369—374页。

［6］ 中国第一历史档案馆、扬州市档案馆编：《清宫扬州御档》第2册，第638页。

十二万七千六百石,因节年赈粜动拨,以致缺额甚多。"又因"上冬今春庙湾等场动拨赈粜,共止缺谷三万八千余石"。此时,各仓实际存粮二十八万九千余石。吉庆因此请增补谷物十七万二千四百石,但因运库充公余平银和各场耗羡规费溢余银两不足支付,故向乾隆帝申请动用正项银购买谷物。最终获得批准。[1]乾隆三十五年(1770),李质颖汇报了其到任两淮盐政后查看扬州、泰州等处盐义仓所藏谷物情况。[2]

后两淮各盐义仓额定贮谷增至五十万石。乾隆四十年(1775)九月,伊龄阿奏,前因连年赈粜,计动缺谷十九万三千二百七十石。根据运使边廷抢汇报情况,伊龄阿令各盐义仓商人领银,分别赴湖广、江西等产米区买补谷物。同时照例咨明楚西二省督抚,将该地方时价移知备案,以便将来查对报销。[3]

(四)汇报地方情况

在奏折制度没有全面推广之前,清帝在北京对地方政务及民情等信息了解渠道十分有限。两淮盐政是整个两淮盐区的最高官员,了解辖区内各种信息比较方便,自是清帝的宠信臣僚。他们在奏报盐务管理事务外,还常向清帝汇报其所了解的各地其他相关情况。

其一是地方晴雨、粮价、农业生产等情况,这是清前期诸帝颇为关注的重要事项。康熙四十七年(1708)三月二十六日,曹寅奏报:"奉旨特授扬州府知府赵弘煜已于本月二十六日到任。江宁、扬州俱太平无事。所有江宁正、二、三月阴晴单恭呈御览。"[4]

康熙五十二年(1713)闰五月二十三日,李煦奏:"闰五月十二日巳刻,扬州府宝应县之南首十里卢家直地方,忽冲决堤工一段约十五丈有余。而运河之水,从决口奔入下河之莲花、舍瓦、沟溪、河望、直港等处。凡当冲地方,民田多坏。再,卢家直乃南北往来船只必由之路,今有决口,各船皆阻滞不

[1] 中国第一历史档案馆、扬州市档案馆编:《清宫扬州御档》第4册,第2085—2086页。

[2] 中国第一历史档案馆、扬州市档案馆编:《清宫扬州御档》第8册,第4954页。

[3] 中国第一历史档案馆、扬州市档案馆编:《清宫扬州御档》第8册,第5526—5527页。

[4] 中国第一历史档案馆、扬州市档案馆编:《清宫扬州御档》第1册,第97页。

行。总河臣赵世显现在决口督率赶紧堵塞,大约数日之内可以堵筑完工。"[1]

乾隆三十七年(1772)五月二十二日,李质颖奏报邻近盐场各府州本年麦收情况:"查据邻近盐场各府州申报,扬州府所属江都等八州县收成九分以上,淮安府所属山阳等六县收成九分有余,通州暨所属如皋、泰兴二县收成十分,海州暨所属沭阳、赣榆二县收成八分。各场灶地,泰州运判所属东台等十一场,共有九分。通州运判所属石港等九场,共计八分以上。海州运判所属板浦、中正二场种麦之地甚少,临兴场收成八分,麦收既毕,即事耕犁……粮价平减,产盐丰旺。"[2]

其二是地方治安与官民状态。康熙五十六年(1717)四月初十日,李煦遵旨查访运使张应诏为人,"张应诏每岁用商人经费银数千两,盘缠过日,就其目前而论,操守算好。但才具平常。自康熙五十四年四月到任以来,不曾做得一件正经事,为人心性执滞,未见明通"。[3]

其三是漕运船只航行情况。康熙五十一年(1712)三月二十六日,李煦奏报经过扬州运粮船只情形:安徽粮道所管运粮船一千四十六只,已于三月初四日尽过扬州。江苏粮道所管之船,过扬州三百零七只。江西运粮船过扬八十一只。[4]又如乾隆四十一年(1776)十二月初二日,寅著奏报:"本年自八月十二日起,有江南泗州等帮漕船回空,陆续到扬……十一月二十九日止,各省帮船全数过扬,并无夹带私盐及逗遛之处。"[5]

其四是代他人转奏之事。康熙五十二年(1713),两淮盐政李煦奏报进京恭贺清帝六十大寿,并代两淮盐商奏请进京叩祝圣寿。[6]有时也存在两淮盐政介入地方事务不合律例的情况。乾隆二十四年(1759)十一月,盐政高恒因前参奏仪征知县徐以观被批评为"有意越俎"。署仪征县知县徐以观勒索船牙黄立纲等银六百两,又短发麦价一百余两。经该牙等赴监掣厅衙门

[1]　中国第一历史档案馆、扬州市档案馆编:《清宫扬州御档》第1册,第190—191页。

[2]　中国第一历史档案馆、扬州市档案馆编:《清宫扬州御档》第8册,第5131—5132页。

[3]　中国第一历史档案馆、扬州市档案馆编:《清宫扬州御档》第1册,第250—251页。

[4]　中国第一历史档案馆、扬州市档案馆编:《清宫扬州御档》第1册,第146页。

[5]　中国第一历史档案馆、扬州市档案馆编:《清宫扬州御档》第8册,第5680—5681页。

[6]　中国第一历史档案馆、扬州市档案馆编:《清宫扬州御档》第1册,第184—185页。

呈控。州县官有贪劣不职，专系地方之事，应听督抚参劾。该盐政原无可会衔。但高恒自行先行题参。[1]

（五）办理贡物

替清帝采办宫中用品，这是两淮盐政的另一项重要任务。历任两淮盐政在此事务上均卖力地讨好皇帝。两淮盐政所办贡物分为常贡与特贡，前者是按例向清宫敬呈之物，后者则是盐政根据清帝喜好或需要，临时进呈之物。常贡银从前在两淮闲款项下提取，无定数。后议定为银一万二千两，每季取办贡物价，呈报查核。如有特交办物件，许其在外支银动支，造册呈报。如康熙四十五年（1706），李煦曾多次向康熙帝进呈冬笋、糟酱、茭白等特产。[2]盐政李质颖多次奏报解送置办宫中园林所需物件。乾隆三十五年（1770）九月，李质颖又奏呈宋苏轼墨迹手卷一轴、宋马和之书手卷一轴、晋侧理纸一圆、宋仿纸四十张等物。[3]

乾隆四十九年（1784）六月，乾隆帝派巡抚闵鹗元到扬州查办两淮运库银两，并指出盐政伊龄阿任内借商银两过多，办理贡物费用问题。[4]伊龄阿的前任李质颖在办贡方面则不同于以往令盐商出银代办的做法。李质颖经过调查发现，每年盐商办理贡物需银一万七千两。若委托商人置办贡物，一方面加重盐商负担，另一方面也体现不出报答皇恩之情，李质颖认为盐政应该亲自办贡，并拟定四条章程上奏乾隆帝。李质颖还提出从自己的二万两养廉银中拨出一万七千两用于办贡。[5]

有些盐政因为办贡不当被传旨申饬。乾隆四十五年（1780），乾隆帝已经申饬了伊龄阿令商人代办贡物，自己再冒名进呈之举。乾隆五十二年（1787），两淮盐政征瑞因所办理的烟火、壁屏等贡物，被多次申饬。[6]因两淮盐政采办、进呈之物是供皇帝或后宫使用，户部等在监督两淮盐政所用办

[1] 中国第一历史档案馆、扬州市档案馆编：《清宫扬州御档》第6册，第3611—3612页。

[2] 中国第一历史档案馆、扬州市档案馆编：《清宫扬州御档》第1册，第86—88页。

[3] 中国第一历史档案馆、扬州市档案馆编：《清宫扬州御档》第8册，第4951、4975页。

[4] 中国第一历史档案馆、扬州市档案馆编：《清宫扬州御档》第9册，第6330—6331页。

[5] 中国第一历史档案馆、扬州市档案馆编：《清宫扬州御档》第8册，第4908—4911页。

[6] 中国第一历史档案馆、扬州市档案馆编：《清宫扬州御档》第9册，第5983页；第10册，第6514、6519页。

贡银两时并不十分严格。两淮盐政、具体承办贡物的盐商往往在这一环节营私舞弊。

（六）承办临时性事务

两淮盐政身份的特殊性，使得他除了办理盐务外，还需承担清帝交办的各种临时性差务。其中办理赈务，是清代大小地方官都会涉及的政务，两淮盐政也有此项责任。乾隆七年（1742）三月，根据两江总督那苏图、苏州巡抚陈大受会商后的指示，两淮盐政准泰命运库支银八万两用于淮安、徐州等地的赈灾，运银事务则由扬州知府高士钥派员办理。[1]乾隆七年（1742）十二月，盐政准泰奏报淮安、泰州两分司所属盐场遭受水灾情况，"今奴才回任，查被灾各场，已将银米给赈两月。现在并给腊、正两月赈粮，仍严饬各员，务令均沾实惠。所有被灾灶民，俱获安帖，并无生事"。赈济米谷，一方面调拨运库银两和现存仓谷，发放给受灾灶民，另一方面由盐商采买米谷，补充各场库存。[2]

康、乾二帝先后各六次南巡江浙，两淮盐政可以说是江苏境内事务的主要筹办者，这与其拥有雄厚的资金支持不无关系。如为筹办好乾隆帝第一次南巡事务，两淮盐政吉庆做了很多准备。乾隆十五年（1750）六月十九日，署理盐政吉庆奏："明春恭值圣驾南巡，一切预备事宜，钦奉恩旨，例应报销者，俱令动用公帑。奴才等督同总办司道，逐一筹议。如道路、桥梁、马头、营尖、茶棚等类，系例应报部者，著动支藩库钱粮。行宫、名胜及附近上山道路，并铺垫陈设等类，不应报部者，著动支运库商捐银两，均经分别饬办在案。惟是地方官应办之事甚多，若不为其区画，恐致扰累闾阎……奴才吉庆前曾面奏，请将商捐项下拨银十五万两，交与藩库，帮助地方官办理差务……今奴才等已拨银五万两，交与江宁藩库；拨银十万两，交与苏州藩库；令其酌量动用。又，河务预备事宜，亦需资办理。奴才等公同商酌，亦拨给河库银二万两，帮办河工差务，以免派累。凡动用藩库钱粮者，由巡抚稽核，照例报销。动用运库商捐银两者，奴才与黄廷桂公同稽核，随核随登簿籍。"清帝巡幸途

---

［1］　中国第一历史档案馆、扬州市档案馆编：《清宫扬州御档》第 3 册，第 1196—1197 页。

［2］　中国第一历史档案馆、扬州市档案馆编：《清宫扬州御档》第 3 册，第 1387—1389 页。

中驻跸的行宫、景点及相关物品,两淮盐政也认真操办,吉庆又奏:"现在各处行宫、名胜及庙宇工程,均已具有规模。其中分别布置,俱系奴才与督抚互相参酌,随地制宜,拟定式样做法,然后指示工员,敬谨办理。至一切动用银两,虽立有大纲,而于内节目尚多,司道以下等官竟有视商捐银两为不必报销,混请滥用,形诸案牍者。奴才核其必需,则准;可省,则驳。虽明知不遂所请,必致取怨。然运库银两虽出商捐,而一经奏明,便属公帑。……再商捐供亿银一百万两,除拨给地方有司及河工帮办差务银十七万两外,约计运库一应支发必须动用银两,多有余剩,不虞不足。"[1]乾隆十五年(1750)八月,盐政吉庆和总督黄廷桂一起查看扬州至杭州水路的河湾、闸座、桥梁等,吉庆还备御舟二只,并制造如意小舟三只备用。[2]

乾隆二十五年(1760),因皇太后七十寿辰和乾隆帝南巡,两淮商人捐修金山皇太后行宫和天宁寺行宫。盐政高恒亲自督办,有时率同杨重英督察工程进展,并委派官员协同商人承办。乾隆二十六年(1761)正月,高恒将养廉银五千两交与三和,以备筹办皇太后七旬万寿节。乾隆二十七年(1762)南巡,盐政高恒陪伴乾隆帝七十余日。

清宫的装修物品有时也交由两淮盐政负责置办。乾隆三十五年(1770)前后,盐政尤拔世、李质颖先后承办了内务府交办的长春园等处装修物件的置办任务,运使郑大进、盐商汪日初等实际负责相关工作。乾隆三十五年(1770)五月,完成了一千五百五十一件清宫所需物件,李质颖又派员护送交给内务府。[3]另外,李质颖将寻来的藏经纸二十张、宣纸四十五张、大小宣纸四十五张、磁青纸十张恭呈御览,将家藏的怀素、赵孟頫的书法作品进呈。[4]乾隆三十八年(1773),李质颖奉旨承办了景福宫、符望阁、萃赏楼、延趣楼、倦勤斋等五处工程装修事。[5]乾隆四十四年(1779)十月,伊龄阿奏报,此前遵旨建造的天宁寺、金山寺行宫的藏书楼已经按式造好,请颁赐御书匾额。

[1] 中国第一历史档案馆、扬州市档案馆编:《清宫扬州御档》第5册,第2666—2669页。
[2] 中国第一历史档案馆、扬州市档案馆编:《清宫扬州御档》第5册,第2688—2689页。
[3] 中国第一历史档案馆、扬州市档案馆编:《清宫扬州御档》第8册,第4906—4907页。
[4] 中国第一历史档案馆、扬州市档案馆编:《清宫扬州御档》第8册,第4911—4912页。
[5] 中国第一历史档案馆、扬州市档案馆编:《清宫扬州御档》第8册,第5351—5352页。

伊龄阿任盐政期间,多次为京城办理玉器、宫廷装饰用具等。

《四库全书》是乾隆朝的重大文化工程。乾隆帝决定开馆编修《四库全书》后,对各地督抚搜访书籍提出了明确要求。两淮盐政李质颖因其翰林出身,且任职扬州,故奉命承办访书任务。乾隆帝指出:"淮扬系东南都会,闻商人中颇有购觅古书善本弆藏者。"乾隆三十八年(1773)三月至九月,李质颖在总商江广达等八人的协助下,先后多次进呈书籍给乾隆帝或《四库全书》总裁,共有一千七百余种,其中马裕家藏书七百七十六种,其余皆由江广达等购买而来。[1]《四库全书》修成后,两淮盐政全德奉旨督办了扬州文汇阁、镇江文宗阁两套《四库全书》的运输、装潢、收藏等具体事务。[2]

乾隆年间,两淮盐政还多次奉命查办外地涉案人员在扬资产情况。如乾隆四十一年的熊学鹏案、四十三年高朴案、四十五年杨景素案、四十六年王亶望案等。[3]乾隆四十六年(1781)七月初六日,图明阿就王亶望在扬财产进行奏报,查出有商店、名田、在扬出资放贷生息银等,约有三十万两之数。当月,图明阿又奏报了王亶望案涉案人员兰州府原知府蒋全迪在扬州经营盐业财产情况。[4]

另外,内务府所送人参亦由两淮盐政安排商人售卖。如乾隆四十五年(1780),因内务府发送四、五等以下人参到两淮等六处售卖。盐政伊龄阿将人参转发总商江广达等,由总商等负责在扬州等地销售,所有人参估价得银七万五千二百两余,最后由盐政派员将银解送内务府。[5]

第三节　乾隆年间两淮预提盐引案

清前期,两淮盐政每年需管理大量涉盐钱粮,并掌握两淮盐区内盐斤的

[1]　中国第一历史档案馆、扬州市档案馆编:《清宫扬州御档》第8册,第5255—5256、5258、5282—5283、5297—5299、5350页。

[2]　中国第一历史档案馆、扬州市档案馆编:《清宫扬州御档》第10册,第6671—6672页。

[3]　中国第一历史档案馆、扬州市档案馆编:《清宫扬州御档》第8册,第5590页;第9册,第5782—5783、6013—6014、6108—6112页。

[4]　中国第一历史档案馆、扬州市档案馆编:《清宫扬州御档》第9册,第6140—6143页。

[5]　中国第一历史档案馆、扬州市档案馆编:《清宫扬州御档》第9册,第5955—5956页。

产运销各个环节的主管权,清廷税收和大小盐商的经营活动都受到两淮盐政管理水平的影响。清前期,两淮盐业经济有了较快发展。但是,两淮盐务管理仍存在一些制度困境,如缉私官兵参与走私、盘剥过往中小盐商等。乾隆年间的两淮盐务陋规案则是影响较大的弊政。乾隆十四年(1749),两淮盐政吉庆被劾滥用外支银两。乾隆五十九年(1794),两淮盐政全德收受盐商陋规银案发。其中影响最大的是有乾隆朝三大贪污案之称的"两淮预提盐引案"。

一、尤拔世调任两淮盐政

尤拔世是发现两淮预提盐引案的关键人物,他是满洲正黄旗人,监生。雍正四年(1726),尤拔世任安徽五河县知县,此后在安徽任职近三十年,包括庐州府知府、凤阳府知府兼凤阳关监督、庐凤道等职。后又任九江关监督、粤海关监督等。尤拔世在安徽当官期间,生活节俭,多次将节余的养廉银解送内务府,孝敬皇帝。乾隆三十三年(1768)正月,两淮盐政普福调任河东盐政,尤拔世调任两淮盐政。初到扬州,尤拔世在办理盐务方面比较谨慎。乾隆三十三年(1768)三月初四日,尤拔世在奏折中向乾隆帝汇报自己办理盐务的原则:"奴才初莅两淮盐务,既未熟悉,即各卖地口岸场灶情形,亦尚未能周知。奴才亦只率由旧章细心办理,总以恤商便民裕课为本,不敢稍存偏执之臆见,致有隔碍。"说明尤拔世理解了乾隆派其到两淮管理盐务的核心职责。他还在折中再次提出将养廉银削减八千两,以充内府经费,自己只留二千两支用。"奴才家口甚少,应酬交际亦少。……素性简省,不敢因奉命两淮,遂恣意多用也。"在盐务方面,"倘有必需筹办更定之处,容奴才与运使赵之壁悉心酌核,次第办理。"但尤拔世并不是因循守旧、尸位素餐之官,到任不久,他便开始"检查旧案,面询运使",指出"淮商习尚奢靡,虚浮不实",并希望乾隆帝能对其工作有所训示。[1]最初,尤拔世评价高恒"在任最久,遇事剔厘,颇有条理",评价普福"诸事悉皆恭请皇上训示施行,始能敬谨遵守"。

调任两淮盐政后,尤拔世将以前处理地方政务的风格带到了扬州,为此还受到乾隆帝批评。乾隆帝在给军机大臣的谕旨中指出:"据尤拔世奏称,

---

[1] 中国第一历史档案馆、扬州市档案馆编:《清宫扬州御档》第7册,第4526—4527页。

谆谕商人,教以节俭,冀挽浇风,以示简朴等语。所见甚属鄙迂。……尤拔世才赴两淮,持论辄尔如此,殊为不晓事体。若执此谬见,复何以办理蓰政耶?"[1]然而,正是尤拔世的勤俭和为主人效力的忠心使得暗中已发生二十余年的惊天大案被发现。

二、两淮预提盐引案的案发与审理

两淮盐引预提做法开始于乾隆十一年(1746),时任盐政是吉庆。吉庆预提盐引则是学习前任准泰的管理办法。在准泰任盐政期间,两淮盐引销售不畅,积引较多。于是经奏准,将尚未销售的引张转为一年正引销售,而当年正额引张,则分作五年带销。准泰在任时,带销盐引,只征正课,不征杂项,变相降低了盐商成本。吉庆继任盐政后,此前带销之引已经售完,继续仿行在两淮推行预提下纲引目的做法,以增加正课税银。盐商则因不交纳杂费,并省窝价,于是更倾向于领此类盐引运销。据军机处档案记载,乾隆三十三年(1768)三月初四日,盐政尤拔世奏报查办盐务情形事。三月十四日,尤拔世为运使赵之壁代缴朱批奏折,同日还奏报了调查齐召南是否在扬州寄存银两生息情况。乾隆三十三年(1768)五月,尤拔世奏报两淮预提引目余银缴回内库之事。盐引案被发现,当在此前后。

两淮盐引案爆出后,乾隆帝十分重视。因高晋的避讳关系,此案的地方主审官是江苏巡抚彰宝,彰宝到扬州后,尤拔世有时协助办案,他们均是在乾隆帝的直接授意下审案。彰宝在调任江苏前,曾处理了河东盐政达色的贪腐案。乾隆三十三年(1768)二月,调山东巡抚彰宝为江苏巡抚,福建巡抚富尼汉为山东巡抚。两淮预提盐引案发时,彰宝任职江苏巡抚还不到半年。此时,高恒任职户部钱法堂,普福任河东盐政。高恒初以荫生授户部主事,后管山海关、淮安关、张家口关税,署长芦盐政等职。乾隆二十二年(1757)任两淮盐政,直至乾隆三十年(1765)。高恒父亲高斌曾任两淮盐政、江南河道总督、两江总督、吏部尚书、军机大臣等。从兄高晋曾任布政使、江南河道总督等,此时任两江总督。其姐是慧贤皇贵妃,深受乾隆帝宠爱。普福,内务府满洲八旗,曾任总管六库事务郎中、凤阳关监督、淮安关监督、长芦盐

---

[1]《高宗纯皇帝实录》卷八〇七,《清实录》第18册,中华书局1986年版,第901页。

政、苏州织造，并三任两淮盐政。高、普二人都是乾隆帝宠信之人。

普福在乾隆十七年、十八年、二十一年、二十二年两次任职两淮盐政时，均是遵循吉庆之例办理盐引事务。乾隆三十一年（1766），第三次任职两淮盐政的普福对预提盐引分配进行改革。乾隆三十二年（1767）五月，淮南提引二十万道，将十万引分给通河众商，十万道分给办差各总商，这样既照顾到大部分盐商利益，又能激励总商等支持盐政的其他公务。正是这次的预提盐引中的未办完引目导致案件被查出。普福因进京陛见，未及分派余引九万二千七百五道，交给运使赵之壁办理。每引缴银三两，共贮运库银二十七万八千两有零，普福任内共动支过银八万五千余两。尤拔世到任时，运库内有余存银十九万余两，于是便奏请将这批余银解交内务府。然而，内务府发现这批余银此前年份并未解运过，军机大臣查询户部档案后也无相关记载。乾隆帝得知这一情况后，认为普福等"显有蒙混不清、私行侵蚀情弊"，两淮盐政等二十年来涉及不明银两估计超过千万两，立即要求彰宝前往扬州负责审理此案，并要求彰宝"不可畏难姑息了事，亦不得少有瞻徇"。[1]

为避免串供，彰宝等将盐官、盐商分开审讯。在前期审理的基础上，乾隆三十三年（1768）六月二十五日，乾隆颁发上谕，高恒、普福均被革职，普福被押解至京，待彰宝在扬州审理案情奏报到京后，再审理二人。现任运使赵之壁，被解任。前任运使卢见曾亦被革去职衔，命山东巡抚富尼汉解往扬州，交与彰宝一并审讯。但后来因纪昀等透露案情给卢家，卢见曾被押在山东先由富尼汉审理。高恒家人张文学是审理高恒案情的关键线索。下面分别从盐官、盐商两条线论述案件审理的主要过程。

（一）审理高恒等盐官

前文已述高恒家族的内外关系，他也是此次盐引案最难审理的官员。乾隆三十三年（1768）六、七月间，在京城军机大臣与在扬办案的彰宝等人的共同努力下，发现高恒案的关键线索人物苏州商人顾蓼怀，后又审理高恒家人张文学。在这两个关键证人的证词下，高恒在盐引案中的贪腐行为基本被审查清楚。

---

[1]《高宗纯皇帝实录》卷八一二，《清实录》第 18 册，第 974—975 页。

据顾蓼怀供称,他自乾隆二十三年(1758)至二十五年(1760),共经手盐务银两约十六万两,皆为高恒所得。加上张文学等代收,高恒共贪银二十万七千八百八十七两余。另有盐商代高恒办做檀梨器物银八万六千五百四十两余。[1]乾隆三十三年(1768)七月,直隶热河兵备道增福遵旨查封高恒在热河白旗营子地方的涉案财物。乾隆三十三年九月,高恒名下入官金二百三十四两,交内务府。其市平色银二万二千一百十八两五钱亦被罚没。[2]

乾隆三十三年六月,普福被押送至京城,军机大臣审理普福时,普福供称,其所领盐引银两用于修建水井、道路等城市设施,并维修惠济祠、城隍庙,赈济贫民等。最初,普福并未交代其贪腐银两。经军机大臣等多次调查、审讯,乾隆三十三年六月二十五日,据上谕记载,普福任内收受丁亥纲银,私行开销者已达八万余两。其他历年代购物件所贪银两还需再细查。彰宝奏报,乾隆三十一年普福将值银一万五千两的五千张盐引给商人洪充实等承办戏班,以供自己听戏之用。但普福所存财产无几,不足赔补之用。[3]普福名下入官市平色银五百三十两。此外,高恒、普福还被查出有名贵家具、布匹、绸缎、衣物等众多财物。[4]

盐引案案发时,卢见曾已从两淮运使任上退休还乡五年。因乾隆帝认为卢见曾和盐引案关联密切,故也被押解审讯。"运使与盐政最为切近,盐政凡有举动,运司知之最真。若运使稍有执持,盐政何由独逞其贪壑。即或劝阻不听,何难据实奏闻。乃高恒等狼藉若此,卢见曾前此从无一言。设非与盐政串通勾结,恣欲侵渔,岂肯甘心代人受过。此等情节,尤不可不切实严究,以定罪案。"[5]卢见曾是山东德州人,字抱孙,号雅雨山人,康熙六十年(1721)进士,乾隆二年(1737)任两淮盐运使,次年被罢。乾隆五年(1740)

[1] 中国第一历史档案馆、扬州市档案馆编:《清宫扬州御档》第7册,第4592—4593、4634—4637页。

[2] 中国第一历史档案馆、扬州市档案馆编:《清宫扬州御档》第7册,第4579—4580、4647页。

[3] 中国第一历史档案馆、扬州市档案馆编:《清宫扬州御档》第7册,第4594—4597、4550、4625页。

[4] 中国第一历史档案馆、扬州市档案馆编:《清宫扬州御档》第7册,第4647—4718、4726—4729页。

[5] 中国第一历史档案馆、扬州市档案馆编:《清宫扬州御档》第7册,第4592—4593页。

被革职充军,发配乌鲁木齐。乾隆十八年(1753)复任两淮盐运使,一直至乾隆二十七年(1762),其间还曾护理两淮盐政事务。乾隆三十一年(1766),乾隆南巡经过德州时,御书"德水耆英"匾额赐予卢见曾。可见卢见曾的为政曾经得到乾隆帝肯定。

乾隆三十三年六月二十五日,乾隆帝要求山东巡抚富尼汉协助办案,"卢见曾久任两淮运使,提引一事,皆伊经手承办,似此上下通同舞弊,岂得委为不知。著传谕富尼汉,即行传旨将伊革去职衔,派委妥员解送两淮,交彰宝并案审讯。仍一面将卢见曾原籍赀财,即行严密查封,无使少有隐匿寄顿"[1]。但查办卢见曾的进展并不顺利。最初,富尼汉并未查出卢家银物,后经监生李容、家人陈桐的招供,才查出卢的隐匿财产。其中"扬州商人程永益借欠银五千两,张瑞昌借欠银四千两,卢辉曾寄放银七百两等"。在审案过程中,还发现卢见曾事先知道案情,乾隆帝对朝中泄密一事十分生气。"卢见曾现留山东,交富尼汉严行讯究,伊因何早得风声,预行寄顿。俟审明再行锁押赴扬,并案治罪。"[2]

乾隆三十三年七月初十日,据刘统勋等奏,卢见曾孙卢荫恩供称,翰林院侍读学士纪昀、刑部郎中王昶、刑部司员黄骏昌先后透露案情给卢家族之人,卢家人在六月先后多次回家隐匿财物。纪昀、王昶、黄骏昌均被革职。[3]

乾隆三十三年八月初一日,乾隆帝颁发上谕:"解任运司赵之壁,以世受国恩之人,擢用运使,自当实力奋勉,丝毫不存欺饰。况运使与盐政最为亲近,而监掣同知,又其正属。高恒、普福如此侵蚀公帑,数逾巨万。赵之壁岂得诿为不知。乃事前既不劝阻,事后又不据实具奏。其罪已无可逭。而杨重英借端勒索商人,贪黩败检若此,赵之壁又岂真无见闻,乃竟有心徇庇,不行举发,尤当加以重谴。不得因其并无染指,仅从轻付之吏议也。使伊亦如卢见曾之贪劣不法,已早将伊一体治罪。特念其尚无婪赃入己情罪,姑从宽典。彰宝、尤拔世即传谕赵之壁,令其自行议罪,具折奏闻。"[4]

[1] 中国第一历史档案馆、扬州市档案馆编:《清宫扬州御档》第7册,第4551页。
[2] 中国第一历史档案馆、扬州市档案馆编:《清宫扬州御档》第7册,第4591页。
[3] 中国第一历史档案馆、扬州市档案馆编:《清宫扬州御档》第7册,第4594—4597页。
[4] 中国第一历史档案馆、扬州市档案馆编:《清宫扬州御档》第7册,第4621页。

（二）对盐商的审理

两淮盐商是推动扬州等地盐业经济发展的最主要力量之一，但他们在盐引案中也扮演了很多不光彩的角色。乾隆帝对涉案两淮盐商的态度最初还是比较暧昧的，处罚也较轻。乾隆三十三年六月二十五日，上谕指出："朕屡次巡幸江南，一切行宫、道路诸费，俱系官为经理，丝毫不累闾阎。惟两淮坐落陈设等事，向系商人承办。虽伊等情申报效，分所当然，朕尚以其捐赀急公微劳宜录，是以迭次加赏职衔，赍予至为优渥。今阅彰宝所奏，则该商人等一切办公物件，均于应交官项内动支，是不但不应加恩，并当查明治罪。"仅革去从前赏给奉宸苑卿衔的黄源德、徐尚志、王履泰，布政使衔的江广达，按察使衔的程谦德、汪启源等人的职衔，交与彰宝审讯。

军机大臣在审理普福期间发现其现有财产寥寥。乾隆帝认为，"彼与各商交结甚久，岂有不托商家代为封殖？而其今年调任之后，心存疑畏，又岂能不向两淮巧为安顿乎？商人等特因未有指实，故不肯矢口轻承。或念普福多分提引旧情，不肯和盘托出"。要求彰宝提各盐商到案审讯，"详悉开导，逐层研诘，务令供吐实情，水落石出。不得任其含混抵饰。如各商执迷不悟，其事岂能终不败露。将来别经发觉，则是各商自取重罪"。乾隆帝指出，尽管各盐商曾为其南巡报效银两等，但不足以抵其在余引问题上的罪行。"孰知伊等即以官窝正款，冒认己赀，既邀顶带优荣，又复坐获厚利。且因并无稽查，任意浮开妄费，如此存心，天良何在？今案情自行发露，实属天理难容。朕从宽不加伊等罪谴，已属逾格施恩。今止令其追还款项，于情理既属当然，而众力亦非不给。"[1]

通过军机大臣的审理后发现，在预提盐引一法实行以来，两淮盐商通过冒销、侵用、浮开、滥支膏火银等手段，以及行贿高恒、普福等两淮盐务官员，共计涉及应追缴银一千一十四万一千七百六十九两余，这些均由两淮总商赔缴。[2]

在审理盐商过程中，清廷发现一些盐商"耗官资，饰私产，博恩荣，兼得

---

[1]　中国第一历史档案馆、扬州市档案馆编：《清宫扬州御档》第7册，第4610—4611页。

[2]　中国第一历史档案馆、扬州市档案馆编：《清宫扬州御档》第7册，第4634—4637页。

数利"。如洪充实、江广达、黄源德等修理趣园、倚虹园、净香园、平山堂、观音山、九峰园等处,及与此类相似工程,多是盐商自有园林。

尽管盐商们在运销盐斤过程中有不少不法行为,但他们毕竟是朝廷重要的税收来源。在审理案件期间,乾隆帝曾要求两淮盐政不得因噎废食,影响食用两淮盐省份的运销。"现在各商俱有应行质讯之处,若因此稍有推诿观望,致应运盐斤,或有壅滞,则是有心贻误,恐众商等不能任其咎。"要求尤拔世办好淮盐的运销工作,"明切传谕各商,务使源源出运,不致稍有停阻,自干重罪。至此后各处口岸,如有能畅销,仍须预提盐引情形,原可照常奏闻办理"[1]。

三、两淮盐引案的审理结果

乾隆三十三年爆发的两淮盐引案是清代两淮盐业史上的重大事件。乾隆帝此前四次南巡,且对高恒、普福宠信有加。故在案件被披露后,乾隆帝用"种种情节,殊堪骇异","明目张胆,肆行染指,实出情理之外","殊出意料之外"等词语表达其心情。在这一背景下,高恒等主犯都受到了严惩。

乾隆三十三年十月二十七日,乾隆宣布将按律斩杀高恒、普福,顾蓼怀则被免死。卢见曾死于押解的狱中。革职盐运使赵之壁提出愿交赎罪银二万两,分两批交纳,乾隆三十四年(1769)四月交纳完毕。乾隆三十四年四月初六日,赵之壁交完赎罪银后回籍甘肃宁夏县。[2]乾隆十一年提引以后,历任运使有朱续晫、舒隆安、郭一裕、何煟、吴嗣爵,朱续晫、舒隆安、郭一裕三人已去世,未被追责。现任河南布政使何煟现有记录十二次,应销去记录十二次,抵降三级,免其降调。淮徐道吴嗣爵从宽改为革职留任。现任两江总督高晋从前署理盐政四十余日,前任总督尹继善有统理盐务之责,均未能发现案件,被题请交部议处。

陕甘总督杨应琚次子杨重英也被查出不法事。他在监掣同知任内,自乾隆十九年(1754)至二十六年(1761),勒诈两淮商众赃银至三万五千余两

---

[1] 中国第一历史档案馆、扬州市档案馆编:《清宫扬州御档》第7册,第4551页。

[2] 中国第一历史档案馆、扬州市档案馆编:《清宫扬州御档》第7册,第4789页。

之多。并被查出寄顿商家营运及交同知程堂收贮银五万二千余两。[1]此外，杨重英还曾任仪所监掣同知、两淮运使、扬州知府等职，长期和两淮盐商多有交往。乾隆三十二年，杨重英以江苏按察使衔前往云南军营办理缅甸交涉事务。其家产均被查封、收缴入官。现任湖北黄德道卢见曾子卢谦因办理地方水利事务不善被参，且也有寄银营运之事。在其父涉案的情况下，乾隆三十三年七月，卢谦被革职，发往军台效力。[2]

两淮盐商处理结果方面，除了在审理期间革去部分总商的职衔外，主要施以经济处罚，让他们补缴二十余年来所侵银两。乾隆三十四年二月二十二日，乾隆帝谕令否定了尤拔世提出的众商一起补交历年提引银两的提议。乾隆认为，应该将当时领引承办的不同情形，查核清楚后区别对待。"著传谕尤拔世，传集商人等，谕以此案糜帑欺公，高恒、普福，实为国法所不容，伊等因系高恒等纵容获罪，是以姑从宽宥。但身为商总，前此领引办工，既为各商主持其事，兼之异众受恩，光荣逾分。今虽因事觉裭革，而悔罪自赎，亦当具有同心。向后如能愧奋自新，或可冀恩邀格外。若当此完项输公之际，商总等仍思卸责众商，恬然不思激发，岂独天良尽丧，抑且不知善自为计。有是理乎？如此详悉开导，即令伊等各自认照从前所用分数，加增依限完缴。余外再令各商匀派，则分股公明，众人自益心折，而办公亦为平允。"

在运使郑大进的协助下，尤拔世奏报了此次盐引案盐商的处理办法，一改此前众盐商均摊补缴税银的做法。"伏查此案内，商等共应完银一千二十万八百余两，内除著赔银九十三万三百余两，其余九百二十七万五百余两，悉系商等从前领受提引应缴之余利。……悉心查核，酌量区分。……遵查此九百二十七万五百余两总数内，上年奉军机大人议覆，原奏本有五条，内除商众节年领引未完银六百二十五万三千五百余两，请仍照本年二月原奏摊纲，公同完纳外，其总商代盐政等购办器物浮开银十六万六百八十七两零。又，各商借差动用银一百四十八万二千六百九十八两零，及办差浮开银六十六万七千九百七十六两零，此三项从前既有浮开滥用，而修葺园亭工作

---

[1]　中国第一历史档案馆、扬州市档案馆编：《清宫扬州御档》第 7 册，第 4618—4619 页。中国第一历史档案馆编：《乾隆朝上谕档》，档案出版社 1998 年版，第 5 册，第 383、524 页。

[2]　中国第一历史档案馆、扬州市档案馆编：《清宫扬州御档》第 7 册，第 4609 页。

悉在其内,自应原领此项提引之人自行完纳。此外尚有总商节年领用膏火银七十万五千六百二两,亦应各总商完缴。以上四项,共该银三百一万六千九百六十四两零,令商等公同查核领受。此项提引余利之人,计新旧总商五十一人,散商一百三十六人,其中应缴银数多寡不一。内除消乏病故总商十人,其散商一百三十六人,为数零星,且多消散难齐,共该银六十三万零八百五十一两零,公恳仍循原奏摊入通纲完纳。其余银二百三十八万六千一百十二两零,俱应现在之新旧总商四十一人,各自查照从前所领引数,自行完纳,并各自悔罪。再于通纲应完银六百二十五万余两之内,扣出银六十万两,以二十万两均摊四十一人名下,作为加增分数。再以四十万两摊归四十一名中之修葺园亭二十七总商名下,加增完纳,稍赎前愆。通共该银二百九十八万六千一百十二两零,仍遵原限分九年完缴。其应通纲摊完银两,凡此四十一人,如现在运盐完课者,仍与通河各商按引输纳,以昭平允。"上述处理办法,考虑到补缴税银的实际难度、当年不同盐商侵蚀税银的数量及情况不同,以及部分盐商已经病故或破产等各类情况。尤拔世还补充说明,最新的众盐商补缴银两办法是在和两江总督高晋商讨后上奏的。最终获得乾隆帝认可,颁布实行。[1]因案发时间较长、银两数额大,当时两淮大小盐商的主要人物基本都被判罚银两。淮南总商洪充实之子洪箴远以及汪启源被判交纳赎罪金八千两,乾隆三十四年四月上缴全部赎金,其中三千两已先行解运内务府,五千两暂存盐运使库。[2]

作为发现两淮预提盐引案的重要功臣,乾隆三十四年二月,两淮盐政尤拔世获留任。乾隆三十三年,多省发生了割辫案,清帝十分重视,"东省现有割辫匪反一案,关系最为重大",办案过程牵扯了军机处、江苏等处官员很多精力。两淮盐引案的主要案情查清后,主要官员均被惩治,但清帝对案件中后续处理则被视为"寻常查办事件"。乾隆三十四年十月,乾隆帝颁上谕批评两淮盐商未能按时补缴上一年份应交追赔银二十七万两。但到了乾隆三十五年(1770),清帝对两淮盐商的态度却有大转变。因江广达等率众赴天津

[1] 中国第一历史档案馆、扬州市档案馆编:《清宫扬州御档》第 7 册,第 4772—4776 页。

[2] 中国第一历史档案馆、扬州市档案馆编:《清宫扬州御档》第 7 册,第 4790 页。

祝厘,乾隆帝先是赏还他们在三十三年盐引案中被革去的职衔,接着又为盐商们补缴追赔银延长六年的期限。[1]乾隆四十年(1775)六月,根据前纲销售情况,盐政伊龄阿奏请预提淮南丙申纲引目二十万道,公派通纲商众领运,以备接济江广民食。乾隆帝并未直接否决预提盐引做法,而是要求户部议奏。[2]可见,尽管爆发了盐引案,清廷仍对预提盐引的管理办法持开放态度。

第四节　清前期扬州的关税管理

清朝在道光朝以前的财政收入以钱粮为主,手工业税、商业税占比较小。清前期的扬州是经济重镇,本地官员主要职责之一在于征收赋役。清前期扬州的田赋收入时有变动,但差额不多。如雍正年间在摊丁入亩前后的田赋分别为雍正六年前的丁银四万七千一百二十八两余,及地银二十一万五百三十九两余。雍正六年(1728)开始,丁银、地银合并征收,另将匠班银、湖荡草场银等二十六万五千七百六十九两并入征收,征收各类米粮十一万三千五百四十一石余,杂项等税银共十五万一千余两。这里主要叙述乾隆年间扬州关及瓜洲由闸的管理制度、征收税银等情况,以反映盛世时期扬州商品经济的一些特征。

一、税关的恢复与管理制度的调整

扬州府关税包括扬州关(有时简称"扬关")和由闸等处所收税银,包括正额、盈余和耗羡三类。清初继承明代税制,后多有调整。运河和长江的水运通道是扬州在清前期成为重要商品转运中心的最主要便利,扬州关税也因此和这两条水道连接的南北城市及中西部城市的商品流通量密切相关。扬州关税征税点有十余处,远近不一。扬关曾辖孔家涵、芒稻河、便益门、邵伯镇、白塔河等征税口岸,由闸有北坝、南坝等处。后北坝、孔家涵被裁撤。雍正五年,泰州税大使管理的滕坝经江苏巡抚陈时夏题奏,归并入扬关管理。

扬州关原额征银四万四千八百八十四两,康熙三十四年(1695)增加银

---

[1]　中国第一历史档案馆编:《乾隆朝上谕档》第6册,第84、92页。

[2]　中国第一历史档案馆编:《乾隆朝上谕档》第8册,第5496—5497页。

五千两。自雍正元年（1723）开始，不再设额征之数，关税银尽收尽解。由闸原额征银六千六百六十六两余，康熙二十年（1681）加增一千两，又额征抚增操饷斤脚、扣饷银一万一千七百六十九两余。自雍正元年开始，由闸税额也不设额征数，尽收尽解。相对于盐税，扬州的田赋和关税等所收钱粮均较少。雍正末年，苏州巡抚高其倬查得，扬州关每年额征税银四万四千八百八十四两，铜斤水脚银七千六百九十二两余。[1]乾隆元年（1736），由闸征税原额是一万九千四百余两。[2]乾隆五年（1740）十月初三日，两淮盐政兼管扬州关税务准泰指出，扬关每年正额银四万四千余两，盈余银约三、四、五万两不等。瓜闸（即指由闸）每年正额银四万两，盈余银约一、二万两不等。扬、瓜两关每年正额、盈余共计约有十四五万两税银。[3]

清廷十分重视财权，江苏省内的淮安关、宿迁关、浒墅关、龙江关等处由朝廷从京官中选派监督前往管理。相较于上述几关，扬州关税的税额较少，由江苏巡抚兼管，派委道员监收。然而，扬州关税的相关管理制度建设并不完善。乾隆五年（1740），兼管扬关税务的两淮盐政准泰指出："至于吏书、巡拦及一应执事人役，悉皆全备，无庸召募添设。所有衙署，原设扬州城内，距关咫尺。大堂以前，均属整齐，惟内衙住房，年久倾颓，所存无多，尚须量为添盖修葺。"乾隆五年（1740）十月，准泰奏报自身盐务繁多，无法兼管扬关。朱批："图拉已用苏州织造，一时尚无其人，汝且兼管可也。"[4]乾隆五年十二月初三日，盐政准泰再次以盐务殷繁，难以兼顾为由，奏请不再兼管扬州关务，并请江苏抚臣就近委员管理。乾隆帝依旧没有批准。[5]准泰只好兼职到乾隆七年（1742）三月初九日。乾隆七年（1742）二月初一日，乾隆帝命苏州巡抚陈大受在属员内挑选一人管理扬州关税务。[6]

乾隆七年（1742）七月，苏州巡抚陈大受奏请遴选本省佐杂到扬关，协助

［1］中国第一历史档案馆、扬州市档案馆编：《清宫扬州御档》第2册，第365—366页。案，清宫档案记载扬关钱粮十分细致，本文此处省略"两"后的银数。

［2］中国第一历史档案馆、扬州市档案馆编：《清宫扬州御档》第2册，第350页。

［3］中国第一历史档案馆、扬州市档案馆编：《清宫扬州御档》第2册，第1024—1025页。

［4］中国第一历史档案馆、扬州市档案馆编：《清宫扬州御档》第2册，第1024—1025页。

［5］中国第一历史档案馆、扬州市档案馆编：《清宫扬州御档》第2册，第1034—1035页。

［6］中国第一历史档案馆、扬州市档案馆编：《清宫扬州御档》第3册，第1182页。

管理关务："今查扬州关系南北要路,百货往来,签量查验,事务甚冗。由闸冲要,亦与扬关相等。若仅派书役经理,难免滋弊。臣拟酌照芜、凤两关之例,调委本省佐杂,分派扬关二员、由闸二员,办理税务,按季调换,并于经费内量给养廉饭食。"[1]

二、主管官员任免

这里主要结合乾隆朝相关档案,叙述扬州关官员管理的实际运作情况。在江苏巡抚管辖扬州关期间,扬州关主管官的任免由该巡抚奏请更换,一般无需经过两江总督。但在两江总督权力加强后,奏请程序有变化。乾隆四十一年(1776)八月初八日,江苏巡抚杨魁奏,在江宁藩司陶易奏请进京陛见获允后,两江总督高晋会同杨魁委常镇通道孙栝署理江宁藩司印务。常镇通道事务及扬关、由闸税务,即委镇江府知府李封接管,接管日期是乾隆四十一年七月十九日。[2]

乾隆四十九年(1784)十二月二十六日,江苏巡抚闵鹗元奏请由扬州府知府恒豫就近护理常镇道篆,兼管扬州关税务时,指出"臣现在兼署督篆,无庸会衔,理合一并声明"。[3]江苏巡抚奏报人选后,若清帝有疑义,则派户部尚书等商讨拟定人选。常镇道等兼管官员的任期一年为限,具体到某日,任期满后,由江苏巡抚奏请调动或留任。若是一年任期的途中接管关务,该官员的任职时间则接着上任官员离任日期起算。如乾隆八年(1743)三月二十五日,据苏州巡抚陈大受奏,原管扬州关事务镇江府知府陈中容一年期满(乾隆七年三月初十日至乾隆八年三月初九日)。陈中荣实际到任时间是乾隆八年三月初二日。此前,乾隆七年二月,陈大受推荐常镇通道张传煐分管关务,但张传煐本任有事,由扬州知府高士钥暂代管。乾隆七年十一月二十二日,张传煐到任。但乾隆八年正月二十二日,张传煐却身故。高士钥再次代管。此时扬州府水利、赈济事务十分繁忙,陈大受又奏请由陈中容兼理关务。陈中容的第一个任期实际只有八天,陈大受仍奏请将陈中容留任,最后

---

［1］　中国第一历史档案馆、扬州市档案馆编:《清宫扬州御档》第3册,第1247—1248页。

［2］　中国第一历史档案馆、扬州市档案馆编:《清宫扬州御档》第8册,第5613页。

［3］　中国第一历史档案馆、扬州市档案馆编:《清宫扬州御档》第9册,第6375页。

获户部批准。[1]另外,有些常镇道官员兼管税务表现较好,会被奏请留任。

表 3-2　　　　乾隆朝扬州关、由闸部分主管官员表

任职时间	兼职主管官员	后　续
雍正十三年六月二十一日至乾隆元年六月二十日	常镇道王之锜	调任署理江安粮道印务
乾隆元年六月	镇江府知府黄鹤鸣	调补苏州府知府
乾隆二年二月初六日	两淮盐运使卢见曾	六月,卢见曾因操守等问题被参。
乾隆二年六月	扬州府知府高士钥	一年期满后再任一年
乾隆三年五月二十一日至乾隆四年五月二十一日	扬州府知府高士钥	—
乾隆四年十月十二日起	两淮盐政三保	—
乾隆五年八月	两淮盐政准泰	—
乾隆七年三月起	常镇道佥事张传焕,在张到任前,扬州知府高士钥暂管。	—
乾隆八年三月	镇江府知府陈中荣	
乾隆九年二月十七日	常镇扬通道佥事黄叔璥	四次留任,至乾隆十二年二月。
乾隆十二年十一月	苏松粮道程光钜因涉及浙江巡抚常安案,所署常镇道印务并兼管扬关事务,俱由扬州府知府曹涵暂理	新道赵锡礼到任后交卸
乾隆十四年十二月初十日起	黄叔璥	不久被调经引见,护理常镇道印镇江府海防同知台敏暂管。十五年三月初六日台敏病故。先派扬州府知府曹涵暂管,续派护理常镇道印江宁府理事同知苏凌阿。
乾隆十五年四月初一日起	新任常镇道副使明琦代管	被黄廷桂题参离任

[1] 中国第一历史档案馆、扬州市档案馆编:《清宫扬州御档》第 3 册,第 1430—1431 页。

续表 3-2

任职时间	兼职主管官员	后　续
乾隆十六年正月起	护常镇道事江宁府知府朱奎扬	回江宁,卸去道务。
乾隆十五年十二月初十日至十六年十一月初八日	常镇道副使董权文	第二个任期董权文后因病无法兼管,后被参在任内蠹课累商。
乾隆十七年七月起至十一月初九日	扬州府知府陈诗接管	—
乾隆十七年十一月十二日起	新任常镇扬通道副使刘愷	—
乾隆二十五年八月至乾隆二十七年八月十六日	常镇扬通道钱琦	—
乾隆二十七年八月十七日至十月初五日	常镇道李永书	—
乾隆二十七年十月初六日至乾隆二十八年七月初九日	常镇道姚成烈	续任未果,因将调任为江安粮道。
乾隆三十年六月初十日至三十一年六月初九日	常镇通道陈大化	一年期满,再留任一年。
乾隆三十二年七月二十日起	江宁督粮道蒋赐棨	十月初九日卸事
乾隆三十二年十月初十日起	常镇通道觉罗图思德	一年期满,获留任,直至三十六年四月十五日卸事。护理道事扬州府府陈用敷于四月十六日接管起,至七月十二日卸事。
乾隆三十六年七月十三日至乾隆三十七年正月二十五日	常镇通道边廷抡	调补为松太巡道,升授两淮盐运使。
乾隆三十七年正月二十六日起	常镇道袁鉴	获连任,乾隆三十九年三月初十日起开始新任期。
乾隆四十年三月初十日起	常镇通道孙栝	多次留任,任职至乾隆四十四年正月。因管理不严,致有漏税,被参革。

续表 3-2

任职时间	兼职主管官员	后　续
乾隆四十四年正月初十日起	委署常镇通道袁鉴	三月十二日署理江宁藩司卸事。护理道事镇江府知府李士珠于三月十三日接管起,至四月二十五日卸事止,该道袁鉴于四月二十六日回任接管起,至四十五年正月初九日止,一年期满。袁鉴升任安徽按察使。
乾隆四十五年四月二十九日起	孙栝再任常镇通道,并接管关务。	任职至乾隆四十七年十二月
乾隆四十七年十二月初十日至四十八年十二月初九日	常镇通道王均	获留任。乾隆四十九年十二月王均丁母忧。扬州府知府恒豫就近护理道篆,兼管关税事务。
乾隆五十年十一月初十日起至五十一年正月二十九日	护常镇道、常州府知府金云槐	前任常镇道松龄于五十一年二月初一日接管,至六月十一日卸事。现任常镇道通恩于六月十一日到任接管,至十月初九日,一年期满。
乾隆五十二年十月初十日至五十三年六月初五日	常镇道通恩	护道事、扬州府知府刘炳于六月初六日接管,至九月二十七日卸事。通恩于九月二十八日回任接管,至十月初九日,一年期满。
乾隆五十五年九月初十日起至五十六年九月初九日	常镇道梁群英	一年期满,留任一年。梁群英因被委任江宁布政使,镇江府知府恩保接管关务。乾隆五十七年十二月二十四日,梁又回常镇道任,照旧接管扬州关务。
乾隆五十八年十一月初九日起	常镇道查淳,六十年七月初九日	嘉庆元年七月初九日,新一任期。

资料来源:《清宫扬州御档》

顺治年间,扬州关主管官员主要由户部从司员中选任。康熙四年(1665)起,清廷改由驿传道管理税银征稽。雍正元年(1723)起,江苏巡抚兼管扬州关税务,但其在苏州,只好另派扬州知府等兼管。从上表可以看出,乾隆朝确定,扬州关务主要由常镇通道负责兼管,大多数任职不止一个任期,原本清廷设置权关主管官员的一年任期限制,是防止出现贪腐等不良情况,但实际情况是,除了一些官员升迁,或降调,或因家事,或因进京陛见等,而中断任职外,很少出现只兼管一年的情况。另外,扬州府知府、镇江府知府有时也因常镇道员缺而奉命暂管扬州关税务。

三、税银的管理与监督

清顺治至嘉庆时期,扬州关的税源主要是粮食和各类杂货。粮食主要来源于山东、河南等地,经过淮安关或芜湖关等运至扬州。遇有灾荒年份,湖广、江西的粮食也会被运至扬州地区销售、转运。杂货税一度是扬州关的重要税源。乾隆十四年(1749)二月,两江总督黄廷桂曾言扬州关"正课以杂项税课为主"。扬州运河是南北商品流通的重要通道,江南地区生产的棉布、丝绸、茶叶、糖果、酒、纸等手工业品则通过扬州关流向北方市场。

扬州关税征收盈余的多少受当地水利状况、南北往来货物量、管关官吏管理水平等情况的影响。江苏巡抚邵基接管扬关之年因挑河筑坝,影响商船通行,征收最少。乾隆四年(1739)十月后,两淮盐政三保接管未满一年,扬关征收之数,与地方官数少之年相仿。由闸税额不足,经三保奏明,是年因河东荒歉,北来货税稀少,致亏正额六千余两。[1]

扬州关在被划分为江苏巡抚管理前,税务管理不够规范,"扬海两关,未经归管之前,胥役之规费,各口之零星,除正额以外,俱随意收取,无从稽考"。雍正元年(1723),户科给事中鄂托拜奏,由闸所收税银解公用者少,私存者多。[2]乾隆七年(1742)正月十六日,两淮盐政兼管扬州关税务准泰奏报调查扬州关务情况,扬州钞关及瓜洲由闸税务,在雍正十三年(1735)以前,即交由地方官管理,但"是时一应公费,止许动销火耗,支用不敷,遂有私行重耗巧取陋弊。其收支款项数目,无从查考"。[3]可见经费管理较为混乱。改由常镇道兼管后,关务得到整饬,"自归巡抚衙门管理以来,经历任抚臣陆续清厘,将前项规费等项渐次查令报出,悉解存充公用,不令私侵。……每年管关官之盘费、书役之薪资,并一切薪水、房租、舟车、纸张笔墨油烛,以及解部水脚、饭食等项之费,皆出于此。余为例规,亦俱令报明,其在巡抚衙门

---

[1] 中国第一历史档案馆、扬州市档案馆编:《清宫扬州御档》第3册,第1176—1177页。

[2] 中国第一历史档案馆、扬州市档案馆编:《清宫扬州御档》第2册,第340—352页。

[3] 中国第一历史档案馆、扬州市档案馆编:《清宫扬州御档》第3册,第1176—1177页。

养廉未定以前,亦以此项支为日用。自既定养廉以后,前任抚臣即将此项例规发司充公。即间有紧要需用之处,亦俱奏明"[1]。高其倬任苏州巡抚时将扬关所报解正课暨盈余外例规项核查清楚,共计银三万八百十两余。

乾隆帝即位后,革除各关陋规,"止收加一火耗,其公费不敷,许将税额盈余拨补。经前任管关抚臣,于乾隆元年查革关闸陋弊"。扬州税务经费管理得到一定的整顿,"所有公费核议款目,于火耗盈余内通融动支报部"。[2]

地方的道府衙门经费,除正印官的养廉银须向藩司领取外,其余各官俸银及其他定额经费,皆由所属州县供给。州县正印官的养廉银,时归藩库支领,时在本衙门坐支。佐杂人员廉俸及定额经费,从所属长官处开支。乾隆年间,扬关主管官员完成征税后,应根据则例和当年户部的要求,将税银及时调拨。如乾隆三年(1738)至四年期间,扬州关所征税银,一部分拨解江苏布政使司库,充补江苏省养廉公费不敷银三万八千七百两;一部分拨补本属经费不敷银三千六百三十九两二钱七分七毫;净存盈余银八千八十四两八钱六分四厘八毫。由闸税银共银二万五百六十三两九钱九分六厘,额外盈余银一万二千三百五十九两四钱三分九厘六毫九丝,俱经前署抚臣许容暨现任抚臣张渠先后给咨起解。盈余银两解送户部,转送内库。这是乾隆四年(1739)八月十八日江苏巡抚张渠所奏情况。[3]乾隆六年(1741)八月二十二日至七年三月初九日期间,两淮盐政准泰兼管扬关事务任内,除将泰州滕家坝税银尽收尽解外,扬州关征税银共五万六千六百九十两余,瓜洲由闸征税银三万四百八十七两余。其中起解户部额征船钞并铜斤水脚新增等项银共四万二百二十七两余,又分别解运江南总河、苏州藩司、江宁粮道等处额征抚增操斛河饷并土税麦折等项银,共一万八百八两余。扬州关、由闸共盈余银三万六千一百四十二两余,内除遵照定例,按日拨补江苏藩库养廉公费,并关、闸经费不敷,共银二万四千四百五十两余。净存起解户部盈余银一万一千六百九十一两余。[4]

[1] 中国第一历史档案馆、扬州市档案馆编:《清宫扬州御档》第2册,第340—341页。

[2] 中国第一历史档案馆、扬州市档案馆编:《清宫扬州御档》第3册,第1176—1177页。

[3] 中国第一历史档案馆、扬州市档案馆编:《清宫扬州御档》第2册,第879—880页。

[4] 中国第一历史档案馆、扬州市档案馆编:《清宫扬州御档》第3册,1209—1211页。

在完成一个任期的征税工作后,在任主管官员需将扬关征税情况按年编写档册,送交江苏巡抚审核,江苏巡抚审完后再将相关档册送交户部,由户部主持再进行审查。同时,江苏巡抚还需将相关情况上奏清帝。地方所呈报档册包括主管官员相应任期内各关、闸、坝所收税银数、解运、盈余、开支等情况。清宫档案中有不少这类事务的记录。

在征税过程中,常镇道等主管官员可以根据扬州地区商品流通、人民生活等情况奏请减免部分税银,获清廷批准后方可实施(一般需要清帝的最终许可)。乾隆四年(1739)十一月十三日,两淮盐政三保奏请免去经过扬关的红白萝卜干、咸菜、腌瓜三项税收:"查扬关向有北来腌切红白萝卜干,每担纳银一分,每年约计共征银三百六十余两。又有咸菜、腌瓜,每年自六月起至八月止,约计共征银五十余两。以上三项,查扬关则例,并未开载。惟过关时,估看担数,按照船料报纳。历任管关道府俱照此办理。惟念瓜菜等物,为民间朝夕必需之物。而此项贩卖之人,不过无力贫民,借觅蝇头微利。且上年被灾穷民赖此糊口者甚多。所纳之税,为数甚少。"这一奏请获乾隆帝批准。[1]两淮盐政准泰兼管关务时,也曾针对特定情况提出免税措施。乾隆六年(1741)十一月,商客运往灾邑米麦谷船,照例免税给照放行,至七年五月麦熟停止。扬关、由闸并各口岸,自乾隆六年十一月初八九等日起,至乾隆七年三月初九日,共免过米麦谷税钞银五千九百八十一两余,统入前项盈余,合算共计银四万二千一百二十三两余。这次免税是因赈灾而起,经江苏督抚奏请后,由清廷批准实行。[2]

若发生征税额不足或盈余亏少时,扬州关的主管官员会受到江苏巡抚或户部的审查、参奏,有时还需接受相应的处罚。乾隆四年十月十八日至五年八月二十一日期间,两淮盐政三保曾兼管扬州关税务,出现盈余短少情况。经户部议覆,"以所奏河东二省被水,以致盈余短少,应令江督将该年河东等处是否被水歉收,并北来豆、枣、棉花稀少之处,据实查明覆奏"。前两江总督那苏图、现任苏州布政使安宁均查核覆奏:"臣查关榷钱粮,原视年

[1]　中国第一历史档案馆、扬州市档案馆编:《清宫扬州御档》第2册,第897—898页。

[2]　中国第一历史档案馆、扬州市档案馆编:《清宫扬州御档》第3册,1209—1211页。

岁之丰歉，即分盈余之多寡。而扬关征收船钞，更全赖北省所产之豆、枣、棉花等货，丰收充裕，则商贩源源辐辏南下，盈余方得加多。"三保在乾隆五年五月二十三日进京办差，扬州府知府高士钥护理关务至八月二十一日，这期间，"正值河南、山东被水歉收之后，豆、枣、棉花贩运寥寥，以致盈余短少。自难与乾隆三年分北货丰收之岁比较。且征收船钞，奉颁亲填册档，令商随纳随填，业经呈部可考。实无征多报少情事"。乾隆七年（1742）六月十七日，两江总督德沛将上述情况奏报乾隆帝，乾隆并未追究三保的赔补责任。[1]

　　实际上，清廷对各地税关的税银、盈余等是十分重视的。每年江苏巡抚、户部都对扬州关税征收情况进行核查。常镇道等主管官员离任后需接受江苏巡抚、户部的钱粮审查。主管官员任职期间若发生无正当理由的银两短缺，需按例赔补。清宫档案中有专门记载扬州关等处历年盈余情况，其中扬州关：雍正十年盈余银五万七千四十两零；雍正十一年盈余银六万二百七十两零；雍正十二年盈余银六万八千一百五十六两零；雍正十三年盈余银八万四千二百九十二两零。由闸：雍正十年盈余银二万一千三百六两零；雍正十一年盈余银一万九千四百十八两零；雍正十二年盈余银二万六千三十四两零；雍正十三年盈余银四万二百七十九两零。乾隆十三年正月初十日起，连闰至十二月初九日止一年，扬州关盈余银四万四千九百三十五两零，比较雍正十三年，少银三万九千三百五十七两零；由闸盈余银一万二千六百三十余两，比较雍正十三年，少银二万七千六百余两；统计关、闸两处共少盈余银六万六千九百余两。乾隆十三年十二月初十日起，至十四年十二月初九日止一年，扬州关盈余银八万七千八百八十一两零，比较雍正十三年，多银三千五百八十余两；由闸盈余银四万八百三十余两，比较雍正十三年，多银五百五十余两；统计关、闸二处共多盈余银四千一百余两。[2]

　　[1]　中国第一历史档案馆、扬州市档案馆编：《清宫扬州御档》第3册，第1236—1237页。
　　[2]　中国第一历史档案馆、扬州市档案馆编：《清宫扬州御档》第9册，第5738—5741页。

表 3-3　　　　　　扬州关、由闸部分年份征银情况表

日　期	扬州关	由　闸
雍正十二年七月二十一日至雍正十三年六月二十日	收额税铜斤水脚银五万二千五百七十六两三钱五分;盈余银六万八千一百五十六两八钱三分七厘。	搭解由闸新增银二万五百六十三两九钱九分六厘。又,由闸盈余银二万六千三十四两二钱四分五厘七毫五丝[1]。
乾隆三年五月二十一日至乾隆四年五月二十一日	正额税银四万四千八百八十四两	税银二万五百六十三两九钱九分六厘[2]
	铜斤脚价银七千六百九十二两三钱五分;盈余银五万四百二十四两一钱三分五厘五毫。	额外盈余银一万二千三百五十九两四钱三分九厘六毫九丝
乾隆三十六年四月初十日至乾隆三十七年四月初九日	税银十万二千七百五十五两四钱零	税银六万三千四百七十两一钱零
	解正额税钞铜斤价脚银五万二千五百七十六两三钱零;盈余银五万一百七十九两一钱零(较上届多收银一百六十四两一钱零)。	额解各款银四万二百一十四两九钱零;盈余银二万三千二百五十五两二钱零(较上届多收银一百一十二两七钱零)。
乾隆三十七年四月初十日至乾隆三十八年闰三月初九日	税银十万三千一百一十五两九钱零	税银六万三千七百二十六两四钱零
	正额税钞铜斤价脚银五万二千五百七十六两三钱零;盈余银五万五百三十九两六钱零(较上届多收银三百六十两零)。	额解各款银四万二百一十四两九钱零;盈余银二万三千五百一十一两五钱零(较上届多收银二百五十六两零)。
乾隆四十四年正月初十日至乾隆四十五年正月初九日	税银十一万七千九百四十七两零	税银六万七千三百五十二两零

资料来源:《清宫扬州御档》

乾隆四十二年(1777)八月初三日,乾隆帝颁发上谕:"嗣后各关征收

---

[1] 滕家坝税银,自雍正十二年八月初一日起,连闰至十三年六月二十九日,尽收尽解银五千六百八十九两五钱五分九厘。

[2] 税银计算周期自乾隆三年六月初一日起,至乾隆四年五月三十日。另,滕家坝在乾隆三年六月初一日至乾隆四年五月三十日期间,尽收尽解银二千六百三十四两三钱九分二厘。

盈余,数目较上届短少者,俱著与再上两年复行比较,如能较前无缺,即可核准。"[1]乾隆四十四年(1779)十月初十日,江苏巡抚杨魁奏,乾隆四十三年(1778),扬州关出现短收盈余税银情况,经查核奏明,照数著赔。根据户部要求,"原任常镇道孙梏并接任常镇道袁鉴,各按在任经征月日,逐一比较分赔。计孙梏应赔银二万四千七百余两,袁鉴应赔银一千九百余两"。[2]常镇通道梁群英管理扬关、由闸事务的任期是乾隆五十六年(1791)九月初十日至五十七年八月初九日。关、闸税课以豫东各省麦、豆、米粮为主,也出现银两短少情况:"近因江南一带连获丰收,粮价平减,商贩人等运往别省,是以南下稀少。较之上届盈余之数……短少银九千六百二十两八钱二分五厘。"梁群英也照数赔补。[3]乾隆五十年(1785)十一月至五十一年十月,常州府知府金云槐、常镇道松龄、常镇道通恩先后接管扬州关、由闸税务,结果盈余短少,经江苏巡抚奏请,这三个人均要赔补。[4]

　　总体来看,相较于盐税、田赋,扬州关、由闸所收银两虽较少,但对扬州地区相关机构的日常运行提供了重要财力支持,它们的运转情况是清前期扬州社会经济发展的重要体现。扬州府的关税管理到咸丰年间太平军攻占扬州后受到较大冲击。东南地区社会经济形势的变化,扬州关虽在太平天国战争后予以恢复,但它的经济地位已经受到了较大削弱。

　　康雍乾时期的扬州十分繁盛,盐业经济发达。康乾二帝对清朝的经济文化中心江浙地区十分关注,先后各六次南巡。在两淮盐政和大盐商的推动之下,康熙帝与乾隆帝在南巡途中多次驻跸扬州。在清帝巡幸的直接影响下,扬州的城市建设发展较快。地方官员和众盐商等在水利工程、城市基础设施、社会文化工程等建设方面分工协作,扬州从清初的战乱中恢复发展成为繁华的东南大都会。在清帝的亲自关心下,这一时期的两淮盐业借助优势政策发展迅速,为扬州的繁盛提供了坚强产业支持,也为清宫财政和多

[1]　中国第一历史档案馆、扬州市档案馆编:《清宫扬州御档》第10册,第6805页。

[2]　中国第一历史档案馆、扬州市档案馆编:《清宫扬州御档》第9册,第5880—5881页。

[3]　中国第一历史档案馆、扬州市档案馆编:《清宫扬州御档》第10册,第6805—6806页。

[4]　中国第一历史档案馆、扬州市档案馆编:《清宫扬州御档》第10册,第6509页。

场战争提供了大量资金。因两淮盐业的特殊性和超强经济影响力,两淮盐政在扬州的政务运行中占据主导地位,这体现在与清帝、省级官员的日常政务联系中,也体现在两淮盐政主持扬州各类地方事务的处理。更直接的表现就是,两淮盐政拥有独立的具奏资格,可向清帝汇报扬州各类事务。扬州知府却只能请上级长官代奏。迎接清帝巡幸、营建行宫、编纂印刷《全唐文》等清宫典籍、办理贡物、汇报地方政情民情,这些均由两淮盐政主持操办。在获得较多恩宠的同时,两淮盐政也替清帝管理着两淮盐务庞杂且琐碎的具体事务,并充当皇帝在地方的亲信。包括两淮盐政在内的盐务官也不断承受着巨大的经济诱惑,尽管康雍乾三帝一再叮嘱、派员监督,仍然出现了两淮预提盐引案等盐务弊政。相较于每年一二百万两规模的盐税,扬州的关税收入则体现了当时一般商品的经济发展与特征,并为本地的政务运行提供了重要的财力支持。扬州关及由闸等关税额定收入每年有十多万两,清廷大多委任常镇道等扬州域外的官员进行管理,偶有扬州知府代管的情形。盛世时期的扬州有着丰富的历史内涵,同时也有一些自身难以克服的发展困境。

第四章　晚清时期的扬州

1840 年,英国政府以林则徐"虎门销烟"为借口,决定派出"东方远征军"侵华。6 月,英军舰船陆续抵达广东珠江口外,封锁海口,挑起战端,第一次鸦片战争由此展开。战争以中国的失败告终。1842 年 8 月,中英《南京条约》签订,中国开始向外国侵略者割地、赔款、开放口岸和协定关税。中国的主权受到侵害,传统的自然经济开始崩解,中国由封建社会逐渐沦为半殖民地半封建社会。中国近代史由此开端。

第一节　鸦片战争中的扬州

鸦片战争是英国资产阶级为了维护非法的鸦片贸易而发动的一次侵华战争。1842 年 5 月,为了尽快迫使清政府妥协,英军撤出了宁波,转而向长江下游进犯,发动了所谓的"扬子江战役"。扬州民众奋起抗击英国侵略军,表现出不畏强暴,誓死保卫家园的爱国主义精神。鸦片战争前后,集中于扬州地区以魏源等为代表的封建知识分子,痛感民族危亡,将视野从故纸堆转向虎视鹰瞵的外部世界,发出了"师夷长技以制夷"的时代强音。

一、英军发动"扬子江战役"

19 世纪初,英国成为世界资本主义最强大的国家,并建立了"日不落帝国"。英帝国主义把世界上诸多弱国、小国变为自己的殖民地、附属国之后,又虎视眈眈,把侵略目标瞄准了中国。为了扭转中英贸易逆差,英国侵略者不顾清政府的禁令,勾结中国官吏、私贩,大搞鸦片走私贸易。据统计,1800年输入中国的鸦片只有 2000 箱,1820 年输入 5147 箱,1834 年输入 21785 箱,

1837 年猛增至 3.9 万箱[1]。鸦片的泛滥,给中国社会带来了深重的灾难。清政府为了维护自己的统治,于 1838 年下令各省严禁鸦片,并任命林则徐为钦差大臣,南下广州查禁鸦片。林则徐在当地官民的支持下,收缴了 2 万多箱鸦片,"于虎门监视销毁"[2]。虎门销烟,维护了民族尊严,打击了西方殖民者的嚣张气焰。

中国禁烟的消息传到英国后,英国鸦片贸易集团和工商业资产阶级立即掀起了一片狂热的战争叫嚣。于是 1840 年 6 月,英国殖民者以中国禁烟运动为借口,实则是以开拓广阔的中国市场为根本目的,悍然发动了蓄谋已久的侵略战争。战火从广州开始,沿海向北燃烧。英军先后攻占了厦门、定海、镇海、宁波,掌握了战争的主动权。清政府军事上一再败北,内政问题也日趋严重,道光帝"剿""抚"并用的政策日渐向以"抚"为主倾斜,但尚未最后下定投降决心。1842 年 5 月 7 日,为了尽快迫使清政府妥协,盘踞宁波达半年之久的英军,在向该地绅民勒索了 120 万元之后,全数撤出了宁波,转而向长江下游进犯,发动了所谓的"扬子江战役"。

"扬子江"一般是指扬州仪征、瓜洲一带与镇江附近的长江江面。贯穿南北的京杭大运河在这里与长江交汇,而长江南北两岸的扬州、镇江两大城镇也就成为大运河南北两段之间的锁钥。英军之所以要夺取这片水道,主要有两个方面的野心。

(一)封锁漕运、盐运以及粮食运道,切断清政府生命线

漕粮,为"天庚正供"。当时清政府每年大概从全国 8 省征调漕粮约 400 万石,其中江苏等南方 5 省承担了 2/3 以上,而扬州的瓜洲河口,更是"南五省总汇扼要之区"[3]。漕运可以称得上是北京的"生命水道",其运输线路主要是以扬州为转运中心,通过长江转运大运河,再从大运河转输京师。扬州、仪征等地又是清政府的盐运要地。对扬子江在漕运、盐运上的重要性,

---

[1]《马克思论鸦片贸易》,中国史学会主编:《中国近代史资料丛刊·鸦片战争》(一),神州国光社 1954 年版,第 4—6 页。

[2] 不著撰人:《夷艘入寇记》(上),中国史学会主编:《中国近代史资料丛刊·鸦片战争》(六),第 107 页。

[3] 中国第一历史档案馆编:《鸦片战争档案史料》第 5 册,天津古籍出版社 1992 年版,第 14 页。

清政府当然心知肚明,早在 1841 年 11 月,举人包世臣上书福建水师提督陈阶平,提出:"英夷久据宁波,渔船悉为所用,是大江之路,不可不防。况瓜洲为漕运咽喉,若夷逆于来春以巨舰横截瓜、仪之间,粮艘不能北达,相持数月,都下难免惶遽,此其可忧,较之直犯杭州,波及乍浦、上海,奚翅十倍?"[1]

英国侵略者当然也会关注这一清廷的"生命水道"。英方早就设想,清政府"每年都有大批漕船,装运大量的货物开往京都北京,这些漕船不仅供给帝都居民的食粮,还为帝王的财库缴上贡税,我们打算赶上这个时机,把这批漕船拦击下来"[2]。后来正与其所料想的那样,"就在我们封锁运河后不到几天的时期内,约有七百条漕船为我军扣留下来。这个举动对于中国远近各地所引起的恐慌,要比我方在军事上取得的成功所给予的影响大得多了"[3]。这一剑封喉的战略设想和行动,击中了清政府的命门。两江总督牛鉴哀叹:"臣职兼盐漕,该逆据我咽喉之地,若再因循岁月,使我粮艘不能归次,漕米何以兑开?仪征不能捆盐,游徒何所得食?兼之江苏一带,专待川楚之米源源接济,而道路梗塞,商贩不前,其祸患之深,诚有不堪设想者!臣昼夜焦思,忧心如焚,非徒虑江宁省城之横遭蹂躏也。伏愿皇上饬下耆英、伊里布迅速妥办,及早了结,于国计民生,均关至要。"[4]

(二)控制中国"心脏地带",攫取长江中下游的财富

长三角地区一直是中国经济发展最为活跃的地区,是中国的"心脏地带"。英军舰长利洛毫不避讳地说,"我们只要沿着扬子江攻入中国的心脏地带——江苏、安徽,甚至河南,占领南京,控制吴淞江和最重要的大运河,再占有苏州府的财富,开采那里的铁和煤,并占领乍浦和上海,控制住全国主要的航道,我们就可掌握中国工业的主要部门,例如杭州府的丝绸、景德

[1]〔清〕包世臣:《致陈军门阶平书》,中国史学会主编:《中国近代史资料丛刊·鸦片战争》(四),第 471 页。

[2]〔英〕柏纳德:《复仇神号轮船航行作战记》,中国科学院上海历史研究所筹备委员会编:《鸦片战争末期英军在长江下游的侵略罪行》,上海人民出版社 1958 年版,第 7 页。

[3]〔英〕柏纳德:《复仇神号轮船航行作战记》,中国科学院上海历史研究所筹备委员会编:《鸦片战争末期英军在长江下游的侵略罪行》,第 7 页。

[4] 中国科学院上海历史研究所筹备委员会编:《鸦片战争末期英军在长江下游的侵略罪行》,第 280 页。

镇的瓷器等等"[1]，疯狂掠夺殖民地财富，是侵略者本性决定的。

　　然而，1841年10月在英军占领宁波之后，清政府始终没有摸清英军下一步进攻的方向，只是根据英军首次北犯的情况，认为英军一定会沿着白河向北京方向进攻，于是加紧集中力量在天津至北京沿线布防，而完全忽视了扬子江上游的防御。在入江口的吴淞，只配备2000人马防御，江阴要塞，没有驻扎一兵一卒，所筑炮台也被废弃，在军事设施上只残存一些简单而原始的江防设备。而另一方面英军早已通过传教士提供的秘密谍报知悉了清政府的布防情况，英国海军上校军官奥特隆尼毫无隐讳地写道："清政府竟没有能够发觉我军所已选择的进攻地点——帝国的心脏要害，而茫然以为我军将向京城进击……当我军积极进攻的时候，清朝政府虽想调兵遣将，抵抗我军的进攻，已无能为力了。"[2]

　　英国侵略者执行了"扬子江战役"计划。英军先以舟山为基地，首先选择攻打杭州湾以北、与舟山隔海相望的军事重镇乍浦，目的是消除对舟山的威胁，削弱江苏的军事依托。接着英军开始进攻长江的门户——吴淞口。6月16日上午，在江南提督陈化成和两江总督牛鉴的率领下，吴淞口炮台的将士进行了战争以来最激烈的陆舰炮战，击伤了敌舰数艘，最终因力量悬殊被英舰压制。英军登陆后，牛鉴望风而逃，陈化成战斗直至牺牲。吴淞口失陷后，宝山、上海相继陷落。打开长江的门户之后，英军溯江而上，1842年7月下旬开始进攻镇江。尽管镇江只有副都统海龄率领的驻防旗兵一两千人，军备虚弱，但镇江守军依旧奋力抵抗，打死打伤英军180余人，守军数百人壮烈牺牲，就连英国军官也不得不承认，清军在镇江"作了一次最顽强的抵抗，他们寸土必争，因此每一个城角和炮眼，都是短兵接战而攻陷的"[3]。恩格斯曾对镇江守军的斗争精神给予高度赞扬："驻防旗兵虽然不通兵法，可

　　[1]〔英〕利洛：《英军在华作战末期记事》，中国科学院上海历史研究所筹备委员会编：《鸦片战争末期英军在长江下游的侵略罪行》，第145页。

　　[2]中国科学院上海历史研究所筹备委员会编：《鸦片战争末期英军在长江下游的侵略罪行》，第10页。

　　[3]〔英〕宾汉：《英军在华作战记》，中国史学会主编：《中国近代史资料丛刊·鸦片战争》（五），第305页。

是决不缺乏勇敢和锐气。这些驻防旗兵总共只有一千五百人,但却殊死奋战,直到最后一人……如果这些侵略者到处都遭到同样的抵抗,他们绝对到不了南京。"[1]7月21日,镇江失陷。

英军成功占领了扬子江江面,截断了大运河。8月上旬,英国舰船76艘先后集结于南京仪凤门外草鞋峡江面,摆开阵势,架列大炮,扬言将开炮攻城。此时的道光帝早已专意于"抚",密谕耆英、伊里布"不必虑有掣肘",赶紧向英军求和。8月29日,耆英作为清政府的全权代表,与英军代表璞鼎查在英舰"皋丽"号上签订了丧权辱国的中英《南京条约》,第一次鸦片战争结束。古老的中国遭遇了"数千年未有之变局",开始由独立自主的封建国家走向半殖民地半封建社会。

二、扬州民众的抗英斗争及"老河影惨案"

自从鸦片流入中国,扬州人民深受其害。夏子鐊《再续高邮州志序》中就曾记述:"邮邑昔称贫瘠,近年洋烟流毒中国,计一邑所费,岁约五六十万缗,故贫者愈贫。"[2]当英国侵略者进犯长江、威胁到自己的家乡时,包括一些下层地方官吏和地方士绅在内的扬州民众挺身而出,积极筹备各项御敌措施,表现出了不畏强暴的英勇气概。据当时的候补运判郑士彦禀称:"查明沿江各洲及夹河各乡,现在绅民捐资团练义勇,计九万余名,声势极为联络……团勇之外,复议修补城垣。"[3]仪征邑诸生黄家干还提出了三条御敌之策:第一,利用沿江洲港的地形优势,在沿江设"六花阵"歼灭来犯英军;在洲滩之地,利用芦苇丛密的特点,伏击各路驶入英船;在港湾之处,暗钉水桩,将砍伐的大树拖入水中,不断流而断路,再埋伏火船,顺流逆烧,而以木排载薪断其退路,达到"贼无计幸脱,我固可一兵不伤"的目的。第二,扬州是运河要塞,地理位置尤关紧要,然而现在守兵单弱,民心惶惶,希望清廷

---

[1] 中共中央马克思恩格斯列宁斯大林著作编译局:《马克思恩格斯全集》第12卷,人民出版社2006年版,第189—190页。

[2] 〔清〕金元烺、龚定瀛修,〔清〕夏子鐊纂:《〔光绪〕再续高邮州志》,卢桂平主编:《扬州文库》第1辑第22册,第196页。

[3] 中国科学院上海历史研究所筹备委员会编:《鸦片战争末期英军在长江下游的侵略罪行》,第383页。

尽快将扬州本营的兵力调回,毕竟将士们的根基在这里,保家卫城会更加尽心尽力。第三,由于外地的将士对扬州一带江路深浅情况并不了解,而招募的乡勇中一部分乃是"市井游惰,见贼辄逃",因此建议清廷招募大量当地的水勇,作为与英国舰队作战的主力。[1]江南河道总督麟庆、署太常寺少卿李湘棻奏报:"铜铁大炮,尤为攻守利器。惟铁铜皆非附近所产,不能不赴他省采买。臣等正在筹划,兹有安东县知县张嘉琳,愿捐铁六万斤投效,江苏知县施燕辰,愿捐铁四十万斤,备价觅工,铸六千斤大炮十尊、四千斤大炮十尊。复有游击衔山盱营守备蔡天禄等,均禀请捐资募勇、制造军械前来。"[2]从中可以看出面对外敌入侵时,抗战派官绅慷慨捐资助饷,地方民众积极团练操防,有识之士群策群力,共商抗敌之计,人民抗英情绪极为高涨。

在英军攻打镇江前后,瓜洲、仪征一带的盐民与英军进行了英勇的斗争,侵略者怀恨在心,在仪征制造了"老河影惨案"。

扬州历来是盐策重镇,清政府在扬设两淮都转盐运使司,专理两淮盐业;仪征则设淮南监掣同知,专司掣盐事宜。淮盐在仪征捆掣分包后,入江启运发往引地。道光二年(1822)七月二十日两江总督孙玉庭奏称:"仪征县为捆掣淮盐发运江广总汇。……从前商盐出场过坝,向由屯船运送江都三汊河直达仪邑南门外天池河停泊,过掣改捆子包,再由一氽港出沙漫洲,交江船转送楚西口岸。其天池河之南为拦潮闸……相距里许有洲,因天池河淤塞,屯船由闸河至该洲掣捆,即名为捆盐洲。……此洲之外,又有一大洲,自西至东,绵亘二十余里,西即沙漫洲,中为北薪洲,东为老河颈,又东为福德洲。近年闸河复淤,屯船即由瓜洲大江径达捆盐洲,不再至仪邑内河。于是,江广盐船俱聚泊老河颈,以候淮盐掣捆,揽载上船。屯剥盐艇,往来大江,易于带私透漏,盐利所在,争趋若鹜,外来匪棍,蚁聚蜂屯。江广盐船,多系湖南辰、永两府之人驾运,遂有该处游手好闲之徒,随来依附,号为巴杆老,以及山东、安徽回民自号回侉,争贩私盐,搭棚栖住,各分党类,动辄倚众

[1] 中国科学院上海历史研究所筹备委员会编:《鸦片战争末期英军在长江下游的侵略罪行》,第362—364页。

[2] 中国科学院上海历史研究所筹备委员会编:《鸦片战争末期英军在长江下游的侵略罪行》,第383—384页。

寻衅。"[1]

在这里,两江总督孙玉庭明确说明了仪征老河颈(又称老河影、老虎颈,今仪征十二圩)一带为何会聚集了大批盐民,介绍了其中好勇斗狠的"巴杆老"[2]和所谓的"回侉"(又称回奤)[3]。当地的官吏也说他们"习于战斗,好胜轻生","皆强狠有技能者,炮位、鸟枪、长矛、大刀、鞭锤之器毕具,平日争奋,马头打仗,过于战阵"[4]。

英军入侵扬子江江面后,"诸船并进,一路炮声不绝,瓜洲、仪征所有盐船商舟,焚烧殆尽",此外,英军封锁江面,截断航线,这种强盗行径引起了依赖航运而生存的当地盐民的反抗。盐民在巴杆老熊有成和回奤聂升的带领下,组织起了抗击英军的乡勇队,很短时间,仪征沿江一带参加乡勇队的盐民就达到了1800多人[5]。他们"瞭见英船,即放抬枪"[6]。英军攻占镇江时,仪征和瓜洲一带的盐民,同仇敌忾,协同作战。他们将自用的小船集中起来,船上堆满芦秆、柴草,浇上桐油,趁黑夜划到江上,一起点火让船顺流而下,引燃停泊在镇江焦山一带江面上的英国船队。一时间,江面上数千盐民喊杀阵阵,火光冲天,敌船陷于烈火之中,有的被焚毁,有的仓皇逃走,使英国侵略军受到重创。镇江失陷后,仪征盐民们仍然继续坚持战斗,不断攻击江上英船,使得英国侵略军提心吊胆。其时有一首竹枝词生动地描写了这种情形:"火轮一路到南京,头队先将抵太平。远看盐船江上走,放开火炮怕屯兵。"[7]

通过镇江一役,盐民看清了侵略者的残暴本质,也认识到侵略者先进的

[1] 中国第一历史档案馆、扬州市档案馆编:《清宫扬州御档》第14册,第9790页。

[2] 在瓜、仪一带运盐的湖广盐船俗称巴杆船,故船民被称为巴杆老。

[3] 回侉,更多时候被称为回奤。奤(tǎi),即奤子,旧时南方人对北方人的贬称。

[4] 中国科学院上海历史研究所筹备委员会编:《鸦片战争末期英军在长江下游的侵略罪行》,第365页。

[5] 〔清〕王检心修,〔清〕刘文淇、张安保总纂:《〔道光〕重修仪征县志》卷二三《武备志·事略》,卢桂平主编:《扬州文库》第1辑第18册,第296页。

[6] 道光二十二年六月十三日江苏巡抚程矞采奏,中国科学院上海历史研究所筹备委员会编:《鸦片战争末期英军在长江下游的侵略罪行》,第366页。

[7]《江苏近代反侵略诗歌选》,江苏人民出版社1960年版,第45页。

坚船利炮是他们手中的土枪大刀所不能匹敌的,本能地意识到只有联合清兵一致抗敌,共抵外侮,方有取胜可能,于是他们接受了官府的招抚和收编。江南河道总督麟庆等曾向道光帝汇报,"仪征招抚巴杆老、回奋二百七十余名"[1],"江防扬粮二厅及沿江五十三洲、宜陵仙女庙等大村镇,自行团练,亦皆半用枭徒"[2],由此看出盐民的确在积极参加团练,甚至在招募的乡勇中占了大多数。这对于平日被朝廷视为"盐枭"、被官兵缉拿打压的桀骜不驯的盐民来说,是难能可贵的。在民族矛盾上升为主要矛盾的历史条件下,他们的这一行为,符合中华民族根本利益。

　　然而,就在扬州民众不畏强暴、自发组织抗英行动的同时,扬州的投降派官员和商绅正在酝酿一场阴谋。上述英舰入侵至扬子江江面时,遭到仪征盐民的抵抗,前进受阻,侵略者自然记恨心头。7 月 18 日,英军炮轰老河影一带盐民聚居地,使得该地盐民死伤数千人,这就是扬州近代史上的"老河影惨案"。关于这一事件,侵略者方面的相关记录略而不谈,英将柏纳德的亲供中甚至还歪曲事实,说"在下游那条运河支流的河口,也就是'基尔德斯'号停泊的地方,一天几座民房忽然起火,这就再度引起当地老百姓对我们的疑惧"[3],企图掩盖其血腥罪行。同时在清政府的官方记载中也很少谈及,《清宫扬州御档》中收录了署太常寺少卿李湘棻给道光帝的奏折《奏为查明扬州仪征防堵出力各员请奖事》,其中提及"老河影惨案"是这么描述的,"六月十一日,夷船驶入老河影停泊,适回奋、巴杆老互相仇杀,该夷心生疑惧,连放大炮,火光烛天"[4]。按照这一奏折所言,是因为盐民两大帮派回奋和巴杆老内部互相仇杀,导致英军疑惧,才炮轰盐民的。但这一说法并没有说服力。

　　其实,袁陶愚在《壬寅闻见纪略》中早有对"老河影惨案"的明确记载。

————————

　　[1]　中国科学院上海历史研究所筹备委员会编:《鸦片战争末期英军在长江下游的侵略罪行》,第 383 页。

　　[2]　中国科学院上海历史研究所筹备委员会编:《鸦片战争末期英军在长江下游的侵略罪行》,第 382 页。

　　[3]　中国科学院上海历史研究所筹备委员会编:《鸦片战争末期英军在长江下游的侵略罪行》,第 348 页。

　　[4]　中国第一历史档案馆、扬州市档案馆编:《清宫扬州御档》第 16 册,第 11275 页。

盐商颜崇礼在与英军接洽求和过程中,"方(英军将领)与颜渐益亲。语颜云:'素闻仪征富饶不减省会,今我公使戒兵勿入,仍得安居乐业,可为仪征人贺。'颜曰:'此说诚然。但尔船初入我境,盐枭即乘机骚扰,抢劫纷纷,居民被害,已复不浅。'方问何为盐枭,颜遥指老河影一带云:'此中数百家,聚亡命之徒数千,皆平日贩私,官不能禁者。'方召一白夷入,语移时,不可解。夜将半,忽炮声四起,方携颜出舱,见火焰烘空,数千私枭,几无噍类矣"[1]。根据袁陶愚的这段记载,可以清楚地看出,盐商颜崇礼在和英军将领"方"的谈话中,有意说老河影的盐民们是桀骜不驯的"亡命之徒",暗示盐民同样可能攻击英军,唆使英军炮击老河影。李湘棻为何在奏折中歪曲事实,主要是因为这件事背后牵扯到的是清政府与盐民之间复杂的官民关系,以及扬州城内投降派的绅商与英军私下的肮脏交易。

　　一方面,盐课是清政府重要的经济支柱,其国用收入近一半要依靠盐税的收入。垄断的盐业催生出了私盐行业。贩卖私盐的盐民有"盐枭"之称,他们结伙运销食盐,武装抵抗官兵,"枭徒之首,名大仗头,其副名副仗头。下则有秤手、书手。总名曰当青皮。……大伙常五六百人,小亦二三百为辈,皆强狠有技能",主要活动于两淮地区。其屯聚之处,淮南则以深江孔家涵子为下码头,瓜洲老虎颈为上码头;淮北以新坝龙苴城为下码头,钱家集古寨为上码头,"而以仪征为总汇"。[2]在英军进犯长江的过程中,清政府官员没有将心思和精力放在对敌作战上,反而总是在考虑如何防范沿江的盐民。两江总督牛鉴、河道总督麟庆、江苏巡抚程矞采等大员,与道光帝就如何处置沿江盐民问题的来往奏章、上谕就有 22 件之多。他们声称,"仪征为捆盐处所,枭徒出没,最易藏奸,尤虑乘机窃发"[3],诬蔑"盐枭处处蠢动,放火肆抢"[4]。道光帝的上谕中更是明确要求"严密稽查","力加防范"。

[1] 中国史学会主编:《中国近代史资料丛刊·鸦片战争》(三),第 103 页。

[2] 〔清〕包世臣:《庚辰杂著五》,〔清〕包世臣撰,李星点校:《包世臣全集》卷三,黄山书社 1993 年版,第 69—70 页。

[3] 中国科学院上海历史研究所筹备委员会编:《鸦片战争末期英军在长江下游的侵略罪行》,第 368 页。

[4] 中国科学院上海历史研究所筹备委员会编:《鸦片战争末期英军在长江下游的侵略罪行》,第 369 页。

当然，当沿江盐民自发起来抗击英国侵略军时，也有一些地方官员鉴于盐民们"习于战斗，好胜轻生"，"江路熟悉，不避风涛"，又自带器械枪炮船只，不需要拨付费用，就暂时同意盐民参加团练乡勇，但仍然疑虑重重，放心不下。用这些官员的话说，"以贼防贼"，"暂时羁縻"，是不得已而为之的临时措施。其间，江苏巡抚程矞采还特地从前线调回一批军队进驻仪征，准备随时防堵和弹压正在和侵略军作战的所谓"盐枭"，同时命令沿江文武官员昼夜巡查，"遇有匪徒滋事"，立即"四面兜拿"。一些官员还打算从西北地区调部队到扬州一带驻扎，相机"会剿"，只是因为路途遥远，缓不济急，才没有实行。

另一方面，在袁陶愚这段描述里，有一个关键人物——扬州盐商颜崇礼，可以说正是颜崇礼的告密才直接促成了"老河影惨案"的发生。颜崇礼作为一个商人，为何与英军有所牵扯呢？

原来英军一路沿着长江攻城略地，烧杀抢掠，逼近扬州时，城内文武官员和民众纷纷逃避。在群龙无首、保城无军的情势下，两淮盐运使但明伦和观察周子瑜等朝廷官员与扬州盐商们私下达成一致，决定由盐商集资巨款，贿赂英军，以求换取扬州安宁。朝廷官员为了避嫌，自然不愿意出面，于是就推出了盐商中"有胆略、素喜任事"的颜崇礼，由他去和英军谈判。曾任江苏巡抚的梁章钜在笔记《浪迹丛谈》中记载道："道光二十二年六月初七日，英夷兵船闯入圌山关，将犯扬州，周子瑜观察札委余东场盐大使颜柳桥（崇礼）驰往招抚……（颜）禀商但云湖都转，许即相机办理。颜即于初八日随带羊、酒、鸡、豚等物赴瓜洲……效郑商人弦高故事，头顶说帖，跪献江干，因得上夷船……次日，复带金币等物，以婉词导之。"[1]7月18日（六月十一日）傍晚，颜崇礼再次登上英船，"议定给洋银五十万元……旋即分次送给，而扬城安保无恙，居民亦旋定安辑矣"[2]。也就是在颜崇礼和英军达成献金保城的约定后，当天半夜，就发生了英舰炮轰盐民的事件。

为了恐吓民众，阻止民众的反抗行为，英军在扬州城还贴出这一则告

---

[1] 〔清〕梁章钜：《浪迹丛谈》卷二，福建人民出版社 1983 年版，第 29—30 页。

[2] 〔清〕梁章钜：《浪迹丛谈》卷二，第 30 页。

示:"大英统领水陆军门巴(巴加)、郭(郭富),谕扬州府城绅士商民人等知悉,照得该士民人等禀称,情愿效款求免战等由,据此,本军门等查扬州府城议应纳缴赎银五十万元,倘果如数纳足,本军门等准该城必不进占,该民断不难为,惟恐该处官宪,或有借势重集军士,乘机暗行作事相争,如有此等情端,本军门等则不免进城相治之。兹欲为尔民豫筹常安堵,不为外人所累害,特先明白示知,俾免后误。此谕。1842年8月1日,道光二十二年六月二十五日。"[1]

"老河影惨案"是中外反动势力联合绞杀民众抗英斗争的事件,它暴露了清政府对外妥协投降、对内镇压人民的本性。清政府原本就在对待盐民的问题上剿抚兼施,既仇视忌惮,又想加以笼络,最终选择借英军之手除掉这个心腹之患;盐商们借机打击了他们的死对头——盐枭私贩;英军既镇压了盐民抗英斗争,又为英舰继续前行扫平了道路。就这样,清政府、盐商、英军各怀鬼胎,携起手来,炮制了这起镇压盐民抗英的惨案[2]。

三、战争前后扬州地区的经世改革思潮

纵观有清三百年间,文化风尚曾先后发生过三次转变。第一次是在清初,以顾炎武为代表的大儒,痛空谈亡国,恨书生乏术,于是"黜虚崇质",提倡实学;第二次是在乾嘉之世,以戴震为代表的乾嘉学派,"群趋于考据一途,为纯学术的研究;而声音训诂之学,遂突过前代";到了道咸年间,一批学者继承清初大儒经世致用的思想传统,开启了晚清"倡经世以谋富强,讲掌故以明国是,崇今文以谈变法,究舆地以筹边防"的学风。[3]道咸年间特别是1840年第一次鸦片战争前后,由于外国资本主义侵略不断加深的刺激,一批学者开始睁眼看世界,中国思想文化界出现经世改革思潮,目的是通过谋求富强、谋定国是、讲求变法和筹办边防等手段,来面对和应付所出现的空前民族危机。

---

[1]　中国科学院上海历史研究所筹备委员会编:《鸦片战争末期英军在长江下游的侵略罪行》,第22页。

[2]　王洪刚:《从〈清宫扬州御档〉解读第一次鸦片战争的"老河影惨案"等问题》,《兰台世界》2015年11月下旬期,第75—77页。

[3]　齐思和:《中国史探研》,中华书局1981年版,第314页。

扬州作为历史文化名城,物华天宝,人杰地灵,人才辈出。到了清代更是交通发达,商业繁荣,成为全国著名的财货集散地。商业资本主义经济的滋长,必然在思想文化上有所反映。《清代朴学大师列传》收录了从明末清初的顾炎武到清末民初 370 余名学者,其中祖籍扬州者,竟多达 33 位。扬州籍和侨寓扬州的学者们,在日益加重的民族危机面前,主动因应时事变化,提出了一系列经世致用的改革主张。

阮元(1764—1849),江苏扬州人,占籍仪征,字伯元,号芸台,清中期的经学名家,被称为"领袖一世,实清代经学名臣最后一重镇"[1]。阮元认为,经学自汉以后,渐入空缈虚玄之境,晋、宋、明儒多空言说经,因此他倡导以"实"说经、以"事"说经,恢复先秦原儒经典古义,他说"余之说经,推明古训,实事求是而已,非敢立异也"[2],主张将"求实"与"致用"有机结合起来,他在《论语论仁论》中说:"凡仁必于身所行者验之而始见。"[3]

阮元是所谓入仕型的学者,他 1789 年中进士,曾任浙江、河南、江西巡抚和两广、云贵总督。朝廷重臣、封疆大吏的身份,更让他时时刻刻都关注学术与治道的关系,强调以学术服务于现实政治生活,提出了"稽古资治"之说,其言曰:"稽古之学,必确得古人之义例,执其正,穷其变,而后其说之也不诬。政事之学,必审知利弊之所从生,与后日所终极,而立之法,使其弊不胜利,可持久不变。盖未有不精于稽古而能精于政事者也。"阮元指陈"稽古"与"政事"的统一性,实际上就是强调理论要联系实际,理论对实践的指导作用。

阮元虽主治经学,但对史志之学也十分重视,《己未会试策问》中曾说:"夫经述修治之原,史载治乱之迹,疏于史鉴,虽经学文章,何以致用耶!"[4]明确提出史学为"致用"之学,强调应该发挥其经世的功用。在任两广总督期间,阮元就动员人力物力重修了《广东通志》。就其内容和特色来看,该志最为突

---

[1]　钱穆:《中国近三百年学术史》(下册),商务印书馆 1997 年版,第 528—529 页。

[2]　〔清〕阮元:《揅经室集自序》,《清代诗文集汇编》第 477 册,上海古籍出版社 2010 年版,第 1 页。

[3]　〔清〕阮元:《揅经室一集》卷八《论语论仁论》,《清代诗文集汇编》第 477 册,第 95 页。

[4]　〔清〕阮元:《揅经室二集》卷八《己未会试策问》,《清代诗文集汇编》第 477 册,第 340 页。

出的一点就是对海疆边防和"外蕃"内容进行增写和扩写,具有显著的经世致用意图。《广东通志》新增《海防略》,详细记载了历代广东海事、各要寨关防、攻防战守等,并附图20幅,具有极高的军事实用价值。新志还注重对"外蕃"情况的记载,较之前志新增了17国的记载,涉及一些重要国家的政治、经济、军事、殖民地范围,并且认为西方政体分"教化、治世二类,贸易者,治世类;夷僧则教化类也"。可以认为,《广东通志》反映了鸦片战争前夕中国知识分子对西方的认识水平,也反映出阮元经世致用的治学追求。

阮元求实、致用的治学方法,深刻启迪了清朝后期活动在扬州地区的一批经学家。

刘宝楠(1791—1855),江苏扬州人,籍贯宝应,字楚桢,号念楼,曾任直隶文安、宝坻、固安、元氏、三河知县。经学代表作有《论语正义》24卷。值国家多事之秋,面对列强侵侮,刘宝楠怀有深沉的忧患意识,因此他的《论语正义》具有浓厚的时代特色,其中许多注文带有强烈的现实针对性。

关于社会改革,他持肯定的态度。《微子第十八》"滔滔者天下皆是也,而谁以易之"[1]句,刘宝楠不同于前人把"易"解释为"交换",而是解释为"治",这就肯定了"易"含有变革政治现实的意思。《论语·为政第二》记载了孔子的一段话:"殷因于夏礼,所损益可知也。周因于殷礼,所损益可知也。其或继周者,虽百世可知也。"[2]刘宝楠对这番话颇有发挥。孔子原意是说,朝代改换在礼制上是因大于革。刘宝楠则着重辨析改革的必要性,他说:"所以有变易者,时异势殊,非有变易,则无所救其弊也。"[3]他认为随着历史条件的改变,必不可免导致社会政治的变革。而且他对变革的深度和广度也有自己的看法,"改正朔、易服色、殊徽号、异器械、别衣服,此其所得与民变革者也。变革即是损益"[4]。这里肯定的变革范围是相当宽泛的。

刘宝楠治学博采旁通,务求实用。如他撰写的6卷《宝应图经》,精详考证邗沟水道的变化,总结历代治水教训以利民生,其中不少独到见解后来

[1]《论语·微子》,〔清〕阮元校刻《十三经注疏》,中华书局1980年版,第2529页。
[2]《论语·为政》,〔清〕阮元校刻《十三经注疏》,第2463页。
[3]〔清〕刘宝楠:《论语正义》,河北人民出版社1988年版,第40页。
[4]〔清〕刘宝楠:《论语正义》,第40页。

被其好友刘文淇的《扬州水道记》所承袭。[1]

　　龚自珍（1792—1841），浙江仁和人，字璱人，号定庵，出生于官宦世家。龚自珍12岁时就跟随外祖父段玉裁学习《说文解字》部目，由文字学入手，开始研究经学。在他的治学过程中，曾多次往来扬州，扬州学者中的江藩、阮元、王引之、秦恩复都对他的思想产生过深刻影响，他与刘宝楠、刘文淇等也经常在一起"跌宕文酒，凭古吊今"。

　　龚自珍所处的年代，表面上仍维持着歌舞升平的盛世气象，但金玉其表败絮其中，统治阶级加紧搜刮，官僚机构日益腐化，社会矛盾日趋加剧，龚自珍以敏感的悟性和深邃的目光，洞察到在虚幻盛世背后的衰世真相，并预言乱世随之而来临。他在1813—1817年期间先后发表《明良论》《乙丙之际箸议》《平均篇》等文，明确指出当时社会已是"痿瘵之疾，殆于痈疽，将萎之华，惨于槁木"的"日之将夕、悲风骤至"的"衰世"，必须打破现状，实行改革，并发出了"与其赠来者以劲改革，孰若自改革"[2]的呼吁。针对当时鸦片之害，1838年龚自珍在《送钦差大臣侯官林公序》中提出鸦片就是《汉书·五行志》中所说的食妖，无论常人与兵丁，凡吸食、贩卖、制造者，一律处死[3]，并提醒林则徐提防列强入侵，讲求火器制作，以武力作后盾，得到了林则徐的高度评价。

　　真正将这股经世致用思潮推向高峰的则是改革思想家——魏源。

　　魏源（1794—1857），湖南邵阳人，字默深，晚年自取法名承贯。1845年中进士、曾任扬州兴化知县、高邮知州。魏源15岁补县学生，20岁到岳麓书院就读，早年也曾学习过汉学和宋明理学，后来和龚自珍一样师从刘逢禄学习今文经学，主张"通经致用"。

　　1835年，魏源在扬州城仓巷购下一座园宅，取名"絜园"，奉母以居。此后直至他去世的20多年中，他绝大多数时间都生活在扬州。他的《海国图志》即是在扬州修订完成初稿，其50卷本、60卷本分别于1842年、1847年

　　[1]　张连生：《〈扬州水道记〉与〈宝应图经〉》，《扬州大学学报（人文社会科学版）》2003年第5期。

　　[2]　〔清〕龚自珍：《龚自珍全集》，上海人民出版社1975年版，第6页。

　　[3]　〔清〕龚自珍：《龚自珍全集》，第169页。

在扬州刊刻，100 卷本于 1852 年在高邮刊刻。

《海国图志》写成于 1842 年。该书"创榛辟莽，前驱先路"，以林则徐主持译编的《四洲志》为基础，广泛搜集中外著述资料，按区分国，对世界不少国家和地区的地理概貌和历史政情作叙述和介绍。这本书成为当时中国最完备的了解世界知识的一本书籍，让国人放眼世界，突破传统的华夏中心天下观，树立新的世界观念。特别是书中还提出了"师夷长技以制夷"的主张，明确指出，要想真正抵制外国侵略，必须迅速学习西方制造战舰、火器和养兵练兵之法，开辟了中国近代向西方学习以逐步跻身国际社会的时代新风。

此外，魏源在扬州居住和任职期间，对清廷盐、河、漕三大政都有过深入的研究。在盐政方面，为了给盐政改革提供理论支柱，魏源先后撰写了《淮北票盐记》《淮南盐法轻本敌私议》《筹鹾篇》等时论，把中国古老的变易观与历史进化论加以融汇，为票盐制改革提供理论依据；河工方面，魏源针对黄河之患及其对策写下《筹河篇》上、中、下三篇。他与熟悉扬州水道的扬州学者刘文淇等人"纵言河事"，并且还亲自勘察河流故道，写成《上陆制府论下河水利书》，向两江总督陆建瀛进言河防措施，也曾亲自率领民工在运河岸边筑堤防汛。在漕运方面，他写下了《钱漕更弊议》《上江苏巡抚陆公论海漕书》等，指陈漕运利弊和改进措施，提出以海运代漕运。可以说，魏源在扬州生活的时期，正是他经世思想走向成熟、政论学术大放异彩的时期。

鸦片战争前后，扬州地区集中了包括阮元、刘宝楠、龚自珍、魏源等在内的一批敏于时事的封建知识分子，他们痛感民族危亡，将视野从故纸堆转向虎视鹰瞵的外部世界，他们治学以致用为标准，以经术作政论，发出了"师夷长技以制夷"的时代强音。他们是近代中国第一批睁开眼睛看世界的人，其经世致用思想开启了中国近代思想的先河，并导引早期资产阶级改良思潮的到来。

第二节　太平军在扬州的活动

鸦片战争后，中国人民反帝反封建的革命斗争延绵不绝，继续开展。1851 年 1 月 11 日，洪秀全、冯云山揭橥反帝反封建旗帜，率领拜上帝会众在广西桂平县金田村起义。1853 年 3 月定都天京。其后，太平军曾三进三出扬州城,沉重打击了清政府在扬州的地方统治。太平军在扬州期间,宣传拜上帝教,分男营女营,"有一技皆收录",重视任用知识分子,支持扬州城周围农民的抗租抗粮斗争。太平军与清军在扬州地区的长期鏖战,重挫了扬州传统的漕运、盐运业,扬州日趋衰落。

一、太平军初下扬州城

太平天国定都天京后,保卫天京成为太平军的主要战略目标。镇江、扬州为长江、运河的交汇枢纽,占领镇扬,战略上不仅可以和天京在防卫上形成掎角之势,而且可以东征苏浙,北窥中原。清方也早就认识到这一点。太平军占领武昌后,吏科给事中曹楸坚奏称:"贼匪在武昌过年后,纠集船只,有分三路东下、水路(陆)并进之说。事在紧急,不可不先事预防。镇江为苏州门户,扬州为北路要津,且盐运、漕粮必由此经过"[1],如果这两地失守,大局不堪设想。所以,镇江、扬州的战守攻防成为太平军和清军争夺的焦点。与江南镇江地区相比较,清廷更关注淮扬区域的安危,他们害怕太平军占领该地区后,由此北伐中原,犁扫其老巢北京。在太平军进军南京途中,咸丰帝就谕令漕运总督杨殿邦等:"有人奏保障淮扬,宜扼守三汊河口。……现在贼势东下,江北防堵最关紧要。"[2]当时扬州的防务由杨殿邦统辖。杨殿邦认识到扬州防务的重要性,他说"扬州为南北咽喉,淮、徐门户","瓜、扬为京师门户,设有疏虞,北路震动,关系不浅"[3]。

惊慌失措之余,清方对江北防务也曾采取过一些措施和对策。漕运总督杨殿邦认为要保卫扬州,必须首先着力于"江防",捍卫入扬水陆门户的瓜洲和仪征。鉴于瓜、仪逼近南京,太平军倘若由龙潭渡江而北,距离仪征仅只三四十里,该处江口散漫平川,处处皆可登陆,故其飞派扬州营候补千总夏德宽带领壮勇 300 名,驰赴沙帽洲一带堵御;并令卫千总李长龄至沿江各洲招募团勇,择要派防。另又派勇 400 名,分赴仪征县境之新城镇、茅家

[1]　咸丰三年正月十二日曹楸坚奏,中国第一历史档案馆、扬州市档案馆编:《清宫扬州御档》第17册,第2010页。

[2]　咸丰三年二月初三日《寄谕杨殿邦等》,中国第一历史档案馆编:《清政府镇压太平天国档案史料》第五册,社会科学文献出版社1992年版,第28页。

[3]　咸丰三年二月十四日杨殿邦奏,中国第一历史档案馆编:《清政府镇压太平天国档案史料》第五册,第198页。

桥驻守,以扼入扬水陆门户。但瓜、仪水陆要隘共计20余处,尽管拼命招募一些失业的粮船水手和雇佣一些划船的巴杆老、水摸、捆工等再练团勇,但为数不多,实难济事。杨殿邦唯有一再恳求清帝咸丰赶紧简派钦差大臣向荣、琦善各统带大兵,驰援瓜、扬。

扬州城更是乱成一团。此时扬州城存城兵丁不足千名,居民迁者纷纷。知府张廷瑞六神无主,找出府衙六房卯簿,欲按图索骥,点名让簿册中人充勇,着勇字号衣,习格斗战艺,无奈不是卯簿中有名无人,就是半皆老弱病残,且府"富者骄纵,贫者尪羸,焉能衽席干戈,备尝辛苦?"[1]各官练勇卫署,两淮盐运使刘良驹屯勇于运署大堂之西,知府张廷瑞屯勇于府衙之东,江都知县陆武曾屯勇于古观音寺,甘泉知县梁元棣屯勇于刘猛将军庙。但这些团勇毫无约束,往往借端生事,勒索市廛。各官明知而姑听之。惟盐知事张小虎(名翊国)在古观音寺练勇500人,阵势雄壮,稍有战斗力。

官绅对捍卫扬州城防近乎绝望。无奈之下,故伎重演,再一次操起"犒贼赎城"的"妙计"。1842年(清道光二十二年),英国侵略军发动"扬子江战役",进攻江阴、镇江,两淮盐运使但明伦、观察周子瑜等官员和绅商江寿民、颜崇礼为避免英军进攻扬州,竟然不顾国体,卑躬屈膝,派颜崇礼往见英人,最终纳银50万两。这是扬州官商演出的第一次"犒贼赎城"丑剧。时过11年后,江寿民又一次参与并策划了扬州官绅的"犒贼赎城"行动。不过,这次犒劳的是太平军。犒劳、贿赂太平军,以换取不占领扬州城,或者只是象征性占领(所谓"穿城而过")。

江寿民是这次扬州"赎城"的主角。江寿民(?—1853),扬州人,居左卫街,经营字画生意。其胞弟缢死于盐商家,次日,江寿民买棺急瘗,决不牵累,因而深得扬州盐商推重。盐商们出资浚河修桥、施棺埋尸、遇灾救济等事项,均委托其办理。他与颜崇礼一起,成立保赤、育婴、立贞、暂栖等慈善机构,存活多人,是扬州有名的"大善人"。鸦片战争时介绍颜崇礼代表盐商往见英人,就是江寿民的主意。在太平军即将进攻扬州时,扬州知府张廷瑞等官员议定

---

[1]　佚名:《太平天国史事日志》,《清史研究》1992年第1期。

"犒贼","借保生民",江寿民再一次出头,"毅然独任,阖郡人信之"[1]。

江寿民的"赎城"行为,受到过其"把兄弟"盐知事张小虎的抵制。张小虎以练勇知名,认为"赎城"实属媚贼,犹如反叛,有负皇恩,大逆不道,于1853年3月23日(二月十四)带领勇丁将江寿民捆绑送在扬的漕督杨殿邦处置,但中途被知府张廷瑞等官员截回并释放。自此,江寿民执意投降,扬州城有"杀张就江"之谣,官绅百姓普遍相信江寿民所说太平军只是"绕城一过,决不掳掠"等词,有些本来已经逃出扬州城的又"大半复反矣"。仪征县令都荣森也准备"犒贼赎城",但"义民郑超责之,(县)令捽之出"[2]。

由于"犒贼赎城"意见占了上风,官员们对扬州以及仪征、瓜洲的防卫自然也就虚应故事,疲玩泄沓。年迈的漕运总督杨殿邦带领数百标兵去守卫瓜洲,但一履而返,屯兵扬州五台山,民间遂有"不守瓜洲口,兵列五台山"之谣;[3]张小虎因瓜洲兵单且缺少战力,请求带勇出守瓜洲口,杨殿邦不答应;前两淮盐运使但明伦虽带兵泊舟扬州便益门,但日与姬妾玩纸牌为戏;两淮盐运使刘良驹迁保卫局于高邮,将运库"库帑若干半攘为己有,雇舟运往江西"[4];知府张廷瑞的行径更为可笑,声称在城破前他会散资济贫,示以死节,并与幕丁商议,如果太平军渡瓜河而来,他就穿上公服坐在大堂,请求太平军不要伤害难民,随后他即尽忠自尽;如果太平军从西大路来,他就往城外司徒庙请求太平军将其杀死,不要为难百姓。后皆不果行,全属欺世谎言。整个扬州城"毫无防范,泄沓如故,所有官吏均在船守候,俟有贼踪,即分头鼠窜而已"[5]。

与此相反,太平军却在扎实推进占领扬州的既定战略。城破之前,太平军早就派侦探李仲梅潜入扬州城,刺探军情;后又派湖南人李广,到江寿民家中接洽,宣传天王洪秀全威德,说"扬州百姓如果恭顺,必不加害",给江

[1]　佚名:《太平天国史事日志》,《清史研究》1992年第1期。

[2]　〔清〕倪在田:《扬州御寇录》卷上,太平天国历史博物馆编:《太平天国史料汇编》第15册,凤凰出版社2018年版,第6815页。

[3]　〔清〕倪在田:《扬州御寇录》卷上,太平天国历史博物馆编:《太平天国史料汇编》第15册,第6815页。

[4]　佚名:《太平天国史事日志》,《清史研究》1992年第1期。

[5]　〔清〕周腾虎:《周腾虎日记》,凤凰出版社2019年版,第8页。

寿民吃了定心丸。江寿民一方面印刻"安"字数万张,命在城居民各贴一纸于门头,另一方面,怀揣镇江、扬州赎城费40万两,手牵牛羊各数十头,亲(一说遣其子江煦)往南京"赎城犒师"。太平军顺其意将计就计,接受犒银等物,"给铁凭以安百姓"。1853年3月28日(二月十九日),太平天国地官正丞相李开芳、天官副丞相林凤祥、指挥罗大纲、指挥曾立昌、总制吴如孝从南京乘舟东下,进攻镇、扬。29日,太平军偏师在将领黄德盛率领下至仪征,索漕粮正册,军纪甚严。31日,太平军师船兵分两路,一支罗大纲、吴如孝等率领至镇江金山,虽然金山守将德泰率艇师拦截,竟日炮轰,但终不敌而败逃焦山。京口副都统文艺率官兵在山嘴头等处防堵,太平军复由金山绕道山嘴头地方,将800名防堵兵冲断,文艺落马跌伤,退往丹徒镇。镇江失守[1]。另一支由林凤祥、李开芳、曾立昌率领进趋扬州。

1853年4月1日(二月二十三日)下午,在几乎没有遇到抵抗的情形下,太平军从容地从安江门和徐凝门进入扬州。当日上午,江寿民在金芍园、大观楼摆下多桌酒宴犒劳和软化太平军,希望太平军"穿城而过",保全扬州。因而,扬州传有"江寿民,办酒请红头,一共办了二百桌,办在南门大观楼"的歌谣。当日中午,博篮书场茶肆评话一仍照旧,"士民安堵"。[2]然而,在扬的地方官员留下江寿民"犒劳"太平军,自己却早就逃之夭夭了。漕运总督杨殿邦脱下官服藏于箧笥,装扮成百姓奔逃淮安;前两淮盐运使但明伦"走如皋,署运司刘良驹托巡盐走泰州。知府张廷瑞、同城江都知县陆武曾、甘泉知县梁园棣、城守参将文玉、盐捕营都司宋天麒皆走"[3]。

太平军入城后,"至各衙署,搜库帑,劫狱囚,见号衣者手戮之,呼为妖",重建统治秩序,"令民进贡,驱民拜降,男为男馆,女为女馆"[4],各馆由旅帅、司马、卒长统率。底层民众纷纷加入太平军队伍,"前各衙署练勇除张小虎

---

[1] 咸丰三年三月二十七日阿灵阿等奏,中国第一历史档案馆编:《清政府镇压太平天国档案史料》第六册,第201页。

[2] 佚名:《太平天国史事日志》,《清史研究》1992年第1期。

[3] 〔清〕倪在田:《扬州御寇录》卷上,太平天国历史博物馆编:《太平天国史料汇编》第15册,第6815页。

[4] 〔清〕臧穀:《扬州劫余小志》,曾学文点校:《扬州著述录》,广陵书社2011年版,第159页。

外,皆降。暂栖所内三千余壮丁,四十八铺半役夫,无业游民、伙房乞丐俱从贼当胜(圣)兵"。[1]

太平军初入城,立刻设立指挥部。林凤祥占据运司所,即两淮盐运使司衙门(在今国庆路中段,即原先"运司街");曾立昌据盐政旧署(又称盐漕察院),即巡盐御史在扬州的驻在机关(在今旧城院大街与院东街之间)。太平军并没有如江寿民等人所希望的那样"穿城而过",而是准备长久据守。"贼设计守城,城外拆毁钓(吊)桥,城内用碱石堵砌,城上各垛加高,支以窗榍压以方砖;城下延根紧排木梢,密插竹签,狞狞然犬牙相错,借碍自外而登者之手脚也。城楼猾贼数人凭高眺远,楼之左右各置司鼓者一,司金者一,并列二十五人为守卒,卒之宿也在城,食也在城,无故不容他适,别人弗许攀援,逐次而下,不越百步,安置守卒如前,南北东西周围密布,有事则金鼓宣鸣,无事则支更警觉,借防自远而近者之攻破也。"[2]太平军于城外还设土垒,分兵屯守。"于城外,遍立土垒,以莲性寺为望楼"。太平军在扬州城最有名的望楼是四望亭,倪在田《扬州御寇录》记载:"使立昌守扬州,伪指挥陈世保副之,聚板于堞为跑马楼,架木四望亭伺城外。"太平军攻入扬州不久,东王杨秀清亲至扬州巡视,指导战守事宜,"杨秀清亦在扬州,率众数万,于郡城东南运河停泊。贼船连樯数里,复于郡城四围城濠以外,环筑木城三重……复于木城之外,添筑土墙。……并于各要路深挖陷坑,上浮土草,所有溪河桥梁概行拆去"。[3]此时的扬州城,南面近江,东面濒河,西、北两面太平军营垒环列,清军将领慨叹攻城难以着手。为保持与天京和镇江的联络,扬州的太平军还分兵西驻仪征,并在河口瓜洲围筑木城,安置炮位,排列师船,用铁索横江建立浮桥以通镇江。

1854年5月8日(四月初一),李开芳、林凤祥自扬州率军经仪征西进六合、浦口,准备北伐,留曾立昌镇守扬州。与镇江太平天国地方政权一样,曾立昌等在扬州实施了一系列太平天国的制度与政策,将扬州民众聚集在太

————————

[1]　佚名:《太平天国史事日志》,《清史研究》1992年第1期。

[2]　佚名:《太平天国史事日志》,《清史研究》1992年第1期。

[3]　咸丰三年三月十三日琦善奏,中国第一历史档案馆编:《清政府镇压太平天国档案史料》第五册,第585页。

平天国的旗帜之下。

太平军占领镇江、扬州等地后，与天京互为奥援，进可攻退可守，控制了战略发展的主动权。清帝咸丰为此"寝不安席，食不甘味，忧心啾啾，终日莫释"，急令建立了清江南、江北大营。

1853 年 4 月，一直尾随太平军的钦差大臣向荣"急简精兵至（金陵）城东，连破朝阳门外贼营二十余所，即因其垒建立大营"[1]，号称江南大营。向荣为该大营统帅、内阁学士许乃钊为帮办军务、按察使彭玉雯为总粮台。江南大营初期以经制军队绿营兵为主，勇营辅之，人数 2 万多；后期，随着滥招勇丁以及绿营兵的战斗减员，临时招募的勇丁数量不断飙涨，占了兵额大多数，和春统帅大营时，人数达 6 万。大营战略任务侧重点前后虽略有差异，但总的来说有两点：一规复金陵，二屏蔽江浙。

与此同时，为收复扬州特别是阻遏太平军沿运河北伐，清政府又在扬州城郊建立起江北大营。早在 1852 年底，清政府就从吉林、黑龙江、蒙古土默特等地抽调大约 12000 名八旗、绿营兵，分别由钦差大臣琦善、直隶提督陈金绶率领，兼程南下；1853 年 4 月 11 日，也就是太平军占领扬州十天之后，陈金绶、内阁学士兼礼部侍郎衔胜保统带官兵行抵甘泉县属之甘泉山扎营，三天后钦差大臣琦善领兵自浦口赶到，会商攻剿事宜。[2]他们查看扬城，发现南面近江，东面滨河，且太平军军营环列，难以绕越，惟西、北两面尚通陆路，陈金绶、胜保于是带兵五千在 4 月 16 日移营帽儿墩，琦善带兵四千在同日移营雷塘集，距太平军军营数里。稍后，清廷调集的各镇重兵由清淮大路徐徐而屯扬州城北，琦善、陈金绶分营雷塘集、堡城、司徒庙，胜保略地至五台山，河标右营游击冯景尼带兵两千屯湾头、淮安府知府福楙带领壮勇在湾头之上方寺驻扎，为之援应。江北大营建立起来。

江北大营建立之初，八旗、绿营兵加上各地汇来的勇丁约有 20000 人，至 7 月，兵额已达 24000 余人。大营"萃重臣于一城之下"，有钦差一（琦善）、

[1]〔清〕杜文澜：《江南北大营纪事本末》，太平天国历史博物馆编：《太平天国史料汇编》第 14 册，第 6243 页。

[2] 咸丰三年三月十三日琦善奏，中国第一历史档案馆编：《清政府镇压太平天国档案史料》第五册，第 584—585 页。

侍郎一（雷以诚）、总督二（福济、慧成）、提督一（陈金绶）、内阁学士一（胜保），足见清廷对江北大营的厚望。[1]与建立江南大营的战略意图不同，清廷建立江北大营，主要是为了在长江北岸牵制太平军，提防太平军从扬州、瓜洲、仪征、浦口以及皖北等地，渡过黄河北伐，威胁北京。所以，江北大营的战场集中在江北一带，战场中心则在扬州、瓜洲（之所以重视瓜洲，是担心镇江太平军以瓜洲为跳板，与扬州太平军联手北伐）。江北大营甫立之初，钦差大臣琦善等各路大营将领曾竭力进攻扬州城。1853年4月17日，攻破城西、北太平军营垒；19日，五战五胜，琦善营进扎堡城，陈金绶等扎司徒庙；29日以后，又叠破二十四桥、法海寺及东路五台山一带太平军营垒。5月8日，琦善会同前漕督杨殿邦"督兵四路进攻，尽破附郭土垒，城外全无贼踪。其南路滨近运河，贼船林立，亦经地方官绅焚剿略尽"。[2]

　　初期江北大营的战绩使清廷为之一振，清咸丰帝上谕火急火燎地不断飞向大营，一方面要求琦善等立即攻克扬城，"全歼丑类"；但另一方面又不时提醒琦善等谨防出现不能全歼城内太平军，反而使其弃城他窜、虎兕出柙的不利局面，故一再叮嘱"该大臣等务当督饬将弁兵勇严密堵剿，屡胜之后万勿稍涉大意，致堕奸计"。[3]老成持重、城府甚深的琦善早就窥透咸丰帝既希望又害怕攻城的矛盾心理，对扬州城采取围而少攻甚至围而不攻以困死饿死太平军的保守战略。他声称："现在贼众负隅固守者，尚有三四万人，城池四面地方宽广，虽极力急图克复，而兵力单薄，围攻势有未能，臣等曷胜焦切？……设该逆出城豕突，截拒计将安出？"[4]他不停地向咸丰帝表明心

　　[1] 舒翼：《论江北大营的战斗力》，茅家琦等编著：《太平天国史研究》第二集，南京大学出版社1989年版，第295页。

　　[2] 〔清〕杜文澜：《江南北大营纪事本末》，太平天国历史博物馆编：《太平天国史料汇编》第14册，第6256页。

　　[3] 咸丰三年四月初八日寄谕琦善等，中国第一历史档案馆编：《清政府镇压太平天国档案史料》第六册，第328页。

　　[4] 咸丰三年四月十二日琦善奏，中国第一历史档案馆编：《清政府镇压太平天国档案史料》第六册，第363—364页。

迹,其"统筹全局"及用兵的着眼点是"使该逆不敢再萌北窜之心"[1],给咸丰帝吃定心丸。

对大营统帅琦善的保守战略,骁勇善斗的胜保表示反对。胜保请"急攻扬州",琦善则敷衍说:"我兵承平日久,无杀人之胆。稍迟数日,使我兵日杀奸细,以壮其胆,若胆未壮,使之攻城,万一有失,更破其胆,将若之何?"[2]结果,"诸将袖手不得奋"[3]。对此,胜保愤而上奏,指斥琦善每当攻城吃紧之时,动辄下令撤队,屡失战机。1853年7月5日,驻扎城东之帮办军务雷以诚令张小虎率练勇三百余人并雷营团勇千人攻城之东,"东城隅较单,各勇亦俱由云梯攀援而上,维时贼之守卒暨司金鼓者皆斫到,故城内贼不知勇之入也。勇凭一鼓之气穿下广储城……意欲飞入大东门先擒指挥曾某。……张小虎浑身是胆,正在杀贼立功之际,忽报琦帅命查文旌(经)亟撤云梯阻后之登者",结果,"小虎大惊,麾虎头旗而退"。不仅如此,事后琦善还奏称张小虎"冒昧贪功,大干重咎"[4]。之前,江南大营统帅向荣派川勇三百名来扬助攻,"顷刻间将贼之土城烧尽,意欲登西北岩关,疾擒贼目,救合郡生灵,而琦、陈诸营无一兵向前助力"。扬州官绅对琦善这种"主守不主战也,何容喜事而争衡"[5]的保守战略恨之入骨,说"琦善,罪人也,何足论迹!……而不练士卒,不容义勇,不殪饿贼,不破危城,师老饷縻,天怒人怨,罪不胜诛"[6]。

琦善的围而少攻、坚壁清野的战略收到了一定成效。9月初,城内开始出现粮食短缺,虽然作战的太平军还能勉强领到米,但被编入各男馆女馆的百姓只能领稻,"稻霉且朽,并不足数",只好以野菜充饥。后来,粮食告罄,太平军食狗食猫,"猫尽食鼠,鸦雀亦枪毙无子遗,甚且煮钉鞋底,煨牛皮

---

[1]　咸丰三年四月二十九日琦善奏,中国第一历史档案馆编:《清政府镇压太平天国档案史料》第六册,第581页。

[2]　〔清〕佚名:《哀江南二十首》,〔清〕佚名著,许卫平、吴善中点校:《咸同广陵史稿·外编》,广陵书社2004年版,第89—90页。

[3]　〔清〕倪在田:《扬州御寇录》卷上,太平天国历史博物馆编:《太平天国史料汇编》第15册,第6817页。

[4]　佚名:《太平天国史事日志》,《清史研究》1992年第1期。

[5]　佚名:《太平天国史事日志》,《清史研究》1992年第1期。

[6]　〔清〕佚名著,许卫平、吴善中点校:《咸同广陵史稿》,第5—6页。

箱"[1],再加上"时疫流行,贼多病死"[2],生存遇到空前危机。太平天国东王杨秀清得知该情形后,11月底派夏官副丞相赖汉英前来救援扬州太平军突围。援军"至瓜洲,纠其众攻三汊河军,作屯数十,次第以前"[3],即与瓜洲守军一起,进攻三汊河的都司毛三元军,相持多日。城内太平军乘机出徐凝门钞关夹击,在桂花庄、扬子桥、施家桥一带击败参将冯景尼、师长镳、盐知事张翊国等。嗣后,赖汉英侦知扬州东路的敌军矛盾重重、军事窳败,决定避实击虚,在施家桥、湾头、陈家巷、三里桥、东西石人头和冻青铺等地展开激战,摧毁敌方营盘多座。12月26日,赖汉英等从东路各门进城。当日,在占领扬州城近九个月之后,曾立昌、赖汉英等率诸军及大部分百姓退出。"贼鸣锣谕众云,大队即刻往南京,凡兄弟姊妹,愿去者随行,不愿去者听。""贼复鸣锣谕众云,愿去者自随行,不愿去者如湖南北、江西、芜湖之口音,固遭大兵之杀戮,即扬郡新兄弟姊妹,亦难免大兵之荼毒而奸淫,自示之后,兄弟姊妹愿投金陵,速出徐凝门登巨舟,终不愿去之人,勿以未尝相强而贻后来之怨悔也。至是,从贼者如归市矣。"太平军旌旗节钺、吹笛鸣金,浩浩荡荡地从徐凝门、南关出城,[4]途经瓜洲返回天京。

二、太平军再下扬州城

太平军撤出扬州后,12月29日,琦善"乃命营兵进南城,逾时,城中烟焰蔽天……其实皆大兵之所放也。盖大兵欲掠重赀,而恐伏戎猝至,地雷飞殛,特将伪指挥所住之院署并多子、新盛、左卫街暨辕门桥一带高固新屋,全行烧毁,以觇猾贼埋伏之有无,即以快趁火打劫之心愿"[5]。清兵的焚掠,使扬州城遭到严重毁害。清兵占领扬州后,太平军在江北仅存瓜洲据点,琦善也随之将江北大营向南推移。1851年1月,琦善扎营秦家桥,陈金绶、雷以诚移营桂花庄,逼近瓜洲。其后,又围绕瓜洲不断构筑土围,并沿土围修整营

[1]〔清〕佚名著,许卫平、吴善中点校:《咸同广陵史稿》,第20页。

[2]〔清〕王甲曾:《癸丑郡城纪事(八首)》,扬州老年大学《扬州历代诗词》编委会编,李坦主编:《扬州历代诗词》(四),人民文学出版社1998年版,第46页。

[3]〔清〕倪在田:《扬州御寇录》卷中,太平天国历史博物馆编:《太平天国史料汇编》第15册,第6829页。

[4]〔清〕佚名著,许卫平、吴善中点校:《咸同广陵史稿》,第22页。

[5]〔清〕佚名著,许卫平、吴善中点校:《咸同广陵史稿》,第24页。

盘和炮台,欲以深沟高垒防止太平军逸出江北。清军与太平军在江北对瓜洲展开激烈的争夺战。

1853年5月以后太平军主力致力北伐、西征,使得天京周围的兵力大为削弱,特别是卧榻之下的江南大营对天京而言,是一条愈来愈拉紧的勒脖子绳索。1855年起,由于供应粮食运道的长期不畅,天京开始出现粮食危机,为扭转困境,"解救京围",太平天国决定从西征战场遣将调兵,分路合击,一举摧毁江南、江北大营,以解除清军对天京的围困。

这次"解救京围"是从打通天京和镇江之间的陆上通道,分割江南大营兵力开始的。1856年1月底,太平天国从西线安徽战场抽调万余将士,由顶天燕秦日纲、冬官丞相陈玉成、地官副丞相李秀成等统帅,从栖霞、石埠桥"水陆并进,下援瓜、镇"[1]。李秀成在其《自述》中说:

> 此是初困之救军,进镇江汤头,与张国梁连战十余日,胜负未分。……救镇郡未下,当与各丞相等计议,派丞相陈玉成坐一小舟,冲由水面而下镇江,水面皆是清军炮舟拦把,虽言严密,陈玉成舍死直冲到镇江,当与吴如孝计及抽军由内打出,我带军由外打入。[2]

3月18日,在汤头(今仓头)一带,秦日纲、李秀成和陈玉成、镇江守将吴如孝从东西两面夹击,翌日早晨,打败江苏巡抚吉尔杭阿、张国梁军,踏破敌营16座,当日扯兵下往镇江,屯在金山、金鸡岭、九华山脚,与吉尔杭阿大营相对。吉尔杭阿大营如惊弓之鸟,处处严密防守。秦日纲的援军不仅解了镇江之围,而且打开了天京、镇江的通道。

接着,秦日纲统率太平军果断渡江支援江北的孤立据点——瓜洲,进击江北大营,防止江北大营、江南大营互相勾连夹击天京。

其时,太平军在江北大营内部安插有不少耳目,他们不时向太平天国递送情报。3月1日,副都统德兴阿在镇江拿获一名太平军情报人员,劈开其

---

[1]《向荣奏稿》卷一〇,中国史学会主编:《中国近代史资料丛刊·太平天国》(八),上海人民出版社1957年版,第337页。

[2] 太平天国历史博物馆编:《太平天国文书汇编》,中华书局1979年版,第492页。

马鞍时，发现内藏太平天国谕文一封。江苏巡抚吉尔杭阿随即将该谕文抄送江北大营将领和扬州地方官员。谕文中有这样的话：谕周亚贵、张逢春知悉。据凌国安、黄汉新禀称，扬地情愿拜降者甚多。但扬地已经破过，可以无到，须于圣兵未到之地，另作良图。东王劳心，特示尔兄弟，扬城虽经破过，然为时下所必争，且与瓜洲相通。现委陈玉成驻扎石埠桥，明为接济瓜、镇，实系接那两对兄弟。仰即雇妥便成衣做招衣，若无妥便成衣，须用“出关时，过永安州”口号等因。

这是太平军给周亚贵、张逢春的谕文。周、张表面上是江北大营中的团勇头目，实际上是太平军瓜洲据点安插在大营中的“奸细”[1]。该谕文表明，太平天国东王杨秀清非常看重扬州的战略地位，认为扬州“为时下所必争”，而且，“与瓜洲相通”，可以联通镇江太平军。“扬地情愿拜降者甚多”，扬州民众盼望太平军再下扬州。

4月2日夜间，秦日纲“调其镇江舟只……由金山连夜渡过瓜洲”[2]，当日，在镇江的吉尔杭阿致信江北大营统帅托明阿，提醒“江南贼抢数十号小船，势必窜扰江北”，要求托明阿通报各营，严加堵御。但这天正巧是大营帮办军务雷以诚生日，大营的各级将领“皆赴雷营祝寿，彩筵鼓乐、酒池肉林，洵胜会也”，没有理睬吉尔杭阿的提醒[3]。

4月3日，太平军由瓜洲力攻土桥、小芦庄、胡家汊等处，将各敌营全行冲破。其中，土桥之战，最为激烈。在扬州以南20余公里的瓜洲河西孟庄，存有《陕西汉中陕安二镇阵亡官兵忠义冢记》碑石（现已经移至瓜洲镇润扬森林

[1] 关于周亚贵以及谕文中提及的凌国安、黄汉新，史料少有记载。关于张逢春，《扬州御寇录》卷上说他是江北大营雷以诚部的守备，“狎荡妇，以诚婿夺之不胜，构而杀之。其部叛降贼，尽泄军实”；《咸同广陵史稿》卷下记1856年3月27日，“瓜洲奸细雷营带勇千总张逢春伏诛。初，雷营招勇，奸细逢春投效，未经两月，补勇长，带勇百二十名。乘小获胜仗之日，贿赂雷凤翥（按：雷以诚侄），得六品军功，戴蓝翎。……窝藏瓜洲匪人，通大营消息。……正月十九日，逢春约瓜洲贼攻土城，里应外合。正月二十八日，吉抚台获奸人伪书，密寄托（按：托明阿。1854年8月26日琦善病死，托明阿为江北大营统帅）营，雷以诚知逢春系奸细，并不查拿。至二月二十日，搜出逢春贮火药二包，逢春始伏诛”。周亚贵、凌国安、黄汉新的身份背景应该和张逢春相同。

[2] 太平天国历史博物馆编：《太平天国文书汇编》第493页。

[3]〔清〕佚名著，许卫平、吴善中点校：《咸同广陵史稿》，第59—60页。

公园），记载江北大营副将成明，堵御太平军于土桥，"相持竟日，竟以众寡不敌，大半陷殁。五百人之中，存者仅二百，而诸君之殁于阵者，乃二百九十有五人"，成明得以逃走，"贼退后，因于战场收得诸君骸骨，全坟于扬城孟庄，名曰忠义冢。余哭奠既毕，于诸君共历艰辛事迹略缀数言，谨泐诸石，以志余痛"[1]。

太平军占领土桥后，派出一队直扑朴树湾，另派一队向北扑去。托明阿和副都统德兴阿各自分别堵截两队。次日，太平军由朴树湾、冻青堡、西石人头涉水过河，至徐家集、新集子、薛家楼一带。同时，瓜洲太平军又派出一支由八里堡直扑三汊河，破敌营盘，[2]兵丁望风溃败。托明阿调到六合、浦口兵勇由三汊河退守秦家桥；陈金绶、雷以诚退守沙头；江宁布政使文煜、少詹事翁同书、前两淮盐运使刘良驹召集溃兵一千余名，逃奔六闸[3]。李秀成在《自述》中自豪地说："那时清军大败，红桥以及卜著（朴树）湾、三岔（汊）河清营尽破，大小清营一百二十余座，清营那时闻风而逃。"[4]

在太平军"奸细"张逢春部一百余名勇丁的里应外合下，4月5日，太平军再次袭取扬州。"知府世焜、参将祥林不及备。贼至，门者下键走，环城千堞，荡无一卒。叛勇缚枪为梯入，拔关以纳后者。祥林逸去，贼执世焜于署，诱之降，不从，拘诸三汊河。"[5]

太平军第二次占领扬州是攻破江北、江南大营以解天京之围的一环，不在固守扬州城池。4月17日，在扬州驻留十二天后，太平军主动撤出了扬州。李秀成说，"当即顺破扬州，后将扬州一带粮草运入镇江"[6]，太平军"士兵和挑夫（每个士兵都有三个挑夫）忙着从扬州担大米至瓜洲和镇江"，[7]在军需上有力支援了瓜洲、镇江守军。

---

[1]　朱明松：《扬州碑刻辑考》，广陵书社2020年版，第267页。

[2]　咸丰三年三月初一日托明阿奏，中国第一历史档案馆编：《清政府镇压太平天国档案史料》第十八册，第171—172页。

[3]　咸丰六年三月初四日吉尔杭阿奏，中国第一历史档案馆编：《清政府镇压太平天国档案史料》第十八册，第197—198页。

[4]　太平天国历史博物馆编：《太平天国文书汇编》，第493页。

[5]　〔清〕倪在田：《扬州御寇录》卷上，太平天国历史博物馆编：《太平天国史料汇编》第15册，第6824页。

[6]　太平天国历史博物馆编：《太平天国文书汇编》，第493页。

[7]　北京太平天国历史研究会编：《太平天国史译丛》第二辑，中华书局1983年版，第55页。

三、太平军三下扬州城

1856 年 9 月发生的"天京事变",是太平天国由盛转衰的一个转折点。相应地,太平天国军事上也出现了被动局面。1857 年 12 月 27 日,太平军失守镇江;同日,太平军退出瓜洲,大队人马乘船驶向南岸,与镇江撤退的守军一起,转回天京。从此,江北大营全线收缩,集结浦口。1858 年 4 月 12 日,太平军撤出江浦,天京北岸已无太平天国据点。江南、江北大营再次形成对天京合围之势。

面对危局,天王洪秀全大胆提拔有才略的青年将领,任用陈玉成、李秀成、李世贤为各军主将。1858 年 8 月,陈玉成、李秀成召集各路将领,在安徽枞阳会齐,召开军事大会,决定同心协力,一鼓作气解除清兵对天京的包围。会后,陈玉成于 8 月 23 日率部收复庐州;陈玉成、李秀成大军于 9 月 17 日在滁州东南乌衣、水口一线会师,随即东扑浦口,占据东、西葛地方。李秀成回忆,"那时德帅(德兴阿)在甫(浦)口发动人马由小店而来乌衣,胜功(宫)保(胜保)之马军亦由水口而来,马步押战,大战于乌衣。那边德、胜两军,这边陈(陈玉成)、李(李秀成)两将,两家交兵,自辰至午未,德、胜二人之军败阵,我军乘胜而追,那德军失去三四千众"[1]。德兴阿狼狈逃往浦口。陈玉成、李秀成则顺势追下浦口,于 9 月 26 日攻占浦口。江北大营土崩瓦解。

德兴阿败绩于浦口,遂入扬州之仪征。后由水路陆续逃往泗源沟、瓜洲、沙头、五台山,一路狂奔百数十里。大营诸将富明阿、鞠殿华、张德彪、詹启纶则自陆路走扬州。陈玉成、李秀成决定彻底扫荡江北,追击江北大营的残存势力。李秀成《自述》说,当时"陈玉成去攻六合,我上天长,到扬州,此等处俱无清兵把守,随到随克。独扬州有兵,不战自逃"[2]。其实,太平军进攻扬州城,还是发生战斗的。德兴阿奏,10 月 8 日,扬州"西北山一带火起,迤东而上数十里间,烟焰蔽日……其时,贼大股万余由司徒庙来扑扬州西门,鞠殿华从西北门迎击,富明阿、海全等率带马队分路包抄,詹启纶带勇斜击,奋力合剿,毙贼数百名。淮扬道郭沛霖督率民团、练勇周巡各门,张得龙之勇

[1]　太平天国历史博物馆编:《太平天国文书汇编》,第 500 页。
[2]　太平天国历史博物馆编:《太平天国文书汇编》,第 501 页。

扼守西门,见贼攻城连开大炮,击倒黄衣贼目三名。"是夜,太平军势如潮涌,围攻四城。10月9日上午,攻破南门。[1]太平军第三次攻破扬州,知府黄钦鼎、江都知县崔绳祖、甘泉知县李耀德逃走。

江北军情溃烂,江南大营统帅和春兔死狐悲,特别是害怕陈玉成、李秀成乘机回师渡江,攻击江南大营,于是棋先一着,派悍将张国梁率大军由镇江渡江,支援江北大营残军。10月18日,抵仙女庙,在此造作浮桥。与此同时,江北大营将领成明、富明阿也收集溃兵,重新成军,听命于张国梁。20日,浮桥成。翌日清晨,张国梁军乘浮桥到扬州东关。鉴于兵力悬殊,太平军撤出了扬州。扬州"仅存空城,并无一贼"。[2]

太平军在扬州先后三进三出的史实,充分说明攻占和守卫扬州在太平天国军事战略上的极端重要性。太平天国定都天京后,天京、镇江、扬州三地形成军事上互援互依的铁三角。镇江(包括江北瓜洲)、扬州(包括仪征、六合、浦口)不仅是天京的卫城,拱卫京都,而且,更重要的在于镇江和扬州是通往、连接天京之间的用兵、运粮孔道。所以,镇江、扬州的守弃,关系到太平天国的战略全局和兴衰存亡。太平军第三次撤出扬州城之后,由于扬州的重要战略地位,太平军于1858年至1862年间,仍长期在江北活动,多次进攻扬州城。[3]

四、"过赖文光"——东捻军最后一战

太平天国失败后,太平军余部捻军高举太平天国旗帜,不屈不挠与清军进行周旋和搏斗,扬州仍是他们周旋、搏击的战场。

1868年1月5日,太平天国遵王赖文光率东捻军余部抵达扬州城东北湾头瓦窑铺。后来,当地老百姓把这叫作"过赖文光"。赖文光的这次"抵达"成了太平军的余绪——东捻军在扬州的最后一战。1月10日,赖文光在扬

---

[1] 咸丰八年九月初四日德兴阿奏,中国第一历史档案馆编:《清政府镇压太平天国档案史料》第二十册,第609页。

[2] 〔清〕萧盛远:《粤匪纪略》,太平天国历史博物馆编:《太平天国史料丛编简辑》第一册,中华书局1961年版,第46页。

[3] 〔清〕倪在田:《扬州御寇录》卷中、卷下,太平天国历史博物馆编:《太平天国史料汇编》第15册,第6828—6846页。

州城北老虎山被杀,标志着最后一战的悲壮结束。

赖文光(1827—1868),广西贵县(一作桂平)人,祖籍广东嘉应州。他原是太平天国一位文韬武略兼备的重要将领,后来成为捻军的著名首领。1850年秋,他参加金田团营,随太平军转战广西、湖南、湖北,直至天京。1852年起,职司文务。1856年天京事变之后,军国多故之际,他"弃文就武",奉命出师江西招军,并在第二年秋班师回朝,保卫天京。1858年赖文光"往攻江北,协同成天安陈玉成,佐理战守事宜"[1],在江北取得节节胜利,与捻军等地方势力多有交谊。1860年,参加二破江南、江北大营之役,功封杰天义。1861年随英王陈玉成西征,抵达湖北黄州。安庆失守后退守安徽庐州,旋被封遵王。1862年初,奉命与扶王陈得才、启王梁成富、祐王蓝成春等率军远征西北,广招人马,回来解救天京。他们从庐州渡过淮河,进河南,入陕西,"一路滔滔,攻无不克,战无不胜"[2]。天京沦陷后,赖文光部与捻军进一步融和,按照太平军的兵制重新组织捻军,共图恢复天国大业。为适应北方地阔人稀的特点,赖文光决定"易步为骑",扩大骑兵队伍,在战略战术上多用骑兵奔袭的运动战。

1866年9月,捻军在河南分兵两路:张宗禹、张禹爵率部前往陕西、甘肃,联合回民起义军,以为犄角,是为西捻军;赖文光、任化邦率部继续在中原斗争,是为东捻军。1867年6月,东捻军由山东戴庙突过运河河防,逼近烟台,8月,破胶莱河防线,攻运河河防,不利,困于北有黄河、南有六塘河、西有运河、东有胶莱河的四方形格子网里,被"圈制"在运河以东的苏鲁地区,丧失捻军善于骑兵机动作战的优势。11月,在江苏赣榆受挫;12月,东捻军在山东寿光决战失败,损兵三万。赖文光带领两千骑兵冲过宿迁六塘河沿运河南下,从清河、淮安向宝应、高邮、仙女庙急走扬州。东捻军以剽悍的骑兵队伍为主力,善于北方平原地区驰骋,而扬州城周围水网密布、河流众多,不利于骑兵奔袭作战。渡过运河往西北部平原作战,是东捻军摆脱困局的关键,赖文光本来也正是从仙女庙直驱万福闸,欲从万福闸抢渡运河,返还皖北,再谋划联结西捻军的。无奈此时万福闸桥已被清兵损坏,在奸民的误

[1]《赖文光自述》,太平天国历史博物馆编:《太平天国文书汇编》,第558页。

[2]《赖文光自述》,太平天国历史博物馆编:《太平天国文书汇编》,第558页。

导下,赖文光部沿河北走,先到湾头,渡河不成,再到湾头北二里的瓦窑铺渡河。至瓦窑铺渡河时,遭淮扬水师和淮军吴毓兰勇营袭击,失败被俘。1868年1月10日,赖文光被杀害于城北老虎山,时年41岁。后葬于扬州法华庵。[1]被圈禁期间他写下了慷慨豪壮的《赖文光自述》。

赖文光被俘事件,后来引起淮军内部的激烈争功。[2]其实,对于该事件的经过,晚清著名学者、扬州人倪在田(1842—1916)在其《扬州御寇录》中,早有翔实可靠的描述:

> 有赖文光者,粤之猾贼也,后比于任柱(即捻军首领任化邦),大掠诸省。及捻众尽,文光独以千骑入高良涧,遂历高邮东北氾水诸处,坏所道梁,戒其下无杀掠,将袭扬州,其党不悉从,至邵伯,杀举人许铭勋。至仙女庙,杀把总孔昭熊,推一僧死水中,夺掠四出,人知是贼。扬州守吏闻之,亟闭门,盐运司李元华按城堞,且说毓兰使击贼,立衰缗钱五百以犒之,哨者又言,"贼无火器",乃出,文光已走瓦窑铺。毓兰军欲还,淮扬水师将廖福宾独力进,遇诸湾头,水陆四合,遂大获,斩首数百。文光匿草舍,伙卒就缚之。(原注:此舢板舟中司爨者称伙卒。舟中校卒闻捻贼溃,各出掠,使卒守船炮。久不至,卒亦思掠,登岸遇老妇曰:"有贼匿吾舍吸鸦片,旁无一人。"卒径搏之,出其不意,遂就擒。及审知其为文光也,则大喜过望,亟举而献之,亦无殊赏。提督张元龙、水师总兵陈东友称力战,其实贼徒多迸散,文光固以窜匿而被获者,而力战之机,又出自廖福宾奋桨而前,是以胜也。)盖自金陵底定,又三年而贼之乱扬州者始尽,盖同治六年也。夫粤贼尽嘉应,而文光独死扬州,即谓贼起广西,灭在扬州可也。[3]

根据倪在田的说法,赖文光是由淮扬水师舢板舟中的伙卒擒获的。扬

[1] 祁龙威:《东捻军失败与赖文光被俘事迹调查简记》,《光明日报》1958年2月3日;陈彦:《有关赖文光葬于扬州的传说》,《扬州文史资料》第2辑第154页。

[2] 罗尔纲:《赖文光传》,《太平天国史》第四册,中华书局1991年版,第2192—2193页。

[3] 太平天国历史博物馆编:《太平天国史料汇编》第15册,第6845页。

州人臧毂的《扬州劫余小志》也有类似的说法：

> 六年十二月，忽闻捻警。先是，捻败欲南窜，由六塘河潜进淮以下，无知者。高邮近河堤，以城闭不得入，因至邵埭，自称败兵，入市攫食，盖不食已六日矣。……旋复至仙（女）镇，始大肆掠。日将晡，适万福桥图遁。华字营吴君率勇截其后，捻之前队已及湾头，曳布为桥，蚁而渡。适水师廖君以炮击，乃溃散。赖文光困不能行，席地吸鸦片。被掳妇女唤兵往，华字营掩袭之，执而归。因闭营门，恐地方与之分功焉。是晚微雨，余在东关城上，扬营朱海秋、吕玉堂诸子集精锐二百人，思一战，见廖君拿舟回，得捷耗，遂启钥出北门，将搜获余党。以余短视不习骑，夜昏黑，未便偕往，遂止焉。[1]

臧毂这段记载中提到的"勇"，是清朝咸丰后临时招募的军队，曾国藩、李鸿章的军队都是勇营，吴毓兰带领的华字营就是勇营，而臧毂所说的"兵"是作为国家经制军队的绿营兵——淮扬水师。"兵"和"勇"是两个不同的称谓，当时人是分得非常清楚的。按照臧毂的说法，吴毓兰的华字营只是拦截了在后面的一部分捻军，而先头部队则是被淮扬水师将领廖福宾以炮击而溃散。赖文光也不是在战场被擒，而是沿途逃遁时被一妇女发现，本来这位妇女是唤水师兵卒来捉拿赖文光，但半路却被吴毓兰的华字营掩袭，并把人抢夺走，并关闭营门，以防水兵前来要分功。[2]

赖文光是太平天国后期的杰出将领。他在扬州被俘后，李鸿章的弟弟李昭庆见到他，"词气倔强，与李秀成情状相似"。赖文光在《自述》中写道："古之君子，国败家亡，君辱臣死，大义昭然。……惟死以报邦家，以全臣节焉！"后来资产阶级革命派主办的《民报》上发表《赖文光自述》全文，且说明刊发目的是"俾前贤幽光，得以昭著，而亦使我人知高曾矩矱之永可遵守，固不啻我四万万同胞之大幸也"。

---

[1] 太平天国历史博物馆编：《太平天国史料汇编》第 15 册，第 6897 页。
[2] 罗尔纲：《赖文光传》，《太平天国史》第四册，第 2192—2193 页。

五、太平军在扬州推行的制度措施

(一)民众的组织与生产

在太平军内部,为了适应战争环境,实行“男女别营”,这有利于加强队伍的组织性和机动性,也便于管理与统一行动。这种男女分营的措施,也在其占领的城市居民中实施。1853 年 4 月 1 日,太平军初入扬州城,到处张贴安民告示,并且鸣锣谕众,让居民到太平军官署投降,“降者生,不降者为外小”[1]。“外小”,是太平天国独特用语,一般指那些不拥护太平天国各级政权的人。对于已经“拜降”的人民,在多子街、南门街各地,选择了一些旧官僚、盐商们的大宅豪院,作男馆(局)、女馆(局)。馆、局内“男呼为兄弟,女呼为姊妹。兄弟除授伪官当胜(圣)兵以及各司执事外,凡身无责任暨老年残疾之人,皆设局以栖之。局各有长,派食派衣,初亦未之苦也。姊妹不论贫富,无分贵贱,俱馆之于局。局各二十五人,准携女不准携带十二岁以上之童,亲丁骨肉惟于门外通语言,饮食起居别立一女长为之主”[2]。扬州居民中,男性“役夫、无业游民、伙房、乞丐俱从贼当圣兵”,[3]一般被编入太平军队伍;而老年男人则入男馆、男局,对其“派衣派食”。“男呼为兄弟,女呼为姊妹”,“姊妹不论贫富,无分贵贱”,这在一定程度上践行了太平天国提出的“天下多男人,尽是兄弟之辈;天下多女子,尽是姊妹之群”和“有饭同食,有衣同穿,有钱同使,无处不均匀,无人不饱暖”的宗旨。

各馆、局成员平时参加力所能及的劳动。比如,女馆妇女有的做背柴运米、洗衣服这类日常工作,像扬州画家李匡济的母亲就曾经在林凤祥部下洗过衣服;太平军在通往扬州的大路小道上挖掘陷马坑,坑的周围需要密密麻麻地插上锋利的竹签,馆中妇女就日夜进行着削竹签的活计;太平军在城头或者阵地前要用大量擂石和石弹,这些擂石和石弹也主要依靠妇女日夜敲击出来,以供太平军作战需要。[4]

各馆、局由师帅、旅帅、卒(百)长、两司马等主事者管理。与太平天国占

---

[1] 佚名:《太平天国史事日志》,《清史研究》1992 年第 1 期。

[2] 佚名:《太平天国史事日志》,《清史研究》1992 年第 1 期。

[3] 佚名:《太平天国史事日志》,《清史研究》1992 年第 1 期。

[4] 周邨:《太平军在扬州》,上海人民出版社 1957 年版,第 38—39 页。

领的其他城市一样,这些主事者一般是被历代统治者所蔑视的下层民众。臧穀《扬州劫余小志》卷上:"良民不肯为旅帅、为司马、为百长,市井无赖及蛮横仆妇喜充之。"他们"蓄发包黄绸,扬扬意得"。[1]居民百姓"凡在局中无不为其所制"[2]。

太平军在扬州"诸馆林立,有一技皆收录"[3]。按百姓的技艺特长,将其组织到各种官营手工作坊,即"诸匠营"和"百工衙"中去。有木营、瓦匠营、金匠营、镌刻营、绣锦营等等。扬州刻书业历来发达,太平军罗致大批刻书匠人,在镌刻营或刷书衙刻书、印书。扬州南门街居民朱茟东家曾经做过黑墨,有原料,有工具。太平军来后,就住在他家,拿他家黑墨印太平天国《三字经》。太平军第一次退出扬州后,他家还存有残余的太平天国镌刻的《三字经》。[4]新中国成立之初,扬州名医耿鉴庭参加太平天国史座谈会,会上有人说:"曩闻砖桥法藏寺老和尚云,太平天国时,曾罗致扬州刻书者,因颇受优待,故一时写刻工匠,纷纷偕往南京。"[5]太平军离开扬州时,不少刻书印书匠随迁南京。扬州也有悠久的绘画传统,画坛人才辈出。太平天国绣锦营主要负责管理织锦、刺绣、壁画、彩绘工匠的。扬州一些画师、画工入绣锦营。"有缪雪香者……善作画……曾开画室于大东门东生堂之东",参加了太平军。[6]太平天国信仰上帝教,绣锦营"画师画耶稣像并录赞美耶稣伪咒以呈,伪相大喜,张挂祀之"[7]。扬州旧"盐院署,系伪指挥(曾立昌)所住,金碧辉煌"[8],金碧辉煌的壁画应该是太平天国画师所作。

太平军重视对知识分子的任用。当时有一个叫朱葵生的,太平军看他年纪小,询问他的职业,知道他是一个知识分子之后,说这是一个文士,叫他学习太平天国的文书制度,留他做"先生",经办笔墨文书。还有一个拔贡,

[1] 太平天国历史博物馆编:《太平天国史料汇编》第 15 册,第 6883 页。

[2] 佚名:《太平天国史事日志》,《清史研究》1992 年第 1 期。

[3] 太平天国历史博物馆编:《太平天国史料汇编》第 15 册,第 6887 页。

[4] 周邨:《太平军在扬州》,第 60 页。

[5] 周邨:《太平军在扬州》,第 60 页。

[6] 佚名:《太平天国史事日志》,《清史研究》1992 年第 1 期。

[7] 佚名:《太平天国史事日志》,《清史研究》1992 年第 1 期。

[8] 〔清〕佚名著,许卫平、吴善中点校:《咸同广陵史稿》,第 23 页。

写得一手好字,有很大的名气,太平军知道后就命他写各衙馆的颂联。其中一些人甚至在太平军离开扬州后也自愿追随其后,可见太平军对愿意"拜降"的知识分子是团结的、尊重的。[1]

(二)圣库制度

太平军在扬州实施圣库制度。该制度规定,一切钱粮、财物上交太平天国的圣库、圣仓;全体社会成员的衣食等生活物资由圣库、圣仓供给,按人头平均分配。圣库制度是一种分配上的平均主义和消费上的禁欲主义的混合产物。该制度从拜上帝会众在广西桂平金田村团营时就已开始实行。太平军占领扬州之后,为保障军队的军需供给和满足广大民众的生活需要,很快就设置圣库、圣仓。对一切粮食和钱财实行集中管理,按制度规定定期分配给将士和馆、局民众。圣库、圣仓中的钱米油盐、金银衣物等日需品的来源主要有:一收取"贡献"。太平天国特称百姓输送财物为"贡献"。有城外的乡民来"贡献",太平军"日促四乡民输米谷豕蔬","乡民进贡,诸门不禁其出入"。有一算命先生高殿元,向太平军进贡,他"约戚友,携老稚数十人,或载酒,或负米,或与夫糕脯、菱枣之属,鼓吹而出,径投伪衙,称自槐子桥特来拜献。贼喜甚,给以伪示伪书"。当然,高殿元也怀揣诡计,乘机让原来身陷城中的家人混入进贡队伍一起出城了。[2]还有城内居民进贡,"城内有馈送咸肉寒(咸)菜者,贼赏收而给以重力(礼)"。[3]二"打先锋"。太平天国称剥夺、没收地主富商及封建官府的钱财为"打先锋"。太平军入扬州城当天,"伪相林凤翔当先开狱劫库,并将二十七典十数家之金银、珠玉、锦绣货宝,掳掠一空"。第二、三天,"索四民窖镪……掀天揭地,靡有孑遗"。第四天,"贼封军储盐义仓谷并搬运各铺各家米麦油盐"。稍后,扬州"十城内外,凡金银珠玉、货宝珍盖,贼皆搜括罄尽"。[4]

圣库制度规定个人不得私藏钱财。为了防止百姓藏有私财,太平军在扬州还选出了城内十一二岁的幼童,许以她们穿锦绣、吃果肴的诱惑,再令

[1]　周邨:《太平军在扬州》,第40页。

[2]　〔清〕臧穀:《扬州劫余小志》,曾学文点校:《扬州著述录》,第160页。

[3]　佚名:《太平天国史事日志》,《清史研究》1992年第1期。

[4]　佚名:《太平天国史事日志》,《清史研究》1992年第1期。

她们每天清晨到各女馆细查各女子的囊笥和贴肉钞袋,凡查到有金银珠宝,无不作充公处理。[1]

太平军占领扬州初期,圣库制度在保障军需供应和居民日需品消耗方面发挥了重要作用。但由于清江北大营的建立以及其对扬州城的包围与封锁,圣库圣仓中的钱财物资日见其少且终趋枯竭,1853年底,太平军由于缺衣少粮撤出了扬州。

与太平军通过"打先锋"剥夺地主豪商的钱财而收归圣库相辅相成,太平天国始终支持广大农民的抗租抗粮斗争,这是由太平天国农民政权的性质决定的。太平军占领扬州期间,扬州城四周的农民陆续起来反抗封建剥削和压迫,抗租抗粮此起彼伏。斗争最激烈的主要是在扬州西北乡和东南乡一带。当时扬州城里有一位刘姓地主,拥有扬州西北乡大片土地,他一度下乡,强迫佃户缴租纳税,佃户们奋起反击,杀掉了姓刘的地主;扬州东南乡十三里汪地方,一个曹姓农民和一个法号道正的和尚领导农民进行抗租斗争,而地主与清军相互勾结,对起事百姓进行屠杀,道正和尚和曹姓农民遭到逮捕和杀害,造成十三里汪地方寸草不生,大片土地荒芜,一时连行人也很少涉足该地。[2]声势最大的是"董三妄(黄)子"抗租抗粮事件。臧毂《扬州劫余小志》:"董三妄子,一村农耳。当军务倥偬之际,州县未启征,凡佃人田者,亦思抗租不纳,豚酒莅盟,推董为首。"[3]董三妄子,其名董三黄,东乡小官庄人,曾加入秘密会党。太平军进入扬州后,他于六闸薛家庄古庙中聚众抗租抗粮,议定种二亩租田出一人参加斗争。董三黄率众手执农具与粮袋,直奔张家庄地主张伯之家,当即将其粮食全部扒出,散给当地贫苦农民。后又率领千余之众攻打高汉庄地主蒋德宗家,但遭到官兵镇压。[4]

（三）宣传上帝教

上帝教是太平天国领导人洪秀全、冯云山等人以基督教基本教义教规为

---

[1]　佚名:《太平天国史事日志》,《清史研究》1992年第1期。

[2]　周郝:《太平军在扬州》,第37页。

[3]　〔清〕臧毂:《扬州劫余小志》,曾学文点校:《扬州著述录》,第161页。

[4]　周玉斋等:《董三黄领导农民打土豪的传闻》,江都县政协文史资料委员会:《江都文史资料选编》第一辑,第78—81页。

基础,糅合儒、释、道等中国传统宗教而形成的一种新兴宗教。太平天国以上帝教起家,又以上帝教立国,上帝教是太平天国历史和思想的生命线。积极宣传上帝教,是太平军占领扬州后,在思想文化上的一项基本政策和措施。

太平天国宣传上帝教主要采取三种方式。一,"讲道理"的方式。这里的"道理",是指"天情道理",即上帝教的基本教义。太平军在每个礼拜日进行一次"讲道理",先前一日预作通知,然后在特定地点搭起一个高台子,主讲人反复讲解。太平天国非常重视"讲道理"。太平军初进扬州后,统帅林凤祥百忙之中,亲自"讲说道理"。《扬州御寇录》卷上记载:"讲说道理,蹴居民往听之。贼乃即运司署前叠几案为台,分数十座。俄炮一、黄伞一,导一贼自署出,攀而升,如是数十人,各耸立。既罄矣,林凤翔乃出,高踞于中,手指口说而操粤音,扬之人亦不辨,半日乃止。"[1]至于"讲道理"的内容,臧毂《扬州劫余小志》里描述为:"言天父天兄救人之苦,令若等下凡,好大福气。尽情搬演。"[2]臧毂对"讲道理"内容的描述十分准确,因为现在还可见到的太平天国"讲道理"的范本《天情道理书》,就是讲述天父上帝、天兄耶稣以及他们的人间代言人杨秀清、萧朝贵的"救人之苦",教导人们信仰上帝,遵守天条,忠于天国,忍苦立功。[3]二,"食饭谢上帝",颂唱"赞美诗"。太平天国规定,吃饭前要举行仪式,"感谢天父皇上帝,祝福日日有衣有食,无灾无难,魂得升天"。[4]太平军在扬州也坚持这一仪式,"每食必唱赞美"[5]。这一经常性的仪式,不仅能加强扬州居民对太平天国的认同感,而且,也不间断地在强化上帝教的宣传和灌输。三,散发书籍、文告。太平军占领扬州后"张伪示于四邑"[6];给每位"进贡"者"伪示伪书"[7]。文告、书籍是宣传上帝教的重要载体。如时在扬州的臧毂看到了太平天国书籍《三字经》,他介绍该书:"又著有《三字经》,谓天父

[1]　太平天国历史博物馆编:《太平天国史料汇编》第15册,第6816页。

[2]　太平天国历史博物馆编:《太平天国史料汇编》第15册,第6884页。

[3]　《天情道理书》,太平天国历史博物馆编:《太平天国印书》(下),江苏人民出版社1979年版,第515—544页。

[4]　《天条书》,太平天国历史博物馆编:《太平天国印书》(上),第28页。

[5]　〔清〕臧毂:《扬州劫余小志》,曾学文点校:《扬州著述录》,第159页。

[6]　太平天国历史博物馆编:《太平天国史料汇编》第15册,第6816页。

[7]　〔清〕臧毂:《扬州劫余小志》,曾学文点校:《扬州著述录》,第159—160页。

名耶火华,红眼睛,绿眉毛,六日间造成山水。"[1]太平军在扬州刻印和散发《三字经》等通俗易懂的书籍、文告,是宣传上帝教的有效手段。

为宣传"独一真神惟上帝",树立上帝权威,反对偶像崇拜,太平天国将上帝之外的一切异教神包括中国民间宗教各路杂神统统斥为"魔鬼",寺院、道观、文庙等各种菩萨神灵所在,必毁之而后快。佚名《太平天国史事日志》中记载:扬州"东路五台、北来、禅智、山光等寺,南路文峰、福缘、静慧、宝轮等寺,西大路观音山、平山堂,北路碧天、观天、重宁、龙光、建隆等寺以及行宫东园焚毁,无一瓦全"[2];"各寺院佛像,各庙观神像,被贼扛抬而下,冠以草帽,衣以蟒袍,作诸般亵渎之状。久之,神佛像皆入劫。……更可恨者,江、甘三学大成殿至圣先贤,皆由群贼拆毁"[3]。《扬州劫余小志》里也说:"文庙圣贤像,传自有明,自城陷后,像遭贼毁,诸器荡然,棂星门外,鞠有茂草。"[4]悠久的扬州儒、佛、道文化以及民间宗教文化建筑受到致命破坏。太平军甚至还放火烧毁清代著名藏书楼、《四库》七阁之一的扬州文汇阁。1773 年,乾隆帝下令编修《四库全书》,分经、史、子、集四部。编修完成后,乾隆帝命人手抄了七部《四库全书》,分别藏于全国七地,扬州就是其一。《四库全书》几乎囊括了清代中期以前传世的经典文献。为了宣传上帝教,排斥偶像,排除异端,太平军粗暴地将文汇阁付之一炬。

六、太平天国战争对扬州衰落的影响

太平天国运动是一场推翻封建统治的农民革命。太平军三次进入扬州城,捣毁了扬州封建政府的官僚机构,支持扬州民众的抗租抗粮斗争,体现了农民阶级的斗争传统和反抗精神。1853 年 4 月 1 日太平军初进扬州城时,清军尾随而至,在城北建立起江北大营。从此,扬州城周围及其比邻的江北地区,成为太平天国战争的主战场之一。太平军先后三次攻破扬州城,两次

---

[1]〔清〕臧毂:《扬州劫余小志》,曾学文点校:《扬州著述录》,第 159—160 页。臧毂所记内容基本正确。《三字经》开篇就讲"皇上帝,造天地,造山海,万物备,六日间,尽造成",所以臧毂记"六日间造成山水"。但臧毂对内容有篡改,《三字经》中明确讲"红眼睛"是指皇上帝的对手"阎罗妖",而臧毂诬说为上帝。"绿眉毛"三字则是臧毂随手添加的。

[2] 佚名:《太平天国史事日志》,《清史研究》1992 年第 1 期。

[3] 佚名:《太平天国史事日志》,《清史研究》1992 年第 1 期。

[4] 太平天国历史博物馆编:《太平天国史料汇编》第 15 册,第 6887 页。

攻破江北大营。值得注意的是,太平军在 1858 年 10 月第三次撤出扬州城之后,还有太平军"六攻扬州城,其战争之激烈,牺牲之悲壮,实不亚于三进扬州城"。[1]的确如此。自 1858 年底开始至 1864 年天京陷落,太平军与清军又不时在江北地区鏖战,其间,仍多次进攻扬州城,尽管没有占领城池,但这座城市一直饱受战乱之苦则是无疑的。

首先,战乱阻断了运河河运,扬州水运交通的区域优势逐渐丧失,"南漕运行要区"[2]的地位岌岌可危。扬州地处长江、运河的交汇口,历来是漕运、盐运要地。太平军占领扬州后,由于扬州是南北咽喉,淮、徐门户,清政府害怕太平军从扬州由运河乘船北上进击中原,进攻北京,便人为地宣泄运河河水,降低水位,阻塞运河,"现将清江迤上各闸下板,节其来源;清江迤下各涵洞一律启板,分泄水势。高、宝交界暨扬州城外运河水不盈尺,五台山迤下数里,贼匪重船均经浅搁,大队贼众不至扬帆北窜"[3]。更有甚者,为了使太平军不能有片帆沿河北上,也使太平军不能涉足里下河地区,清政府竟然有决高家堰放洪泽湖水的动议,这一动议吓坏了里下河地区的官绅,兴化县举人解杏芳赶紧联合一些官绅向清廷递上《公呈》,吁请断不可妄行此事。咸丰帝对此谕批:"贼匪未必全行淹尽,而我民先受昏垫之苦,朕心殊深悯恻,此事断不能行。"该事才未果。[4]虽然没有掘开高家堰,但据江北大营统帅琦善奏报,已经将"高、宝诸湖暂令旁泄,使瓜、扬水路断流,则贼船不能上窜"[5]。在太平军进入扬州之前,因黄河水经常性倒灌,运河已趋淤积,太平天国战争中,清政府的"水路断流"战术更加重了运河的淤积断航。太平

———————————

　[1]　朱志泊:《太平军六攻扬州城》,扬州郊区政协文史资料委员会:《扬州郊区文史》第 1 辑,第 142—144 页。

　[2]　〔清〕方濬颐等修,〔清〕晏端书、钱振伦等纂:《〔同治〕续纂扬州府志》卷四《赋役志》,《中国地方志集成·江苏府县志辑》第 42 册,第 688 页。

　[3]　咸丰三年三月十一日杨以增奏,中国第一历史档案馆编:《清政府镇压太平天国档案史料》第五册,第 553—554 页。

　[4]　〔清〕解杏芳等:《兴化县绅士公呈》,〔清〕佚名著,许卫平、吴善中点校:《咸同广陵史稿》,第 75—77 页。

　[5]　咸丰三年三月十三日琦善奏,中国第一历史档案馆编:《清政府镇压太平天国档案史料》第五册,第 588 页。

天国失败后，1868 年，"谕旨江北各邑漕米试行河运"[1]，欲部分恢复运河漕运，但运河节节淤积，处处梗阻，成效不大。后来，漕粮终以海运为主。迨至1900 年，"南北漕粮全数改折，漕运停罢。是后南北运河失其固有之使命，往日繁荣皆成陈迹矣"[2]。漕粮海运，漕粮改折和漕运停罢，虽是不可避免的历史趋势，但是，太平天国在扬州地区的战争，推动和加速了这一趋势。

其次，战争引发两淮盐制的混乱和盐税收入的剧减，两淮盐务走向衰落。太平天国定都天京后，长江中下游成为战火纷飞的战场，淮南盐运基本中断，片引不销，淮南引地便开始借食邻盐，淮盐引地丧失；扬州原本是盐商聚集之地，太平军三进三出扬州，盐商们早就挟资逃跑；盐运失畅，盐商四散，又使得场盐堆积，灶户不得不减少产量，整个盐务疲弱不堪。[3]特别为了筹集和支付军饷，清政府又规定可以"以盐抵饷"，1853 年实行厘金制度后，又开征盐厘。总之，战争使得淮盐的运销、征榷发生根本性变化，盐制紊乱，盐税锐减，"频年片引不行，各场皝素山积，盐一斤仅易一钱，尚苦无从销售，生理日穷，坐以待尽"[4]。描写的就是这一现象。据统计，1858 年的产盐量尚不足嘉道年间产量的三分之一，战后十年间也始终未能恢复到二分之一。此后，产盐重心北徙，扬州盐商的经营几乎到了山穷水尽的地步。曾经在盐业资本利益的驱动下，扬州市内各商业行业、手工业得到了巨大的发展，四方豪商大贾，鳞集麋至，侨寄户居者，络绎不绝。扬州盐务在衰落之后，资本、人口相继外流，昔日繁荣的商业贸易，也随之而衰退，城市生活失去活力，咸丰年间曾经号称"两淮精气""繁华极顶之区"的多子、新盛、左卫街、辕门桥一带，早已被"楚炬一空"。[5]"哀哉

——————————

[1]〔清〕方濬颐等修，〔清〕晏端书、钱振伦等纂：《〔同治〕续纂扬州府志》卷四《赋役志》，《中国地方志集成·江苏府县志辑》第 42 册，第 688 页。

[2]郑肇经：《中国水利史》，商务印书馆 1939 年版，第 233—234 页。

[3]周志初：《咸同时期的两淮盐政》，祁龙威：《太平天国史学导论》，学苑出版社 1989 年版，第310—334 页。

[4]〔清〕盛康辑：《皇朝经世文续编》卷五二，转引自彭泽益编：《中国近代手工业史资料（1840—1949）》第一卷，中华书局 1962 年版，第 603 页。

[5]太平天国历史博物馆编：《太平天国史料汇编》第 15 册，第 6854 页。

骑鹤地,芜没成荒垆"[1],富庶繁华的扬州只能留存于人们的记忆中了。

再次,战乱造成城市建筑破坏、居民财产损失和人口大量减少等严重境况,扬州城元气大伤。如,太平军第一次撤出扬州后,《咸同广陵史稿》的作者由曾庄进城,过象鼻桥,出凤凰桥土城,看见城外"方五七里皆'钦工福地,化为应数之劫灰;佛域诸天,翻入无情之焦土'。惊沙丛莽,塞路漫空;负郭无村,进城无屋;傍山无树,依水无舟;有井皆臂,无人不泣。惨目伤心矣!"城内建筑物损毁比比皆是:"入北门,觇通城,城西自落星街至长汪边,民房拆毁,作演武教场;城北北小街北首,蔡官人巷东首,民房移掇城头;城东南河下一带暨南家楼,左右民房拆至城隅作巢穴。此皆绕城四壁之屋,贼塌之,而贼徙之也。"太平军损坏了城墙四周的民房,而城中央那些聚"两淮精气"的"璇室琳房",又被进城后的清兵放火烧掉了,因为他们一是害怕其中藏有太平军伏兵,[2]一是以逞"趁火打劫之心愿"[3]。扬州再一次成为"芜城"[4]。人口减少方面,由于资料缺失,很难统计出战前、战后扬州府的具体人口数,但人口大量损耗是肯定的。《咸同广陵史稿》的作者说太平军第一次出城后,有乐善好施者"设局六所,掩埋遗尸","尸极多","每遗一尸,束一芦席埋之,六局计用去十三万五千余张芦席";《扬州御寇录》的作者倪在田则说这次太平军撤走后,"遗黎略三五,痛哭无完肤。……死者十七万,生者复为俘"[5]。死者"十三万五千余""十七万",这些数字虽涉夸张,但战争残酷,死者众多,则不应怀疑。1854年初,扬州人吴熙载入扬州城,作《扬州慢》,其中说"道是还家,寻疑重梦,黄埃绕遍归程。……念苍生谁问,空教重做芜城。……想鬼伯吹灯,磷青闪壁,都是冤情。骨肉旧欢安在,无人哭,

---

[1]〔清〕倪在田:《枯生松斋诗存·邗沟篇》,扬州老年大学《扬州历代诗词》编委会编,李坦主编:《扬州历代诗词》(四),第498页。

[2]〔清〕佚名著,许卫平、吴善中点校:《咸同广陵史稿》,第28页。

[3]〔清〕佚名著,许卫平、吴善中点校:《咸同广陵史稿》,第24页。

[4]〔清〕张集馨撰,杜春和、张秀清点校:《道咸宦海见闻录》,中华书局1981年版,第166页。

[5]〔清〕倪在田:《枯生松斋诗存·邗沟篇》,扬州老年大学《扬州历代诗词》编委会编,李坦主编:《扬州历代诗词》(四),第498页。

哭也无声"[1]。战争不仅造成了扬州万户萧疏、鬼伯吹灯的悲惨现实,而且,对幸存者的心理也造成无尽的创伤。[2]

第三节 辛亥扬州光复

辛亥革命是一次反帝反封建的资产阶级民主革命。1911 年 10 月 10 日武昌起义,是辛亥革命的开端,此后,革命浪潮席卷全国。1911 年 11 月 7 日,扬州孙天生起事,释放监狱囚犯、抢劫盐运署,扬州城陷入无政府之状态。11 月 10 日,徐宝山自镇江至扬州城,迅速戡平孙天生起事,并在扬州城内建立军政府,宣布扬州光复。随后数日,徐宝山先后光复扬州附属各地,并推动江苏其他地区光复。

一、风雨飘摇中的扬州城

武昌首义,全国震动。各地纷纷竖起白旗,定黄帝历以示响应。当时的革命形势是,一方面,清政府统治虽已式微,但对地方的统治权尚存,还有不少地方官员静观其变,按兵不动;另一方面,全国各地的革命党人前赴后继,不断冲击着清政府的地方统治。江苏亦复如此。就已经光复地区的情形而言,全国光复方式大致分为三种:和平光复、武装光复以及革命军所至的光复。[3]扬州光复的过程则较为复杂,先有游民孙天生起事,后有徐宝山从镇江带兵过江光复扬州。光复前,扬州群情激动,斗争激烈,内有各路人马基于自身利益轮番出场,外有各方势力垂涎扬州盐税而拱火浇油。多股势力交织错杂,造就了扬州独特的光复景象。

（一）扬州光复前的江苏时局

民族资本主义的发展和影响。近代以来,随着清政府各种丧权辱国的条

---

[1]〔清〕吴熙载:《扬州慢(咸丰三年十二月入扬州郡城作)》,扬州老年大学《扬州历代诗词》编委会编,李坦主编:《扬州历代诗词》(四),第 40 页。

[2]〔美〕梅尔清:《躁动的亡魂:太平天国战争的暴力、失序与死亡》,台湾新北市卫城出版 2020 年版,第 38—42 页。

[3] 周新国、陆和健主编:《辛亥革命前后的江苏社会研究》,甘肃人民出版社 2011 年版,第 2—3 页。

约的签订,民族危机日趋严重。存亡危急之秋,一部分具有远见和实力的士绅开始创办近代企业,寄望于"实业救国"。如1906年,朱畴在高邮创办裕亨康记面粉公司,资本额14万元,日产面粉2000包。[1]他们创办的企业受限于资本和技术,多集中于轻工业如食品、面粉加工业、纺织业和缫丝业。[2]经过一段时间的发展,民族企业逐步发展壮大。据《中国近代面粉工业史》中的资料统计,至1911年,全国近代面粉企业共37家,资本总额642.8万元,而该年江苏则有9家,资本总额为158万元,日产面粉1.57万包,分别占全国总数的24%、25%和32%。[3]民族资本家在清末已经成为一股不容小觑的力量,为地方官员所倚重。"江北巨绅曰许鼎霖,江南巨绅曰张謇,公能笼络此二人,则高枕无忧矣。"[4]这是他人对两江总督张人骏的献言。这从侧面反映出士绅代表张謇与徐鼎霖拥有雄厚的经济实力。

在纯粹的经济领域中打拼已经难以满足士绅群体对于自身价值的追求。正因如此,清末士绅群体开始凭借所积蓄下来的资本,谋求社会上的权位和声望。他们在创办民族企业的同时,通过开办学堂、兴建基础设施和慈善活动等方式,很快实现了这一目标。但他们并不满足于此,想要更进一步,渴望拥有与其经济地位相匹配的政治话语权和政治地位。于是,他们当中的大多数,成为清末立宪运动的中坚力量。

在以张謇为首的立宪派带领下,江苏的立宪运动开展得有声有色。如:成立江苏省谘议局,发起国会请愿运动等。这些活动不仅激发了江苏民众的爱国热情,而且也扩大了其自身的政治参与领域和政治影响力。也正因此,在后来江苏各地的光复中,新式士绅们的代表——各地商会会长都或多或少地扮演起各路角色,影响着地方光复的进程。

---

[1] 1931年,高邮水灾,该公司将主机迁至扬州,并在扬州组股兴建扬州面粉厂兴记(后改"明记")有限公司。该厂旧址现辟为扬州工业博物馆。

[2] 相关企业有很多,其中江苏比较有名的有张謇于1899年在通州创办的大生纱厂、陆润庠于1896年在苏州创办的苏纶纱厂和杨宗濂与杨宗瀚于1895年在无锡创办的无锡业勤纱厂等,不一一列举。

[3] 上海市粮食局等编:《中国近代面粉工业史》,中华书局1987年版,第418—424页;"附录11"《民族资本近代机器面粉工厂一览表》。

[4] 胡思敬:《国闻备乘》,上海书店出版社1997年版,第83页。

清宣统三年四月(1911年5月),皇族内阁成立,原本相对平静的时局再起波澜。立宪派与社会各势力对清政府彻底失望,不少立宪派转而倒向革命,站在了清政府的对立面。立宪派的倒戈壮大了革命势力,清政府的垮台指日可待。可以说,江苏民族资本主义的发展、立宪势力的壮大为江苏光复奠定了深厚的经济基础,培植了新兴的政治力量,对辛亥江苏光复产生了深远的影响。

天灾与民变。清末,灾害频发,饿殍遍地,江苏也是如此。据统计,"清末民初的25年中,江苏共有1215多县受灾,平均每年有49个左右的州县受灾。……从灾次上看,共受水灾21年次,旱灾13年次,风灾6年次,其他5年次"[1]。这些灾害以水灾为主,主要集中于淮扬地区,呈现范围广、持续性强的特点。令人惊奇的是,该时期地震竟然也经常发生。根据《江苏地震历史资料汇编》[2]《江苏省地震年表》[3]《江苏省近两千年洪涝旱潮灾害年表》[4]及《近代中国灾荒纪年》[5],现将辛亥革命前江苏省地方地震情况及同时期其他自然灾害情况列表如下:

表4-1　　1895—1912年江苏省地震与其他自然灾害简表

时　间		地震区域	同期其他自然灾害及地区简述
光绪二十一年	正月二十二日(1895.2.16)	嘉定、宝山、上海、青浦	江苏六十三厅州县及淮安等卫灾歉
	九月二十一日(1895.11.7)	吴江(黎里、盛泽)、青浦、金山枫泾	
光绪二十二年	三月二十二日(1896.5.4)	青浦、金山枫泾	江苏北部春旱。夏秋间,全省多遭淹涝,并有被风之处。

[1] 周新国、陆和健主编:《辛亥革命前后的江苏社会研究》,第15页。

[2] 江苏省地震局、江苏省地震史料工作小组:《江苏地震历史资料汇编》,南京七里印刷厂,1980年,第239—250页。

[3]《江苏地震年表》附录于《江苏省近两千年洪涝旱潮灾害年表》末。

[4] 江苏省革命委员会水利局编:《江苏省近两千年洪涝旱潮灾害年表》,内部资料,1976年,第304—308页。

[5] 李文海等:《近代中国灾荒纪年》,湖南教育出版社1990年版,第592—795页。

续表 4-1

时　　间		地震区域	同期其他自然灾害及地区简述
光绪二十三年	十二月二十五日（1897.1.17）	金山枫泾	江苏北部部分地区夏秋间阴雨连绵。徐州洪水，宿迁饥荒；沛县、铜山、泗阳雨涝；高淳、常熟、昭文干旱。
光绪二十四年	六月二十六日（1898.8.13）	上海	江苏徐州、海州等地夏秋复遭水灾，饥民遍野，饿殍载道。
光绪二十五年	四月初一日（1899.5.10）	常州大兴桥	江苏六十六厅州县及部分卫、场被旱、被水、被风、被潮
	九月二十六日（1899.10.30）	苏州、松江	
	十一月二十八日（1899.12.30）	青浦、金山枫泾	
光绪二十六年	十月十五日（1900.12.6）	海州板浦等地	江苏长洲、元和等六十二厅州县灾歉
光绪二十七年	三月二十八日（1901.5.16）	长洲	江苏沿江沿海地区大雨，风潮成灾。句容、高淳、青浦、丹阳、金坛、常熟、昭文、六合雨涝；淮安、扬州、泰州等地亦被风被潮。
光绪二十八年	十二月初八日（1903.1.6）	上海	宿迁雨涝；兴化干旱；江苏南部疫病流行。泰州、海州被风、被潮。
光绪二十九年	全年（1903）	无	宝应、丹阳雨涝；江苏江宁府等六府旱灾、水灾。
光绪三十年	全年（1904）	无	江宁、苏州等地有水旱灾情况；阜宁、宝应、川沙雨涝；阜宁、宝应干旱。
光绪三十一年	三月二十四日（1905.4.28）	上海	江苏沿海地区风潮成灾；上元、淮安旱水为灾；川沙、青浦卤潮。
光绪三十二年	全年（1906）	无	江苏特大水灾，尤以苏北为重。宿迁、沛县、铜山、泗阳、兴化、盐城雨涝；宝应、丹阳、金坛洪水。
光绪三十三年	三月十九日（1907.5.1）	上海、南汇	江苏夏旱秋涝，淮北（徐、海）、沛县干旱，上元等三十州县部分村庄被旱被水。
	五月十六日（1907.6.26）	金山张堰	
	十月（1907.11.6—12.4）	如皋	

续表 4-1

时　间		地震区域	同期其他自然灾害及地区简述
光绪三十四年	十月（1908.10.25—11.23）	高邮	上元、江宁等四十一厅州县及淮安等四卫受灾
宣统元年	九月（1909.10.14—11.12）	仪征	江苏长江以北地区春旱夏涝，苏南各地亦遭水患（盐城、宝应洪水；沛县、兴化、金坛、青浦雨涝；宿迁、兴化干旱）。
	十一月十八日（1909.12.30）	上海	
	十一月二十七日（1910.1.8）	江苏（几乎全境皆受影响）	江苏自春至秋，始则雨雪交加，继则连降大雨，江湖暴涨。宿迁、盐城、宝应、金坛洪水；丹阳干旱；兴化、铜山雨涝；苏北尤为严重。
	十二月十八日（1910.1.28）	金坛	
宣统二年	二月（1910.3.11—4.9）	高邮	
	三月二十八日（1910.5.7）	如皋、丹徒、无锡、吴县、上海	
	秋（具体时间不详）	金坛	
宣统三年	正月二十五日（1911.2.23）	淮安	江苏暴雨成灾。徐州、兴化、高淳、金坛洪水；青浦、江阴雨涝；通州卤潮。
	四月二十七日（1911.5.25）	如皋	
	五月初九日（1911.6.5）	兴化、嘉定、上海、青浦	
	五月十九日（1911.6.15）	上海	
	十二月（1912.1.19—2.17）	赣榆	

从上表可发现，辛亥革命前，洪水、雨涝及干旱等自然灾害与地震在地理区域上交替重叠，波及地区相当广泛。即使在空间上有所差别，但在时间上呈现出连续性和高频次的特点。频发的地震无疑会加深和扩大水旱灾害的影响程度及范围。深受天人感应、因果报应迷信思想浸润的民众，面对如此多的地震，难免会浮想联翩，人心惶惶。

伴随自然灾害而来的是民众的背井离乡，流民游民增多。自然灾害又引发物价的飞涨。更有甚者，官府、奸商联合抬高物价，牟取暴利，致使民变迭起。"光绪季年,大府徇米商请弛海禁,米骤贵,贫民乏食,而囤积者因以居奇。镇人愤奸商,致有抢米之举";[1]"五月念五六日,本城各米店被抢,各情已纪昨报";[2]"乃十九、二十一等日,宝应县及氾水镇有匪徒因米贵,借口抢夺多家……二十五六等日,扬州城又出抢米之案";"二十九日,又据江都县属之仙女镇商民电禀,南岸米行被抢,当电饬府县查办";[3]这类记载不绝于书。抢米饥民游荡于各地,还怂恿和配合当地民众捣毁学堂、抗交田价,抢劫米店,更有"将抢获米粮半价贱卖,希图勾结饥民滋事"。[4]

清末自然灾害频发,一方面使得大量民众的生活难以为继,成为无土地附着无宗族控制的流民游民;另一方面也激化了社会矛盾,加速了清政府的灭亡。

江苏各地区光复活动。武昌起义后,革命浪潮席卷全国,各地纷纷以不同的方式实现了光复。江苏各属的光复亦是如此。松江府光复开启江苏光复之先河,其后,江苏各地区先后光复。然而,光复并非一蹴而就,其中多有曲折。扬州光复前的江苏各地光复及事变情况如下:

表4-2　　扬州光复前江苏各地光复及事变简表[5]

地　点	概　况	时　间
松江府	同盟会和光复会起义,已光复。	1911 年 11 月 4 日
淮安府	十三协清江兵变,但由于缺乏统一领导,致使地方陷入混乱,产生极为恶劣的影响。	1911 年 11 月 4 日
苏州府	程德全已宣布光复	1911 年 11 月 5 日
常州府(今无锡地区)	革命党人秦毓鎏密谋革命,武装光复。	1911 年 11 月 6 日

[1] 钱祥保等修,桂邦杰纂:《〔民国〕甘泉县续志》卷二五《人物传·张元祺》,卢桂平主编:《扬州文库》第 1 辑第 16 册,第 327 页。

[2]《纪扬郡乱民抢米后情形(扬州)》,《申报》光绪三十二年六月初二日(1906 年 7 月 22 日),第 3 版。

[3] 中国第一历史档案馆、北京师范大学历史系编选:《辛亥革命前十年间民变档案史料》上册,中华书局 1985 年版,第 270 页。

[4] 中国第一历史档案馆、北京师范大学历史系编选:《辛亥革命前十年间民变档案史料》上册,第 274 页。

[5] 暂且选定 1911 年 11 月 8 日孙天生等部众于甘泉县署开大会发布布告为时间下限。

续表 4-2

地　点	概　况	时　间
镇江府	林述庆、李竟成集结军队准备进城	1911 年 11 月 7 日
江宁府	苏良斌兵变未成	1911 年 11 月 7 日
太仓州	知州赵谨琪城门挂白旗,知县胡位周"奉宪独立"。	1911 年 11 月 6 日

清末江苏共辖 8 府 3 州 1 厅。扬州光复前夕,已有苏州府、松江府和常州府(今分属常州和无锡)通过和平光复或武装光复两种方式实现地区光复,而淮安府、镇江府、江宁府和太仓州正在进行以武装光复为主要手段的组织活动,其余府州也或多或少地出现各种光复迹象。如通州"适外部推动的力量,乘时而至,上海光复军特派许宏恩来通和地方人士接洽,策划光复南通大计"[1]。上海的革命势力已与南通地方联系,共谋南通光复。

江苏各属革命党人均在致力于光复,革命形势高涨。而清政府地方官员对于各地的革命活动,不是谈虎色变,就是束手无策。有的地区甚至出现权力真空,社会秩序失控。如淮安府和江宁府,已发生兵变或产生洗劫的地方行为。而扬州府,北部十三协清江的"兵变",也造成民情惶恐。吴佩江《扬州光复事略》记载,"城内人民误以为清江十三协溃兵南下扰乱,因之人心极端恐慌,秩序稍形紊乱"[2];高邮地方志记载,"九月,十三协兵变于清河,传言将南下,高邮戒严"[3];兴化地方"谣言四起,云北有大帮匪至,西有匪船探望,城中摇摇欲坠"[4]。为谋求地方自保,各地方多自行保卫或由商会出面组织青壮年民众组成自卫团等进行巡逻放哨,但成效不彰。扬州民众盼望一个新的政权来力挽狂澜,稳定社会,保扬州一方的平安。

（二）扬州的落日余晖

扬州自古人文荟萃,是文化昌盛之地,墨客骚人汇聚于此,多留传世佳

---

[1]　费范九:《南通光复记》,扬州师范学院历史系编:《辛亥革命江苏地区史料》,江苏人民出版社 1961 年版,第 218 页。

[2]　吴佩江:《扬州光复事略》,扬州师范学院历史系编:《辛亥革命江苏地区史料》,第 296 页。

[3]　胡为和、卢鸿钧修,高树敏纂:《〔民国〕三续高邮州志》卷八《县附录一》,卢桂平主编:《扬州文库》第 1 辑第 23 册,第 334 页。

[4]　任洽丞:《兴化县光复记略》,扬州师范学院历史系编:《辛亥革命江苏地区史料》,第 328 页。

篇。文化的繁荣离不开经济的助力,而扬州经济的发展,又得益于其优越的地理位置。《〔嘉庆〕重修扬州府志》有载,"东南三大政,曰漕,曰盐,曰河。广陵本盐策要区,北距河、淮,乃转输之咽吭,实兼三者之难,其视江南北他郡,尤雄剧",而扬州"盐策之利,邦赋攸赖"。[1]扬州因为其特殊的地理位置成为长江流域极为重要的贸易中转站。正因如此,扬州的经济与文化得到了极大的发展。同时,扬州优越地理位置也在一定程度上促进了其交通运输业的发展。扬州在清末设立"小轮船弹压局掌江、甘两县与各地往来小轮交涉事务"[2],同期也出现多条途经扬州或者以扬州为目的地的航运路线。随之而来的是新兴的通讯产业的发展。扬州于1882年借助盛宣怀扩充搭建上海至镇江、扬州、南通等地电报线路的机会,在南河下开设电报局"掌往来官商电报事务"[3],并且还于1898年创办扬州邮政分局。

　　然而,长期垄断性质的盐业和漕运难以为扬州持续发展提供动能,特别是在其外在环境发生变化的情况下。究其原因,大体有,其一,清政府放弃食盐专卖制度,致使扬州的最主要消费团体盐商的解体;其二,海运和铁路运输的兴起与漕运的逐渐瓦解,致使扬州传统交通优势不断丧失;其三,太平天国运动造成扬州城市秩序的破坏和城市功能的瘫痪;其四,西方教会文化对传统文化的冲击,进一步造成扬州人民对于西方文化的抗拒与抵触。[4]正是诸种因素的作用下,扬州一步步地由盛转衰,再也难现昔日辉煌。以典当行为例,据载,"清雍正时期有典当行72家,光绪时有典当行23家,民国初有15家"[5]。如果以典当行的数量来衡量清末扬州地方的经济状况,则可

---

　　〔1〕〔清〕阿克当阿监修,〔清〕姚文田等纂:《〔嘉庆〕重修扬州府志》,卢桂平主编:《扬州文库》第1辑第6册,第5、2页。

　　〔2〕钱祥保修,桂邦杰等纂:《〔民国〕江都县续志》卷二上《建置考第二上》,《中国地方志集成·江苏府县志辑》第67册,第349页。

　　〔3〕钱祥保修,桂邦杰等纂:《〔民国〕江都县续志》卷二上《建置考第二上》,《中国地方志集成·江苏府县志辑》第67册,第349页。

　　〔4〕叶美兰:《柔橹轻篙——扬州早期城市现代化之路》,北京燕山出版社2004年版,第37—55页。

　　〔5〕许明:《扬州的典当业》,江苏省扬州市委员会文史资料委员会:《扬州文史资料》第10辑,扬州市政协文史资料委员会,1991年,第183页。

以看出扬州地方经济实际上是逐步衰退的。

扬州经济、文化地位江河日下,逐渐失去往昔之地位。必须指出,扬州近代工业基础十分薄弱,资本主义发展很不充分,造成资产阶级势力弱小,地位虚悬,故而未能得到革命党人的关注与垂青,这也决定了扬州倘若想要自发地实现光复、建立起代表资产阶级利益的军政府,是困难的,也是不现实的。即使形式上的光复,也需要借助外界的刺激和外力的推动。

综上所述,虽然扬州城内无法自发地实现光复,但于扬州城内的各方势力却早已蠢蠢欲动,各方势力争相登场,与扬州府同城而治的江都及甘泉二县便首当其冲,陷于革命的漩涡之中。

(三)光复前夕扬州众生相

虽扬州尚未光复,但受江苏时局影响,大有山雨欲来风满楼之势,而其中的各方势力也是各怀心思,粉墨登场。

其一是晚清政府的地方官僚势力。此时扬州城内地方政府主要官员分别是两淮盐运使署运使增厚和扬州府知府嵩峋,都是满人。此时江苏各地光复与哗变的消息纷纷传入扬州城内,更有传言说革命党人专杀旗人。于是运使增厚便"在衙门内,架起大炮,为自卫之计"[1]。然而这一举动直接加剧了民众的恐慌,并致使有传言"(扬州)一经有变,先杀尽汉人"[2]。后经扬州名绅方尔咸和扬州商会会长周树年极力劝说,增厚方才将大炮撤去,并随后在方和周二人的劝说下,弃城而走。而扬州府知府嵩峋有地方之责,但知大势已去,只说道:"我只希望革命党人不伤害百姓,如果还需要我问事,我愿意继续维持下去,如果用不着我,我就走。"[3]等到孙天生起事时,"地方闻警,人心震动,军警机关均避不闻问,似成无政府状态"[4],可见此时政府对于扬州的控制力已薄弱到名存实亡的地步。运使增厚害怕到需要在府衙内架起

---

[1] 张羽屏:《孙天生起事见闻录》,扬州师范学院历史系编:《辛亥革命江苏地区史料》,第302页。

[2]《革命声中之扬州》,《民立报》1911年11月5日,第4版。该文所载版面号印错,原文为1911年11月4日,实际应当为1911年11月5日。

[3] 张羽屏:《孙天生起事见闻录》,扬州师范学院历史系编:《辛亥革命江苏地区史料》,第302页。

[4] 吴佩江:《扬州光复事略》,扬州师范学院历史系编:《辛亥革命江苏地区史料》,第295页。

大炮来自保,并在光复前选择弃城逃跑;而扬州知府嵩峋已知抵抗无望,早丧失了抵抗革命军的斗志。嵩峋听闻孙天生起事后,弃官印于瘦西湖,躲入天宁寺内。光复已是大势所趋,并非需要多么激烈的斗争,仅是时间问题了。

其二是扬州商会会长周树年[1]、地方士绅方尔咸[2]等为代表的商会、士绅势力。随着民族资本主义的崛起,资产阶级的社会地位也随之抬升,"(1908年)各县奉令组建商会,先生(周谷人)被推选为扬州第一任商会会长"[3]。代表商会势力的会长周树年在地方上具有一定的威望和话语权,与士绅阶层一起,在光复中起到举足轻重的作用。民国扬州作家李伯通评论说,扬州光复以方尔咸、周树年、蒋彭龄"主张最力"。[4]扬州光复之前,为避免战事的波及和匪徒的侵扰,方尔咸、周树年等人做了充足的准备。首先,他们组织自卫团,"以全城每家一人或二人,各备红字灯笼,分区编队。担任夜晚巡逻,以保安全。计编成二十四个队,约有一万五六千人"[5]。后在孙天生起事释放监狱囚犯,囚犯四散的过程中,在一定程度上自卫团起了维护社会稳定的作用。其次,周树年以及方尔咸等人竭力劝说增厚和嵩峋逃离扬州城。嵩峋因肩负地方之责而拒绝,却表示如果光复,自己也不会反抗。但增厚因为革命党人专杀旗人的言论而心生畏惧,则"即于当日午后携眷并印信,微服越墙出走"[6]。可见商会和士绅群体的确在扬州光复前夕积极奔走,上下转圜,迎接光复。其后,方尔咸和周树年等人向已光复的镇江方面的革命党人寻求帮助,希望镇江方面能够派人来帮助实现扬州的"和平光复",

---

[1] 周树年(1867—1952),字谷人,号无悔,江苏扬州人。周树年先后担任首任江都县教育会长和首任扬州商会会长,民国后担任江苏省典业公会会长及大源制盐公司董事长,在地方上具有较高的威望,留有《无悔诗词合存》。

[2] 方尔咸(1873—1927),字泽山,江苏扬州人。方尔咸曾为张之洞幕僚,与梁启超并称"南方北梁"。民国后致力于兴办近代化学校,投资银行与报刊业。

[3] 周岳年:《周谷人先生传略》,江苏省扬州市委员会文史资料委员会:《扬州文史资料》第10辑,扬州市政协文史资料委员会,1991年,第27页。

[4] 李伯通:《丛菊泪》(上)第七回,江苏广陵古籍刻印社1998年版,第38页。

[5] 吴佩江:《扬州光复事略》,扬州师范学院历史系编:《辛亥革命江苏地区史料》,第294页。

[6] 吴佩江:《扬州光复事略》,扬州师范学院历史系编:《辛亥革命江苏地区史料》,第294页。

于是才有戴友士和阮茂伯[1]"带着商会会长周谷人的信,在九月十七日黎明过江找镇军都督林述庆"[2]。最后,在九月十七日当天,周树年与方尔咸提前发电报,"扬州十七日克复,知府仍旧,地方安靖"[3]。此时的扬州虽未真正光复,但周树年早已经通过其表弟镇江商会会长于鼎源和林述庆搭上线,所以才如此确信扬州的和平光复已成定局。[4]当然,周树年和方尔咸等一再声称他们之所以这么做,其目的是为了保护扬州一方百姓免遭涂炭,其实并不完全如此。实质上这是他们为维护固有社会秩序,保护其个人和阶层利益不受损害而采取的自觉行动。他们害怕人民群众自下而上的武装斗争,更钟情于影响较小的和平光复模式。这种为维持固有秩序、保护自身利益而选择和平光复形式的行为在辛亥革命过程中,绝非个例。这也充分体现了民族资产阶级上层的软弱性和辛亥革命的不彻底性。

其三是以孙天生和徐宝山为代表的游民群体。孙天生本是扬州人,离开扬州多年后,于扬州光复前夕回到扬州。孙天生与革命势力可能存在微弱的联系,但绝非紧密,后来他借日益高涨的革命形势与驻扎在南门外静慧寺定字营的士兵合谋起事。孙天生起事,从其起事后的行为特别是其被抓后发现他的大量藏银可以看出,他起事的目的在于地方的税银和在扬州城内当个"土皇帝"。革命对于孙天生,只不过是其借机敛财的名目罢了。徐宝山,江苏镇江人。曾入青帮和红帮,在一定程度上促进了青帮和红帮的合流,后成为两淮地方的盐枭,在江淮一带颇有实力。光绪二十六年五月,徐宝山被两江总督刘坤一招安。于镇江光复前又被李竟成和林述庆反正,参加革命。徐宝山参加革命实为扬州地方的盐税银,参加革命前便主动要求,

---

[1]　戴友士作为扬州绅商的代表与徐宝山进行接头。阮茂伯为阮元曾孙,扬州青帮头目,曾与徐宝山结拜。

[2]　戴友士:《徐宝山来扬的经过》,扬州师范学院历史系编:《辛亥革命江苏地区史料》,第309页。

[3]《大革命之外电》,《民立报》1911年11月10日,第3版。

[4]　值得说明的是:十七日是孙天生起事的时间(晚八时),但电报中"知府仍旧"与事实显然不符,实际上孙天生起事后知府嵩峋弃官印于瘦西湖,躲入天宁寺中。但联系嵩峋所说"如果还需要我问事,我愿意继续维持下去,如果用不着我,我就走",以及十七日黎明戴友士和阮茂伯前去镇江迎接徐宝山的安排可以推断:周树年和方尔咸等人应当是提前发电报宣布扬州光复。

"大局稍定,我绝不愿为官,但求于盐务稍沾利益",后"竟成允以定局后,予以盐务特别利权"。[1]最终徐宝山加入革命阵营,与李竟成等一同参与了镇江的光复。孙天生和徐宝山两人虽然立场不同,但都是辛亥时期游民群体的代表人物,他们都图谋扬州地方上的利益,从而发动扬州起事和扬州光复,对扬州地方社会产生了重大影响。孙天生和徐宝山本质上还属于游民群体,是"人类生活中最不安定者"[2],是"最容易被时局的浪花所激动"[3]。虽然他们都是为了扬州地方丰厚的盐税银,但不可否认的是,徐宝山带兵过江,是得到镇江革命党人首肯的,他的确实现了扬州光复,建立起扬州军政分府。

其四是扬州的地方民众。作为社会的主体,他们对于资产阶级革命还没有正确的认识,反而有所曲解。民众只知武昌首义后的湖北是一个"'白银满地'的乐园"[4],以为革命党"就是大家合(扬州方言读合如革)一条命的党","能把炸弹吞入腹中,遇到敌人时,将身一跃,人弹齐炸"[5]。虽然言语荒诞,革命党人只为"合一条命",能做"炸弹人",但于其中不难看出民众对于革命党人的崇敬和光复后美好生活的向往。这是民众对于革命最为朴素的认知。民众对革命的理解是不清晰的、扭曲的,因此在光复过程中容易被误导,从而听之任之,致使孙天生起事后的扬州城陷入一片混乱。

其五是具有革命热情的学生群体。扬州光复前,在外游学的扬州学生相继回到扬州城,联合组织成立了"旅外学生队",希望借此响应光复。但因"缺乏装备,不能发生力量","社会上无相当基础,地方人民又缺乏革命思想",[6]最终未能得到响应。直到"光复前一日午后四时,始得两淮师范学

[1] 李竟成:《光复镇江始末记》,《扬州师院学报(哲学社会科学版)》1981年第3期,第57页。

[2] 毛泽东:《中国社会各阶级的分析》,《毛泽东选集》第一卷,人民出版社1991年版,第8页。

[3] 祁龙威:《孙天生起义调查记》,扬州师范学院历史系编:《辛亥革命江苏地区史料》,第312页。

[4] 祁龙威:《孙天生起义调查记》,扬州师范学院历史系编:《辛亥革命江苏地区史料》,第312页。

[5] 张羽屏:《孙天生起事见闻录》,扬州师范学院历史系编:《辛亥革命江苏地区史料》,第301页。

[6] 吴佩江:《扬州光复事略》,扬州师范学院历史系编:《辛亥革命江苏地区史料》,第294页。

校允借步枪二十支,然为时已晚,未遂其志"[1]。虽然扬州城存在具有革命知识和革命热情的学生群体,并组织成立了"旅外学生队",但队伍弱小,没有深入民众做艰苦细致的宣传鼓动工作,终究在扬州光复中"不能发生力量",甚是可惜。

光复前各股势力显现出各自面相。扬州城看似平静,实则暗流涌动。政府官僚、士绅群体、游民孙天生和徐宝山等你方唱罢我登场,为了各自利益既争斗又妥协。不过,减少动荡成本,维持社会稳定,以和平的方式来实现光复则是扬州城光复的主旋律。然而,事与愿违,孙天生率先起事,扰乱了这一主旋律。

二、狂飙突进的孙天生起事

光复迫在眉睫,以方尔咸和周树年为代表的士绅势力去镇江请徐宝山来扬,谋划和平光复。未曾想,扬州游民孙天生却趁势而起,鼓动驻守扬州地方的定字营士兵起事。短短数日内,以孙天生为首的游民团体释放江都、甘泉二县的监狱囚犯,动摇了扬州统治机构,并怂恿平民一起抢劫盐运使署。孙天生起事打破了扬州和平光复的计划,对辛亥扬州光复进程产生了影响。

（一）孙天生身世身份

孙天生的身世和身份众说纷纭。1959 年《扬州辛亥革命事迹调查报告》[2]以及后来祁龙威《孙天成起义调查记》就述及孙天生的身世:

> 关于孙天生的身世,传说纷纭。谢春发听过他讲话,是本地口音。过去有个小说家叫李涵秋的,写过一部小说叫《广陵潮》,其中有一回"黄天霸只手陷扬州",影射孙天生光复扬州事。他说黄是西郊廿四桥人。老秀才蒋泡清写的《扬州辛亥革命纪要》(稿本),即误据《广陵潮》肯定"孙天生本姓黄,廿四桥人"。市民梁介平老人说,孙天生本姓巴,小牛肉巷人,祖先是甘泉县钱粮房做公的。起义后,还有人喊他"小巴"。他的伯父巴泽官,是梁介平的朋友。教场口的小摊贩居广傅说:"孙天

---

[1] 吴佩江:《扬州光复事略》,扬州师范学院历史系编:《辛亥革命江苏地区史料》,第 294 页。
[2] 《扬州辛亥革命事迹调查报告》,稿本藏扬州市档案馆。

生小时读过几年书。"谢春发说:"孙天生做过圬匠。"王桂华说:"孙在清江十三协办的学校里读过书。[1]

《扬州辛亥革命事迹调查报告》怀疑孙天生的身份是革命党人的"坐探"。该报告提及,调查对象王桂华、刘寿之和老皮匠谢春发等很多人,都断言孙是革命党的"坐探"。谢春发还说孙天生有一方印布(符号),是革命党发给他的,被捕后,他曾交出来证明自己的身份。[2]

其实,仔细研读《扬州辛亥革命事迹调查报告》,结合其他扬州光复资料,对孙天生其人,可以作如下推断。

其一,孙天生的身世。相关资料中有说孙天生是城外妓院的杂役,也有说是卖狗皮膏药的流氓,甚至有人猜测其"孙天生"之名都是假的,他是为了冒充革命而借孙中山之姓氏和孙悟空从石头出生的神话故意起的"孙天生"之假名。但可以推定,一,孙天生是扬州本地人,或者自幼在扬州生活过较长时间。因为有人"听过他(孙天生)讲话,是本地口音",诸多扬州的本地人都曾分别证明孙天生是"小巴子""祖上是甘泉县钱粮房做公的""读过几年书""做过圬匠"以及"是他伯父的朋友"等等。这也能在一定程度上解释,为什么孙天生能够轻松鼓动驻扎在扬州城南门外静慧寺中定字营的士兵跟随他洗劫盐运使署,释放囚犯,在扬州起事。二,孙天生起事前可能离开过扬州,游荡他地,成为游民,与革命党人扯上瓜葛。辛亥革命爆发后,孙天生趁势回到扬州,为发"革命财"而图谋起事。

其二,孙天生与革命党之间的关系。孙天生可能与湖北革命党有所联系,但绝非紧密。从扬州起事过程来看,孙天生对于资产阶级革命有些认知,但流于表面,不懂得革命真谛。《孙天生起义调查记》认为"武昌起义后不久,革命党派来了他们的密探孙天生"[3]《辛亥扬州光复略记》一文中提出:"据

[1] 祁龙威:《孙天生起义调查记》,扬州师范学院历史系编:《辛亥革命江苏地区史料》,第313页。一般记载均说孙天生是扬州本地人,唯李伯通《丛菊泪》第七回说孙天生"是个海州的流氓"。

[2] 祁龙威:《孙天生起义调查记》,扬州师范学院历史系编:《辛亥革命江苏地区史料》,第313页。

[3] 祁龙威:《孙天生起义调查记》,扬州师范学院历史系编:《辛亥革命江苏地区史料》,第313页。

有关材料记载,孙天生曾同湖北军政府有一定联系。"[1]《江苏辛亥革命研究》中则指出:"他以前是扬州手工工匠……孙天生受湖北军政府派遣,潜回扬州,通过会党组织鼓动'定字营'清军起义。"[2]种种说法虽有差异,但均认为其与湖北革命党有过关系。然而,这些说法又都是推测之词,没有可靠的依据。另有说孙天生与上海革命党有联系,但上海方面曾有名为张天水的革命党人"携有木质印信一方,文曰'扬州军政分府'"[3],该印信却直接交给了徐宝山,并未提及孙天生。看来孙天生与上海军政府应该无甚关系。钱伟卿先生在《扬州光复经过回忆录》中直言孙天生"冒称沪上革命军派来者光复扬州"[4],冒充上海革命党人的说法殊可注意。

其三,利用小说资料研究孙天生身份,应持谨慎态度。民初扬州籍通俗小说家李涵秋[5]所著的《广陵潮》《绿林怪杰》和李伯通[6]所著的《丛菊泪》[7]等小说均提到孙天生的身份背景。但小说属文学作品,多有臆想和创作,不能作为信史。贡少芹在《李涵秋》一书中说:"当《广陵潮》刊行市上也,张岱杉购而读之,叹为空前绝作。……张又谓:'吾观李君作,虽不乏实事,然属诸子虚乌有者在所难免。若撮拾真确资料以告被,经其妙笔渲染,则是书成后,当突过《广陵潮》上。'"[8]

可见,张氏认为李涵秋所著小说难免有"子虚乌有"之处,有"妙笔渲

[1] 杨文思、周新国:《辛亥扬州光复略记》,江苏省政协文史资料委员会编:《辛亥江苏光复》,《江苏文史资料》编辑部 1991 年版,第 161 页。

[2] 王佩良:《江苏辛亥革命研究》,国防科技大学出版社 2008 年版,第 316 页。

[3] 周无方:《记扬州军政分府成立》,扬州师范学院历史系编:《辛亥革命江苏地区史料》,第 306 页。

[4] 吴善中:《介绍钱伟卿〈扬州光复经过回忆录〉》,赵昌智主编:《扬州文化研究论丛》(第 7 辑),广陵书社 2011 年版,第 181—184 页。

[5] 李涵秋(1874—1923),名应漳,字涵秋,号韵花,别署沁香阁主人、韵花馆主,江苏扬州人。著有《广陵潮》(原名《过渡镜》)、《绿林怪杰》和《社会罪恶史》等小说,是鸳鸯蝴蝶派小说名家。

[6] 李伯通(生卒年不详),名豫曾,字伯樵、北桥,江苏扬州人。著有《丛菊泪》(原名《邗水春秋》)、《奇侠雌雄剑》《清朝全史演义》等小说。

[7] 需要说明的是,李涵秋还有一本涉及扬州光复的小说《绿林怪杰》,刊载于 1922 年的《华北丛书·新小说》。1923 年起,又陆续连载于上海《半月》期刊。其中也提到孙天生的身世,但又与《广陵潮》的说法不同。

[8] 贡少芹:《李涵秋》,天忏室出版部 1923 年版,第 1 编第 31 页。

染"之嫌。小说为追求情节生动而刻意渲染、随心发挥,这是可以理解的。至于李伯通所著《丛菊泪》,与《广陵潮》《绿林怪杰》有"异曲同工之妙",均需结合相关史料勘比甄别,谨慎使用。

可以认为,孙天生是一个自幼在扬州生活并可能与湖北革命党有微弱联系的游民。武昌首义后,孙天生自称"革命",通过会党的帮助集结了以游民为主体的团队,并以"给士兵发放军饷"的方式来鼓动军队帮助其扬州起事。随后他打开监狱,强抢库银,因其无实质性的资产阶级社会改造方案,对扬州地方秩序造成了一定的破坏。最终徐宝山擒杀孙天生,戡平孙天生起事,扬州光复。

(二)游民孙天生起事

孙天生在扬州谋划起事,前后不过数日,但却以风雷之势摇动了清政府在扬州的统治。

旧历九月初七(1911年10月28日),"突有人在辕门桥'一言堂'购买白布数捆,该号白布几为收尽……"[1]孙天生与驻扎在南门外静慧寺的定字营谋划,许之以扬州城内的税银作为军饷,并且提前准备好起事所需标识——白布,准备起事。

旧历九月十七日(1911年11月7日),孙天生鼓动定字营士兵以索要军饷为名,抢劫盐运使署,"始则开枪示威,继则冲入该署,破库洗劫元宝"[2]。孙天生的起事军队直接以盐运使署中的银两为目标,开枪示威后直接冲入盐运使署进行洗劫。"至九时余,忽然江、甘两县监犯冲破狱门,呼啸而出。"[3]孙天生在指挥士兵抢劫盐运使署后,又仿照其他光复地区释放监狱囚犯的惯例,释放了扬州城内江都、甘泉二县的监狱囚犯,为起事造势。满街囚犯四处乱窜,致使扬州居民误以为是清十三协兵变士兵,人心惶惶。所幸扬州地方曾自行组织保卫团,保卫团对囚犯进行驱赶,未对城内百姓生活造成严重的影响。囚犯终自行散去。当晚八时,孙天生在一群定字营士兵的簇拥下,浑身上下缠绕白色的丝绸布,由南门入城,先行士兵手持两面大旗,

---

[1]《扬城亦起惊慌》,《申报》宣统三年九月十二日(1911年11月2日),第11版。

[2] 吴佩江:《扬州光复事略》,扬州师范学院历史系编:《辛亥革命江苏地区史料》,第295页。

[3] 吴佩江:《扬州光复事略》,扬州师范学院历史系编:《辛亥革命江苏地区史料》,第295页。

上书"光复大汉"和"还我河山"。城内群众以为革命军至,故而列队热烈欢迎定字营起事部队。盐运使增厚以为革命党人进城,携带印信,换衣越墙而走;知府嵩岣得知孙天生起事,吓得把官印掷入瘦西湖中,自己则躲入扬州的天宁寺当中;扬州城内甘泉县县令禹嵩龄和江都县县令桂聚庆主动叩见,并鞍前马后为孙天生而奔走。

旧历九月十八日(1911 年 11 月 8 日),全城悬挂白旗以响应扬州"光复"。孙天生以"扬州都督"的名义在盐运署发布军令布告十条,末署"大汉皇帝纪元四千六百年月日",盖"扬州都督孙天生之印"等。日间,孙天生在扬州城内乘马游行,至盐运使署外纵容百姓抢劫盐运使署。在孙天生的怂恿下,盐运使署内东西皆被附近贫苦民众洗劫一空,甚至使署内的地板亦未能有所幸免。据《扬州辛亥吟》记载:"怀宝方知身负重,相将扶上独轮车。"[1] 大街上甚至出现了士兵由于抢劫元宝太多而难以步行,只得坐着独轮车离开的奇特景象。

旧历九月十九日(1911 年 11 月 9 日),徐宝山的部队抵达扬州城,事先约定在城外两处点燃柴篷,遂与城内周树年和方尔咸等取得联系。扬州绅、商各界在教场备宴欢迎。徐宝山的部队入城后与孙天生的起事部队产生冲突。徐宝山命令部队对孙天生开枪射击,孙天生不敌,于人群中逃逸。

旧历九月二十日(1911 年 11 月 10 日),徐宝山宣布成立军政分府。定字营兵变的管带李祖培和相关士兵被徐宝山执行枪决。徐宝山关闭城门全城搜索孙天生下落。由于被人告密,孙天生被徐宝山在多宝巷内的一家妓院中抓住。随后在孙天生的指认下,徐宝山的部下挖出其藏于广储门樊家园菜田当中所劫掠之盐库银。最终,孙天生在被押送去泰州的路上被徐宝山杀死。

至此,以孙天生为核心的游民团体所发动的扬州起事落下了帷幕。

(三)过誉高估的孙天生起事

长期以来,对于孙天生起事,论者多加褒扬。虽大多无直接的、正面的

---

[1] 许幼樵著,吴善中整理:《扬州辛亥吟》,中国社会科学院近代史研究所近代史资料编辑部:《近代史资料》,中国社会科学出版社 2008 年版,第 63 页。

阐述,但是字里行间不免透露出对于孙天生起事的肯定。论者或以为游民"勇敢善斗,消息又比较灵通,最容易被时局的浪花所激动"[1];又通过民间歌谣对孙天生的歌颂,周树年、方尔咸等绅商面对孙天生的"魂不附体",及甘泉、江都两县知县的"叩头如捣蒜""跟在孙天生马后,侍候奔走"[2]等语句的描述,来反衬孙天生的正面形象;或将徐宝山光复扬州的行为称为"徐宝山二次光复扬州"[3],间接地认为孙天生起事是扬州第一次光复,是辛亥江苏光复的组成部分;或明确提出:"以孙天生为首的城市贫民与士兵起义的革命果实被代表盐商利益的帮会头目徐宝山篡夺。"[4]

近年来随着辛亥革命研究的深入,有学者重新审视孙天生起事的影响和孙天生起事在扬州光复中所起到的作用。有著作指出:"孙天生等毕竟为游民出身,日久便显出其本性。"[5]也有文章指出孙天生"不问苍生问课银"和"发革命财"[6]的历史局限,直言孙天生起事的目的是为了扬州的盐课与"发革命财",而不是为了实现扬州光复。那么,孙天生起事能否称为"光复"?

武昌首义后,全国各地区先后宣布光复,江苏亦是如此。虽然江苏各地区光复形式多样,但通常会符合以下要求:

（1）反对封建帝制;

（2）对革命军队的掌控;

（3）稳定地方社会;

（4）建立代表资产阶级利益的地方政权。

反观孙天生扬州起事,孙天生从发动起事到被徐宝山所镇压,一共做了

---

　　[1]　祁龙威:《孙天生起义调查记》,扬州师范学院历史系编:《辛亥革命江苏地区史料》,第312页。

　　[2]　祁龙威:《孙天生起义调查记》,扬州师范学院历史系编:《辛亥革命江苏地区史料》,第315页。

　　[3]　杨文思、周新国:《辛亥扬州光复略记》,江苏省政协文史资料委员会编:《辛亥江苏光复》,第162页。

　　[4]　王佩良:《江苏辛亥革命研究》,第319页。

　　[5]　周新国等:《江苏辛亥革命史》,第267页。

　　[6]　殷定泉:《两次光复:1911年的扬州》,《档案与建设》2011年第2期,第40页。

三件事：

其一，据《扬州辛亥吟》所载："狴犴无灵世运更，不羁群马任纵横。樊笼脱后形应敛，环珮丁当尚作声。"[1]孙天生打开江都县、甘泉县两县监狱，释放囚犯，囚犯四散，镣铐发出的声响震动全城。

其二，鼓动扬州城南门外静慧寺的定字营士兵"荷枪实弹入城，直趋运署，声称索饷。始则开枪示威，继则冲入该署，破库洗劫元宝"[2]。士兵全副武装进入扬州城，以索要军饷为由开枪示威，直奔盐运使署洗劫署内银两。

其三，发布十条军令布告，"正式宣布扬州光复，并通令百姓安居乐业，三年不完粮，捐粮全免。同时，严禁奸商哄抬物价，限定大米每石不得超过三元，猪肉每斤不得超过两百文"[3]。孙天生以军令布告的形式宣布扬州光复，不仅免去扬州城百姓的税收，还直接限定物价水平。

游民孙天生没有也不会有资产阶级民主意识，反而有浓厚的封建皇权意识，甚至不知道革命的目标是推翻封建专制制度。孙天生起事被戡平后，孙天生对着附近的民众大声疾呼："扬州同胞们，要学我孙天生的为人，我在扬州做了三天皇帝，谁敢说个不字！"[4]民国扬州画家、诗人许幼樵在《扬州辛亥吟》中评说孙天生起事："铁索郎当舆一肩，叫哮犹听六街前。三天皇帝成何事，知不衰清三百年。"

孙天生起事依靠的武装力量是封建旧军队——定字营。定字营当时约有营兵三四百人，主要负责缉私，分驻三处，即南门静慧寺、便益门外五台山和城内两淮盐运使署。这支旧军队丝毫没有受到革命意识的熏陶，他们之所以听令于孙天生，纯粹是为了抢得运库中的库银，指望"库里的银子发军

[1]　许幼樵著，吴善中整理：《扬州辛亥吟》，中国社会科学院近代史研究所近代史资料编辑部：《近代史资料》，第63页。

[2]　吴佩江：《扬州光复事略》，扬州师范学院历史系编：《辛亥革命江苏地区史料》，第295页。

[3]　杨文思、周新国：《辛亥扬州光复略记》，江苏省政协文史资料委员会编：《辛亥江苏光复》，第162页。

[4]　张羽屏：《孙天生起事见闻录》，扬州师范学院历史系编：《辛亥革命江苏地区史料》，第303页。

饷呢!"[1]抢劫完库银后,纷纷自散,《扬州辛亥吟》有载:"风流云散走天涯,乌合真同向暮鸦。"[2]孙天生以库银可充军饷为诱饵,唆使士兵起事,这与其他地区革命党人在新军中做艰苦细致的宣传动员工作,使新军成为革命武装不可同日而语。定字营起事,是一次旧式"兵变"。

孙天生起事造成了扬州城内的混乱。起先,他放走了甘泉、江都两县的囚犯,造成"镣声震动全城,势难制止"的独特情景。随后,孙天生更是耸动士兵和民众抢劫运署。在纵容士兵对运署洗劫之后,又对着运署附近的群众说:"署内家具什物,你们随便去取。我们发大财,你们发小财。"[1]导致"署内地板亦被撬开"[4]。

更为关键的是,孙天生没有也不知道要建立代表资产阶级利益的地方政权。他虽然发布军令布告"正式宣布扬州光复",但他却专注于"令百姓安居乐业,三年不完粮,捐粮全免","严禁奸商哄抬物价,限定大米每石不得超过三元,猪肉每斤不得超过两百文"。这些措施,虽反映了社会中下层普通民众的利益诉求,但和资产阶级利益关系不大。说明游民孙天生和资产阶级革命党人,没有利益上的契合点和共同的政治目标与追求,孙天生起事不是一次真正意义上的资产阶级为了夺取政权而进行的光复活动,倒是一次旧式的基层民众推翻封建政权的造反起义。当时扬州地区流传这样一首歌谣:

> 扬州城,新旧十二门。九月十七日,来了一个冒充孙天生。鼓三更,进衙门,库银元宝四下分,放走监牢众犯人,宣统江山坐不成。[5]

---

[1] 张羽屏:《孙天生起事见闻录》,扬州师范学院历史系编:《辛亥革命江苏地区史料》,第301页。

[2] 许幼樵著,吴善中整理:《扬州辛亥吟》,中国社会科学院近代史研究所近代史资料编辑部:《近代史资料》,第63页。

[1] 吴佩江:《扬州光复事略》,扬州师范学院历史系编:《辛亥革命江苏地区史料》,第296页。

[4] 吴佩江:《扬州光复事略》,扬州师范学院历史系编:《辛亥革命江苏地区史料》,第296页。

[5] 此歌谣记载于祁龙威先生的《孙天生起义调查记》,收录于《辛亥革命江苏地区史料》第315页。

该歌谣形象地记录了游民孙天生率领定字营士兵和扬州的基层民众，冲击封建衙门，释放囚犯，要求重新分配社会财富，推倒宣统的江山，自己坐江山、"当皇帝"，尽管只有三天。

三、徐宝山光复扬州

（一）徐宝山其人

徐宝山，字怀礼，镇江丹徒人，生于 1866 年，混迹江湖，人送外号"徐老虎"。[1]"公之先世居丹徒，以贩竹为业。"[2]徐宝山家境一般，自幼住在丹徒，父母是从事竹篾行业的普通农民。徐宝山生性顽劣，自幼不爱读书，虽然母亲将其送入私塾中，但是他却无心念书，成天舞枪弄棒，行为举止俨然是一名"绿林豪杰"。

徐宝山自幼习武，身手了得，在其家乡丹徒附近小有名气。"膂力过人，方颐巨颡，性伉爽，喜结交，间左豪杰，群以其勇悍魁伟也。"[3]徐宝山体力高于常人，长相魁梧，性格豪爽，喜欢结交朋友。坊间传闻徐宝山有绝活"裂帛功"，即无需用刀，徒手可以撕裂开粗大的毛竹。故而无论平民百姓，还是英雄豪杰们都认为他勇猛强悍，异于常人。在地方上，丹徒地方更有传闻徐宝山曾经孤身一人前往蛇患之地擒杀巨蟒，此事亦为各方记载，有入蛇潭虎穴之闻。这些传闻虽不知真假几何，但无疑表现出徐宝山的孔武有力、勇猛过人之处，并且增添了徐宝山在地方上的名气。高强的本领和一定的名气为其后来加入帮会、结交盐枭，最终成为江淮一霸奠定了根基。

光绪十九年（1893），徐宝山参与当时震惊朝野的仙女庙抢劫案。未曾想该案倒促成徐宝山人生大转折。"讯据该匪供认仙女庙抢案不讳。嗣经江都县移提归案审办，拟军，发遣甘肃。在路脱逃，匿在丹徒境高资乡贩私

---

[1]　关于徐宝山生年说法不一，1862 年、1863 年、1866 年皆有，但主流认为是生于 1866 年，详见吴莉莉博士学位论文《徐宝山研究》；关于"徐老虎"外号之说学界亦有讨论，《翁文恭公日记》中有"小名：大虎"之记载。

[2]　吴善中：《关于冯叔鸾著〈徐宝山将军传略〉》，周新国：《淮扬文化研究》第二辑，社会科学文献出版社 2019 年版，第 227 页。

[3]　吴善中：《关于冯叔鸾著〈徐宝山将军传略〉》，周新国：《淮扬文化研究》第二辑，第 227 页。

盐陶龙雨家。"[1]徐宝山被抓后承认了罪行，但由于是被匪首所胁迫，便在江都县以从犯的身份定罪，发配充军，前往甘肃一带。徐宝山在被押送途中寻找机会，得以逃脱，藏匿到了镇江丹徒县专以贩卖私盐为生的朋友陶龙雨家中。后由于扬州府地方的缉捕愈发严紧，徐宝山没有办法，只得流窜至瓜洲投奔盐枭孙七，加入青帮，开始贩卖私盐的生活。

　　流亡江湖、开始贩卖私盐的徐宝山迎来了自己人生的上升期。盐枭自古以来就盘踞于长江和两淮地区，清季盐枭"活动范围日渐扩大、队伍日益膨胀的同时，盐枭组织也日趋完善"[2]。徐宝山凭借自己的绝活和早年积累下的些许名望，更是如鱼得水，很快站稳了脚跟，"平时恃着他双手开枪的本领，面对官兵的围剿，丝毫动摇不了他们的实力"[3]，很快便建立起以自己为核心的游民群体，从事贩卖私盐的活动。经过数年的经营，徐宝山击败了盘踞于江都、邵伯、龙窝口一带的盐贩魁首朱大狮子后，势力进一步扩大，"公遂代执牛耳，俨然枭党巨魁矣"[4]。随着势力的进一步扩张，徐宝山不满足于现状，"二十五年五月十三日在七濠口演剧数百，设立春宝山堂名目……"徐宝山和任春山成立"春宝山堂"，加入红帮。"春宝山堂是以盐贩、破产失业的农民和手工业者等游民阶层（包括散兵游勇在内）为主的秘密结社，它基本上能反映当时社会条件下农民阶级的政治经济需要，并带有浓厚的游民阶层的特色。"[5]随着春宝山堂的成立，徐宝山兼任青帮和红帮的双重首领，其势力不断膨胀的同时，也促进了青帮与红帮的融合。许幼樵的《扬州辛亥吟》中同样有所记载："劲旅编成若束藩，况兼拜倒在师门。江东弟子终无用，帮会尤多子若孙。"[6]徐宝山其势已成，但也因此受到了清政府的注目，并视

---

[1] 中国史学会主编：《中国近代史资料丛刊·辛亥革命》（三），上海人民出版社1957年版，第403—404页。

[2] 吴善中：《客民、游勇、盐枭——近代长江中下游运河流域会党崛起背景新探》，《扬州大学学报（人文社会科学版）》1999年第5期，第34页。

[3] 《脆长鱼与徐老虎》，《大公报（上海版）》1936年7月12日，第12版。

[4] 吴善中：《关于冯叔鸾著〈徐宝山将军传略〉》，周新国：《淮扬文化研究》第二辑，第228页。

[5] 吴莉莉：《徐宝山研究》，扬州大学博士学位论文，2016年，第29页。

[6] 许幼樵著，吴善中整理：《扬州辛亥吟》，中国社会科学院近代史研究所近代史资料编辑部：《近代史资料》，第69页。

为祸害。有官员上奏："若不及时剪除，恐成后患。"[1]然而此时的徐宝山已是盘踞于江淮一带实力雄厚的会匪，徐宝山更是联络康有为，策应自立军起义。"才常领鄂湘之众欲以力胁武昌，令林圭主武昌事，吴禄真(贞)、徐怀礼(即徐宝山)、蔡锷……等往从梁启超策应。"[2]

当自立军起义紧锣密鼓布局之时，徐宝山积极响应。徐宝山先是致函鹿传霖："已定于秋间，整戎六军，会师江淮，取道北上，以清君侧，而枭奸宄。"[3]函中表明其参加起事之决心。后徐宝山又以两江两湖兵马大元帅的名义发布告示《两江两湖兵马大元帅徐告示》，告诉世人他接到皇帝密诏，要两江两湖豪杰之士"约于本年秋间，听候本帅军令，即率本部人马，会师江淮，取道北上，以清君侧而奠国基"[4]。虽清末政府统治式微，但徐宝山敢如此明目张胆地发布布告，一是源自他自身性格果敢；二是由于其实力雄厚，已然无惧于清政府的围剿。虽然徐宝山号召群雄以清君侧，气势如虹，但实际上却暴露了起义计划。[5]

光绪二十六年(1900)，自立军起义失败，但徐宝山时来运转，受时局影响和朝廷的允诺，徐宝山为两江总督刘坤一招安，许之以"一赦罪、二赏官、三收其徒使效用"[6]。值得一提的是学术界对于徐宝山被刘坤一招抚的时间一般认为是在光绪二十六年六月，然而《申报》却有记载："查徐怀礼即都司徐宝三(山)，于光绪二十六年五月，经前长江提督黄少春函商前督臣刘坤一准其就抚。"[7]其被招安后，清政府对于徐宝山赦罪和赏官是理所应当之事，并且"收其徒使效用"，这使得徐宝山由会匪摇身一变成为"兵匪"，开始有了合法身份。"管带长江水师新胜营徐宝山都戎，即投诚枭目徐老虎，本月十

---

[1]　中国史学会主编：《中国近代史资料丛刊·辛亥革命》(三)，第 402 页。

[2]　康有为著，楼宇烈整理：《康南海自编年谱(外二种)》，中华书局 2012 年版，第 73 页。

[3]　杜迈之等编：《自立会史料集》，岳麓书社 1983 年版，第 48 页。

[4]　杜迈之等编：《自立会史料集》，第 50 页。

[5]　学术界认为，该《两江两湖兵马大元帅徐告示》暴露了自立军起义的计划，迫使起事延后，成为自立军起义失败、唐才常死难的重要推手。

[6]　吴善中：《关于冯叔鸾著〈徐宝山将军传略〉》，周新国：《淮扬文化研究》第二辑，第 229 页。

[7]　《续录两江总督魏午庄制军覆奏江南参案折》，《申报》光绪三十年五月初二日(1904 年 6 月 15 日)，第 1 版。

九日,由上游委解首级四颗到扬交甘泉县宰周明,府发往犯事地方示众。"[1]此时的徐宝山以长江水师新胜营管带的新身份亮相在《申报》上,这也使得徐宝山以新身份正式登上了清末的政治舞台。借此徐宝山的政治野心也一步步地显露出来。在此期间,徐宝山成为清政府的爪牙,从事清剿会党和匪徒、缉捕自立会成员、打压革命党势力以及稳定社会秩序等。

直到辛亥时期,时局巨变,辛亥革命的浪潮席卷全国。此时的徐宝山已知清政府朝不保夕,已无法再保证其在江淮地区的盐务利益,于是决心投身革命。徐宝山遂于宣统三年九月十三日晚"至三益栈机关部,晤(李)竟成"[2]。李竟成最终以"醝务之利"与徐宝山达成合作,至此徐宝山又名正言顺地倒向革命的阵营,参与辛亥革命。在徐宝山的帮助下,距离扬州一江之隔的镇江实现了光复。未曾料到,在扬州,游民孙天生先着一鞭,率先于扬州起事,宣布"光复"。然而,扬州地方绅商早已与徐宝山联系上,希望徐宝山带兵来扬州城和平光复。徐宝山闻知孙天生起事,立马赶往扬州进行镇压,将孙天生擒拿,并在泰州处死。

徐宝山光复扬州后,在扬州城内建立扬州军政分府,自任军政长。1912年1月2日,徐宝山为响应革命又发电报称:"清廷一再议和,略无眉目。闻近又展期五日,如再无把握,宝山将率沿江旧部数十万指刃北向。非至恢复神京,还我河山,决不作停战之念。一切方略惟公等之命是听。"[3]摆出一副要率先北伐的架势。

光复扬州城后,徐宝山先后光复扬州附属各地,此外还包括南京、镇江、阜宁、盐城等地。在这些地区的光复过程中,徐宝山都付出了一定的努力,发挥了积极的作用。随后还加强扬州地方的教育建设,推动近代扬州女子解放。徐宝山在夫人孙阆仙的帮助下,积极支持扬州近代女权人士郭坚忍兴办女子教育。徐宝山将抵欠军饷的李氏花园给予郭坚忍,并发专款扩大办学规模。该学校按照当时教育部规章办学,并改名为"私立扬州女子公学",内设师范班,招收有一定文化基础的女子,实行义务教育,被誉为扬州近代

[1]《扬郡官场纪事》,《申报》光绪二十六年七月二十六日(1900年8月20日),第2版。
[2] 李竟成:《光复镇江始末记》,《扬州师院学报(哲学社会科学版)》1981年第3期,第57页。
[3] 南京市地方志办公室:《孙中山在南京史料辑录》,金城出版社2016年版,第95页。

女子教育基础。此外,在徐宝山的支持下,其夫人孙阆仙牵头与郭坚忍建立了"江北女子北伐军",推动了近代扬州女子解放;[1]民国时期,徐宝山在扬州民众当中口碑较好,这不仅得益于徐宝山光复扬州、稳定社会的功劳,也得益于徐宝山关心普通民众的生活疾苦并实行诸多保障民生措施。如设立平粜局、兴修水利、屯兵为农、剿灭危害一方的土匪会党等行动,起到了保障地方治安、维护百姓生活安定的作用。

民国初立,徐宝山光复有功,受到嘉奖。徐宝山带领军队接受改编为国民革命军第二军,授上将衔,任第二军军长。自此徐宝山以扬州为中心,拥兵雄踞江淮一带,整个苏北几乎为其势力所辐射。

然而,辛亥革命后的徐宝山察觉革命党人对待会党政策有变,怕革命党人对其不利,加之袁世凯许之以利,便依附袁世凯,成为其鹰犬。军政府是辛亥革命重要成果之一,然而徐宝山公开取消军政府:"然推原祸始,未始非一省有数军政府或数分府有以致之。……宝山怀时局,忧心如捣,谨先自请取销扬州分府,以为中央统一先从省治统一之倡。"[2]袁世凯随即也发布总统令:"扬州军政分府该司令深明大局,殊堪嘉许。应准将扬州军政分府即行取销。"[3]扬州辛亥革命成果的军政府就此付诸东流。

由于革命党人对于会党政策发生改变等多方面因素,革命党人决心暗杀徐宝山。民国二年五月二十四日(1913年6月28日),革命党人利用徐宝山收藏古玩的爱好,将炸弹置于花瓶中,徐宝山未曾防备而被花瓶中的炸弹炸死。徐宝山死后,社会各界纷纷悼念,并送上挽联,扬州地方民众和其旧部还集资为其树立铜像,建造徐园,以资纪念。

(二)扬州城光复

孙天生扬州起事及其所采取的一些措施,触动了以周树年、方尔咸为代表的绅商们的利益,他们希望有一股新的力量来铲除孙天生这个"不稳定因素",以实现扬州的和平光复。

---

[1] 吴善中:《郭坚忍著〈孙阆仙女士小传〉及其他》,该文载于周新国主编《淮扬文化研究》第三辑,社会科学文献出版社2020年版,第93页。

[2]《扬州徐宝山电》,《申报》民国元年三月初二日(1912年4月18日),第2版。

[3]《大总统命令》,《申报》民国元年三月初四日(1912年4月20日),第1版。

是时在镇江,军权在握的徐宝山因革命党人李竟成许诺以扬州"醝务之利"而倒向革命,帮助李竟成和林述庆实现了镇江的光复。镇江业已光复,徐宝山自然不甘心扬州的"醝务之利"被他人褫夺;而在扬州,周树年通过其表弟镇江商会会长于鼎源和林述庆搭上线后,于是派扬州绅商戴友士和阮茂伯"带着商会会长周谷人的信,在九月十七日黎明过江找镇军都督林述庆"[1]。扬州方面直接去联系林述庆,徐宝山自然不能善罢甘休,为了扬州的"醝务之利",徐宝山主动找到林述庆,"徐君宝山至,云扬州匪首孙某在扬作乱,渠欲往扑灭,要余多与空白示谕"[2]。以孙天生在扬州起事作乱为由,徐宝山亲自带兵前往扑灭。

旧历九月十九日(11月9日),徐宝山抵达扬州,在扬州城南门钞关登岸。"该日(九月十九日)晚,南门外、缺口城外两处柴篷同时起火。事后知系徐用为与城内联系之信号。"[3]徐宝山抵达扬州当日晚上,徐宝山通过约定的信号与城内方尔咸、周树年等人取得联系。随后在戴友士和阮茂伯的陪同下一起进入扬州城。周树年和方尔咸等人在扬州城内的教场处设宴迎接徐宝山。孙天生带领部队突然在教场口出现,与徐宝山带领的军队产生冲突,人数悬殊,孙天生不敌,于人群中乘乱逃走。

旧历九月二十日(11月10日),徐宝山命人在街上贴镇江都督林述庆的布告,成立军政分府并缉捕孙天生。最终孙天生被徐宝山在多宝巷的妓院内抓住。"徐继令部属携孙至广储门樊家园菜田内,挖出所劫之盐课。"[4]徐宝山命令部下挖出孙天生在扬州起事时所劫取和私藏的银子,事后孙天生则被徐宝山在押往泰州的路上处死。

九月二十日(11月10日)午后,徐宝山等人在淮南总局召开会议,共同商议制定扬州军政分府的相关事项:

(1)徐宝山为军政府军政长,掌握军队。整理军队装备、改编扬州地方

[1] 戴友士:《徐宝山来扬的经过》,扬州师范学院历史系编:《辛亥革命江苏地区史料》,第309页。

[2] 林述庆:《江左用兵记(一)》,扬州师范学院历史系编:《辛亥革命江苏地区史料》,第256页。

[3] 吴佩江:《扬州光复事略》,扬州师范学院历史系编:《辛亥革命江苏地区史料》,第296页。

[4] 吴佩江:《扬州光复事略》,扬州师范学院历史系编:《辛亥革命江苏地区史料》,第297页。

军队、组织北伐军,扩充徐宝山的势力。

（2）以李石泉为民政长,成立江北民政署;成立淮盐科,方尔咸代理两淮盐运使;周树年兼任江苏省典业公会会长。

（3）清理盐务税收,以作军政费用。

至此,徐宝山在扬州城设立扬州军政分府,自任军政长,李石泉为民政长,建立了资产阶级的地方政权。军事、民政、财政、盐务等方面制度相继建立起来,扬州城实现真正意义上的光复。

(三)扬属各地的光复

清末扬州府领二州六县,分别为高邮州、泰州、江都县、甘泉县、扬子县、兴化县、东台县和宝应县。扬州城光复以后,扬属各地也先后光复。[1]

东台光复

清末江苏灾害频仍,各地在苛捐杂税的重负下,民不聊生,多有群起而反抗税捐和抢劫米店之事,东台亦是如此。"东邑虽小,而命案之多,何其甚欤。"[2]清末的东台同样也是会党、盗匪、兵匪猖獗之地。"江北东台一带,近有不法棍徒,开炉私铸铜元。"[3]会匪猖獗,而军队虽行剿灭却除之不尽,更有甚者,"宝应、高邮、东台一带,有营勇勾通枭匪,在各乡镇贩卖私盐、聚众抢劫"[4]。诸如此类会匪丛生、兵匪勾结之事多有记载,由此可见清末东台地方社会已失序。"匪徒乘机蠢动,人心慌乱异常。"[5]东台局势既已如此,当地士绅便计划联络革命军,以稳定社会、实现和平光复。

当时,驻军缉私营管带刘凤朝本应前往扬州守护运库,然而在九月十七日(1911年11月7日)却突然返回。据载刘凤朝"勒印不交,吞蚀巨饷,军心哗溃,凤朝因之煽惑军人蹂躏地方,扬言分司库、县库储银若干万"[6]。刘

---

[1]　江都县和甘泉县即为扬州城直属,江都县和甘泉县的县衙皆在扬州城内,故扬州城光复即为江都县和甘泉县光复,下文不再赘述。

[2]《巴山话雨》,《申报》光绪十三年二月十四日(1887年3月8日),第2版。

[3]《镇江》,《申报》光绪三十一年九月二十五日(1905年10月23日),第9版。

[4]《营勇通匪抢劫续闻(镇江)》,《申报》光绪三十一年三月二十六日(1905年4月30日),第4版。

[5]《东台光复记》,《民立报》1911年12月1日,第4版。

[6]《东台光复记》,《民立报》1911年12月1日,第4版。

凤朝带领军队回到东台,煽动士兵抢劫银两,对地方上强行索要军饷,并且在东台的街道上架起土炮,扬言要洗劫司库和县库里面存放的银两。东台商会的分会长丁立棠一方面迅速向扬州军政分府的徐宝山求救,一方面暗自联系定字营右队队长吴登甲以承担饷银为条件将其反正。"二十三日(11月13日)三鼓时分,刘凤朝闻风胆怯,四鼓时分即率死党和残余二百余人挟饷械物资登船南去。"[1]待吴登甲控制军队后,刘凤朝自知无力抵抗,只能率领死党二百余人逃离东台。在逃离的路上刘凤朝还对地方百姓不断骚扰,"沿途并抢劫民船、财物、妇女无算"[2]。

刘凤朝逃至泰州,为徐宝山所擒获。徐宝山将刘凤朝带回东台并当众处死,以安东台民心。当日东台宣布光复,设立司令处,改编军队。自此以后,东台安靖,社会秩序井然,呈现出一片少有的安定祥和的景象。

泰州光复

自武昌首义以来,泰州颇不平静,又闻扬州光复,此时的泰州更是人心浮动。"十三日黎明,外禁人犯二十九名破监门逃出。知州季岳衡督警吏四出追捕……"[3]监狱内的囚犯挖开墙角,越狱而出。知州季岳衡派人前往缉捕,但未等将其抓捕归案,当天夜里"内监盗近百人闻风作乱,齐斩断脚镣,即以镣为械,崩监出,守门士兵不能御。只随其后尾追,向东门去,合城震惊"[4]。监狱内乱,囚犯斩断手脚镣铐,并借此为武器冲出监狱。士兵不敢正面对抗,只能在其后追赶。在地方上引起哄动,最终全部击毙。泰州地方上于九月十八日电,"泰州已降伏……大局安靖"[5]。

然而此时泰州并没有安定下来,恰逢刘凤朝携叛兵自东台窜逃至此,泰州的局势愈发紧张。此时,刘凤朝率叛军二百余人到达泰州,刘凤朝声称将要驻守泰州,并且直接点明要银三千两,或者坡子街全部商户、三家典当铺和著名财主等任其掳掠。而此时泰州商会会长沈惕斋和保卫团团长张淦清

---

[1]　陈苍石、万东冠:《东台光复》,江苏省政协文史资料委员会编:《辛亥江苏光复》,第167页。

[2]　《东台光复记》,《民立报》1911年12月1日,第4版。

[3]　单毓元等纂:《民国泰县志》卷一《大事记》,民国二十年(1931)稿本。

[4]　许杏农:《泰州光复纪实》,扬州师范学院历史系编:《辛亥革命江苏地区史料》,第321页。

[5]　《专电》,《申报》宣统三年九月二十日(1911年11月10日),第4版。

经探查,知晓刘凤朝并无长久之计,难以久留,于是共同商讨应对之策。可苦于此时泰州"都司、守备两府兵无多,且皆老弱,惟商会保卫团数十名俱少壮,时加训练,但器械不备,大半土枪"[1],于是一边对刘凤朝施以缓兵之计,宽限时日以筹金犒军,一边派人向徐宝山求援,请其派兵前来剿灭刘凤朝。当天下午徐宝山带领军队亲往泰州,两路包夹刘凤朝部队。"刘震军统威,殊悚惧,又恐降且不免于诛,张誓保之,乃架枪垂手随张行,见徐军统于泥淖中。"[2]最终徐宝山将刘凤朝押解到东台,并当众斩首。

刘凤朝率叛军自东台潜逃而来,一路烧杀掠夺无算,而泰州最终并未受其所害,于是泰州百姓对于徐宝山相当感激,认为是徐宝山救了他们。于是徐宝山进城的时候,万人空巷,相互道贺,争相去围观徐宝山和被徐宝山羁押的叛军首领刘凤朝。

至此,刘凤朝兵变方才平息,于是徐宝山于二十六日出告示安民,并且在泰州光孝寺召集各界代表开会,宣讲革命主旨。其后,"扬州军政分府委季岳衡为泰州民政长;张淦清为司令,设司令部于察院;委石秀鹏为警务长"[3]。泰州完成光复。

兴化光复

兴化"地势极低,四面环水,形若釜底,古称邵阳镇。其中河港分歧,湖荡夹杂,向无兵祸"[4]。兴化古称邵阳,其地势尤为特殊,四面环水,仿佛锅底,其中河港错杂,湖荡密布,若无船只,行动极为不便,故有称兴化为"水荡子"。正如谚语有云:"自古邵阳好避免兵。"因此兴化的局势还算较为稳定。兴化正由于其独特的地势特点,向来无兵祸的扰乱,但却匪贼横行,难以制止,以至于人人自危。兴化当时的守军更是形同虚设,"兴化城守营腐朽不堪,钢叉数支,竹杆枪六八根,仅老弱者穿号褂而已"[5]。军队如此不堪,何以护卫兴化百姓?故地方上每十户出一人,夜间巡视,以口号为通讯办法,不

[1]　许杏农:《泰州光复纪实》,扬州师范学院历史系编:《辛亥革命江苏地区史料》,第321页。

[2]　许杏农:《泰州光复纪实》,扬州师范学院历史系编:《辛亥革命江苏地区史料》,第322页。

[3]　单毓元等纂:《民国泰县志》卷一《大事记》,民国二十年(1931)稿本。

[4]　任冶丞:《兴化县光复记略》,扬州师范学院历史系编:《辛亥革命江苏地区史料》,第327页。

[5]　任冶丞:《兴化县光复记略》,扬州师范学院历史系编:《辛亥革命江苏地区史料》,第327页。

知口号者不予以通行。诚然这在一定程度上保证了地方上的安定,但群众误以为兵祸临头,最后却反而导致了社会的混乱。"富户预备逃难,穷民则哀求衣食,街市不成市面,知县陈廷英无法维持。"[1]此虽是一场误会引发的闹剧,却也反映出兴化地方官员的昏庸无能。百姓对于革命懵懂无知,以至于听闻武昌的革命军起义,兴化地方上的老年人听后竟然如魂魄失落,手足无措。

九月二十日(11月10日)下午,兴化地方上又忽然谣言四起,"云北有大帮匪至,西有匪船探望"[2]。于是兴化县内农、商、学三界代表人物集聚于文昌阁内开会讨论应对措施。经过讨论,最终决定送密函至扬州军政府,请司令徐宝山来兴化。徐宝山于九月二十八日(11月18日)晚抵达兴化南门的大码头,并于第二天清晨进入兴化。兴化全城悬挂白旗,绅、农、商、学各界代表至码头欢迎,并在兴化城内的明伦堂开光复大会。九月三十日,徐宝山离开兴化。"辛亥十月光复,地方设临时县议会,推任位谦等二十五人为议员,并举魏晋卿为议长、葛瀛澜为副议长,会址设训导署内。"[3]至此,兴化光复。

扬子光复

扬子县即今之仪征,为避清末宣统帝溥仪的名讳而改名扬子。"扬子县自九月十九日知县陈周慎接得军政府照会,宣布独立,照旧办事。"[4]然而知县陈周慎突然于二十二日前往十二圩,当晚并未回来。驻守扬子的军官前往知县家中查看,"署内仅留有家丁两名……遍寻官印不见"[5]。知县陈周慎显然已携官印及家眷潜逃,于是扬子县地方上推选税课大使陈鹤年为扬子县的民政长。至此,扬子光复。

高邮光复

清宣统三年(1911)八月,武昌宣布光复,用黄帝纪年。各省响应,多脱

[1] 任治丞:《兴化县光复记略》,扬州师范学院历史系编:《辛亥革命江苏地区史料》,第328页。

[2] 任治丞:《兴化县光复记略》,扬州师范学院历史系编:《辛亥革命江苏地区史料》,第328页。

[3] 李恭简修、魏隽、任乃赓纂:《〔民国〕续修兴化县志》卷七《自治志》,《中国地方志集成·江苏府县志辑》第48册,第539页。

[4] 《光复时民贼漏网》,《民立报》1911年11月29日,第4版。

[5] 《光复时民贼漏网》,《民立报》1911年12月29日,第4版。

离清政府独立。高邮风闻,人心震动。

九月,有传言高邮以北二百余里清江浦之十三协清军猝然兵变,即将沿运河南下,高邮戒严。高邮知州姚纪衡议办团防,委托客绅黄国栋招兵约一百数十人设立卫安营。此时,徐宝山入扬州,立军政分府,宣称扬州光复,电召高邮光复。十五日,高邮当地民众组织临时自治会,鉴于高邮、扬州学界多有同学关系,便推陈捷(系日本留学生)、贾先甲(系两江师范学生)和高邮州官立高等小学堂堂长夏伦彝等至扬州,前往接洽。[1]十八日,在官立高等小学堂召开士民大会。知州姚纪衡到会,并在士民大会上表示赞同改行共和制度。众人仍推姚纪衡为本县民政长,用黄帝纪年,宣布境内光复。

但姚纪衡貌虽顺从,心实不甘于共和制度。十月,扬州民政署遣使携带高邮县木印来,姚并不启用,竟声称对发起光复的人,非施以严重打击不可。临时自治会屡敦促姚纪衡遵守约定。姚纪衡大怒,嗾署胥役结党反抗,又盛陈兵卫,召集绅董以示威。临时自治会见姚纪衡坚意负约,派人求援于镇江和扬州二地。

十一月,自治会员以镇江军至,组织高邮司法机关,县令姚纪衡辞职离去。

中华民国元年(1912)1月,高邮组织临时县议会,公举吴辅勋为民政长,拟遵新制实行。十五日,徐宝山遣部马玉仁率军至,逐去镇江军队,委任黄国栋为高邮军司令。吴辅勋辞职去,暂以总务课长袁良干代理县事。2月,江苏都督委任前知州姚崇义为高邮县民政长。

高邮由于其内部各方势力交错,光复过程颇为曲折,其中详情,《〔民国〕三续高邮州志》卷八《县附录一·光复事略》有说明:"高邮光复,初本官民同意,嗣因姚纪衡委兵柄于客绅(黄国栋),颇违众意。黄国栋素无威望,用捕役邵正堂为爪牙。邵本枭匪,前任姚崇义所招抚也,颇雄桀,国栋以为营长,倾心结之,并引其徒布满军籍,横行一时,纪衡并不能制。适自治会诸人,因争司法独立与纪衡交恶,往求镇江都督林述庆分兵莅邮。林遣其军

---

[1] 夏伦彝:《高邮光复前后的政局》,高邮县政协文史资料研究委员会:《高邮文史资料》第1辑,第8页。

政执法官孙昭来组织审判、检察两厅，所带不过二十余人，国栋不敢抵御，乃持中立态度，听孙入城。纪衡大失所恃，乃仓皇辞职去。既而国栋见镇军将久留不去，因乞援扬州徐分府遣马（玉仁）旅长率军来邮。孙昭知势不敌，引去。徐（宝山）遂任国栋为军司令长。马（玉仁）入人民政署，语侵吴辅勋，吴不能堪，弃官径去。邑绅入署白事，见吴已去，遣人追之，不获，乃暂推课长袁良干代理。闻旧牧姚崇义在江南，邑人王鸿藻等往与要约解散卫安营、设司法专员等事，崇义允诺，乃公禀都督，请仍委崇义赴任。既至，召邵正堂，好言抚之，邵率其党归县署约束。崇义知国栋势孤，不能为变，因交高邮市议会议决，裁撤卫安营，国栋辞职，高邮闾里复安。此次前后共九阅月，官绅交哄，文武离心，外有强邻，内存剧盗。乱本已成，足使阖城涂炭，乃寸铁不用，滴血未流，内患外患无形消弭，不可谓非天幸也。"[1]

扬州光复后，徐宝山在扬州城建立军政分府，随后电召高邮光复。高邮本和平光复，然多方势力相互掣肘，特别是原知州姚纪衡贪图权利，镇江林述庆横插一杠，使得光复过程波澜迭起。历经九个多月，高邮最终得以光复。

宝应光复[2]

武汉光复后，革命风潮席卷江苏，宝应地方上也有革命党人和同盟会会员的活动。他们集中于叫作"迎秀园"的茶坊中积极谋划宝应的光复。宝应县原知县为易焕鼎，但随着地方上光复情绪日益高涨，同盟会和革命党人的活动日趋频繁，易焕鼎早已准备好闻风逃走。

扬州光复后，宝应地方上的革命人士备受鼓舞，决定光复。11月13日，陆木炎、朱叔苑、刘同桓等人率领荷枪实弹的武装人员闯入宝应县衙，撤下清朝龙旗。知县易焕鼎离职逃跑，致使城内秩序混乱，无人维持，人人自危。于是在1911年11月中旬，为平息地方混乱，维持地方秩序，拟以地方人士建立军政府。经过地方人士公推，选王棣山为军政长，吴怡庭、鲍友恪分别为正副民政长，建立军政府，设署于孔庙内。至此，宝应县宣布光复。

虽然宝应县已经宣布光复，但这个军政府成员大都由原清政府的官吏

---

[1] 胡为和、卢鸿钧修，高树敏纂：《〔民国〕三续高邮州志》卷八《县附录一》，卢桂平主编：《扬州文库》第1辑第23册，第334—335页。

[2] 本部分主要参考朱祝吾：《同盟会员孟佐天等人在宝应遇害》，稿藏建湖县政协文史委。

和地方上的士绅组成，他们往往借革命之名而谋求一己之私利。令人震惊的是，光复后仍然有对革命党人和同盟会会员进行镇压的情况。王棣山、吴怡庭和鲍友恪等人就任后，一方面，以军政府名义宣布加强城防管理，按时关闭城门；另一方面暗地里指使衙役、捕快往各乡搜查有关革命党人的消息。王棣山等人表面上是为了维护社会秩序，稳定社会治安，实际上是秘密抓捕革命党人，抵制资产阶级民主运动。

民国元年（1912），同盟会会员孟佐天受黄兴和柏文蔚的命令，前往海州组织起义。孟佐天途经宝应想要筹饷借粮，一行人进城后受到了宝应县城百姓的热烈欢迎。孟佐天等人只知宝应已光复，未曾知晓王棣山等人并非真心革命，被骗至军政府内。孟佐天一行人进入宝应军政府内，说明了缘由并且出示相关证件，但是王棣山等人不由分说，认定孟佐天等人并非革命党人，并且污蔑其为流窜在附近的土匪。当晚孟佐天一行人除了随行的一个厨子，其余全部被杀。孟佐天临刑前毫不畏惧，还嘲讽道："夫子庙前戕孔孟。"

宝应县百姓为表达对宝应军政府的不满和讽刺，在当地夫子庙写下了这样一副对联："夫子庙前戕孔孟，观音庵内捉高王。"最终，"1912年（民国元年）初春，南京临时政府追认孟佐天等十七人为革命烈士，处决了杀害革命党人的刽子手鲍友恪等劣绅"[1]。

（四）扬州光复后的余响

清末，江苏省辖江宁、苏州、镇江、常州、松江、扬州、淮安、徐州八府。另有三直隶州（海州、通州、太仓州）、一直隶厅（海门）、三散州（泰州、邳州、高邮州）、三散厅（太湖厅、太平厅、川沙厅）。松江府光复开江苏光复之先河，但时至扬州光复后，南京仍为清兵所盘踞，江苏未能实现全面光复。徐宝山不仅光复了扬州各地区，也参与了如镇江、南京、盐城、阜宁等非扬州地区的光复。徐宝山及其扬州光复对于江苏地区的光复具有重要的推动作用。

其一，推动江苏各地光复。扬州光复之前，徐宝山已经配合林述庆一起光复了镇江。扬州光复以后，徐宝山先后率兵光复了阜宁和盐城。据《盐城

---

［1］　姜爱东、赵庆荣：《辛亥革命烈士孟佐天事略》，政协建湖县文史资料研究委员会：《建湖文史选辑》第二辑，1988年，第30页。

县志》和《〔民国〕阜宁县新志》记载以及相关考证[1],盐城士绅向徐宝山请求援助,徐宝山允诺并于宣统三年(1911)九月三十日抵达盐城任命杨瑞文为民政长。十月初一日,徐宝山率部队抵达阜宁,"于是城中竖五色旗",[2]宣布阜宁光复,推前知县方在镛为民政支部长。至此,盐城和阜宁先后光复。

南京的光复战役中,徐宝山所率领的军队不畏牺牲,勇敢作战,对南京光复起到了至关重要的作用。

扬州光复后,南京仍为清军所据守。南京处长江下游,濒江近海,虎踞龙盘,其独特的地理位置和重要的政治地位备受各方关注。此时南京仍由清将张勋驻守,其率领的江防巡营和新军,计约15000人。为了光复南京,江浙联合集结士兵约计万余人,于镇江设立江浙联军总司令部,谋划进攻南京,以平定江南之局势。江浙联军当中就有徐宝山所率领的扬军两千余人。徐宝山在南京光复过程中的贡献如下:

(1)为熟悉浦口一带地形,徐宝山亲赴清江招募以当地盐贩为主的寿州军队。所招募寿州军队勇猛彪悍,并且熟悉当地地形,为后来浦口战役的胜利奠定了基础。

(2)"徐宝山带兵攻打浦口,海军全队在下关攻击狮子山炮台。"[3]徐宝山带兵攻打浦口,牵制张勋在南京的防守兵力,协同主力的联军部队进攻南京,最终实现南京光复。

(3)截击张勋的辎重部队,张勋部损失惨重,失去反攻南京的能力。

1912年9月,南京临时政府共计分发二百二十五万余元给各军队及各机关单位,其中徐宝山军获得了南京临时政府十五万元以作军饷[4],这从一个侧面肯定了徐宝山在南京光复中的作用。

其二,稳定扬州社会秩序。光复扬州后,徐宝山开始致力于扬州地方社

---

[1] 许友根:《辛亥革命时期盐城地方史考述》,《盐城师范学院学报(哲学社会科学版)》2000年第1期,第133页。

[2] 焦忠祖修,庞友兰纂:《〔民国〕阜宁县新志》卷首《大事记》,《中国地方志集成·江苏府县志辑》第60册,第11页。

[3] 《专电》,《申报》宣统三年十月初七日(1911年11月27日),第2版。

[4] 《专电》,《申报》壬子八月十六日(1912年9月26日),第2版。

会的稳定。一是大力镇压匪徒叛乱,安定民心。这在《申报》上多有记载。如,宝应及高邮等地苦受匪徒骚扰,请求徐宝山帮忙清剿盗匪:"江北宝应县属之东王通河地方,于七月六日上午十时忽来盗船八艘,有盗匪二百余人……一面电请江北巡防马步各军统带米占元君,暨驻扬第二军徐宝山军统□派水陆军队协力追缉,务获惩治。"[1]二是惩治宵小之徒聚众闹事:"扬州审判厅本拟五月十七日开厅,嗣因书差聚众求差,迟至二十日始能就绪……厅长陈赐卿见其无理可喻,吁求徐宝山司令,派兵捉拿首要。"[2]书差闹事,徐宝山关闭城门,防其四散蛊惑民众,派兵捉拿了聚众闹事的犯首,风潮得以平息。另外,镇压兵变。辎重营士兵索饷滋事,发动兵变,徐镇压了兵变,"下令将该营迁往城外"[3],以免惊扰城内百姓。

其三,推进民生建设。光复以后,扬州城的基础设施建设有了一定的开展。如电报通讯,1913年扬州便拥有一个二等甲级的扬州电报局和多个三等乙级电报局。道路修筑上,宝应绅士卢殿虎此时就计划修建从扬州至清江的公路,并且尝试沿堤筑路。[4]城市照明和排水系统也有了长足进步,1914年无锡商人祝大椿创建江都振明电灯公司,扬州商会会长周树年对此积极倡导并给予帮助,其间虽出现"该公司电光时或不足,以故与各燃户常起争执"[5]等问题,但终得解决。扬州城的主要街道修建了下水道,较为偏远的街道也会用砖砌窨井进行排水,效果良好。防火消防上,扬州已经出现望火楼和专门的火警电话专线。"扬州救火会会长戴静山以本城缺乏望火警钟,拟于新旧城适中之地点,建设望火楼一所,以资守望。其经费约需四五百元,业在商会议决向各商募集矣。"[6]后终于民国十二年(1923)修建了望火楼,随后,专门设立了火警电话和水会(即救火会),推进了城市的防火防灾的近代化。除了城市基础设施得到改善以外,在教育方面,也取得长足进步。徐

[1]《宝应白昼抢劫之骇闻》,《申报》壬子五月二十八日(1912年7月12日),第6版。

[2]《扬州书差闹风潮》,《申报》壬子四月初八日(1912年5月24日),第6版。

[3]《徐军长勒迁辎重营》,《申报》壬子四月二十七日(1912年6月12日),第6版。

[4]《瓜清汽车道路利用运堤之商榷》,《申报》壬戌十月十四日(1922年12月2日),第24版。

[5]《场运局与电灯厂之交涉》,《申报》丁巳正月初七日(1917年1月29日),第7版。

[6]《筹设火钟楼》,《申报》己未十月十四日(1919年12月5日),第7版。

宝山重视女子教育,兴办和推动女子学校的建设,支持扬州女界代表人物郭坚忍大力兴办女子学校。最终,扬州近代女子教育独树一帜,人才辈出,成为当时全国的样板。

为了寻找原料产地和商品销售市场,维护非法的鸦片贸易,英国政府对华发动了第一次鸦片战争。战争期间,沿江的扬州民众迅速组织起来,奋起抗争,显示了中华民族不畏强暴,反对一切外来压迫的斗争传统。战争前后,面对列强连樯东来,一批有识之士睁开眼睛看世界,主张学以致用,提倡经世入世,积极关心和探讨"盐""漕""河"以及边疆防务等社会现实问题,形成一股颇具影响的经世致用社会思潮。扬州籍或侨寓扬州的阮元、刘宝楠、龚自珍、魏源等人是其杰出代表。

鸦片战争后,反帝反封建成为中国人民面临的历史主题。1853年太平天国定都天京后,扬州地区开始成为太平军与清军鏖战的战场。太平军曾三进三出扬州城,天京、镇江、扬州三地形成互为倚靠的铁三角。太平军在扬州积极组织民众进行生产,实行圣库制度,宣传拜上帝教,动摇了封建清政府在扬州的地方统治。

辛亥革命是一次不彻底的反帝反封建资产阶级民主革命。辛亥革命的第一枪虽在武昌打响,但中华民国临时政府却在南京诞生。故此,江苏光复在辛亥革命中有重要地位。在江苏光复中,扬州地区的光复过程复杂微妙,有其自身的特点。在革命潮流奔涌啸聚面前,光复前的扬州,地方统治名存实亡,统治权力出现真空,游民孙天生突如其来,鼓动部分定字营清兵乘势起事,"光复"扬州,但由于其游民本性,他"不问苍生问课银",所作所为与资产阶级革命宗旨大相径庭。在扬州官绅力邀下,镇江革命党人林述庆、李竟成指派徐宝山光复扬州,成立扬州军政分府。徐宝山接管扬州地方政权后,枪杀孙天生,派兵光复扬州各属,一定程度上稳定了社会秩序,推行一些民生建设措施。但徐宝山毕竟是盐枭出身,是帮会头目,他带兵光复扬州的目的是为了"稍沾鹾务之利",占山为王,终成割据一方的地方军阀。革命成果所存无几。扬州光复中出现的这种情形,也是全国的缩影,它生动说明了辛亥革命缺乏必要的社会动员和民众基础,其早熟性、不彻底性显露无遗。

第五章　清代扬州经济

　　扬州位于京杭大运河和长江的交汇处,负淮带江,锁钥吴越,地理位置得天独厚,是中国古代重要的交通枢纽。在明代以前,扬州一直扮演着转输咽喉的角色。自万历四十五年(1617)纲盐制开始实行,两淮盐运衙门的地位日益凸显,扬州开始逐渐发展起来。

　　但到了明末清初,扬州经历了一段前所未有的浩劫,明朝阉党的搜刮、频繁的三饷加派和明末清初在扬州发生的两次兵祸。扬州城受到巨大的破坏,一时商旅断绝,人口锐减,经济极为萧条。

　　清王朝定鼎后,开始着手加强内政治理,通过颁布一系列的政策,安民惠商。作为集漕、运、盐三者为一体的城市,水利兴修是保障交通运输、城市经济发展的基础。很快,扬州再次聚集了来自全国各地的商人,这其中盐商的数量最多。盐商在获得经济利润的同时,也积极投入到城市的兴建中。扬州迅速得到了恢复和发展,人口、赋税不断增加,到乾嘉时期,扬州城市空前繁荣。

第一节　赋税徭役

　　赋税是国家机构运转的财政基础,清朝建立之初就开始订立赋税,顺治三年(1646)摄政王多尔衮责成户部"在内责成各衙门,在外责成抚按,严核详稽,拟定《赋役全书》"[1],作为全国征税依据的册籍,明确规定原额、实征、起运、本色、改折、豁免等事项。

---

[1]《世祖章皇帝实录》卷二五,《清实录》第3册,第217页。

清代赋役制度较为复杂,在延续明代赋役制度的同时,也积极对原有制度存在的弊端进行改革来维系赋役征收。顺治初年,以明代万历年间旧例为定赋原则,继续推行一条鞭法,"赋税册籍,有丈量册,又称鱼鳞册,详载上中下田则。有黄册,岁记户口登耗,与《赋役全书》相表里。有赤历,令百姓自登纳数,上之布政司,岁终磨对。有会计册,备载州县正项本折钱粮,注明解部年月。……直省征收钱粮,夏税于五六月,秋粮于九十月"[1]。大体而言,赋税由田赋、杂课、关税、盐课组成。

一、田赋

田赋一般包含地丁税和粮税。地丁税由土地税和丁税组成,土地税就是按田亩数目征收的税额,这其中最为特殊的是漕粮;丁税是成年男子缴纳的税额;粮食税就是前面引文提到的夏税秋粮。

清初扬州府有三州七县,顺治九年(1652)官民灶田为135879顷,又有升科、坍废并豁免,康熙三年(1664)土地为134193顷,征银288343两,征本色漕米105016石,征本色凤米20119石。[2]人口数为367120丁,当差人口358074丁,征丁徭银49960两。康熙十一年(1672)海门废县并入通州;雍正三年(1725),通州升为直隶州,泰兴、如皋划为其管辖;雍正九年(1731),江都县一分为二,新设甘泉县;乾隆三十三年(1768),泰州增东台县。乾隆后期,扬州辖二州六县,嘉庆十三年(1808)人口3473633丁,征银407379两,田地70503顷。

---

[1] 赵尔巽等:《清史稿》卷一二一《食货二》,第3528—3529页。

[2] 康熙三年,甘泉县尚未设置;海门县尚未并入通州,当年海门县田地为147顷,征银1497两,征本色漕米765石,当差人丁9927,征丁徭银2686两。如皋县辖江宁乡、安定乡、赤岸乡、沿海乡,共16都。康熙三年田地30083顷,征银19540两,征本色漕米4992石。人丁38227,当差人丁37770,每丁征银0.05两,征丁徭银1922两。泰兴县辖太平乡、顺德乡、保乂乡、依仁乡,共辖114里。康熙三年田地12597顷,征银32662两,征本色漕米4494石;人丁46254,当差人丁45386,每丁征银0.04两,征丁徭银1992两。通州辖狼山乡、永兴乡、西成乡、文安乡、清干乡、在城、余东场、余中场、余西场、金沙场、西亭场、石港场、河泊所。康熙三年田地10289顷,征银34157两,征本色漕米4979石;人丁49683,当差人丁49045,每丁征0.05两,征丁徭银2452两。另所有田地、赋税均取整数。

清代扬州首县江都县,清初,沿袭明制,分十区,共辖 119 里[1]:在城区、瓜洲区、河东区、丰乐区、艾陵区、崇德区、第二港区、第八港区、顾家区、青草区。康熙三年(1664)田地为 17066 顷,征银 56992 两,征本色漕米 11360 石,征本色凤米 5294 石。人口 58138 丁,当差人丁 56646,征丁徭银 9006 两。雍正十一年,定江都县为六都:一都、二都、三都、四都、五都、六都,共辖 67 图,下有瓜洲镇、杨子镇、湾头镇、仙女镇、宜陵镇、张纲镇、万寿镇、大桥镇、嘶马镇、桑里。嘉庆时,人丁 528339,田地 8957 顷。

另一附郭甘泉县,雍正十年分江都县西北设甘泉县。雍正十一年,甘泉县定为五区,领 52 图,下有邵伯镇、黄珏镇、上官镇、公道桥镇、大仪镇。嘉庆时,人丁 469817,田地 8603 顷。

仪征县,康熙初年沿袭明制,县辖:在城都、东广陵都、西广陵都、归仁乡、怀义乡、太平乡、甘露乡。后增加新城都,共辖 14 里,下有新城镇、朴树湾镇、何家港镇、白沙镇。康熙三年田地为 3402 顷,征银 13935 两,征本色漕米 1418 石,征本色凤米 651 石,当差人丁 11480,征丁徭银 1739 两。嘉庆时,人丁 366132,土地 2348 顷。

高邮州:丰谷乡、武宁乡、昌平乡、德胜乡,共辖 23 村,86 里,下有樊良镇、三垛镇、张家沟镇、北阿镇、界首镇、临泽镇、时堡镇、永安镇、陆漫闸镇。康熙初年土地 25823 顷,征银 39006 两,征本色漕米 9676 石,征本色凤米 1613 石;人口原额 32550 丁,当差人丁 26149,征丁徭银 6145 两。嘉庆时,人丁 277702,土地 21023 顷。

宝应县:三阿乡、永宁乡、军下乡、曹村乡、王野乡、孝义乡、顺义乡、侯材乡、白马乡,共辖 29 图,下有白田铺镇、瓦店镇、氾水镇、江桥镇、黄浦镇、芦村镇、黎城镇、衡阳镇、永丰镇、射阳镇。康熙三年田地 2221 顷,征银 18625 两,征本色漕米 2615 石,征本色凤米 2610 石;人丁 25814,当差人丁 24956,征丁徭银 6045 两。嘉庆时,人丁 304103,田地 1621 顷。

[1] 〔清〕雷应元纂修:《〔康熙三年〕扬州府志》卷二《郡县志下·都里》,卢桂平主编:《扬州文库》第 1 辑第 2 册,第 58 页。

表5-1扬州府所属高邮、江都、仪真、宝应四州县的土地、田赋表[1]

州县名	原额田（顷）	升科等则田（顷）	实在田（顷）	豁坍江田（顷）	地亩银（两）	本色漕米（石）	本色凤米（石）
高邮州	25815.766	7.651	25823.412	—	39006.25	9676.69	1613.91
江都县	17163.859	69.479	17066.258	167.081	56992.89	11360.79	5294.55
仪真县	2402.221	—	2401.248	0.974	13935.54	1418.24	651.75
宝应县	2221.744	—	—	—	18625.29	2615.57	2610.57
总计	47603.59	77.13	45290.918	168.055	128559.97	25071.29	10170.78

漕粮是田赋最重要的组成部分，清袭明制，每年由鲁、豫、苏、浙、皖、赣、湘、鄂八省征收粮食运往北京、通州，供皇室、官员和八旗兵丁之需。在清代道光以前，漕粮一律征收粮食，不准以钱币形式缴纳。扬州府漕粮由江南省江安粮道管辖，征收的漕粮品种为粳、稜、粟米。康熙初年扬州漕粮134590石，其中正兑米60000石，正兑耗米27600石，改兑米37000石，改兑耗米9990石（注：正兑耗米以"凤淮扬三府徐州每石加耗米四斗六升"，改兑耗米"凤淮扬三府耗米二斗七升"计算得出[2]）。但由于灾荒蠲免、土地坍塌荒废等，嘉庆年间，扬州漕粮96549石。[3]同治四年，扬州定额的漕粮开始折算成银两，交到江宁藩司江安粮道买米，再通过海运运往天津。此后，漕粮折银成为定例，光绪时扬州府漕粮永折定额20000石，每石折征银5钱。

---

[1] 资料来源：〔清〕雷应元纂修：《〔康熙三年〕扬州府志》卷四《赋役志下》。因为统计数字太细微，所以为简便起见，本表田亩仅计算到"分"，银钱仅计算到"分"，容量仅计算到"升"，均按四舍五入统计。下同。〔清〕金镇原本，〔清〕崔华、张万寿续修，〔清〕王方岐续纂：《〔康熙二十四年〕扬州府志》卷一〇《赋役》载，扬州府所属高邮、江都、仪真、宝应四县中，高邮州的地亩银上升到41547.441两；江都县的地亩银、本色漕米、本色凤米分别为：58148.04两、10477.38石、5865.02石；仪真县的本色漕米为1385.26石；宝应县的地亩银和本色漕米分别为：20213.87两、7348.97石。其他数据基本相同。

[2] 〔清〕伊桑阿等纂修：康熙《大清会典》卷二六《漕运一》，沈云龙主编：《近代中国史料丛刊三编》第72辑，台北文海出版社1992年版，第1158、1160、1165—1166页。

[3] 〔清〕阿克当阿监修，〔清〕姚文田等纂：《〔嘉庆〕重修扬州府志》卷二〇《赋役志》，卢桂平主编：《扬州文库》第1辑第6册，第339—341页。原书记载总额为97745石，疑算错。

表 5-2　　　　　　**清嘉庆扬州各州县漕粮征收漕粮数**[1]

单位：石

县别	正兑米	加三耗	改兑米	加二五耗	漕赠米	一半本色月粮米	运军口粮	凤米	军储仓麦改米	改抵通州漕米	总计
江都县	4334.65	1300.39	298.24	74.55	342.61	234.07	172.72	2595.14	897.88	844.39	11094.64
甘泉县	2734.47	820.34	193.14	48.28	186.93	239.08	—	1422.14	619.43	549.73	6813.54
仪征县	874.64	262.39	59.45	14.86	60.56	46.49		608.02	56.63	—	1983.04
高邮州	3928.39	1178.51	440.25	110.6	282.86	46.87	6.98	731.41	—	—	6725.87
宝应县	3552.25	1065.67	211.63	52.9	244.12	—	3.67	—	126.02		5256.26

正米是指按田科亩数征收的正项漕粮，其中运往北京的被称为正兑米，运往通州的称为改兑米；耗米是指漕粮沿途运输和在京、通仓存储时发生的损耗，每石加耗以各府距离北京、通州远近加征，分别称之为"旗丁沿运盘剥晒飐耗米"和"正折耗米"，一般来说旗丁沿运耗米与正折耗米的比例是64％、36％。[2]

遇到自然灾害、战乱导致粮食歉收而免征的漕粮被称为蠲免，经"督抚题请并蠲，钦奉恩旨准豁"，清代扬州漕粮的蠲免主要有自然灾害和国家对之前积欠漕粮两种，自然灾害以水灾为主，如康熙三十九年（1700）淮、扬府属叠被水患；乾隆三年（1738）江南上、下两江被灾，当年漕粮免征；漕粮蠲免的数额由灾情轻重决定，分年带征或按分数蠲免，例如乾隆五十六年（1791），"江宁、淮安、扬州、徐州、海州等五府州属，自四十八年起至五十四年止，因灾积欠银米麦豆，均照所欠多寡，分作四年带征，并将此项带征银米麦豆每年宽免一半"，但是蠲免的只是漕粮，附加的"赠贴行月米石照数征米运通"。嘉庆四年（1799），"上、下两江各州县，乾隆五十八年起，至六十年止，共民欠未完漕项正银五千九百二十二两五钱五厘，耗羡银五百五十四两四钱七厘，漕粮正耗并漕项赠月共米三千一百一十一石三斗七升四合九勺，月粮麦一千四百九十四石一斗一升五合四勺，月粮豆二百五十一石七斗

〔1〕〔清〕阿克当阿监修，〔清〕姚文田等纂：《〔嘉庆〕重修扬州府志》卷二〇《赋役志》，卢桂平主编：《扬州文库》第 1 辑第 6 册，第 339—341 页。

〔2〕李文治、江太新：《清代漕运》（修订版），社会科学文献出版社 2008 年版，第 84 页。

四升六合二勺,俱遵恩旨豁免"。[1]

扬州漕粮附加税名目众多。轻赍是耗米的一部分,征收之时即折收银两,解交仓场通济库,有的解交户部,作为办理漕务开支,各地轻赍所占比重多寡视路途远近而定,道路越远轻赍越重。扬州轻赍银原额7800两,后征1161两;正兑轻赍"每正兑正米一石外加耗米五斗六升,内除三斗随船作耗,余米二斗六升每斗折银五分,共折银一钱三分";改兑易银"每改兑正米一石外加耗米二斗七升,内除二斗五升随船作耗,余米二升折银一分"。[2]

芦席银,芦席是存储漕粮之用,道光九年(1829),扬州府实征芦席银164两,其中原折银54两,另外席子5493张折银110两。随漕芦席每二石米征芦席一张,每张席子长、宽各四尺八寸,后每席再征折银一分,随正漕交通济库,用于存储之用。

运丁出运要给运军行粮月粮。月粮无论有无漕粮,所有州县都要征收;行粮向有漕粮的州县派征。如浙江宁波、温州等府不征漕粮,但相关军丁有运送漕粮的任务,这些军丁的月粮就由军丁所属州县派征。扬州较为特殊,除负责扬州各州县漕粮运输外,还要承担天长县、如皋县以及苏州府的漕粮,苏州府漕粮由扬州卫头帮、仪征帮负责兑运。因此,扬州府"行粮于淮仓项下改征半本,月粮于原给运丁三钱之内分出半本半折。本色月粮额派苏、松、镇三属并扬、通二属支领。折色月粮额派苏松者,听苏松粮道派给。其派扬、通、镇三属者,解江安粮道支给"。[3]

漕粮赠贴是专供运军长途运输沿途盘剥等项开支,有的给银,有的给米,又叫赠贴银米,赠贴名称因地不同,扬州称漕赠。康熙九年(1670)规定,将漕粮赠贴银米数额一并刊刻易知由单,发给纳户令随正项漕粮一同缴纳兑运漕粮的运船。当时运解规定补贴费为"五米十银",即漕粮每一百石由

————————

[1]《钦定户部漕运全书》卷三、卷四、卷五、卷六《蠲缓升除》,故宫博物院编:《故宫珍本丛刊》第319册,海南出版社2000年版,第27、28、29、31、33、36、58、67页。

[2]《钦定户部漕运全书》卷四八《正兑轻赍》《改兑易银》,故宫博物院编:《故宫珍本丛刊》第320册,第206、207页。

[3]《钦定户部漕运全书》卷四八《轻赍额征》《正兑轻赍》、卷四九《席木额征》、卷五〇《随漕席片》、卷三一《行月例款》,故宫博物院编:《故宫珍本丛刊》第320册,第201、206、212、218、3页。

业户贴以米五石、银十两。

　　扬州除额征正项漕粮外,还有漕费银一项,是江苏、安徽和江西三省为修补粮仓、征漕办公以及给运丁的津贴,此项各地数额不等,收米收银由各地自行决定,扬州府专收米,每石漕粮加漕耗米 0.1 石,其中 5 升给运丁,5升留州县。

　　就漕粮而言,扬州漕粮有两个特别的地方。一是漕粮红、白粮兼收。自明代始,扬州漕粮一直以纯红米缴纳,康熙二十五年(1686)宝应知县徐翙奏请,言及受康熙七年(1668)水患以来,"民间米色不一,难以购办,请红白兼收"[1],在漕运总督慕天颜、董讷的允许下,扬州漕粮改为红白米兼收。另一个是关于凤米的加征。凤米,是明代"为守凤阳陵寝之兵而设",由庐、凤、淮、扬四府州县每年定额解交征粮到凤阳。清初,凤阳守陵兵被裁汰,但凤米作为兵米依旧沿袭。康熙时,扬州府征凤米 19998 石,由江都县、泰州、宝应县、如皋县和泰兴县缴纳。以江都县为例,康熙时江都县每年征凤米 5294 石,其中 2138 石送至淮安仓,余下作扬州营、狼山营官兵粮饷。所有凤米先由扬州运抵凤阳,每石凤米征收水脚银四钱六分,耗米加二成;然后再将归属淮安仓份额由凤阳运往淮安,这一段每石凤米再征收水脚银二钱四分,耗米加一成。另外还有雇船催夫交兑使费、催米验米守候批回费用,"岁费民亦千金不止"。扬州营、狼山营官兵领取粮饷时再去凤阳、淮安两地按额领用,"狼山营距淮安则八百余里,距凤阳则八九百里。官兵领米又费往来脚价盘费,领米一石,实惠不得五斗"[2]。但一直到清末,凤米作为附加税一直存在。

　　在正税中,还有一种形成于清末扬州本地并推广全国的新税种——厘金。厘金是太平天国运动爆发后,清政府基于弥补盐引停运,关税难以征收,为筹措军费而设立的,由雷以諴于咸丰三年(1853)在扬州仙女庙

　　[1]〔清〕徐翙修,〔清〕乔莱纂:《〔康熙〕宝应县志》卷六《贡赋》,卢桂平主编:《扬州文库》第1辑第24册,第501页。
　　[2]〔清〕李宗孔:《请革凤米收兑之弊疏》,〔清〕金镇原本,〔清〕崔华、张万寿续修,〔清〕王方岐续纂:《〔康熙二十四年〕扬州府志》卷三七《艺文》,卢桂平主编:《扬州文库》第1辑第4册,第768—769页。

创立。因率值百抽一,合为一厘,因此称之为厘金。一开始厘金只面向扬州城下属邵伯、仙女庙诸镇的米行收取,"每米一石,捐钱五十文,计一升仅捐半文",次年四月雷以诚又在泰州设立分局,向各行抽厘,因"于民生毫无关碍","不扰民,又不累商","且细水长流,源远不竭,于军需实有裨益"[1],遂在各州县所有商户推行。九月,厘金在江苏全省试办,后遍行全国。厘金又分行厘和坐厘,行厘面向行商征收,坐厘抽于坐贾,因为抽取为日用必需品,总额可观,在清末厘金成为政府税收重要来源之一,后成为正税。光绪十七年(1891)厘金税额为1631万两,宣统二年(1910)总额已高达4318万两。

二、杂税

清代扬州府的杂税主要包括课、租、税等项。扬州府的课,主要为芦课、鱼课;扬州府的租主要为屯田租、学田租、草场租、塘租等地租;扬州府的税则主要为盐课、房田契税、牙税、行夫、碾饷、市集落地税和牲畜税等。如摊派匠班银,匠班银除摊入田亩征收外,还要额外征银,嘉庆时,扬州府摊派的匠班银再征银14145两。

(一)课税

芦课是对芦田征课的租税。芦田有稀、密,上地、中地、下地、草地、泥滩诸等级,由民工种芦,按等级纳课。有正额、耗羡等名目。芦课钱粮"上年俱系征解芦政衙门交收"[2],"芦课旧例,工部专差部员,设江宁芦政衙门董理征收,近则归并各州县,征解藩司。其课历年压征,十月前算刻由单,由府详司院报部,至十月开征。以芦于冬时水涸,方可收获也"[3]。芦课不是全府各州县都要缴纳,康熙时,江都县、仪征县、泰州、如皋县四地需要缴纳,到嘉庆时,扬州府下只有江都县、仪征县两县征收芦课。比较前期27249两,嘉庆时芦课只余18838两。

[1]〔清〕雷以诚:《请推广捐厘助饷疏》,〔清〕盛康辑:《皇朝经世文续编》卷五六《户政二十八·厘捐》,沈云龙主编:《近代中国史料丛刊》第85辑,台北文海出版社1966年版,第6429—6430页。

[2]〔清〕金镇原本,〔清〕崔华、张万寿续修,〔清〕王方岐续纂:《〔康熙二十四年〕扬州府志》卷一〇《赋役》,卢桂平主编:《扬州文库》第1辑第3册,第156页。

[3]〔清〕黄六鸿:《福惠全书》卷八《漕项·杂课部·芦课》,康熙三十八年(1699)金陵濂溪书屋刊本。

表5-3　　　　　　　　仪真县芦田田等、芦课数量表[1]

田等	田地数额（顷）	每亩课银数量（两）	共课银数量（两）
上田	33.7480	0.085	286.8578
高田	0.1733	0.055	0.9528
麦地	6.1571	0.0615	37.8661
密芦地	152.2910	0.04	609.1638
稀芦地	2.3709	0.03	7.128
水池埂划场	1.7650	0.03	5.2949
草地、基地、上地	25.0161	0.02	50.322
泥滩	59.3675	0.01	59.3675
光滩	234.7884	0.001	23.4788
合计	515.6773	—	1080.4317

　　表中的统计共征芦课银数与《〔康熙二十四年〕扬州府志》所载相差约
20两，也与上文所载历年所征芦课银数不同。出现这种差异可能是因为坍
江等原因造成的。仪真的芦田又根据土地肥力的不同，设置不同的征收标
准，上文曾对额外芦田归入民田数量进行了统计（此处不再对其进行统计）。

表5-4　　　清康熙年间《仪真志》所载各芦洲芦课银表[2]

单位：两

芦洲名	芦课银数额	芦洲名	芦课银数额
真人洲	125.8694	小新洲	30.2109
天禄洲	30.525	天补真人洲	49.9586
福德洲	157.4195	补新洲	368.7644
永兴洲	50.8385	万寿洲	44.0525
增课洲	22.9668	中央洲	1718年报升未曾起课
临江水涯地	452.8594	合计	1333.465

　　［1］〔清〕金镇原本，〔清〕崔华、张万寿续修，〔清〕王方岐续纂：《〔康熙二十四年〕扬州府志》卷
一〇《赋役》，卢桂平主编：《扬州文库》第1辑第3册，第155—156页。
　　［2］〔清〕陆师修纂：《〔康熙〕仪真志》卷一一《民赋志下·杂办》，卢桂平主编：《扬州文库》第1
辑第17册，第466页。

　　鱼课多征收鱼科米钞,鱼课"五季僭伪之时,江浙、荆湖、淮南、广南、福建,应江湖及池潭陂塘聚鱼之处,皆纳官钱。《大明会典》曰：各处河泊所,办纳鱼课米钞及鱼油折纳黄麻并鱼线胶、翎毛"[1]。据此可知,渔户承担鱼课米钞、鱼油折纳黄麻、鱼线胶、翎毛等。故鱼课有鱼课米和鱼油鳔翎之分,它们分别属于杂赋和土贡物料。明设置河泊所征收鱼课,主要有鱼课钞、鱼油、鱼鳔、鱼油翎毛改折黄白麻、生熟铜铁等料及造船所用物料。

　　清代,江苏"额征鱼课银千七百七十五两七钱六分有奇,遇闰加银七十二两四钱八分有奇"[2]。明代曾在江都、高邮、宝应设置河泊所,征收本处鱼课。清代江都、高邮、宝应河泊所均废,鱼课改由各州县代征。

　　明代,扬州府属江都、高邮、宝应河泊所所办鱼课主要有鱼钞、桐油、翎毛、鱼鳔、黄麻、白麻、熟铁、生铁等项。《〔康熙三年〕扬州府志》中记载扬州府鱼课银由扬州府转解布政司然后解四部,其中高邮州征解鱼课银计有74.668两；扬州府征解工部都水司鱼课钞带闰银及续加银计有约236.4711两；仪真解布政司转解礼部鱼课钞银约145.7613两。[3]交工部都水司鱼线胶272.222斤,其中三分以本色征收,银6.531两,水脚银0.13两,遇闰加银0.457两,水脚银0.009两；七分折色,征银15.239两,水脚银0.034两,遇闰加鱼线胶13.55斤。[4]而《〔康熙二十四年〕扬州府志》载鱼课钞银145.761两,遇闰加银6.555两；交工部都水司折色鱼线胶银15.416两,水脚银0.304两,遇闰加银1.067两,水脚银0.021两。[5]两者所载有所不同。

　　《〔康熙〕江都县志》载原协六合鱼胶额征本折银约13两。[6]《〔康熙〕

　　[1]〔明〕王三聘辑：《事物考》卷三《国用》,嘉靖四十二年(1563)刻本。

　　[2]〔清〕昆冈等修,〔清〕刘启端等纂：《钦定大清会典事例》卷二四五《户部·杂赋·鱼课》,《续修四库全书》第801册,第896页。

　　[3]〔清〕雷应元纂修：《〔康熙三年〕扬州府志》卷四《赋役志下》,卢桂平主编：《扬州文库》第1辑第2册,第83页。

　　[4]〔清〕雷应元纂修：《〔康熙三年〕扬州府志》卷四《赋役志下》,卢桂平主编：《扬州文库》第1辑第2册,第85页。

　　[5]〔清〕金镇原本,〔清〕崔华、张万寿续修,〔清〕王方岐续纂：《〔康熙二十四年〕扬州府志》卷一〇《赋役》,卢桂平主编：《扬州文库》第1辑第3册,第152页。

　　[6]〔清〕李苏纂：《〔康熙〕江都县志》卷四《田赋·杂办》,卢桂平主编：《扬州文库》第1辑第9册,第251页。

宝应县志》载本色麻胶鱼课等银 179.837 两,遇闰加银 13.242 两。其中鱼课钞银 39.178 两,遇闰加银 3.264 两;本色麻胶料加银 19.501 两,遇闰加银 1.456 两(其中,鱼线胶 20.9 斤,遇闰加胶 1.77 斤);折色黄白麻胶正脚 115.167 两,遇闰加银 8.521 两;本色折钞贯折征银 5.998 两。[1]《〔雍正〕高邮州志》载鱼线胶折色及水脚银约 32 两,但是其鱼线胶折价却有每斤八分、每斤五钱之别。[2]

清初,扬州府属江都、高邮、宝应三州县鱼课的征收,同明相较,有些许不同。由于河泊所废置,鱼课则由各府州县负责征收,然后转解户部。这些鱼课有一部分充当军饷,一部分为河工项下使用。

(二)租

学租,即学田所收的租金。学田是供学校书院取得地租收入的田地。获取租银用于儒生饭食、春秋三祭香火、修理费用等项。

清初,扬州府的学租“学田租银三百七十二两三钱一分三厘,学院明文考试生员支用”[3],仅粗略地记载了学田租银的数额和使用情况,并没有记载学田的数量、分布及学租的征收和具体使用情况。《〔雍正〕扬州府志》载有学田大小及分布,对学租的数额和使用也有记载,“学田一千二百五十亩七分五厘,每年额租银三百八两五钱一分七厘四毫八丝。本学额分其半,江、甘二学均分其半,俱为廪生膏火、礼生衣帽、寒士赈给暨修理学宫、补备祠祭缺乏之用。……每年租银本学征收,为春秋二祭佾生饭食之费”[4]。其学租共有 308.5174 两,较《〔康熙三年〕扬州府志》所载 372.313 两,少约 60 两。其使用也是分为两个部分:府学用一半,江都、甘泉二县学均分另一半。主要用于儒生饭食、春秋三祭香火、修理费用等项。

---

[1]〔清〕徐鞭修,〔清〕乔莱纂:《〔康熙〕宝应县志》卷六《贡赋》,卢桂平主编:《扬州文库》第 1 辑第 24 册,第 506 页。

[2]据《〔雍正〕高邮州志》卷五《民赋志》统计。

[3]〔清〕雷应元纂修:《〔康熙三年〕扬州府志》卷四《赋役志下》,卢桂平主编:《扬州文库》第 1 辑第 2 册,第 83 页。

[4]〔清〕尹会一纂修,〔清〕程梦星等纂:《〔雍正〕扬州府志》卷一二《学校》,卢桂平主编:《扬州文库》第 1 辑第 5 册,第 122—123 页。

表 5-5 　　　　《〔雍正〕扬州府志》所载学田分布表

单位：顷

县境	在城位置	学田位置	学田类型	学田数量
江都县	城东	手巾沙	水田	1
		天湖荡	—	1.47
	城南	六浅	水田	3.1
			高田	0.2
		许家澳	水田	1
		冻青铺	水田	1.0671
		耿宫营	—	0.3
甘泉县	城西	石桥	—	0.41824
		甘泉山	—	0.526
		大明寺	—	0.11585
	城北	黄子湖	水田	0.52
		观音寺	—	1.35067
		八塔铺	—	0.25
			—	1.24964
		雷塘	—	0.1
		沙家尖	—	0.14
		二十里店	—	0.2
江都县	—	殷家厦	—	0.134
合计				13.1415

草场租。明初,明太祖在大江南北设立草场,"太祖都金陵,令应天、太平、镇江、庐州、凤阳、扬州六府,滁、和二州民牧马"[1]。洪武六年(1373),在滁州设立太仆寺。洪武十年置"各牧监及所属各群",全国共有 97 个群。洪武二十三年(1390),定牧监十四,其在扬州府的有仪真、江都两牧监,其中隶属仪真监的有:"华阳、寿宁、广陵、善应四群";隶属江都监的有:"万宁、广生、万骥、顺德、大兴、骥宁、崇德七群,隶江都监。"[2]后来由于土地开垦日

[1]〔清〕张廷玉等:《明史》卷九二《兵四》,第 2270 页。
[2]〔清〕张廷玉等:《明史》卷七四《职官三》,第 1800—1801 页。

益增多,草场逐渐萎缩,宣德以后"免诸场牧放,悉征租以充公费"[1],此即为草场租。

表 5-6　　　　　　康熙扬州草场地、草场租数额表[2]

州　县	草场数量（个）	原额草地（顷）	成熟田地（顷）	租银（两）	熟田、草场比（%）
原额共草地	—	1367.7628	1184.5856	2759.5987	87%
历年增加荒草地	—	283.1971	—	—	—
高邮州	18	126.3672	46.6648	133.5570	37%
江都县	70	438.2429	357.9265	1016.9516	82%
仪真县	27	46.7189	34.9533	102.4187	75%
宝应县	11	55.6964	5.167	12.9175	9%

塘租是清代扬州府比较重要的杂税之一。《〔康熙三年〕扬州府志》把塘租放在杂办项下,计有句城塘租、陈公塘租、刘塘田租。[3]这三种塘租,其实有两种情形:一是塘的租金,一是塘田的租金。

表 5-7　　　　　　清初扬州府塘租数额表

单位:两

塘　名	租额银	水脚银	备　注
句城塘	257.037	2.5737	江都征解布政司转解工部
陈公塘	302.0444	—	仪真征解,总河项下,河督支用
刘塘(田)	51.3899	—	泰兴征解,清抚项下军饷支用

《〔康熙〕仪真县志》卷四《田赋志》把塘佃放在起运款项下,其主要用于:"解漕抚项下军饷支用,今解户部……解总河部院项下河道支出。"[4]

---

　　[1]〔清〕)嵇璜:《续文献通考》卷六《田赋考·官田》,《景印文渊阁四库全书》第626册,台湾商务印书馆1983年版,第170页。

　　[2]〔清〕金镇原本,〔清〕崔华、张万寿续修,〔清〕王方岐续纂:《〔康熙二十四年〕扬州府志》卷一〇《赋役》,卢桂平主编:《扬州文库》第1辑第3册,第153—154页。表中"原额共草地"及"历年增加荒草地"为清代扬州府所属各州县的数量。

　　[3]〔清〕雷应元纂修:《〔康熙三年〕扬州府志》卷四《赋役志下》,卢桂平主编:《扬州文库》第1辑第2册,第83页。

　　[4]〔清〕胡崇伦、舒文灿修,〔清〕汤有光、陈邦桢等纂,〔清〕马章玉增修:《〔康熙〕仪真县志》卷四《田赋志》,卢桂平主编:《扬州文库》第1辑第17册,第97—98页。

表 5-8　　　　　　　清初仪真县塘租数额表

塘　名	田亩数(顷)	每亩折色银(两)	共征银(两)	备　注
刘塘(田)	12.845	0.04	51.3899	原解漕抚项下军饷支用,今解户部
陈公塘	100.6814	0.03	302.044	解总河部院项下河道支出

《〔康熙〕江都县志》卷四《田赋·杂办》下仅载,"塘租,额征银二百五十九两六钱七厘三毫七丝"[1],不载其塘名及塘租去向。

高邮州的塘租,为柘塘田租、句城塘改科,其塘租主要用于漕院水手工食、藩司充公。其中柘塘58.802亩,征银58.802两,半解漕院,为座船水手工食之费,半解藩司充公。

《〔康熙三年〕扬州府志》卷四《赋役志下》载:"湖荡地租银八百九十五两三分六厘七毫,俱征解总河项下河工支用。"[2]江都县则把湖荡田折实田,按科则征收正赋(见上文)。可见湖荡地租银,分为正赋和杂办两种情状,作为杂办的湖荡地租主要用于总河项下河工支用。

(三)税

田房税契,即田地、房屋买卖、典当时所需向官府交纳的契税。"顺治四年(1647)覆准,凡买田地房屋,必用契尾,每两输银三分。"康熙十六年(1677)"增江南、浙江、湖广等省各府契税",其中"扬州府照《赋役全书》额征","均无定额,尽收尽解"。[3]雍正四年(1726)覆准"凡典当田土,均用布政使司契尾,该地方印契过户,一应赢余税银,尽收尽解"。可见,田房税契,不仅田房买卖交易时要纳税,即使是土地典当,亦应交纳赋税。由于田房买卖、典当交易的不确定性,因此无法确定每年所应征收的定额,所以才规定"均无定额",但是要做到"尽收尽解"。扬州府的田房税契,要按照《赋

[1]〔清〕李苏纂:《〔康熙〕江都县志》卷四《田赋·杂办》,卢桂平主编:《扬州文库》第1辑第9册,第251页。

[2]〔清〕雷应元纂修:《〔康熙三年〕扬州府志》卷四《赋役志下·杂办》,卢桂平主编:《扬州文库》第1辑第2册,第83页。

[3]〔清〕昆冈等修,〔清〕刘启端等纂:《钦定大清会典事例》卷二四五《户部·杂赋·田房税契》,《续修四库全书》第801册,第896、897页。

役全书》所规定数额征收。

扬州府田房税契的征收标准为，每契价本一两，征银三分，"验契每两输税三分"[1]，这是符合顺治四年（1647）所规定的"每两输银三分"的标准。因为田房交易的不确定性，本是无定额的田房税契，在仪真县变成了定额交纳。

仪真县的"田房税契出办银一千六十三两四分，遇闰加银二十一两六钱二分六厘六毫四丝"[2]，而这笔资金分为两个部分："房田税契出办共银九百三两五钱二分，遇闰加银二十两，今改解户部。内抚饷银四百两，操饷改充抚饷银九十四两。部饷银一百五十两，裁扣廪生廪粮训导俸银共二百五十九两五钱二分，遇闰加银二十两"；"房田税契出办共银一百五十九两五钱二分，马户工食银一百四十两，教谕俸银一十九两五钱二分。"[3]这笔资金去向分为：征解户部充饷、廪生廪粮银、马户工食银及教谕俸银。同时也说明仪真县的田房税契是定额交纳的，即按照《赋役全书》所载数额征收。

江都县的田房税契为"额征银三千三百一两，系浮课，《全书》注明尽收尽解"[4]，显见江都县亦是按照定额征收田房税契，虽然系"浮课"，但是亦是按照《赋役全书》所载数"尽收尽解"。

宝应县的田房税契，则与仪真、江都两县不同，其田房税契征银"三百八十六两，按民间置买田房，验契每两输税三分，向无定额，今解布政司充饷"[5]。这是因为田房交易的不确定性，所以不能确定征收数额。

牙税，是清代重要的杂税之一，由官府向牙行或牙商征收。据载清代

[1]〔清〕徐瓘修，〔清〕乔莱纂：《〔康熙〕宝应县志》卷六《贡赋》，卢桂平主编：《扬州文库》第1辑第24册，第506页。

[2]〔清〕陆师修纂：《〔康熙〕仪真志》卷一一《民赋志下》，卢桂平主编：《扬州文库》第1辑第17册，第469页。

[3]〔清〕王检心修，〔清〕刘文淇、张安保总纂：《〔道光〕重修仪征县志》卷一三《食货志二》，卢桂平主编：《扬州文库》第1辑第18册，第165、166页。

[4]〔清〕李苏纂：《〔康熙〕江都县志》卷四《田赋·杂办》，卢桂平主编：《扬州文库》第1辑第9册，第252页。

[5]〔清〕徐瓘修，〔清〕乔莱纂：《〔康熙〕宝应县志》卷六《贡赋》，卢桂平主编：《扬州文库》第1辑第24册，第506页。

江苏"牙帖银万一千五百五十八两六钱三分有奇"[1]。牙税包括牙帖费和年税两项：牙帖费是一种营业执照税；年税则系牙行的营业税。雍正十一年（1733），为了防止地方滥发牙帖，颁布谕旨："各省商牙杂税，额设牙帖，俱由藩司衙门颁发，不许州县滥给，所以防增添之弊，不使贻累于商民也。"[2]牙税根据行业的分工有不同的划分，《〔康熙〕仪真志》载仪真县有盐牙、杂货纸行牙、牛驴牙等各色牙行，这说明牙行种类繁多，同时亦说明仪真县商业贸易繁荣。《〔康熙三年〕扬州府志》卷四《赋役志下》杂办项下记载："户部牙饷银七百两，水脚银七两。"[3]牙饷，即牙税中拨充饷的部分。清代扬州府属高邮、江都、仪真、宝应等四州县牙税、牙饷列表如下：

表 5-9　　　　　　　　清初扬州府牙税、牙饷表[4]

单位：两

州县	牙行	牙税	牙饷数额	水脚银	备　注
仪真	盐牙	—	160.7528	1.6075	原属工部虞衡司腰刀银，改解布政司充饷
	各色牙行	—	100	1	起解布政司充饷
	牙行	79.6	—	—	局征解布政司充饷
	杂货纸行	—	100	—	—
江都	—	881.2	—	—	解布政司衙门
宝应	牙行	40	—	0.4	牙行输谷解司充饷
	牙行	36.8	—	—	牙行输谷解司充饷
高邮	牙行	—	101	—	牙饷盈余银 196 两，牙税银 340 两
	牙行	—	120	1.2	户部项下

　　行夫，是清代扬州府另一项同"行"有关的杂税。有关记载扬州行夫的

---

　　[1]〔清〕昆冈等修，〔清〕刘启端等纂：《钦定大清会典事例》卷二四五《户部·杂赋·牙帖商行当铺税》，《续修四库全书》第 801 册，第 898 页。

　　[2]《世宗宪皇帝实录》卷一三六，《清实录》第 8 册，中华书局 1985 年版，第 741 页。

　　[3]〔清〕雷应元纂修：《〔康熙三年〕扬州府志》卷四《赋役志下》，卢桂平主编：《扬州文库》第 1 辑第 2 册，第 83 页。

　　[4] 资料来源：〔清〕陆师修纂：《〔康熙〕仪真志》卷一一《田赋下·杂办》；〔清〕李苏纂：《〔康熙〕江都县志》卷四《田赋·杂办》；〔清〕徐㙟修，〔清〕乔莱纂：《〔康熙〕宝应县志》卷六《贡赋》；〔清〕张德盛修，〔清〕邓绍焕、汪士璠等纂：《〔雍正〕高邮州志》卷五《民赋志·税粮》。

文献较少,仅在文献中发现江都县行夫承担牙饷银、俸工银、解运银及驿站银等。"夫行自领帖开张之日起,定限连闰扣足,五年换帖一次。限满续办,换帖行费仍全数存官。……挑力夫行雇用行夫,务须认真挑选,取具妥保,始准入行。……挑力夫行常年之帖课,按行夫之多寡,照所发牌计算,每名月缴足大钱三百文。"[1]扬州府的行夫应和此"挑力夫行行夫"类似。

碾饷是向碾户出办的杂税。康熙时,扬州碾饷银达到二千一百八十三两。如高邮是扬州重要的产粮区,"本地商业以碾坊为大宗。查乾隆时碾饷册名凡三千余户,殷盛概可想见"[2]。

关税是另外一项重要的赋税来源,这里的关税有别于鸦片战争后开设的对外通商口岸征收的海关关税。扬州的关税由钞关征收。清初,扬州关下辖高邮、仪真、瓜洲三闸,征收税银。扬州关先由户部管辖,后又改归工部管理。扬州关位于府治江都县钞关门外。关税原额45884两,雍正元年(1723)始,悉数解缴。乾隆元年(1736),扬州关关税达122300余两[3]。

在瓜洲又设由闸,征收河饷和仪征河饷。瓜洲闸税原属扬州府扬河江防同知监收,雍正五年(1727)归并扬州钞关征收。咸丰年间设在扬州新河湾,同治时又改设在三汊河。原定额征6666两,康熙二十年(1681)增加至15769两。同扬州关一样,雍正元年(1723)开始税额尽征尽缴。

《钦定户部则例》中对扬州关征税情况进行了详细的规定,所含种类囊括茶叶、酒、衣物、水果、布匹、药材等等百姓日用,征税或以担、或包、或篓为单位,以果蔬为例,蘑菇、香菌每担各税五钱,海带、羊肚菜每担各税三钱,木耳每袋税一钱五分,金针菜每包各税一钱,黄花菜每篓税五分,梨每箱税五钱,每担税五分,落花生每篓各税一钱,枣子、石榴每担各税五分。[4]但实际

———————

[1] 庄兴成等编纂,云南省档案馆、红河学院编:《滇越铁路史料汇编》(上),云南人民出版社2014年版,第203页。

[2] 胡为和、卢鸿钧修,高树敏纂:《〔民国〕三续高邮州志》卷一《实业志·营业状况》,卢桂平主编:《扬州文库》第1辑第23册,第66页。

[3] 乾隆四年八月十一日,《题为察核管理扬州关税务黄鹤鸣收过税银数目事》,中国第一历史档案馆、扬州市档案馆编:《清宫扬州御档》第2册,第874页。

[4] 〔清〕载龄等:同治《钦定户部则例》卷五三《税则十一·扬州关税则》,同治十三年(1874)校刊本。

征收关税时,并不是严格按照税则列明征收,扬州关曾对税则上未载明的腌切红白萝卜干、咸菜、腌瓜进行征税,"查扬关则例并未开载,惟过关时估担数按照船料报纳,历任管关道府俱照此办理",腌红白萝卜干"每年约计共征银三百六十余两",咸菜、腌瓜"每年自六月起至八月止约计共征银五十余两",时任两淮盐政武备院卿三保奏称,瓜菜等物为民间朝夕必需之物,而且贩卖之人不过无力的贫民,获利甚小,加上"上年被灾穷民赖此糊口者甚多,所纳税为数甚少"[1],奏请免征关税。

由闸商税自雍正六年(1728)制定后,先后多次修订,最后形成操饷、河饷、抚饷、增饷和斛脚扣饷。其中,操饷、河饷和抚饷按船的最宽处计算征税,每梁头一尺,操饷征银 4 分,河饷征收 5 分,抚饷征收 7.5 分;增饷按货色分科征收;斛脚扣饷按货物每担实际重量征收,每石收银 6 毫。清末,又新征零点货税以及耗费,操饷、抚饷、增饷、斛脚扣饷和零点货税每两缴纳耗银 5 钱,河饷每两耗银 8 钱。

扬州关为交通要道,来往客商百姓众多,在关税繁荣的表面下,存在着大量小吏盘剥现象,郑为光就上书直言税关弊病,"今各关书吏有投单挂号直日小票等名色,其缺虽奉裁,仍有顶首,皆系各府州县积蠹营充其中,坐收常例数倍公帑。至于攒典之设更为可异。前户部有援纳事例,不过纳银十五两。本地光棍坐名纳某地攒典,任意择肥。初无定数,有一处而数攒典候缺,朋居为害,盘踞乡镇隘口,帮带多人,以稽查钞税为名。虽已税之船,不妨抽分,船不过关,勒令纳税。本地食米、鱼虾、柴草无不违禁私征,甚至陆路往来乘驴、挑担之人,横索恣取,稍不遂意,诬以漏税,小致丧本,大致倾家。是以商贾屏迹,民不聊生……又如扬州钞关一线,运河至邵伯镇不过四十里,其间扬子桥、西门、北来寺、芒稻河、仙女庙、邵伯镇,每处皆有攒典设立,公座爪牙多人,私征横取。有一年而起赀千余金者,则是四十里之内添设数关矣,仍有各乡镇设立攒典查税等害,不一而足"[2]。

[1] 乾隆四年十一月十三日,《奏请免征萝卜干等三项关税事》,中国第一历史档案馆、扬州市档案馆编:《清宫扬州御档》第 2 册,第 897 页。

[2] 〔清〕郑为光:《请清厘关蠹疏》,〔清〕陆朝玑修,〔清〕程梦星等纂:《〔雍正〕江都县志》卷一八《艺文志》,卢桂平主编:《扬州文库》第 1 辑第 10 册,第 413 页。

　　为躲避滥征关税,在各闸口发生大量的夹带偷税行为。位于泰州境内的各坝因为私挖坝口、翻坝所引发的逃税事件较值得关注,特别是位于泰州南门外济川桥东的滕家坝。滕家坝,曾名济川坝,明代时供运盐船只通过。顺治年间改名为滕家坝,为扬州关分口,原本无定额税银,又因离扬州较远,乾隆元年(1736)归泰州管辖,只允许征收落地零星税银并附近泰兴的土特产。虽然滕家坝税率较低,且经由滕家坝越坝可使航路缩短,但为了保证扬州关的关税征收数额,官府令商民凡经江北里下河到江南,或江南船只北上,必须转至扬州关中闸和白塔河税卡通过,一律不得从滕家坝绕行。这种政策下,商人和周边百姓先采用偷挖坝口,私挖坝口,借以翻坝,“甚将苏杭杂货绕至滕坝,直达里下河州县各场”。为打击这种偷税行为,乾隆五十三年(1788),泰州地方官员将济川河筑实,以阻止商民绕越。但很快,商民又改换新的越坝货运方式,“将北来饼豆杂粮由坝驳至口岸盘入海船,绕至江南福山、上海等处,并访有行户私设行栈,包揽绕越,或设囤船拖运”。屡禁不止的私运造成扬州关所属的中闸、白塔两处税卡税额锐减,“实为扬关第一漏卮”。针对滕家坝私运偷税事宜,道光五年(1825),乡绅刘江曾提议将坝改为闸,以便民通行,从而缓和官府与来往商民之间的矛盾,以达到征税的目的,但又因滕家坝所处的济川河“高于上官河,一经启放,官河立涸,农田盐运两有妨碍”[1],更为重要的是,扬州关税额“全赖中闸、芒稻、白塔各口补苴,若货船可由滕、鲍等坝直至下河,则三口税银必至大绌”,坝改闸的方法不能从根本上杜绝夹带私盐和偷税问题,这一提议没得到允许。鉴于此,官府只能一方面加强沿线税卡的稽查,出具告示禁止货船私自绕行口岸;另一方面,对船户、脚夫的企图偷税漏税的“包送”行为严加处理。这一系列措施虽然使得关口征税的情况得到了暂时的起色,但是仍然治标不治本,“是以稽查稍疏,一切绕越偷盘之弊即无所底止”,“奸商刁埠仍不免以冀图绕越为能”。道光十五年(1835),时任江苏巡抚的林则徐在滕家坝勒石立碑命令禁止绕坝偷税行为,“示仰商贩行户船埠人等知悉:尔等贩运各货,由江南

─────────

　　[1]　韩国钧等:《〔民国〕续纂泰州志》卷二《河渠·堤坝》,《中国地方志集成·江苏府县志辑》第50册,第542页。

运赴江北及江北运赴江南销售者,务各恪遵定例,概赴扬关、由闸及中、白二口,照例输税,不得避重就轻,私自盘坝绕越。倘将应赴关闸各口输税货物私行串通偷盘过坝者,查出定将商埠人等一并从重治罪”。[1]但作用仍不大,同治十二年(1873)又发生商民私挖坝基,拖船过坝;光绪三年(1877)再次发生拖船过坝事件;光绪二十四年(1898)官府再次勒石命令禁止。一直到清末,翻坝偷税的事情都屡禁不止。

盐课是清政府财政收入的另一项重要来源,在全国的盐课税收中,有超过60%的税银是由两淮缴纳的。此项在两淮盐业部分再作详细论述。

清代前期,扬州除了延续明代万历时期的赋役制度的同时,也对原有的制度进行了改革,首先是针对丁银的征收,清代沿袭明代的丁银制度,但是在明代丁银不用上交中央。清顺治年间,中央政府下令将田赋与丁银一并上交,同时制定五年一次编造人丁册的定例,每年年末,“观户口消长,以定州县考成”[2]。

但是这种政策,使得丁银编征中存在巨大矛盾,一则阶级矛盾更加激化,贫民无力负担丁银,只能逃亡流散;二则各级官员不能完成征收任务,受罚较多,官员更愿意以较低的人丁数和丁银数上报。因此,康熙五十一年(1712)确立“嗣后编审人丁,据康熙五十年征粮丁册定为常额,其新增者,谓之盛世滋生人丁,永不加赋”[3]的政策,解决丁银征收的弊端。这一政策出现清代税制上的又一次重大改革,即永不加赋带来的赋税定额化。

雍正二年(1724)在全国开始推行的摊丁入亩,使得定赋定额得以真正落实。摊丁入亩是将丁银并于田亩,利用田亩变化稳定的特点,把康熙不加滋生人丁银的基本政策贯彻到田赋征收的所有方面,使得此后清政府的赋税征收体制呈现出鲜明的定额化特点。[4]

---

[1]〔清〕林则徐:《扬关奉宪永禁滕鲍各坝越漏南北货税告示碑》拓片,藏泰州博物馆。

[2]〔清〕伊桑阿等纂修:康熙《大清会典》卷二三《户部七·户口》,沈云龙主编:《近代中国史料丛刊三编》第 72 辑,台北文海出版社 1992 年版,第 1018 页。

[3]〔清〕清高宗敕撰:《清朝文献通考》卷一九《户口考一》,商务印书馆 1936 年版,考 5025。

[4] 何平:《清代赋税政策研究:1644—1840 年》,中国社会科学出版社 1998 年版,第 104 页。

三、赋税征解

赋税征解包括钱粮催征、选委解官、运解银米等等。乾隆《钦定大清会典》规定征解事宜："凡直省田赋,由州县官征解,布政使司执其总而量度之,或听部拨解京,或充本省经费,或需邻省酌剂。岁陈其数,析为春秋冬三册,由巡抚咨部。春二月,秋八月,冬十月,部受其计簿,核其盈绌,授以式法,列其留存、拨解之数,以时疏闻,以定财用出纳之经。"[1]粮的征解主要分征收、起运、协拨三个环节。州县征收赋税每年分两次进行,二月到五月名为"上忙",八月到十一月名为"下忙",但是扬州所属的江苏省与其他省份在征收期限上有少许不同,"每忙又分三限征解,如上忙于二月初旬通饬设柜开征,二月底为初限,三月底为二限,四月底为三限,五月至七月为农忙,停征;下忙于八月初旬通饬起征,八月底为初限,九月底为二限,十月底为三限"[2]。

关于赋税运解,光绪《钦定大清会典事例》规定:"起运钱粮,布政使司发给府州县空白批文百张,批文内编订号数,府州县起解时填领解姓名,钤印投司","州县印封钱粮到府,府但汇解,不必拆封,上加府印钤盖","州县官将征收钱粮,计道路之远近,量数目之多寡,随征随解布政使司。如有迟延不解者,由府核报参处。如州县批解正项钱粮,而布政使司抵兑杂项,勒批不发者,许州县申报督抚,或径报部院题参"。乾隆二十四年(1759)规定"州县正杂钱粮民欠未完,仍照定例处分外,其有征存在库银两,总以解到司库始为实完,如止报征存而未解司者,概不作实完数"[3]。

漕粮的运送有专门的漕船负责,在扬州府所担负的漕粮兑运之前,漕运总督衙门发照单到江安粮道,由江安粮道颁发号单,号单上注明扬州府所属各州县将要缴纳的漕粮正米以及赠耗数目,各州县照数缴纳。各州县的漕粮先运送至府治所在地江都县,运漕各卫所按照江安粮道派定前往江都县兑

[1] 乾隆《钦定大清会典》卷一〇《户部·田赋》,《摛藻堂景印四库全书荟要》第 198 册,台湾世界书局 1985 年版,第 125 页。

[2] 白钢主编:《中国政治制度通史·清代卷》,社会科学文献出版社 2011 年版,第 475 页。

[3] 〔清〕昆冈等修,〔清〕刘启端等纂:《钦定大清会典事例》卷一六九《户部·田赋》,《续修四库全书》第 800 册,第 705 页。

粮,漕运官员核查漕粮质量后,将本帮兑粮运船米粮数目、开行、过淮、到通、回空以及期限填写到运单上,由扬州知府盖印后开始北上。扬州府下二州六县的漕粮运船分配如下:扬州卫二帮负责运输高邮、宝应、江都、甘泉、仪征、泰兴、兴化,另运天长县,设漕船 54 只内,每年轮减船 5 只,实起运丁船 49 只,系领兑本属及通州漕粮,旧额二帮漕船 170 只,现运船 68 只;扬州卫三帮负责承运泰州、兴化、江都、甘泉、如皋五州县的漕粮。设漕船 96 只,每年船出运系领兑本属及通州漕粮,旧额三帮 86 只,每年轮减灰石船 1 只,实运船 17 只。漕船每艘使用年限为 10 年,漕船修造的费用以军三民七的形式分摊,若有不足则从江安粮道库银中支取。这种押运漕粮运输方式一直持续到清代末年才有所改变。咸丰元年运道决口,江浙漕粮全部改由海运,江北各县漕粮统一交往上海,再由海运运往天津。同治四年(1865),扬州定额的漕粮折算成银两交到江宁藩司江安粮道买米,再通过海运运往天津。同治七年(1868),江北各县漕粮仍旧折价,由粮道买米雇船运送。同治九年(1870)改由各州县自己买米,自己运送到清江总局再兑运,其中粮食变价造成的剩余银两再交给藩库用作运输费用,"所称漕船名只自改海运即废而不修,河运则皆雇用民船,卫所成虚设焉"[1]。

各项赋税是否按时、全额缴纳关系到地方官员的政绩考评,如漕粮"(议押运通判)每员令其押船四五百只,抵通如一次无欠者加一级,二次无欠者加二级,三次无欠者不论俸满即升一次。挂欠者降一级留任,二次挂欠者降二级留任,三次挂欠者降三级调用"。乾隆元年(1736),提督顾琮为负责押运的徽州府通判邵煜"押扬州卫二帮、三帮、四帮,淮安卫二帮、四帮,宿州卫头帮、二帮,徐州卫江北帮,大河卫前帮,长淮卫三帮等十帮,雍正十二年起运十一年份船粮抵通,俱经交纳通完无欠,循例请题加级"。[2] 乾隆三年(1738),扬州同知刘重选押送漕粮全额抵通,原议加级,但刘重选在前一年被参贪赃、失职等事,"案内失察运弁有降一级留任之案,应将

[1]〔清〕方濬颐等修,〔清〕晏端书、钱振伦等纂:《〔同治〕续纂扬州府志》卷四《赋役志》,《中国地方志集成·江苏府县志辑》第 42 册,第 688 页。

[2] 乾隆元年正月二十一日,《奏为邵煜总押扬州卫各帮船粮完纳无欠请循例加级事》,中国第一历史档案馆、扬州市档案馆编:《清宫扬州御档》第 2 册,第 311—312 页。

议叙之加一级准其抵销"[1]。同年,扬州卫千总宋榛押运雍正十年(1732)、十二年(1734)、乾隆元年(1736)漕粮,三次全完无事,户部提请按例即升,以示褒奖。[2]

清代赋税征收的最后一步是奏销,就是将每年应征收的税额报于户部各清吏司,"凡钱粮入有额征,动有额支,解有额拨,存有额储,无额则有案,及奏销,则稽其额与其案而议之。省各隶于司"[3],14个清吏司除管理各自对应省份田赋收支外,还兼管其他税收,如山东清吏司兼管盐课奏销,云南清吏司兼管漕粮奏销,贵州清吏司兼管关税奏销[4]。不同类别的税款奏销程序也不相同。如田赋由各省布政司将各州县应缴纳钱粮数额上报给户部各主管清吏司;盐课则由各盐运使司上报盐政再报送山东清吏司核查。赋税的征收也作为官员的政绩考核标准,从《大清会典事例·户部·奏销》中可知"完十分者为上等,完六分以上者为中等,完五分以下者为下等,按分数定其殿最",并规定江苏的地丁钱粮限五月征解奏销,如违限或未全额征解则予以处罚。以乾隆十九年(1754)至乾隆二十一年(1756)江都县奏销情况为例,在这三年中,知县赵天爵于乾隆十九年未完乾隆二年(1737)芦课银80两,未完乾隆四年(1739)芦课银125两,"未完不及一分之江都县知县赵天爵照例停升、督催"。乾隆二十年(1755),赵天爵未完乾隆十三年(1748)地丁豆米556石,"未完二分以上之江都县知县赵天爵照例住俸,戴罪催征";未完乾隆十四年(1749)地丁银53两,"照例停其升转,罚俸一年";未完乾隆十八年(1753)房屋税119两,"江都县知县赵天爵降俸二级,戴罪督催"。乾隆二十一年(1756),未完乾隆十八年地丁银504两,"照例停其升转,罚俸

---

[1] 乾隆三年七月初三日,《题为会议刘重选管押船粮通完准其抵消降级事》,中国第一历史档案馆、扬州市档案馆编:《清宫扬州御档》第2册,第717页。

[2] 乾隆三年五月十三日,《题为遵旨议奏宋榛押运船粮三运全完无事请旨议叙事》,中国第一历史档案馆、扬州市档案馆编:《清宫扬州御档》第2册,第671页。

[3] 光绪《钦定大清会典》卷二○《户部》,光绪二十五年(1899)刻本。

[4] 陈锋:《清代前期奏销制度与政策演变》,《历史研究》2000年第2期。

一年,戴罪征收"。[1]

赋税的蠲免和缓征,是中国古代重要的纾缓民力的政策之一。所谓蠲免,是指免除应征收之赋税;所谓缓征,则是将应征之赋税暂缓征收。一般而言,清政府的蠲免和缓征钱粮,主要是因为灾荒发生,为纾缓灾区民力而采取的救济政策。当然,并非仅仅因灾荒的原因实行蠲免或缓征。清初,扬州府属江都、仪真、高邮、宝应等四州县的蠲免和缓征情状,据文献,从顺治二年(1645)至康熙六十年(1721)扬州府的蠲免和缓征,据不完全统计,这76年中,清政府有46个年份,对扬州府属江都、仪真、高邮、宝应等四州县蠲免或缓征,其发生的频率达60%,基本上不到两年就有一次蠲免或缓征。清初扬州府的蠲免或缓征的原因,可以分为:因水、旱、蝗灾的发生,对其蠲免或缓征;因皇帝巡幸,对其蠲免或缓征;因兵事,对其蠲免或缓征;其他事宜。

表 5-10　　　清初扬州府属江都、仪真、高邮、宝应等
四州县蠲免或缓征表

时　间	原　因	地　区	蠲免或缓征
顺治二年(1645)	平定江南	全省	蠲免本年税粮十分之七,兵饷十分之四,其明末无艺之征,尽永除之。
顺治九年(1652)	大旱	宝应县	邑人乔可聘、乔严出粟赈济。
顺治十六年(1659)	水灾	扬州府宝应县等	免扬州府水灾田本租,按灾分蠲免。
康熙六年(1667)	春夏旱	仪真	不详
康熙七年(1668)	水灾	扬州府属	尽蠲赋税,照定例加一分蠲免,免田租十分之四。

---

[1] 乾隆十九年九月二十五日,《题为原参江都县知县赵天爵通完芦课银两请准开复事》;乾隆十九年十二月初二日,《题为查明原参江都县知县赵天爵督完压征乾隆十三年至十四年未完芦课银两请准开复事》;乾隆二十年正月二十日,《题为江都县知县赵天爵征完乾隆十三年未完地丁米石请准开复事》;乾隆乾隆二十年四月二十日,《题为查明江都县知县赵天爵续征完解乾隆十四年地丁银两请准开复事》;乾隆二十一年八月初六日,《题为原参江都县知县赵天爵通完乾隆十八年地丁银两请准开复事》;中国第一历史档案馆、扬州市档案馆编:《清宫扬州御档》第 5 册,第 3157、3166、3172、3192、3235、3269 页。

续表 5-10

时 间	原 因	地 区	蠲免或缓征
康熙八年（1669）	水灾	扬州府属宝应县等	蠲免积欠赋银，及六、七两年未完漕米。发银米赈济，蠲灾田丁粮。
康熙九年（1670）	水灾	扬州府属高邮、宝应	永行蠲免，应征康熙九年并带征七、八年漕粮漕项，概行蠲免，发银米赈济蠲灾田丁粮。
康熙十年（1671）	水灾	扬州府属	所欠康熙元年至六年额赋予蠲免
	大疫、水灾、蝗灾	宝应县	截留漕粮赈济，自后累年水灾不息，灾田历年蠲免。
康熙十一年（1672）	水灾	高邮州、宝应县	蠲本年正赋，并将带征漕粮、漕项并九年漕白折一例停征，发银米赈济。
康熙十二年（1673）	水灾	扬州府属	潪田地正赋、漕粮、漕项俱全免。
		宝应县	发粟赈济、发粟赈粥，凡全潪田正赋漕粮漕项概行蠲免。
		高邮州	挑河伤废地，淹田地，共减除银约 3536 两。
康熙十三年（1674）	水灾	高邮州	蠲免银约 24326 两，又本年蠲停一半银 23614 两。
		宝应县、高邮州	除随漕芦席、旱脚并各仓米麦折银俱不免外，蠲免一半地丁银约 13064 两。次年仍免赋有差。
康熙十四年（1675）	水灾	高邮州	蠲停银 47569，又本年田全潪没蠲免银 207 两。
		江都县	灾田约 3438 顷，奉蠲银约 5879 两。
		宝应县	免征正闰银约 25504 两
康熙十五年（1676）	水灾	高邮州	蠲停地丁漕项等银约 44747 两，又本年蠲免银约 336 两。
		宝应县	停征银约 24601 两，本年又蠲免银约 204 两，次年仍蠲免赋额。发银米赈济。
康熙十六年（1677）	大旱	仪真	不详
	水灾	高邮州	蠲停银约 44857 两，又准免三分正赋银约 336 两。
		宝应县	停征银约 24399 两
康熙十七年（1678）	水灾	高邮州	蠲停地丁漕项等银约 43098 两，又本年准免三分正赋银 844 两。
		江都县	灾田约 951 顷，奉蠲免银约 8162 两。
		宝应县	停征银约 24379 两

续表 5-10

时 间	原 因	地 区	蠲免或缓征
康熙十八年（1679）	水灾	江都县	灾田约 11110 顷，蠲免银约 16228 两。
	水灾、旱灾	高邮州	水灾蠲停正赋银约 40453 两，又本年被旱蝗灾伤十分，准免十分之四银约 3327 两。
	水灾、旱灾、蝗灾	宝应县	停征银约 21598，本年又被旱灾蠲免银约 1222 两；发粟赈济。
康熙十八年（1679）	旱灾	归并高邮卫屯田	除漕项不免外，蠲免四分田赋银约 611 两。
	夏秋大旱	仪真县	将本年地亩粮银于十分之内减免四分
康熙十九年（1680）	水灾	宝应县	蠲免被灾田亩钱粮十分之三，缓征本年被灾田漕米，于二十年分带征，停征地丁正闰银约 21995 两，本年又蠲免银约 929 两。
		高邮州	蠲停正赋银约 41529 两，又全蠲正赋银约 7172 两。
		归并高邮卫屯田	漕项不免外，全蠲田赋银约 238 两。
		江都县	灾田地约 3047 顷，蠲免银约 4460 两。
康熙二十年（1681）	水灾	高邮州	蠲停正赋银约 40538 两
		归并高邮卫屯田	邮卫节年旧欠屯粮，至康熙二十年十二月二十日，除漕项不蠲外，蠲免康熙十四年旧欠屯折银约 164 两，康熙十五年旧欠屯折银约 646 两，康熙十六年旧欠屯折银约 556 两。
		宝应县	停征银约 21065 两
康熙二十一年（1682）	水灾	高邮州	蠲停正赋银约 40047 两
		宝应县	蠲停银 19102 两
康熙二十三年（1684）	康熙第一次南巡	高邮州	圣祖仁皇帝圣驾南巡，奉恩诏蠲赋十分之三。
	因兵供应	宝应县	康熙二十四年漕粮免三分之一
康熙二十四年（1685）	水灾	淮扬	免被灾百姓钱粮，将运丁所余米麦赈济，本年、明岁钱粮一并蠲免。
康熙二十六年（1687）	—	宝应县	免明年额赋，今年未征者，并除之。

续表 5－10

时　间	原　因	地区	蠲免或缓征
康熙二十七年（1688）	—	宝应县	蠲免本县涸出田地,二十六年未完钱粮及本年地丁钱粮。
康熙二十八年（1689）	康熙第二次南巡	宝应县	蠲除全省积年民欠一应地丁钱粮、屯粮、芦课米豆麦杂税。
康熙三十年（1691）	—	宝应县	江苏等省厅应输漕米,自康熙三十一年始,以次各蠲免一年。
康熙三十二年（1693）	—	宝应县	蠲免本年地丁银米
康熙三十四年（1695）	—	宝应县	蠲免上年被灾钱粮
康熙三十五年（1696）	大水	宝应县	发银米赈济
康熙三十六年（1697）	水灾	扬州府属	康熙三十五年各项钱粮,尽行蠲免。其三十四年未完钱粮,于三十七年带征。
		宝应县	蠲免本年地丁银及米麦并发银米赈济饥民。
康熙三十七年（1698）	水灾	扬州府属州县、卫所	康熙三十八年一切地丁银米等项,及漕粮尽行蠲免。
康熙三十八年（1699）	水灾	淮扬所属州县	漕粮截留 10 万石,上属各县留 1 万石,悉较时价,减值发粜。
	康熙第三次南巡	宝应县	截留漕粮 1 万石,较时价发粜,并蠲免本年地丁银米等项及漕粮、漕项银两,其三十四、五、六、七年未完钱粮尽予豁除。
康熙三十九年（1700）	水灾	扬州府属州县	蠲免地丁银米等项及漕粮漕项银,漕粮截留 20 万石,存贮淮扬地方备用。
康熙四十年（1701）	—	江苏巡抚所属州县	除漕项外,康熙四十一年地丁钱粮尽行豁免。
康熙四十二年（1703）	康熙第四次南巡	宝应县	车架所过地方,今年额赋分三年带征。
康熙四十四年（1705）	水灾	扬州府属州县	赈济饥民,照例按分数蠲免。

续表 5-10

时　间	原　因	地　区	蠲免或缓征
康熙四十五年（1706）	—	江苏	自康熙四十三年以前未完地丁银米，尽行蠲免，其旧欠已完在官，而见年钱粮未完足，亦准扣抵。
康熙四十六年（1707）	—	宝应县	康熙四十三年以前江南各府州县未完民欠漕项银两，悉予蠲免。
康熙四十七年（1708）	—	宝应县	江南通省人丁额征银两，悉奉蠲免。
康熙四十八年（1709）	水灾	扬州府属州县	除漕粮外，江南通省地丁银两全行蠲免，所有旧欠银米暂停追取。又将扬州府属州县康熙四十九年额征地丁银两一概豁免，并动支库项及常平仓米谷赈济饥民。
康熙五十一年（1712）	—	宝应县	明年江苏应征地亩及人丁银俱著察明全免，其历年旧欠亦并著免征。
康熙五十三年（1714）	旱灾	宝应县	免地丁银两并赈济被旱灾民
康熙五十五年（1716）	大旱	仪真	诏免县卫被灾地亩税粮十分之三，发谷19000石赈济。
康熙五十六年（1717）	—	江苏	豁免江苏带征地丁屯卫银两，其带征漕项银米麦斗免征各半。
康熙五十八年（1719）	—	宝应县	蠲免本年秋灾地丁银米，仍赈饥民。
康熙五十九年（1720）	—	高邮州、宝应县	赈饥民
康熙六十年（1721）	—	宝应县	免上年水灾额赋

　　清初扬州府的蠲免缓征，是根据受灾轻重的不同，执行不同的蠲免分数。康熙四十四年（1705），江苏扬州等三府属十州县大水，对灾区"照例按分数蠲免"[1]。康熙十三年（1674）、十四年（1675），扬州府高邮、宝应等处被灾，"仍免赋有差"和"蠲银有差"[2]，即根据不同的受灾情状，执行不同的蠲

[1]《圣祖仁皇帝实录》卷二二二，《清实录》第6册，中华书局1985年版，第237页。

[2] 戴邦桢、赵世荣修，冯煦、朱学程等纂：《〔民国二十一年〕宝应县志》卷五《食货志下·蠲恤》，卢桂平主编：《扬州文库》第1辑第26册，第77页。

免分数。

清政府的蠲免和缓征虽然原因很多,但大多是针对受灾区域。受灾区域在遭受天灾(人祸)后,农业生产受到极大破坏。如果此时继续对灾区征收赋税,无异于使灾民雪上加霜,加重百姓的苦难,甚至可能激起民变,不利于社会的稳定和灾区的灾后重建。因此清政府采取蠲免和缓征灾区钱粮以安抚灾民的救济政策。一般而言,在灾害发生之后,先行停征钱粮,经过勘验后,根据受灾情状,清政府再决定蠲免数额,"凡被灾地方,夏灾不出六月,秋灾不出九月。各抚具题,差官履亩踏勘,将被灾分数,详造册结,题照分数蠲免。但本年钱粮,有司畏于考成,必已敲扑全完,则有蠲免之名,而民不得实惠。以后被灾州县,将本年钱粮,先暂行停征十分之三,候题明分数,照例蠲免,庶小民得沾实惠"[1]。这个规定能够在一定程度上防止地方官员为了政绩考核,继续征收赋税,而使蠲免有名无实。

蠲免是清政府救助政策的重要组成部分。政府虽然采取了蠲免、缓征灾区的措施,但是对于承租土地的广大佃农来讲,真正能够得到实惠的并不是蠲免或缓征,而是地主减少收租。因此,政府的蠲免政策的执行效果其实还是要打很大折扣的。正如乾隆三年(1738)十一月,两江总督那苏图所言:"米谷多余之家,遇歉收年分,往往居奇,肯惠济乡里者甚少。即不收捐,亦与灾民无甚实惠。"[2]那苏图在乾隆四年(1739)又提出:"向例蠲免不分贫富,但富户遇歉,未伤元气;贫民素乏盖藏,多免一分,即受一分之惠。请以各州县实征册为据,额根五钱以下者全蠲,五钱以上者酌量蠲免,五两以上者无庸议蠲。"[3]根据两江总督那苏图的建议,江南省各府州县在执行蠲免政策时,以实征册为根据,而清代的实征册"大抵是在黄册与鱼鳞图册散佚不存或残缺不能使用的背景下,地方官府为实际征发赋役而编制的"[4]。故实征册能够较为准确地掌握各户的贫富情状,然后根据各户的贫富程度,有针对性地采取蠲免策略。这样既能及时帮助那些因受灾而生活无着的贫困百姓,又能极大

[1]《圣祖仁皇帝实录》卷一四,《清实录》第4册,第218页。

[2]《高宗纯皇帝实录》卷八一,《清实录》第10册,中华书局1985年版,第283页。

[3] 赵尔巽等:《清史稿》卷三〇八《列传九十五·那苏图》,第10566页。

[4] 鲁西奇:《长江中游的人地关系与地域社会》,厦门大学出版社2016年版,第266页。

减少对基本上不需要帮助的富户的援助程度,保证这一政策的执行效果。

第二节　扬州农业

扬州北部为丘陵,沿江、沿河地区形成冲积平原,地势较为平坦。京杭大运河南北贯穿整个府境,连接白马湖、宝应湖、高邮湖和邵伯湖。大运河作为当时重要的水路交通渠道,为保障漕粮能顺利、及时地通过大运河运送到北方,周边水源管控极为严苛;同时地势较周边低洼,易造成城市非涝即旱。扬州农业并不发达,农业经济比较单一,主要以种植粮食作物为主,由于城市人口众多,粮食以及其他农业性商品主要靠外地贩运。

扬州各州县经济发展不一,农业在经济生活中的比重各有不同,首县江都是典型的消费型城市,"俗喜商贾,不事农业"[1],粮食主要仰仗外地贩运,康熙年间米价低廉时,"上号不出八钱,次号不出七钱"[2]。北部诸州县地势下洼,宝应县芦台洞"田多污莱,处洪湖坝下,每坝启则田没",獐狮庄、白埭庄、决溪庄"田平洋圩凹相间,返水至则没焉",草积庄"田高中凹相错,返水至则俱没"[3],高邮州"米惟丰年差足一州之食,或遇水旱则必赖四方"[4]。

一、种植业

受自然环境和水灾的影响,扬州的粮食主要靠外地供给,但粮食作物在扬州周边农村种植业中占了很大的比例。稻谷品种有大小香斑籼、水赤籼、小白籼、龙爪籼、六月籼等数十种籼稻。早稻有望江南、秋前五、江西早,中稻有过山龙、鸡脚黄、吴江早、大红旗、大头籼、黄瓜籼,晚稻有女儿红、胭脂糯、红糯、香白稻、丁头子等等。但扬州更多种植诸如"三十日""四十日""五

---

[1]〔清〕阿克当阿监修,〔清〕姚文田等纂:《〔嘉庆〕重修扬州府志》卷六〇《风俗》,卢桂平主编:《扬州文库》第1辑第7册,第1172页。

[2] 康熙五十一年八月初八日,《奏报苏州扬州目下粮价及雨水苗情事》,中国第一历史档案馆、扬州市档案馆编:《清宫扬州御档》第1册,第166页。

[3]〔清〕孟毓兰修,〔清〕乔载繇等纂:《〔道光〕重修宝应县志》卷七《铺庄》,卢桂平主编:《扬州文库》第1辑第25册,第246页。

[4]〔清〕孙宗彝纂,〔清〕李培茂增修,〔清〕余恭增纂:《〔康熙〕高邮州志》卷六《物产志》,卢桂平主编:《扬州文库》第1辑第20册,第86页。

十日"六十日""晏五日""晏十日"以天数命名的稻种。据方志记载,"三十日"为道光十五年(1835),时任江苏巡抚的林则徐从湖北购买,发借高邮的稻种,可三十日熟;"五十日"是康熙年间高邮知州张德盛在高邮推行的一种短期成熟稻种,虽然较其他稻米产量低,但七月上旬即能成熟。康熙五十八年(1719)、五十九年(1720)大水,高邮居民多仰赖"五十日"借以果腹。高邮还种有名为"观音柳"的稻米,秧苗不畏大水,极其适合高邮的环境,当地多种之。

扬州的水源极其丰富,诸如高邮、宝应、兴化连年极易受灾,但为保障附近盐田产量,漕粮、淮盐运输,各闸轻易不启放,各州县农田用水却并不便利,旱稻在扬州亦普遍种植,康熙《扬州府志》称"扬州山田,多宜旱稻"。这些益水、耐旱、成熟期短的粮种的选择,与扬州的地貌、水文相得益彰。

康熙时,两淮商人高万顺等十二人还在扬州试种过一批御赐稻种,"商人高万顺种三亩,每亩收一石九斗。商人闵德裕种二亩,每亩收一石八斗。商人马德隆种二亩,每亩收一石九斗。商人吴敦厚种二亩,每亩收一石八斗五升。商人程弘益种二亩,每亩收一石八斗。商人吴德大种二亩,每亩收一石八斗五升。商人吴握玉种二亩,每亩收一石六斗三升。商人徐尚志种二亩,每亩收一石五斗五升。商人汪德睦种二亩,每亩收二石。商人乔履顺种二亩,每亩收一石六斗。商人项鼎玉种二亩,每亩收一石七斗。商人何义大种二亩,每亩收一石八斗五升"。[1]

扬州大户喜食本地之米,称川楚舶来米为江米,称一种产于本地西山一带的大米为本山米,较长途水运的江米,本山米口感更坚实。这样的一种关于大米的商品流通影响到扬州的语境,"扬城大户食米,亦鬻于市,不曰'买米',而曰'挑米'",甚至在挑米时,必叮咛吩咐家人,"不要江米,要本山米"[2]。

粮食作物除水稻外,麦类作物也有一定的比重,分大麦、小麦和荞麦,大麦有晚麦、淮麦、籼麦、三月黄、六楞子等等,其中短秆"宜为饭又可为酢";小麦有梅前黄、火烧头、大黄皮等等。除稻麦外,还种植黍、豆、芝麻等粮食

[1]〔清〕李煦:《御稻香稻收割情形并进新米一斗折》,康熙五十七年九月二十五日,故宫博物院明清档案部编:《李煦奏折》,中华书局 1976 年版,第 259—260 页。

[2]〔清〕林苏门撰,刘永明点校:《邗江三百吟》,广陵书社 2005 年版,第 53 页。

作物。值得注意的是,康熙时,花生、山芋在扬州已经开始普遍种植,"高邮志名地果,又名无花果,以不花而实也"[1]。在经济作物中,宝应、兴化两县生产的大蓝、小蓝是制作染料靛青的原材料,道光时期,宝应县的大蓝、小蓝已是当地重要的土产,"二蓝俱产衡羡庄、观音寺镇。大蓝形如菠,三刈始尽,色最娇。小蓝形如广三七,茎红叶圆,色较深,一刈即尽,均历久不变,他处仿种,弗若也"[2]。兴化县大蓝、小蓝"出城东各垛。浸汁为靛,虽不及建靛之佳,然远近数百里皆赴兴采买"[3]。

伴随扬州城市经济的恢复和发展,食肆的大量出现也带动了水果、蔬菜种植业的发展。水果中较有名的有西瓜,"产兴化余东者佳",江都东沙的桃,"种类甚多,惟沙桃佳。实如鹅卵大,味极甘",槐子桥汪家园有麦李"绝佳","肉厚而甘脆",[4]其余石榴、杏、梅、葡萄、枇杷等较为常见。至于蔬菜种类也比较丰富,康熙《扬州府志》中记载有芹菜、萝卜、白菜、菠菜、茼蒿、茭首等48种。宝应湖泊众多,盛产莲藕,与其他地方不同的是,宝应藕多为白莲,每年八、九月,"取藕去皮节,擦滤浆,晒削成粉,名鹅毛雪,片质轻粹"[5],所做成的藕粉作为当时的贡品进奉内廷。

较粮食种植,扬州多花卉种植,以菊花、芍药为主,尤其以菊花种植趋于繁盛。北门外傍花村"周围约三四里许,无别花,惟菊而已。内有竹庐草舍数十家,皆种菊为业"[6];仪征新城镇喜种桃树,时值春季,繁花灿烂。城外禅智寺、城内开明桥都是传统花市,"近年梅花岭、傍花村、堡城、小茅山、雷塘皆有花院,每旦入城,聚卖于市。每花朝,于对门张秀才家作百花会,四乡

[1]〔清〕金镇原本,〔清〕崔华、张万寿续修,〔清〕王方岐续纂:《〔康熙二十四年〕扬州府志》卷七《物产》,卢桂平主编:《扬州文库》第1辑第3册,第116页。

[2]戴邦桢、赵世荣修,冯煦、朱学程等纂:《〔民国二十一年〕宝应县志》卷一《疆域志·土产》,卢桂平主编:《扬州文库》第1辑第26册,第18页。

[3]〔清〕梁园棣修,〔清〕郑之侨、赵彦俞纂:《〔咸丰〕重修兴化县志》卷三《食货志》,《中国地方志集成·江苏府县志辑》第48册,第109页。

[4]〔清〕阿克当阿监修,〔清〕姚文田等纂:《〔嘉庆〕重修扬州府志》卷六一《物产》,卢桂平主编:《扬州文库》第1辑第8册,第1180、1183、1184页。

[5]戴邦桢、赵世荣修,冯煦、朱学程等纂:《〔民国二十一年〕宝应县志》卷一《疆域志·土产》,卢桂平主编:《扬州文库》第1辑第26册,第19页。

[6]〔清〕林苏门撰,刘永明点校:《邗江三百吟》,第13页。

名花集焉"[1]。江都县南门外,茉莉、珠兰专为贩户采买,"或穿花茶、供碟、花篮,制为三星桌围等物,以备礼品"[2]。精于花卉种植及插花的匠人亦不在少数,城内有叶梅夫善种菊花,"名花价值百缣";朱标"城中富家以花事为陈设,更替以时,出标手者独多"[3];画舫中插花"大者用磁缸,小则瓶洗之属,一瓶动值千金。插花多意外之态,此技瓜洲张某最优,时人称为瓜张"[4]。善插花者还有叶友松、朱五呆。

二、渔牧业

扬州处于江淮之间,湖泊众多,渔业也比较发达。南边三江营出产鲥鱼,瓜洲出刀鱼,北部艾陵、邵伯诸湖,产鱼更多,以鳊鱼、白鱼、鲫鱼为上,鲤鱼、黑鱼、青鱼次之。黄金坝是有名的鱼市,坝上设八鲜行,售卖菱、藕、芋、柿、虾、蟹、萝卜、鳌。甘泉县北部的北湖,湖中人多以渔为生,"各镇市设鱼肆,每晨,诸渔以鱼集。牙侩平其价,贩者兑之,运于郡城及他所。其运鱼者行如飞,自湖至城远者六七十里,辰巳之时必至"[5]。《〔民国〕三续高邮州志》记载同治末年本地"上河注册在官之(鱼)行户凡五十余家,下河行户亦不少",但是多半已兼开其他行业,光绪以后湖水淤浅,"上河行户仅存二三十家而已"[6]。

关于捕鱼,《北湖小志》中记载了当地渔民众多的捕捞方式,"其大者有三:一曰风兜,用大船蒲帆,双植大罟系船后,风浪大作时,鼓于湖心,往来如奔马,每度可得鱼数百斤;二曰泥网,亦用大船、大罟,俟无风时围而猎焉,所得亦多;三曰罬,结绳为之,锐其末,沉水中,张口当急流,每获亦可百余斤"。其他捕捞方式还有:笼罩,即一人以罟系植木五,置水中,一人以竹篙捣之,鱼惊上窜,升其罟以受鱼,得鱼亚于罬;旋网,一人立船头,两手撒网,平铺水面,网之周皆铁脚,沉入水底,徐收其中绳,则铁脚敛而鱼包其中;大索,以索

[1]〔清〕李斗著,陈文和点校:《扬州画舫录》卷四,第43页。

[2] 徐谦芳著,蒋孝达、陈文和校点:《扬州风土记略》卷中,江苏古籍出版社2002年版,第51页。

[3]〔清〕李斗著,陈文和点校:《扬州画舫录》卷三,第42页。

[4]〔清〕李斗著,陈文和点校:《扬州画舫录》卷一一,第138页。

[5]〔清〕焦循著,孙叶锋点校:《北湖小志》卷一《叙渔第五》,广陵书社2003年版,第10页。

[6] 胡为和、卢鸿钧修,高树敏纂:《〔民国〕三续高邮州志》卷一《实业志·营业状况》,卢桂平主编:《扬州文库》第1辑第23册,第66页。

布水面,鱼之性,见索则不前,一人立船上,以罩沿索取之,每得大鱼;花篮,编竹如篇状,梅雨时,置圩田中,诸鱼逆流而上,每旅入,不能出;跳白,用小船,粉垩其板,月下行湖中,以诱鱼;哇船,即养鸬鹚,以绳束其颈,放水中,得鱼不能咽,以手哇之。

对于捕捉蟹、虾等湖鲜,《北湖小志》中也详列方法。此外还有专门捕捞特定鱼类的渔具,张丫子为专门捕黄鳝、泥鳅的渔具;张卡多用于捞鲫鱼,"以线牵水面,用竹签锐其两端,屈曲环于线上,键以荽梗,诱以麦,鱼食麦,则口为签困"。[1]

扬州家禽养殖业也有一定的规模。西山陈家集"于春三四月,买鱼苗养塘内,至冬网得,获利甚厚"[2];杏花村"居人固不事织,惟蒲渔菱芡是利,间亦放鸭为生"[3];鸭蛋腌制后装入桶中,"色甚红,与他方异"[4];西山"乡人三四月间畜乳鸭,至秋后卖";高邮、邵伯的鸭子主要销往南京,以供应南京盐水鸭、板鸭的制作。

扬州多湖荡,湖荡所产的芡、蒲也被利用起来,宝应县东乡荡田种植的南柴用以织席;兴化中堡庄是生产蒲包的特色集镇,城北蓬垛广编蒲席,西门外是织芦席的集中地。

第三节　扬州水利

中国古代社会是以农业为主的小农经济社会。农业是国家头等大事,关系赋税征收,关系王朝的稳定,因此,历朝历代都十分重视农业问题。农业的发展仰赖水资源,统治者都倡导大力兴修水利设施,以达到防洪治河,灌溉农桑,保证农业生产,百姓安居。明清时期,大运河成为沟通南北的重要交通航道,是漕粮北上,南北商贸流通的重要渠道。特别是清代,康熙皇

---

[1]〔清〕焦循著,孙叶锋点校:《北湖小志》卷一《叙渔第五》,第9—10页。

[2]〔清〕林溥撰,刘永明点校:《扬州西山小志》,广陵书社2005年版,第25页。

[3]〔清〕李斗著,陈文和点校:《扬州画舫录》卷一,第14页。

[4]〔清〕张德盛修,〔清〕邓绍焕、汪士璜等纂:《〔雍正〕高邮州志》卷三《食货志》,卢桂平主编:《扬州文库》第1辑第20册,第330—331页。

帝将三藩、河务和漕运作为国家头等大事,治黄、治运等水利建设取得了十分显著的成绩。

扬州境内河湖众多,白塔河、伊娄河、沙河、芒稻河等流经境内,运河贯穿南北,连接黄河、淮河与长江三大水系。甘泉县境内有邵伯湖、赤岸湖、白茆湖等大小湖泊十个;高邮境内有城子河、山阳河、殷家河等等;宝应境内有白马湖、射阳湖、氾光湖、清水湖等众多湖泊。洪水泛滥的时候,与洪泽湖相通的宝应湖、高邮湖、白马湖等承担宣泄洪水的任务;运河干涸之际,邵伯、黄子、赤岸、朱家、白茆、新城、艾陵诸湖,又是引水济漕的重要水源。

作为长江以南各地漕粮、淮盐销往行盐区的咽喉,淮扬段运河关系各省漕粮是否能按时抵达京、通,关系到淮盐能否顺利从盐场运出,行销各行盐区。因此,清代扬州水利主要是以维护运道畅通为目的的相关河、湖的治理,保障农耕的水利设施建设反居于次席,这导致维运、保收成为当时官府与民众矛盾的焦点,偷挖水坝屡禁不止。同时,扬州在长江、运盐河以及城市水利建设方面也取得了一定的成绩。这一时期,饱受水患的扬州士绅们通过各种渠道反映水患情形,提出解决水患的建议,大量水利专著问世,这在当时其他地方是不多见的。

一、水患与水利治理

大运河是运河的统称,运河各段又有称谓。其中,自瓜洲、仪征起,经高邮、宝应到淮安一段被称为里运河,即官河。扬州境内其他水道繁多,水利影响着水道运输、士民生活,更关系漕粮、盐艘的畅行,甚至关系到各州县居民安危,由此水利工程也成为扬州官方日常的重要工作之一。

明代潘季驯筑堤束水的治理方略,主张大力加强堤坝,增加泄洪,保证黄河河道固定,以维持大运河畅通。虽然束水攻沙的方案考虑到河道断面对水流速度和冲刷泥沙的影响,但潘氏只考虑到下游的治理,没有考虑到上中游才是解决黄河的根本问题[1]。这种治理方案使得泥沙不断堆积,河道越来越长,入海口越来越远,河道的蓄水功能和泄洪能力日益降低。加之扬州

---

[1] 水利水电科学研究院《中国水利史稿》编写组:《中国水利史稿》下册,水利电力出版社1989年版,第128页。

特殊的四周高中间低呈釜底的地形,以及晚明河政废弛,清初扬州境内河堤年年决口。

> 顺治四年夏久雨,决江都运堤,随塞。六年夏,高邮运堤决数百丈。……(康熙)四年秋,高邮大水,决运堤。……六年,决江都露筋庙。明年,塞之。十年,决高邮清水潭。明年,再决,十三年始塞。十四年,决江都邵伯镇。十五年夏,久雨,漕堤崩溃,高邮清水潭、陆漫沟,江都大潭湾,共决三百余丈。……十七年,……清水潭逼近高邮湖,频年溃决,随筑随圮,决口宽至三百余丈……是岁(十九年)霪雨,淮、黄并涨,决兴化漕堤,水入高邮治。[1]

频发的水患,使得扬州各州县受灾相当严重。康熙六年(1667),“沿河州县,悉受水患……水势尽注洪泽湖,高邮水高几二丈,城门堵塞,乡民溺毙数万”;康熙九年(1670),高家堰决口,“以数千里奔悍之水,攻一线孤高之堤,值西风鼓浪,一泻万顷,而江、高、宝、泰以东无田地,兴化以北无城郭室庐”;康熙十五年(1676)夏,“漕堤崩溃,高邮之清水潭,陆漫沟之大泽湾,共决三百余丈,扬属皆被水,漂溺无算”。[2]“淮扬两府水灾滔天漫地,如高、宝、兴、盐、江、安、山、桃等处十一州县之民,田地陆沉,房屋倒塌,牛畜种粮漂浮。父子、兄弟、夫妻、儿女死于洪波巨浪者不几千百人”[3]。

频发的水患下,清代统治者尤重河工,康熙皇帝即位后将河务作为国政三大事,悬书宫柱之上。一生六次南巡,对河工都有指示,但这也影响到清代治河。特别是乾隆朝,每遇河工大修,皇帝虽然遣派钦差大臣监督,河臣只能提出意见,实际上还是由皇帝亲自指挥或决定最终治理方案。乾隆四十五年(1780)命将高家堰、武家墩临湖疲矮处加高,将原有旧砖工改用石料;

————————

[1] 赵尔巽等:《清史稿》卷一二七《河渠二》,第3770—3773页。

[2] 赵尔巽等:《清史稿》卷一二六《河渠一》,第3718—3720页。

[3] 〔清〕李宗孔:《请拨盐课赈济维扬疏》,〔清〕金镇原本,〔清〕崔华、张万寿续修,〔清〕王方岐续纂:《〔康熙二十四年〕扬州府志》卷三七《艺文》,卢桂平主编:《扬州文库》第1辑第4册,第773页。

乾隆四十九年(1784)命将高家堰堤顶加高培厚,连何时开闸放水也遵照旨意,"以水高坝脊三尺为准,先将车逻坝开放,至三尺以外再将五里、南关等坝次第开放"[1]。

(一)河道治理

1.对运道的治理

鉴于河道关系漕运、民生和国本,康熙十六年(1677),康熙皇帝任命靳辅为河道总督,负责治理黄河、大运河。靳辅上任后,在幕僚陈潢的建议下,提出"河、运为一体",并指出"运道之阻塞,率由河道之变迁。向来议治河者,多尽力于漕艘经行之地,其他决口,以为无关运道而缓视之"[2]。针对这一问题,靳辅和陈潢提出,先疏下流,后浚上淤,堵塞决口,加固堤岸,建减水坝闸以泄洪。靳、陈两人的治河方案,是清代对整个大运河的治理措施。

(1)靳、陈治河

黄河携带大量泥沙东流,至清口后,水势逐渐平缓,特别是运河仪征到淮安段西堤水道极易沉淀,河床日渐增高,严重影响漕船的通行。对此,靳辅在主张以水冲沙的同时,又提出挑浚的方案,"然河身淤土有新久之不同。三年以内之新淤,外虽板土而其中淤泥未干,冲刷最易。五年以前之久淤,其间淤泥已干,与板沙结成一块,冲刷甚难,故必须设法疏浚也。……寓浚于筑,而为一举两得之计也"[3]。

挑浚有临时疏浚和定期挑浚之分。临时性疏浚多在运道发生阻塞或者以防大水漫堤溃坝紧急进行。康熙五年(1666),仪征至淮安淤浅运道,急挑仪征境内朴树湾、西方寺、五里铺;康熙二十八年(1689),挑仪征北新洲河身,以确保漕船能直接通过;嘉庆十年(1805)三月,洪泽湖日见增长,为防止洪泽湖水漫决,紧急挑深金湾六闸内人字河、芒稻闸淤浅处。

定期挑浚则是选择避开漕船通过日期和雨水季节,又有大挑和小挑之

---

[1]〔清〕阿克当阿监修,〔清〕姚文田等纂:《〔嘉庆〕重修扬州府志》卷一一《河渠志》,卢桂平主编:《扬州文库》第1辑第6册,第210页。

[2]赵尔巽等:《清史稿》卷一二七《河渠二》,第3771页。

[3]〔清〕傅泽洪主编,〔清〕郑元庆纂辑:《行水金鉴》卷四八,凤凰出版社2011年版,第1713—1714页。

分。如康熙十六年（1677）八月，总河靳辅趁运河河底干涸，闭堤挑浚，但因为回空漕船，只挑一二尺，遂准备第二年立春后，再闭坝大挑，工期百日，以方便第二年漕船北上。次年，又"大挑山、清、高、宝、江五州县运河，增筑两岸，其决口三十二处并塞之"[1]。大挑一般三年一次，小挑一般一年一次。如仪征县江口至江都、甘泉二县所辖三汊河，共计六十余里，为通江达淮要津，清政府规定三年大挑一次，捞浚一次。定期挑浚，有专门的制度，在费用钱粮于何处动支、官民分摊比例、商人捐输数额及民夫的雇佣上都有定制。以三汊河挑浚为例，向来大挑"需银一万六百两，皆商三民七分派捐输"，乾隆元年（1736）下旨规定"嗣后，着将商民派捐之项永行停止，亦不必拘定三年之限。如遇应浚之年，着该盐政委员确估实力挑浚所需工费，即于盐运司库一半充公项下动支"[2]。

靳、陈的疏浚淤塞在治理上成效甚为显著，康熙三十八年（1699）南巡，在巡视高家堰等堤后，康熙皇帝言及："治河上策，惟以深浚河身为要。河底浚深，则洪泽湖水直达黄河，兴化、盐城等七州县无泛滥之患"[3]，疏浚淤泥的政策在得到康熙皇帝的肯定后，一直沿用。道光年间，伴随运道愈发梗阻，挑浚更加频繁。道光七年（1827），挑东台县古河口、王家港；挑高邮新河、北关河、运盐河、菱丝沟和澄子河，其中古河口、王家港二河估银十三万九千余两，高邮境内挑浚估需十万三千余两；道光十年（1830），挑挖芒稻河东西并将引河增宽；同治六年（1867），挑浚马棚湾、四汊港、二马桥、越河港、邵家港等处。但是靳、陈只注意到河南一线黄河泥沙问题，对河南以上泥沙来源未曾想到，因而不能解决淤塞问题[4]，只能通过机械疏浚解决运道淤积问题。

陈潢认为"治河者，必以堤防为先务"，"堤成则水合，水合则流迅，流迅

---

[1]〔清〕阿克当阿监修，〔清〕姚文田等纂：《〔嘉庆〕重修扬州府志》卷一〇《河渠志二》，卢桂平主编：《扬州文库》第1辑第6册，第171—172页。

[2]〔清〕王检心修，〔清〕刘文淇、张安保总纂：《〔道光〕重修仪征县志》卷一一《河渠志·水利》，卢桂平主编：《扬州文库》第1辑第18册，第144页。

[3]赵尔巽等：《清史稿》卷一二六《河渠一》，第3723页。

[4]姚汉源：《中国水利史纲要》，水利电力出版社1987年版，第466页。

则势猛,势猛则新沙不停,旧沙尽刷,而河底愈深",[1]他提出筑堤是解决运道泥沙淤积的最佳方式。康熙十七年(1678),靳辅出任河督的次年兴工加固高邮、宝应、江都运河两岸河堤;修筑江都漕堤,以封堵清水潭决口;康熙十九年(1680)对各河堤险要处进行加固。按照靳、陈两人"与其取土于他处,何如取土于河身"的主张,一般从河堤挑浚的泥土会用于加筑河堤两岸。筑堤费用所需庞大,康熙二十四年(1685),仅修治高邮、宝应等七州县下河工程需要 2782370 两:加固河堤每方工钱 1 钱 6 分至 1 钱 8 分,河堤加工每丈草价 6 钱,埽工所用材料及人工费每丈 2 两 4 钱 6 分,每个木涵洞造价 100 两。[2]

兴建闸坝是解决水源的重要措施。闸坝的用途有两种,一种是天旱少水时,保持运河水量,保障漕船北上;一种是黄淮水量过大,泄水以护运道。明代后期,就在邵伯南开金湾河,建减水坝,分流淮水由芒稻河入江。清代,对归江出路愈发重视,康熙十二年(1673)改造芒稻河闸门,建金湾滚水坝。金湾闸西接湖口,东南十六里至芒稻河,又十八里下江,是漕河泄水第一捷径。康熙十八年(1679)在江都鲫鱼嘴开滚水坝。康熙二十年(1681)增置高邮南北滚水坝八座;创建宝应子婴沟、高邮永平港、南关八里铺、柏家墩、江都鲫鱼口减水坝;改建高邮五里铺、车逻港减水闸。康熙二十一年建邵伯南减水坝。康熙三十八年(1699)改茆家园等六坝为减水坝。康熙十九年(1680)起,靳辅除建归江减水坝外,还修建归海减水坝八座,可使淮河洪水东流入海。从高邮到邵伯分别是南关坝、五里中坝、柏家墩坝、车逻坝和昭关坝,各坝都是草坝。乾隆时另建南关新坝,原有的南关旧坝、柏家墩坝永远闭闸,只余四闸。到咸丰以后,只剩下南关坝、南关新坝和车逻坝。1949 年以后废除各坝。滚水坝、减水闸的修建,对削减洪峰,确保堤岸安全,起到十分积极的作用。

开挑引河也是靳辅、陈潢治理运河的方案之一。靳辅认为引河有分流缓冲、预浚迎溜和挽险系堤的作用。如遇决口,应在对岸上流别开一河以引导,缓和决口水势以便堵口;当上游水势迅猛之际,引河可以借上游水势冲刷河

---

[1]〔清〕陈潢原论,〔清〕张霭生编述:《河防述言·堤防》,清康熙刻本。

[2]〔清〕阿克当阿监修,〔清〕姚文田等纂:《〔嘉庆〕重修扬州府志》卷一〇《河渠志二》,卢桂平主编:《扬州文库》第 1 辑第 6 册,第 174—175 页。

底泥沙,又可以引导水流不至于侵害周围地区;当洪水危及堤岸,引河又可以起到分流作用,防止溃坝。如,高邮清水潭出现溃坝,决口过深无法修筑,靳、陈选择绕湖开新河,是为永安河。原本清水潭段运输不便"重运出口,牵挽者每艘常七八百人或至千人,鸣金合噪,穷日之力,出口不过二三十艘";永安河开通后,"重运过淮,扬帆直上,如历坦途,运河永无淤垫之虞,淮民岁省挑浚之苦矣"。[1]金湾坝外挑引河五里,通人字河,将高邮湖与邵伯湖连通;第二年另开新越河并两坝以便民济漕运。

靳辅、陈潢的黄、淮、运河治理方针取得了较为显著的成效,兼之康熙皇帝对靳辅、陈潢治理方案的肯定,由此形成清代治理黄、淮、运河的基本模式,之后清人对运道的治理虽然十分频繁,但其方略大致不出靳、陈的范畴,即主要防治,河堤加高加固,有决即堵,定期疏浚河道。嘉庆时宝应人刘台斗言:"我朝圣祖指授方略,以及靳文襄以后诸臣筑堤各议,皆以筑堤为主,即以挑河之土坚筑两岸之堤,俾堤成而河亦成"[2];道光年间,冯道立在其治水专著《淮扬水利图说》中仍将"疏、畅、浚、束"作为治水最为行之有效的方法。

雍正七年(1729)设江南河道总督专门主管江南运河段河工。乾隆皇帝对河工颇为重视,每有堵口,多亲自计划,加之当时对河臣惩罚极重,河臣皆以"不求有功,但求无过",一切遵守皇帝旨意。道光时包世臣就论及河臣"以能知长河深浅宽窄者为上,能明钱粮者次之,重用武职者又次之。其侈言工程,袒护厅员者,大抵工为冒销纳贿而已。……自潘氏之后,莫能言治河者,其善者防之而已"[3]。

靳、陈治水时,对于"筑堤束水,以水攻沙"的方略就因为未能解决淮水出路,淮水只能由滚坝下入里下河,导致里下河成洪区,水灾频发,受人诟病,解决来水出路成为继任者于成龙、董安国、张鹏翮等欲解决的问题。

(2)靳辅以后治河

解决来水出路的对策可以归纳为坝工、开引河和开海口三大类。顺治

---

[1]〔清〕靳辅:《治河方略》卷二《南运口》,故宫博物院编:《故宫珍本丛刊》第233册,海南出版社2001年版,第372—373页。

[2]〔清〕刘台斗:《下河水利集说》卷上,卢桂平主编:《扬州文库》第2辑第43册,第351页。

[3]〔清〕包世臣撰,李星点校:《包世臣全集》卷二,第47页。

七年（1650），户部左侍郎王永吉、御史杨世学就提出："治河必先治淮,导淮必先导海口,盖淮为河之下流,而滨海诸州县又为淮之下流。乞下河、漕重臣,凡海口有为奸民堵塞者,尽行疏浚。"[1]但是这些建议并未被采纳。乾隆四十三年（1778）后,河患日趋恶化,黄河下游淤积严重,清口黄水倒灌洪泽湖。为保漕运,清口成为治河的重点,认为海口不畅是清口淤积倒灌的原因,"今海口淤垫,黄水倒灌,清口西则逆涨;洪泽漫溢下流,东南则直灌运河,湖水俱为黄水垫高。每遇水发之年,黄淮运河交会为一,漫溢无所不至"[2];疏浚海口的策略屡次被提及,但是始终未能实现。但就扬州一地而言,真正有效解决洪水的策略只剩建坝和开新引河两种方式。

归江十坝和归海五坝是在运河大堤兴建的类似于现代的泄洪闸,大多位于运河东堤,主要作用是引溢出洪水经坝导入长江,承担着泄洪的作用。随着洪泽湖库容减小,清口淤垫的情形越重,归江坝的数量在运河上越来越多,最后共计十座,统称为归江十坝,分别是:康熙年间由靳辅主持的金湾减水坝、凤凰桥滚水坝、壁虎桥滚水坝和湾头闸四座;乾隆时兴建的金湾新坝,东、西湾坝及褚山滚水坝;嘉庆间建于高桥的沙河坝;道光年修建的新河坝、拦江坝。金湾坝宣运河之水,并导入由董家沟、芒稻河入江;凤凰桥减水坝引运河水经廖家沟入江;壁虎桥滚水坝和湾头坝则导运河水借道古运盐河入江;东、西湾坝引导运河水经石羊沟宣泄,入廖家沟归江;拦江坝位于金湾闸下游越河口下,用以宣泄经运盐河导入的洪水,由芒稻河入江;褚山坝位于老运盐河河口,主要是对拦江坝起再次削减洪峰的作用。

归海五坝是在高邮至邵伯运河段上兴建的五座溢流坝,洪泽湖泄水由此注入引河进而流入大海。又因为归海五坝位于高家堰"仁、义、礼、智、信"五坝的下方,因此在清代的一些史料记载中又被称为"下五坝"。归海五坝的雏形成于康熙年间,总河靳辅治河时创建的八座溢流坝。张鹏翮继任总河后,通过疏浚里运河,疏导淮水入江、入海河道,修高邮、宝应、江都一带堤岸,以维系运道。张鹏翮认为靳辅新筑的八座坝虽起了巨大作用,但已经运

　　[1]　赵尔巽等:《清史稿》卷一二六《河渠一》,第3717页。
　　[2]　〔清〕阿克当阿监修,〔清〕姚文田等纂:《〔嘉庆〕重修扬州府志》卷一一《河渠志三》,卢桂平主编:《扬州文库》第1辑第6册,第188页。

行二十多年,河情已经发生变化,应永久封闭六坝,"六坝之宜闭也,逼清水出口,以会黄入海,其关键全在六坝",又引"古人设坝,原以泄异涨之水"的治水学说,引出"非以泄平漕之水也。今冬六坝已闭,来年桃汛、黄淮并涨,宣泄湖水,非坝不可"[1]。堵塞六坝但对运河东堤的护堤压力增加,高邮、宝应、江都等运河西岸诸州县的水患隐患增大,为此,张鹏翮重点是关注洪水入海问题,在靳辅所建运东归海八坝的基础上,在五里坝旧址兴建高邮南关坝;在车逻坝旧坝以南兴建新车逻坝,两坝改为滚水大石坝,并在坝下开引河;改建江都鲦鱼口坝于昭关庙,建五里中坝于八里铺,从而初步形成归海五坝。乾隆朝后,随着洪泽湖、清口发生变化,五坝的位置、结构、尺寸以及名字都发生了相应的变化,大致是新五坝的位置较原来的位置南移。

康熙四十一年(1702),张鹏翮将南关、五里、车逻坝由三合土坝改为石滚坝;乾隆五年,在五里、车逻坝下建泄水闸;乾隆十年,加高车逻坝;乾隆十一年(1746),在南关坝下开挑支河引入马英荡,在车逻坝下开挑支河引入渌洋湖;乾隆二十二年(1757),新建南关新坝、昭关坝;道光年间,在南关坝、南关新坝、车逻坝、昭关坝加建单孔泄水闸,这一时期,归海各坝只剩下五座;咸丰后,五里中坝、昭关坝俱已废闭,南关新坝的单孔泄水闸俱已废弃,只余三座。

乾隆年间,为应对各坝坝身不断加高,坝旁都增加了单孔泄水闸,"俾水小则启闸以通流,水大则开坝以减涨"[2],以灵活应对不同流量。同时,仿照高家堰,在坝顶上加封土,平时用以增加运河水量保证船艘吃水深度;汛期时则除去封土,主动溃坝,加大泄洪。这种主动溃坝泄洪的方式,使得洪水顺畅宣泄,保证了运河东堤的安全。但清代后期官员遇水则溃坝泄洪,兼之邵伯以下扬州地区地势卑下,一旦泄水,这片地区经常是一片泽国。终清一代,归海五坝一直是治理最为频繁的工程,且愈演愈烈,丝毫没有任何具体行之有效的解决方案。

---

[1] 〔清〕尹继善等修,〔清〕黄之隽等纂:《〔乾隆〕江南通志》卷五五《河渠志·淮二》,《中国地方志集成·省志辑·江南》第4册,第166页。

[2] 〔清〕阿克当阿监修,〔清〕姚文田等纂:《〔嘉庆〕重修扬州府志》卷一一《河渠志三》,卢桂平主编:《扬州文库》第1辑第6册,第205页。

2. 长江运道治理

除兴建归江、归海坝外，关于运道的治理还有长江段运道的治理。在相当长的时间内，清廷和扬州地方治河防洪的主要对象是大运河，然而湖广、江西、安徽等省份的漕船由仪征转入大运河北上，长江以南各地的漕粮则由瓜洲进入运道抵达京通。因此对长江段运道的堤岸防护与治理也十分频繁。这一段的长江水患治理，常与江潮侵蚀、风浪江滩开发联系在一起，位于长江北岸的江都、仪征二县，成为沿江防护工程的重点。

长江流至扬州，两岸地势平缓，江面开阔，既受长江干流江潮涨落、积沙淤积的影响，又承受运河来水，因此，沿江仪征、江都二县，水患较高邮、宝应更加频繁。明万历年间，受积沙影响，仪征江上北新洲逐渐形成，"自青山迄旧江口沙漫洲，日以侵长"，严重影响漕、盐船运行，"外江既不可泊，内闸复不易入，遂转漕瓜洲，多数十里风涛之患"，"而盐艘之屯于沙漫洲者，冬月淀涸甚虞"。康熙年间，仪征知县马章玉重浚闸河，"江河内外靡不毕通，且内河受带子沟、七十二汊之水，夏秋霖潦，河既广深可纳，两岸田畴足资灌溉，一举而商民均利焉"[1]。

北新洲的形成，导致江流北移，江潮风浪对长江北岸冲击不断。康熙五十五年（1716）河督赵世显会同漕督奏称："江溜北徙，花园港地方被冲坍塌一百二丈，瓜洲息浪庵前石马头亦被汕刷坍塌"，又称，"倘江流日渐北徙冲刷，瓜洲城垣必致危险"[2]；乾隆二十九年（1764），江滩两头并后身裂缝，坍陷入江，长九十丈；乾隆四十一年（1776）六月，江潮突涨，瓜洲城外"查子港工迤下殷家庄，接连回澜坝江岸于初十日坍陷入江，约长一百余丈，宽四十余丈。西南城墙塌去四十余丈"[3]；乾隆四十五年（1780），受江潮冲激，瓜洲城西南城墙坍塌百丈，瓜洲城南水关、千佛庵俱被淹没；乾隆五十七年

---

[1]〔清〕陆师修纂：《〔康熙〕仪真志》卷七《山川志上》，卢桂平主编：《扬州文库》第1辑第17册，第436页。

[2]〔清〕尹继善等修，〔清〕黄之隽等纂：《〔乾隆〕江南通志》卷五六《河渠志·江》，《中国地方志集成·省志辑·江南》第4册，第176页。

[3]〔清〕阿克当阿监修，〔清〕姚文田等纂：《〔嘉庆〕重修扬州府志》卷一二《河渠志四》，卢桂平主编：《扬州文库》第1辑第6册，第227页。

（1792）五月，瓜洲城外回澜坝迤下江岸，"于十八日裂缝坍塌浸至城根，将四十一年收进之土城塌卸十四丈"[1]。

瓜洲虽是江上一座沙洲，然瞰京口，接南京，为七省咽喉，每年漕艘、盐船浮江而上，南北贸易必经于此。对江潮冲刷的治理与城市塌陷联系在一起。康熙五十五年花园港塌陷后，筑息浪庵前护城堤岸埽工 207 丈；建自花园港三官殿起至四闸下刘家涵洞护滩堤 180 丈；建花园港埽工 400 丈；在瓜洲城北水关至西城角下首，筑护城石 301 丈，并开挑扩宽绕城河。康熙五十五年，又建花园港越堤埽工 520 丈，作为重门保障；挑瓜洲西门城西越河。康熙五十七年，知县胡琏在正人洲开引河，以杀大江水势，使瓜洲免受江潮之患。乾隆四十一年，除抛填碎石外，在城墙外夯实土城一道，沿江一带筑土坝，用碎石铺底，以通纤路。乾隆五十七年，在瓜洲回澜旧坝挖抛石护岸，用碎石抛砌，护住埽根。在靠崖纤道之外，一律抛填碎石，再于上面镶做护埽，以御风浪。道光三年，城外临江坝纤道坍塌入江，回澜坝以下工段再次坍陷，切近城垣。此后屡塌屡修，屡修屡塌，光绪初，瓜洲北门城及东水关因江流冲决逐年坍塌，城池"无法保存，于是全城皆沦于大江矣"[2]。

为抵御风浪对江岸的冲击，仪征到泰州沿江江岸都修有大量石工。康熙五十五年（1716），瓜洲花园港一带江堤被淹，需要加固，"其工料银两，俱两淮商人认捐完工"，盐商江楚吉等"愿再捐九万八千余两，以认料工之需"[3]。仪征段江堤有通济、罗泗、金门等闸，向来是用以蓄水、阻拦江潮对堤坝的冲刷，江潮长期的冲刷对闸坝损伤颇大。乾隆九年（1744），"两闸、金门闸墙多有倒卸，闸底石块冲跌，坑塘关石等桩朽坏"[4]；乾隆三十一年（1766），通济、罗泗、金门再次倒卸；嘉庆四年，受江潮的影响，通济、罗泗两闸，金门、雁

---

[1]〔清〕方濬颐等修，〔清〕晏端书、钱振伦等纂：《〔同治〕续纂扬州府志》卷一《河渠志上》，《中国地方志集成·江苏府县志辑》第 42 册，第 636 页。

[2] 于树滋编辑：《〔民国〕瓜洲续志》卷一《疆域》，卢桂平主编：《扬州文库》第 1 辑第 38 册，第 218 页。

[3]〔清〕李煦：《瓜洲花园港一带须做埽工商人愿再捐银折》，康熙五十六年十一月二十七日，故宫博物院明清档案部编：《李煦奏折》，第 238 页。

[4]〔清〕王检心修，〔清〕刘文淇、张安保总纂：《〔道光〕重修仪征县志》卷一一《河渠志·水利》，卢桂平主编：《扬州文库》第 1 辑第 18 册，第 144 页。

翅、燕尾上下裹头均塌卸,闸底关石等桩朽烂,万年坊碎损。为保障漕船、盐船畅行,仪征段江堤兴修不停,乾隆三十七年(1772)十一月,修三汊河口塌坝;嘉庆四年,修通济、罗泗二闸;嘉庆八年(1803),曾燠修带子沟对岸石工;嘉庆二十五年(1820),江防同知王养度于高旻寺前添筑防风旧坝。

清代,关于治河的法规制度趋于严格,特别是对河臣的处罚极重,使得大部分河臣小心谨慎,严格遵行皇帝旨意,自主性几乎丧失。乾隆后期,淮扬段运河周边州县成为有名的泽国,虽挑修不断,但是都没有提出切实可行、行之有效的解决方案。除自然因素外,朝政废弛,河员怠政,河工积弊诸如闸坝、涵洞等水利设施的损坏,也是河患日趋恶化的重要原因之一。

乾隆朝后期,仅扬州一处单次河工的支出就在数十万。嘉庆十年(1805),堵筑宝应、氾水、永安和高邮堤岸砖石工二千三百八十九丈,"需料匠工价银六万五千一百七十两";嘉庆十一年(1806),预估扩宽挑深"湾头闸、壁虎、凤凰桥由廖家沟出江,东西湾坝由石羊沟出江,金湾旧坝由董家沟汇入芒稻河出江,金湾新坝,金湾中闸、北闸由人字河分而为二,一由仙女庙入运盐河出江,一由芒稻闸出江",以及"滩嘴筑柴草土坝八道,共需银十三万一千一百六十九两";[1]嘉庆十二年(1807),江都东岸扬子桥至古西埝残缺三十四段,西岸自谢恩亭起至樏条围残缺二十二段,需银一万七千七百五十九两;道光元年(1821),挑浚金湾坝、东西湾坝、凤凰桥、壁虎桥引河,董家沟、石羊沟、廖家沟以及芒稻越闸河身,需银三十余万两;挑浚高邮州新河、尾北关运盐河等各坝归海要道淤浅,需银十万三千余两。道光十年(1830),挑浚车逻、南关等坝河道,需银十万三千余两等等。《〔道光〕重修仪征县志》中对此言及:"按嘉庆二十年前专引淮水以刷江沙乃正本清源之法,故每次工费至多不过万金有奇,而漕、盐运行可保七八年无阻。"嘉庆二十年(1815)至道光二十八年(1848),"甫三十三年,挑浚已历十三次,用银六十五万六千余两,而卒未得期月畅行之利"[2]。

[1]〔清〕方濬颐等修,〔清〕晏端书、钱振伦等纂:《〔同治〕续纂扬州府志》卷一《河渠志上》,《中国地方志集成·江苏府县志辑》第42册,第639页。

[2]〔清〕王检心修,〔清〕刘文淇、张安保总纂:《〔道光〕重修仪征县志》卷一一《河渠志·水利》,卢桂平主编:《扬州文库》第1辑第18册,第146页。

每岁修河花费靡费，"乾隆中年以后始大盛。当靳文襄时，只各省额解六十余万而已。后遂定为冬令岁料一百二十万，大汛工需一百五十万，加以额解，已三百三十万。又有荡柴作价二三十万。苟遇水大之年，又另请续拨四五十万，而另案工程则有常年、专款之分，常年另案在防汛一百五十万内报销，专款另案则自为报销，不入年终清单。比较其时，漕事孔亟而河决频仍，先后诸河臣实不能不受其咎"[1]。工程虚报、物料价格上涨是其中一个原因，嘉庆后，河工用料秸柴由原来的每斤七八毫加到每斤三四厘，价格翻了四五倍之多。造成河工耗费巨大更多的原因在于吏员贪腐，嘉庆年间两淮盐政阿克当阿，被人称为"阿财神"，过客应酬不下五百金；《续子不语》中记载康熙年间河道总督赵世显与里河同知张灏斗富轶事："张请河台饮酒，树林上张灯六千盏，高高下下，银河错落。兵役三百人点烛剪煤，呼叫嘈杂，人以为豪。越半月，赵回席请张，加灯万盏，而点烛剪煤者不过十余人，中外肃然，人疑其必难应用。及吩咐张灯，则飒然有声，万盏齐明，并不剪煤而通宵光焰。张大惭，然不解其故。重贿其奴，方知赵用火药线穿连于烛心之首，累累然，每一线贯穿百盏，烧一线则顷刻之间百盏明矣。用轻罗为烛心，每烛半寸，暗藏极小爆竹，爆声膈膊，烛煤尽飞，不须剪也。"[2]晚清薛福成的《庸庵笔记》直接描述河道官员的靡费："每岁经费银数百万两，实用之工程者十不及一，其余以供文武员弁之挥霍、大小衙门之酬应、过客游士之余润。凡饮食衣服车马玩好之类，莫不斗奇竞巧，务极奢侈。"[3]一盘豆腐非数百金不可办；数十头猪只为豚背肉一片，仅供一席之宴。

虽然清政府历来重视扬州运河段河工修筑，但屡修屡坏，水灾仍旧不减。道光二年秋，高邮大水。三年五月，江潮涨溢，仪征沿江田庐尽毁。四年十一月，大风决高堰十三堡，田庐多被淹没。六年夏，高邮、宝应大水。八年秋，高邮再遭大水。十一年六月，运河决马棚湾，张家沟复溢，高邮、兴化、

　　[1]〔清〕欧阳兆熊、金安清撰，谢兴尧点校：《水窗春呓》卷下《河防巨款》，中华书局1984年版，第63—64页。

　　[2]〔清〕袁枚：《续子不语》卷六《赵张斗富》，岳麓书社1986年版，第111页。

　　[3]〔清〕薛福成撰，南山点校：《庸庵笔记》卷三《河工奢侈之风》，江苏人民出版社1983年版，第62页。

宝应田多淹没。次年秋,高邮、兴化大水。十三年秋,高邮再遇大水。十八年,仪征大水。十九年五月,仪征境内江水涨溢,十月江潮复涨。二十年五月,仪征再遇江溢。十九年至二十一年,高邮、兴化连续三年秋季遭遇大水。[1]

官吏遇水,往往直接采用开坝放水的策略,特别是清朝中后期,政府财政吃紧,开坝放水是最经济的选择,即使是陶澍也认为:"即如高邮四坝及昭关坝,原备减涨卫堤而设,当水涨工忙之际,一经启放,归墟便捷,原可省防护之力、抢险之费。"光绪时,两江总督曾国荃和漕运总督卢士杰在奏报黄、淮运道水利时也将宣泄视为解决水患的最佳手段:"查治水不外宣、防二策,而宣之用尤多。"[2]

清代运河上闸的数量到后期越来越少,坝成为运河上的主要水利设施,道光后,漕运改为海运,运河各闸坝废弃不用,后以草坝控制,运河上主要的草坝有金湾坝、东湾坝、西湾坝、凤凰坝、湾头老坝等等。10座坝坝体皆用埽工,最大的壁虎坝过水宽度有300米。1931年,淮河大水,通过十坝的总归江流量最高达 $10264\,m^3/s$。[3]在一定意义上,从闸到坝再到草坝的演变,可以反映出清代漕运管理的变化。同时,为保证运河水量,开闸的时间、水量都是有严格规定的,历代在闸旁都立有皇帝严禁随意开闸的诏书,但是收效甚微。

清朝后期,清政府与太平军在长江流域展开长期对峙,战争对河道破坏巨大,时人言及:"中国水利,惟江南各省最为讲求。自发捻构乱以来,旧日河渠亦多湮塞,民既无力修复,官亦置若罔闻。"[4]当时虽有西方水利工程技术传入,但一直到清季终结,河工无甚起色。

扬州运道所遇水患,除扬州自然地理条件、官员怠政外,还有清代中期后不断加剧的人地矛盾。"永不加赋""摊丁入亩"施行以前,雍正开始,扬

[1]〔清〕方濬颐等修,〔清〕晏端书、钱振伦等纂:《〔同治〕续纂扬州府志》卷二四《事略志》,《中国地方志集成·江苏府县志辑》第42册,第985页。

[2]赵尔巽等:《清史稿》卷一二六《河渠一》,第3755页。

[3]崔宗培主编:《中国水利百科全书》第一卷,水利电力出版社1991年版,第650页。

[4]〔清〕华辉:《请讲求务本至计以开利源折》,〔清〕麦仲华编:《皇朝经世文新编》卷七《农政》,沈云龙主编:《近代中国史料丛刊》第78辑,台北文海出版社1966年版,第512页。

州的人口爆炸式增长,人地矛盾日益凸显;另外保运的思想严重影响到扬州当地农业收入,晚清时沈葆桢言及:"民田于运道势不两立。兼旬不雨,民欲启涵洞以溉田,官必闭涵洞以养船。迨运河水溢,官又开闸坝以保堤,堤下民田立成巨浸,农事益不可问。"[1]江都县境内的上下雷塘、小新塘、句城塘,并仪征陈公塘,合称为五塘,早先为水塘。小新塘上接上雷塘之水,下流入小雷塘,经槐子河注入运河,明代时,塘水尚为济运舟,非遇旱至运河水浅不放闸。明嘉靖十八年(1539),"管河郎中毕鸾白于漕抚",之后有权豪占塘,江塘中水闸设施尽毁,后遇大水,洪水尽入高邮、山阳诸湖,造成湖水满溢,冲垮运堤,运堤东侧州县悉数被淹。雍正六年(1728),朝廷派专员勘察五塘具体情况,以查明五塘是否能继续蓄水济运。然而,五塘被民佃为农田,进行耕种,"塘身久成平陆,桑麻庐井,一望相连。塘内之田与塘外之田,高低相等。沟汉数处,全仗天雨贯注,并无来源"[2],即使强行复塘积水以待济漕,但是水塘都已垫平,无从容纳积水。更何况挖塘筑堤只能稍微蓄水,倒灌所及亦甚有限。最重要的是,五塘成田后,已向国家缴纳田赋丁税,废田恢复五塘蓄水也就从此作罢。

(二)运盐河水患和治理

运道关系漕粮北上,而黄河夺淮,又多沙,极善淤,在相当长的时间内,中央和扬州地方治河防洪的主要对象是大运河,相关的史料也非常丰富。其他河道虽有治理,但是与运道相比则较少。明清两代,由于政府在扬州设立盐政衙门,扬州成为两淮盐策要地,运盐河是盐生产、行销各地的重要水道,盐税是国家赋税的重要来源,对运盐河的治理和维护的要求越来越高。

运盐河是个统称,两淮南北运盐渠道大致有六条,"自淮安历宝应、高邮抵扬州至仪征为漕盐运河;自扬州湾头分支入闸,东经泰州,历如皋抵通州为上河;高、宝以东,泰州以北,兴化、盐城之境,陂湖演迤,众水汇注,则为下河;上河自如皋南折而东,达通州十场,是为通州串场盐河;下河自泰州海

---

[1] 赵尔巽等:《清史稿》卷一二七《河渠二》,第3791页。

[2]〔清〕阿克当阿监修,〔清〕姚文田等纂:《〔嘉庆〕重修扬州府志》卷八《山川志》,卢桂平主编:《扬州文库》第1辑第6册,第129页。

安徐家坝下起,历富安等十二场,至阜宁射阳湖出口为泰州串场盐河"[1]。除通州、盐城不在扬州府疆域内,其他各运盐渠道皆属于扬州境内。

漕盐运河即大运河河段的一部分,而各运盐河与各水系之间相互连接,在一定程度上也承担着洪峰分泄,是洪水归江的重要水道之一,因此运盐河河道淤塞、干涸,河堤垮塌的情况十分严重。

乾隆三十年(1765),富安、安丰等盐场串场河,河身窄小,"河流仅存中间一条,舟楫难通"[2]。咸丰四年(1854)秋,雨雪稀少,淮源浅涸,盐船不能行。同治五年(1866),淮、湖盛涨,水势瞬涨,冲入下河,淹决运场。同治八年(1869),板浦至西坝四百余里运盐河道,因冬季缺水,仅靠双金闸保障供水,然而双金闸年久失修,金门坍卸,仅余一孔过水,不足一尺,以致运盐河周庄、王家渡一带节节浅阻。同治九年(1870),江潮过大,瓜洲栈西北岸被水冲陷数十丈,堤岸受江潮冲刷日甚一日,且"江势日渐北移,新河一线单堤,倘夏秋水势再大,实为可危"[3]。

相关的治理也主要是为了保障盐业生产和运输而对运盐河道进行疏浚这类水利工程。漕盐运河一至冬季,水位稍浅就会淤浅,导致盐纲无法正常行销。康熙四十年(1701),两淮巡盐御史赫硕色就奏报两淮食盐停引的缘由为"连年下河地方水淹,场灶产盐不足,又兼盐河久淤,商人借端延挨"[4]。

盐税关系国家税赋,清政府规定定期挑浚运盐河道,以保障河道畅通。仪征江口至江都、甘泉三汊河是通江达淮之要津,一向规定三年大挑一次,捞浅一次,乾隆元年(1736)又定,不必拘定三年之限,如遇应浚之年,着派

[1]〔清〕吉庆监修,〔清〕王世球纂:《〔乾隆〕两淮盐法志》卷四《转运四·河渠》,卢桂平主编:《扬州文库》第1辑第30册,第140页。

[2]〔清〕王定安等纂修:《〔光绪〕两淮盐法志》卷六五《转运门·疏浚一》,卢桂平主编:《扬州文库》第1辑第35册,第1013页。

[3]〔清〕王定安等纂修:《〔光绪〕两淮盐法志》卷六七《转运门·疏浚三》,卢桂平主编:《扬州文库》第1辑第35册,第1038页。

[4]〔清〕王定安等纂修:《〔光绪〕两淮盐法志》卷六五《转运门·疏浚一》,卢桂平主编:《扬州文库》第1辑第35册,第1005页。

盐政委员确估,实力挑浚[1]。乾隆二十年(1755),筑坝挑浚仪征乌塔沟。道光十年(1830),挑深通、泰两属运盐河,培筑泰州一带倒塌纤堤。

在对运盐河河道进行疏浚的同时,清代的治水者们还在各运盐河一线修建新河、新溢口、涵洞和闸硪,以资泄水。雍正七年(1729),在南越河建土坝两座,通草堰海河隘口,通王家港出海口,通草堰鸭儿港隘口;乾隆二十六年(1761),嵇璜建议在位于刘庄场大团闸与新兴场的石硪闸之间的伍佑场添建五孔石闸两座,拆修郎儿闸、子婴南闸和邵伯三闸;乾隆三十一年(1766),仪征境内通济、罗泗二闸金门等处"倒卸、残缺、胀裂、歙斜,又拦潮等三闸桥梁朽损"[2],工竣后,准销银九千五百两四分;嘉庆四年(1799),拆修乾隆三十一年(1766)修建的通济、罗泗二闸闸底关石,工程结束后,核准后于运库支出。由于土坝是一种临时性的水坝,不仅难以有效阻拦洪水,在洪水过大时,会造成垮坝,并非长久之计,嘉庆六年(1801),将何垛场运盐河闸,东台孙家坝、严家坝土坝,一并改建滚水石坝。

各盐场离海边较近,为保障各盐场不受海潮侵蚀,影响盐田产量,前人还在海边修筑堤堰以防御海潮。范公堤是宋代在苏北修建的海堤,北起阜宁,经盐城、东台、海安、栟茶、如东、金沙到吕四。为北宋范仲淹倡修,故称范公堤,自宋代以后,大小兴修不断。

雍正十二年(1734),高斌和嵇曾筠实地勘察范公堤后,上书建言:于栟茶地方比旧堤移进三四里,另筑新越堤一道;修补栟茶场残塌旧堤;修角斜场;修泰州丁溪、草堰,兴化白驹、刘庄等场范堤残缺处,并镶筑防风,以卫民灶。因范堤没有专门负责管理的官员,以致残缺,高斌建议仿照黄、运、湖之例,"择其紧要之处,共长六万四千一百三十余丈,计程三百五十六里。每里设堡夫一名……每月每名给工食银五钱"[3],并建议选用沿堤附近居民充当。

[1]〔清〕佶山监修,〔清〕单渠总纂,〔清〕方濬颐续纂:《〔嘉庆〕两淮盐法志》卷九《转运四·河渠》,卢桂平主编:《扬州文库》第1辑第32册,第296页。

[2]〔清〕佶山监修,〔清〕单渠总纂,〔清〕方濬颐续纂:《〔嘉庆〕两淮盐法志》卷九《转运四·河渠》,卢桂平主编:《扬州文库》第1辑第32册,第298页。

[3]〔清〕佶山监修,〔清〕单渠总纂,〔清〕方濬颐续纂:《〔嘉庆〕两淮盐法志》卷二八《场灶二·范堤》,卢桂平主编:《扬州文库》第1辑第33册,第618页。

雍正、乾隆年间,扬州府辖各州县在范公堤一线兴起修闸抵御海潮、排泄来水、保证盐田产量的一系列水利工程。东台县境内兴建丁溪闸、小海正闸、小海越闸、草堰正闸、草堰越闸,兴化县修建白驹三闸、一里敦闸、刘庄青龙闸、刘庄八灶闸和大团闸。

与运河的疏浚由国家主持并承担主要费用不同的是,运盐河疏浚、范公堤的加固修建大多由盐商自发出资完成。康熙五年(1666),五仓沙河自明代就已淤塞,盐商郑永成倡议挑浚,"有纲商郑永成为之倡,众商蒋方成、万祥等咸力襄盛举,贷课本凡一万一千有奇","灶河故道既浚,两岸亭棚以次复整,灶无失业","每逢旱暵,他场苦灾,安丰独蒙其利";[1] 歙县盐商江演"浚扬州伍佑东河二百五十里,及开安丰串场官河,盐艘免车运之劳,商民收益"[2]。雍正五年(1727),盐商捐资挑浚江都县属运盐河,从湾头闸至泰州,共计 130 里。乾隆四十七年(1782),盐商出资挑浚"扬州自三汊河至仪征县河道",并令总商江广达(江春)等经理,"再,仪所天池系盐船泊候抬掣之所,近因浅窄,商人亦一体公捐公办"。[3]

康熙四年(1665),潮决范公堤,盐商黄家佩携其族人,不费朝廷一钱,"八百里全堤兴复如故,自是庆安澜者垂五十年";康熙五十一年(1712)八月,海潮上涨,范公堤决口数处,"煎盐灶户之庐舍亭场,多被漂淌",李煦并盐道李陈常"劝两淮商人共为捐助"[4],赈济灾民,又令盐商修筑范公堤。

雍正七年(1729),修筑范堤残缺段位,原从运库支取工价,但"各场灶总,感戴国恩,情愿急公效力",将银两交还运库,雍正皇帝下旨言及"范堤原系保护盐场,加恩灶户之意,其工费银两何用灶总捐输",命令主办官员西

[1] 〔清〕噶尔泰纂辑,〔清〕程梦星等纂:《〔雍正〕敕修两淮盐法志》卷七《水道》,卢桂平主编:《扬州文库》第 1 辑第 29 册,第 224—225 页。

[2] 〔清〕江登云辑,〔清〕江绍莲续编,康健校注:《橙阳散志》卷三《人物志·义行传》,李琳琦主编:《清代徽州乡土文献萃编》,安徽师范大学出版社 2018 年版,第 71 页。

[3] 〔清〕王定安等纂修:《〔光绪〕两淮盐法志》卷六五《转运门·疏浚一》,卢桂平主编:《扬州文库》第 1 辑第 35 册,第 1004 页。

[4] 〔清〕李煦:《范公堤巨口按户捐给银米并令商人修堤折》,康熙五十一年八月二十一日,故宫博物院明清档案部编:《李煦奏折》,第 124 页。

柱将银两悉数还给灶户，"勿使不肖官吏人等侵蚀中饱"。[1]此后范公堤的修筑名义上虽多从运库支取，但是实际上设立商捐项，依然由盐商出资。雍正十年（1732），"承修专归河员所需工料银两，仍动商捐款项，赴运库领用。闸官闸夫俸工亦在运库商捐款内动支"。乾隆十一年（1746），通、泰分司需修避潮墩一百四十三座，预计用银九千二百多两，两淮盐政吉庆令盐商分司其事，兴修坚固。乾隆三十二年（1767），江都、仪征境内运河挑深，"所有工费实需银二万二千六百十八两四钱四厘，循例于运库减半，余平项下动支部议，如所题办理"。[2]道光十八年（1838），因运盐船由各坝到仪征捆盐州掣捆，均由三汊河石人头、朴树湾、梁家湾新城，绕卧虎闸，经旧港抵达，"每年水大时，潮汐出入皆不免于停淤浅阻"，此项捞费需银二千六百余两，经盐政陶澍批准，"由商捐垫"。[3]清末，运盐河、范公堤等有关盐业水利工程修筑的费用多采用与盐斤挂钩，实际上依旧是由盐商出资，转嫁于百姓身上，一般每包捐三厘；或每引场商捐银二分，运商捐银三分。

为更好地防止潮汛内侵，还修筑临时性的土坝，"督、抚、河臣议定每三月初一日填土堵闭，以防潮汛。九月初一日开放，不准私启，勒碑永遵"[4]。清代，海岸线不断东移，范公堤距海渐远至一二百里，常需置闸或开堤排放涝水，但仍有拒潮护田及约束内水护盐的作用。

闸坝增添，相应的闸官并皂隶、闸夫等属员也被提上议程。乾隆五年（1740），制定海口各闸属员、启闭制度："天妃、石礤二闸准其添设闸官一员，白驹三闸准其添设闸官一员，上岗、北草堰闸准其各添设闸员一员，专管启闭，仍令盐务分司、该处州县印官统辖稽察。除原设经制闸夫仍分隶各员管理外，其新设之天妃闸应行添募闸夫，并各员衙署人役事宜，应俟妥议具题，

---

[1]〔清〕佶山监修，〔清〕单渠总纂，〔清〕方濬颐续纂：《〔嘉庆〕两淮盐法志》卷二八《场灶二·范堤》，卢桂平主编：《扬州文库》第1辑第33册，第617页。

[2]〔清〕王定安等纂修：《〔光绪〕两淮盐法志》卷六五《转运门·疏浚一》，卢桂平主编：《扬州文库》第1辑第35册，第1002—1005页。

[3]〔清〕王定安等纂修：《〔光绪〕两淮盐法志》卷六六《转运门·疏浚二》，卢桂平主编：《扬州文库》第1辑第35册，第1030页。

[4]〔清〕梁园棣修，〔清〕郑之侨、赵彦俞纂：《〔咸丰〕重修兴化县志》卷二《河渠三》，《中国地方志集成·江苏府县志辑》第48册，第90页。

到日查核。其石砼闸向隶盐城县县丞兼管，今既添设闸官专司，毋庸再令县丞兼管。至新设天妃、石砼闸闸官、白驹三闸闸官、北草堰闸闸官各员缺，应令该河道总督照例于效力人员拣选题补等因。"[1]

乾隆九年（1744），两江总督尹继善再次提出设置闸官、定闸官品级、配属隶员人数和俸禄的建议："天妃、石砼二闸闸官一员，上岗、北草堰二闸闸官各一员，白驹南、中、北三闸闸官一员，各照未入流之例，每年每员给俸银三十一两五钱二分"[2]，设皂隶各二，每岁支银六两，由各县地丁银下拨给。又设天妃闸闸夫二十名，增设石砼闸、上岗闸闸夫二名，北草闸增设闸夫四名，白驹三闸增设闸夫十六名，每人每年工食银六两。至此，白驹三闸人员已与天妃闸同等规模。

除因海口泄水不畅、河道多淤浅等自然原因外，人为因素也是导致河道、闸坝圮废的原因，各盐场出海口"为势家所占，奸民营种堤外草荡为稻田"[3]；嘉庆五年（1800），发现江都县境内白塔河闸至泰州冯甸一段河道垫塞，就是由于两岸居民肆意向河道抛掷砖瓦，以图"盐船浅阻，得以添夫加价，并借起驳为偷爬之计"[4]。针对这些情况，运司责成沿河地保和护河营汛官兵加强巡查，由州县出示勒石，永禁破坏河道的行为再次发生。如康熙四十年（1701），仪征县境内运河就因朽烂粮船随意停泊，沿河居民任意堆积粪草，"致使盐艘难以挽运"，为此，仪征县知县勒石以示"嗣后毋许停泊朽烂粮船，其杂项民座划船务须随到随卸，不许久停阻塞，以及两岸仍前堆积粪草，有碍盐艘挽运者，许该保甲即时扭禀本县、卫，以凭重处"[5]。

[1]〔清〕佚名编：《南河成案》卷五《奏请修建闸座添设专员部议》，《中华山水志丛刊·水志卷》第26册，线装书局2004年版，第215页。

[2]〔清〕佚名编：《南河成案》卷六《新设闸员请定俸银并役支工食衙署钤记统辖部议》，《中华山水志丛刊·水志卷》第26册，第243页。

[3]〔清〕吉庆监修，〔清〕王世球纂：《〔乾隆〕两淮盐法志》卷四《转运四·河渠》，卢桂平主编：《扬州文库》第1辑第30册，第149页。

[4]〔清〕佶山监修，〔清〕单渠总纂，〔清〕方濬颐续纂：《〔嘉庆〕两淮盐法志》卷九《转运四·河渠》，卢桂平主编：《扬州文库》第1辑第32册，第302页。

[5]原碑藏仪征博物馆。

（三）城市水利治理

城市的发展离不开水源，水是城市兴起的物质基础之一。明清时期，大运河成为重要的交通运脉，造就了扬州的兴盛。然而扬州较周边地区，地势低洼，在明清时期"保运保漕"的治理思想下，归海五坝导淮入海的措施，使得洪水对扬州及其下属州县的威胁几乎是年年发生，受灾严重。为消减水患，扬州下属各州县利用周边丰富的河网，积极兴修水利渠道，以连接运河，从而达到分流水量，维系城市安全的目的。

经过长期的实践和探索，古人总结出一套城市水利建设理论，《管子》中有数篇论述，颇为详细，诸如"凡立国都，非于大山之下，必于广川之上。高毋近旱，而水用足；下毋近水，而沟防省"[1]；"地高则沟之，下则堤之"；"乡山左右，经水若泽。内为落渠之写，因大川而注焉"[2]。提出城市位置的选择不能太低，也不宜太高，以方便取水，免受水患；地势太高就要挖渠引水，地势低就要修堤以防水患；又提出城市应当注重排水通畅，排水系统应连接江河，提高排水效果，这些理论一直指导着我国古代城市水利建设。

古代建城都会修筑坚固的城墙，在城墙外侧挖护城河，护城河一般与河、湖等水源相连接，一般需要开凿专门的引水渠道实现引水。城墙和护城河是城市最基本的水利工程体系。遇到洪涝灾害城墙可以挡水，护城河还可以排水。

扬州及其下属各州县水道密布，与之而来的水患灾害也随之增加，特别是宝应、高邮、仪征三州县受水患最严重。雍正八年（1730）七月，淮黄并涨，宝应田庐尽没，城郭危在旦夕；高邮州城墙比运堤还要低数尺，乾隆皇帝第一次南巡途经高邮曾感叹"堤岸高于屋，民居疑地窖"；瓜洲城受江潮冲击，西南城墙坍塌百丈，最终整个城池都坍塌入江。仅仅依靠城墙和护城河构成的防洪体系并不能减轻扬州水患灾害，在此之外，扬州还创造性地发明筑造护城堤。

护城堤即在城池之外，距离城墙较远的地方构筑一道土城，土城之外再

---

[1]　李山译注：《管子·乘马》，中华书局2016年版，第45页。

[2]　李山译注：《管子·度地》，第323页。

修建环型沟渠。这种相当于另一套城墙加护城体系。这样城市就有了两道防洪屏障，有力地保障城内百姓生命安全。瓜洲城就多次采用修筑土城的方案以维系城墙安全。例如，乾隆四十五年（1780），瓜洲西南城圮者百丈，两江总督高晋令"就未圮之处堆砌石建土城卫民"。五十七年（1792），江潮复冲瓜洲城小南门，河督兰第锡"檄复建土城于盐坝关之右"[1]。宝应县也采用这种方法保障县城，乾隆二十四年（1759），两江总督尹继善、河臣白钟山在宝应兴建长700余丈的护城砖工。高邮州还有一种护城堤，即束水堤。嘉庆十年（1805），高邮邑人秦成等捐资在南关坝下兴修护城堤，本为民捐公办，但因工程巨大，于嘉庆二十一年（1816）由官方统一修建，将南关坝下两岸改为束水堤。这种束水堤将洪水携带而来的泥沙抵挡在外，日积月累，护城堤外的地方越来越高，以此进一步抵御洪水，继而也形成高邮城低于河堤的现象。

城市水利建设还体现在城市交通方面。扬州是一座沿江、沿河而起的城市，各州县主要运输通道是水运。交织密布、四通八达的水道沟通着府城和各州县，湖广的粮食、全国各地的杂货都靠船贩运至城内。这一水利建设体现在对市河的治理上。

市河即城河，基本上每座城市都有自己的市河，水源一般来源于上游河湖之水，下游与江河连接，以达到供给城市用水、便捷运输、排水蓄泄的作用，是城市完整水利工程体系中重要的环节。

明代中期后，扬州发展迅速，府城形成新、旧两城，即甘泉县与江都县。而便益门桥外高桥运河口起，历保障河、砚池口至南门外出二道沟接运河的市河则为甘泉县所属市河，这条市河也成为甘泉县与江都县的县界；自便益门桥起绕城东北，一股从新城拱宸门至挹江门出针桥接运河，一股从旧城北至清水关接运河，此即江都县市河。仪征的市河贯穿城内，长江之水由南水关经流县城，淮水由东水关流入，二水在城内合流。高邮的市河在州治西，新旧二城内。宝应的市河又被称为宋泾河，受跃龙关所入之水，贯穿全城，东注望直港。

---

　　[1]〔清〕王逢源修，〔清〕李保泰纂：《〔嘉庆〕江都县续志》卷一《城池》，卢桂平主编：《扬州文库》第1辑第12册，第14页。

　　市河是城市的重要水源与通道,历任主政官员都十分注重市河的疏浚,亲自主持市河的疏浚工程。清代扬州大规模的市河疏浚工程众多,据扬州府方志记载,康熙年间,知府雷应元、金镇先后重浚市河;后旧城市河全部干涸,新城市河仅通北门外,不与运河相通。雍正九年(1731)知府陈宏谋"详请督抚会奏将水利案内余银,兴工开浚"[1]。雍正十一年(1733),知府尹会一深浚保障河一带,解决市河水外泄带来的通行困扰。嘉庆十四年(1809),盐政阿克当阿会同甘泉、江都两县知县,筹集商款,重浚市河。

　　仪征的市河在城内,舟船络绎不绝,后因清江诸闸废而不用,河身逐渐淤浅,仅容纳小船行驶,"康熙五十九年,知县李昭治开市河"[2],至雍正元年工竣。康熙二十三年(1684),兴化知县张可立重浚市河。道光十年(1830),高邮挑浚"市河、北关河、新河、运盐河、头闸引河"[3]。

　　市河是城市的依托,"凡百货物及民间日用之需皆借载于舟楫,无烦负戴之劳,遇有风火不虞,则赖以救焚。城内井少,水咸,有此可免远汲。东北一隅,瓜园菜圃又得借灌溉,而得食用,种种利益民生之处难以枚举"[4],一旦市河淤塞,"舟楫不通,驾船小民无计谋生,商贾往来艰于跋涉"[5],甚至污水难以排泄,导致疫病频发。

　　不仅官方对城市水环境重视,普通居民也积极投入到城市水利的改建中,歙商汪应庚"重价买(平山)堂旁民田,别浚一池",以疏通水道;嘉庆时,"康山以西,至钞关北抵小东门,地洼下,街衢水易积",总商鲍肯园"为之易砖为石"[6],街道积水得以清除。

　　[1]〔清〕尹会一纂修,〔清〕程梦星等纂:《〔雍正〕扬州府志》卷八《河渠》,卢桂平主编:《扬州文库》第1辑第5册,第65页。

　　[2]〔清〕王检心修,〔清〕刘文淇、张安保总纂:《〔道光〕重修仪征县志》卷一〇《河渠志·水利》,卢桂平主编:《扬州文库》第1辑第18册,第136页。

　　[3]〔清〕张用熙等:《〔道光〕续增高邮州志》第二册《河渠志》,卢桂平主编:《扬州文库》第1辑第22册,第51页。

　　[4]〔清〕王检心修,〔清〕刘文淇、张安保总纂:《〔道光〕重修仪征县志》卷一〇《河渠志·水利》,卢桂平主编:《扬州文库》第1辑第18册,第136页。

　　[5]〔清〕陆师修纂:《〔康熙〕仪真志》卷七《山川志上》,卢桂平主编:《扬州文库》第1辑第17册,第437页。

　　[6]〔清〕王芑孙:《中宪大夫肯园鲍公行状》,歙县《棠樾鲍氏宣忠堂支谱》卷二一。

二、水利治理的特点

漕、盐水道的畅通关系着国家赋税、百姓日用。保漕济运、利盐行运与清代人口急速膨胀造成的人地、人粮矛盾愈发凸显。在这样的背景下,水利工程与农田耕种的矛盾成为清代扬州水利治理的最大特点。由于存在解决治理漕、盐运道水患与护田保收之间的矛盾,中央与地方、漕盐运与农耕、河务与盐务、商人与政府、地方政府与地方政府之间出现多角度、多重叠的相互博弈关系。

（一）矛盾突出

1.中央与地方的矛盾

与加培高家堰大堤、清江浦、清水潭等清代治理黄河、淮河和运河的水利工程相比,扬州的水利治理更多集中在解决排水,这是由扬州特殊的地理因素所决定,与淮安、宿迁等清代治水重镇相比,扬州府各县的地理和水文又是最为险峻的地区。

这里的险峻并不是指地形的复杂程度,也不是水文条件恶劣,而是扬州有特殊的地形地貌和境内众多河湖。清人称淮扬运河东西两堤以西为上河,东堤以东为下河,上河有白马湖、邵伯湖等湖泊17个,下河有射阳湖、广阳湖等36个,"统计下河之地不下三十万顷,为田者十之四,为湖者十之六"[1]。《泰州乡土地理》中描述泰州"州境之北界兴化至凌亭阁七十二里,东北至东台武下庄四十里,西北到高邮州一百五十里,此三面均属下河,形如釜底";兴化方志言及本地地形,"地势四面皆高,形如釜底"[2];靳辅在回答康熙皇帝询问时也提及扬州地形洼下如釜。形如釜底极其生动地描述扬州的地形,这样的地形十分容易受到水患,"自邵伯而北,历高邮、宝应、山阳、安东,皆受湖患,而城低于堤者丈有四尺"[3]。

这一地理形势和水文条件,决定清代扬州水利建设的一大特点就是解

---

[1]〔清〕靳辅:《治河方略》卷二《治纪中》,故宫博物院编:《故宫珍本丛刊》第233册,第385页。

[2]〔清〕梁园棣修,〔清〕郑之侨、赵彦俞纂:《〔咸丰〕重修兴化县志》卷二《河渠一》,《中国地方志集成·江苏府县志辑》第48册,第64页。

[3]〔清〕阿克当阿监修,〔清〕姚文田等纂:《〔嘉庆〕重修扬州府志》卷一〇《河渠志二》,卢桂平主编:《扬州文库》第1辑第6册,第170页。

决里下河区积涝问题。康熙二十三年(1684),康熙帝南巡中专门问及高、宝、兴、泰一带积水为何不去,靳辅曾建言在里下河两侧修建高堤,维持较高水位,作引河,保证河水顺利归江入海。但这一提议遭到反对,后张鹏翮出任总河,以高邮、泰州、兴化为南路,宝应为中路,山阳和盐城为北路,主要疏浚下河,兴建入江、入海工程,以利积水宣泄。

清代治河官员都重视下河出水口,但认识很不一致,概括来说,主要有开出海口与归江两种意见。如张井认为:"归江者近而径直,归海者远而迂回。能多一分归江,即少一分归海,归海少一分之水,下河各州县即少一分之灾……可见归江一路,洵比归海为尤急。"[1]关于入海,康熙初年,就遣派大臣开天妃、石礴、白驹等闸,但积水入海过长,所费巨大;且天妃闸开启后,海潮暴涨,盐田悉数被毁;出海口又高,没有海潮顶托,河水亦不能畅出,甚至还存在泥沙壅滞,堵塞濒海港口。康熙三十三年(1694),采取了较为经济的以归江为主的分泄策略。到了乾隆年间,关于归海与归江之争愈加激烈。以乾隆皇帝为主的归江观念持有者,主张通过拓展清口,分泄洪泽湖水,严格控制归海坝启闭,甚至下令"天然坝当立石永禁开放,以杜绝妄";然后黄、淮连年溢涨,河臣只能归海五坝全行放开,乾隆五十六年(1791),面对李奉翰奏请开坝的回折中,乾隆皇帝只能表示归海五坝全行启放实在是万不得已之计。嘉庆后,归海五坝频频开启,据统计,嘉庆九年(1804)至嘉庆二十五年(1820)的十七年中,只有四年没有开坝,其余每年至少开一坝以泄水[2]。道光五年(1825),漕运总督琦善上奏言及:"近年洪湖水势,较旺于前,每遇盛涨之时,两坝三河,全行启放,减水奔腾下注,专恃归江一路,已有宣泄不及之虞……其中河道,又多淤阻,遂致各州县动辄被淹。"[3]但是在漕督、地方官员以康熙、乾隆时期归海河道失败的前例下,琦善的归海整治意见并没有被采纳。

[1] 武同举等:《再续行水金鉴》卷一一《运河十一》,湖北人民出版社2004年版,第343页。

[2] 肖启荣:《清代洪泽湖分泄与里下河平原防洪的实践过程研究——黄运治理背后的国计民生》,《地方文化研究》2018年第1期,第83页。

[3] 琦善:《奏为淮扬运河减泄水道勘明归海应浚各工》,武同举等:《再续行水金鉴》卷一一《运河十一》,第326页。

2.漕、盐运与农耕的矛盾

自清初,清中央中枢就开始介入漕运的管理,出于"保漕济运"的需要。为了保障漕运的畅通,清政府通常是不遗余力,漕运水道治理与农田水利的关系更为密切,相互矛盾也更多。明代就规定,"灌田者不得与转漕争利"[1],康熙皇帝明令:"运河各闸照依漕规启闭,有官员经过,不许徇情擅自开放泄水,以致漕船稽迟,违者朕决不宥"[2]。扬州境内许多水道,都兼顾漕运、盐运、农田灌溉和洪水下泄的功能。而水利完全服从于漕运的需要,对运河上的闸、涵洞的启闭有着严格的规定。

这就导致漕运、盐运对农田水利产生消极影响,这种影响集中在:一些官员旱季阻水入田,雨季肆意泄水入田。

春耕时节,农田秧苗栽插,急需水源灌溉时,漕督为维系运河水深,饬令尽行堵闭,以确保漕粮顺利北上。洪水泛滥时,官员往往选择开闸泄水,几乎不考虑农业生产,毫无科学地排水,一旦放水,下游地区高邮、宝应里下河一线俱成泽国。只顾漕运,不顾民生,给沿线农业生产和农民带来很大的困难,直接影响到当地人的生活。因此,漕运与民生的矛盾很大。两江总督沈葆桢就言及:"臣以为舍运道而言水利易,兼运道而筹水利难。民田于运道势不两立。兼旬不雨,民欲启涵洞以溉田,官必闭涵洞以养船。迨运河水溢,官又开闸坝以保堤,堤下民田立成巨浸,农事益不可问。"[3]

盐运与农田水利的矛盾也同样突出,芒稻河闸是运河泄水入江第一捷径,但"因蓄水运盐,故虽水大亦不启放。致高、宝、邵伯民田多受其害"[4],为此官府规定每年三月即将各闸堵闭,至九月方开,以利盐船行驶。但九月,扬州地区正值秋伏,河水常常盛涨,"闸内之民田皆被浸淹,一遇洪泽水大,开放车逻、南关两坝,水全下注。该五州县俱成泽国……自三月闭闸之后,既无清水下注,又兼夏秋海潮盛涨,沙随潮起,淤塞口门。及九月开闸后,清

[1] 〔清〕孙承泽:《春明余梦录》卷四六《工部一》,光绪七年(1881)刻本,复印本。

[2] 《圣祖仁皇帝实录》卷二二〇,《清实录》第6册,第224页。

[3] 赵尔巽等:《清史稿》卷一二七《河渠二》,第3791页。

[4] 〔清〕五格、黄湘修,〔清〕程梦星等纂:《〔乾隆〕江都县志》卷四《山川》,卢桂平主编:《扬州文库》第1辑第11册,第53页。

水下注,其势已弱,不能刷沙。日久积高,清水自无去路,能不泛溢乎? 若再将串场河及上游各支、汊较高之处复加挑深,势必至于倒漾。倘大为开通入海之渠,不使三月闭闸,又恐有碍运盐",因此常感叹,"故自黄河南徙以来,凡治下河水利者,不能不筹划于商与民之间也"[1]。

农田、漕粮和盐都关系到王朝的稳定,因此,清政府只能尽力协调漕运、盐运与农田用水的矛盾。嘉庆九年(1804),洪泽水大涨,总督陈大文、总河吴璥派人察看,见水势虽大但湖河尚能容纳,"且下河农田将届成熟刈获,是以高邮之南关、车逻等坝坚守未启"[2];道光七年(1827),高邮汛东岸,车逻、南关、五里、中新四坝坚守不放,"下河各州县俱得丰稔"[3]。

与漕运官员不同,扬州地方官员往往敢于直言,维护当地居民利益。如雍正十一年(1733),大水泛滥,甘泉知县龚鉴请开芒稻河闸泄水,"闸官以盐漕为辞不可",后遇河道总督嵇曾筠视河,龚鉴当面陈述,嵇曾筠从其请,当即下令开闸,又"定以盐、漕二船过湖需水不过六尺,若过六尺,即启闸,无得以盐漕借口,实多蓄水为民田患"[4];道光十九年(1839),时值农耕,面对漕督"尽行堵闭"的禁令,宝应主簿孔传坤拒之甚力,不为所动;道光二十九年(1849),高邮湖盛涨,兴化知县魏源星夜前往两江总督陆建瀛行署击鼓,请开运河东岸二十四闸,分路宣泄,下河七邑获利。宝应县主簿孔传坤在处理漕运与农田用水的关系上,最能体现当时即满足运道与农田的需求,"所辖四闸四洞皆以时启闭,漕、田皆受其益",道光十九年在拒绝督抚堵闭闸门后,他积极与周边其他水闸斡旋,以资境内水源,"衔行无滞,上下乃大悦服"[5],咸丰八年(1858),"入祀名宦祠"[6]。

---

[1] 〔清〕周右修,〔清〕蔡复午等纂:《〔嘉庆〕东台县志》卷一〇《水利上》,《中国方志丛书·华中地方:27》,第410—411页。

[2] 〔清〕方濬颐等修,〔清〕晏端书、钱振伦等纂:《〔同治〕续纂扬州府志》卷一《河渠志上》,《中国地方志集成·江苏府县志辑》第42册,第637页。

[3] 武同举等:《再续行水金鉴》卷一一《运河十一》,第343页。

[4] 〔清〕徐成敟、桂正华修,〔清〕陈浩恩等纂:《〔光绪〕增修甘泉县志》卷二四《丛缀》,卢桂平主编:《扬州文库》第1辑第15册,第979—980页。

[5] 缪荃孙等:《江苏省通志稿》卷七《人物志·名宦七》。

[6] 《文宗显皇帝实录》卷二七二,《清实录》第43册,中华书局1987年版,第1210页。

以扬州地方而言,兴修水利成为评论宦绩的重要标准之一,例如:刘宗孟,顺治六年(1649)出任仪征县知县,"捐俸修四闸,以利漕运,民皆赖之,以内艰去,至今思焉"[1]。唐先甲,嘉庆十二年(1807)任宝应知县,宝应遭受水灾,"亲至村落,给以豨面竹席。有《勘灾》绝句云:勘遍西畴复勘东,田园丘墓总成空。可怜二十三村舍,都在洪涛巨浪中"[2]。去官日,宝应士民为位配祀李公祠。

3.其他矛盾

漕、盐都是清王朝极为重视的国之大事,但是,当时扬州境内漕运用水与盐场用水的矛盾依旧激烈。盐场多在运河下游,水大往往影响到两淮盐场收成:"上年西水下注,时正值海潮顶托,垣盐被浸,多有消耗。秋冬雨雪更甚,场灶全淹。"[3]缺水也影响食盐生产,"淮南通、泰二属场河,因暵干日久,乏水济运,其煎盐各场地亦因雨少,卤气不升,以致缺产甚多"[4]。运盐用水也与漕运用水有冲突,当时盐船运输所需要的水位在五六尺之间,但一些运盐河的正常水深只能维持在二三尺左右,盐商为了贩盐,常常关闭各场闸,蓄水借运。在漕务和盐务沟通后,盐船的行驶往往选择在秋冬季,即漕船全部北上、回空后。

地方政府之间对于水患治理也有一定的矛盾,主要表现在治河和河工摊派方面。康熙时仪征知县陆师在《挑浚运河详文》中详细论述了这一矛盾,"查得江、仪二邑,河路关系漕、盐。运道三年两浚,本年正系届期。旧例并无正帑可以动支,类皆商民派捐兴工挑浚,业经江都县照例详明在案。惟仪真之势又与江都迥异。查江都自塔湾起,下至三汊河,江、仪石人头交界止,河道止二十里。而仪真自石人头起,下至拦潮闸,河道有四十余里。是仪真之河道,视江都而加倍也。江都额征地丁正杂银七万六千九百两有奇,而仪

[1]〔清〕尹会一纂修,〔清〕程梦星等纂:《〔雍正〕扬州府志》卷二七《名宦》,卢桂平主编:《扬州文库》第1辑第5册,第465页。

[2]〔清〕方濬颐等修,〔清〕晏端书、钱振伦等纂:《〔同治〕续纂扬州府志》卷八《宦迹志》,《中国地方志集成·江苏府县志辑》第42册,第737页。

[3]〔清〕陶澍:《复奏淮盐奏销难复原限折子》,《陶澍集》,岳麓书社1998年版,第248页。

[4]〔清〕陶澍:《淮南场盐缺产拟买淮北余盐接济折子》,《陶澍集》,第275页。

真额征地丁正杂银二万三千三十两有奇,是仪真之民力止有江都十分之三也,以三分之民力而浚两倍之河道",兴挑河道、修筑堤坝所需戽水桩木器具的费用亦是所耗不菲,陆师思虑"恤民则恐其误运,而欲利运又苦于困民",最终只得再行商民派捐之法,只是依乡绅所请,不征银,而征谷。[1]嘉庆十八年(1813),总河初彭龄组织地方政府对高、宝、兴等地排水河道进行治理,但这次治理,高邮与兴化的态度截然不同,高邮对这次治理积极评价,而兴化则表示:"梓辛、车路、白涂、海沟,又与盐分界之界河,皆自东而西,各三四十里不等,挑出之土堆积岸根,不待坝水,而天雨淋漓,先已泻入河心,依旧逐节阻滞。"[2]

前两个事例矛盾表达得比较隐晦,光绪十四年(1888)泰州直接拒绝上游高邮、宝应两县泄水的请求:"北逍遥口门,在三洋河四段,上通丁沟,下通樊汊,直对车逻闸坝,尤关紧要。……外用草料树桩、篾缆、芦缆、麻缆将口门实闭,令建石闸,随时启闭水,六时,高宝仁请开该闸泄水,经泰绅以民捐民办拒之。"[3]

(二)士人参与治水

仅仅只有官方参与水利治理是不够的,水利治理兼属于地方民事,离不开当地士人参与。扬州本地人苦水患久矣,当地人充分利用各种政治条件,在朝扬州籍官员或上书反映水患,扬州士绅或实地考察水患,或建言献策,长期实践下,扬州士人积累了丰硕的治水成果,一大批有关水利的专著刊刻。改善了扬州水患,维系了扬州的经济,为当地百姓提供较为安全的生存条件,这种涵盖时间长,参与人数众多,涉及治水范围之广,在清代全国其他府县城市是很难看到的。

首先,扬州士人对水患有亲身经历。康熙六年(1667),通政使司经历、

---

[1]〔清〕陆师修纂:《〔康熙〕仪真志》卷七《山川志上》,卢桂平主编:《扬州文库》第1辑第17册,第436—437页。

[2]〔清〕梁园棣修,〔清〕郑之侨、赵彦俞纂:《〔咸丰〕重修兴化县志》卷二《河渠一》,《中国地方志集成·江苏府县志辑》第48册,第68页。

[3]韩国钧等:《〔民国〕续纂泰州志》卷二《水利》,《中国地方志集成·江苏府县志辑》第50册,第562页。

高邮人王明德就以自身经历、亲眼所见直言治水之切，"臣生长其土，受害极深，见闻最确，故其受病根源，知之亦最真"，奏书中论及扬州地理形势，"淮、扬沿河州县，地处卑下，水出无源，更兼蓄泄无方，雨则一时皆集，旱则滴水不通"，又言及扬州历年灾害情形，顺治九年（1652）、十年（1653），江南大旱，"高、宝、兴、盐各州县堤下小民田苗尽枯"，"小民被渴而立毙者"，堤高于房屋，"遇飓风势力不敌，终归溃决，庐舍田园、鸡犬老幼随波尽逝。康熙四年七月初三日，龙风大作，高、宝之民，男妇飘没不可胜计"，这些都是王明德亲眼所见，"非仅得于传闻也"。[1]大学士王永吉在面对朝廷分水入江与束水入海的争议时，根据自己居家时实地探访，亲自询问当地士民的看法，提出自己的意见。

关于扬州地区水患情况，除了具有实地经验的河臣，从政官员中只有扬州出身的官员们最有实际感受。乾隆元年（1736），朝廷议论挑浚砀山毛城铺引河，乾隆皇帝特命淮扬现任官员就挑浚运河事宜各陈所见，就是考虑到扬籍官员有实地经验。当时扬州籍官员与河道总督高斌的争论成为清代治理里下河地区水患最为激烈的一次论战。以时任刑部主事孙濩孙、广东学政王安国、御史夏之芳为主的一批扬州籍官员纷纷上书反对挑浚毛城铺引河。

孙濩孙在长达千字的《陈河务疏》中详细陈述河情，细数康熙年间因洪泽湖漫溢，扬州多次被淹详情，言及"凡南岸所决之口，其水势皆直灌洪泽湖。于是又以淮水所潴之区，变为全黄所注之地。黄水淤垫，而洪泽湖面之广者日益狭，底之深者日益高。况由三坝直注高、宝湖，而高、宝湖又日益淤垫，且灌入运河，运河之底日益高。于是，惟有加堤蓄水以济运，而城郭如在釜底。夏秋水涨，西风骤起，危如累卵。惟有开高邮城南三坝以泄入堤东之下河，甚或宣泄不及，则河官惟有盗决东堤以保城郭之一法。而兴、泰等州县又成巨浸"。孙濩孙认为河臣在毛铺地方挑引河，就是为了让黄水直注洪泽湖，这种做法是缓解萧县、永城的水患，而没有考虑到下游淮扬地区的情

---

[1]〔清〕王明德：《敬筹淮扬水患疏》，〔清〕贺长龄辑：《皇朝经世文编》卷一一二《工政十八》，沈云龙主编：《近代中国史料丛刊》第74辑，台北文海出版社1966年版，第3920—3921页。

况，"不思以洪泽湖贮黄水，则湖底日高，高堰日危"。[1]然后又以雍正五年（1727）何国琮开浚引河未成的例子，暗示挑浚的后果。

王安国也反对在毛城铺修引河，他在上疏中也提及雍正二年（1724）黄河决朱家海口，灌洪泽湖之事，造成"淤田甚多，淤多则容水必少，塞久则汕刷难开。专恃前策又恐水大堰危"，提出开引河泄水，不如开浚海口，认为这样做可以解决"湖垫、淮流壅塞、黄河亦不能畅行"，解决安东海口久淤，最关键的是能解除"水下高堰势如建瓴"[2]对高、宝诸城的威胁。

夏之芳也在上疏中间接表达自己的反对意见，"毛城铺引河一开，则高堰危，淮、扬运道民生可虑"[3]，称经过康熙、雍正两朝治水后其他地方都承享太平，"而维扬人民犹不能无隐忧"，认为造成扬州百姓恐慌的原因是"淮扬地处最低极洼，以最低极洼之地，受全淮七十二洞之水，已属不支。又加以万里黄河交灌肆虐其间，止恃一线之堤，一穴之闸，以为宣泄，来水横决，去水纡回，无怪十年之内且受患六七年也"[4]。他认为淮扬之患在淮河，而淮河之患在黄河，要解除这些隐患，"必黄不侵淮，而后淮乃可治"，因此开毛城铺引河，不如疏浚三汊河芒稻河入江口、兴化泰州盐城以东一带的海口。

孙濩孙、王安国、夏之芳得到军机大臣鄂尔泰、张廷玉以及直隶总督李卫的赞成。然而，乾隆皇帝依旧采纳少数派高斌的意见，夏之芳因"与河臣会议不合"，"以所奏从桑梓起见，遂免吏议"[5]，后辞官归里。乾隆三年（1738），毛城铺河道竣工，乾隆五年（1740）高堰第八堡旧堤撞击，倒卸十四段；乾隆六年（1741），高斌奏请"筑坝堵闭瓜河旧口门，于洋子桥营房迤下别挑越河，减淮水入瓜河之分数，则仪河可分流刷淤，并堵闭瓜洲广惠闸之

[1]〔清〕孙濩孙：《陈河务疏》，〔清〕冯馨增修，〔清〕夏味堂等增纂：《〔嘉庆〕高邮州志》卷一一《奏议》，卢桂平主编：《扬州文库》第1辑第21册，第477页。

[2]〔清〕王安国：《奏疏浚海口疏》，〔清〕汪廷儒编纂，田丰点校：《广陵思古编》卷一九《高邮州》，广陵书社2011年版，第275页。

[3]赵尔巽等：《清史稿》卷三一〇《列传九十七·高斌》，第10630页。

[4]〔清〕夏之芳：《陈河务疏》，〔清〕冯馨增修，〔清〕夏味堂等增纂：《〔嘉庆〕高邮州志》卷一一《奏议》，卢桂平主编：《扬州文库》第1辑第21册，第474页。

[5]〔清〕冯馨增修，〔清〕夏味堂等增纂：《〔嘉庆〕高邮州志》卷一〇上《列传》，卢桂平主编：《扬州文库》第1辑第21册，第322页。

旧越河,于闸下别开越河,使闸越二河水势均平,既缓淮水直下入江之势,于运道更为便利"[1]。高斌的这条意见与夏之芳疏浚芒稻河入江口大体相近。一直到乾隆十八年(1753),有官员仍视开毛城铺引河是高斌之罪。

其次,扬州籍在朝官员利用政治优势,上书建言献策。对于河运中的陋习,扬州籍官员王明德就指出:五月即闭天妃闸,阻黄河水流入;以恤商为名,尽开由闸,导致运河淤积;修河只一味加高堤坝,不知清淤,河身容纳有限,旱不能解渴,涝不能蓄洪;为漕运关闸闭水,不顾下游县邑农时。在疏浚修堤方面,王明德提出,治河"不应止于堤上加堤,止救目前",应考虑长远,首先,停止漕运过淮后关闭天妃闸旧例,以避免"浊流洋洋流入内地,漕河亦旋浚旋淤,河终不可得深也";其次在高邮、宝应、江都等堤坝薄弱之处,"量造滚水石坝",水大则进行宣泄,水小则加固漕堤;最后,仿照"济宁境内天井、石佛等闸事例,验实部单,按时开放"。[2]

扬州籍官员关于水利建设言及最多的就是治理扬州各州县水患。治水策略不尽相同,或言开海口,或言疏导入江口,或反对引淮刷河,此种不胜枚举,虽有书生之言,不能根治水患,但都能立足扬州实地情况,着实难能可贵。康熙三十八年(1699),康熙帝第三次南巡,兴化人李楠迎于宿迁,扈从圣祖阅归仁堤河工。在应对康熙询问治河方略时,李楠指出治理运河,首要应当治理上游来水,即黄河、淮河和洪泽湖。认为治理黄河,易开入海口,并根据扬州地势提出:"若不就势约束入黄归海,而放之内蚀平壤,则建瓴而下,五州县之民田民居必尽付波臣,而人民必尽为鱼鳖。"关于洪泽湖的治理,以洪泽湖地势又高于运河与氾社、宝应诸湖数倍,建议在洪泽湖"筑为高堰、翟坝等二百里土石大坝以御之,使洪泽、全淮悉由张福口、清河口以入于黄,而涓滴不使东侵以犯运河";而其他诸如天长、六合、界首等上游来水,则兴建漕堤引入瓜仪闸、芒稻河,归江入海,从而"不使东侵兴、盐、高、泰以害民田"。[3]

―――――――――

[1]　赵尔巽等:《清史稿》卷一二八《河渠三》,第3799页。

[2]　〔清〕王明德:《敬筹淮扬水患疏》,〔清〕贺长龄辑:《皇朝经世文编》卷一一二《工政十八》,沈云龙主编:《近代中国史料丛刊》第74辑,台北文海出版社1966年版,第3920—3921页。

[3]　〔清〕李楠:《治河议》,〔清〕尹会一纂修,〔清〕程梦星等纂:《〔雍正〕扬州府志》卷三六《艺文》,卢桂平主编:《扬州文库》第1辑第5册,第692页。

　　王安国则认为疏浚海口是治河的第一要务。康熙以后治水皆以潘季驯、靳辅、陈潢为成法,河臣治水基本按照潘、靳的办法应对水患,但王安国提出自己的反对意见,针对潘季驯提出的"坚闭三坝,令淮水常强,则河淤可刷",他指出这种治水策略并没有解决出海口堵塞的问题,如果一味固守前人经验,恐危及高家堰;针对河臣固守"水小则塞坝蓄淮以刷黄,水大则开坝泄淮以保堰"的成法,则提出如淮河水小时"不能与河敌,水大开堤,则千里青畴一夕白浪";又指出,为防止河堤溃决对下游城镇的影响,各府县对洪泽湖、白马湖堤岸不断加固,"逐年加高,已及城之半。由堤上视城中,如踞楼脊而临平地",如遇淮水暴涨,高邮、宝应、盐城诸州县将有灭顶之灾。在解决方案上,王安国也不同于一般书生之言,综合多方实情,他认为兴修河工有"定议难""担任难""弃地难""施工难""经费难"和"用人难",为此建议"先将疏浚机宜定为规条",然后议论其他事宜,首要之计是"务令海口深通,河、淮畅流,由是永闭三坝,蓄淮以刷黄,再仿前人泄水之制,不时疏瀹",以达一劳永逸,"淮南亿万生灵长庆安澜之福矣"。[1]其子王念孙"生平精习水利,纂修《河源纪略》,著《导河议》上、下篇,皆源流洞悉焉"[2]。

　　泰州宫梦仁是康熙九年(1670)的会元,尤谙河务,曾因淮黄泛溢,急请疏理海口,且绘图禀告。关于治河的重点,宫梦仁一改其他人专注治河具体方案上,他立足河工人员管理、费用支出等管理方面的弊端,认为多年为修河工发帑银,截漕粮,蠲免地丁正赋,累年旷恩不下数十万金,但河患仍不能解决,认为这是因为事权不专,提出要采用"节用"的治河方法,"惟有裁南河、中河两分司,专设管河道臣一员,使兼辖凤阳、淮安、扬州三府地方,职掌既归一人,庶得虚公筹咨,通盘打算,其形势之上下,堰坝之高低,断不致彼此互推、以邻为壑,然后刻期责效,核实程工,则水患永除,而治河之费可省;

　　[1]〔清〕王安国:《奏疏浚海口疏》,〔清〕王廷儒编纂,田丰点校:《广陵思古编》卷一九《高邮州》,第275—276页。

　　[2]〔清〕方濬颐等修,〔清〕晏端书、钱振伦等纂:《〔同治〕续纂扬州府志》卷九《人物志一》,《中国地方志集成·江苏府县志辑》第42册,第742页。

灾黎复业,而岁入之供无遗;冗官裁并,而一切廪食皆渐减矣"[1]。

最后,扬州士人还撰写大量的治河典籍。扬州士人对水患深有体会,将自己的治河想法、理念著书立说。如仪征刘文淇著《扬州水道记》,详细叙述邗沟的变迁,指出邗沟即扬州至淮安运河水道;记述扬州水道沿途城镇的变迁和民俗;记录围绕水道治理,对朝廷与地方、水利与漕运的意见、协调进行条分缕析,在刊印前接受阮元的建议,在书前制图十幅,图文对照,生动清晰,其学术价值、文献价值极高。东台冯道立于水利重调查,重实践,著《淮扬水利图说》,道光十五年(1835),泰州盐运判朱沅请他疏浚从台城海道口到稽家楼、经进堰至青浦角的盐河;道光十七年(1837)扬州府的疏通海口工程、道光二十年(1840)东台县的疏通王港海口工程、道光二十八年(1848)洪泽湖水暴涨的启坝泄洪工程等,官方都曾聘请冯道立参详。据其后人介绍,新中国成立后,新筑苏北灌溉总渠即参考其长堤束水入海的策略。宝应人刘台斗辑录《下河水利集说》,辑录中或补充实际情形,或表明自己的观点,如《建堤束水》指出乔莱上"四不可议"举之,至疏海口事遂寝,可见刘台斗在治理下河水利上具有全局观念,阮元称其"有功于河"[2]。高邮贡生孙应科七世祖孙宗彝因"所论河工要害宜开海口,堵六坝,聚清水刷黄水,为淮扬治水石画"[3]致祸,卒于狱中;五世祖孙濩孙奉诏陈河务,辑录下河高宝兴泰东台盐阜七邑有关水利之说,同时参以自己的见解编著成《下河水利新编》,并提出"民间之事民间自为之,其次贤绅士为辅,同心同德,鲜有不济矣"。甘泉人徐庭曾撰《扬州水道图说》《扬州盐河水利沿革图说》《邗沟故道历代变迁图说》。

乾隆时,江都县桑乔注意到居民占据市河水道带来的一系列问题,"民但便己私,或窃据旁边,狭小其制,或建屋其上,覆以木板,始犹存其名,继且

---

[1]〔清〕宫梦仁:《请专河工责成疏》,〔清〕王廷儒编纂,田丰点校:《广陵思古编》卷二九《泰州》,第433页。

[2]〔清〕阮元:《揅经室二集》卷六《江西铜鼓营同治刘台斗传》,《清代诗文集汇编》第477册,第305页。

[3]〔清〕尹会一纂修,〔清〕程梦星等纂:《〔雍正〕扬州府志》卷二九《人物》,卢桂平主编:《扬州文库》第1辑第5册,第522页。

减其迹,一遇雨集,出路既阻,中道不通,外则平底生波,行人望洋而叹;内则水入堂室,沈时断炊烟,民不聊生,日复一日因循"。特别指出水道淤积,容易滋生疫病,"至今芜秽不治,以致扬民平居噎病滋多,凶年疫疠大作。是城内之民未灾于河淮,先灾于沟水也"[1]。注意到淤积对疫病滋生的影响,这在当时是比较进步的观点。

三、水利治理的技术

从淮安到扬州段的运河又被称为淮扬运河,占三分之二的运道处于扬州府境内,而这些运道 80% 以上又利用的是境内天然湖区,这些湖区不仅是黄、淮水的泄洪区,亦是重要的运道。为保障运道畅通,对淮扬段运河的治理工程成为清代大运河治理工程中又一重点。在总结前代的治河技术成果的基础上,通过大量的治水工程实践,清代水利工程技术有更为显著的进步,特别是在筑堤、坝工和疏浚三个方面有了新的尝试和进步。

当时,筑堤技术已经十分完善,靳辅、陈潢在他们的著作中分别阐述筑堤技术,并就筑堤选址、选料、施工和最后的验收都提出明确的要求。对于筑堤用土,需选用"坚土",而且"取土宜于十五丈之外,切忌傍堤挖取,以致积水成河,刷损堤根";至于堤的高低,根据地势决定,以水平测量法为测量高度的准绳;大堤坡度以缓为易,"陡则易圮";施工时,"每覆土一尺,即夯砑三回",或"以七寸为一层夯至五寸,或以一尺为一层夯至七寸,然后再上一层土,如前法夯之";堤防竣工后"用铁锥杵孔决以水,水不渗漏为度",[2]这与现代水坝建设验收使用的锥探法类似。除此之外,在堤外密布草根、草籽以防水土流失。

坝工技术在这一时期积累了丰富的修建滚水坝、减水闸的经验。如靳辅在《治河方略》中强调:建坝要选择坚实的地基,并且进行严格的处理,处理方式一般有五道工序:首先挖基坑,如果有积水,则先抽水;其次打桩,将桩头锯平,用石头楔缝;然后在桩顶上铺设龙骨;再后铺设地平板;最后用

[1]〔清〕桑峄:《通浚市沟议》,〔清〕王逢源修,〔清〕李保泰纂:《〔嘉庆〕江都县续志》卷九《艺文上》,卢桂平主编:《扬州文库》第 1 辑第 12 册,第 94 页。

[2]〔清〕靳辅:《治河方略》卷一《治纪上》,故宫博物院编:《故宫珍本丛刊》第 233 册,第 366、361 页。

石灰糯米汁勾缝。这五道工序完成后就可在地基上砌筑闸坝。这与近代基础处理十分相似。

清代水利工程的修建采用"埽工"之法。埽工是中国特有的一种在护岸、堵口、截流、筑坝等工程中常用的水工建筑物。用梢芟分层匀铺,压以土及碎石,推卷而成埽捆或埽格,简称埽。小埽又称埽由或由。若干个埽捆累积连接起来,修筑成护岸等工程称埽工。埽的制作,根据《宋史·河渠志》记载,宋代埽工的做法是:先选择一处宽平的堤面作为料场,沿地面密布草绳,上面铺一层梢枝或芦荻一类的软料,软料上面压上一层土并掺进碎石,再将大竹绳从中穿过,称为"心索"。然后推卷捆成圆柱形,并用较粗的苇绳拴住两头,埽捆便做成了。使用时将埽捆下到堤岸薄弱之处。埽捆安放就位后,将其心索在堤岸的柱桩上系牢,同时自上而下在埽上打进长木桩,直插地下,把埽固定起来,护岸的埽工即做成了,称为埽岸。据《河防通议》记载,还有另一种卷埽形式,与近代修埽法颇为相似,做法是:先将薪刍等软料卷成巨束,然后将其下到险工处。卷埽与卷埽之间可以连接,也可用网子索包住,再用梢、草填塞。埽上可以加埽,下面的埽如果日久腐朽,被水刷去,即可再加埽。如果险工地段较长,距水较近,也可将若干卷埽连接起来。这种埽工修成后,中间不用长木穿透固定,埽体可以随河底的冲刷而自由下沉,不致使埽体有架空现象。埽按形状可分为月牙埽、鱼鳞埽、磨盘埽;按作用又有护尾埽、裹头埽。

埽工用料,常用树枝等较软的材料,包括梢芟、薪柴、秸秆、芦苇等。树梢坚韧耐久,容易沉底,但遇水不及苇秸;苇秸和软草遇水较好,富有弹性,但体轻不易沉底,易腐常需更换。明代及其以前所用的梢料除少量柴草外,以柳枝等为主。康熙年间后因梢料减少,以秫秸秆代替。雍正二年(1724)正式采用秫秸。道光以后梢料几乎消失。[1]在水泥钢筋等现代水利建设材料引进以前,梢料一直都是我国古代河防工程中重要的建筑材料。

乾隆十八年(1753)堵口埽工用捆搂软厢法代替之前的卷埽。软厢法即于施工堤头外用捆厢船吊缆铺料,就地捆埽,层层压下,料皆着底。之后又

---

[1]　姚汉源:《中国水利史纲要》,第468页。

改用物料平行水流方向的顺厢为物料与水流垂直的丁厢法。嘉庆以后卷埽就不见于记载,几乎失传。至于埽工的计算方法,较前代递增累加,陈潢提出更为简易的计算公式: 高×高×1.8,又具体提出如果长不同,计算公式则为: 高×高×长×1.8。就地取材,制作较快,便于急用。而且埽草等软料可以缓溜留淤,能多方面使用。但其体轻易浮,易腐朽,需要经常修理更换,维护费用多。

在继承潘氏的泄洪护堤概念的同时,靳、陈提出控制流量的理念: 通过控制入坝流量和下泄流量达到削减洪峰的目的。为此,靳、陈在淮扬运河段河面窄狭之处,或城镇山冈不可开辟之处,修建十几座滚水坝、减水坝和涵洞,"使所泄之数适称所溢之数"[1],通过分梯次拦截洪水,扩大库容量,达到调节洪泽湖溢水,使洪水较为平稳地通过大运河入江,保证堤坝安全。

疏浚技术。疏浚是靳、陈治水的重要主张,靳辅总结出"川字河"的办法,"于河身两旁近水之处,离水三丈,下锹掘土,各挑引水河一道,掘面阔八丈,底阔二丈,深一丈二尺"。这种"川"字形的引河可以借水势冲刷河底淤泥,旧河与新河之间的堤土仅厚三丈,日久易被河水冲刷,"将旧有并新凿之河俱合而为一矣"[2],从而达到"寓浚于筑"的目的。

光绪后,西方科学技术逐渐运用于水利,新法测绘河图,使用水文资料设计堤坝,应用水泥等新材料,采用电报报水汛。但是,河工的兴修仍采用传统旧法。

总的来看,清代扬州的治水与水利工程活动一直是中央政府、地方政府和当地士民关注的重点。虽有周详的预先规划,但因为出水口未能解决,治理效果并未有多大的改观,多为被动应对。

第四节 两淮盐业

柴米油盐酱醋茶,古代开门七件事,盐是百姓计口授食之物。细小而

---

[1] 〔清〕靳辅:《治河方略》卷一《治纪上》,故宫博物院编:《故宫珍本丛刊》第233册,第359页。
[2] 〔清〕傅泽洪主编,〔清〕郑庆元纂辑:《行水金鉴》卷四八,第1715页。

无瑕的盐,作为生活中最普通的调味品被古希腊诗人荷马称之为神赐之物。而在中国,自汉代以来,盐就作为中央政府专卖商品,盐务由中央直接管理。扬州这座城市亦可上溯到西汉吴王刘濞煮海为盐,国资富饶。一直到明代中期以前,盐业与扬州的联系都未曾那么重要。唐代,两淮虽居盐策要地,而扬州主要扮演的是转运输送角色,盐业带给扬州的红利屈指可数。但明代中期盐法改制后,整个情况就完全不一样了,两淮盐业达到极盛,两淮盐场居全国之冠,盐赋收入直接左右政府财政税收,是明清两朝的主要经济支柱。而作为两淮盐政衙门所在地的扬州,集聚来自全国各地的盐商,以来自山、陕的西商和徽州的徽商为主,其中徽州盐商的地位尤其显著,在获取巨额经济利润的同时,他们也参与到盐业经营管理和相关政治博弈中,反映当时商人阶层地位意识的觉醒。而在扬州城市发展方面,盐商们带动扬州这座城市商业的繁荣发展,大力投入城市建设,助力清初扬州城市恢复,参与城市文教活动,推动城市全面繁荣。至此,扬州与盐紧密地联系在一起,出现"扬州繁华以盐盛",同时也成为清代扬州独具特色的重要组成部分。

一、两淮盐课

受明末清初战争的影响,两淮盐业受到极大的破坏,顺治二年(1645)巡盐御史李发元称"自前朝套搭、左兵焚劫,商心已散……比臣入淮,见巨舰横流,皆固山助饷之盐,而淮北之盐尽矣。及入扬,四百余船之捆盐已变价开帆,而在桥、在坝、在垣,有主、无主之商盐,又奉尽行充饷之令"[1]。不止盐被强征用于军饷,生产食盐的灶丁也逃亡殆尽,顺治十六年"徐渎场原额灶丁八百五十名,逃亡过七百七十名,止见存八十名。临洪场原额灶丁八百五十名,逃亡过七百一十三名,止见存一百三十七名"[2]。制盐设备受到极大的破坏,就淮北四场来说,直接用来晒盐的卤池和砖池的残损也不在少数。据康熙年间的统计,遭到破坏的卤池和盐池均在5000面口以上。而淮南26场,直接用来煎盐的亭场则由5500余面,卤池6000余口,盘铁1000余角,锅镦

---

[1]〔清〕佶山监修,〔清〕单渠总纂,〔清〕方濬颐续纂:《〔嘉庆〕两淮盐法志》卷四〇《优恤一·恤商》,卢桂平主编:《扬州文库》第1辑第33册,第804页。

[2]〔清〕谢开宠总纂,〔清〕崔华、程浚等参订:《〔康熙〕两淮盐法志》卷一一《奏议二》,卢桂平主编:《扬州文库》第1辑第28册,第451页。

4400余口遭到了破坏。其中以盘铁和锅𰀁的破坏最为严重。淮南盘铁原额为1591角,锅𰀁原额为17845口,破坏率分别约为65%和25%[1],以致有些盐场废煎已久。

为缓解军国急需,清政府开始加强盐政管理,修复产盐设备,通过一系列恤商政策招揽商人、盐丁,以期复苏盐业。朝廷颁布不准灶丁充当胥吏、投充旗下,一律回场煎盐,并大量招募灶丁,到康熙年间,两淮各盐场灶丁已大量增加,仅新增灶丁就达2600名[2]。

面对盐商的撤离,顺治二年(1645),李发元出任两淮巡盐御史,次年为方便领引设立引部,以户部右侍郎李茂芳督理淮浙引务,驻扎扬州,但只存在短短的四年便被裁撤。

李发元上任后,即到扬州考察两淮盐业,上书请旨停止积盐助饷,"伏乞皇上俯念商资一国课关系匪轻,仍将垣盐还商,庶几其心可结,而招徕可施"[3]。顺治三年(1646),户部覆准蠲免两淮顺治元年盐课,其后又蠲免顺治二、三年未完课银。康熙四年(1665)准许将欠课八万两"每年带征二万余两"分四年缴纳;康熙九年(1670),下旨言责巡盐各官"务须洁己奉公,尽革私征等弊,如有仍前因循陋规朘克商民者,事发定行从重治罪,决不饶恕"[4]。经过一系列恤商裕课的政策,两淮商人纷纷回归,盐业开始慢慢恢复,雍正五年(1727)已经盐丰课裕,家足户盈。

(一)淮盐生产与销售

两淮各盐场所产食盐除受自然条件影响外,制盐的方法也决定食盐的品质,同一盐场不同季节所产的盐品质都有区别。淮南盐场"熬于盘,其形散;淮北之盐晒于地,其形颗"[5]。"淮北三场盐色为洁",淮南各盐场却不尽

---

[1] 陈锋:《清代盐政与盐税》,第11页。

[2] 〔清〕查哈纳:《两淮运司事迹文册》,康熙二十四年十月二十八日,转引陈锋:《清代盐政与盐税》,第17页。

[3] 〔清〕估山监修,〔清〕单渠总纂,〔清〕方濬颐续纂:《〔嘉庆〕两淮盐法志》卷四〇《优恤一·恤商》,卢桂平主编:《扬州文库》第1辑第33册,第804页。

[4] 〔清〕王定安等纂修:《〔光绪〕两淮盐法志》卷一《王制门·制诏一》,卢桂平主编:《扬州文库》第1辑第34册,第22页。

[5] 〔清〕清高宗敕撰:《清朝文献通考》卷二九《征榷四》,考5116。

相同,分为尖盐、和盐和脚盐,其中尖盐又有真梁、正梁、顶梁三种,"其次曰和盐,尖与次杂糅,故谓之和。其下者脚盐,质黑销滞,商民两病之"[1]。

各盐场的自然条件、地理位置决定制盐方法,同时也决定了制盐成本有所差异:"论成本,则晒为轻,煎之用荡草者次之,煤火又次之,木则工本愈重。"[2]以淮南盐场为例,康熙三十年(1691)定价之后,因各种原因,成本叠增,如雍正二年(1724),因海潮"灶煎不继,盐少价贵,成本倍增",乾隆七年(1742),受水灾影响,物价上涨,人工也同时上涨,"今各场盐价俱长,至梁盐每引现需钱一两四钱,较之原定成本贵价一两三分二厘者,又加贵四钱。自场至泰坝,包索、捆工、水脚等项每引现需银三钱七分,较之原定成本每引一钱八分者,又加贵一钱九分,是每引共增成本五钱九分"。各场所产食盐,品质不同,价格亦不相同。同治五年,刘庄场每桶尖盐 680 文,次盐、碱盐 630文;同治七年丁溪场尖盐每桶 650 文,次盐每桶 630 文,碱盐每桶 610 文。同时还受到盐商的操纵,"惟桶价长落不齐,场商借为操纵,需盐则加价招之,销滞则跌价拒之,更有乏本停收,名为坎桶者,于场务大有关系"[3]。

清代食盐生产是一种严格的计划经济,年销引额有严格的限定,但遇到各处用兵征剿、各项经费透支情况下,会增加引额。清初沿袭明制,顺治初年,改明制大引为小引,每引 200 斤,以包、席装运,两淮引额为 1410360 引;顺治九年(1652)增加 167398 引;十三年(1656)增 160000 引;康熙时期年增加 50000 引。每引食盐的重量也不断增加,清初核定每引 200 斤;康熙十六年(1677),每引加至 225 斤;雍正时,每引重量为 344 斤;乾隆年间,两淮装盐改包为桶,每 200 斤为一桶,两桶为一引;乾隆三十年(1765),淮南纲盐每引重 364 斤;道光十一年(1831),实际上为 500 斤;同治三年(1864),淮南每引达到 688 斤,淮北 440 斤。

私盐分私自贩卖、盐商夹带以及漕船夹带。乾隆三十年(1765)十一月

[1]〔清〕王定安等纂修:《〔光绪〕两淮盐法志》卷三三《场灶门·盐色上》,卢桂平主编:《扬州文库》第 1 辑第 34 册,第 507 页。

[2]赵尔巽等:《清史稿》卷一二三《食货四》,第 3604 页。

[3]〔清〕王定安等纂修:《〔光绪〕两淮盐法志》卷三五《场灶门·桶价》,卢桂平主编:《扬州文库》第 1 辑第 34 册,第 542 页。

盐政普福奏淮南纲盐,"臣亲至通泰二十三场,将伊等自收灶盐之桶用官称,逐一称,较每桶实多一二十斤不等,而伊等转售扬商仍以官称四百斤捆发。且有一种掀手,量盐轻重松实,从中取利,若按一纲所出一百五六十万额数,每引多收三四十斤,核计则浮收灶盐十五六万引,各场商竟侵渔盐价银十数万两"[1]。道光时期,"近时正引,节次加斤至三百六十四斤,而淮南捆至五六百斤,淮北且及倍,此官商夹带之私也"[2]。漕船夹带私盐,嘉庆十五年(1810),"计其所带私盐,多至十余万引"[3]。

清代食盐沿袭明代划界运销,两淮盐"行江宁府、淮安府、扬州府、徐州府、海州、通州、安庆府、宁国府、池州府、太平府、庐州府、凤阳府、颍州府、六安府、泗州、和州、滁州。湖北武昌府、汉阳府、安陆府、襄阳府、郧阳府、德安府、黄州府、荆州府、宜昌府。湖南长沙府、岳州府、宝庆府、衡州府、常德府、辰州府、沅州府、永州府、永顺府、沣州、靖州。江西南昌府、饶州、南康府、九江府、建昌府、抚州府、临江府、吉安府、瑞州府、袁州府。河南汝宁府、光州",申令不得在别境贩运,行盐区内的州县也不得食用其他盐区的食盐,这就产生"有一省而各府所食之盐地方不同者,有一府而各州县所食之盐地方不同者"[4],江苏省镇江府、苏州府食用两浙食盐;徐州府食淮盐,但下辖铜山、萧县、砀山、丰县、沛县却食用山东盐;河南上蔡县必用淮盐,但离河东盐场最近;湖广巴东县紧挨四川,若食用川盐一斤最贵不过一分,但只能食用淮盐,每斤较川盐至少贵三四倍。

这种僵死的行盐区划分,一定程度上带来私盐问题,也带来长期的争议,但究其"毋庸更易"的原因还是事关淮盐行销问题以及盐课收入,淮盐较川课重十余倍,"是淮盐销得一分,几足抵川盐二十分"[5]。

---

[1]〔清〕普福:《奏闻清理场商渔利多收灶户盐斤事》,乾隆三十年十一月十八日,中国第一历史档案馆,档案号:03-0617-029。

[2]〔清〕包世臣撰,李星点校:《包世臣全集》卷三,第69页。

[3]《仁宗睿皇帝实录》卷二三一,《清实录》第31册,中华书局1986年版,第104页。

[4]〔清〕朱轼:《请定盐法疏》,〔清〕贺长龄辑:《皇朝经世文编》卷五○《户政二十》,沈云龙主编:《近代中国史料丛刊》第74辑,台北文海出版社1966年版,第1800页。

[5]〔清〕陈忠倚辑:《皇朝经世文三编》卷三三《户政十二·盐课》,沈云龙主编:《近代中国史料丛刊》第76辑,台北文海出版社1966年版,第522页。

食盐的运销也是有严格规定的：

凡各商现行纲食引盐，汇有定册，先令商人照册所开引数，每引纳纸朱银三厘，给单，以杜后请单领引重复纷争之弊。领单讫，于征纳额课之时，又每引纳银四钱，名为正纳。运道照名收银，造银票，呈院，印发给商，商再纳经解费，每引不等。库吏亦给以道票，然后各商将前正纳票及库票缴院，请限单，谓之皮票。以裹引外，故曰皮票。以立限期，故又曰限单。单四角标"平、上、去、入"字样，以便验截。院为验对，前票俱符，即印单发道给商，商乃以限单同纸朱票于库领引，每引又纳关引脚价银一分，既领出，仍汇钉投院钤印。俟两掣毕，封给领去，同盐行销。盐引不得相离，违者论如律。而此时则各商止仍领皮票，下场买盐，限四十五日赴掣。此两淮纲食盐领引之大概也。盐买齐矣，驳载出场，场官验填出场日期，截去皮票"平"字角，其淮南纲食盐俱赴仪征县东关浮桥，以候桥掣。桥掣者，据江岸第一坝设批验盐引所，浮桥拦截，放船厅莅焉。盐船至此，所官请院开桥验掣，逐船抽验毕，将皮票截去"上"字角，于是放行。赴大掣所候掣，内惟江都县食盐不及抵所，即以桥作所，掣如各盐例，而掣毕即先行改捆领运，引亦先领，至是将引投江都县汇缴请销。此外一应纲食盐过桥，俱运泊仪征天池木关外，候院开所再掣，谓之临江大掣。院先照册编号，照号查引，照引提船，挨次入帮，令抬盐马堆，用部颁掣子逐号秤掣毕，截去皮票"去"字角。向例桥掣溢斤，每斤罚银三厘，江掣溢斤，每斤罚银一分，盐俱割没入官。自康熙间加斤加课，而溢斤割没之例革。于是两掣过，商人找纳各项应征银两，请引呈截角，标裹引钤封，同盐领去，此掣盐之大概也。其淮南盐再俟院示期开包改捆，然后行运他方，既捆后，内纲盐，具报某商领某纲若干引，船户某每舱若干包，一一开明上册，食盐则各县虽有派额，而每年酌剂盈虚，惟取销引足课，不预强派。至是运道将稽运水程、引皮、椓封等票，呈院请印给商，令其开船。船至湖口挂号，纳船料银，乃分途往江西、湖广，俱于两省驿盐道处投引，两道例截皮票"入"字角，将引查明，中破一孔，解回盐院，发存运库，汇缴户部，两道另给各商水程，分运票往各府州县销卖。其淮北盐自买齐出场后，俱赴安东县批验盐引所验掣，内纲盐，则所官请掣截票，一切俱如南盐之例。但其盐于掣后，例不解包改捆，即以原引斤重赴河南汝宁等府，并本省庐、凤等府州县分销，销毕残引竟投行销地方官截角铳洞，汇解盐院缴部。食盐，则即以安东坝为所，盐数无多，就近委淮安分司照例代掣，掣后亦不解包再捆，竟赴各州县口岸销卖，残引亦地方官截角铳洞，汇解缴部。此两淮诸盐行运销引之大概也。[1]

道光十年（1830），两淮盐政归并两江总督管理。两江总督陶澍开始废引改票，道光十二年在淮北行盐区三省二十九州县试行。在淮北的改制效果十分显著，盐价顿减，"洪湖以南食盐居民，率出贱值得净盐，以为有生所未闻见"[2]；明代中期盐法改制后，实行的是纲运制，盐的获取和运销都以纲为单位进行，因此，纲运食盐并非个体商人能独立承办的，必须结帮经营。废引改票后，个体商人可以独自贩盐，不再受总商支配，个体盐商的积极性显著提高，"人知其利，远近辐辏，盐船衔尾抵岸，为数十年中所未有"，商人的积极性直接反应在盐引的销售上，"未及四月，请运之盐已逾三十万引"[3]，从而使得国家课税收入增加。道光二十九年（1849），以淮北自行改引为票，盐课充盈，大有成效，两江总督陆建瀛奏请在淮南仿效改票。同治三年（1864），两江总督曾国藩整顿票法，定例淮南票盐章程，"以六百斤成引，无论官绅悉数认办"[4]。

《〔光绪〕两淮盐法志》对改票后盐商领取盐照、行运盐流程做了详细的说明：

按票请引。原定一票三联，交总局填发，照根留做存查，中照给商护运，左照寄封四岸督销分局查对。同治五年后，李鸿章定盐照为两联。

[1]〔清〕尹继善等修，〔清〕黄之隽等纂：《〔乾隆〕江南通志》卷八一《食货志·盐法》，《中国地方志集成·省志辑·江南》第4册，第548—549页。
[2]〔清〕包世臣撰，李星点校：《包世臣全集》卷七上，第175页。
[3] 赵尔巽等：《清史稿》卷一二三《食货四》，第3618页。
[4]〔清〕庞际云编：《淮南盐法纪略》卷三，同治十二年（1873）淮南书局刊本。

呈缴预厘。厘即厘金，即清末实行的商业税。鄂湘两岸每引预缴四两，西岸每引预缴二两，皖岸每一百二十引预缴报效银二百二十八两。

仪征解捆。每引连包、索、卤耗以六百六十斤出场，过坝运至仪征解捆。分装十包，每包六十斤，外加包、索、卤耗四斤。包、索商贩自备。由南掣厅批验子盐大使督饬仪董、捆工人等当场解捆，随时抽称，驳入江船开江。

雇船运岸。泰坝屯船、仪征江船均由本商自雇并自发水脚。如遇有短斤盗卖，船户照岸价赔偿。

缴价领单。各商领到环运咨文，查照各岸定限，赴扬呈投挂号，缴完五成预价。自岸局领咨日起，到湖南限三十天，到江西、湖北限二十五天，到安徽限十五天，再给五天赴淮南总局投咨挂号。每引预缴五千文盐价，另再缴纳四分八厘安定、梅花书院经费。淮南总局以投咨缴价先后开纲，发给照单次第。

挨轮售盐。场盐到栈即开明场分、盐色、引数，张榜公示。以到栈先后定轮售的顺序。通、泰两属以二万二千五百引为一轮。

交斤过秤。淮南每引六百斤，加耗六十斤，包、索二十八斤，共六百八十斤。改捆八包，每包八十六斤。以撒手定砝秤杆正平为准。

开办新纲。即淮盐行销的湖北、湖南分春秋两纲，江西分三纲，安徽分两纲。盐商持照赴淮南总局缴纳盐税正课、经费和扬由关关税，换领买单，然后赴栈买盐。

给票开江。盐商领到买单，赴栈看定盐色，订立交单。按场盐牌价赴淮南总局缴纳剩下的五成盐价并各项杂捐。淮南总局发给盐护照。盐商挟照赴仪征十二圩总栈挂号，查验后，掣上江船，报查舱委员查明所装引包各数，相符后即于船身吃水处加盖火烙印记，填发舱单。商人再持舱单至淮南总局，领取开江大票。淮南总局核对后，按船填发三联护照，并向运司申请盖印。发给护照时，截去第一角，并将移知抽查及验票各卡文书一并发给盐商。

在淮南《行盐规例》后又附加一条"食岸指重"，介绍重盐事宜。江都、甘泉、高邮、宝应、泰兴为扬属食岸，并权运南盐之天长一岸。运盐时径赴司署纳课，指明收买某场某垣盐数，请发重盐护照，就场捆重，每引分捆十包，每包六十六斤。上元、江宁、江浦、六合、高淳、溧水、句容为宁属食岸，亦系指垣卖盐，惟须先赴总局请给重盐执照，注明指重字样，分捆包斤各数与税盐同盐运到栈,由栈订立交单。复赴总局,缴纳正课经费、出江厘金等款,请领发盐护照,赴栈掣盐运岸。其大胜关厘金由商在岸赴盐巡道衙门呈缴至仪征一岸。同治四年,签商认运附在宁属食岸之列。其指重时,先赴总局缴纳课厘等款,由总局填齐重照,呈送司署盖印,给重盐。抵新城由卡员掣验后,原船一水达岸,不赴仪栈订单,以免绕道。[1]

现以扬州博物馆藏宣统三年(1911)吉梅溪重盐执照一件为例,加以详述行盐流程。全文如下:

> 两淮都转运使司卫给照重盐事。照得淮南引盐,前奉官太保爵阁督盐宪曾核定刊章,先行给照。重运赴瓜,归栈轮售。现奉督盐宪奏明,改道仪征,各场引盐自应运赴仪栈,仍照瓜洲定章挨轮派售。今据商人仁和裕名吉梅溪,请重新兴上冈场本垣碱盐三十七引,合行给照,为此照仰该商持赴该场。查照核定章程,以六百斤成引,分成八包,每包正盐七十五斤,卤耗七斤半,包索三斤半,共合八十六斤。所有船户花名、分装包数由场填明,出场行抵泰坝,照章称掣,经过官卡,凭照放行。盐运到仪前,赴仪征总栈挂号归轮挨售。一俟由栈配派,订立交单。除由运商赴局缴完钱粮关税外,场商即持此照赴局呈缴各捐,收讫加盖钤记。一面呈投南掣衙门听候掣验,均毋违误。此照由南掣移局核销,须至执照者。宣统三年二月十一日淮南总局给发。运字第二百六十六号,船户许玉堂装盐二百六十包。

盐票上盖有10个关防印,具体体现清末票法下淮盐出场及销售的流程。宣统三年(1911)二月二十一日,淮南总局开出执照,核定盐商吉梅溪引额27;四月初九日,商人到泰州分司挂号;五月初八日,到新兴场领取食盐,27引共计216包,每包重86斤,由船户许玉堂负责运输;五月十五日通过海道桥卡;五月二十一日到泰坝,吉梅溪出示两张执照,共计54引,查验核实盐

---

　　[1]〔清〕王定安等纂修:《〔光绪〕两淮盐法志》卷四五《转运门·行盐规例》,卢桂平主编:《扬州文库》第1辑第35册,第702—705页。

重 37172 斤,超出规定 20 斤;六月初四到达扬州缺口门,在南盐厅通过核查;六月初六到扬子新城查验卡;六月二十七日到达淮盐总栈,在挂号处登记;七月二十五日,到淮南总局预交五成盐价;等商人正式完讫后,已经是第二年正月,宣统已退位,最后只能手书壬子年。从中可以清晰地看到盐商严格按照《行盐规例》办理相关手续。

食盐的销售是由政府统一管理,但是因为行盐区严格限定,造成盐价差价,且盐课繁杂,导致了私盐问题。私盐古即有之,但是到清代,已经泛滥成灾,包世臣在论及两淮私盐问题时曾表示有十一种之多,私盐的泛滥导致官盐滞留,影响到盐商以及财政税收,特别是作为国家税收重要来源的两淮也受到私盐的侵害。道光年间,"江西之吉、临、抚、康,湖北之荆、宜、德、安,已官私各半……所真食淮盐者,南昌、瑞州、袁州,与武昌、汉阳、黄州,及湖南之长、岳、常、澧十府而已"[1]。因此,清代对私盐问题极为重视。

私盐可分为场私、漕私、商私、枭私。下以嘉庆、光绪两朝《两淮盐法志》缉私门论述。

首先是场私,场私又称为灶私,就是生产食盐的灶户自煎自卖,有的灶户偷挖土地,私自晒盐以获利。顺治时期,巡盐御史李赞元就上书谈及两淮盐场私盐制造问题:"今灶户已输折价,不纳丁盐,官煎之法已废,所以多寡听其自煎,官私由其自卖,弊孔百出。"[2]

漕私,即通过回空漕船夹带私盐。为体恤运丁之苦,漕船回空,运丁可以携带一定数量的芦盐,如湖广漕船,每船可携带四十石食盐,因漕船携带土宜,均按定额免除关税,因此许多运丁都携带食盐沿途贩售。顺治时,两淮巡盐御史李赞元上书言:"回空粮船约有六七千只,皆出瓜、仪二闸,一帮夹带私盐,奚止数十万斤,合而计之,实侵淮商数十万引盐之地,为害甚大。"[3]嘉庆十七年,查获江广等帮夹带私盐,其中湖北帮有运丁买盐从一千余斤到

[1]〔清〕陶澍:《汇报浙盐引地缉私情形折子》,《陶澍集》,第 294 页。

[2]〔清〕佶山监修,〔清〕单渠总纂,〔清〕方濬颐续纂:《〔嘉庆〕两淮盐法志》卷三一《场灶五》,卢桂平主编:《扬州文库》第 1 辑第 33 册,第 648 页。

[3]〔清〕王定安等纂修:《〔光绪〕两淮盐法志》卷五九《转运门·缉私一》,卢桂平主编:《扬州文库》第 1 辑第 35 册,第 911 页。

二千余斤不等[1]。陶澍也道："漕船回空带私,为历来之痼弊,芦私居十之八九,淮私居十之一二,年甚一年。"[2]

两淮受私盐危害最严重则为邻私,即其他行盐区的食盐销售到两淮行盐区,这种私盐的产生是由于行盐区的划分不合理造成的。比如说湖北、湖南,距离川盐的行盐区最近,但是按照行盐区,只能使用两淮的食盐,而盐价的巨大差别,导致川鄂交界州县,普遍使用川盐。长芦巡盐御史三保也注意到浙、粤、长芦、闽、川的私盐在两淮地界行销:"乃于淮盐接界地僻人稀之处,广开盐店,或数座至数十余座不等,多积盐斤,暗结枭徒,勾通兴贩。"[3]道光年间两淮盐商后人曹振镛在谈及两淮盐引滞销就归结于邻私:"实由邻私充斥,湖广有川私、粤私、潞私、江西有粤私、浙私、闽私。"[4]

枭私是武装走私,这种情况非常严重,规模也非常庞大,李煦就言及扬州一带,有山东、河南流棍兴贩私盐,"其中各有头目,或率党数十人,或率党一二百人,横行白昼"[5],官府缉拿时,居然发生衙役"寡不敌众,反被杀四名,巡船已被烧毁",而泰州之文武官员,竟不差兵救护,影响十分巨大,甚至有枭私与官兵私下定制规礼,任意放行,更有护送出境之举。到清代后期,枭私的规模更加庞大,"常聚集数百人,筑土开濠,四面设炮位,鸟枪、长矛、大刀、鞭锤之器毕具……大伙常五六百人,小亦二三百为辈"[6]。

两淮还有一种借开江之后,于船上夹带的走私私盐的手法,"每船装官盐十之五六,余船尽以装私"[7]。缉私官役借权也产生一种私盐,两淮巡盐御史胡文学对此有过描述:"有司设立捕役,原为巡私盐,给以腰牌。因系在官

[1]《钦定户部漕运全书》卷八三《盘诘事例》,故宫博物院编:《故宫珍本丛刊》第321册,第271页。

[2]〔清〕陶澍:《陈奏回空粮船未便任带芦盐折子》,《陶澍集》,第225页。

[3]〔清〕王定安等纂修:《〔光绪〕两淮盐法志》卷五九《转运门·缉私一》,卢桂平主编:《扬州文库》第1辑第35册,第918页。

[4] 道光二年七月初三日,《奉旨奏报两淮盐务情形事》,中国第一历史档案馆、扬州市档案馆编:《清宫扬州御档》第14册,第9784页。

[5]〔清〕李煦:《泰州私盐贩杀伤缉私差役折》,康熙五十一年十一月初三日,故宫博物院明清档案部编:《李煦奏折》,第129页。

[6]〔清〕包世臣撰、李星点校:《包世臣全集》卷三,第69页。

[7]〔清〕陶澍:《再陈淮鹾积弊折子》,《陶澍集》,第160页。

人役,愈便行私,他人不敢缉拿。即有盘诘,借口功迹盐斤,可以朦混。故多一捕役,即多一私贩。"除此还有军私,即官兵走私私盐。主要集中在清朝前期战乱频发之际,康熙时两淮巡盐御史李赞元在谈及两淮盐业弊端时就重点指出当时军私的危害:"御史不敢问,关津不敢诘。湖南诸处所食之盐,大率皆军中夹带之盐。"[1]

针对私盐的泛滥,清政府采取了多种措施,针对场私,李赞元就建议设立盐场公垣,灶户烧盐后全数堆积在垣中,垣内为官盐,垣以外即以私盐论罪;设立火伏制,严格督查灶户每日煎盐数量,以防止灶户私自偷煎私卖。对于漕私,清廷规定如有卖粮船私盐,杖一百,流二千里,窝藏者杖一百,徒三年;回空漕船夹带私盐,处以杖一百,流二千里。针对运私,顺治十六年(1659),巡盐御史高尔位就场私建议在运盐船上加盖火印,方便查核。同时,建立缉私卡,增派巡役缉私人员。对于邻私,一直到清季结束,都未能解决。

(二)淮盐课税

盐课税是清代仅次于田赋的重要财政收入来源,清初盐法,沿袭明代,按引征课,称之为纲法。纲法规定灶户缴纳税后,方可制盐,所制之盐不能擅自销售。盐商纳税后,领到引票到指定的产盐区领取盐,再行销到指定的地区。清初,淮盐正课90余万两,加织造铜斤不过180余万两,每引征银1两,随后增加至1两1钱7分至1两2分不等,到光绪年间"盐规匦费节省等项多由陋规改为额款,于是淮纲正杂内外支款为数甚巨,每引课则乃增至六七两之多"[2]。

盐课的征收分为场课和引课,场课是对生产盐的群体征收的课税;引课是对销售食盐的群体征收的税目。两淮灶课内有草荡折价、沙荡、仓基、水乡,"草荡折价仿自前明之仓盐,其时商贾输粟于边,官给草荡与灶户,煎盐屯之仓内,以予商。或遇灾歉,仓盐不足,始令灶户每引纳银二钱还商,谓之折价。折价既行,于是盐仓日圮,清其基地而征之,谓之仓基。其海滨各场,

---

[1]〔清〕李赞元:《盐政条陈》卷四《户集》,〔清〕平汉英辑:《国朝名世宏文》,《四库未收书辑刊》第1辑第22册,北京出版社2000年版,第594页。

[2]〔清〕王定安等纂修:《〔光绪〕两淮盐法志》卷九三《征榷门·科则上》,卢桂平主编:《扬州文库》第1辑第36册,第1417页。

潮涨水落，淤为沙滩，号曰沙荡。而水乡灶户不谙煎盐者，每引纳工本银三钱五分，散给灶下，号曰水乡。嗣后皆为课额"[1]。

引课是盐课的主要部分，包括正项和杂项。以嘉庆年间两淮课税为例，正课中奏销考核正课 2121418 两，不入奏销考核正课 75853 两，奏销考核中有明朝时加派依旧被沿袭，如裕府食盐"系隆庆年改入太仓者"；惠府、崇府岁支食盐，"此二项系前明藩王支取之盐"；桅封银"系明末于京擘时印给桅封"；宁饷滴珠"系明万历间因宁夏用兵而设，沿至明末，遂为新饷。其滴珠原无此例，偶因法兑不足，故以滴珠补之"；京擘银"明季时商盐运抵南都"；裁省京书廪费银"前明隆、万年间御史莅任，携带京书随行"。[2] 两淮盐区于顺治十年（1653）开始加征各色杂项：归纲纸朱积余等项、织造水脚饭食、铜斤水脚饭食、节省河饷水脚、仪征军器牙税、盐务道养廉、三江营兵役工食、书院义学膏火、扬州教场地租、普济育婴等堂经费、户部都察院六科衙门规费、京协各饷饭食、布税充公等等，总计 54 项，1061037 两。

二、两淮盐商的报效

明清两代的盐业经营是一种区域垄断性贸易活动，国家以人为手段划分全国食盐分区，并对食盐的生产、分配、销售和运输环节实行干预手段，严格控制食盐的流通。在这种背景下，意味着盐成为一种资源，拥有食盐的占有权和支配权则能获取巨额利润。在长期的专卖过程中，商人逐渐参与到食盐的生产、运送和销售中，这也为盐商们带来巨额财富。明清时期，两淮盐业极盛，亦是两淮盐商们的财富积累的顶峰。道光时李澄听长辈言及，"数十年前，淮商资本之充实者，以千万计，其次亦以数百万计"[3]，《〔民国〕歙县志》亦称："彼时盐业集中淮扬，全国金融几可操纵。致富较易，故多以此起家。"[4]

---

　　[1]〔清〕王定安等纂修：《〔光绪〕两淮盐法志》卷九七《征榷门·灶课上》，卢桂平主编：《扬州文库》第 1 辑第 36 册，第 1481 页。

　　[2]〔清〕佶山监修，〔清〕单渠总纂，〔清〕方濬颐续纂：《〔嘉庆〕两淮盐法志》卷一九《课程三·商课上》，卢桂平主编：《扬州文库》第 1 辑第 32 册，第 458—460 页。

　　[3]〔清〕李澄辑：《淮鹾备要》卷七，卢桂平主编：《扬州文库》第 2 辑第 46 册，第 296 页。

　　[4] 石国柱等修纂：《〔民国〕歙县志》卷一《舆地志·风土》，《中国地方志集成·安徽府县志辑》第 51 册，江苏古籍出版社 1998 年版，第 41 页。

　　盐商们的财富积累主要来源于食盐差价利润。终清一代,盐业价格几乎没有发生太大的变化,但食盐售价却不断增涨。如康熙时,郭起元反映当时两淮地区盐价:"臣在江南仪真、通州等处见粜盐,每斤制钱二三文。至江西、湖广省,民间买盐每斤制钱一二十文不等。"[1]乾隆四年(1739),淮盐运至"江广等处,盐价每斤约需二分四五厘不等"[2],乾隆二十八年(1763),湖广总督李侍尧称武昌盐价较两淮盐政议定价格高出数倍:"经盐臣高恒奏准,照依部定,贵价每引可加银三钱,核计高色之梁盐每包该价一钱四分六里,次色之安盐每包该价一钱四分四厘,是较之现卖二钱七八分之市价,相去加倍矣。"[3]同治十年(1871),李鸿章上书请求各盐场运盐至赣、鄂、湘三地售卖,以盐价买米赈济北方旱灾,"查淮盐售价,每引除成本、运脚、人工、食用及应缴课厘捐项外,如减价速售,约可余利银三两数钱"[4]。

　　有人曾经做了最保守的估算:以每引取中间值300斤计算,销盐1斤可获利30文。那么行盐1引,即可获利纹银9两。两淮盐引以清初140余万引计算,则一年可获利1200余万两[5],有人认为两淮盐商的利润在40%左右[6]。

　　在这样一种垄断经营、高盘剥的经营模式下,盐商与官府之间的关系日益紧密、依附。逢迎和仰攀成为盐商对官府的基本态度,其中最突出的手段就是盐商捐资报效朝廷。清代盐商报效可分为军需报效、河工报效、赈济报效以及备公四种。

　　关于两淮盐商参与的军需报效,最早的记录是康熙十三年(1674),盐商陈光祖、程之韺为朝廷平定三藩捐资助饷,"军兴旁午,商众捐资助饷,悉取

　　[1]〔清〕郭起元:《酌盐法》,〔清〕贺长龄辑:《清朝经世文编》卷五〇《户政二十·盐课下》,沈云龙主编:《近代中国史料丛刊》第74辑,台北文海出版社1966年版,第1797页。

　　[2]乾隆四年十二月初二日,〔清〕褚泰:《题为敬陈盐法变通之法以除引窝居奇之弊且课便民裕商事》,第一历史档案馆藏,档案号:03-0609-032。

　　[3]乾隆二十八年七月十四日,〔清〕李侍尧:《奏报两湖淮盐盐价昂贵事》,第一历史档案馆藏,档案号:03-0616-013。

　　[4]〔清〕王定安等纂修:《〔光绪〕两淮盐法志》卷一四六《捐输门·助赈上》,卢桂平主编:《扬州文库》第1辑第37册,第2121页。

　　[5]张海鹏、王廷元主编:《徽商研究》,安徽人民出版社1995年版,第52页。

　　[6]参见王方中:《清代前期的盐法、盐商与盐业生产》,《清史论丛》第4辑;汪士信:《乾隆时期徽商在两淮盐业经营中应得、实得利润与流向分析》,《中国经济史研究》1989年第3期。

办于之骥",康熙十七年(1678),三藩平定后,在御史郝浴的奏请下,"商人陈光祖、程之骥等三十五员勉力急公,应酬银数多寡,分别从优议叙"[1],捐资最多的程之骥被"特赐五品服,为诸商冠"[2]。

军需报效发生最多的是在乾隆时期,一共有 7 次,两淮共捐银一千四百八十万两以助军需。乾隆十三年(1748)十二月,程可正、程谦六等捐银八十万两以备大金川兵饷;乾隆二十年(1755)六月,程可正等为平伊犁捐银一百万两;乾隆二十三年(1758)十二月,黄源德等为西北用兵捐银一百万两;乾隆三十八年(1773)八月,江春、程谦德等捐银四百万以助第二次金川用兵;乾隆五十三年(1788)正月,台湾用兵,江春、程俭德为台湾兵事捐银二百万两;乾隆五十七年(1792)正月,西藏用兵,洪箴远、程俭德等捐四百万两;乾隆六十年(1795)二月,湖南用兵,洪箴远等捐二百万两。

清代后期,全国用兵次数愈加增多,商人的军需报效也更加频繁,道光二十年(1840)十二月,第一次鸦片战争爆发,英军舰队在浙江东面沿海游弋,淮南盐商公捐五十万两,淮北盐商在盐引正杂税银外再派捐三十万两,以作海防军用。之后清廷对太平天国、捻军用兵,所谓的主动报效,已经变成强制性加派。同治四年(1865),湖北岸以"大商以本年春纲为断,每票议捐银三百两;本年秋纲捐银二百两;明年春纲捐银一百两"[3],本年,春纲认捐四万三千八百两,盐商再捐二万二百两;次年春纲认捐一万五千两。同治六年(1867),又加派汉口盐商认捐十二万两,定十家盐行至同治六年元月起每年认捐五千两,按月解送湖北军饷。光绪六年(1880),淮南淮北及各岸盐商再捐银一百万两,以资防饷。

除却军需报效外,清代还有河工报效、赈济报效。扬州受地理位置的影响,极易发生水灾,因此河工报效与赈济报效往往连在一起。河工报效顾名

---

[1]〔清〕佶山监修,〔清〕单渠总纂,〔清〕方濬颐续纂:《〔嘉庆〕两淮盐法志》卷四二《捐输一·军需》,卢桂平主编:《扬州文库》第 1 辑第 33 册,第 853 页。

[2]〔清〕佶山监修,〔清〕单渠总纂,〔清〕方濬颐续纂:《〔嘉庆〕两淮盐法志》卷四四《人物二·才略》,卢桂平主编:《扬州文库》第 1 辑第 33 册,第 888 页。

[3]〔清〕王定安等纂修:《〔光绪〕两淮盐法志》卷一四五《捐输门·助军》,卢桂平主编:《扬州文库》第 1 辑第 37 册,第 2111 页。

思义就是对河道进行挑浚、修筑加固河堤。如乾隆四十七年（1782）六月，江春等捐银二百万两开挑河南南阳、商丘等处引河；嘉庆五年（1800）七月，洪箴远等捐银五十万两以备邵家坝漫口下工程。赈济一般是发生水旱灾害后，盐商出资赈济灾民。《〔光绪〕两淮盐法志》中有大量盐商出资赈济的记述。康熙三十年（1691）、四十九年（1710），枿茶场先后遇海潮，坍缺荡地，折银计价一千八百一十二两，灶民无力缴纳田赋，"淮南众商情愿代输"；乾隆三年（1738），两淮盐商以扬州遇旱，"愿设八厂煮赈，自本年十一月起，至次年二月止，共捐银十二万七千一百六十六两有奇。又商人汪应庚独捐银四万七千三百一十两有奇"；嘉庆七年（1802），淮南商人洪箴远"以湖北各属间被水旱偏灾，公捐银十万两"。[1]

　　备公是指两淮商人出资报效皇帝。康熙、乾隆帝各六次南巡，两淮盐商纷纷实心报效，承办南巡事宜。康熙四十四年（1705）南巡，三月初九日"圣驾行至乌沙河，有淮安绅衿百姓备进万民宴，又盐场备彩亭七座……十一日，抵扬州黄金坝泊船，有各盐商匍匐叩接，进献古董玩器书画不等……十二日，皇上过钞关，上船开行抵三涂河宝塔湾泊船，众盐商预备御花园行宫"[2]；乾隆十四年（1749）、二十二年（1757）、二十六年（1761）、四十五年（1780）、四十九年（1784）南巡，两淮盐商每次捐一百万两以备"翠华南幸"。乾隆二十六年，乾隆皇帝曾对历次南巡驻跸扬州行宫评价道："扬州所建行宫，从前吉庆为盐政时，其缮葺已觉较华，而普福任内，必求争胜于吉庆，今闻高恒所办，则又意在驾普福而上之。"[3]后高恒被弹下狱，江苏巡抚彰宝与尤拔世审理时，"诸盐商具言频岁上贡及备南巡差，共用银四百六十七万余"[4]。除修葺庭园，置办供物更是尽力承办，乾隆母亲七旬寿，黄源德等"情愿公备银十万两解京修理乐善园"；皇太后八旬，江春等"恳请于分办段落

　　[1]〔清〕王定安等纂修：《〔光绪〕两淮盐法志》卷一四六《捐输门·助赈上》，卢桂平主编：《扬州文库》第1辑第37册，第2118、2120页。

　　[2]〔清〕佚名：《圣祖五幸江南全录》，〔清〕汪康年辑：《振绮堂丛书初集》，沈云龙主编：《近代中国史料丛刊》第55辑，台北文海出版社1981年版，第18页。

　　[3]《高宗纯皇帝实录》卷六三五，《清实录》第17册，第86页。

　　[4]赵尔巽等：《清史稿》卷三三九《列传一二六·高恒》，第11072页。

之外，公备银二十万两"。[1]

清政府对踊跃急公者，"宜沛特恩，以示奖励"。康熙十年（1671），扬州水灾，盐商陈恒升等捐银，在扬州城外设立四厂煮粥，"其泰州、高邮、兴化等处不能就食者，各发米数百石不等。又给灾民棉衣一万四十五件，共用银二万二千六百七十两"，户部核准后，"其捐银五百两以上商人陈恒升等八名，照例加九品顶带"。[2]乾隆对盐商的急公捐输的奖励更是优渥，乾隆十六年（1751），"按本身职衔加顶带一级"；乾隆二十年（1755），"商人职已三品者恩加奉宸苑卿，未至三品者加顶带一级"。对于急公备公最积极的大商人，特别是江春更是数次加恩，"自锡加级外，拜恩优渥，不可殚述"，为当时众商人之冠，时人称"以布衣上交天子"；鲍漱芳"以屡次捐输，叠奉恩旨，从优议叙，加十级"[3]。另外，通过加赏盐斤、延期、豁免让商人获利，乾隆十五年（1750）"将所运盐每引加耗二十斤"，乾隆十六年（1751）"将两淮纲盐食盐于定额外每引赏加十斤"，乾隆二十一年（1756）"照十六年之例每引加耗二十斤"，乾隆二十二年（1757），"自丁丑纲为始，两淮纲盐食盐每引加赏十斤，不在原定成本之内，以二年为限"，乾隆二十七年（1762），"自壬午纲为始，纲盐食盐每引加十斤，以二年为限"，乾隆三十五年（1770），"将提引案内限十年完项一千余万两，加恩于限满外再展六年"，乾隆四十七年（1782），将"将未缴银三百八十六万六千余两豁免，二百万两又于四十九年二月南巡全行豁免"。[4]

与清代乾嘉时期两淮商人对报效的积极踊跃、乐输局面相比，《〔光绪〕两淮盐法志》中已经很难见到商人主动报效的记载，更多的是摊派或与行盐数量挂钩。光绪二年（1876），运司刘瑞芬循同治十三年（1874）劝捐黄河

[1]〔清〕估山监修，〔清〕单渠总纂，〔清〕方濬颐续纂：《〔嘉庆〕两淮盐法志》卷四二《捐输四·备公》，卢桂平主编：《扬州文库》第 1 辑第 33 册，第 864—865 页。

[2]〔清〕王定安等纂修：《〔光绪〕两淮盐法志》卷一四六《捐输门·助赈上》，卢桂平主编：《扬州文库》第 1 辑第 37 册，第 2118 页。

[3] 石国柱等修纂：《〔民国〕歙县志》卷九《人物志·义行》，《中国地方志集成·安徽府县志辑》第 51 册，第 379 页。

[4]〔清〕估山监修，〔清〕单渠总纂，〔清〕方濬颐续纂：《〔嘉庆〕两淮盐法志》卷四〇《优恤一·恤商》，卢桂平主编：《扬州文库》第 1 辑第 33 册，第 814—816 页。

河工例："淮南统按每引八钱,连同各食岸共捐银四十万两有奇",当时商情已经十分困乏,刘瑞芬直言"报捐能轻减一分,即沐一分之惠"。光绪三年(1877)运司欧阳正墉在应对陕西赈灾募捐时,"拟将商名捐数先立一簿,克日传集。各商愿捐者,即在本名下书一愿字"。[1]

导致商情乏困除了连年的战争外,还有诸如岸费、盐规、供应盐政衙门月费导致盐商利润锐减,如《〔嘉庆〕两淮盐法志》中记述江南江西总督阿山言及的13项两淮盐政衙门中浮费:"盐院差满之时,赏给各差役银一万六千八百两;盐院差满起行,送远近别敬共银二万一千六百两;馈送官员及过往程仪杂费等项银三万一千六百余两;盐院书差每引带盐七斤,收银四分二厘,计银五万六千两;隔年未经过所残引,次年续过,书差每引带盐五斤,收银三分,约计银五六千两不等;书差随费每引收银一分六厘,计银二万三千三百三十余两;书差饭食,每引收银八厘,计银一万六百六十余两;书差重收桅封,每引八厘,共计银一万六百六十余两;北桥承差指守桥,每引收银一厘,计银一千三百三十余两;隔年残引未曾过所,至新院到任过所,又复派规费一钱几分不等;盐每引额重二百五十二斤,过所称掣间有多出盐斤,令商人纳价,并发仓堆储,勒赎变卖;新院到任需用,向有力商家豫借,每年因升出利银三四万两;每年新院到任,于额设承差二十名之内点用一名,名曰发收,一任之内,事无巨细皆系经手,鱼肉众商。"[2]至于盐商运输食盐时,首先要纳请引、呈纲、加斤钱粮。在盐运司设收支、广盈、架阁、承发四房,盐商必须出入各五六次。办完手续,然后转历分司、场员、坝员、监掣、批验、子盐各衙门,盐方得上船,到了目的地,又存在引费、程费、捆费、搬费等等费用。至于在赴掣处,还有诸如免委、减斤、加钩、批验、供应、公费、监掣、监仓、传旗、叫牌、发封、催掣、摆帮等等各色勒索名目。

三、两淮盐商与扬州

清代在扬州经营的外地盐商,按照地缘主要有山陕商(山西和陕西)、江

---

[1]〔清〕王定安等纂修:《〔光绪〕两淮盐法志》卷一四六《捐输门·助赈上》,卢桂平主编:《扬州文库》第 1 辑第 37 册,第 2124、2128 页。

[2]〔清〕佶山监修,〔清〕单渠总纂,〔清〕方濬颐续纂:《〔嘉庆〕两淮盐法志》卷四〇《优恤一·恤商》,卢桂平主编:《扬州文库》第 1 辑第 33 册,第 806—807 页。

右商帮(江西)和徽商,其中徽商借着地利之便、血缘宗族优势,以其财力丰厚、人数众多,几乎垄断了两淮盐业。乾隆时,歙县盐商江春"经商扬州,练达明敏,熟悉盐法,司鹾政者咸引重,推为总商……赏借帑金三十万两,为盐商之冠,时谓'以布衣上交天子'"[1],拥有巨额资本的盐商对扬州城市的发展产生了极其重要的影响。

首先,盐商影响扬州城市面貌。明末清初,扬州屡遭战乱,城市基础设施损毁严重,"井闬市廛迁改非一"[2]。盐商们修桥造路,兴码头、治街肆。盐商汪应庚在扬州"建造船桥,济行旅";汪简臣捐修教场街道;淮商罗琦"重甃(扬州东关大街)并筑城外石马头"[3]。盐商大量聚集在南、北河下,如江春、徐赞侯、鲍志道等等,大盐商的聚集使得河下一带成为"郁郁几千户,不许贫士邻"[4]的富人区,乾隆帝南巡时,扬州已形成"新城盐商居住,旧城读书人居住之所"[5]的格局。扬州博物馆藏有同治时江西盐商卢绍绪修建住宅庆云堂的账簿,卢绍绪花费8000两白银购置康山草堂旧址,于光绪二十年(1894)开始修建,历经三年,共花费银子78000余两。庆云堂是晚清扬州盐商最大的住宅群。

盐商对扬州城市的美化主要反映在他们大量兴建私家园林。盐商在获取高额利润后,兴建了众多的私家园林,如马曰琯的小玲珑山馆、街南书屋、行庵;江春的康山草堂、秋声馆、江园;汪懋麟的百尺梧桐阁;歙县郑氏兄弟,郑元嗣有王氏园,郑元勋有影园,郑元化有嘉树园,郑侠如有休园;徐赞侯建有退园、水竹园。在南河下徽州盐商聚居区自徐凝门一直向西,形成了一条"花园巷"。康熙、乾隆帝南巡,盐商更是"供奉宸游之所",如江春修净香园,又如吴尊德筑有长堤春柳,汪廷璋修"春台祝寿""筱园花瑞",巴保树修"白

---

[1] 石国柱等修纂:《〔民国〕歙县志》卷九《人物志·义行》,《中国地方志集成·安徽府县志辑》第51册,第366页。

[2] 〔清〕金镇原本,〔清〕崔华、张万寿续修,〔清〕王方岐续纂:《〔康熙二十四年〕扬州府志》卷一《舆图》,卢桂平主编:《扬州文库》第1辑第3册,第22页。

[3] 〔清〕王定安等纂修:《〔光绪〕两淮盐法志》卷一五二《杂纪门·善举》,卢桂平主编:《扬州文库》第1辑第37册,第2209—2210页。

[4] 〔清〕吴嘉纪:《陋轩诗续》卷上《河下》,清道光增修本。

[5] 董玉书著,蒋孝达、陈文和校点:《芜城怀旧录》卷一,江苏古籍出版社2002年版,第27页。

塔晴云"，《扬州行宫名胜图》中记载商人所建楼廊达 5154 间，亭台 196 座。袁枚叹道："（四十年前）旁少亭台，不过匽潴细流，草树卉歙而已。自辛未岁……增荣饰观……其壮观异彩，顾、陆所不能画，班、扬所不能赋也。"[1]这些私家园林在扬州形成了瘦西湖、小秦淮等诸多名胜，从而为扬州留下了"扬州园林之胜，甲于天下"[2]之名。

其次，盐商带动了扬州诸多行业发展。清代，扬州是一座以盐为基础产业的城市，"扬郡财源，向恃两淮盐务，通利则各业皆形宽裕"[3]。盐商最先带动的是与盐业相关的产业。随着纲盐制度的确立，在盐商中出现了一批"专事囤积引窝"坐收其利的商人，他们聚集在引市街"日望江、广卖价增长"[4]。在引市街以东的丁家湾则是集中了替盐商经手代办的商伙，"交易无私夤夜盛，不关己事为人忙"[5]。小东门一带聚集大量服务扛盐包苦力的餐饮店铺，这些扛盐包的"灯下开包夜不眠"[6]，经营餐饮的小店也是"达旦弗辍"。为这些衍生出的服务业还有开开水茶炉的妇女，开澡堂、修脚剃头的，底层贫民借以糊口者甚众。

受盐商影响最为深刻的还当属戏曲业。"徽俗最喜搭台观戏"，徽州盐商将这一风俗带入扬州，并与扬州本地戏曲杂糅。徽州盐商大多蓄养家班，郑侠如休园诗会就采用自家乐工开场，"选老乐工四人至，均没齿秃发，均八九十岁矣，各奏一曲而退"[7]。特别是乾隆皇帝六次南巡，两淮盐务为满足皇帝的娱乐需要，"例蓄花、雅两部，以备大戏"[8]，蓄养戏班的盐商就更多。当时的两淮盐业总商江春征集四方名角，设立德音班、春台班；黄元德、汪启源等人设立昆腔班，以奉上用。这一时期扬州戏曲极盛，全国各地的名优纷纷前往邗上，而在扬州市民中鬻身学戏的相当多。乾隆五十五年（1790），三庆、

---

［1］〔清〕李斗著，陈文和点校：《扬州画舫录·袁枚序》，第 1 页。

［2］〔清〕欧阳兆熊、金安清撰，谢光尧点校：《水窗春呓》卷下《维扬胜地》，第 72 页。

［3］《疏通市面》，《申报》光绪七年正月十二日（1881 年 2 月 10 日），第 2 版。

［4］《高宗纯皇帝实录》卷七三九，《清实录》第 18 册，第 143—144 页。

［5］〔清〕林苏门撰，刘永明点校：《邗江三百吟》，第 15 页。

［6］〔清〕董伟业撰，刘永明点校：《扬州竹枝词》，广陵书社 2005 年版，第 9 页。

［7］〔清〕李斗著，陈文和点校：《扬州画舫录》卷八，第 96 页。

［8］〔清〕李斗著，陈文和点校：《扬州画舫录》卷五，第 57 页。

四喜四大徽班先后进京祝寿。

再次，盐商推动扬州文化的发展。据《扬州画舫录》载，"扬州诗文之会，以马氏小玲珑山馆、程氏（梦星）筱园及郑氏（侠如）休园为最盛"，这里的马曰琯、程梦星、郑侠如都为盐商。马曰琯筹办的邗江雅集活跃于当时，"四方名士过邗上者必造庐相访，缟纻之投，杯酒之款，殆无虚日，近结邗江吟社，宾朋酬唱，与昔时圭塘玉山相埒"。江春的康山草堂诗会则是继马曰琯之后的又一盛会，"海内名流至邗江者必造焉"[1]。盐商对教育不遗余力，雍正十二年（1734），马曰琯独力修梅花书院；汪应庚捐资重修扬州府学，并置办学田；洪箴远在扬州十二门设义学。良好的教育环境为扬州文化的兴盛奠定了基础。盐商还大力资助一些暂无居所、生活困难的文人。以马曰琯一人为例：唐建中"后死于行庵，口念西园不置。主政（马曰琯）厚赙以归其丧"；厉鹗"年六十无子，主政为之割宅蓄婢。后死于乡，讣至，为位于行庵祭之"；全祖望"得恶疾，主政出千金为之励医师"；楼锜"年长未婚，马氏为之择配完家"[2]。扬州八怪之一的汪士慎多次受到马曰琯的资助，他来扬州时居住在马曰琯家中七峰亭，并以"七峰居士"自署，到了晚年委托马氏兄弟为他物色房子。扬州八怪中的金农、高翔、边寿民等都在马曰琯、江春等盐商家中寄馆。盐商还资助他们出版个人文集，如汪士慎的《巢林集》由马氏小玲珑山馆刻印，金农的《画竹题记》由江春刻印。盐商们将自家藏书慷慨借给文人们阅读，厉鹗、卢见曾、严长明等均利用过马曰琯的藏书。卢见曾赠马氏有"数卷论衡藏秘笈，多君慷慨借荆州"之句，严长明"寻假馆扬州马氏，尽读其藏书"[3]。厉鹗取得的成就最大，他在马曰琯家中"久客其所，多见宋人集，为《宋诗纪事》一百卷"，清代官方认为《宋诗纪事》"考有宋一代之诗话者，终以是书为渊海，非胡仔诸家所能比较长短也"[4]。

盐商不仅是扬州文化繁荣的创造者，也是扬州文化繁荣的参与者。封建社会后期开始出现"商人士大夫化与士大夫商人化的局面"，徽州为"东

---

[1]〔清〕汪鋆：《扬州画苑录》卷二，卢桂平主编：《扬州文库》第 3 辑第 56 册，第 140 页。

[2]〔清〕李斗著，陈文和点校：《扬州画舫录》卷四，第 47—49 页。

[3] 赵尔巽等：《清史稿》卷四八五《列传二七二·文苑二》，第 13392 页。

[4]〔清〕永瑢等：《四库全书总目》卷一九六《宋诗纪事》，中华书局 1965 年版，第 1795 页。

南邹鲁"，扬州八怪中汪士慎、罗聘就是徽州盐商的子弟，《扬州画舫录》中记载的徽州盐商子弟工于书画者有 60 多位，仅江春兄弟子侄见于《扬州画舫录》中的诗人、艺术家、鉴赏家就达 15 名。盐商巴慰祖不但书画俱佳，还是当时著名的篆刻家。仅《〔嘉庆〕两淮盐法志》中《科第表》所列，从顺治二年（1645）到嘉庆十年（1805），盐商子弟有 116 人中进士，其中徽州盐商子弟 89 人，山陕盐商子弟 27 人。

盐商还促使扬州市民文化的形成。扬州是一座以盐业为主的城市，"业鹾务者任职不重，是以士耽乐逸，甚于他地"，徽州"乡俗不论贫富，卧起俱迟"，因徽州鹾商的到来，扬州"城内富贵家好昼眠，每自旦寝，至暮始兴，燃烛治家事，饮食燕乐，达旦而罢，复寝以终日"[1]。于祭祀方面，也出现"家祭夹徽、扬"[2]的现象。

清末，受太平军与清军之间战争的影响，两淮盐业遭到极大的冲击，两江总督奏称"逆匪由湖广窜至九江、安徽、江宁，并陷镇江、扬州两府。不特淮南引地无不被其蹂躏，而商人之居于镇、扬二郡者，十有八九亦悉遭荼毒"[3]。

特别是仪征十二圩的兴衰发展与盐业的关系就更加紧密。十二圩位于今仪征市长江边，本名普新洲，原先是一片小沙洲，并无人居住，清代长江不断北移，瓜洲城不断陷入江中，而小沙洲却聚沙成滩，逐渐扩大。圩是中国古代农民利用地势，在河、湖两岸较低的地方，围以堤坝，内则为田，外则隔水，把低洼地改造成耕地的一种创造性的造田方法。圩田在宋代江南地区已经很常见。十二圩得名于"民筑圩而居，以次第析之"，但实际上光绪年间只存头圩、二圩两处。在同治十二年（1873）以前，这里仅仅是个耕氓编芦为屋的荒野之地。但是同治十二年，因瓜洲六濠口陷入江中，曾国藩将淮盐总栈搬迁至十二圩，从此凡通泰场盐皆改运赴十二圩，大量的贩运至湘鄂赣皖四地的盐商集聚于此，随着盐商而来的还有与盐业有关的从业人员，形势

---

[1]〔清〕李斗著，陈文和点校：《扬州画舫录》卷一一，第 134 页。

[2]〔清〕惺庵居士：《望江南百调》，夏友兰等：《扬州竹枝词》，邗江印刷厂 1992 年版，第 176 页。

[3]〔清〕怡良：《就场征课并改道运销折》，〔清〕庞际云编：《淮南盐法纪略》卷一，同治十二年（1873）淮南书局刊本。

发生了很大的变化,"自设栈,稗贩逐利者,日集沿江,泊船处立码头,分为十三帮,岸上纵横设肆,建公所,造神祠,迤逦断续至旧港,居然一小会矣"[1]。近代以来,十二圩发展特别迅速,轮船招商局在淮盐总栈搬迁至十二圩的同一年就在此设立分管处,光绪二十四年(1898)又在十二圩中兴街开设了电报局。程畹曾赋诗总结十二圩的兴起:"终古荒江惟获渚,转眼千门叠万户。盛衰由运不由人,前列盐仓后官府。"[2]但至1931年,实行新的盐法,取消引岸专卖,十二圩逐渐衰落。

第五节　扬州手工业

清代扬州手工业可分为官营和私营两种。官营手工业集中在雕版印刷业、琢玉业和漆器制作,主要由两淮盐政负责,专门为清宫刻印书籍、制造摆设、日常用具以及建筑构件等。明嘉靖四十一年(1562),匠班制度改革,工匠只需缴纳一定的银两,不用亲身赴各监局服役。匠班银的缴纳为私人手工业的发展提供了必要条件。作为两淮盐业中心、漕运北上的第一节点,扬州集聚了大量的手工业从业人员,手工业发展迅速。清代扬州私人手工业中最具有代表性的行业是雕版印刷业、漆器制作和香粉业。雕版印刷业体现当时扬州在东南地区的文化地位。此外,扬州的制灯业、绒花制作、金银器制作等都有一定的发展,这些行业连同前面所说的雕版印刷业、琢玉业、漆器制作在扬州地方手工业中的地位一直延续到现代,是最具扬州特色的产业。

一、雕版印刷业

清初,扬州本地官营雕版印刷业主要是刊刻扬州府及各属县的地方志,雍正七年,诏各省修通志,又令各府县每60年修方志一次。终清一代,扬州先后刊刻方志共计28部,579卷(含兴化县康熙县志1部,泰兴县康熙县志2部)。清代后期,扬州本地官方刻书主要由淮南书局承担,是两淮盐运使方濬颐于同治八年(1869)在三祝庵创办,其刻本称之为局刻本,刊刻书籍多为

---

[1]〔清〕王定安等纂修:《〔光绪〕两淮盐法志》卷一九《图说门·仪栈·十二圩总图说》,卢桂平主编:《扬州文库》第1辑第34册,第310页。

[2]〔清〕程畹:《啸云轩诗集》卷六《十二圩》,清同治刊本。

重刻,诸如《十三经注疏》《隋书》《旧唐书》《两淮盐法志》《述学》等书籍,采用影刻方式,"其经费仍于(盐务)裁减成本项下开支,平价出售"[1],又与金陵、江苏、浙江、湖北官书局合刻二十四史,通称五局合刻本。

在官方印刷机构中,以奉旨设局刊刻的书籍最为重要。这是一种官修书籍的临时机构,书成即撤销,这也是以康熙四十六年(1707)为界限,出现扬州诗局和扬州书局两种不同称呼的原因。奉旨设局刻书以康熙四十四年(1705),曹寅奉旨在天宁寺编刻《全唐诗》为始。《全唐诗》扬州刻本,因是奉旨刊刻,又被称作内务府本。康熙五十一年(1712),又在扬州设局,由曹寅负责刊刻《佩文韵府》。

雕版印刷主要有四个步骤:写样、刻版、印刷及装帧。关于写样,曹寅在刊刻《全唐诗》时对笔迹要求极高,"仅择其相近者,令其习成一家,再为缮写"[2]。刻印《佩文韵府》严格遴选工匠,"已得一百余人,愿来者众,好者难得"[3];由杭州织造孙文成"回杭州办纸",最终选用连四纸、乐纸印刷。康熙皇帝对这两部书的评价是"刻的书甚好","此书刻得好的极"[4]。康熙四十八年(1709)张豫章等奉敕所编《宋金元明四朝诗》;康熙四十九年(1710)奉旨刊刻《渊鉴类函》;康熙五十年(1711),刻《钦定全金诗》。康熙年间,扬州共刻内府书十部。乾隆四十五年(1780),两淮巡盐御史伊龄阿奉旨于扬州运盐司设立词曲局,校订古今戏曲剧本。乾隆四十七年(1782),扬州词曲局事竣,编纂成《曲海总目》;嘉庆十九年(1814)两淮盐政阿克当阿奉旨在扬州设全唐文馆,校刻《全唐文》;嘉庆二十三年(1818),奉旨刊刻《钦定明鉴》。

私人雕版印刷业也开始兴盛起来。清代扬州雕版最大的特征是家刻、官刻强盛,而坊刻较弱,私家以刻印自我著作为主。清代扬州私家刻书以宝应

---

[1]　朱赛虹等:《中国出版通史》第6册《清代卷》(上),中国书籍出版社2008年版,第98页。

[2]　康熙四十四年七月初一日,《江宁织造曹寅奏校刊全唐诗折》,故宫博物院明清档案部编:《关于江宁织造曹家档案史料》,中华书局1975年版,第33页。

[3]　康熙五十一年四月初三日,《江宁织造曹寅奏佩文韵府已开工刊刻折》,故宫博物院明清档案部编:《关于江宁织造曹家档案史料》,第96页。

[4]　康熙五十二年九月初十日,《奏为御颁佩文韵府一书已装箱进呈并再刷钉若干事》,中国第一历史档案馆、扬州市档案馆编:《清宫扬州御档》第1册,第199页。

乔氏最多,有11人。乔出尘《疑庵诗集》,乔可聘《读书札记》,乔莱《直庐集》《应制集》《归田集》《柘溪草堂集》《香雪亭新编耆英会记》《乔氏易俟》,乔崇烈《兼葭书屋诗》《枣花庄录稿》(一作《枣花庄诗稿》)、《芥舟集》《学斋诗集》,乔崇修《舟车集》《后集》,乔寅《理咏堂集》《碧澜堂集》,乔迈辑、乔谨增辑《乔氏家训》及《附录》,乔亿《小独秀斋诗》《剑溪文略》《剑溪说诗》《大历诗略》《杜诗义法》《乔剑溪遗集》,道光二十一年(1841)乔氏校刻《乔氏易俟》并补充《系辞》本,乔守敬《绿阴山馆吟编》,乔氏来鹤堂刻《耆英会记》。泰州宫氏、高邮王氏也是主要私家刻印的主体。受清初考据学的影响,扬州家刻以校勘前代著述为主,张之洞言:"前代经史子集,苟其书流传自古,确有实用者,国朝必为表章疏释,精校重刻"[1],而且刻书"传先哲之精蕴,启后学之困蒙,亦利济之先务,积善之雅谈也"[2]。

另外私人刻版以曹寅、"二马"、秦恩复和江都陈氏四家最为精细。

曹寅以扬州诗局名义重刻私人藏书,这类书使用"楝亭藏本丙戌九月重刻于扬州使院"的牌记。根据潘天祯考证,曹寅私人刻书以扬州诗局名义刻的有十八种,即《楝亭藏书十二种》《曹楝亭五种》和单行本《隶续》,此外尚有《周易本义》《太平乐事》《楝亭集》《绿意词》等亦为扬州所刻[3]。

"二马":兄马曰琯(1687—1755),字秋玉,号嶰谷;弟马曰璐(1701—1761),字佩兮,号半槎,祁门人,侨居扬州业盐。他们刊刻的书籍多为当时与其交游的文人著作:朱彝尊《经义考》、阎若璩校《困学纪闻》、汪士慎《巢林集》、姚世钰《莲花庄集》,《焦山纪游集》《摄山游草》《沙河逸老小稿》(《嶰谷词》),"又刻许氏《说文》《玉篇》《广韵》《字鉴》等书"[4]。马曰琯同全祖望、厉鹗等人结"邗江吟社",诗稿由马曰琯出资刊刻,"诗成即发刻,三日内尚可改易重刻,出日遍送城中矣"[5]。马氏所刻书被称作"马版"。

---

[1]〔清〕张之洞编撰,范希曾补正:《书目答问补正》附录《国朝著述诸家姓名略》,中华书局2018年版,第285页。

[2]〔清〕张之洞编撰,范希曾补正:《书目答问补正》附录《劝刻书说》,第283页。

[3]潘天祯:《扬州诗局杂考》,《博物馆通讯》1983年第1期,第63—71页。

[4]〔清〕李斗著,陈文和点校:《扬州画舫录》卷四,第46页。

[5]〔清〕李斗著,陈文和点校:《扬州画舫录》卷八,第95页。

　　秦恩复(1760—1843),字近光,室名石研斋、享帚精舍,江都人。乾隆五十三年(1788)进士,曾参加《全唐文》的校勘。其父秦黉刻《封氏闻见记》,子秦崧刻《国初十六家精选》,祖孙三代都以石研斋名刻书。秦恩复刻《列子》《鬼谷子》《扬子法言》《词源》《精选名儒草堂诗余》《隶韵》《石研斋集》《李元宾集》《道藏目录详注》《奉天录》《吕衡州集》《享帚词》《骆宾王文集》等。秦氏版刻精美,时称"秦版"。

　　陈逢衡(1761—1831),字穆堂,号履长。家有藏书"十万余卷,与马氏玲珑山馆齐名",晚年著述《博物志考证》,"凡奇情异事,而核以庸言至理,旁推交通,无不毕贯"[1]。刻书多用裛露轩,校刻俱精,时称"陈版"。先后刻其父与自己著作:《协律钩玄》《汉诗统笺》《屈词精义》《竹书纪年集证》《逸周书补注》《读骚楼诗初集》《穆天子传注补正》《山海经汇说》等。

　　扬州刊刻有名的书籍,还有魏源的《海国图志》。《海国图志》初刻本于道光二十二年(1842)在扬州刊刻;道光二十七年(1847),该书增补为60卷,于扬州刊刻;咸丰二年(1852)《海国图志》最终本100卷在高邮刊刻。该书传入日本后被称作"枕中鸿宝"。

　　清代盛行精写上版,书稿由作者本人亲自书写或者聘请名家手书,康熙四十九年(1710)大涤堂刻本《画谱》由石涛亲自手写上版;郑燮的《板桥集》就是由他自己亲自书写,再由门人精刻而成;乾隆五十八年(1793),江藩以篆书手写精刻本《尚书集注音疏》;孔继镕《心向往斋诗文集》则是请当时的书法家吴让之手书上版[2]。在纸、墨的选用上也穷尽其能,以金农刻明墨宋纸印本最具代表。

　　金农(1687—1763),字寿门,号冬心先生,钱塘(今浙江杭州)人。晚年侨寓扬州。工诗文书画。清徐康《前尘梦影录》中对金农私家刻书描述:"旧藏冬心翁著作最备。其《自序》一卷,用宋纸、方程古墨,轻煤砑印,每半页四行,行二十余或十余字。丁钝丁手书精刻。古色古香,不下宋椠。虽在灯下读之,墨彩亦奕奕动人。余如《三体诗》《画竹》《画梅》《画马》《自写真

　　[1] 王锺翰点校:《清史列传》卷六九《儒林传下二·陈逢衡》,中华书局1987年版,第5604页。
　　[2] 扬州中国雕版印刷博物馆编著:《雕版印刷》,山东友谊出版社2013年版,第209、213、219页。

画佛》,共题记五种,皆以宋红筋罗笺研印。《诗集》《续集》《研铭》,用宣纸古墨印刷,皆墨笺作护,面狭的签条。所未见者,《自度曲》一卷而已。标亦见冬心翁用宋纸所著书,神似真宋,所差者墨色稍光亮耳。"[1]扬州市图书馆现收藏金农刻明墨宋纸印本《冬心先生三体诗》一部。乾隆三十年(1765)扬州余氏濡雪堂刻本《余先生诗钞》和道光十四年(1834)广陵聚好斋刻本《方南堂先生辍锻录》在版式字体上都对《冬心先生集》进行了模仿。

　　清代刻书中,插图开始增多,这与当时扬州集聚大量的画家有关。扬州博物馆现在还藏有赵之壁的《平山堂图志》整套版片,其中画版六十六块,刻有亭台楼阁、水石树木等等,线条峻美,生动再现当时平山堂景色。麟庆所著《鸿雪因缘图记》中的插画就是延请甘泉人陈淦绘制,图以配文,极具艺术性。

　　据王澄整理,扬州坊刻有:博古堂、文喜堂、善成堂、藤花榭、道盛堂、达安堂、文盛堂、海陵轩、广泽堂、书业堂、酉山堂、德成堂、一笑轩、艺古堂、同文堂、资善堂、奉孝轩、颂德轩、广陵墨香书屋、测海楼、醉经堂、抱青阁、文英堂、经义斋、秋声馆、二酉堂、广陵聚好斋、宝翰楼、朴存堂、墨宝斋、琅嬛书屋、维扬堂、受古书店、爱日堂、务本堂、文德堂、文成堂、顾礼堂、文富堂、敦仁堂、述古堂、文苑堂、梓文斋、集益堂、聚盛堂、倪文林斋、邗上文运堂、文奎堂、林敬堂、文雅堂、同善堂、刻鹄斋、述古斋等[2]。坊刻"郡中剞劂匠多刻诗词戏曲为利"[3],坊刻小说主要出现在嘉庆、道光时期。文盛堂嘉庆年间刻《全像东西汉演义》《通俗演义东西两晋志传》《飞跎全传》,测海楼嘉庆年间刻《画图缘平夷传》,一笑轩嘉庆十一年(1806)刻《新史奇观演义全传》、道光二十九年(1849)刻《云钟雁三闹太平庄全传》,艺古堂嘉庆二十一年(1816)刻《儒林外史》,博古堂嘉庆二十三年(1818)刻《绘图草木春秋演义》,集成堂嘉庆二十三年(1818)刻《今古传奇》、道光十二年(1832)刻《镜花缘》、光绪元年(1875)刻《常言道》,同文堂道光六年(1826)刻《雅观楼全传》,琅嬛书屋道光十二年(1832)刻《正德游江南》、咸丰二年(1852)刻

　　[1]〔清〕徐康撰,孙迎春点校:《前尘梦影录》卷上,中国美术学院出版社2000年版,第126页。
　　[2]王澄:《扬州刻书考》,广陵书社2003年版,第295—310页。
　　[3]〔清〕李斗著,陈文和点校:《扬州画舫录》卷一一,第140页。

《西游真诠》，二酉堂道光二十一年（1841）刻《双凤奇缘传》等。[1]

在扬州刻书中，医书也占有较大的比重。清代扬州刊刻最早的医书是康熙十七年（1678）江都史以甲的《伤寒正宗》，现藏中国医学科学院图书馆。郑氏秩斯堂刻《伤寒论条辨续注》《瘟疫论补注》《郑素圃先生医案五种》；乾隆七年（1742）韦氏寄闲堂刻《医学指南》；刘耀奎《轩辕逸典》；李天澄《瘦仙遗草》；方奇《修元大道》《伤寒析义》；赵术堂自刻《医学指归》《十二经络图象》；夏云《疫喉浅论》；张振鋆《厘正按摩要术》《述古斋幼科新书三种》；戈颂平《伤寒指归》《伤寒杂病论金匮指归》；顾世澄《疡医大全》《痘症定论》《喉科枕指》《瘟疫论补注》；包永泰《图注喉科枕指》；杨和自刻《燮堂医案》；鲍泰圻《鲍氏汇校医书四种》，其中道光八年（1828）刻本中的《急救仙方》，为木活字排印本，现藏南京图书馆。

清代末年，扬州刻书还刊刻大量的佛经，其中影响最大的是江北刻经处的妙空法师与弟子本贤法师。

妙空（1826—1880），俗名郑学川，字书海，江都县人。早年为诸生，"通经史大义，能文章"，从师红螺山瑞安法师学佛。同治五年（1866）出家，法名绪乘，号妙空。著有《弥陀经》《华严念佛图》等佛丛书四十八种。因痛惜明代万历年间的南藏经毁于太平天国之乱，与杨仁山（文会）、许灵虚（后出家为僧，法号贯如）等人筹划重刻经卷事宜。在南京北极阁创办金陵刻经处，之后又在江都砖桥创立江北刻经处，另于苏州、如皋、常熟、杭州等地创办刻经处。

江北刻经处的编印工作开始于同治七年（1868），妙空法师先后前往镇江、丹徒等地聘请刻字工匠，又奔波于武汉、衢州等地寻找南藏原版经书。光绪六年（1880）妙空法师圆寂后，所未竟刻经事业由其弟子本贤继承。

本贤（？—1911），俗名胡广礼，丹徒人，清末避兵祸至江都，协助妙空法师经营江北刻经处，妙空圆寂后，在清梵法师的帮助下，完成600卷《大般若经》，后续又进行诸多大部经书的刻印工作。光绪二十九年（1903），在原高旻寺住持朗月法师的资助下，修建藏版处，名法藏寺。在本贤的经营下，江

---

[1] 王清原等编纂：《小说书坊录》，北京图书馆出版社 2002 年版，第 56—78 页。

北刻经处处于鼎盛时期,有工匠40余人。

江北刻经处刊刻经书,一律高17厘米,宽12.5厘米,每页10行,每行20字,为仿宋体,经书写刻工整,装帧精美,在学术界、宗教界被称为"砖桥刻本"。

二、琢玉业

清代扬州的琢玉业十分发达,在全国的名气很大。扬州玉器生产主要是两淮盐政奉旨承办宫廷各色玉器制作任务,以小件玉器居多,但巨型山子玉器闻名于世。

清代宫廷玉器制作机构有京城内务府造办处的金玉作、如意馆,还有各地盐政、各地织造、各税关督。内务府造办处隶属于内务府,专门负责织造宫中家具器皿、金银玉铜等各色陈设。经过长期的发展,到乾隆二十三年(1758),造办处下辖匣作、漆作、灯作、花儿作、玉作、油木作坊等等二十八作、六十一行。康熙年间初设于养心殿,又称养心殿造办处。

康熙时,造办处的制玉作坊名玉作,主要负责宫中玉器的修补、改制等基础性工作,制作新玉器的数量较小,玉作设玉匠7名、镟宝匠1名、刻字匠19名,乾隆后改为金玉作。乾隆元年,玉作难以承担日趋加大的制作任务,开始新设如意馆,承接高层次的玉器制作,主要是负责玉石的分类定级、玉器画样、模件制作以及具体制作。乾隆六年,造办处又新设立启祥宫制作玉器,但是就现存档案来看,启祥宫的玉器制作数量不多,且兼其他材质物件的制作。

乾隆朝中期后,如意馆积压的玉活计越来越多,只得下旨将一部分玉器交由京外承做。京外的玉活制作,总共有八处,分属三大体系,属于织造局的有苏州织造、杭州织造、江宁织造,属于盐政的有两淮盐政、长芦盐政,属于税关的有九江关、凤阳关、淮安关。选择这八处的原因,一是南方玉匠手艺好;二是这八处掌管清代税务主要来源,苏州、杭州、江宁三处织造除负责织造上用各色绸缎外,还分别监管浒墅、西新、北新三处税关,方便动支购买玉料、制作玉器的费用;第三,这八处全部由内务府出身的官员担任,是皇帝的亲信,更能体察圣意,制作出符合乾隆皇帝喜好的玉器。

两淮盐政承做玉器较其他地方开始略迟,据现有公布的造办处档案来看,两淮盐政正式开始承作玉器的时间是乾隆二十五年(1760)三月,"奉旨周处斩蛟木样一件,玉靶碗一件,俱交两淮盐政高恒照样准做"[1]。玉器尚未做好,五月,扬州又承接三件青白玉双管瓶、一件青玉碗和一件青玉双面回回字斧佩五件玉器的制作任务,并要求玉器上加刻"大清乾隆仿古""乾隆年制"的款号。

　　然而扬州的优势在于工期短且花费较少,两淮盐政首次承办的巨型玉山子《秋山行旅图》制作就是胜在工期较短,为扬州玉工赢下声誉。乾隆三十一年(1766)十一月十三日,《秋山行旅图》玉山子由内务府造办处开始制作,工匠进行了6个月的白班和4个月的夜班,只完成了百分之二十,乾隆帝觉得太慢。此时,造办处官员通武向乾隆建议:"每日用石匠二十四名,连冬令夜工成做,约于明年四月间糙坯可得。"不但要增加人数,还要经历6个月白天带夜赶工,才仅得到粗坯。而如意馆玉匠邹景德则建议在外雇匠人做,昼夜赶工,约五六年可以完工。造办处的官员进一步给出在外琢玉的选择,提供了两个方案,并给出相关实例:"查苏州做过《大青玉回回进宝》一件,共做过五年零八个月,实销工料银一千九百六十一两零。扬州做过《青白玉回回进玉》一件,共做过二年零一个月,实销工料银一百九十四两零。活计虽不似《秋山图》,其钱粮不至如此之多。未敢擅定。可否交苏州或交两淮成做之处?"最后乾隆下旨:"着交两淮成做。"[2]

　　虽然《秋山行旅图》最后完工的时间不可知,但是乾隆三十五年(1770),乾隆帝曾赋诗赞咏,可推断此玉山子最晚完成时间在乾隆三十五年,即使是这样,也比玉匠邹景德预计的时间还要短两三年。由于这次承做得又快又好,此后每有巨型玉雕需要制作,乾隆皇帝都会命令交两淮盐政承办。文中提到扬州做过的《青白玉回回进宝》大型玉器,根据造办处档案查询,应当是乾隆二十五年(1760)三月二十七日两淮盐政奉旨承办的玉陈设,而两淮盐政承办的第一批宫廷玉雕中的《周处斩蛟》也是用大玉材雕制而成。

---

　　[1]　中国第一历史档案馆、香港中文大学文物馆合编:《清宫内务府造办处档案总汇》第25册,人民出版社2005年版,第548页。

　　[2]　中国第一历史档案馆、香港中文大学文物馆合编:《清宫内务府造办处档案总汇》第30册,第332页。

　　玉局设在两淮盐政行署内,玉局设立的具体时间不可考,但中国第一历史档案馆中存有一份乾隆三十五年(1770)五月初九日《奏报移交两淮盐政印信及查验装修玉活工次事》的奏折,在这份奏折中,两淮盐政萨载提到:"至奉发玉活系在盐政署内集匠成做"[1],接任萨载的李质颖在五月二十六日的奏折中亦提及"其玉局即在奴才署中,早晚俱可亲身查察,就便与之讲究玉质之高下,做法之工拙,亦可稍增识见"[2]。

　　建隆寺是两淮承办清宫玉器的另一处。《云龙玉瓮》(亦称《九龙玉瓮》)和《大禹治水》玉山就是在此制作的。建隆寺在"郡城北里许,寿宁街安大坊前"[3],两淮盐政选址建隆寺作为承办玉雕之处,是因为"见寺内房屋宽畅,用为办公之所"。这里的办公说的就是《云龙玉瓮》和《大禹治水》两件大型玉器。选址建隆寺还有一个原因,建隆寺临近扬州拱宸门,水运便捷,市河"一从新城拱宸门水关至挹江门水关,出针桥而接运河"[4],运送大玉料的船只可由运河直接抵达,即可卸载,比运至城内的两淮盐政衙署更为便利。此后几十年,建隆寺都作为承接内廷造办之所,"乾隆五十五年,办高宗纯皇帝万寿庆典物件……嘉庆二十三年,办仁宗睿皇帝宝座,并五百玉罗汉屏风、鸾扇、贡灯等物"[5]。

　　在两淮盐政承办的玉器中,最具有特色的是大型玉山子的制作。玉山子是玉雕中的一个品种,一般认为,玉山子的制作是宋代玉工受宋真宗"诏辅臣观粟于后苑御山子"[6]的启发,以玉雕刻的山林景观。清代玉山子的雕琢受"四王"画风的影响很大,巧妙利用玉石本身色差,营造整个玉雕错落

　　[1]　中国第一历史档案馆、香港中文大学文物馆合编:《清宫内务府造办处档案总汇》第8册,第4905页。

　　[2]　乾隆三十五年五月二十六日,《奏为将两淮交作玉活现在成数及所定完工期限开单呈览事》,中国第一历史档案馆、扬州市档案馆编:《清宫扬州御档》第8册,第4907页。

　　[3]　〔清〕释昌立纂辑:《建隆寺志略》卷一《全图》,白化文、张智主编:《中国佛寺志丛刊》第54册,广陵书社2006年版,第34页。

　　[4]　〔清〕李斗著,陈文和点校:《扬州画舫录》卷一,第9页。

　　[5]　〔清〕释昌立纂辑:《建隆寺志略》卷一○《纪事》,白化文、张智主编:《中国佛寺志丛刊》第54册,第284页。

　　[6]　〔元〕脱脱等:《宋史》卷一一三《志第六十六·礼十六·嘉礼四》,中华书局1977年版,第2692页。

有致、层次分明的布局,古朴庄重,具有非常强烈的艺术感染力。除了《秋山行旅图》,《云龙玉瓮》《丹台春晓》《大禹治水》《会昌九老图》和《海马》五件大型玉山子也是由两淮盐政承办完成的。

清宫造办处档案中有数份关于大型玉器《云龙玉瓮》制作的奏折,这些奏折清楚地再现两淮盐政玉局制作大型玉山子的过程。

一般先由如意馆的匠人按皇帝确定的题材画好图样,交由皇帝审定,"此于(乾隆四十一年四月)二十九日画得玉瓮纸样一张……呈览",在得到乾隆帝的同意后,再做成木样或蜡样,连同玉料发往两淮盐政,再由玉匠依原样琢磨。有时如意馆的玉匠会事先在玉料上用笔墨画出线条,俗称划活,线条一般分墨道和粉道两种。之后将图纸、木样以及划活后的玉料送至各处。也有京外八处先制作木样,送至京,得到皇帝许可后,再制作玉器。乾隆四十二年三月二十九日,副都统金辉将两淮盐政寅著送到的雕云龙木样持进呈览,乾隆帝对木样表示满意,"其玉瓮照样准做。玉瓮木样外面做金漆,里子做红漆,得时送来供佛用"。在玉器制作的过程中,会发生剩余玉料再利用的情况,又需要经过奏报、制作木样、呈送、准做等程序,在将大玉交与两淮盐政承做之时,乾隆帝就已经做出指示:"将钻心并回残不必送京,即着伊龄阿顺便送交苏州织造舒文约做宴上盘碗钟碟瓶等件","其发往两淮大玉瓮钻心回残成做盘碗等件木样物将尺寸明白发给。着伊按样办理"。次年二月,乾隆帝又命副都统金辉传旨,命寅著将从大玉上取下的钻心送京。三月,寅著奏报剩余玉料制作器物情况,"回残玉一块,重一百七十七斤,约做瓶一对,上画墨道;经过六寸,长九寸,钻心一个,约做碗四件;经过三寸八分,长九寸五分,小钻心一个;经过二寸六分,长八寸,小钻心二个"。乾隆帝即命:"不必做瓶,着交广储司。钻心大小四件交如意馆,挑选应做何物,画样呈览。不堪用者收贮。"[1]为保障沟通,各织造、盐政、税关负责人会在京城设"坐京家人",专门负责与内务府呈递相关折片、木样、玉料、玉器传送事宜。玉器做成后,图纸、木样以及剩下的玉料都要交还造办处。

---

[1] 中国第一历史档案馆、香港中文大学文物馆合编:《清宫内务府造办处档案总汇》第 39 册,第 529、530、532、540、541 页。

　　随着清宫对两淮盐政不断地加派玉器制作数量,两淮盐政制玉的规模也逐步扩大。乾隆二十五年(1760)两淮盐政仅承办 17 件宫廷玉器,到乾隆四十二年(1777),两淮盐政一次就承办 33 件玉器,并同时进行《云龙玉瓮》和《丹台春晓》两件大型玉器的琢制。

　　供应两淮盐政玉料制作的费用一开始由内务府出资,但在活计数量不断增加的情况下,此后玉器制作的费用就基本上由两淮盐政项下支取。乾隆中期,一些玉器制作的费用更是由商人支付。乾隆三十五年(1770),内务府对乾隆三十三年(1768)两淮盐政尤拔世承办的玉器数量和开支费用进行逐件估对价值,查出应核减银五千五百余两;乾隆四十九年(1784)两淮盐商江春状告前盐政伊龄阿拖欠商人购玉款六十万两[1]。

　　杨伯达通过对故宫博物院收藏的清代玉器和《内务府养心殿造办处成做活计清档》中的相关记载加以鉴定,概括清代扬州玉工特点:凡镌刻大“乾隆年制”阴镌篆书款的宫廷玉器,多为两淮盐政玉作所制;两淮盐政玉作所雕玉器上的螭虎饰具有西汉滚螭的特点,这是造办处玉作、苏州玉作和其他地方所没有的;两淮盐政玉作所制陈设用玉器皿,在器型处理上往往互相参用或移花接木,新样层出不穷,在底足上也喜欢用平底或上凹底,与内作、苏作不同;玉器上的图案往往采用综合、折中的手法,组成大卷叶莲、莨苕科多歧叶等新型图案;玉器碾琢并用多种工艺,一件器物图案往往应用阴刻、阳刻、双勾、坡削、减地、平凸、剔地、隐起、起突以及镂镂等多种工艺,乾隆中晚期擅长使用“减地平凸内隐起勾钑碾琢法”;一件玉器并用二三色玉料;玉器的座、垫、支架除用硬木、玉制作之外,还用掐丝珐琅或錾胎珐琅等珐琅工艺制造;扬州承办的大型玉山工艺较为独特。[2]

　　随着两淮盐政大量承办宫廷玉器制作,扬州民间玉器琢制业也获得了相当的发展。但有关扬州民间琢玉业的材料较少,乾隆四十三年(1778)十一月,盐政伊龄阿提及年初在淮安关任上着家人在扬州玉行买玉一事,可以间接反映乾隆朝后期扬州玉器制作、玉料买卖的盛况,奏折中提及,“惟王宝

　　[1] 乾隆四十九年六月初四日,《谕令闵鹗元查办库项事》,中国第一历史档案馆、扬州市档案馆编:《清宫扬州御档》第 9 册,第 6330 页。
　　[2] 杨伯达:《清代扬州玉器撷要》,《文物天地》2005 年第 10 期。

玉行内有玉料二块,重二百四十余斤……遂于月二十八日,着家人闵东篱照价认买,现在令匠成做,尚未讫工"[1]。

三、香粉及其他手工业

相比较官营手工业,扬州民间手工业最有名气的是香粉业。清代扬州香粉已名扬天下,当时民间甚至有"苏州胭脂扬州香粉"的俗语。李斗在《扬州画舫录》中自豪地说道:"天下香料,莫如扬州。戴春林为上,张元书次之。迁地遂不能为良,水土所宜,人力莫能强也。"[2]

戴春林是现知最早的扬州香粉店,虽创立于明崇祯年间,但真正流行还是在清代。戴春林所卖香料和桂花油,采用的苏式制香工艺,制作极为精良,"戴春林香铺相传开自前明,其来已久,货亦最佳。所卖桂花油及一切香料,虽皆取之于苏,而法苏极精。安息香尤妙,香中细篾先埋土中三年,然后取出削制,以此焚香时绝少灰煤,亦无竹气"[3]。一直到清末,戴春林都独占扬州香粉业鳌头。

之后,张元书香铺逐渐兴起。张元书香铺得益于江畹香,江在任山东巡抚时主持乡试,曾在张元书香铺定制香料,香料都制成汉瓦、圭、璧等形状,分发给每一位参加考试的学子,后来这种香料被士子所追捧,得名"状元香"。

嘉庆、道光年间,薛天赐香铺崛起,其香粉行销京城,被称为京货。随后兴起的是创建于道光十年(1830)的谢馥春。谢馥春店址最先在扬州下铺街,后迁到徐凝门外码头,咸丰三年(1853)太平军攻占扬州后,谢馥春家第二代传人谢怀在仙女镇重新挂起谢馥春招牌,后又在仙女镇西头开设分店。同治三年(1864),战乱结束,谢怀重新回到扬州,在辕门桥开设店址,后在瓦匠营即今东关街谢家巷开辟作坊,这就是如今谢馥春化妆品有限公司所在地。

谢馥春的创始人谢宏业将香粉与中药巧妙结合,并根据时令选用各色鲜花制成香粉,从而形成自己的风格。在用料上,谢馥春除了选用广东铅粉,

---

[1] 中国第一历史档案馆、扬州市档案馆编:《清宫扬州御档》第9册,第5782页。

[2] 〔清〕李斗著,陈文和点校:《扬州画舫录》卷九,第103页。

[3] 〔清〕孙兆溎辑:《片玉山房花笺录》,转引自铢庵:《人物风俗制度丛谈》,上海书店1988年版,第31页。

还请邵伯糊粉坊专门为自己加工石粉、豆粉和米粉。在工艺上,谢馥春不断推进新的制粉工艺,最先采用鲜花熏染和冰片定香的工艺,鲜花熏染是用银皮纸将鲜花包好,放置在湖粉中,再用银边纸将湖粉包裹起来,放置在覆有金丝网不见明火的炉子上,不断翻覆,促使湖粉吸收花香;冰麝定香,即采用麝香和冰片作为香料,以达到恒定香源、持久留香的目的。随着香精传入我国,谢馥春又及时改进工艺,用香精取代以前的老工艺。在产品种类上,谢馥春不断推出新产品,以适应更广大的市场。如推出适合藏族的藏香,适合伊斯兰教的白芸棒香,还为文人提供适合文雅珮玩的香件。在梳头油方面,谢馥春改变戴春林、薛天锡只有桂花油一种头油的做法,利用中药材制作成冰麝油,既能乌发润发,又可以消炎止痒,深受大众欢迎。在产品包装上,谢馥春也积极地推陈出新,依照不同的消费者背景制定出漆盒、锡盒、锦盒、缎面绒里、纸盒等不同包装,盒子形状除鹅蛋形外还有方形、圆形、海棠形,在盒面还绘有龙凤图案。[1]这一系列的推陈出新,使得谢馥春迅速成为扬州最有名的香粉店。

扬州香粉名满天下,也催生大量冒牌的字号,对香粉业造成极大的损害,《扬州竹枝词》中"真伪混淆难辨认,钞关无数戴春林"的诗句就描述了当时伪造戴春林的现象。即使是当时一枝独秀的谢馥春也遭受到仿冒品的冲击,继而引发出一桩商标官司。谢馥春为了防止假冒设计出象征五路财神、大吉大利的"五桶"商标。但是依旧阻止不了仿冒品,继而在民国初年引发商标官司。

扬州香粉在清代畅销全国的原因,清人金安清总结认为:"著名老店,如扬州之戴春林、苏州之孙春阳、嘉善之吴鼎盛、京城之王麻子、杭州之张小泉,皆天下所知……同一货也,何以一家独擅?非有秘授之法,特格外认真耳。在他人皆求速化,不欲费心力于一二十年后,故终于无成。然此各家,得名之始亦只循'诚理'二字为之,遂食其报于一二百年。子孙亦世守其法,莫敢懈忽。"[2]

---

[1] 以上资料来源于谢馥春化妆品有限公司。

[2] 〔清〕欧阳兆熊、金安清撰,谢兴尧点校:《水窗春呓》卷下《四远驰名》,第60—61页。

漆器也是扬州有名的手工业。近三十年,扬州市郊出土了各类汉代漆器,其中以彩绘漆器最为发达,漆器造型、纹饰极为精美,可见当时扬州的漆器生产已经达到相当的规模。唐代,漆器就被列为扬州贡品之一,唐乾符六年(879),扬州盐铁转运使高骈一次就进贡漆器15935件。到了清代,扬州漆器依旧是本地重要的产业,城内数条街巷与漆器业有关。

扬州漆器品种繁多,有雕漆、嵌螺钿、洋漆、堆漆、添漆等等,不仅恢复宋元已失传的漆砂砚制作,还发展雕漆嵌玉的新品种。清代,扬州漆器作为贡品,时常出现在两淮盐政进呈单上,仅乾隆三十六年(1771)十一月初八日一次,两淮盐政就进有19种漆器:彩漆螺钿龙福祥云屏风成座、彩漆螺钿龙福祥云宝座成尊、彩漆螺钿龙福祥云宝床成座、彩漆螺钿龙福祥云御案成座、彩漆螺钿龙福祥云天香几成对、彩漆螺钿龙福祥云几成座、彩漆螺钿龙福祥云琴桌成对、彩漆螺钿龙福祥云绣墩四对、彩漆螺钿龙福祥云鸾翎正扇成对、紫檀周铸装箱成对、云母嵌漆装箱成对、洋漆描花装箱成对、雕漆满花装箱成对、周铸花果捧盒成对、螺钿夔纹捧盒成对、填漆洋花捧盒成对、螺钿桂花捧盒成对、彩漆花卉捧盒成对、宝漆嵌花捧盒成对等。[1]乾隆三十四年(1769)三月二十二日,圆明园内花神庙需雕各色花卉彩漆供桌一张,乾隆皇帝就以“如京内做不免糙,交扬州做”[2]做出指派,由此可见,扬州漆器制作精良,深受乾隆的喜爱。

雕漆是在漆面上雕刻纹饰的漆器,按漆色分剔红、剔黄、剔彩等等,以剔红为主,雕工较明代更细,磨工更佳。清代扬州留有姓名的雕漆制作大师有卢映之、卢葵生祖孙和记载于《扬州画舫录》中的王国琛以及只留姓氏的“夏漆工”,其中以卢葵生最为有名。卢葵生(?—1850),名栋。祖父卢映之,乾隆年间人,以仿制漆砂砚闻名。父亲卢荫之,精于制作漆器。卢葵生承其家业,“遂名天下,少与张老姜缪学画于张沧州。笔墨高古,非时流所可企

[1]　转引扬州市工艺美术工业局编:《扬州工艺美术志》,江苏科学技术出版社1993年版,第208页。

[2]　中国第一历史档案馆、香港中文大学文物馆合编:《清宫内务府造办处档案总汇》第32册,第617页。

及,惜为漆工"[1]。时人对卢葵生制作的漆器评价颇高:"雕漆亦宋人旧制,扬州卢葵生家制果盒极工。诗云:不羡前朝果园厂,扬州刻手说卢家。"[2]这里的前朝果园厂说的是明代御用漆器作坊,代表着明代漆器工艺的最高水平。这或许有些夸大的成分,但亦反映卢葵生制作的漆器品质精良。《骨董琐记》中还记载,日本人对卢葵生制作的漆器极度追捧,导致价格奇高的逸闻。扬州博物馆现藏有一件留有卢葵生款的漆器残件,雕刻极为精细。张燕曾经以卢葵生传世漆器为实例,总结卢葵生漆器风格:胎骨多为木胎,与传说中以绸为胎不同;以小件漆器为主;漆色以黑、暗色系为主,诸如黑、灰黑、赭色、暗紫、暗绿;漆器整体古朴暗雅;漆器喜镌刻诗书画印。[3]

乾隆时,夏漆工"善古漆器,有剔红、填漆两种。以金银铁木为胎,朱漆三十六次,镂以细锦。合有蔗段、蒸饼、河西、三撞、两撞诸式,盘有方圆八角、绦环四角、牡丹花瓣诸式,匣有长方、两三撞诸式,呼为雕漆器"[4]。

螺钿镶嵌漆器是精选河蚌、云母等贝壳为原料,打磨成薄片后,用于拼贴、镶嵌于漆坯上,做成人物、花鸟草虫、亭台楼阁等纹饰,再上髹,推光而成。螺钿镶嵌分为硬螺钿和软螺钿,以软螺钿更为名贵。软螺钿又称薄螺钿,即把螺钿片磨制如蝉翼般细薄,切割成丝、点状,用特制工具点嵌在漆器上,因此又被称作点螺。为明末清初扬州漆器大师江千里所创,到清代康熙年间,点螺已在扬州较为流行,"又有江秋水(千里)者,以螺钿嵌器皿最精巧工细,席间无不用之。时有一联云:杯盘处处江秋水,卷轴家家查二瞻"[5]。乾隆年间,以金姓最为有名。道光后,软螺钿工艺失传。硬螺钿又分凸嵌和平磨两种。

洋漆,主要以锡作胎,加杂色洋漆,"做成各样半瓶式挂壁,插花为最佳,

[1]钱祥保修,桂邦杰等纂:《〔民国〕江都县续志》卷二六《列传第八》,《中国地方志集成·江苏府县志辑》第67册,第765页。

[2]〔清〕陈文述:《画林新咏》,道光七年(1827)刻本。

[3]张燕:《扬州漆器史》,江苏科学技术出版社1995年版,第109—112页。

[4]〔清〕李斗著,陈文和点校:《扬州画舫录》卷九,第105页。

[5]〔清〕阿克当阿监修,〔清〕姚文田等纂:《〔嘉庆〕重修扬州府志》卷七二《杂志二》,卢桂平主编:《扬州文库》第1辑第8册,第1432页。

扬州驰名"[1]。漆砂砚,是一种细金刚砂调和适度的色漆,髹涂于木质砚上制成,宋代宣和年间后,此工艺失传,清代,漆工卢映之仿造而成,随后"业此者遂众,凡文房诸事无不以漆沙为之,制造既良,雕刻山水花鸟金石之文悉臻妍巧"[2]。晚清时,漆砂砚再度失传。

扬州最有名的漆器品种当属百宝镶嵌,为明末扬州漆器制作大师周翥所创,因此又被称作周制。百宝嵌多与紫檀、红木(扬州喜称海梅)相结合,多作为贡品进奉宫中。清代笔记《履园丛话》中记载嘉庆二十二年(1817)两淮盐政承办圆明园接秀山房漆器陈设制造一事,"又多宝架三座,高一丈二尺;地罩三座,高一丈二尺。俱用周制,其花样又有曰万寿长春、曰九秋同庆、曰福增贵子、曰寿献兰孙诸名色,皆上所亲颁"[3]。乾隆时,又出现雕漆嵌玉的新品种。百宝嵌则因用材过于靡费,被骨石镶嵌所取代,仍沿袭周制的称谓。

鸦片战争后,扬州漆器业逐渐萧条,点螺、漆砂砚、檀梨螺钿硬嵌等名贵制作工艺相继失传。同治至光绪年间,漆器生产销售稍有回升,浅刻盛行一时。清末民国初,扬州漆器年销售值约银二三万,以梁福盛号所产漆器最精,产量占扬州漆器总产量的一半。梁福盛号创建于清代中叶,同治年间由梁体才经营,店址在辕门桥牌楼口(今国庆路72号),作坊在店后(今参府街大升平巷内)。光绪至民国年间工人有300余人,年产漆器1万件左右。[4]

扬州的制花业也比较发达,有通草花、绒花、绢蜡花等等,是当时全国重要的制花中心。《扬州画舫录》中记载当时重宁寺内的佛像就是用的通草花、纸花等进行装饰。乾隆年间两淮盐政伊龄阿、普福就先后进贡大量象生花挂屏、象生草虫、象生花。清代,扬州具体的花店作坊难以稽考,当时主要集中在辕门桥,现尚可知的绒花店作有万花春、吉祥春、陈盛斋、方益泰、陈少记、杨源茂等,以创办于嘉庆五年(1800)的万花春花店最为有名,宣统三年(1911)最盛

[1]〔清〕林苏门撰,刘永明点校:《邗江三百吟》,第39页。

[2]〔清〕叶名澧:《桥西杂记》,商务印书馆1936年版,第8页。

[3]〔清〕钱泳:《履园丛话》卷上《丛话十二·艺能》,沈云龙主编:《近代中国史料丛刊续编》第82辑,台北文海出版社1981年版,第322—323页。

[4]扬州市工艺美术工业局编:《扬州工艺美术志》,第21—23页。

时,全年销售量达 120 万枝。至清末,扬州绒花店尚多达 50 余家。[1]

其他行业如制灯业技艺也比较精湛,康熙时著名的扬州制灯匠人钮元卿善制各式料丝灯,料丝灯是灯彩的一个种类,《扬州画舫录》中有介绍:"以线系之,于线孔中纳萤,其式方、圆、六角、八角及画舫、宝塔之属。"[2]又被称为火萤虫灯。孔尚任曾作《钮灯行》描述钮元卿制作的彩灯在扬州放灯时的盛况:"北风卷雪压江岸,扬州箫鼓雪中断。寂寞春灯向佛开,客来闲坐灯前玩。此灯制出钮元卿,丝丝琉璃织屏幔。人马禽鱼百花丛,间以锦文分十段。红蜡遍点透精光,色色活跳来几案。名家新样世才兴,毕竟不同君细看。琉璃宝料产青州,土人质蠢解烧锻。作器大率儿童嬉,混沌风气未全判。一到江南货可居,顿使楼台增灿烂。家家仿样娱时人,谁知钮氏年年换。好奇偏是广陵商,新胜街头仰面赞。呜呼人巧终何穷,客去灯残发三叹。"[3]长春巷路南河房"多以租灯为业,凡湖上灯船,皆取资于此,一灯八钱"[4]。乾隆十九年(1754)十二月十六日,两淮盐政吉庆就曾经进贡皇宫"紫檀湘竹玻璃六合同春灯十对,紫檀湘竹画绢海屋添筹灯五对,紫檀湘竹搊纱八方拱祝灯五对,紫檀明角一统长春灯五对,紫檀搊纱福寿双全灯五对,紫檀湘竹刻丝四海升平戳灯二对,紫檀湘竹搊纱平安如意戳灯二对,紫檀画绢万事如意戳灯二对"[5]。除了进贡,清宫也会命两淮盐政承做一批新灯,乾隆四十二年(1777)三月初八日,乾隆皇帝下旨交两淮制新灯十二对,其中分拨昭仁殿二对、漱芳斋三对、斋宫一对、无尽意轩二对、西洋水法一对、映晴斋一对、长春仙馆十对、藻园三对、万寿山玉兰堂一对、狮子林八对。"每年交两淮、淮关、凤阳关、长芦、九江关等处见新之灯,俱查明。伺候呈览,交该处见新。算伊灯贡呈进。"[6]

---

[1] 扬州市工艺美术工业局编:《扬州工艺美术志》,第58页。

[2] 〔清〕李斗著,陈文和点校:《扬州画舫录》卷一一,第140页。

[3] 〔清〕孔尚任:《湖海集》卷四,古典文学出版社1957年版,第61页。

[4] 〔清〕李斗著,陈文和点校:《扬州画舫录》卷六,第73页。

[5] 中国第一历史档案馆、香港中文大学文物馆合编:《清宫内务府造办处档案总汇》第20册,第675页。

[6] 中国第一历史档案馆、香港中文大学文物馆合编:《清宫内务府造办处档案总汇》第41册,第374页。

其他诸如织染业、皮业、竹器制作、手工雕刻在扬州也有一定的规模,但是这些手工业无论是在规模还是地位上都无法与玉雕、雕版印刷业相比,也达不到香粉、漆器在全国的知名度。

四、扬州手工业的特点

首先,清代扬州官营手工业远远超过民间手工业。受地理环境的影响,扬州本地粮食供给都难以为继,农副产品、经济作物种植就更少,不可能如苏松湖嘉走"原料—加工"的家庭生产模式,继而也形成不了相对应的手工行业。另外扬州官营手工业所需的原材料诸如玉石、纸张、木材以及从业人员皆主要靠外地,这些手工业产品主要由统治者喜好形成,完全不考虑市场需求,所有费用都由国家财政支持,制造时往往只求奢侈精美,亦不考虑生产成本,更不用考虑营业利润,这种生产方式是民间手工业所达不到的。但是这种经营模式为扬州琢玉、雕刻等工艺的迅速提高、人才的培养奠定了坚实的基础。清代,扬州作为漕船北上第一节点,是两淮盐业中心,是南北贸易中心,人员来往密集。孔尚任就感叹道:"广陵为天下人士之大逆旅,凡怀才抱艺者,莫不寓居广陵,盖如百工之居肆焉。"[1]

但是可以看到,一旦相关原料短缺,新技术产生,官营手工业的优势便不复存在。嘉庆四年(1799)正月二十日,嘉庆皇帝在上谕中明确划定玉器不在进贡范围,"所有如意、玉、铜、瓷、书画、挂屏、插屏等物,嗣后概不许呈进。……至各省盐政、织造、关差等,并无地方理民之责,其应交盈余银两,现令户部查明,方拟酌减,伊等办公更可裕如",并规定,"诸臣等有将所禁之物呈进者,即以违制论,决不稍贷"。[2]此后扬州再未承办宫廷大型玉器,两淮承办的玉器数量也逐渐减少。道光三年(1823),两淮盐政曾燠奏报嘉庆二十一年(1816)至嘉庆二十五年(1820),"丙子纲缴过玉活计五件,丁丑纲缴过玉活计四件,戊寅纲缴过玉活计五件,己卯纲缴过玉活计五件,庚辰纲缴过玉活计四件"[3]。其后,每年玉贡银也全部裁革。作为宫廷玉器承办地点

---

[1]〔清〕孔尚任:《湖海集》卷一二,第274页。

[2]《仁宗睿皇帝实录》卷三七,《清实录》第28册,中华书局1986年版,第427—428页。

[3] 道光三年九月十七日,《奏报丙子等纲交办玉活计用过工价及余银数目事》,中国第一历史档案馆、扬州市档案馆编:《清宫扬州御档》第14册,第9904页。

之一的建隆寺,原有两淮盐政下拨的"月给之项"[1],道光年间也因此裁去。随着玉料日渐短缺,扬州只生产小件玉雕。特别是道光十一年(1831),陶澍盐法改制后,扬州盐商集体迅速衰落,诸如琢玉、刻书等相对奢侈性消费的群体解散,山子雕逐渐失传。到民国期间,玉器中的立雕产品已经不再生产。而随着现代西方先进的印刷技术传入,雕版刻书业也不再适应社会需求,逐渐被市场淘汰。相关从业人员也随之离开扬州,去他处谋生。

其次,清代扬州官营手工业并未带动地方同类民间手工业的发展。清代扬州官营手工业所制造的产品与百姓日用几乎没有任何关系,不可能如周边金陵官营丝织业般可以推动当地私营纺织业的发展。清代扬州私人刻书活动十分频繁,但多为私家刻书,只供自己留存,很少进入市场,书坊并不发达。且扬州处于全国另两大刻书中心金陵、杭州的中间位置,市场行销范围高度重合,难以发展,因此扬州的杭集虽有许多人世代以雕版印刷为业,但大多在外地从业。

最后,清代扬州的手工业以消费性为主。清代扬州手工业发展的行业与当时扬州作为东南经济中心的地位有关,与扬州作为高度消费型城市有关。消费型城市的经济主要由丰富的消费产品和强大的消费需求所支撑,不仅通过消费来拉动本地城市经济,还带动周边城镇的发展。但是在当时的条件下,消费型城市难以进一步发展,一旦国家政策、统治者喜好发生变化,整个城市的性质便发生根本性的改变,相关手工业便迅速衰退。

晚清盐法改制、漕运废除后,扬州的手工业受到极大的冲击,从业人员大量流失。但即使是这样,相关特色手工业在扬州一直延续至今。

第六节 清代扬州城乡经济

扬州作为一个以盐业为中心的城市,是一个典型的消费型城市,"吾扬新、旧两城,四方所称繁华地,而小东门外市肆稠密,居奇百货之所出,繁华

---

[1]〔清〕释昌立纂辑:《建隆寺志略》卷一〇《纪事》,白化文、张智主编:《中国佛寺志丛刊》第54册,第285页。

又甲两城,寸土拟于金云"[1],多子街"两畔皆缎铺",翠花街"皆珠翠首饰铺
也",钞关街"两畔多名肆",小东门街多食肆。扬州城市商业贸易十分繁
华,但周边县市的经济较差,多属传统型市镇,为水陆交通要道,例如西山陈
家集,设有巡检司,为通往天长、六合的要道,"商贾辐辏,人呼之为小扬州";
黄珏镇"居人稠密,市鳞次,与江都东诸镇相等",其余"贸易较胜者,惟瀔潼
与瓜洲已耳。东之瀔潼,河面较阔,上下货无误期,故能为稻麦集中地。瓜
洲为江北内河门户,输转百货,往来如织"[2]。

由于扬州为水陆交通之要道,又是两淮盐政衙门所在地,外来人口十分
地庞大,"土著较游寓二十之一"[3]。清代在扬州经营的商人大多为外地人,
扬州的典业几乎为徽商所垄断,"质库无土著人,土著人为之即十年不赎不
许易质物乃令。新安诸贾擅其利,坐得子钱,诚不可解"[4]。康熙初年,泰兴县
尚属扬州管辖,当时"质库多新安贾人为之,邑内五城门及各镇皆有"[5],这
里的新安就是徽州的旧称。除了典当业,扬州的粮食、木材、炭皆由湖广而
来的客商贩运。

除富商大贾外,扬州从事小商业的也不在少数,扬州西山一带种稻者极
多,稻米成熟时,"集中有专为人家看稻为业者"[6];黄金坝鱼市,下买卖街南
河房多以租灯为业,卖开水茶炉的妇女,修脚剃头借以糊口者甚众。

一、漕运与扬州城市发展

扬州地处大运河和长江的交汇处,除山东以外有漕各省"漕艘贡篚岁至

[1]〔清〕陈霆发:《张印宣柘园记》,〔清〕焦循辑,许卫平点校:《扬州足征录》,广陵书社2004
年版,第444页。

[2]徐谦芳著,蒋孝达、陈文和校点:《扬州风土记略》卷上,第4页。

[3]〔清〕雷应元纂修:《〔康熙三年〕扬州府志·原序》,卢桂平主编:《扬州文库》第1辑第2册,
第15页。

[4]〔清〕雷应元纂修:《〔康熙三年〕扬州府志》卷二〇《风物志》,卢桂平主编:《扬州文库》第
1辑第2册,第420页。

[5]〔清〕钱见龙等纂修:《〔康熙〕泰兴县志》卷一《风俗》,转引张海鹏、王廷元主编:《明清徽
商资料选编》,黄山书社1985年版,第160页。

[6]〔清〕林溥撰,刘永明点校:《扬州西山小志》,第32页。

京师者,必于此焉"[1],与漕运重镇淮安相比,漕运对扬州的影响没有盐业那么明显。从漕运本身来说,两淮盐运司承担上报各省漕船过扬数量、催船北上以及稽查南回漕船夹带的任务。清代,漕船运粮北上被称为重运,抵达通州后空船而回谓回空。每到漕船重运的月份,地方官吏都要向皇帝上报漕船过扬州的情况,康熙五十一年(1712)三月二十六日、四月二十二日、五月十六日李煦先后向康熙皇帝奏报漕船过扬船只数目。

　　漕运对扬州这座城市的影响,更多的是反映在漕运和商品经济之间的相互关系上,与运道相辅相成的关系上,良好的水道交通,往来的漕船,加快各地商品流转,进一步促进了扬州商品经济的发展。

　　每年北上重运,南下回空漕船携带商品,这部分的流通量是相当惊人的。漕船所附带的商货被称为随船土宜,其中一定数量是可以免税的,用以解决运丁运费,明代对携带土宜有严格的规定,多带要罚没入官。清代虽沿袭明制,但是对漕船携带土宜的数量不断放松。康熙二十二年(1683),允许漕船携带土宜六十石;雍正七年(1729)诏令,"旗丁驾运辛苦,若就粮艘之便,顺带货物至京贸易以获利益,亦情理可行之事",于旧例六十石之外加带四十石;雍正八年(1730),又准"各船头舵二人,每人准带土宜三石,水手无论人数,准带土宜二十石";乾隆二年(1737),临时准许江南、浙江漕船乾隆三年每船增带 40 石;[2]至道光八年(1828),每船可携带 180 石。在土宜限额不断放宽的同时,土宜的数量也不断放宽。据李文治、江太新统计,以道光十九年(1839)漕船数量计算,漕船可免税携带 1138680 石土宜[3]。

　　[1]〔清〕阿克当阿监修,〔清〕姚文田等纂:《〔嘉庆〕重修扬州府志·序》,卢桂平主编:《扬州文库》第 1 辑第 6 册,第 1—2 页。

　　[2]〔清〕杨锡绂:《漕运则例纂》卷一六《通漕禁令·重运揽载》,《四库未收书辑刊》第 1 辑第 23 册,北京出版社 1997 年版,第 661 页。

　　[3] 李文治、江太新:《清代漕运》(修订版),第 378 页。

表 5-11　　　　　　　　**清代江南省漕船携带土宜**[1]

种类	物品名称
纸张	扛连纸、官方纸、毛边纸、花尖纸、色纸、表料纸、阡张、连七纸、连四纸、荆川纸、火纸、淌连纸、油纸、小连四纸、辉屏纸、川连纸、沙缘纸、神马纸、黄塘纸、毛厂纸、表心纸、申文纸、元连纸、竹棉纸、古柬纸、黄表纸、对方纸、文号纸、毛六纸、桑皮纸、古篓纸、古连纸、九江纸、小桑皮纸、金砖纸、卷筒纸
杂货	苏木、扇子、芭蕉扇、肥皂、矾、烟煤、黄丹、山粉、麻、锡箔箱、靛箱、胭脂、松香、白蜡、漆、草席、红曲、鱼膘、篾笾、泥人子、烟叶、橘子、银砂、烟袋杆、杭粉、靛花、水银、紫草
食物	橘饼、笋、桂圆、香草、藕粉、麒麟菜、蜜果、酱姜、烟、大海带、乌梅、莲肉、胡椒、腐乳、皮蛋、落花生、生姜、火腿、鸡脚茶、木耳、海粉、醋、紫菜、淡茶、干菌、大茴香、盐卤
竹木器	小镜架、木面桶、小漆盒、澡桶、筷子、木屐、伞、笔管、笔帽、藤鞭杆、藤、粽、圈篾、篾箩
药材	薄荷、陈皮、丹皮、苍术、栀子、硼砂、砂仁、石膏、石黄、艾、川芎、人中黄、茯苓
油	柏油、柏烛、桂油、桐油、香油、虾油
糖	冰糖、大糖、小糖
酒	大酒、中泉酒、泉酒、小泉酒、包酒、绍兴酒
瓷器	大、中、小瓷器
铁器	条铁、小锅、大酒锅、耳锅、大锅、钢条、中锅、钢铁丝
布匹	水沙布、袜箱、黄唐布、生白布、杂色布、手巾
油缎	缎子、包头、丝棉、线

此外,窑货、扫把、竹子、杉篙、木头等都可以任意携带不纳银。

对于回空漕船,清政府也规定了携带土宜的重量。乾隆三年(1738)规定,漕运随船人员可"零星稍带梨、枣六十石,免其输税","行至山东,如无梨、枣可带,准其将核桃、瓜子、柿饼等物携带六十石";乾隆二十五年(1760)将货物放宽至"除麦子一项不准抵数外,其余黄豆、瓜果等物应准其回空带往"。[2]乾隆七年(1742),对漕船携带的竹木规定"水大之年,准其带至台

---

[1] 吴琦:《漕运与中国社会》,华中师范大学出版社1999年版,第167—169页。

[2] 〔清〕杨锡绂:《漕运则例纂》卷一六《通漕禁令·回空夹带》,《四库未收书辑刊》第1辑第23册,第667页。

庄以南一带地方卸卖,不得带过台庄;水小之年,令其淮扬一带卸卖,不得带过黄河"[1],以致在扬州有"竹不产于扬州,扬州制竹器最精"[2]的说法。对漕船携带百货,嘉庆皇帝曾言:"舟行附载南省百货,若遇行走迅速,货物流通,商贾、居民咸资其利"。[3]

这仅仅是漕船或运丁对商品流通所起到的作用,对商品流通起关键作用的还要数商贩,这些流通绝大多数是通过运河进行的,这主要反映在商税征收上。乾隆七年(1742),扬州境内扬州关、由闸仅免征米谷麦豆税银就达67213两。乾隆二十三年(1758),扬州关、由闸税银征收短缺,究其原因为前一年冬天,仪征等地各运河兴挑,导致货船阻滞,货船稀少,"入夏徂秋正值商贩盛行之候,又缘淮、徐、山东、河南一带连年灾歉,不特北下货物寥寥,抑且南上货物因彼处不能销售亦较少于往年"[4]。

相比较扬州城而言,下属州县市镇受漕运的影响则较为显著。如,高邮"为漕挽要道,帆樯南北日夜灌输于京师者,居天下十之七八,诚水陆之通衢,扬楚之咽领也"[5]。城内有东台巷故衣市,上坝杂货市,西门外行祠庙、月塘馆驿前俱米、面、杂粮市,东群场牛马市,马家河果品市,天王寺竹木市,石桥罗缎市,梨木巷农具市,小北门猪畜市,坛巷羊畜市,庙桥鱼蟹市,三里桥缸坛市,东河、下河俱草市,新桥生药、坛酒市,湖嘴灰炭、杂货市,多宝楼桥毡货市。但道光以后,随着运河日渐淤塞,漕运改道,火车等新型交通工具的诞生,运河交通的重要性逐渐衰落,高邮的经济一落千丈。又有扬州西山的陈家集,"为天、六通衢,商贾辐辏",运河改道后,"而依然存在者,惟冈峦

[1]〔清〕杨锡绂:《漕运则例纂》卷一六《通漕禁令·重运揽载》,《四库未收书辑刊》第1辑第23册,第661页。

[2]〔清〕林苏门撰,刘永明点校:《邗江三百吟》,第38页。

[3]刘锦藻:《清朝续文献通考》卷七五《国用十三·漕运》,王云五总编纂:《万有文库》,商务印书馆1936年,考8332。

[4]乾隆二十三年八月十六日,《奏为遵旨确查扬州关由闸盈余银两短少缘由事》,中国第一历史档案馆、扬州市档案馆编:《清宫扬州御档》第6册,第3471页。

[5]〔清〕冯馨增修,〔清〕夏味堂等增纂:《〔嘉庆〕高邮州志》卷一《疆域》,卢桂平主编:《扬州文库》第1辑第21册,第67页。

之青翠,树木之参差,与夫颓垣朽屋、古墓荒丘耳,往来者不胜今昔之感"[1]。扬州下属的仪征县是漕运由长江转道大运河的重要咽喉,湖广、江西、安徽等地的漕船都由此经过,这里也是两淮食盐运销各地的必经之处,商旅往来连绵不绝,"商贾贸迁之盛毕萃于南关外,其繁嚣颇类于瓜洲"[2],"仪之殷阜亦甲于他邑",乾隆后期,河工靡费,"以后修理不继,工程又多草率,淮水遂全趋瓜口,刷浊无资,邑之衰实由于此"[3]。宝应县在民国县志中对城池的描述也仅剩"坊里之旧犹存,若庄镇特村落之可名者耳,今则里图之册,仅有虚名"[4]。

二、大众消费

清代扬州大众的生活消费是扬州经济的重要组成部分,衣食住行颇具特色。

扬州服饰尚新,颜色变化极快,"十数年前,缎用八团,后变为大洋莲、拱璧兰颜色。在前尚三蓝、朱、墨、库灰、泥金黄,近用膏粱红、樱桃红"。女子用鬏勒异于他处,有蝴蝶、望月、花蓝、折项、罗汉鬏、懒梳头、双飞燕、到枕松、八面观音诸义髻,及貂覆额、渔婆勒子诸式。女鞋外高底有杏叶、莲子、荷花诸式,里高底称作道士冠,平底称作底儿香。裙"以缎裁剪作条,每条绣花两畛,镶以金线,碎逗成裙,谓之凤尾。近则以整缎折以细缝,谓之百折,其二十四折者为玉裙"[5]。

清代"扬州饮食华侈,制度精巧,市肆百品,夸视江表"[6],城中茶肆、食肆、酒肆众多,以茶肆最精。经营者出重金建造花园,或购买大户人家的废

[1] 徐谦芳著,蒋孝达、陈文和校点:《扬州风土记略》卷上《地势》,第5页。
[2] 〔清〕陆师修纂:《〔康熙〕仪真志》卷七《疆域志》,卢桂平主编:《扬州文库》第1辑第17册,第428页。
[3] 〔清〕王检心修,〔清〕刘文淇、张安保总纂:《〔道光〕重修仪征县志》卷一一《河渠志·水利》,卢桂平主编:《扬州文库》第1辑第18册,第145页。
[4] 戴邦桢、赵世荣修,冯煦、朱学程等纂:《〔民国二十一年〕宝应县志》卷二《城置志·铺庄》,卢桂平主编:《扬州文库》第1辑第26册,第24页。
[5] 〔清〕李斗著,陈文和点校:《扬州画舫录》卷九,第103—104页。
[6] 〔清〕雷应元纂修:《〔康熙三年〕扬州府志》卷二〇《风物志》,卢桂平主编:《扬州文库》第1辑第2册,第419页。

园,楼台亭舍,花木竹石,杯盘匙箸,无不精美。茶肆分荤素两种,"辕门桥有
二梅轩、蕙芳轩、集芳轩,教场有腕腋生香、文兰天香,埂子上有丰乐园,小东
门有品陆轩,广储门有雨莲,琼花观巷有文杏园,万家园有四宜轩,花园巷有
小方壶,皆城中荤茶肆之最盛者。天宁门之天福居,西门之绿天居,又素茶
肆之最盛者"。城外双虹楼烧饼有糖馅、肉馅、干菜馅、苋菜馅之分;惠芳、集
芳轩以糟窖馒头得名,二梅轩以灌汤包子得名,雨莲以春饼得名,文杏园以
稍麦得名,品陆轩以淮饺得名,小方壶以菜饺得名,合欣园以酥儿烧饼见称。
其他小茶肆更是举不胜举,"或为油镟饼,或为甄儿糕,或为松毛包子,茆檐
荜门,每旦络绎不绝"[1]。茶肆离不开茶,天宁街西青莲斋专卖茶叶,"六安山
僧茶叶馆也。僧有茶田,春夏入山,秋冬居肆。东城游人皆于此买茶供一日
之用"[2]。

小东门街多食肆,"多糊炒田鸡、酒醋蹄、红白油鸡鸭、炸虾、板鸭、五香
野鸭、鸡鸭杂、火腿片之属,骨董汤更一时称便"。城下间有散酒店、庵酒店
之类,卖小八珍,春夏则燕笋、牙笋、香椿、早韭、雷菌、莴苣,秋冬则毛豆、芹
菜、茭瓜、萝菔、冬笋、腌菜,水族则鲜虾、螺丝、熏鱼,牲畜则冻蹄、板鸭、鸡
炸、熏鸡,"时新酸咸诸名品,皆门户家软盘,达旦弗辍也"[3]。小东门街有熟
羊肉店,食客鸡鸣而起,雪往霜来,惟恐来晚只剩残杯冷炙,毫无风味。城内
食肆多是面馆,大东门有如意馆、席珍,小东门有玉麟、桥园。西门有方鲜、
林店,缺口门有杏春楼,三祝庵有黄毛,教场有常楼,浇头多用长鱼、鸡、猪。
徐凝门问鹤楼以螃蟹面出名,"鳇鱼、车螯、班鱼、羊肉诸大连",一碗值普通
人一整天的花费。

扬州城北酒肆众多,康熙间有野园、冶春社、七贤居、且停车之类,不过
游人小酌而已。酒"以戴氏为最,谓之戴蛮;次则周氏,谓之周六槽坊,皆鬻
木瓜酒"[4],扬州酒类也比较多,江都木瓜酒、仪征生春酒,泰州绿罗春、秋露
白,高邮五加皮酒、冬青酒,五加皮酒被官府多作土产赠送他人,号淮南名

[1]〔清〕李斗著,陈文和点校:《扬州画舫录》卷一,第12页。

[2]〔清〕李斗著,陈文和点校:《扬州画舫录》卷四,第43页。

[3]〔清〕李斗著,陈文和点校:《扬州画舫录》卷九,第104页。

[4]〔清〕李斗著,陈文和点校:《扬州画舫录》卷八,第98页。

酒。扬州各州县还酿有一种从徽州传来的白酒，"用草曲三日可成，味极甘美。少入水曰水白酒，冬月煮过窨之曰腊白酒"[1]。

洗浴也是清代扬州人的一项重要消费。乾、嘉时期较有名的浴池有：城内开明桥的小蓬莱，太平桥的白玉池，缺口门的螺丝结顶，徐凝门的陶堂，广储门的白沙泉，埂子上的小山园，北河下的清缨泉，东关的广陵涛，城外坛巷有顾堂，北门街有新丰泉。扬州人不同时节洗浴有着不同的称呼，除夕浴谓之洗邋遢，端午谓之百草水，"茶香酒碧之余，侍者折枝按摩，备极豪侈。男子亲迎前一夕入浴，动费数十金"[2]。

娱乐活动是大众消费的重要组成部分。出游是清代扬州市民最常见的活动，扬州城内水道纵横，乘坐画舫游览极为便利。扬州画舫开市极多，春季有桃花、梅花二市，夏有牡丹、芍药、荷花三市，秋有桂花、芙蓉二市，正月有财神会市，三月清明市，五月龙船市，六月观音香市，七月盂兰市，九月重阳市。载妇女的画舫被称为堂客船，船顶皆方，可载女舆，五月龙船市堂客船最多，白日"小船载乳鸭，往来画舫间，游人鬻之掷水中，龙船执戈竞斗"，夜晚灯船"以宫灯为最丽，其次琉璃，一船连缀百余"[3]。

扬州灯市也比较有名，"穷极工巧，每岁新正，辕门桥一带，士女云集，肩摩踵接，至元宵而止。八月则卖宝塔灯，其奢丽与元宵相似"[4]。

打牌是扬州居民最喜欢的游戏，画舫多作牙牌、叶子牌，雍正年间有"扬州盐业，以吃酒看牌为事"，市民中"同游聚会，多喜斗叶"，扬州西山"闺中幼女，无不精熟者，以为不习则不能见人，不可登大雅之堂"[5]。直到今天，扬州仍有"清明不看牌，死了没人抬"的俗谚。

与苏南各府县相比，扬州和下属仪征、高邮、宝应等各州县的发展都与运河、漕运和盐业有着密切的关系。作为两淮盐业中心的扬州聚集了大量

[1]〔清〕雷应元纂修：《〔康熙三年〕扬州府志》卷二〇《风物志》，卢桂平主编：《扬州文库》第1辑第2册，第422页。

[2]〔清〕李斗著，陈文和点校：《扬州画舫录》卷一，第12页。

[3]〔清〕李斗著，陈文和点校：《扬州画舫录》卷一一，第133、138页。

[4]〔清〕林溥撰，刘永明点校：《扬州西山小志》，第38页。

[5]〔清〕林溥撰，刘永明点校：《扬州西山小志》，第49页。

的外来客商,其中盐商的数量最为庞大。围绕着盐业,又伴生出众多的服务业。盐商获取利润的同时,也推动了扬州城市商业的繁荣,还改善扬州城市环境,同时大力赞助地方文化公益事业。清代学者黄钧宰在《金壶浪墨》中指出:"扬州繁华以盐盛。"

扬州经济的繁荣离不开对水环境的治理。受自然地理因素的影响,扬州地势呈釜底状,水灾频发,从而形成具有扬州特色的农耕选种,即广泛种植成熟期短、耐水或耐旱的稻种。大运河是漕粮北上的重要通道,清政府对运河的畅通尤为重视,河道治理、水利设施的修造经年不衰。这也使得清代扬州的水利工程颇为突出。但在水利治理中,官方过于偏重漕运,造成了盐与漕,漕运与农耕,中央政府与地方政府、居民之间的矛盾,甚至引发了新的利益冲突。这反映了当时清政府在治理多重矛盾问题时的不足,为此,政府在保障漕运的同时,只能于地方或盐业中频频应对。

扬州城市的繁荣刺激了手工业的发展。与南京、苏州以及当时全国其他重要城市的手工业相比,扬州的手工业出现"官强民弱"的现象。官营手工业极为发达,远远超过私营手工业,从而形成了扬州最具代表性的手工业:雕版印刷业和玉雕业,也奠定了这两项手工业在全国的优势地位,这种优势一直持续到现在。

道光朝,盐业制度、漕运制度先后改制,现代交通方式的产生,这些原本刺激清初扬州发展并走向繁荣的有利条件迅速变成制约扬州发展的不利因素,扬州逐渐衰落。

第六章 清代扬州的教育与科举

清代扬州的教育体系以地方官学和书院为主体。地方官学中,以扬州府儒学以及所属各县儒学最为重要,影响最大。扬州府及其所辖州县官学虽然各有兴衰变化,但在学额、学官、生员、教学、租学等方面均有相关规定,受到官方的严格控制。有清一代,扬州书院既是地方教育的重要机构,又在清代文化教育史上占有重要地位,不仅数量众多,而且颇具声名,其中以梅花书院、安定书院最为著名,是当时国内重要的学术研究重镇和人才培养基地。

20世纪初年,清政府推行新政,废除科举,改革教育,扬州原有的教育体系随之发生根本变革,最终被新式学堂体系所取代。随着经济、社会发展的渐趋滞后和落伍,扬州逐渐丧失其作为明清时期全国文化、教育和学术中心的重要地位。

第一节 府县学

自宋代以来,科举考试的主要内容确定为儒学,广大士子研读儒家的基本典籍和学说。孩童教育多为民间教育,即由私人承办的私塾、家馆或者半官方的民办社学、义学和族学承担。孩童的课程主要分为读书、习字、作文,教材亦为《三字经》《百家姓》《千字文》《千家诗》《孝经》《大学》《中庸》《论语》《孟子》等儒学著作。学生必须通过童生考试取得生员资格,方能够进入官办的府学、州学、县学研读,进而获准参加乡试。生员学习的主要内容,不仅包括"四书""五经"等儒家经典,而且还有六艺等课程。各级官学对生员开展了长期的传统儒学礼教的浸润和熏陶。清代在各省设有提督学政一人,负责一省生员考课黜陟事宜和士习文风政令。

清代的科举制度基本沿袭明代旧制,分为州县试、乡试、会试和廷试。考试内容以八股、试帖、经义、策论和表判为主,考取州县试者称为廪膳生员、增广生员及附学生员。经过县试、府试、院试取得生员资格者称为秀才,获准参加三年一次的乡试。通过乡试者称为举人,随即取得次年入京会试的资格。会试由礼部主持,考中者称为贡士,获准参加复试以及皇帝主持的殿试。殿试按照成绩分为三甲,其中一甲前三名被称为状元、榜眼和探花。

清代在常制之外,设有恩科,此外还不断增加制科,如康熙朝设有博学宏儒科,乾隆朝举行博学鸿词科,光绪朝则开设经济特科等。光绪二十七年(1901),清政府下令自次年起,乡试、会试开始改试策论,禁用八股文程式。光绪三十一年(1905),清政府完全废止科举取士制度。

清代的武举考试,与文科基本相同,只是考试内容以骑步射和弓刀石为主。光绪末年,清政府改试枪炮,1905年武举考试亦被废止。

一、扬州府学及县学

清代基本沿袭明代的官学体系,中央设有国子监,地方则设立府学、州学、县学,皆统称为儒学或官学。官学又称为学宫,是府学、州学、厅学和县学的统称,是官方设立的最重要的地方教育机构。康熙时期,清政府确定"崇儒重道"的基本国策,并以"文教为先",通过设立官学,旨在缓解满汉之间的民族对立,安定地方社会秩序,并借此招揽社会有用之才。"朝廷建立学校,选取生员,免其丁粮,厚以廪膳,设学院、学道、学官以教之,各衙门官以礼相待,全要养成贤才,以供朝廷之用。"[1]乾隆时期,高邮知州杨宜仑在重修州官学时明确表示:"范士以导民,建学以束士,古之恒轨也。何则?百姓虽甚诈伪,非不肖之士为之饵,无以骋其奸而害不炽;士即甚不肖,置身车服礼器之侧,则慭慭然气为顿戢,而畴昔井里之情状,亦自觉其无可容。故学宫者,非以为名也,资政、树轨、抚斯民而进退之。舍是,孰急?方今圣天子观文化成,山隅海壖莫不有学,视古党庠、术序为尤备。"[2]《光绪江都县续

---

[1]〔清〕索尔讷等纂修,霍有明、郭海文校注:《钦定学政全书校注》,武汉大学出版社2009年版,第8页。

[2]〔清〕阿克当阿监修,〔清〕姚文田等纂:《〔嘉庆〕重修扬州府志》卷一九《学校志》,卢桂平主编:《扬州文库》第1辑第6册,第328页。

志》对此有过深入阐述："国家立学校以收之,陶铸以诗书,羽仪以礼乐,范围以名教,俾其安习而不迁,执义而有守,以自远于淫侈之俗、奇衺之说,县之士风所由美者。列圣寿考作人之化,亦守令师儒之教也。"[1]

地方官学是教书育人的重要场所,担负着地方移风易俗的责任,社会教化任务更为繁重,正如扬州知府高士钥在《重修扬州府江甘三学记》中所云:"学校为王政之本,自古致治之盛衰,视其学之兴废。我国家统一车书,谨庠序之教,风俗淳美而人材众多,诗书礼乐之泽直比隆于三代极盛之时,而所以加意于学者,亦未尝不借贤士大夫之经营也。"[2]由此可见,清代各级政府都非常重视官学的建设、运行和管理。官学不仅是官府专门宣传儒家经典并进行皇家训示教诲的重要场所,又是各级地方政府举行科举考试的常设机构,也是地方开展学术研究和文化交流的主要阵地。

清代扬州官学包括扬州府学、高邮州学以及扬州府所属江都、甘泉、仪征和宝应等各县县学,它们共同构成扬州官学的基本体系。扬州官学在太平天国期间曾遭受重创,其中扬州府学、仪征县学均付之一炬,直到同治年间方得以重建。清末新政后,扬州府县官学或是停办,或改制为新式中小学。

(一)扬州府学

明清时期,官学与孔庙多合二为一,因此被称为学宫。官学之中多有泮池,新生员入学被称为入泮,或游庠、采芹。清代,扬州文教兴盛,科举之风炽烈,"扬尚文之地也,学者束发受书即无不以科举为业,其溢而为诗古文,又为考据,家门仞虽殊,均足流芳艺苑。然科举之途赊,而诗词之道广"[3]。儒学和书院作为培养人才、钻研学术和发展文化的重要场所,两淮盐政、两淮盐运使司与扬州府县官员高度重视地方官学和书院的建设与修复,为此筹措大量资金,并为官学的教学和管理投入大量时间和精力,正如道光年间时

---

[1]〔清〕谢延庚修,〔清〕刘寿曾纂:《光绪江都县续志》卷一六《学校考第六》,卢桂平主编:《扬州文库》第1辑第12册,第351页。

[2]〔清〕阿克当阿监修,〔清〕姚文田等纂:《〔嘉庆〕重修扬州府志》卷一九《学校志》,卢桂平主编:《扬州文库》第1辑第6册,第315页。

[3]〔清〕王逢源修,〔清〕李保泰纂:《〔嘉庆〕江都县续志》卷六《人物》,卢桂平主编:《扬州文库》第1辑第12册,第56页。

任江都县令陈文述所言:"今天下自省会至郡县莫不有学以崇祀孔子同文之治,伟乎盛矣,而修葺之费不尽请拨发。……扬一益二,富媪隐赈,不贷之费,咸取资焉,况乎圣人之宫宜较他邑为汲汲也。"[1]

扬州设官学、建学宫源自汉、唐时期,官学正式设立则始于宋代。宋景祐元年(1034),扬州城内开建儒学,建炎年间毁于兵火。明洪武二年(1369),扬州知府周原福在府署后儒林坊重建府学,设有成贤坊、育才坊、藏书楼、射圃、观德亭、颐贞堂、玩易亭、祭器库和文昌楼等主要场所。中国古代一直有"官不修衙,客不修店"的说法,地方官员多重视修建学宫、建造书院、兴办教化、敬重贤才,以振兴文教、教化民众视为己任,亦将修缮学宫作为一项重要的个人政绩,千方百计为官学争取更多的社会资源。清代,扬州府学继续沿用明代府学旧址,顺治二年(1645),扬州知府胡蕲忠等修复府学,此后地方官员对扬州府学多有扩建和改建。乾隆三年(1738),扬州学宫由盐商汪应庚捐资五万修复,其规模、气派冠绝东南地区,"历三年而后有成。栋宇峻整,庑序枚实。自大成殿、明伦堂、尊经阁、启圣祠,旁及斋居之宫、师儒之廨,无不美轮美奂,闳耀以新。而重门周垣,则有容有翼,称庙制焉。外之仰焉而岿丽者,曰文楼,曰魁阁;内之履焉而宽广者,曰圜桥,曰泮沼:凡皆更其敝陋,增修而式廓之。……是役也,计费至五万金有奇,而学宫之崇壮,遂为东南冠"[2]。

1.府学设置

清代承袭明制,每省设有学政一人,是督察各府、州、县儒学的最高长官,全称"提督学政",其地位比肩巡抚而列于布政司和按察司之前。根据行政机构的划分,地方官学主要分为府学、州学和县学,分别设有学正署和训导署,各有学正、训导数人,"凡学皆设学官以课士,府曰教授,州曰学正,

[1]〔清〕陈文述:《颐道堂文钞》卷六《重修扬州府学江都甘泉县学记》,《清代诗文集汇编》第505册,第89页。

[2]〔清〕高士钥:《重修扬州府江甘三学记》,〔清〕阿克当阿监修,〔清〕姚文田等纂:《〔嘉庆〕重修扬州府志》卷一九《学校志》,卢桂平主编:《扬州文库》第1辑第6册,第315页。

县曰教谕,皆以训导副之"[1]。教谕为教官正职,训导则为教官副职。各级教官由朝廷委派,听命于本省学政。

通常情况下,府学设教授(正七品)1名,训导1名;州学设学正(正八品)1名,训导1名;县学设教谕(正八品)1名,训导1名。康乾以前,江都县训导原有2名,后裁为1名,"原设教谕一员,训导二员,康熙三年奉旨裁训导一员"[2]。清政府规定,府学教授的俸银一般每年为80两,训导则为每年40两,据载,甘泉县"儒学训导俸银四十两"[3]。

由于两淮盐业对扬州府学投入颇丰,教学环境和条件相当优越,名师高徒层出不穷,"荐绅士夫,矜名重节,恬于荣利,非公事不曳踵公门,士工文藻,制科之盛甲于江南。词人辈出,三尺童子著述拟于枚邹"[4]。《〔嘉庆〕重修扬州府志》所载扬州府教授有25人,其中进士为22人,占88%,而举人仅有3人[5]。这说明扬州府教授的功名身份整体层次较高,甚至有些是当时的学术精英或社会名流,如陆鸣珂、金兆燕、李保泰等人。陆鸣珂"顺治十五年授扬州府教授,课士敦实行、尚器识,与诸士讲习,口辩手画不傀传注,禁盟社声气之奔竞者,以端士趋"[6]。金兆燕自乾隆三十三年(1768)起任职扬州教授近十二年,"幼称神童,与张南华詹事齐名。工诗词,尤精元人散曲"[7]。"府学教授金棕亭广文兆燕,博学通雅,为士望所归。其时承平,海内名流过扬者多相往来。广文亦好客,觞咏无虚日,称为'豆腐孟尝'。"[8]李保

[1]　璩鑫圭:《中国近代教育史资料汇编:鸦片战争时期教育》,上海教育出版社1990年版,第139页。

[2]　〔清〕李苏纂:《〔康熙〕江都县志》卷五《学校》,卢桂平主编:《扬州文库》第1辑第9册,第266—267页。

[3]　〔清〕徐成敩、桂正华修,〔清〕陈浩恩等纂:《〔光绪〕增修甘泉县志》卷四《民赋志》,卢桂平主编:《扬州文库》第1辑第14册,第156页。

[4]　〔清〕雷应元纂修:《〔康熙三年〕扬州府志》卷一《郡县志上》,卢桂平主编:《扬州文库》第1辑第2册,第39页。

[5]　〔清〕阿克当阿监修,〔清〕姚文田等纂:《〔嘉庆〕重修扬州府志》卷三八《秩官志四》,卢桂平主编:《扬州文库》第1辑第7册,第666—667页。

[6]　〔清〕金镇原本,〔清〕崔华、张万寿续修,〔清〕王方岐续纂:《〔康熙二十四年〕扬州府志》卷二二《名宦》,卢桂平主编:《扬州文库》第1辑第3册,第427页。

[7]　〔清〕李斗著,陈文和点校:《扬州画舫录》卷一〇,第123页。

[8]　董玉书著,蒋孝达、陈文和校点:《芜城怀旧录》,第11页。

泰于乾隆四十五年（1780）庚子科中进士，先后担任江都县教谕、扬州府学教授，"乾隆末选教授，官扬州者三十年"[1]，与桐城派大师姚鼐多有学术切磋，"不事揣摩逢世术，闲梓《尔雅》《夏小正》等书以励来学。凤工诗古文词，与桐城姚鼐最相契，邮筒往复，辄以所撰著相印证"[2]。李氏一生潜心教学和钻研学术，得到钱大昕、王鸣盛、卢文弨、姚鼐等学术名家的首肯，"博综经史，能括其义理之所在，善诗古文词，于赵宋人文集最熟。秉铎扬州，诸生徒执业问道者，日络绎不绝。宁谧自守，读书论文外，不及他事。与嘉定钱辛楣宫詹、元和王西庄侍郎、仁和卢抱经学士、桐城姚姬传太史交，诸先生皆深重之"[3]。

扬州府教授中多有博学善教之士，在科考制艺方面的能力尤为突出。例如，顾惇量"工诗"，夏宾"有制艺行于世"，俞升潜"工于制艺，性情和易，善于教人"，范鉴"善诗文，倜傥多能，笃于交谊，循循善诱，生徒乐与之亲"。[4]由此可见，扬州府学不仅学术精英荟萃，而且学术交流频繁深入，为地方培养了众多杰出人才。光绪九年（1883），时任江苏学政黄体芳对此作有总结："该郡实江南文薮之区，国初以来魁奇辈出，若朱彬、任大椿、王念孙、李惇、刘宝楠皆彰彰在人目矣。至于江、甘两邑，尤号神皋，孙兰、史以甲既导之为先，史炤、韦佩金复踵之于后。洎乎乾隆中叶，风会益开，焦循、江藩之学，几于集其大成；程晋芳、张宗泰之徒，更能振其余绪。若夫汪中以文章名世，罗士琳以术算起家，并扬厉无前，超然独绝。至如钟怀、李钟泗、徐复、焦廷琥、汪喜荀、江懋钧之辈，黄承吉、秦恩复、陈逢衡、黄奭、梅植之、薛传均之伦，虽云具体而微，亦各实事求是，浅深略殊其致，清浊未议其方。夫人才如此其隆，而搜报如彼其鲜，岂非所谓上以实求、下以名应者乎！"[5]

　　[1]〔清〕谢延庚修，〔清〕刘寿曾纂：《光绪江都县续志》卷一一《政考第一》，卢桂平主编：《扬州文库》第1辑第12册，第306页。

　　[2]〔清〕金吴澜、李福沂等修，〔清〕汪堃、朱成熙等纂：《〔光绪〕昆新两县续修合志》卷三四《游寓》，《中国地方志集成·江苏府县志辑》第16册，第591—592页。

　　[3]〔清〕李斗著，陈文和点校：《扬州画舫录》卷三，第36页。

　　[4]〔清〕李斗著，陈文和点校：《扬州画舫录》卷三，第36页。

　　[5]〔清〕黄体芳：《札扬州府学》，〔清〕黄体芳著，俞天舒编：《黄体芳集》，上海社会科学院出版社2004年版，第87页。

2.县(州)学设置

南宋时,郡守许中在扬州夹城建有学宫并附设江都县学。明洪武七年(1374),江都知县宋启分建江都县学,嘉靖年间得以重修。清代,江都县学沿用明代旧址。雍正九年(1731),扬州城厢析分为江都、甘泉二县,县学虽随之分设,但是仍合为江甘县学。[1]"扬州人文渊薮,有夫子庙二:一系之府,一则旧属江都。今合甘泉之博士弟子员,释奠、释菜,以时弦诵于其中,是谓三学。"[2]

扬州地方官学的布局大体相似,一般都有泮池、天下文枢坊、棂星门、大成门、先师庙、崇圣祠、大成殿(供奉孔子牌位)、明伦堂(又称明德堂,讲习之所)、尊经阁(藏书之所)、修业斋、敬一亭、青云楼、奎星楼、崇圣祠、名宦祠、乡贤祠、进德斋以及斋舍、号房等生活、游艺场所等。例如,江甘县学内建有"先师庙,崇圣祠,明伦堂,正心、诚意二斋,尊经阁,敬一亭,文峰阁,南魁楼,北魁楼,文昌泉,名宦祠,乡贤祠,射圃,观德亭,号舍,礼门、义路二坊,教谕宅,训导宅"[3]。其中,魁星楼曾为太平军的军事瞭望台,亦称为四望亭,此后毁于战火,同治年间复建。高邮、仪征和宝应等地官学的整体规模,虽然较江甘县学略小,但基本格局大同小异。

清政府在地方行省设有学政,江苏学政总理本省的教育事务。地方府学设有教授,州设学正。以江甘官学为例,教谕廨在明伦堂西,训导廨在仪门外东,"额设官役:教谕一员,训导一员,今分领甘泉学事。学吏一名,门斗六名,今分二名属甘泉学。斋夫三名,今分一名属甘泉学。膳夫,无额设名数"[4]。高邮、仪征、宝应等地官学设置与江都、甘泉基本类似。(参见表6-1)

---

[1] 江都县分置甘泉县后,并未另建学宫,"学署,大门旧额题'江都县学',今改'江都甘泉县学'"。〔清〕徐成敤、桂正华修,〔清〕陈浩恩等纂:《〔光绪〕增修甘泉县志》卷六《学校志》,卢桂平主编:《扬州文库》第1辑第14册,第240页。

[2] 〔清〕阿克当阿监修,〔清〕姚文田等纂:《〔嘉庆〕重修扬州府志》卷一九《学校志》,卢桂平主编:《扬州文库》第1辑第6册,第315页。

[3] 〔清〕阿克当阿监修,〔清〕姚文田等纂:《〔嘉庆〕重修扬州府志》卷一九《学校志》,卢桂平主编:《扬州文库》第1辑第6册,第320页。

[4] 〔清〕五格、黄湘修,〔清〕程梦星等纂:《〔乾隆〕江都县志》卷五《学校》,卢桂平主编:《扬州文库》第1辑第11册,第66页。

地方儒学教官虽然有着一定的任职资质限定,但因其位卑俸薄且难得升迁,进士多不愿意就任,更多则是乙榜举人、监生和贡生出身人员构成。扬州府所属各县学教谕、训导(学正、训导)亦多为举人出身。但其中不乏具有真才实学和善于教学管理的知名人物。例如,任国鑨"康熙十六年,署江都教谕。正身以率,口不言钱,与诸生谈文艺,以行谊为先。诸生有贫弱为势家所辱者,国鑨直之,以扶士气,众尤服其刚正"[1]。康熙五十年(1711)出任江都教谕的吴锐,不仅与时任安定书院山长王己山在教学管理方面配合默契、相得益彰,而且本人工诗古文,"早慧能文,年十七入县学,随食饩,试辄冠其曹,以年资贡成均裁。……而学益邃望益高,远近士夫争迎为子师。……比被命秉江都铎,胥为先生额手,谓维扬胜地其将娱老焉。先生至,则古道如平生,落落寡合,课士子持论龂龂,抵排凡体,提唱雅宗,整躬好学者,奖掖惟恐后,而炫名鬻声之徒未尝少徇"[2]。袁载锡"雍正三年,任江都教谕。月课生童,品题不苟,赴者云集。载锡为质衣,备试卷,赡饮食,祭祀必诚、必恪,捐俸募修学宫两庑及名宦、乡贤祠"[3]。雍正年间,江素"补仪征县教谕。大计卓异,保举知县,力辞,大吏愈重之。任教谕时,与诸生谈经课艺,崇雅黜浮,振文风,端士习。……学问该洽,诗、古文取法大家,著作甚富"[4]。曾任甘泉县训导的王嵩伯则是"工诗古文辞"[5]。光绪年间,江、甘县学聘用丁立中、李遵义等学术名家,"县学有江、甘两训导。丹徒丁立中理民、李遵义子仪曾任江学。丁,甲子举人,后升江宁府学教授。工诗古文辞……李,戊子举人。南通崔聘臣、句容陈汝恭曾署甘学,崔精算学,陈专攻经学"[6]。仪征县

---

[1]〔清〕阿克当阿监修,〔清〕姚文田等纂:《〔嘉庆〕重修扬州府志》卷四五《宦迹志三》,卢桂平主编:《扬州文库》第1辑第7册,第796页。

[2]〔清〕王步青:《江都教谕吴钝人先生墓志铭》,《己山先生文集》卷八,《四库全书存目丛书·集部》第273册,齐鲁书社1997年版,第793—794页。

[3]〔清〕阿克当阿监修,〔清〕姚文田等纂:《〔嘉庆〕重修扬州府志》卷四五《宦迹志三》,卢桂平主编:《扬州文库》第1辑第7册,第799页。

[4]〔清〕王桩林修,〔清〕胡承珙纂:《〔道光〕旌德县续志》卷七《人物·宦业》,《中国地方志集成·安徽府县志辑》第53册,第433页。

[5]〔清〕李斗著,陈文和点校:《扬州画舫录》卷三,第36页。

[6]董玉书著,蒋孝达、陈文和校点:《芜城怀旧录》卷一,第13页。

训导丁国钧,师从黄以周、缪荃孙,擅长版本、目录考证之学。朱霞"由岁贡授高邮州训导,工诗文,善绘事"[1]。"周道敏,南冲人,宝应县训导。潜心好学,著有《四书集说》《通解》二书。"[2]

（二）各县（州）学

江都县儒学在县治东北,宋绍兴年间初建,明洪武年间重修。明成化六年至七年(1470—1471),江都知县郑岑、巡按董韬、知府周源先后增修。嘉靖十一年(1532),知府吴桂芳再次重修。清代,江都县儒学得到多次重建或修缮。康熙十九年(1680),御史郝浴捐修学宫。康熙二十二年(1683),江都教谕许维梃、训导汪和中"重修尊经阁、文峰阁,学宫外周以垣,东西设圈门"[3]。雍正九年(1731),"奉旨江、甘分县,其甘泉学宫以江都训导分任"[4]。

高邮州儒学在县治东,明洪武初年,知州黄克兰因旧址重建。弘治后,知县程宪、赵来亨、范惟恭相继修葺。顺治十四年(1657)和康熙二十年(1681),知州吴之俊、李培茂先后重修。[5]道光年间,高邮知州冯思澄、绅士贾和钧、生员董之锽等分别重修忠义祠、明伦堂、启圣祠等。[6]

仪征县儒学在城东门,明洪武初年因旧学旧址改建,知县刘文纲、康彦明相继修葺。顺治九年(1652),江防同知李淮、教谕左国林重修。康熙年间,教谕舒文灿捐资"环学宫筑土墙",修文庙东庑、新棂星门及学大门。乾隆五十五年(1790),"风霾大作,殿庑大半摧圮,邑绅商呈请盐政于捐存武庙项

[1]〔清〕金福曾等修,〔清〕张文虎等纂:《光绪南汇县志》卷一四《人物志二》,《中国地方志集成·上海府县志辑》第5册,第792页。

[2]〔清〕王桩林修,〔清〕胡承琪纂:《〔嘉庆〕旌德县志》卷七《选举·仕宦》,《中国地方志集成·安徽府县志辑》第53册,第189页。

[3]〔清〕阿克当阿监修,〔清〕姚文田等纂:《〔嘉庆〕重修扬州府志》卷一九《学校志》,卢桂平主编:《扬州文库》第1辑第6册,第320页。

[4]〔清〕阿克当阿监修,〔清〕姚文田等纂:《〔嘉庆〕重修扬州府志》卷一九《学校志》,卢桂平主编:《扬州文库》第1辑第6册,第322页。

[5]〔清〕阿克当阿监修,〔清〕姚文田等纂:《〔嘉庆〕重修扬州府志》卷一九《学校志》,卢桂平主编:《扬州文库》第1辑第6册,第327页。

[6]〔清〕方濬颐等修,〔清〕晏端书、钱振伦等纂:《〔同治〕续纂扬州府志》卷三《学校志》,《中国地方志集成·江苏府县志辑》第42册,第686页。

下拨修"[1]。咸丰三年（1853），"粤匪窜仪，毁于火，贼退，又遭兵毁"。同治九年，得以重建，"规制悉如旧制"[2]。

宝应县儒学在县治南广惠桥之西。宋代初建，元末毁于兵火。明洪武三年（1370）知县王骥、六年（1373）知县李恢在故址重建。嘉靖三十六年（1557），毁于倭寇，三十七年（1558），通判姜寿、知县蒋遵正修复。顺治十四年（1657），邑人朱尔远、胡先济督修学宫。[3]此后，又于康熙五十一年（1712）、乾隆五十五年（1790）和道光二十二年（1842）分别由邑人梁柱相、王希伊和华廷璧等人加以重修。[4]光绪三十三年（1907），仪征县学改为高等小学，招生三四十人。

表6-1　　　　　　　　　清代扬州官学简表

名称	时 间	地 点	创建者	经费	备 注
扬州府学	明洪武年间	扬州府后儒林坊	扬州知府周福	拨置、捐置、买置	顺治二年（1645），知府胡蕲忠复修
江都县学	明洪武七年（1374）	江都县北开明桥西骆驼岭	江都知县宋启、训导崔之武	拨置、捐置、买置	康熙十九年（1680），两淮巡盐御史郝浴重修学宫
甘泉县学	雍正九年（1731）	江都县北开明桥西骆驼岭	分析附置于江都县学	拨置、捐置、买置	合称为江都甘泉县学
仪征县学	明万历十三年（1585）	仪征资福寺	仪征知县樊养凤、教谕李衡议	拨置、捐置、买置	顺治九年（1652），江防同知李淮、教谕左国林重修
高邮州学	明洪武元年（1368）	高邮州治东	高邮知州黄克明	拨置、捐置、买置	顺治十四年（1657）知州吴之俊、康熙二十年（1681）知州李培茂重修
宝应县学	宋嘉定间	宝应县治南广惠桥之西	宝应知县贾涉	拨置、捐置、买置	顺治十四年（1657），邑人朱尔远、胡先济督修学宫

---

[1]〔清〕阿克当阿监修，〔清〕姚文田等纂：《〔嘉庆〕重修扬州府志》卷一九《学校志》，卢桂平主编：《扬州文库》第1辑第6册，第323页。

[2]〔清〕方濬颐等修，〔清〕晏端书、钱振伦等纂：《〔同治〕续纂扬州府志》卷三《学校志》，《中国地方志集成·江苏府县志辑》第42册，第686页。

[3]〔清〕阿克当阿监修，〔清〕姚文田等纂：《〔嘉庆〕重修扬州府志》卷一九《学校志》，卢桂平主编：《扬州文库》第1辑第6册，第331—332页。

[4]〔清〕方濬颐等修，〔清〕晏端书、钱振伦等纂：《〔同治〕续纂扬州府志》卷三《学校志》，《中国地方志集成·江苏府县志辑》第42册，第687页。

资料来源:《〔康熙〕扬州府志》《〔雍正〕扬州府志》《〔嘉庆〕重修扬州府志》《〔同治〕续纂扬州府志》《〔乾隆〕江都县志》《光绪江都县续志》《〔乾隆〕甘泉县志》《〔光绪〕增修甘泉县志》《〔道光〕重修仪征县志》《〔光绪〕再续高邮州志》《〔民国〕三续高邮州志》《〔民国〕宝应县志》等。

二、学租与学额

（一）学租

1.学田

地方官员为了保证官学的正常运转,一般都为官学设有学田,以其地租收入作为稳定的收入来源。扬州府县的官学或书院都拥有一定数量的学田,作为日常运转经费的主要来源,以抵注地方政府所拨经费的欠缺,一方面能够补充官学教职人员薪金的不足,另一方面则可以解决贫寒学子的基本生活问题。

扬州官学的学田属于本地官田的一部分,由州县征租,主要由学政支配发放。由于地方官学作为政府办学,其教官都有品级和俸禄,官学的生徒享有政府按月发放的廪膳,因此学田收入并不用于支付官学教职人员的薪酬和学生的膏火。

清代扬州地方官学的经费,除了两淮盐业的资助之外,主要依靠学田。（参见表6-2）雍正以前,扬州学田并无定额,只征发少许学租,"学田向无额设,只征学租八十两七钱七分六厘"[1]。扬州学田的获取主要通过拨置、捐置和买置三种方式。道光以前,由于两淮盐业经济发达,盐商财力充裕,对扬州官学多有抵注。例如,乾隆三年（1738）,安徽歙县盐商汪应庚捐银13000余两购置学田,其收益除了提供儒学岁修外,"余款储存,届乡试之年,分给府、江、甘三学文武诸生资斧,名曰汪项田"[2]。据《汪氏捐立学田碑》中载,汪应庚捐置的学田达1400多亩。

---

[1]〔清〕尹会一修,〔清〕程梦星纂:《〔雍正〕扬州府志》卷一二《学校》,卢桂平主编:《扬州文库》第1辑第5册,第130页。

[2]〔清〕谢延庚修,〔清〕刘寿曾纂:《光绪江都县续志》卷一六《学校考第六》,卢桂平主编:《扬州文库》第1辑第12册,第355页。

扬州府暨江都、甘泉二县先师庙,三地相望也。歙之汪氏用盐盐起业于斯地也久。今上初,曰应庚者,捐镪四万七千修治新之,越三载,复捐田千四百余亩,入租粟以为岁葺费,俾无堕前功。储三年之通资财赢,饶三馆之士,就布政司选也,出以佐其所不给。[1]

汪项田除了支付官学的正常开支,还为参加乡试的学子提供旅费,尤其是对贫寒学子提供资助,"复以其赢余者给助贫士乡试"[2]。当时,地方一些绅商多购置良田,赠与扬州官学,作为日常经费的补充。例如,乾隆三十五年(1770),邑人高志凌捐田32亩,"纳租府学为打扫夫之用"[3]。咸丰时期,扬州成为清政府与太平天国重点争夺的战略要地,扬州府城数次易手,导致两淮盐业风光不再,扬州官学大受影响,经常出现经费严重不敷的情况,甚至连"汪项"定额亦无法保证,"咸丰年间驻扎营垒,多挖废者,租额至今未复"[4]。

表6-2　　　　　清代扬州府县儒学学田简表

地 区	时 间	学田(亩)	租银(两)	备 注
扬州府(包含江都县、甘泉县)	乾隆三年(1738)前	1250.75	308.5174	扬州府学得其中一半,江、甘县学再分另一半。
	乾隆三年(1738)	1498.42	—	汪应庚捐赠
高邮州	原有	2400	—	内张墩寺山田240亩,年租银20.62两。万柳庄田800亩仅出蒿草。
	新增	107	—	—
仪征县	原有	306	80.8552	
	新增	28.8	—	坍江一亩,实二十七亩八分。

[1]〔清〕戴震:《汪氏捐立学田碑》,〔清〕戴震著,戴震研究会等编纂:《戴震全集》第5册,清华大学出版社1997年版,第2687页。

[2]〔清〕吉庆监修,〔清〕王世球纂:《〔乾隆〕两淮盐法志》卷三四《人物二·尚义》,卢桂平主编:《扬州文库》第1辑第31册,第748页。

[3]〔清〕王逢源修,〔清〕李保泰纂:《〔嘉庆〕江都县续志》卷一《学校》,卢桂平主编:《扬州文库》第1辑第12册,第18页。

[4]〔清〕谢延庚修,〔清〕刘寿曾纂:《光绪江都县续志》卷一六《学校考第六》,卢桂平主编:《扬州文库》第1辑第12册,第355页。

续表 6-2

地　区	时　间	学田(亩)	租银(两)	备　注
宝应县	原有	900	—	八浅田一区"按籍罚金百二十,请市之,岁征二百蠲有奇"。

资料来源:《〔康熙〕扬州府志》《〔雍正〕扬州府志》《〔嘉庆〕重修扬州府志》《〔同治〕续纂扬州府志》《〔乾隆〕江都县志》《光绪江都县续志》《〔乾隆〕甘泉县志》《〔光绪〕增修甘泉县志》《〔道光〕重修仪征县志》《〔光绪〕再续高邮州志》《〔民国〕三续高邮州志》《〔民国〕宝应县志》等。

2.学租

扬州府县的教育经费,除比较稳定的州县存留和学田收入外,其余则由地方官员设法加以补充。地方州县的存留中都专设有一部分学校经费,主要包括科举经费和儒学经费。地方州县的科举经费大致相同,约为白银 80 两。儒学经费主要是地方教谕、训导的薪俸以及廪粮,教谕和训导基本上每县均为 1 名,每人每年薪俸为白银 40 两。廪粮为廪生的口粮,每名每年廪粮为白银 3.2 两,闰年则随之加增。州县廪膳生的名额则有所差异,州一般为 30人,而县则为 20 人。

扬州官学学租中以府、江、甘三学最为充裕,所谓府、江、甘三学其实是仅指江都、甘泉二县隶名于扬州府学以及江都、甘泉县学的文武生员,并不包括扬州府属其他州县的学子,"学田一千二百五十亩七分五厘,每年额租银三百八两五钱一分七厘四毫八丝。本学额分其半,江、甘二学均分其半。俱为廪生膏火、礼生衣帽、寒士赈给暨修理学宫,补备祠祭缺乏之用。……乾隆三年,郡人汪应庚……置学田一千四百九十八亩四厘二毫,每夏秋比邻征租,易价输府库,除供学宫岁修之费外,余存者积至乡比年,分给府、江、甘三学文武试士资斧。"[1]据《光绪江都县续志》载:"前志旧学田一千二百五十亩七分五厘,府学、江都学、甘泉学共同经管。租入四分之,府学得二,江、甘学各得一,充学中公用。历年久远,内有坍没、遗漏田亩。乾隆三年,郡人汪应庚捐置学田

---

[1] 〔清〕阿克当阿监修,〔清〕姚文田等纂:《〔嘉庆〕重修扬州府志》卷一九《学校志》,卢桂平主编:《扬州文库》第 1 辑第 6 册,第 314 页。

一千四百九十八亩四厘二毫,租入亦四分之为府县学。"[1]由此可见,扬州府县官学的财务均各自独立核算和使用,并非在全府内进行分配和划拨。

（二）学额

清代科举必须经由官学,因此地方学校的录取名额,即学额尤显重要。学额是按行政单位分配,各府、县均有生员就学的官学,每所官学在每次考试后录取的生员都有一定的数额即学额。清政府对学额一直予以严格控制,地方府、州、县学的学额都由朝廷直接确定和分配,主要体现在对每次的入学额、廪生增生额等方面的规定。各地学额与参考学子的人数无关,而与其行政单位的地位有关,"学额依各行政单位的重要性和级别的不同而不同"[2]。此外,文风高下、钱粮丁口多寡亦是影响学额的重要因素,所谓"每县学额,按文风高下,钱粮丁口之多寡以为差。分为大、中、小学。"[3]

清政府对各级地方官学的学生数量均作有定额限制,顺治四年（1647）,"视人文多寡,分大、中、小学取进童生",规定大县学额 40 名,中县学额 30 名,小县学额 20 名。十五年,又定大府 20 名,大州县 15 名,小州县 4 名或 5 名。康熙九年（1670）,大府、州、县仍旧额,更定中学 12 名,小学 7 名或 8 名。[4]

由于经济、文化、教育的繁荣,扬州府学及各县学额均列入大府或大县（参见表 6-3）,据《钦定学政全书》记载:

> 扬州府学,额进二十名,廪生四十名,增生四十名,一年一贡。江都县学,额进十三名,廪生十名,增生十名,四年一贡。甘泉县学,额进十二名,廪生十名,增生十名,四年一贡。仪征县学、兴化县学,各额进二十五名,廪生二十名,增生二十名,二年一贡。高邮州学,额进二十五名,廪生三十名,增生三十名,三年两贡。……宝应县学,额进二十名,廪生

［1］〔清〕谢延庚等修,〔清〕刘寿曾纂:《光绪江都县续志》卷一六《学校考第六》,卢桂平主编:《扬州文库》第 1 辑第 12 册,第 355 页。

［2］张仲礼著,李荣昌译:《中国绅士——关于其在 19 世纪中国社会中作用的研究》,上海社会科学院出版社 1991 年版,第 82 页。

［3］商衍鎏:《清代科举考试述录》,故宫出版社 2014 年版,第 28 页。

［4］〔清〕素尔讷等纂修,霍有明、郭海文校注:《钦定学政全书校注》,第 154 页。

二十名,增生二十名,二年一贡。[1]

雍正九年(1731),清政府分置江都、甘泉二县,对学额进行平均分配,其具体名额如下:

> 雍正十三年议准:江南江都县,原额取进文生二十五名,武生十五名,廪、增各二十名。今分设甘泉县,照长洲分隶元和县之例,各半分取。江都取进文生十三名,武生八名。甘泉文十二名,武七名。其原额廪、增,各半分隶两县。廪、增缺出,于新旧两县各归挨补。现在文、武诸生,令地方官查清居址,就近分拨两县肄业。其原编廪粮,各半分支至出贡年分。应统计二县廪生食饩先后,照县学二年一贡之例,挨次轮贡。挨所拨旧廪出贡完后,两县新补廪生,各准其四年一贡。[2]

表6-3　　　　　**清代扬州府县官学学额情况简表**

单位:名

官学名	学额			备注
	廪膳生	增广生	附学生	
扬州府学	40	40	25	—
江都县学	20	20	25	—
甘泉县学	10	10	12	雍正九年分析
仪征县学	20	20	25	—
高邮州学	30	30	若干	—
宝应县学	20	20	20	—

资料来源:《〔康熙〕扬州府志》《〔雍正〕扬州府志》《〔嘉庆〕重修扬州府志》《〔同治〕续纂扬州府志》《〔乾隆〕江都县志》《光绪江都县续志》《〔乾隆〕甘泉县志》《〔光绪〕增修甘泉县志》《〔道光〕重修仪征县志》《〔光绪〕再续高邮州志》《〔民国〕三续高邮州志》《〔民国〕宝应县志》等。

学额并非一成不变,随着政治考量、财赋贡献等因素而有所变动。扬州

---

[1] 〔清〕素尔讷等纂修,霍有明、郭海文校注:《钦定学政全书校注》,第167—166页。

[2] 〔清〕素尔讷等纂修,霍有明、郭海文校注:《钦定学政全书校注》,第167—168页。

府县的学额在常制之外,凡遇登极、升祔、南巡、广学、临雍、饷捐、万寿等年,皆有恩广、加广学额,贡生额则依制度。例如,乾隆元年(1736),马曰璐应诏允许参加博学鸿词试,不过其因故放弃应试机会。康熙、乾隆皇帝多次南巡,为了显示皇恩浩荡则有意对江浙地区的府县学额进行加增,有时仅是临时性安排,有时则成为长期性定制。例如,康熙三十八年(1699)四月初二谕旨:"至于江南、浙江人文称盛,入学名数,前已酌定增额。今着于府学、大学、小学各增五名举行一次,以示奖励人才至意。"[1]据《〔康熙〕江都县志》记载,江都县学额在康熙时期时有变动,"文童入学额数,康熙十六年,岁入四名。十七年,科入四名。二十年,岁入四名。二十八年为始,岁科额各入二十名。三十八年,恩例增入五名一次"[2]。雍正元年(1723),扬州府的武童学额得到增加,"再增五名,共二十五名武童,岁科并试额取十五名"[3]。乾隆十六年(1751),乾隆帝巡幸江南,临时增加江苏各级官学学额,其中府学 5 名、州学4 名、县学 3 名。此后,乾隆帝数次南巡,均援引此例。一些扬州籍学子借此成功登科入仕,例如仪征杨谦"康熙壬午解元。(帝)南巡,迎銮,奉旨带入都。越四年,丙戌会试中式,廷试第一,授头等侍卫"[4]。江都人程晋芳在乾隆帝南巡时获取应试资格,"岁壬午应诏试,列第一,授内阁中书"[5]。

咸同时期,由于清政府财政困难,开始对地方加派田赋,根据各州县加派田赋银额大幅度增加生员、举人的捐广学额,各地学额随着捐输多寡而有所增加,尤其是永广学额急遽上升。扬州府县学额因两淮盐商及地方士绅的不断捐报而发生变化,有的为永增,有的则是暂增。由于扬州府县的经济实力相对较强,因此获得更多的增额机会。据统计,这一时期,仅扬州府及江

[1] 徐尚定标点:《康熙起居注》第 6 册,东方出版社 2014 年版,第 177 页。

[2]〔清〕李苏纂:《〔康熙〕江都县志》卷五《学租》,卢桂平主编:《扬州文库》第 1 辑第 9 册,第 267 页。

[3]〔清〕尹会一修,〔清〕程梦星纂:《〔雍正〕扬州府志》卷一二《学校》,卢桂平主编:《扬州文库》第 1 辑第 5 册,第 126 页。

[4]〔清〕王检心修,〔清〕刘文淇、张安保总纂:《〔道光〕重修仪征县志》卷三二《人物志·宦绩下》,卢桂平主编:《扬州文库》第 1 辑第 18 册,第 501 页。

[5]〔清〕钱仪吉编:《碑传集》卷五〇《翰林院编修程君晋芳墓志铭》,〔清〕钱仪吉等编:《清代碑传合集》第 1 册,广陵书社 2016 年版,第 625 页。

都、甘泉二县的捐广暂额就达到了 69 名之多,可谓相当突出。[1]甘泉学额的
变化与江都的情况基本类似,无论是暂额,还是永额,都有一定数量的增加。
宝应县学额虽然变化相对较小,但是呈现不断增加的趋势。总体而言,这一
时期扬州所属各县学额均有增加,而扬州府学额则长期保持不变,"自咸丰
八年以后,各属学额屡有加广,惟府学未加"[2]。

表 6-4　　　　咸同时期扬州府县捐广暂额表

单位:名

时代　地区	文学额		武学额		定额时间	备注
	永	暂	永	暂		
江都县学	13	—	8	—	—	原额
	+6	+2	+6	+2	同治二年(1863)	—
	+4	+50	+2	+50	同治四年(1865)	—
甘泉县学	12	—	7	—	—	原额
	+6	—	+6	—	同治二年(1863)	—
	+2	+17	+1	+22	同治四年(1865)	—
高邮州学	25	—	15	—	—	原额
	+5	—	+5	—	同治元年(1862)	—
	+3	+4	+3	+4	同治五年(1866)	—
仪征县学	25	—	15	—	—	原额
	+7	+7	+7	+7	同治七年(1868)	—
宝应县学	20	—	12	—	—	原额
	+2	+3	+2	+3	咸丰八年(1858)	—
	+5	+1	+5	+1	同治五年(1866)	—

　　资料来源:《〔康熙〕扬州府志》《〔雍正〕扬州府志》《〔嘉庆〕重修扬州府志》
《〔同治〕续纂扬州府志》《〔乾隆〕江都县志》《光绪江都县续志》《〔乾隆〕甘泉县
志》《〔光绪〕增修甘泉县志》《〔道光〕重修仪征县志》《〔光绪〕再续高邮州志》《〔民
国〕三续高邮州志》《〔民国〕宝应县志》等。

---

　　[1]　梁志平、张伟然:《定额制度与区域文化的发展:基于清代长江三角洲地区学额的研究》,漓
江出版社 2013 年版,第 61 页。
　　[2]　〔清〕方濬颐等修,〔清〕晏端书、钱振伦等纂:《〔同治〕续纂扬州府志》卷三《学校志》,《中
国地方志集成·江苏府县志辑》第 42 册,第 684 页。

　　清代扬州作为两淮盐业及重要的商品集散地,全国各地商人多汇聚于此,"扬以流寓入籍者甚多,虽世居扬而仍系故籍者亦不少。……如歙之程、汪、方、吴诸大姓累世居扬而终贯本籍者,尤不可胜数"[1]。外籍商人子弟接受文化教育和参加科举考试成为一个迫切的现实问题。清朝最初沿袭明代旧制,将商籍、灶籍生员的名额附入扬州府学,"清初承明制,定商灶籍,由运司送考。扬郡商籍额取十四名,灶籍额取六名,共二十名,附扬州府学"[2]。所谓"商学"是为商人子弟专门设置的府、州、县学的入学名额,以保障在外经营的商人子弟参与教育和科考的权益。

　　清代商学制度始于顺治十一年(1654),清政府规定商籍与灶籍之间的连带关系,题准"两淮所属,附江南扬州府学"[3]。不过,清朝仍沿袭明朝旧制,商籍仅限于西商,徽商被排斥在外。"两淮商人原籍,或系山西、陕西,或属江南之徽州。其西商子侄随父兄在两淮,不能回籍考试,因另立商籍,每逢岁考,童生取入扬州府学,定额十四名。徽商子侄,因原籍在本省,不得应商籍之试。"[4]如果没有取得商籍或者当地户籍,徽商子弟无法获得侨寓地官学的学额以及在侨寓地参加科考的资格,必须返回原籍应试。例如,马曰琯就于康熙四十九年(1710)"归试祁门"。[5]这给侨寓扬州的徽商子弟带来诸多不便,设立商籍或者入籍扬州府县成为事关侨寓徽商子弟教育和科举的一个重要问题。

　　徽商起初在扬州并没有能够获准设立商籍,采取附学于当地官学的办法,徽商子弟多附入扬州府学、江都县学、甘泉县学和仪征县学等处求学。

　　[1]〔清〕王逢源修,〔清〕李保泰纂:《〔嘉庆〕江都县续志》卷一二《杂记下》,卢桂平主编:《扬州文库》第1辑第12册,第128页。

　　[2]张茂炯等:《清盐法志》卷一五八两淮五十九《杂记门·学校》页一,民国九年(1920)盐务署铅印本。

　　[3]〔清〕素尔讷等纂修,霍有明、郭海文校注:《钦定学政全书校注》,第260页。

　　[4]〔清〕李煦:《徽商子侄请准在扬考试并乡试另编商籍字号折》,故宫博物院明清档案部编:《李煦奏折》,第242—243页。

　　[5]杭世俊在《朝议大夫候补主事加二级马君墓志铭》中云:"(马曰琯)年二十三,归试祁门,充学宫弟子。"〔清〕杭世俊:《道古堂文集》卷四三,《清代诗文集汇编》第282册,第427页。

当然,附学资格的获得是通过徽商对扬州地方教育的大力赞助作为交换。[1]
在扬州地区,徽商不仅积极创设或捐助梅花、安定、乐仪、敬亭等书院,而且
对扬州官学建设尽心竭力。例如,歙县盐商汪应庚"自高祖以来,即事两淮
鹾务,遂侨居于扬……乾隆元年,见江甘学宫岁久倾颓,出五万余金亟为重
建,辉煌轮奂,焕然维新。又以二千余金,制祭祀乐器,无不周备。又以一万
三千金购腴田一千五百亩,悉归诸学,以待岁修及助乡试资斧,且请永著为
例……士人称为'汪项'"[2]。独资五万余金重建江甘学宫,并以一万三千金
购置汪项田,"以待岁修及助乡试资斧"。在仪征文庙的修缮过程中,则出现
徽商许氏五世捐资助学的佳话,"好义者或率私钱以助役,亦间有之,独仪征
许氏以五世建学"[3]。

　　不过,获取两淮商籍资格并不意味着一定在扬州参加科考,亦有可能
返回原籍应试。例如,高忠节(邦佐)生有六子,其中有部分归试山西,而其
孙高文濬则是"入扬州商籍",正如焦循所言:"凡西人中盐者,于扬州设商
籍,或归试,故高氏自忠节以下,有籍平阳、有籍扬州也。"[4]扬州作为江苏商
学所附城市,商籍应试童生较为有限,在扬参加科考的商籍子弟一直较为寥
落,远不及同时期浙江商学所附之杭州。例如,乾隆四十四年(1779),扬州
商籍应试童生仅为1人,这说明活跃在扬州地区的文人雅士似乎多系流寓,
本地的人文发达程度有限。[5]

　　由于冒充两淮商籍的考生日益增多,清政府决定限制两淮商籍人数,乾
隆四十一年(1776)规定"两淮商籍,现在额多人少,自不应仍照原额取进,
以滋冒滥。亦不便以商、灶之额摊入民额,致启混淆之弊。酌定商、灶每十

　　[1]　梁仁志、俞传芳:《明清侨寓徽商子弟的教育科举问题》,《安徽师范大学学报(人文社会科学版)》2005年第1期。

　　[2]《汪氏谱乘·光禄寺少卿汪公事实》,转引自张海鹏、王廷元主编:《明清徽商资料选编》,第321页。

　　[3]　〔清〕王鸣盛:《仪征县许氏五世建学记》,〔清〕焦循辑,许卫平点校:《扬州足征录》,第428页。

　　[4]　〔清〕焦循著,孙叶锋点校:《北湖小志》卷三《忠节高金事传第二》,第28页。

　　[5]　梁志平、张伟然:《定额制度与区域文化的发展:基于清代长江三角洲地区学额的研究》,第100页。

名各取进一名。其尾零过半者,亦准取一名。照例附入扬州府学。嗣后,商、灶倘人文复盛,仍于原额内通计酌取,总不得过原额二十名之数,以示限制"[1]。以两淮商籍报考的考生人数极为有限,灶籍童生又已经融入当地,清政府因此决定废除商学、灶籍学额,"乾隆四十四年议准本年两淮商籍报考合例者止有一名,所有商学旧额即行裁汰。……灶籍童生与土著无异,所有该省灶籍学额亦行裁汰,归各该州县民籍考试"[2]。

两淮商籍虽有弊端,但对盐商子弟的教育和科考产生过积极影响,《清盐法志》对此评论云:"扬州郡庠旧设商灶学额,所以为鹾业子弟谋教育也。学校既衰,书院代兴,弦诵之资,大都取诸禺策。厥后功令改书院为学堂,即以岁时膏火拨为教育之需,此不独鹾纲余润,沾溉士林,盖亦富庶加教之义所应尔也志学校。"[3]

三、学官与生员

(一)学官

清代,学政是朝廷派驻各省督察各府、州、县儒学的最高长官,代表中央主持地方的岁科考试,检查地方官学情况并考核教官。清代沿袭明制,官学设学正署和训导署,有学正、训导各1人。光绪设劝学所,有总督1人,由训导兼任。光绪三十年(1904),劝学员增至6人。后裁去劝学所,由教育会掌管学务,设视学1人。为了确保各级教官能够真正履行职责,清政府对其任职资格有严格限定。清制规定,教官必须是正途出身,捐纳者必须是生员。教官任用前,其学识品行等必须通过督抚的考试;任期之中,每逢学政按临,又须接受考核与考试。[4]

清政府不仅严格控制书籍的发行流通,而且明确限定广大士子的读书范围。顺治九年(1652),清政府下令"坊间书贾,只许刊行理学、政治有益

[1]〔清〕素尔讷等纂修,霍有明、郭海文校注:《钦定学政全书校注》,第261页。

[2] 张茂炯等:《清盐法志》卷一五八两淮五十九《杂记门·学校》页一、二,民国九年(1920)盐务署铅印本。

[3] 张茂炯等:《清盐法志》卷一五八两淮五十九《杂记门·学校》页一,民国九年(1920)盐务署铅印本。

[4]《钦定礼部则例》卷五六《仪制清吏司·教官事例》,故宫博物院编:《故宫珍本丛刊》第288册,海南出版社2000年版,第351、354页。

文业诸书。其他琐语淫辞,及一切滥刻窗艺、社稿,通行严禁。违者从重究治"[1]。与此同时,清政府强调"说书以宋儒传注为宗,行文以典实纯正为尚",限定各地官学的学习内容,要求将"四书""五经"、《性理大全》《蒙引存疑》《资治通鉴纲目》《大学衍义》《历代名臣奏议》《文章正宗》等书,"责成提调、教官,课令生儒诵习讲解,务俾淹贯三场,通晓古今,适于世用。其有剽窃异端邪说、矜奇立异者,不得取录"[2]。康熙四十五年(1706),清政府规定《御制古文渊鉴》《资治通鉴纲目》等书"特为士子学习有益而制"[3],要求各直省迅速颁发。此后,清政府陆续向直省官学、书院颁发《御撰朱子全书》《御撰周易折中》《御撰性理精义》《日讲四书解义》《御制文》《御制诗》等御制、御定、御纂类书籍,以及清帝的谕旨、文集和《十三经》《二十一史》《康熙字典》等文史书籍和工具书。

学官主要掌管教授生童,组织童生试,管理学田,维修学宫,佐知州举行祭孔仪式。扬州府学教官为教授、训导,各县学为教谕、训导,各级地方官学的教官是官学教育的实施者,其具体任务主要有三:

1. 朔望宣讲

清政府为了加强对广大读书人的思想控制,每逢朔望,学官传令诸生集于明伦堂,诵读康熙帝的《御制训饬士子文》《御制广训》、雍正帝的《御制朋党论》以及卧碑各条。"令诸生恭听恪遵。遇督抚到任及学政按临,祇谒先师之日,该教官亦率诸生宣读如仪。无故不到者,由学戒饬。居址遥远者,仍令轮班入城,恭听宣读。其有抗粮、缘事之生,令其阶下跪听,以示惩戒。"[4]

不过,朔望宣讲的总体效果并不佳,晚清时人对此曾有总结:"惟旧例朔望宣讲,为日太疏,为地太隘。"[5]

---

[1]〔清〕素尔讷等纂修,霍有明、郭海文校注:《钦定学政全书校注》,第32页。

[2]〔清〕素尔讷等纂修,霍有明、郭海文校注:《钦定学政全书校注》,第26页。

[3]〔清〕素尔讷等纂修,霍有明、郭海文校注:《钦定学政全书校注》,第18页。

[4]《钦定礼部则例》卷五六《仪制清吏司·教官事例》,故宫博物院编:《故宫珍本丛刊》第288册,第351页。

[5] 1902年,叶景葵为护理山西巡抚、布政使赵尔巽代拟的《通筹本计》,又称《条陈十策》。见柳和城编著:《叶景葵年谱长编》(上),上海交通大学出版社2017年版,第87页。

2.节庆行礼

清代扬州基本形成"寓教于祀"的文化祭祀体系,祭祀对象大幅增加。扬州官学中均设有孔子等先圣像和先贤先儒牌位,供地方官员和广大学子节庆时行拜谒礼。此外,官学文庙中的大成殿、东西两庑及崇圣祠还增祀先贤、先儒。各级官学根据各自乡贤名宦、忠孝忠贞的具体情况增设专门的祭祀群体,扬州府学设有名宦祠、乡贤祠和忠孝祠,各地县学则设有名宦祠、乡贤祠、忠孝祠和贞节祠。例如,雍正六年(1728)时,扬州府学"重修圣像暨四配十哲像,设两庑增祀先贤先儒木主"[1]。嘉庆时,扬州府学"大成殿中祀至圣,东西四配:复圣颜子、宗圣曾子、述圣子思子、亚圣孟子,次十哲:先贤闵子损、冉子雍、端木子赐、仲子由、卜子商、冉子耕、宰子予、冉子求、言子偃、颛孙子师,东西两庑祀先贤先儒"[2]。仪征县学"大成殿中祀至圣,东西四配:复圣颜子、宗圣曾子、述圣子思子、亚圣孟子,次两哲,东哲先贤闵子损、冉子雍、端木子赐、仲子由、卜子商、有子若,西哲先贤冉子耕、宰子予、冉子求、言子偃、朱子熹,东西两庑祀先贤先儒"[3]。

遇到重大节庆日,各级学官须带领诸生对先圣、先师祭祀行礼。顺治元年(1644),清政府规定"每岁春、秋仲月上丁日,直省府、州、县各行释奠于先师之礼。以地方正印官主祭"[4]。雍正七年(1729),凡遇万寿、元旦、冬至、丁祭之期,传令优等生员分班陪列行礼,"居址稍远者,亦令轮班入城,学习行礼"[5]。扬州各级官员按制率领广大学子定期祭奠行礼,扬州学宫亦成为重要的祭奠场所,"扬州人文渊薮,有夫子庙二:一系之府,一则旧属江都。

[1]〔清〕阿克当阿监修,〔清〕姚文田等纂:《〔嘉庆〕重修扬州府志》卷一九《学校志》,卢桂平主编:《扬州文库》第1辑第6册,第312页。

[2]〔清〕阿克当阿监修,〔清〕姚文田等纂:《〔嘉庆〕重修扬州府志》卷一九《学校志·学制》,卢桂平主编:《扬州文库》第1辑第6册,第313页。

[3]〔清〕王检心修,〔清〕刘文淇、张安保总纂:《〔道光〕重修仪征县志》卷一七《学校志·学制》,卢桂平主编:《扬州文库》第1辑第18册,第216—217页。

[4]〔清〕素尔讷等纂修,霍有明、郭海文校注:《钦定学政全书校注》,第5页。

[5]〔清〕素尔讷等纂修,霍有明、郭海文校注:《钦定学政全书校注》,第11页。

今合甘泉之博士弟子员，释奠、释菜，以时弦诵于其中，是谓三学"[1]。

在清代，每逢科考年份，扬州府县各级官员在城南的文昌祠举行宴会，为参加科举考试的广大士子饯行，"文昌祠一名文昌阁，在南门外，临河文峰塔湾，祀梓潼帝君。每遇宾兴，府县饯试士于此"[2]。

可见扬州学官高度重视丁祭等节庆行礼活动，相关祭礼礼仪威严庄重，呈现出规范化、制度化的特点，生员遵章守礼，秩序井然。

3.讲解刑律

由于律例"乃莅政临民之要务，士子允宜奉为章程，预先学习，以为他日敷政之本"。因此，学官还负责为学生讲解刑律，在每次月课、季考的次日，将《大清律》的重点条款与之讲解。雍正七年（1729），清政府规定"律文繁多，士子平日讲习经书，势难逐条遍读。应将律内开载刑名钱谷，关系紧要者，详为讲解。使之熟习淹贯，预识政治之要。"[3]平时，由学官讲解，等学政按临地方讲书之时，每个学生则需要当学政之面讲解三条律例。

学政按临扬州主持岁考时，学官还需要举报优生和劣生，交由学政奖惩。例如，乾隆五十五年（1790），江苏学政胡高望在主持扬州府岁试时，在地方学官的举报下，"其文武生员有不守学规经教职查报及恃符滋事经地方官详报者，臣立时批革。如，扬州府学武生武玉衡、仪征县学生员卜枢甲……俱经先后斥革，交地方官按律办理在案。"[4]

（二）生员

1.童生

生员是一省学政和各级地方官学教官的教育对象和管理对象，清代地方官学实行以考代教制度，各类考试与科举考试均直接关联和衔接。地方官学对生员的管理主要就是以科举为导向，严格规范生员的考课和考试。生

---

［1］〔清〕阿克当阿监修，〔清〕姚文田等纂：《〔嘉庆〕重修扬州府志》卷一九《学校志》，卢桂平主编：《扬州文库》第 1 辑第 6 册，第 315 页。

［2］〔清〕阿克当阿监修，〔清〕姚文田等纂：《〔嘉庆〕重修扬州府志》卷二五《祠祀志》，卢桂平主编：《扬州文库》第 1 辑第 6 册，第 401 页。

［3］〔清〕素尔讷等纂修，霍有明、郭海文校注：《钦定学政全书校注》，第 106 页。

［4］《江苏学政胡高望为报常州等地生童岁试情形事奏折（乾隆五十五年五月二十四日）》，中国第一历史档案馆：《乾隆中晚期科举考试史料（上）》，《历史档案》2002 年第 3 期，第 50 页。

员资格必须通过考试获取和维持,同时接受严格的官学科考的教育和训练。生员资格获得之后,其正途就是科举进阶。

2.童试

童试是地方官学的入学资格考试。凡是尚未取得生员资格的士子,无论其年龄大小,统称为童生或儒童。

童生入学必须参加童试,参考者的身份有着一定限制,倡优、隶卒以及犯罪受提审、革职者被排除在外。

童试分为县试、府试和院试三级,层层选拔,而每一级考试又包括正考和复试。府试和县试的复试又称为招复,各地方一、二次不等。院试则是复试一次。童生必须逐级通过知县主持的县试和知府主持的府试,最后参加由学政主持的岁科考试(即院试)。凡是院试被学政录取者成为地方官学生员。

3.廪生、增生和附生

廪膳生员即廪生,由官学发给助学金。增广生员即增广生,又称为增生,是扩大录取范围后招收的生员。附生是生员中的最低等级,增生、附生均无廪膳。

四、教学管理

(一)月课、季考

清代的科举考试,除会试侧重"五经"外,其余皆以"四书"为主,取士更是注重八股时文及楷法试帖,因此扬州官学的教学内容及教学管理以此为准绳。清代对学官编制有严格规定,扬州府学设教授、县学设教谕各1名,另各设训导1名,析县而学合办者则以训导分司。府县各学均奉祀孔子及儒学先贤,因此亦被称为儒学或庙学,其教学内容主要包括"四书""五经"以及《性理大全》《大学衍义》《资治通鉴纲目》《历代名臣奏议》《文章正宗》等,此外尚须学习《圣谕十六条》《御制训饬士子文》《圣谕广训》《大清律例》等,凡是不立于学官的"非圣贤之书",学子均不得诵习。

地方官学的日常考试分为季考和月课,即按月月课,四季季考。考课内容最初为"四书"文中的一篇,雍正六年(1728)后开始兼试策论。岁科考试是由学政主持的地方官学中的最高级别考试。清制规定,学政三年之中必须巡回所属各校,分别主持一次岁试和科试。岁试和科试是童生的入学考试,岁试是生员的升降级考试,科试则是科举的资格考试。因此,岁试和科试对生童至关重要,其规制最为严格。童生须经考试,先由本县择优录取,上报扬州府考核后,再参加由江苏学政主持的院试,合格者送入府县学为生员,俗称秀才。初入学者称附学生,无定额,岁试成绩优等生则为廪膳生,稍次者为增广生,皆有定额。

按照《钦定礼部则例》规定,除每月朔望在明伦堂宣读《御制训饬士子文》及卧碑各条外,府县学官最重要的常规工作就是组织月课和季考,学生平时分散居家学习,遇到堂期、季考和月课时间则由学官传令集中,"季考、月课,除实在丁忧、患病及有事故外,严传各生面加考试。照例用"四书"文一篇,排律诗一首,或试以策,或试以论,由教官衡定等次"[1]。根据考试成绩,劣等者被罚入社学,而社学中的成绩优良者只要通过学政考试,即可升入府县学。这种优胜劣汰的做法,不仅能够调动和激励生员的学习进取心,而且有助于保证和提高官学的教学质量。

清代地方官学教官没有具体的教学任务,只是宣读皇帝的文告和刑律,其最主要的活动,就是组织、评定季考和月课。同时,各级学官管理学田,维修学宫,并辅助地方行政长官举行祭孔仪式。

书院考试分为官课、院课和小课三类。官课为官府对书院学生进行的定期考试,由地方官员命题,梅花书院的官课则由两淮盐运官员命题。官课定于每月初二日进行,多以"四书""五经"内容为题,根据成绩给予考生以升降,"一岁中取三次优等者升,取三次劣等者降"。月试还按成绩分等进行奖励,"合正、附、随课试之,定为超等、特等、一等。超等五十名,第一至第十四名依次发给优奖银","附课取超等前五名升正课,随课取超等前五名升附课",并于每年二月进行甄别。

院课是书院对学生进行的定期考试,通常每月十六日进行,由山长命题,以"四书""五经"为考试范围。考课则由官课、院课轮流命题,如果增加诗赋、经解和策论,即是小课。嘉庆时期,两淮盐运使曾燠亲自设立小课,

---

[1]《钦定礼部则例》卷五三《仪制清吏司》,故宫博物院编:《故宫珍本丛刊》第288册,第249页。

一方面训练生徒韵文,另一方面则是对优秀学子进行额外奖励,"别设小课,俾通经训兼习为有韵之文。一时单门后进,只字片词,动见咨赏,人皆颂以为贤。会额约斋先生来领醮事,先生好学重士,不肯以传舍视其官,故校试诸生,奖励之殷有逾常格"[1]。扬州各书院加试小课的目的,在于奖掖后学并发现真才实学之人,光绪时安定书院山长周顼曾明确表示:"小课中所得能文士,多能潜心实学,阐发前贤身心性命之旨,而不徒以浮词摭拾为工。"[2]

(二)主持岁考

清代在明代"六等试诸生优劣法"的基础上,建立了"六等黜陟法"制度,打破生员的等级限制,根据其学业成绩进行升降,确定生员出贡和应乡试资格。

学中的生员有月课、季考、岁考、科考等。岁试每年举行一次,内容分为"四书"文二道、"五经"文一道。地方官学根据学生的学业优劣,实行"六等黜陟法",即对生员按照考试成绩分为六等,并据此开展年度考核,实行升降惩罚。六等的标准是:文理平通者列为一等,文理亦通者列为二等,文理略通者列为三等,文理有者列为四等,文理荒谬者列为五等,文理不通者列为六等,亦称劣等。岁试中得一等成绩者依次递补廪膳生缺额,二等成绩者则依次递补增广生缺额,均给赏;三等成绩者,不升不降;四等成绩者,则挞责;五等成绩者,廪膳生降为增广生,增广生降为附学生,附学生则降为青衣;六等成绩者,革去生员身份。此外,还有青衣、发社两种则是对考劣等的降级处分,青衣是指生员由特许的服色蓝衫改穿青衫,发社则是生员由府、州、县学降入社学。岁试规定,生员必须参加考试,不得无故缺席,否则革为民。因故请假缺考者必须限期补考,不参加补考者亦革为民。屡试而成绩劣等者则被罚入社学,社学中成绩优良者通过学政考试,亦可升入府县学。

六等黜陟法把生员的等级升迁与学业成绩直接挂钩,并对生员实行动态管理,事关生员个人的切身利益和社会声誉,因此受到生员的高度重视。

---

[1]〔清〕吴锡麒:《校士记》,〔清〕阿克当阿监修,〔清〕姚文田等纂:《〔嘉庆〕重修扬州府志》卷一九《学校志》,卢桂平主编:《扬州文库》第1辑第6册,第316页。

[2]〔清〕周顼:《二集序》,〔清〕钱振伦:《安定书院小课二集》,卢桂平主编:《扬州文库》第2辑第54册,第512页。

（三）发放学租

学官负责对廪生和贫士发放学租,多采用散给法。乾隆十年(1745)规定,学租先由各地学官确查贫寒学生名单,再按极贫、次贫分类造册,当学政主持院试时上报,经学政核实后,在三日内逐一面赈。这种做法确实保障了贫寒学子的利益,在一定程度上又可以防范学官弄虚作假、徇私舞弊。

（四）组织生员参加科考

清代科试每三年举行一次,都安排在乡试之前进行,这是生员获准参加乡试的资格考试。科试考试内容与岁试相同,按成绩分为三等,一般情况下,第一、二等级获准参加乡试,有时则有所放宽,允许第三等级的前五名或前十名参加乡试。

根据清制,童生在庠肄业,每三年分别举行岁考(逢丑、辰、未、戌年)和科考(逢寅、巳、申、亥年)各一次,由各省学政主持,在各府或大州所设考棚次第举行,各州、县的庠生均要参加。录取名额由学校规模决定,而学校规模又取决于各地的文风高下以及人丁钱粮多寡。对于交通不便的边远地区考生亦作变通处理,允许其就近参考。考试分为生员、文童和武童三个层面,考试的通常顺序为:先生员,次文童,最后才是武童。县试安排在岁试和科试之间,作为科试的预演前奏。

各地庠生考试结束后,随即举行童生的两场考试,即正场和经古。经古不考"四书"文而试"五经"文或诗赋。童生可以选择不应经古之试。考试结束后,各地根据学额放宽一定名额参加复试。复试后,即按各县学额发榜,列名榜上者即入庠。案首(即为各地所取头名)由学政复试,即便发挥稍逊亦多入庠。

县试分为五场:前场,取前20名。次场即坐堂号,堂号设在县衙公堂两侧,由县令和学官直接监视,辨别学生真伪。前四场之榜曰团榜,用循环式书名,作一圆形,以50人或100人为一团。最后一场则结合前四场的文字加一总评,按照名次排序,曰长榜。

地方政府定下试期后,即将本地长榜上的童生造册申送,参加复试。复试仍为五场,每场均由县发榜。地方官员将复试长榜童生名单造册送报学政,待本省学政按临后,将先考在官学就读的庠生列为一等,若非廪膳生则补为增生,遇有廪膳生空缺,则按照名次进行递补,补廪膳生每年即可领廪饩银4两8钱。每次考试,列名最前的一位廪膳生出贡,曰岁贡。遇有恩科则增加一人,曰恩贡。庠生应试,列为一、二等者,遇乡试时,免其录遗;考列三等者,则须经过录遗,方能参加乡试。

扬州府县科考是分期分批举行,试题则严格按照"四书""五经"命题,参加科考的学生人数相对较多,这些都反映扬州府县官学较为发达。扬州府的岁试,所属各县水平参差不齐,相差甚远。例如,乾隆五十五年(1790),江苏学政胡高望按临江宁、扬州主持岁试,事后将考试情形向朝廷作了详细奏报,其对扬州所属各县的考试水平有点评:"臣于八月二十八日开考江宁府,该府试竣,即赴泰州考棚岁试扬州府属。……臣复于正考及复试时,逐名留心稽察,并严饬各学举报优劣,分别劝惩。二郡文风以……江都、甘泉、泰州为优……仪征等县次之。惟……扬州府属之东台,虽文理尚堪造就,而书卷未允。"[1]据胡高望称,江都、甘泉两县岁试文风要好于仪征等县。

总体而言,扬州府县秀才在直省乡试中的竞争力参差不齐,江都作为府县附郭,无论是中举人,还是中进士的概率均远远高于其他地区,这反映扬州府学教育资源的利用更多倾向于首府学子,其他地区并没有能够一起均沾。有研究表明,自1851年至1880年,扬州文武学额的增加率分别为39.4%和54.8%,在省内仅次于苏州,而同期扬州的人口则减少了24.9%,但在省内远不及江南的苏州、常州和镇江人口的锐减。如果与苏州直接对标,扬州的科考难度则远远高于苏州。[2]

第二节　书院

书院源于唐朝,盛于宋朝,是中国教育体制中具有重要地位的教学机

---

[1]《江苏学政胡高望为报江宁等地生童岁试情形事奏折》,乾隆五十五年十月十七日,中国第一历史档案馆:《乾隆中晚期科举考试史料(中)》,《历史档案》2002年第4期,第15页。

[2] 扬州府的区域范围虽然较为宽泛,但是所描述的现象则是与事实大致吻合,反映出从咸丰时期开始扬州府的科考难度逐渐增加,录取比例随之下滑。参见梁志平、张伟然:《定额制度与区域文化的发展:基于清代长江三角洲地区学额的研究》,第64页。

构。清代,书院形成一套颇具特色和优势的办学体制。清初对明末东林党人还心有余悸,视书院为"群聚徒党"之所,唯恐其成为社会动乱之源,因此对书院采取压制政策。雍正时期,清王朝的统治已经相当稳固,对书院的管制有所放松。雍正十一年(1733),清廷允许在省会设立书院,并由各省巡抚聘请山长。

　　清代扬州地区的书院得到长足发展,先后涌现出安定、梅花、乐仪、广陵、虹桥等众多书院。以梅花、安定书院为代表的扬州书院,其教学功能与地方官学日趋相近,成为广大学子应对科考的预备机构。应试之余,梅花、安定等书院还"博习经史词章",从事学术研究。乾嘉学派兴起后,扬州书院深受其影响,广大师生开始专攻经史、注重考据,汇聚并培养一批知名学者,如乾嘉学派考据学大师戴震,戏曲家、文学家蒋士铨,史学家、文学家赵翼等,安定、梅花等书院逐渐成为国内朴学研究的重镇。

　　鸦片战争以降,中国社会处于急剧变革之中,扬州的文化教育机构随之发生重大嬗变。晚清时期,仪董学堂、笃材学堂等新式学校的创办,不仅严重冲击着传统的书院教育,而且推动了书院的变革。真理女学堂、美汉中学等教会学校在扬州的出现,则对传统书院教学模式造成强烈冲击。扬州书院的管理制度、教学内容等方面均发生不小的变化。20世纪初年,清政府推行新政,扬州书院的变革日益深入,多数书院亦改为新式学堂,扬州的近代教育体制得以逐步形成和确立。

一、清代扬州书院概述

(一)扬州书院的历史发展

　　扬州书院的创设是对地方官学教育体系的一种补充和完善,目的在于为统治者培养更多的人才,"书院之设,所以佐郡县学校,为国家育人才也"[1]。清政府还希冀书院能够在地方发挥收民心、广教化、淳风俗的社会功能,正如康乾时期江都教谕吴锐对书院社会教化和引领道德功能的阐述,"书院何为而设也? 稽之王制,既立之党庠、术序以处士矣。士于是隶籍其

---

[1] 〔清〕阿克当阿:《文昌楼孝廉会文堂碑记》,〔清〕阿克当阿监修,〔清〕姚文田等纂:《〔嘉庆〕重修扬州府志》卷一九《学校志》,卢桂平主编:《扬州文库》第1辑第6册,第318页。

中，争先角艺。先儒又以为恐近喧嚣，乃退求水木清虚之地，相与俯仰揖让，以为扶树道德之所。其功与学校相埒。今所传四大书院是已。况维扬为天下之陬区，汇江海，互南北，五方杂遝，耳目见闻，薰习濡染，非多为之所，恐为风俗忧。……以为先自士习始，士习端，则民风相率而驯。而遽与研穷精微，辨析同异，将茫茫然无所向，方不若先之以帖括制艺，使有所约束，驯习以敛其心，而渐之乎道德之涂"[1]。

由于"盐策之为额供也，居赋税之半，而两淮又居天下之半"[2]，两淮盐业为创办书院提供了经济上的强力支撑，扬州书院得以迅速发展，扬州城郭先后重建或者新办安定、敬亭、虹桥、邗阳、梅花、竹西等书院，地方各州县则创办有高邮的珠湖书院、时雨书院、致用书院、文台书院和文昌书院，仪征的乐仪书院，宝应的画川书院等。

清代扬州府县所办书院总数达到30所，其中安定、梅花和乐仪三家书院声名最为显赫，"维扬为东南人文林薮，其巡醝使者所辖，则有安定、梅花、乐仪三书院"[3]。王芑孙在《乐仪书院课艺序》中认为："书院之设，莫盛东南，东南之书院，在今莫盛于扬州，斯其效也。"[4]当时，梅花书院以教学管理和教学质量而进入国内最著名书院之列，"就中国书院而论，极讲究者以扬州梅花书院为最，其取去之严，督课之勤，一遵白鹿洞之遗法，而膏奖皆取给于盐课之赢余"[5]。梅花书院在科考中享有盛誉，其生员中先后有三人高中状元，即宝应王式丹、仪征陈倓和歙县洪莹。

扬州书院经费多取自两淮运使的盐课或两淮盐商的引捐，经费充足且有保障，《〔民国〕甘泉县续志》对此记载："安、梅两书院，经费取给盐引捐，

[1]〔清〕吴锐：《梅花书院碑记》，〔清〕阿克当阿监修，〔清〕姚文田等纂：《〔嘉庆〕重修扬州府志》卷一九《学校志》，卢桂平主编：《扬州文库》第1辑第6册，第317页。

[2]〔清〕吉庆监修，〔清〕王世球纂：《〔乾隆〕两淮盐法志·序》，卢桂平主编：《扬州文库》第1辑第30册，第2页。

[3]〔清〕阿克当阿：《文昌楼孝廉会文堂碑记》，〔清〕阿克当阿监修，〔清〕姚文田等纂：《〔嘉庆〕重修扬州府志》卷一九《学校志》，卢桂平主编：《扬州文库》第1辑第6册，第318页。

[4]〔清〕王芑孙：《惕甫未定稿》卷三《乐仪书院课艺序》，〔清〕王芑孙著，王义胜整理：《渊雅堂全集》上册，广陵书社2017年版，第527页。

[5]《论书院弊薮》，《申报》光绪四年七月二十一日（1878年8月19日），第1版。

始于同治四年,每盐一引捐银四分八厘。广陵书院经费由场商捐款,始于光绪五年,每引捐钱三文。"[1]乾隆末期,曾燠出任两淮盐运使,大幅提高扬州书院的膏火待遇,据《〔光绪〕两淮盐法志》载,安定书院"月二课,正课月给膏火三两,附课一两。住院肄业者于常额外日增膏火三分。……其尤者,仿古上舍之例,增正课膏火一两五钱,无定额"[2]。据相关记载,清代常住国子监的内班监生每月给银不过一两,外班监生的膏火每月只有银二钱,六品官员的年俸不过45两,而安定、梅花书院优秀生徒所领膏火银数量远较一般书院为优厚,再加上校课优奖,其实际收入,不仅超过一般地区的廪生、监生,而且高于一些低品级的朝廷命官。《申报》曾给予高度评价:"扬州全盛之时,盐课甲于天下,故书院之膏奖为独厚前者。"[3]

扬州书院给学生的膏火远超一般地区,广大学子可以得到较为优厚的待遇。许多贫苦子弟在扬州书院就读后,"正课月给膏火三两,附课一两,住院肄业者,于常额外日增膏火三分"[4]。当时,生徒学习生活中的最大支出就是饭食问题,珠湖书院"课期生童饭食每名五分"[5],乐仪书院生徒于每年二月初八日开课,十一月二十三日结课,共计十个月二十课,"课饭六人一桌,每桌四钱,约三十桌,每课十二两,每年二十课,共银二百四十两"[6]。可见扬州书院生徒的收入足以支撑其基本开支,生徒凭借膏火完全可以免受饥饿困扰而专心攻读,扬州书院因此成为贫寒学子的学习乐土,为其学业精进和学术研究打下了坚实基础。例如,汪中、焦循均出生于贫寒家庭,就读安定书院后,生活上的后顾之忧得以消除,加之周围良师益友的引导和提携,学

---

[1] 钱祥保等修,桂邦杰纂:《〔民国〕甘泉县续志》卷八下《学校考第八下》,卢桂平主编:《扬州文库》第1辑第16册,第173页。

[2] 〔清〕王定安等纂修:《〔光绪〕两淮盐法志》卷一五一《杂纪门·书院》,卢桂平:《扬州文库》第1辑第37册,第2187页。

[3] 《论书院弊薮》,《申报》光绪四年七月二十一日(1878年8月19日),第1版。

[4] 〔清〕佶山监修,〔清〕单渠总纂,〔清〕方濬颐续纂:《〔嘉庆〕两淮盐法志》卷五三《杂纪二·书院》,卢桂平主编:《扬州文库》第1辑第33册,第1042页。

[5] 〔清〕冯馨增修,〔清〕夏味堂等增纂:《〔嘉庆〕高邮州志》卷五《书院规条附》,卢桂平主编:《扬州文库》第1辑第21册,第204页。

[6] 〔清〕王检心修,〔清〕刘文淇、张安保总纂:《〔道光〕重修仪征县志》卷一八《学校志·书院》,卢桂平主编:《扬州文库》第1辑第18册,第235页。

问日益精进,终成一代学术大家。仪征刘文淇家境非常困苦,"每自书院归省,家或断炊,辄郁邑累日"[1],然其就学梅花书院后,获得丰厚的膏火补助和优越的读书条件,能够潜心经学,尤其是专心致力于《春秋左氏传》研究。如果没有梅花书院的资助,或许就无法呈现以刘文淇率其先,子刘毓崧继其后,孙刘寿曾、刘贵曾、曾孙刘师培一脉相承的仪征刘氏一门四代精研《左传》之学的学术奇观。

扬州书院尤其是安定、梅花书院的山长多为饱学儒士且学有专攻。如安定书院的陈祖范、杭世骏、蒋士铨、吉梦熊等,梅花书院的姚鼐、蒋宗海、茅元铭、胡长龄等,兼讲于安定书院和乐仪书院的赵翼、吴锡麒等,此外戴震、厉鹗、全祖望等学术大家都曾讲学于扬州书院,他们在经学、史学、诗词、训诂、戏剧、绘画等领域都有着深厚造诣,他们任教扬州之后,一边讲学授课,一边著书立说,将其毕生研习的治学之道、学术成果作为重要的教学内容,极大地拓宽了门下生徒的学术视野,对其学业成长产生了潜移默化的深远影响。扬州书院山长或主讲均为当时的硕彦名儒,因此前来求学者能够得到谆谆教诲和细心指点而受益匪浅。因此,扬州书院的文化造诣、教学质量、学习环境和学术交流等各方面皆声名卓著。

道咸以前,扬州书院配备了一流的师资,教师学高为范,学生亦青出于蓝,师生之间教学相长、相得益彰,学术、文化能够得以精益求精。诸多名家都肄业于梅花、安定书院,例如段玉裁、段玉成兄弟、王念孙、王引之、梁国治、洪亮吉、孙星衍、汪中、宋绵初、焦循、顾九苞、刘台拱等先后肄业于安定书院,凌曙、刘文淇、薛传均则肄业于梅花书院。著名学者柳诒徵曾充分肯定扬州书院在文化教育方面的重大贡献,"段(玉裁)、王(念孙)、汪(中)、刘(台拱)、洪(亮吉)、孙(星衍)、任(大椿)、顾(九苞)诸贤,皆出于邗之书院,可谓盛矣"[2]。道咸以前,以安定、梅花为代表的扬州书院吸引众多学子慕名而来,因此汇聚一大批优秀人才,正如李斗在《扬州画舫录》中所云:"安定、梅

---

[1]〔清〕刘文淇:《青溪旧屋文集》卷一〇《先母凌孺人行略》,光绪九年(1883)刻本。

[2] 柳诒徵:《江苏书院志初稿》,《江苏省立国学图书馆第四年刊》,南京龙蟠里本馆1931年版,第53页。

花两书院,四方来肄业者甚多,故能文通艺之士萃于两院者极盛。"[1]扬州书院的育人成就得到后人的高度评价:"安、梅两院,自清初以来,校课士子不限于一郡一邑,故四方来肄业者,颇多通人硕士,而其后名满天下者,亦不可胜数。如丹徒裴之仙,浙江梁国治,江都秦黉、秦恩复、汪中,兴化任大椿、顾九苞,金坛段玉裁,高邮李惇、王念孙,宝应刘台拱,常州洪亮吉、孙星衍、万应馨辈,皆自两院中出,可谓极人才之盛矣。"[2]

扬州书院在太平天国战争时期遭受灭顶之灾,府城仅残存安定、梅花和广陵书院。扬州书院由盛转衰。即便如此,扬州书院依然延续其社会盛誉和影响,"咸、同以降,稍不逮前。然江南北知名之士,不试于扬州书院者盖鲜,濯磨淬厉,其风有足称焉"[3]。总体而言,清代扬州书院不仅汇聚一批名儒大师,而且培养众多杰出人才,正如民国时期扬州文化闻人徐谦芳所总结:

> 迄乎清代,江北文化,以扬州安定、梅花两书院为最著。乾、嘉以来,掌院如姚鼐、陈祖范、杭世骏诸儒,皆一时之选。而四方来肄业者,亦多瑰玮博雅之士,如裴之仙、管一清、杨开鼎、梁国治、谢溶生、蒋宗海、秦黉、王嵩高、任大椿、唐侍陛、唐仁埴、杨文铎、申甫、何融、余瀍、赵廷煦、郭联、吴楷、段玉裁、李惇、王念孙、宋绵初、汪中、刘台拱、殷盘、徐步云、杨伦、韦佩金、洪亮吉、孙星衍、朱申之、顾九苞、程赞普,咸出于其间,可谓盛矣。咸、同以后,稍不逮前,然濯磨淬厉,其风有足称焉。此外,江都有广陵,泰县有胡公,仪征有乐仪,高邮有珠湖,宝应有画川……此建于县城者。又江都翠屏洲有邗阳,甘泉邵伯镇有安石……此建于乡镇者。[4]

(二)扬州书院的分类

扬州书院大致分为三个层次,即训蒙、授读童生和校课士子。训蒙的层次最低,目标在于启蒙幼儿,传授最基本的读写知识,如西门义学、董子义学

---

[1]〔清〕李斗著,陈文和点校:《扬州画舫录》卷三,第36页。

[2] 王振世著,蒋孝达校点:《扬州览胜录》,第119页。

[3] 柳诒徵:《江苏书院志初稿》,《江苏省立国学图书馆第四年刊》,第53页。

[4] 徐谦芳著,蒋孝达、陈文和校点:《扬州风土记略》卷中,第44—45页。

等,"西门义学,在城楼上,雍正十三年,知县朱辉立以训蒙"[1]。授读童生比训蒙层次要高,如课士堂、邗江学舍、甪里书院、广陵书院等,"十三年,知府高士钥改名课士堂,延庠士之有文望者衡艺其中,生童负笈者甚众"[2]。校课监生则是最高层次的书院,为学术交流、文化传播的主阵地,如安定书院、梅花书院、敬亭书院、虹桥书院等,因此,扬州书院是高低搭配、层次分明,正如后人总结:

> 府城书院凡四,曰孝廉堂,举人肄业;曰安定书院,曰梅花书院,生监肄业。盐政月试之,既省盐政并总督管理,由盐运使月试之。曰广陵书院,文童肄业,知府及两知县轮月试之,安定、梅花、广陵三院山长月再试之。[3]

扬州书院不仅在书院之间形成高低相间、相互配套的层次关系,而且在书院内部进行分类教学。一些经济实力强、招生规模大的书院,如梅花、广陵书院等,按照生徒的不同程度和水平进行分类。不过,这一分类与教学内容并没有实质性的关联。例如,梅花书院按照举人和生监两个层次分类,每类中均包含正课、附课和随课三档。乾隆五年(1740),尚未取得童生资格的秦黉在梅花书院附课,每次院课均得第一,"六月,(郭)海若外舅携谒梅花山长胡复翁期恒师,附课院中,每试必冠其曹"[4]。

广陵书院分为生监和童生两个类别,每类均分为正课、附课和随课三个等级。梅花、广陵书院生徒以膏火奖励的形式,根据校课等级排名在三个等级中进行流动变更,以期激励生徒刻苦学习、积极上进。事实上,扬州其他书院的分类只是根据生徒的考课成绩,用来区分生徒享受的膏火奖励待遇。

---

[1]〔清〕五格、黄湘修,〔清〕程梦星等纂:《〔乾隆〕江都县志》卷五《学校》,卢桂平主编:《扬州文库》第1辑第11册,第69页。

[2]〔清〕五格、黄湘修,〔清〕程梦星等纂:《〔乾隆〕江都县志》卷五《学校》,卢桂平主编:《扬州文库》第1辑第11册,第69页。

[3]〔清〕谢延庚修,〔清〕刘寿曾纂:《光绪江都县续志》卷一六《学校考第六》,卢桂平主编:《扬州文库》第1辑第12册,第355页。

[4]〔清〕秦黉:《石研斋主年谱》卷上,江都秦氏石研斋未刊遗稿钞本,扬州大学图书馆藏。

扬州书院教学方法灵活多样,主要分为讲习、自学和质疑等形式。一般由山长亲自主讲要点,引导学生自我钻研。戴震、姚鼐、杭世骏、赵翼等在教学中都重视对学生的启发诱导,有助于对生徒的思维拓展。书院亦经常举行学术讲演会,生徒之间开展辩论。书院还提倡生徒向教师提问和质疑,教师对学生因材施教、个别辅导。例如,汪中就读安定书院时,经常在课堂或课后提出疑问,"补博士弟子后,肄业安定书院。每一山长至,辄挟经史疑难数事请质,或不能对,即大笑出。沈编修志祖、蒋编修士铨,皆为所窘,沈君本年老,后数日即卒"[1]。这一记载对于汪中的描述,未必完全符合事实,却说明安定书院在教学过程中体现出良好的师生互动,敢于质疑问难使得汪中在学术道路上砥砺前行,最终成为一代通儒。自学是生徒最主要的学习方法,这与书院丰富藏书提供的便利密切相关。例如,乐仪书院"院之中书籍具焉、经也、史也、子也、集也,传世之文、荣世之文,以次购得,贮库庋楼,曰柜者四,几侔四库,吁,美矣!"[2]段玉裁、王念孙、汪中、焦循、刘台拱、洪亮吉、孙星衍、任大椿、顾九苞等一批学子,正是通过在扬州书院中的刻苦磨砺,造就其学术上的成功。

（三）扬州的著名书院

清代,扬州地区先后办有 30 个书院,除安定、梅花最为著名外,知名者还有孝廉堂、乐仪书院和广陵书院等。扬州城区书院一般多起源于北宋或明朝,而所属各县均较晚。高邮是乾隆时才创办珠湖书院,"邮之有书院自此始"[3]。仪征"自有此县以来,凤无书院,即江苏所在书院,为数得二十四,仪征顾未之有"[4],乾隆年间方办有乐仪书院。宝应书院出现最晚,"宝邑处江淮间,文物声华不亚旁县,顾自前明以来,独无书院。……康熙间,有议将

[1]〔清〕洪亮吉:《又书三友人遗事》,《更生斋集·文甲集》卷四,《续修四库全书》第 1468 册,第 44 页。

[2]〔清〕王检心修,〔清〕刘文淇、张安保总纂:《〔道光〕重修仪征县志》卷一八《学校志·书院》,卢桂平主编:《扬州文库》第 1 辑第 18 册,第 233 页。

[3]〔清〕阿克当阿监修,〔清〕姚文田等纂:《〔嘉庆〕重修扬州府志》卷四五《宦迹志三》,卢桂平主编:《扬州文库》第 1 辑第 7 册,第 802 页。

[4]〔清〕曹秀先:《书院碑记》,〔清〕阿克当阿监修,〔清〕姚文田等纂:《〔嘉庆〕重修扬州府志》卷一九《学校志》,卢桂平主编:《扬州文库》第 1 辑第 6 册,第 326 页。

旧令王仝春生祠改造者,亦未果"[1]。直到嘉庆元年(1796),宝应县令孙源潮始与王嵩高等创建画川书院。

安定书院在三元坊(今仁丰里),康熙元年(1662),两淮盐运使胡文学与扬州盐商共同筹款创建,因祭祀北宋大儒胡瑗,又被称为胡公书院。胡文学不久后离任,书院竟被两淮盐政占为代用官署。二十年后,安定书院竟被废弃,仅存祭祀胡瑗的祠堂,"公既去,嗣为嵯院,代迁廨,而师儒弦诵之事罕有闻矣。越二十年,堂庑旋毁,廨宇亦倾,惟寝堂以安定祠故,特存"[2]。雍正十一年(1733),两淮盐政高斌、两淮盐运使尹会一"重建安定书院,兴起文教"[3]。乾隆五十九年(1794),两淮盐运使曾燠增修学舍,重定规条,挑选优秀生员置于正课之上。咸丰时期,安定书院毁于战火,同治七年(1868)得以重建。光绪年间,盐运使程仪洛更定章程,改试经艺、策论。生员名额初为60人,后增至近500人,并分为正课、附课和随课等类别。安定书院的生员可以住宿,膏火亦比其他书院优厚。安定书院还资助生员参加岁科和秋闱的路费,给予人性化的关怀,因此吸引更多学子前来就读。光绪二十八年(1902),改名为安定校士馆。光绪三十一年(1905),安定、梅花与广陵校士馆合并为尊古学堂,光绪三十四年(1908)又改为两淮师范学堂。

梅花书院在广储门外,为明代尚书湛若水书院教学故址,原名崇雅书院。雍正十二年(1734),扬州知府刘重选对士子授课教学,"久之,赴课者众,而公堂非讲艺之区,官廨非栖士之舍。"[4]盐商马曰琯选择其故址独资重建,改名为梅花书院。梅花书院布局非常规整,包括门舍、祠堂、议门、上堂、讲堂、号舍、饭堂和园亭等。乾隆四年(1739),巡盐御史三保、转运使徐大枚酌定诸生膏火,于运库支给。乾隆八年(1743),梅花书院改附于安定书院,

---

[1] 〔清〕孟毓兰修,〔清〕乔载繇等纂:《〔道光〕重修宝应县志》卷三《书院》,卢桂平主编:《扬州文库》第1辑第25册,第202页。

[2] 〔清〕尹会一:《重建安定书院记略》,〔清〕徐成敀、桂正华修,〔清〕陈浩恩等纂:《〔光绪〕增修甘泉县志》卷六《学校志》,卢桂平主编:《扬州文库》第1辑第14册,第243页。

[3] 〔清〕阿克当阿监修,〔清〕姚文田等纂:《〔嘉庆〕重修扬州府志》卷四五《宦迹志三》,卢桂平主编:《扬州文库》第1辑第7册,第801页。

[4] 〔清〕吴锐:《梅花书院碑记》,〔清〕阿克当阿监修,〔清〕姚文田等纂:《〔嘉庆〕重修扬州府志》卷一九《学校志》,卢桂平主编:《扬州文库》第1辑第6册,第318页。

两淮盐官及扬州府县官员均于此设课考士。乾隆四十二年(1777),马曰琯之子马振伯呈请将梅花书院归公,两淮盐运使朱孝纯谕商捐修,不仅额定每年经费,而且将其直接划归盐务管理。[1]安定书院、梅花书院由此皆为官办,且由两淮盐运使主持。乾隆四十三年(1778),梅花书院再从安定书院中独立,"仍分设梅花书院"[2]。乾隆末年,曾燠对梅花书院亦给予财力上的大力扶持,"其诸经费略视安定而损益之"[3]。曾燠还设立上舍制度,专门奖励学业优等之高才生,"在院诸生分正课、附课、随课。正课岁给膏火银三十六两,附课岁给膏火银十二两,随课无膏火。……癸丑,南城曾燠转运两淮,亲课诸生,又拔取尤者十余人。置于正课之上,名曰上舍,岁加给膏火银十八两"[4]。咸丰时期,梅花书院毁于兵火,"咸丰三年,粤匪窜扬,夷为平地"[5]。同治五年(1866),丁日昌在东关街疏理道巷口官房重建梅花书院。同治七年(1868),梅花书院再度迁至左卫街,原地此处让与安定书院。光绪二十八年(1902),梅花书院改为校士馆。

孝廉堂于嘉庆十三年(1808),由两淮盐政阿克当阿在梅花书院内附设,专门为应试举子授课肄业,膏火由两淮盐运司及扬州盐商供给,"加诸生额数,并增膏火,又招孝廉入院肄业,每课奖赏逾格,来学者四远麇至"[6]。嘉庆十四年(1809),就读于梅花书院的洪莹高中状元,这直接刺激阿克当阿在书院后空地增建文昌楼,并设孝廉会文堂,专门为举人校课,以此激励学子科考的积极性,此举亦开创书院专课举人之先河,正如道光时期两淮盐运使俞德渊的赞誉:"扬州孝廉堂之设,系在盐务丰美之时,当事诸公爱才心切,雅

---

[1]〔清〕徐成敩、桂正华修,〔清〕陈浩恩等纂:《〔光绪〕增修甘泉县志》卷六《学校志》,卢桂平主编:《扬州文库》第1辑第14册,第248—249页。

[2]〔清〕阿克当阿监修,〔清〕姚文田等纂:《〔嘉庆〕重修扬州府志》卷一九《学校志》,卢桂平主编:《扬州文库》第1辑第6册,第315页。

[3]〔清〕王定安等纂修:《〔光绪〕两淮盐法志》卷一五一《杂纪门·书院》,卢桂平:《扬州文库》第1辑第37册,第2189页。

[4]〔清〕李斗著,陈文和点校:《扬州画舫录》卷三,第34页。

[5]〔清〕方濬颐等修,〔清〕晏端书、钱振伦等纂:《〔同治〕续纂扬州府志》卷三《学校志》,《中国地方志集成·江苏府县志辑》第42册,第685页。

[6]〔清〕阿克当阿监修,〔清〕姚文田等纂:《〔嘉庆〕重修扬州府志》卷一九《学校志》,卢桂平主编:《扬州文库》第1辑第6册,第317页。

意栽培,聚各省之贤书,为名流之胜会,校艺论文,诚盛举也。"[1]梅花书院由此声名鹊起,成为一所专门训导举人、汲取进士的书院。孝廉堂与梅花书院分工不同,不过是借其场地兴办,两者之间的教学管理等事务并不相涉,谷西阿、顾莼、左辅等名流先后任孝廉堂山长。例如,谷西阿"引疾假归,买舟南下,巡盐直指使者阿厚庵先生素相契重,延主维扬梅花书院会文堂讲席。扬郡书院向课诸生登贤书即出院。厚庵先生嘉惠后学,始创为孝廉会文堂,得先生主皋比,门弟子争自濯磨,负笈数千里外。先生循循善诱,论文以清真雅正为宗,发明程朱之理奥,亦不废汉儒之经义。每课兼作诗赋,为诸生剖析源流,甄录不拘一格。扬郡素繁华冠盖,往来酬应坌集。先生寓桴园,僻巷杜门养望,非素契不轻与接,而又奖掖后进,言之蔼如。游其门者如饮醇酒坐春风,不自知矜躁之释也"[2]。

由于学子在甄别考试中多有舞弊,导致孝廉堂的教学质量难以保证,声誉一落千丈,"无如地广人众,真赝难分,每逢甄别之时,只凭一纸批文即准收考。其中顶冒代倩、名是人非者,往往而有。遂致道路传闻,致与书楼、善堂、挂名、食俸者相提并论"[3]。道光十年(1830),署两淮盐运使王凤生"详请改入安、梅两院,正附课各二十名,月给膏火查照诸生之例,每年经费即于书楼存项提取给发"。次年,署两淮盐运使俞德渊亲自组织阅卷,"就去年本在孝廉堂有名者重新甄别,录取佳文八十卷,送入安、梅两书院肄业"[4]。同治五年(1866),两淮盐运使丁日昌将孝廉堂附入梅花书院进行课试,正、附课均为15名,随课无定额,"孝廉堂无山长,课如旧制,其正、附、随课名目亦如旧制,以月试等第为升降,罢三年甄别之法。每月官课、山长课皆'四书'文

---

[1]〔清〕俞德渊:《甄别孝廉示》,赵和平编著:《默斋拾遗——俞德渊史籍及研究》(上),宁夏人民出版社2017年版,第229页。

[2]〔清〕李周南:《谷西阿先生征诗册序》,李周南:《洗桐轩文集》卷五,《清代诗文集汇编》第440册,第401页。

[3]〔清〕俞德渊:《甄别孝廉示》,赵和平编著:《默斋拾遗——俞德渊史籍及研究》(上),第229页。

[4]〔清〕俞德渊:《甄别孝廉示》,赵和平编著:《默斋拾遗——俞德渊史籍及研究》(上),第229页。

一首,试律一首"[1]。孝廉堂虽然并入梅花书院,但其运作体制则一如既往,没有实质变化,正如时人诗云:"讲院抡才本不差,孝廉堂已附梅花。点名接卷同生监,旧例谁呼某老爷。"[2]

广陵书院由扬州知府赵宏煜于康熙五十一年(1712)创建,本为义学。雍正十三年(1735),知府高士钥改为课士堂,乾隆年间又改名竹西书院,后经数次移建至东关街,并改名广陵书院。广陵书院"专课童生"[3],主要负责童生训蒙,"扬州郡城……若校课童生书院,今存者惟广陵书院而已"[4]。广陵书院由扬州知府和江、甘知县轮月考试,山长每月再试。嘉庆十四年(1809),阿克当阿"又念广陵为童子肄业之地,人才发轫实基于此,旧时设额过隘,且岁入数百金,不足以赡多士"[5],因此大幅增加员额和膏火。广陵书院亦因生徒膏火待遇丰厚而引发"赴试者云集"[6],进而为安定、梅花书院提供了大量优质生员,正如朱凤仪在《广陵书院课艺叙》中所云:"我朝文治日新,于兹郡广建书院,最著者曰安定,曰梅花。肄业生几遍百郡,而课童子无专地。嘉庆间,长白豫簀山先生守郡时始建兹院,颜曰广陵,专课阖境童子,蒙养既勤,英才斯聚。自时厥后,安、梅两院知名之士蜚声腾实,蔚为国华,其始则皆拔迹于此,彬彬乎称大成焉。咸丰间,粤匪肆扰,安、梅两院就圮,而广陵讲舍岿然独存。"[7]咸丰年间,广陵书院因战火停课,同治间得以复课,兼课生监,并有小课,时人对此有诗云:"广陵书院喜工成,聘请名师教后

---

[1]〔清〕谢延庚修,〔清〕刘寿曾纂:《光绪江都县续志》卷一六《学校考第六》,卢桂平主编:《扬州文库》第1辑第12册,第355页。

[2]〔清〕臧穀:《续扬州竹枝词》,顾一平辑录,扬州市邗江区党史地方志办公室、扬州市邗江区档案馆编:《扬州竹枝词》,广陵书社2020年版,第189页。

[3]〔清〕阿克当阿监修,〔清〕姚文田等纂:《〔嘉庆〕重修扬州府志》卷一九《学校志》,卢桂平主编:《扬州文库》第1辑第6册,第318页。

[4]〔清〕李斗著,陈文和点校:《扬州画舫录》卷三,第34页。

[5]〔清〕朱方增:《广陵书院增额记》,〔清〕阿克当阿监修,〔清〕姚文田等纂:《〔嘉庆〕重修扬州府志》卷一九《学校志》,卢桂平主编:《扬州文库》第1辑第6册,第319页。

[6]〔清〕阿克当阿监修,〔清〕姚文田等纂:《〔嘉庆〕重修扬州府志》卷一九《学校志》,卢桂平主编:《扬州文库》第1辑第6册,第318页。

[7]〔清〕朱凤仪:《广陵书院课艺叙》,〔清〕范凌霄编:《广陵书院课艺》,卢桂平主编:《扬州文库》第2辑第54册,第570页。

生。不但有文还有行,制科人物冠通城。"[1]光绪年间,程仪洛更定章程,改试经艺、策论,只课童生,不课生监。光绪二十八年(1902)改为安定校士馆。

仪征知县卫曦骏于乾隆三十三年(1768)倡建乐仪书院,并得到两淮盐政、盐商的支持。乐仪书院最初仅收正课生、附课生,后来不断扩大招生范围,道光年间亦招收生员正、附、随课生以及童生正、附、随课生,总人数达240名。书院向正、附生发放膏火银,但并不提供月课奖励。此后,张东冈等盐商以其子弟在书院就学,愿意每年捐助膏火银。乐仪书院"所需生童膏火由各埠按引公捐,纲盐每引一厘,食盐每引四毫,每年约计捐银一千二百余两"[2],当原定额捐不敷支出时,再由盐商据实资助。乐仪书院颇受益于两淮盐政,乾隆六十年(1795)和嘉庆十四年(1809),曾燠、阿克当阿先后施有惠政,生徒膏火、月课优奖等的发放参照梅花、安定书院之例,"每遇乡试之年,肄业诸生定于六月望后赴郡,与安定、梅花两院诸生一体应盐运使决科,各给考费银六两"[3]。乐仪书院经费主要源自两淮盐运使司,生徒名额、膏火银额以及书院修缮等项事务亦由两淮盐运使定夺。例如,嘉庆十四年(1809),两淮盐政阿克当阿决定"增添生童额数并加给膏火","复加给上舍膏火银数"[4]。道光十七年(1837),监掣同知姚莹改建书院房舍。咸丰三年(1853),乐仪书院毁于太平天国战火,同治五年(1866),曾国藩饬两淮盐运使程桓生查明乐仪书院每年用款后,"即于扬营赏号改作书院经费项下酌量分拨",次年乐仪书院暂借太平庵开课。光绪元年(1875),乐仪书院在原址得以重建。[5]同治年间,书院经费改由十二圩两淮盐栈承担。光绪三十一年(1905),

[1]〔清〕臧榖:《续扬州竹枝词》,顾一平辑录,扬州市邗江区党史地方志办公室、扬州市邗江区档案馆编:《扬州竹枝词》,第189页。

[2]〔清〕王检心修,〔清〕刘文淇、张安保总纂:《〔道光〕重修仪征县志》卷一八《学校志·书院》,卢桂平主编:《扬州文库》第1辑第18册,第233页。

[3]〔清〕王检心修,〔清〕刘文淇、张安保总纂:《〔道光〕重修仪征县志》卷一八《学校志·书院》,卢桂平主编:《扬州文库》第1辑第18册,第234页。

[4]〔清〕王检心修,〔清〕刘文淇、张安保总纂:《〔道光〕重修仪征县志》卷一八《学校志·书院》,卢桂平主编:《扬州文库》第1辑第18册,第235页。

[5]〔清〕王定安等纂修:《〔光绪〕两淮盐法志》卷一五一《杂纪门·书院》,卢桂平:《扬州文库》第1辑第37册,第2190页。

改为乐仪高等学堂。

珠湖书院本在高邮城北门长生庵,乾隆二十四年(1759)由高邮知州李洊德倡建。乾隆四十九年(1784),吴兆萱等捐购西门忠三铺民房改建。咸丰二年(1852),知州魏源将书院移址城外文游台,遂改名文台书院。同治三年(1864),知州马鸿翔仍复忠三铺旧址,并复旧名。光绪二十四年(1898),改为高邮致用学堂。光绪末年,其址改作纺织局。

总体而言,清代扬州书院的层次合理、功能齐全、分布广泛,培养众多人才,促进学术研究,饮誉一时。

二、院长与员额

扬州书院的组织机构比较简洁精干,主要由山长、监院等组成。书院的主持人称山长或掌院,"主讲席者,谓之掌院"[1],负责书院的组织管理和教学事务。山长作为书院的学术引领人,重在指点和传授学生的学习方法。乾隆三十年(1765),清政府下令将其改称院长[2],然而"山长之称,并未弃用,流俗一仍旧称不改"[3]。书院山长人选确实至关重要,其师德修养、学术取向、教学水平直接影响到书院的教学质量和社会声誉。如果有优秀的名儒大师出任山长,书院通常就会教学、研究兴盛繁荣,从而汇聚更多优秀师生,反之则暮气沉沉、死水一潭。

扬州书院山长中不乏"遥领馆职"现象,不能发挥实际作用。例如,嘉庆时期,吴锡麟曾经遥领安定书院,实际运作由乐钧负责。乾嘉时期,乐仪书院遥领情况更为突出。道光十五年(1835),姚莹出任淮南监掣同知后,要求乐仪书院更新充实课士内容,进而要求山长不可虚领差事,必须长住书院专事教学。

> 书院之设,虽业在课文,而讲求道义、敦崇实学,尤为教士之本。尔

---

[1]〔清〕李斗著,陈文和点校:《扬州画舫录》卷三,第34页。

[2]《高宗纯皇帝实录》卷七四八"乾隆三十年十一月己卯"载:"各省书院延师训课,向有山长之称,名义殊为未协。既曰书院,则主讲席者,自应称为院长。着于各督抚奏事之便,传谕知之。"《清实录》第18册,第235页。

[3] 邓之诚:《清季书院述略》,《现代知识》1947年第2卷第2、3期合刊。

来风俗颓靡,竞末亡本,士子但知重科名,而于修己治人之道、经史子集之书,未能知所从事。书院课文,但图膏火,则是养而无教,利禄所以陷溺人心也。……窃以皋比不可久虚,师道必须严立。应请现订山长早日莅临长住,课文之外,讲求先贤遗规,切于人伦之用,俾诸生有所观摩,培成令器,或于国家教士储才不无裨益也。[1]

姚莹特意聘请李兆洛担任乐仪书院山长,书院面貌因此焕然一新,正如汪喜孙对此所作评价:

　　书院之兴与学校相辅。士为四民之首,学校盛则风俗善良。山长弗视若传社,诸生弗视同利薮,州县弗视为具文,然后书院可辅学校。乐仪讲院自沈按察后,师道不立。司马官仪征,课士先器识而后文艺,多士乐从之游。……国初,通经致用之士以顾亭林为第一流人,近来治经之人专核训诂名物,罕通大义;治《禹贡》不复孰何治河,治《公羊》不复孰何决狱,三百五篇不复孰何谏书,惟李申耆院长经明行修,学通天人,褒为选首。[2]

山长之外设有监院,"延府县学教谕、训导一人,点名收卷,支发膏火,谓之监院"[3]。其中,安定、梅花书院监院2人,其薪酬亦较高,每月束脩银各12两,一年达144两,"以府县三学学官轮替管理。广陵书院监院事,亦归三学管理"[4]。根据清制,书院的日常事务归地方官学教授和教谕管辖,安定、梅花、广陵等书院直接聘请扬州府学教授或江、甘县教谕为监院,其中不乏社会名流,如金兆燕、顾悙量、夏宾、李保泰、俞升潜、王嵩伯、范鉴等人先后为梅花书院的监院,李斗据此感叹:"自立书院以来,监院互用府县学学师,皆

[1]〔清〕姚莹:《乐仪书院始由监掣课士状》,《东溟文后集》卷二,《续修四库全书》第1512册,第87页。

[2]〔清〕汪喜孙:《从政录》卷二页一七《姚司马德政图叙》,《江都汪氏丛书》,上海中国书店1925年版。

[3]〔清〕李斗著,陈文和点校:《扬州画舫录》卷三,第34页。

[4]柳诒徵:《江苏书院志初稿》,《江苏省立国学图书馆第四年刊》,第54页

知名有道之士。"[1]

安定、梅花、广陵等书院,因其招生规模较大,如梅花书院学生人数多至百余人,广陵书院更达数百人,因此增加照料董事。其中,孝廉堂2人,安定、梅花书院每院2人,广陵书院1人。[2]此外,每院还配备了一些日常杂务的管理人员,如书吏、斋夫等,分别负责书院的教务和膳食。"安定、梅花书院每院书吏二名,每名月给丁食银二两五钱。斋夫二名,每名月给工食银二两。"[3]

此外,书院的总务、财会、接待、祭祀、堂长、经长和学长等其他事务,则由学生兼任,有着各自详细规定和明确职责范围。例如,分管财务者要专管书院的一切收支、出纳、米盐琐碎、修整部署诸务,而且明确规定"择有才而诚实者为之",不称职则予以更换;堂长负"督视课业勤惰"及"诱掖调和"院中学徒的责任,不称职同样更换;至于接待、祭祀等职事务则由学生轮流担任,按季更易。生徒参与书院的管理乃至教学工作亦成为扬州书院管理的一个显著特色。[4]

(一)院长

由于两淮盐业经济繁荣,扬州书院山长的收入待遇普遍较高,"安定、梅花书院山长束脩银各四百两,火食银各三百两。广陵书院山长束脩银二百六十八两,火食银八十两,春、秋五贤二忠祭祀银八两"[5]。仪征乐仪书院在两淮盐政的财力支持下,"山长束脩薪水照旧五百两,各项杂费八十余两"[6]。高邮珠湖书院山长待遇相对较低,"旧制山长脩金每年二百八十千……随金八千……聘金洋钱八元"[7]。不过,由于时代环境的不同,以及个人资历、水

---

[1]〔清〕李斗著,陈文和点校:《扬州画舫录》卷三,第36页。

[2]柳诒徵:《江苏书院志初稿》,《江苏省立国学图书馆第四年刊》,第54页

[3]柳诒徵:《江苏书院志初稿》,《江苏省立国学图书馆第四年刊》,第54页

[4]王伟康:《扬州书院略论》,《江苏广播大学学报》2005年第5期,第54页。

[5]柳诒徵:《江苏书院志初稿》,《江苏省立国学图书馆第四年刊》,第54页

[6]〔清〕王检心修,〔清〕刘文淇、张安保总纂:《〔道光〕重修仪征县志》卷一八《学校志·书院》,卢桂平主编:《扬州文库》第1辑第18册,第235页。

[7]〔清〕金元烺、龚定瀛修,〔清〕夏子鐊纂:《〔光绪〕再续高邮州志》卷一《舆地志·建置·书院》,卢桂平主编:《扬州文库》第1辑第22册,第222页。

平甚至与地方官员关系的亲疏，书院山长的脩金随之有所变化。例如，乾隆三十七年（1772），秦黉入主乐仪书院后就发现"乐仪馆谷二百四十□□，薪水百金"[1]。

清代，江浙地区书院山长的收入最高，安定、梅花书院山长的束脩虽然不及钟山、紫阳等省级书院，但明显高于一般书院[2]，而乐仪、广陵、珠湖等书院山长的经济待遇亦不薄，因此扬州书院山长一职得到时人的青睐。厉秀芳所作《山长》一诗对此多有调侃："利锁名缰大可哀，岂惟寒士喜分财。先生绝代高人品，不为黄金也不来。"[3]

为了提高办学质量和教学水平，扬州书院多聘请国内名儒大师作为院长或主讲，康雍乾时期，主讲安定书院、梅花书院者多为海内学术大师，如王步青、储大文、蒋士铨等人皆先后出任山长，不仅营造出浓厚的学术氛围，而且产生很大的社会反响。当时，安定书院中先后有陈祖范、杭世骏、赵翼等汉学大师任教，不仅具有很高的学术水准，而且成为乾嘉汉学的重镇。与安定书院、梅花书院相比，广陵书院只是负责教授童生，虽然其教师的名气、数量皆不及安定、梅花书院，但亦不乏一流名家在此掌教，如经学大师刘宝楠、常州名士董士锡等人。乐仪书院"中间兴替以时，独为之山长者多闻人，以是乐仪书院闻天下"[4]。

无论是原为政府官员，还是一介布衣学者，能够出任扬州书院山长，说明其在学术、教学、管理等方面均有着极高造诣。例如，王步青出任安定书院山长时，讲授时文名家，编有《塾课分编》八集及续集，自序略云："与生徒口讲指画，后先五十年，凡所课读，必用其材，视其候，不敢以意漫尝，庶几其有成就。"这一做法得到当时著名学者翁方纲的高度评价："凡初入塾者，读文以王己山《塾课》八集为最善。"[5]蒋士铨"以诗、古文辞负海内盛名，主讲

［1］〔清〕秦黉：《石研斋主年谱》卷下，江都秦氏石研斋未刊遗稿钞本，扬州大学图书馆藏。

［2］徐雁平：《清代东南书院与学术及文学》，安徽教育出版社 2007 年版，第 314—316 页。

［3］〔清〕厉秀芳：《真州竹枝词》，卢桂平主编：《扬州文库》第 2 辑第 55 册，第 404 页。

［4］〔清〕王芑孙：《惕甫未定稿》卷三《乐仪书院课艺序》，〔清〕王芑孙著，王义胜整理：《渊雅堂全集》上册，第 527 页。

［5］〔清〕梁章钜：《制义丛话》，上海书店出版社 2001 年版，第 27—28 页。

安定书院,成就后学甚众"[1]。杭世骏主讲安定书院时,通过指点汪中的治学
方法,使其学术成长获得极大启发和进步,正如汪中之子汪喜孙所记:"杭先
生以经史相淬厉,先君得借读群经《正义》,学以日进。"[2]刘星炜、吴锡麒、
孙星衍、洪亮吉等曾在扬州各书院出任山长,均为"骈文八大家"之一,"此
数公者,通儒上材"[3],被誉为"皆遵循轨范,敷畅厥旨,堪为一代骈文之正
宗"[4]。嘉庆年间,吴鼒将上述名家的骈文选编入《八家四六文钞》,作为书院
学子的教材,"兹集发于生徒之请,综为骈俪之则。采片石于抵鹊之山,挂只
鳞于游龙之渊,所业在此也"[5]。此后,吴氏主讲梅花书院,其亦属才华横溢
之流,"山尊胸藏二酉,力富五丁,所作骈体,沉博绝丽。少为石君司农激赏。
而诗才亦以韩、孟、皮、陆为宗,斗险盘空,句奇语重。五言长古,尤足以推倒
一世"[6]。众多名流大师能够就任扬州书院山长,诚如论者所指出:"在十八
世纪时,以教授生徒为职和以艺术谋生,不仅是一种重要的收入来源,而且
还是能够获得较高学术声望的来源和著述研究的依托。并且在教与学的交
流中,还可以向学生们介绍自己的研究观点,传播学术,扩大影响,借以提高
声望,这也是竞争和谋取教职的关键因素。"[7]

　　扬州书院汇聚众多学术大师,为培养高质量人才奠定坚实基础。例如,
王步青"精于制艺,主安定书院时,(江春)方伯师事之"[8],在其谆谆教诲
下,江春学业日进,正如时人评论"掌教维扬书院,所造士多知名……海内

---

　　[1]〔清〕方濬颐等修,〔清〕晏端书、钱振伦等纂:《〔同治〕续纂扬州府志》卷一五《人物志七·
流寓》,《中国地方志集成·江苏府县志辑》第42册,第839页。

　　[2]〔清〕汪喜孙:《容甫先生年谱》,北京图书馆编:《北京图书馆藏珍本年谱丛刊》第111册,
北京图书馆出版社1999年版,第19页。

　　[3]〔清〕吴鼒:《八家四六文钞序》,《吴学士文集》卷三,《续修四库全书》第1487册,第442页。

　　[4]　徐珂编撰:《清稗类钞》第8册,中华书局1986年版,第3888页。

　　[5]〔清〕吴鼒:《八家四六文钞序》,《吴学士文集》卷三,《续修四库全书》第1487册,第442页。

　　[6]〔清〕王昶辑:《吴鼒》,《湖海诗传》卷四一,《续修四库全书》第1626册,第371页。

　　[7]〔美〕艾尔曼著,赵刚译:《从理学到朴学——中华帝国晚期思想与社会变化面面观》,江苏
人民出版社1995年版,第66—67页。

　　[8]〔清〕李斗著,陈文和点校:《扬州画舫录》卷一二,第147页。

之士宗之,无不愿为己山弟子也"[1]。桐城派大师姚鼐入主梅花书院后,"风规雅峻,奖诱后学,赖以成名者甚多。……弟子胡虔,字雒君,尽得其属文之法"[2],贵徵"善属文,尤工汉魏六朝骈丽之作,姚姬传山长知之最先"[3],因此姚氏"所至,士以受业先生为幸,或越千里从学。四方贤隽,自达官以至学人士,过先生所在,必求见焉"[4]。杭世骏主讲安定书院后,答疑解难、指点门径,使生徒深受其学术浸淫,正如夏之蓉云:"问奇各满诸生愿,承盖争看《大雅》传。"[5]洪梧"归主扬州安定、梅花书院,造就甚众"[6],门弟子蒋廷锡、吴清鹏先后高中探花,刘文淇、薛传均等则在学术上精进不已。同光年间,出任安定山长的钱振伦"词馆先达,夙以文章名海内。自袁江崇实书院移讲于此,八年之久,士论翕然,多所造就。瑰材伟器,脱颖而出者,比比也"[7]。

清代扬州书院山长不仅学术精深,而且藏书丰富,为门弟子的学业进步提供了诸多便利。例如,杭世骏的道古堂室藏书达十万余卷,而蒋春农的藏书亦达三万余卷,且多善本,"当时蒋氏藏书号为极盛,盖甲于江南焉"[8]。洪梧藏书数量丰富且颇有价值,给予刘文淇、薛传均等人的学术成长以极大帮助,刘氏对此表达由衷谢意:"予与君同居郡城,又以嘉庆丁卯同补博士弟子,同肄业梅花书院,师事歙洪桐生先生,相善也。先生藏书至富,奖掖后进无不至。侧闻绪论,始自惭闻见寡陋。相勉为根柢之学,遂相约购书,积三载各得书五七千卷,有无相假阅,是非相质难者且十年。"[9]

[1]〔清〕王廷琬:《家传》,〔清〕王步青:《己山先生文集》,《四库全书存目丛书·集部》第273册,第715页。

[2]〔清〕李斗著,陈文和点校:《扬州画舫录》卷三,第34页。

[3]〔清〕李斗著,陈文和点校:《扬州画舫录》卷三,第38页。

[4]〔清〕姚莹:《朝议大夫刑部郎中加四品衔从祖惜抱先生行状》,《东溟文集》卷六,《续修四库全书》第1512册,第430页。

[5]〔清〕夏之蓉:《安定书院晤杭堇浦》,《半舫斋编年诗》卷一九,《四库未收书辑刊》第9辑第25册,北京出版社2000年版,第788页。

[6]徐世昌编:《清儒学案》卷七九《东原学案》,中国书店2013年版,第1395页。

[7]〔清〕方濬颐:《二集序》,〔清〕钱振伦编:《安定书院小课二集》,卢桂平主编:《扬州文库》第2辑第54册,第513页。

[8]柳诒徵:《蒋春农藏书》,《里乘》卷一,杨共乐、张昭军主编:《柳诒徵文集》第5卷,商务印书馆2018年版,第35页。

[9]〔清〕刘文淇:《青溪旧屋文集》卷一〇《文学薛君墓志铭》,光绪九年(1883)刻本。

1.负责教学管理

书院本为民间办学的重要机构,但是清政府仍严格限定其教学内容,要求其为应试科举服务。乾隆十年(1745),清政府在允许书院教学体现学术性的同时,明确要求书院校课要以八股为主,"书院肄业士子,应令院长择其资禀优异者,将经学、史学、治术诸书留心讲贯,而以其余功兼及对偶、声律之学。其资质难强者,当先工八股,穷究专经,然后徐及余经,以及史学、治术、对偶、声律。至每月之课,仍以八股为主,或论、或策、或表、或判,听酌量兼试,能兼长者,酌赏以示鼓励"[1]。

由于经费及其日常管理多由两淮盐运使和扬州地方官员插手,扬州书院的官方色彩从创立之初就相当浓厚,事实上逐渐演变为官学化的组织,与府县官学的功能大致相同。"扬城书院旧隶盐官"[2],梅花和安定书院由两淮盐运使直接掌控。刘重选倡建梅花书院之初,主张书院教学的主要内容为"帖括制艺",其在书院修复之前就在官署厅堂教导生童,"于是进阖郡生童而与之约,匝月一课,招之坐隅,讲贯切摩,不啻塾师之督其弟子,间进之以立品立心、敦本敦行之实"[3]。课士堂则由扬州知府高士钥掌控,"其堂,郡守主之"[4]。此后,扬州地方官员授课书院成为惯例,"扬州广陵书院主课者系府尊与两县轮流,每年除六、腊、正三个月停课外,余俱定于每月初四日举行"[5]。卫晞骏在仪征知县任上,"勤于课士。每月朔谒文庙,集诸生于明伦堂,讲论制义诗赋。创乐仪书院,作记勒石"[6]。扬州书院亦成为学子科考应试的重要场所,其教学内容日益与八股取士的要求相匹配。

————————————

[1]〔清〕素尔讷等纂修,霍有明、郭海文校注:《钦定学政全书校注》卷七二《书院事例》,第286页。

[2]钱祥保修,桂邦杰等纂:《〔民国〕江都县续志》卷八下《学校考第八下》,《中国地方志集成·江苏府县志辑》第67册,第520页。

[3]〔清〕吴锐:《梅花书院碑记》,〔清〕阿克当阿监修,〔清〕姚文田等纂:《〔嘉庆〕重修扬州府志》卷一九《学校志》,卢桂平主编:《扬州文库》第1辑第6册,第317—318页。

[4]〔清〕五格、黄湘修,〔清〕程梦星等纂:《〔乾隆〕江都县志》卷五《学校》,卢桂平主编:《扬州文库》第1辑第11册,第69页。

[5]《广陵提课》,《申报》光绪五年十二月初一日(1880年1月12日),第3版。

[6]〔清〕阿克当阿监修,〔清〕姚文田等纂:《〔嘉庆〕重修扬州府志》卷四五《宦迹志三》,卢桂平主编:《扬州文库》第1辑第7册,第802页。

　　扬州书院的教育目的和运行有着深深的国家意识和科举印迹。扬州书院虽然延聘众多名师出任山长，但是名师教学并不意味着一定会出科场高徒，这使得山长倍感压力。秦黉执掌乐仪书院的结果就不甚理想，特别是乾隆三十九年（1774）其门徒俱名落孙山，被迫主动辞职，"余掌教仪征四年矣。仪征士习轻扬，不能沉潜力学，是科无一中式者，颇切尸位之惧，余且有病，决计辞之"[1]。

　　扬州书院不仅有助于学术研究的发扬，而且培养出大量的经世致用型人才。扬州书院作为地方重要的文化教育组织，在教育、文化、学术等方面发挥的功能和取得的成就，远非扬州府县官学和其他私学可比。

　　2. 处理日常事务

　　书院一般都供有先圣、先师和先贤，以其为楷模，激励后学。例如，安定书院中建有宋儒胡瑗的祠堂，书院因此命名。乐仪书院则建有四贤祠，供奉周、二程、张、邵所谓"北宋五子"以及欧阳修、文天祥等先贤，"书院后楼供奉宋五子、欧阳文忠、文信国、郝文忠及昔年山长、监院、邑令贤而有功者"[2]。

　　供祀是书院的重要活动之一。书院尊儒重礼，春秋释菜，朔望谒祠。春秋两季，士子入学时，书院举行释菜礼，以蔬菜果品祭祀先师先圣。此外，每月初一、十五，书院师长率生徒祭拜先圣及祠祀先贤。例如，嘉庆六年（1801），王芑孙率乐仪书院生徒，祭祀宋五子及文天祥等，陪位则有已故山长沈廷芳以及创办人卫晞骏，正如其祭文云："书院之设，实始宋儒。濂洛关闽，人读其书。惟是乐仪，有祀自初。义通释菜，礼亦宜诸。"[3]嘉庆十二年（1807）正月二十三日，梅花书院山长洪梧与扬州知府伊秉绶以及包世臣等

　　[1]〔清〕秦黉：《石研斋主年谱》卷下页二八，江都秦氏石研斋未刊遗稿钞本，扬州大学图书馆藏。

　　[2]〔清〕王检心修，〔清〕刘文淇、张安保总纂：《〔道光〕重修仪征县志》卷一八《学校志·书院》，卢桂平主编：《扬州文库》第1辑第18册，第236页。

　　[3]〔清〕王芑孙：《惕甫未定稿》卷二二《乐仪书院祀宋五子祝文》，〔清〕王芑孙著，王义胜整理：《渊雅堂全集》下册，第820页。

人在梅花书院为其师朱珏举行周年公祭。[1]许多书院还增设祠祀,如梅花书院设有双忠祠和孝子祠,乐仪书院则因卫晞骏"惠商爱民","邑人思其德,于书院设位奉祀,春秋弗替"[2]。

院长还对生徒日常的坐院学习情况进行检查,并对长期违纪者加以处罚,甚至除名。例如,乾隆二十年(1755),沈起元掌教安定后,在卢见曾的支持下,对书院严加整顿,一方面大力取缔空吃膏火的挂名学生,另一方面则通过推行坐院制度,讲求实学,培养了以严长明、王嵩高为代表的一批优秀学子。

> 扬州诸生向未有坐院读书者,月领膏火,课期一至而已,不独风气浮嚣,亦以贫士资馆谷赡家,非膏火能济。当年设此席,只商家借以周给寒素耳,挂名者常至一百二三十名。卢年兄至,欲实举其政,汰去挂名者大半,而存者亦监院曲为调护,固未实坐书院者。余至,卢欲余力为整顿。余谓此势必不能,彼能文之士多美馆,令其弃之,而得一月膏火,如父母妻子,何必执此。势唯失馆秀才,学陋才庸,家无儋石,乃肯集此,将诸名士无一人与课,成何书院。卢乃曰:"公择其尤者,于膏火外,人给三十金,当一美馆,则可责以坐院矣,第只可数人。"余乃借国学古法,选得十二人为上舍,别给三十金。余为中舍,止领膏火,卢从之,书院中始济济。金陵严长明、宝应王嵩高,以卢公所赏,命从学坐院,皆能诗文。芜湖□□不领膏火,愿坐院受学,闭户用功,文极高卓,连取一等,卢拔至上舍。[3]

沈氏的强力整治,很大程度上扭转了生徒一味看中膏火而忽视学习的现象,使得书院学风有所好转。

扬州书院还通过制定内部规条,对生徒严加约束和管理,同时以考课的

---

[1]〔清〕包世臣:《管情三义》卷三《公祭朱文正公文》,〔清〕包世臣撰,李星点校:《包世臣全集》,第44页。

[2]〔清〕阿克当阿监修,〔清〕姚文田等纂:《〔嘉庆〕重修扬州府志》卷四五《宦迹志三》,卢桂平主编:《扬州文库》第1辑第7册,第802页。

[3]〔清〕沈起元、沈宗约:《敬亭公年谱》卷一,北京图书馆编:《北京图书馆藏珍本年谱丛刊》第92册,第665—666页。

方式,引导和督促其学业进步。例如,王步青主讲安定书院时,"仿安定条教,参以朱子白鹿洞规,严立课程"[1]。扬州府城书院规条现存较少,仅以高邮珠湖书院和仪征乐仪书院为例加以说明。珠湖书院先后制订多部规条,乾隆二十三年(1758)知州李涪德订有珠湖书院章程八条,并详订珠湖书院规条,乾隆四十七年(1782)知州杨宣仑又订规条十一条,同治八年(1869)知州姚德彰增订珠湖书院节省章程,光绪五年(1879)知州金元稂增订珠湖书院规条。其中,杨宣仑所订规条最为具体详细,对生员行为举止作有明确的规范要求:"(生徒)闭户读书,如有干预公事及迹涉荡检逾闲者,一经访闻,即行斥逐。书院诸生每逢课期,务须黎明齐集听候,监院一到,扃门会课。如有旷课三次以及三次考列后三名者,正课生童即着降为附课。其附课中有考列前三名三次者,准其记名,以正课挨补。"[2]道光十七年(1837),监掣同知姚莹为乐仪书院"立规条二十则,悬榜讲堂之左",告诫"肄业生童必须恪守规条,违者除名"。"生童膏火原以助读书之资,平日用功勤惰,惟于课文验之,若图膏火而不用功读书,则是自行暴弃,不可不加薄罚,扣半月膏火。接连三课不到者罚扣一月膏火,接连四课不到者罚扣一个半月膏火,接连五课不到者罚扣两月膏火,接连六课不到以上罚扣一季膏火,仍由监院查明事由,如实系患病或丁忧者,下次仍准作课,非此两事申报除名。"[3]

由此可见,扬州书院山长高度重视生徒的日常管理,通过严格管理,不仅规范着广大生徒的品行道德,而且营造出良好的学习氛围,有利于学生的个人成长和学术进步。

(二)书院员额与经费资助

1.书院员额

扬州书院大致分为两类:第一类书院与地方官学大体类似,以应对科考

[1]〔清〕陈宏谋:《王检讨己山先生传》,〔清〕王步青:《己山先生文集》,《四库全书存目丛书·集部》第273册,第717页。

[2]〔清〕冯馨增修,〔清〕夏味堂等增纂:《〔嘉庆〕高邮州志》卷五《书院规条附》,卢桂平主编:《扬州文库》第1辑第21册,第205页。

[3]〔清〕王检心修,〔清〕刘文淇、张安保总纂:《〔道光〕重修仪征县志》卷一八《学校志·书院》,卢桂平主编:《扬州文库》第1辑第18册,第235页。

为主。生徒入院肄业前必须经过测试,举人、监生、秀才和童生均可应试。成绩优良的录为正课生,限额以外的称为附课生。课程主要内容为"四书"八股文和五言八韵诗,每月课考两次,即官课和院课,如广陵书院、乐仪书院等。第二类书院不以科考为重,而以"博习经史词章"为主,注重学术研究,并不偏重制义,如乾隆时期的梅花书院、安定书院等。王步青主讲安定书院时,"阐明《小学》《近思录》,为诸生勖,士习为之振兴,多所造就"[1]。洪梧主讲梅花书院则以讲授经学为主,"予昨岁主讲梅花,则欲与诸生为通经之学,首令纂《公羊通礼》《周官六联表说》,及《论孟水地通释》《仪礼十七篇节目详考》《左传五十凡论》《诗经通礼》,皆日有程月有课,洒洒乎可观矣"[2]。

　　由于安定、梅花书院山长多汉学大师,深受乾嘉学派的影响,以讲求实学而闻名于世。毋庸置疑,尽管梅花、安定书院有一批著名的汉学家先后主讲,但其教学活动还是以科考为中心并为之服务。总体而言,扬州书院专注学术的时间并不长久,而且试图通过倡导学术研究以提升生徒的科考应试能力,最终以服务科举为根本旨归。

　　扬州书院主要分为正课、附课和随课三种,招录员额数量较多,安定、梅花、乐仪等书院生童内外课名额均在百人以上。附课生虽无定额,但通常做法则是不作人数限制。例如,雍正时期,尹会一为安定书院"增置学舍,为郡士肄业之所,延师课艺,以六十人为率,并合梅花书院一百二十人"[3]。乾隆五十九年(1794),曾燠又对安定书院"增修学舍,重定规条,正、附课各七十二人,随课无定额"[4]。次年,曾燠还为梅花书院"重立规条,正、附各五十人,随课无定额"[5]。此后,安定、梅花两书院"向例于新正月由运宪定期甄

　　[1]〔清〕陈宏谋:《王检讨己山先生传》,〔清〕王步青:《己山先生文集》,《四库全书存目丛书·集部》第 273 册,第 717 页。

　　[2]〔清〕洪梧:《序》,〔清〕凌曙:《四书典故核》卷首,嘉庆十三年(1808)刻本。

　　[3]〔清〕李斗著,陈文和点校:《扬州画舫录》卷三,第 34 页。

　　[4]〔清〕王定安等纂修:《〔光绪〕两淮盐法志》卷一五一《杂纪门·书院》,卢桂平:《扬州文库》第 1 辑第 37 册,第 2187 页。

　　[5]〔清〕王定安等纂修:《〔光绪〕两淮盐法志》卷一五一《杂纪门·书院》,卢桂平:《扬州文库》第 1 辑第 37 册,第 2188—2189 页。

别"[1]，但是录取人数则保持稳定，"安定、梅花两书院每届岁首，例须甄别，以定去取。……两院同日扃试，仍照向章，每院各取一百七十名"[2]。乐仪书院"正课共四十名，附课共四十名……正课（童生）共二十名，附课（童生）共二十名……其随课童生亦酌取二十名"[3]。画川书院"定期甄别，生员正课六十名，童生正课八十名"[4]。（参见表6–5）

外籍考生可报考扬州书院，不过需要具备一定的条件，"梅花、安定两书院定章，每岁正月由两淮运司示期甄别，外省外府之举贡生监惟须有同乡之或官或幕者或本城作保，方得循例报名。至童生之应试者，则只府属八县人，他不与焉，所取计本属占七成，外府占二成，外省占一成"[5]。外地学子可以报名参加安定、梅花书院的甄别考试，"其名不在院者，以及外省外府生监亦准投考，惟试卷均须自备"[6]。例如，乾隆五十三年（1788），赵翼主持安定书院后，其子侄五人均入院就读。嘉庆年间，外地生员获准就读梅花书院，"各生徒未有孝廉与其间者，直指莅两淮，始令入梅花书院肄业，虽异籍人皆得至焉，于是大江南北闻风麇集，弦诵鼓歌，盛于往岁"[7]。扬州书院中非本籍的学子因此占有一定比例。由于两淮盐商财力雄厚且与两淮盐官关系密切，扬州书院中不乏占籍扬州的徽商子弟。道光年间，梅花书院中寄籍扬州的两淮盐商子弟占有很大比例，正如晚清时人言声均所言："梅花书院一月两课，初一为朔课，十六为望课。商家子弟多有寄籍者。"其还赋诗感叹："梅花书院近湖塘，望课今朝集讲堂。试看翩翩年少者，大都寄籍是徽商。"[8]

---

[1]《示期甄别》，《申报》光绪十九年正月二十五日（1893年3月13日），第2版。

[2]《示期甄别》，《申报》光绪二十四年正月二十二日（1898年2月12日），第1版。

[3]〔清〕王检心修，〔清〕刘文淇、张安保总纂：《〔道光〕重修仪征县志》卷一八《学校志 · 书院》，卢桂平主编：《扬州文库》第1辑第18册，第234页。

[4]〔清〕孟毓兰修，〔清〕乔载繇等纂：《〔道光〕重修宝应县志》卷三《书院》，卢桂平主编：《扬州文库》第1辑第25册，第205页。

[5]《蕃釐观题壁》，《申报》光绪二十三年二月初八日（1897年3月10日），第2版。

[6]《示期甄别》，《申报》光绪十九年正月二十五日（1893年3月13日），第2版。

[7]〔清〕朱方增：《广陵书院增额记》，〔清〕阿克当阿监修，〔清〕姚文田等纂：《〔嘉庆〕重修扬州府志》卷一九《学校志》，卢桂平主编：《扬州文库》第1辑第6册，第319页。

[8]〔清〕言声均：《维扬竹枝词》，顾一平辑录，扬州市邗江区党史地方志办公室、扬州市邗江区档案馆编：《扬州竹枝词》，第180页。

表 6-5　　　　　　　　清代扬州书院员额简表

单位：名

名称 \ 员额	生员		童生		定额时间	备 注
	正课生	附课生	正课生	附课生		
安定书院	正、附课生合计 40，随课生不限				乾隆二年（1737）	生员、童生均有随课生，额数不限。
	正、附课生合计 60，随课生不限				乾隆六年（1741）	
	72	72	72	72	乾隆五十九年（1794）	
	40	40	15	20	同治十二年（1873）	
梅花书院	正、附课生合计 60，随课生不限				乾隆六年（1741）	同治初年，孝廉堂举人肄业附入梅花书院，正课和附课均为 15 名。
	50	50	50	50	乾隆六十年（1795）	
	40	40	15	20	同治十二年（1873）	
广陵书院	100	—	100			随课 100 名
	30	60	30	60	同治十二年（1873）	—
珠湖书院	20	—	10		乾隆二十四年（1759）	—
	30	—	20		乾隆五十五年（1790）	—
	25	15	15	15	嘉庆十三年（1808）	—
	25[1]	20	20	20	光绪六年（1880）	—
	36[2]	31	31	26	光绪十一年（1885）	生员附课 33 名，童生随课 43 名。
乐仪书院	30	30	30	30	乾隆三十三年（1768）	—
	24	24	14	14	嘉庆六年（1801）	—

---

〔1〕"光绪六年，知州金元烺于原内、外课外，加增外课生员五名，内、外课童生各五名，捐廉给发膏火。"〔清〕金元烺、龚定瀛修，〔清〕夏子镐纂：《〔光绪〕再续高邮州志》卷一《舆地志·建置·书院》，卢桂平主编：《扬州文库》第 1 辑第 22 册，第 222 页。

〔2〕光绪十一年（1885），高邮珠湖书院章程规定："生额一百十名内，超等三十六，特等三十一。童额一百名内，上取三十一，中取二十六，皆给膏火钱。超等千二百，特等及上取皆六百，中取四百。此外悉为随课，不给膏火，课日不给汤饭，但每卷给茶点钱四十文。"可见，珠湖书院中有膏火资助即为正课生和附课生，剩余的则为随课生。随课生虽然没有膏火，但有茶点钱资助。胡为和、卢鸿钧修，高树敏纂：《〔民国〕三续高邮州志》卷二《学校志·学宫》，卢桂平主编：《扬州文库》第 1 辑第 23 册，第 72 页。

续表 6-5

名称 \ 员额	生员		童生		定额时间	备　注
	正课生	附课生	正课生	附课生		
乐仪书院	29	29	14	14	嘉庆十一年(1806)	—
	40	40	20	20	嘉庆十三年(1808)	—
	40	40	20	20	道光二年(1822)	生员随课 80 名,童生随课 40 名。
	25	20	10	10	同治十二年(1873)	
	40	40	40	40	光绪年间(1875—1908)	
	正、附、随课生合计 240				道光年间(1821—1850)	
	25	20	25	20	同治十二年(1873)	
画川书院	60	—	80	—	嘉庆元年(1796)	

资料来源:《〔康熙〕扬州府志》《〔雍正〕扬州府志》《〔嘉庆〕重修扬州府志》《〔同治〕续纂扬州府志》《〔乾隆〕江都县志》《光绪江都县续志》《〔乾隆〕甘泉县志》《〔光绪〕增修甘泉县志》《〔道光〕重修仪征县志》《〔光绪〕再续高邮州志》《〔民国〕三续高邮州志》《〔民国〕宝应县志》等。

2.经费资助

扬州书院的经费除了来自两淮盐税或盐商的捐助之外,多取自书院的自有学田。由于书院一般都拥有大量学田,田租收入和典当利息较为丰厚。例如,乾隆三年(1738),邑人萧嵩为甪里学舍"更捐己产三百七十亩,供学舍膏火诸费"[1]。乾隆四十六年(1781),方绣章、江振鹍分别为广陵书院捐田63 亩和 44 亩,汪葆光则捐银 4000 两,"银发典生息,田夏秋收租,充膏火、脩膳之用"[2]。高邮珠湖书院创办初期,学田"计增田共五百八十二亩三分,膏

---

[1] 〔清〕五格、黄湘修,〔清〕程梦星等纂:《〔乾隆〕江都县志》卷五《学校》,卢桂平主编:《扬州文库》第 1 辑第 11 册,第 69 页。

[2] 〔清〕王逢源修,〔清〕李保泰纂:《〔嘉庆〕江都县续志》卷一《学校》,卢桂平主编:《扬州文库》第 1 辑第 12 册,第 18 页。

火渐以充足"[1]。此后,学田增至2256.3亩,存贮典铺足钱有3000串。[2]同治年间,"该书院共有管业田三千余亩,房六十余间"[3],经费较为充足。

扬州作为两淮盐业经济的中心枢纽,给书院提供丰厚的束脩和充裕的膏火,吸引大批文士、读书人前来执教或求学。乾隆四年(1739),两淮盐运司于运库公支项下拨给梅花书院膏火。乾隆八年(1743),梅花书院改附于安定书院,两淮盐官及扬州府县官员于此设课考士。乾隆四十二年(1777),马曰琯之子马振伯呈请将梅花书院归公,盐运使朱孝纯谕商捐修,不仅额定每年经费,而且将其直接划归盐务管理。[4]雍正十二年(1734),盐运使高斌、尹会一又重建安定书院。乾隆五十九年(1794),盐运使曾燠扩建学舍,重定规条,并增加膏火。咸丰三年(1853),由于扬州成为清政府与太平天国反复激战的重要战场,各大书院"院屋毁于寇,惟广陵书院尚存,军事旁午,停课者凡十余年。同治四年,署盐运使李宗羲请于盐政曾文正公,议提扬营赏号暂充书院经费。……先复广陵、安定、梅花三书院生童通课"[5]。此后,安定书院和广陵书院经费由盐业提供,每月官课改由盐运官员主持,"安、梅两书院,经费取给盐引捐,始于同治四年,每盐一引捐银四分八厘。广陵书院经费由场商捐款,始于光绪五年,每引捐钱三文"[6]。

清代扬州书院对生徒的资助主要有三种形式,即膏火费、考课奖励和科举宾兴费。书院本着奖勤罚懒、激励先进的基本原则,对生徒进行各种物质奖励,其具体操作方式主要包括月课奖赏、等级升降、额外优奖、盘川补贴等。

[1]〔清〕李涪德:《建书院碑记》,〔清〕阿克当阿监修,〔清〕姚文田等纂:《〔嘉庆〕重修扬州府志》卷一九《学校志》,卢桂平主编:《扬州文库》第1辑第6册,第329页。

[2]〔清〕冯馨增修,〔清〕夏昧堂等增纂:《〔嘉庆〕高邮州志》卷五《书院规条附》,卢桂平主编:《扬州文库》第1辑第21册,第204页。

[3]《江藩司详送高邮州珠湖书院六年份报销册由》,〔清〕丁日昌:《抚吴公牍》,赵春晨编:《丁日昌集》(上),上海古籍出版社2010年版,第553页。

[4]〔清〕徐成敤、桂正华修,〔清〕陈浩恩等纂:《〔光绪〕增修甘泉县志》卷六《学校志》,卢桂平主编:《扬州文库》第1辑第14册,第248—249页。

[5]〔清〕谢延庚修,〔清〕刘寿曾纂:《光绪江都县续志》卷一六《学校考第六》,卢桂平主编:《扬州文库》第1辑第12册,第355页。

[6]钱祥保等修,桂邦杰纂:《〔民国〕甘泉县续志》卷八下《学校考第八下》,卢桂平主编:《扬州文库》第1辑第16册,第173页。

膏火费是书院发给肄业生徒的生活津贴，用来维持生徒个人甚至其家庭的日常生活开支，多以银钱方式按月发放。扬州书院对生徒普遍实行考录、考课制度，并依据相关成绩将生童分为正课生和附课生，其享受的膏火标准有所不同。乾嘉时期，扬州书院的生徒膏火一直较为丰厚，尤以安定、梅花为高，一般正课为36两，附课为12两，随课虽无膏火但可以争取升级或者奖学金。乾隆五十八年（1793），曾燠在正课之上又添设上舍，每年膏火更是高达54两。[1]

《光绪江都县续志》记载了广陵书院等其他书院的膏火情况，生徒得到经济上的优待，"正、附、随课各百名，每月膏火正课各三两，附课各一两五钱，随课无膏火"[2]。即便地理位置相对偏僻的仪征乐仪书院，其膏火水平与广陵书院相差无几。乾隆时期，乐仪书院"院中生童各二十人，每月膏火二金，从盐□衙门汇齐给发"[3]。道光年间，乐仪书院的膏火标准则有所提高，生徒就读其中亦实现衣食无忧。

> 正课共四十名，附课共四十名，正课每名月给膏火银三两，附课每名月给膏火银一两五钱，其随课生员酌取三十名。……正课（童生）共二十名，附课（童生）共二十名，正课每名月给膏火银二两，附课每名月给膏火银一两，其随课童生亦酌取二十名。[4]

即使在停课期间，安定、梅花书院和孝廉堂照旧给生徒发放膏火，"凡科岁试生童俱停课，乡试但停生课，府县考但停童考。凡停课之月仍照上届取定

[1]〔清〕李斗著，陈文和点校：《扬州画舫录》卷三，第34页。

[2]〔清〕谢延庚修，〔清〕刘寿曾纂：《光绪江都县续志》卷一六《学校考第六》，卢桂平主编：《扬州文库》第1辑第12册，第355页。

[3]〔清〕秦黉：《石研斋主年谱》卷下页二五，江都秦氏石研斋未刊遗稿钞本，扬州大学图书馆藏。

[4]〔清〕王检心修，〔清〕刘文淇、张安保总纂：《〔道光〕重修仪征县志》卷一八《学校志·书院》，卢桂平主编：《扬州文库》第1辑第18册，第234页。

名次给发膏火，其举人会试年分停课，照停课上一月名次给发膏火五个月"[1]。由于扬州书院多由两淮盐官进行监管，不仅财源稳定可靠，而且经费支出相对充裕，师生待遇亦更为优厚，这是其他地区书院无法比拟的优势所在。

扬州书院效仿宋代书院的考勤规章制度，将奖惩与日常考勤直接挂钩。书院设有簿书登记制度，分为师生请假的请假簿、师生领取灯油炭火的宿斋簿、记录教师日常讲学的讲簿和生员领取钱米的食簿等，其中规定师生请假不得超过三个月，生徒听讲和学者讲课均需登记，缺席三次则有罢职、停宿等相应惩罚，无论师生均须遵守，一视同仁。这一制度使得书院内的各种事务有据可查，这是扬州书院管理的特色之一。

扬州书院给予生徒的膏火津贴并非一成不变，而是依据成绩进行奖惩，不断地进行灵活调整。书院每年通过官课、师课等考试，对生徒等级进行升降处理，进而增减其膏火待遇。例如，梅花书院"一岁中取三次优等者升，取三次劣等者降。至仓运使以一岁太宽，限以一月，连取三次者升，后又改为连取五次优等者升。第一等第一名给优奖银一两，二、三名给优奖银八钱，以下六钱。仓运使又定额一等止取十四名，鹿运使以二等第一名给优奖银五钱，而一等不拘取数"[2]。广陵、乐仪等书院采取了与梅花书院类似的做法，而且奖励范围和名额更为宽松。例如，广陵书院规定"正课前十名给优奖，银各一两，十一名以下各五钱。每月初二日，盐运使合正、附、随课试之，定为超等、特等、一等。超等五十名，第一名给优奖银一两二钱，二名至五名各八钱，六名以下各五钱。正课取一等，后五名降附课。附课取一等，后五名降随课。随课取超等，前五名升附课。附课取超等，前五名升正课。十六日，山长课，优奖银约同官课"[3]。乐仪书院则"每课诸生超等定限三十名，特等定限三十名，余皆入于一等，每课童生上上卷定限十六名，上卷定限十六名，余皆入于中卷。（每课）超等一名给奖银一两，二三名八钱，四名至末名六钱。特等一

---

[1]〔清〕谢延庚修，〔清〕刘寿曾纂：《光绪江都县续志》卷一六《学校考第六》，卢桂平主编：《扬州文库》第1辑第12册，第356页。

[2]〔清〕李斗著，陈文和点校：《扬州画舫录》卷三，第34页。

[3]〔清〕谢延庚修，〔清〕刘寿曾纂：《光绪江都县续志》卷一六《学校考第六》，卢桂平主编：《扬州文库》第1辑第12册，第355页。

名五钱,童生优奖视诸生减半"[1]。画川书院相对财力不济,奖励力度较为有限,"每年除正、六、腊月并科岁考场不课外,连甄别共六次。……生员超等一名优奖,钱一千文,第二至第十名各八百文。特等二十名,各五百文。……童生正取一名优奖,钱八百文,第二至第十名各五百文。次取二十名,各四百文"[2]。由于一年之中甄别考试多达六次,优秀学生只要认真学习和应考就能获得较为丰厚的学业奖励。与膏火费的普惠性不同,考课奖励具有竞争性和选择性,能够获得优奖的生徒毕竟是少数高才生,书院显然希望通过考课,甄别生徒的学业水平,通过奖勤罚懒、奖优罚劣,以期培养优秀的科举人才。

宾兴资助意图通过襄助生徒的科举之业,助其早日顺利登科。为了培养、训练生徒科场及第,扬州书院按月定期举行模拟科考,并给予应试学子以卷金、川资、花红等经济资助。嘉庆五年(1800),安定书院"为复公车资费,士有举于乡者具旗匾荣之,每岁科两试及秋闱各资路费"[3]。乐仪书院生童"遇有院、府、县试、乡试停课之期,亦准于试前给发一月以资盘费"[4]。珠湖书院"每科乡试中式,每名例给盘费银二十两"[5]。

同光时期,扬州书院依然按例对肄业学子进行津贴、川资等资助,《申报》曾给予多次报道,兹将光绪二十一年(1895)的报道全文抄录如下:

本届乙未科会试之年,扬郡各孝廉刻均料理行装,公车北上。运宪江蓉舫都转特于某日发出牌示一通,悬挂辕门,略谓:"本届乙未年会试,所有本司前于二十年十一月分考取孝廉堂肄业举人,各按取列等第,每名发给膏火银五个月,以资津贴。合亟牌示,为此示,仰梅花书院、

[1]〔清〕工检心修,〔清〕刘文淇、张安保总纂:《〔道光〕重修仪征县志》卷一八《学校志·书院》,卢桂平主编:《扬州文库》第1辑第18册,第234页。

[2]〔清〕孟毓兰修,〔清〕乔载繇等纂:《〔道光〕重修宝应县志》卷三《书院》,卢桂平主编:《扬州文库》第1辑第25册,第205页。

[3]〔清〕阿克当阿监修,〔清〕姚文田等纂:《〔嘉庆〕重修扬州府志》卷一九《学校志》,卢桂平主编:《扬州文库》第1辑第6册,第315页。

[4]〔清〕王检心修,〔清〕刘文淇、张安保总纂:《〔道光〕重修仪征县志》卷一八《学校志·书院》,卢桂平主编:《扬州文库》第1辑第18册,第235页。

[5]〔清〕冯馨增修,〔清〕夏味堂等增纂:《〔嘉庆〕高邮州志》卷五《书院规条附》,卢桂平主编:《扬州文库》第1辑第21册,第205页。

孝廉堂正课、附课以及随课前二十名，各肄业举人迅将会试文凭，呈由本衙门验明后，给发膏火银两，借以津贴川资，而杜冒领，毋得自误。"等语。一时见者咸曰："都转嘉惠士林，可谓无微不至矣。"[1]

宾兴资助的对象并不局限于正、附课生，而是涵盖随课生。乐仪书院发放乡试盘川时，正、附课每名 6 两，随课每名 3 两。嘉庆十五年（1810），两淮盐政阿克当阿"增随课生员乡试盘川银各四两五钱"[2]。由于随课生群体数量更为庞大，扬州书院的这一做法，一方面扩大了生徒的受益范围，另一方面则对生徒参加科考具有明显的扶持和激励作用。

在两淮盐运司的财力支持下，扬州书院不断增加生员名额和膏火津贴。扬州书院每月进行一次考试，均由两淮盐运拨款，作为诸生膏火，这成为照顾寒儒的一种办法，因为许多士子除教书束脩之外别无其他收入，特别是寒士用功者皆将其恃为仰事俯畜之资。郑嵩龄"原籍上元，居扬州。微时恃教读束脩、书院膏火为生活"。[3]扬州书院多有士子缺考，或是富家子弟懒于作文，或是学业荒疏不敢尝试，因此书院出现许多空额。如有学有余勇，生员大可借用空额再去应试，从而获得更多膏火奖励。例如，刘师培"每月考书院，均有十余两银子膏火。此银取来，大部分买书"。[4]正如论者所言："有绅士身份的学生所得到的津贴数量当然是很有限的。这一津贴总数和绅士们得自其他来源的收入相比也是较小的。……书院不仅帮助学生为参加更高一级的考试作准备，而且使他们有可能接触其他绅士及当地的父母官。"[5]这一论断对扬州书院学子而言似乎更加贴切。

总之，扬州书院通过设立多种奖学金并给应试生徒提供盘川费、卷烛费等，很大程度上缓解了广大贫寒学子苦于无川资赴考而裹足不前的窘境，从

[1]《惠及士林》，《申报》光绪二十一年正月十七日（1895 年 2 月 11 日），第 2 版。

[2] 柳诒徵：《江苏书院志初稿》，《江苏省立国学图书馆第四年刊》，第 54 页。

[3] 董玉书著，蒋孝达、陈文和校点：《芜城怀旧录》卷二，第 101 页。

[4] 梅鹤孙著，梅英超整理：《青溪旧屋仪征刘氏五世小记》，上海古籍出版社 2004 年版，第 32 页。

[5] 张仲礼编著：《中国绅士研究》，上海人民出版社 2008 年版，第 295—296 页。

而能够让其安心求学和参加科考。"旧立安定、梅花两书院,以居扬州寒畯,由盐政饬运司经管,人文极盛,膏火最丰。近年外省居此者亦多。"[1]同光时期,扬城贫寒学子营生乏术,甚至寄希望以院课、小课获取膏火奖励,"阔人多半做盐商,下士寒酸月月忙。馆课告成还小课,搜罗古学盼提堂"。[2]当然,高额的膏火并不能保证生徒真心求学,尸位素餐、滥竽充数者并不稀见,厉秀芳在《真州竹枝词》中对此现象多有讥讽:"白鹿鹅湖人竞趋,为颁膏火到吾徒。广文若也传多士,曾有人来问字无。"[3]

三、教学管理

(一)资格甄别

扬州书院名气大、待遇高,吸引众多学子前来报考,生源极为充足。不过,扬州书院招收名额有限,无法满足生徒的求学需求,需要通过甄别考试进行招录,同时决定其入学层次和膏火等级。扬州书院多由官府统一规定招收名额,所收生徒分为正课、附课和随课三种,不仅等级有高低,膏火待遇亦有所差别,例如膏火待遇相对较低的广陵书院,"膏火之数,以甄别之年正、附、随课为断。正、附、随课各百名,每月膏火正课各三两,附课各一两五钱,随课无膏火"[4]。

安定、梅花书院规定本府肄业生监占额70%,外府为20%,外省为10%,本籍生监均验照收考,外籍考生则需要符合相关规章。据《安定梅花书院章程》载:"凡安定、梅花肄业生监,每取百名,府属生监占额七十名,外府二十名,外省十名。每岁开考时,本籍贡监均验照收考,外府、外省生监须由本籍或游幕衙门起文,或由同乡在扬官员出请送考。其肄业童生,止收本府八属,外府、外省概不收考。"[5]

---

[1]〔清〕林苏门撰,刘永明点校:《邗江三百吟》,第3页。

[2]〔清〕臧毂:《续扬州竹枝词》,顾一平辑录,扬州市邗江区党史地方志办公室、扬州市邗江区档案馆编:《扬州竹枝词》,第194页。

[3]〔清〕厉秀芳:《真州竹枝词》,卢桂平主编:《扬州文库》第2辑第55册,第404页。

[4]〔清〕谢延庚修,〔清〕刘寿曾纂:《光绪江都县续志》卷一六《学校考第六》,卢桂平主编:《扬州文库》第1辑第12册,第355页。

[5]柳诒徵:《江苏书院志初稿》,《江苏省立国学图书馆第四年刊》,第54页。

（二）学习管理

扬州书院采取分层教学法，书院自然形成高低级别。其中，西门义学、董子义学等只是训蒙，课士堂、邗江学舍、甪里书院、广陵书院专供童生授读。

书院的教学方法主要有讲习、自学和质疑，其中以生徒自学为主，教授讲解指导为辅。书院课程主要是八股诗赋之属。以梅花书院为例，官课、山长课轮流进行。每月初二的官课，课试"四书"文一首，律一首；十六日山长课，课试同官课。二十日山长加诗赋、经解、策论，名曰小课。光绪六年（1880），扬州知府何金寿"增试广陵书院诗赋、经解、策论，亦曰小课"[1]。

书院对生徒每月进行官课和院课两种考试，官课由官府出题，时间为每月初二，"安定、梅花两书院每月官课向由两淮运司主持"[2]。院课亦称馆课，由山长出题，时间为每月十六日。生徒根据官课、院课的考试成绩决定等级，可升可降。扬州书院的官课和院课一般为每月一次，"安定、梅花两院每年官、馆课各十次，孝廉堂有官课无馆课，年亦十次。……广陵书院每年官、馆课各九次，正月、六月、十二月无课"[3]。乐仪书院"考课之法亦与安、梅两书院同"[4]。

与扬州书院略有区别，乐仪书院的官课和院课前后则有所变化。乾隆时期，乐仪书院"每月逢三日课，正课生童共四十人，附课约三四十人"[5]。嘉庆初年，乐仪山长王芑孙还言："乐仪地少远，不能与安定、梅花皆为日省月试，而岁必一至，亦以其间次第兴举。"[6]此后，由于乐仪书院地理位置相对偏僻而改为每月院课二次，"惟查各处书院皆系每月官课与师课皆行。独乐仪于

　[1]〔清〕谢延庚修，〔清〕刘寿曾纂：《光绪江都县续志》卷一六《学校考第六》，卢桂平主编：《扬州文库》第 1 辑第 12 册，第 356 页。

　[2]《书院改章》，《申报》光绪二十七年九月十五日（1901 年 10 月 26 日），第 2 版。

　[3] 钱祥保修，桂邦杰等纂：《〔民国〕江都县续志》卷八下《学校考第八下》，《中国地方志集成·江苏府县志辑》第 67 册，第 520 页。

　[4]〔清〕王定安等纂修：《〔光绪〕两淮盐法志》卷一五一《杂纪门·书院》，卢桂平：《扬州文库》第 1 辑第 37 册，第 2190 页。

　[5]〔清〕秦黉：《石研斋主年谱》卷下页二六，江都秦氏石研斋未刊遗稿钞本，扬州大学图书馆藏。

　[6]〔清〕王芑孙：《惕甫未定稿》卷三《乐仪书院课艺序》，〔清〕王芑孙著，王义胜整理：《渊雅堂全集》上册，第 527 页。

每科乡试后由司甄别一次,其每月两次考课向例皆由山长校定,官不过问。推原其故,盖因仪邑距郡城稍远,是以历来盐政运司势不能按期亲课,而监掣、批验等官又皆以榷盐为事,遂无额暇评量人才"[1]。道光十四年(1834),两淮盐运使俞德渊亲临乐仪书院校课,将官课和院课改为每月各一次。

（三）生活管理

扬州书院强调对传统伦理道德的身体力行,教学过程中伦理道德与学术研究的培养并重,通过对生徒日常行为的严格规范和强力奖惩,确保办学宗旨和教学目标的落实以及个人德行的养成。扬州书院制定了较为详尽的学规和教约,不仅对生徒学业有着明确要求,而且还对相关礼仪有着严格限定。乐仪书院甚至对生徒的座位都有着明确规定,违者必究,"不得紊乱,违者查出,罚半月膏火,无膏火者夺卷扶出"[2]。

扬州书院重视营造良好的学习氛围和整洁环境,如珠湖书院强调"书院乃师生讲读之地,务宜洁净整齐"[3]。乐仪书院规定"生童作课必具衣冠,齐集讲堂阶下东首,上堂接卷,自西首而下,唱名毕,各归坐次,不得拥挤喧哗,科头便服,违者记过注册,文虽佳,不入超等上取。再犯,罚半月膏火。无膏火者不给卷,扶出,三犯除名"[4]。

扬州书院重视生徒学术诚信道德的养成,反对学业上弄虚作假、投机取巧,对违反者进行重罚。例如,乐仪书院规定,附课、随课"其有抄袭旧文及两卷雷同者,停给本课膏火,童生亦照此例"[5]。"每课点名、散卷已毕,监院封门,听候出题。生童各归坐次,不得任意往来。如有挟卷私出及顶名冒替

[1]〔清〕俞德渊:《札淮南监掣厅》,赵和平编著:《默斋拾遗——俞德渊史籍及研究》(上),第217页。

[2]〔清〕王检心修,〔清〕刘文淇、张安保总纂:《〔道光〕重修仪征县志》卷一八《学校志·书院》,卢桂平主编:《扬州文库》第1辑第18册,第236页。

[3]〔清〕冯馨增修,〔清〕夏味堂等增纂:《〔嘉庆〕高邮州志》卷五《书院规条附》,卢桂平主编:《扬州文库》第1辑第21册,第204页。

[4]〔清〕王检心修,〔清〕刘文淇、张安保总纂:《〔道光〕重修仪征县志》卷一八《学校志·书院》,卢桂平主编:《扬州文库》第1辑第18册,第236页。

[5]〔清〕王检心修,〔清〕刘文淇、张安保总纂:《〔道光〕重修仪征县志》卷一八《学校志·书院》,卢桂平主编:《扬州文库》第1辑第18册,第235页。

者查出，虽有佳文，不阅，仍注册记过，再犯除名。"[1]珠湖书院强调生童"不肯用功者，每逢课期，潦草塞责，或更抄袭倩代，必非有志上进之人，每于科岁院试后严行甄别一次，倘文理未见进步，不待三次考居后三名，即着降为附课"[2]。乐仪书院强调以德为先，重视生徒的个人品德修行，依据各自实际表现给予相应的褒奖或惩罚，"生童肄业固以文艺为凭，而品行尤在所重，倘有品行不端、流荡放佚、酗酒争讼、出入公门者，查出除名。其有孝弟忠信、品德出众、舆论洽然者，照三次超等例增膏火一分，以示表率"[3]。

扬州书院对生徒的学业成绩、道德操守、言行举止等各方面均有着严格规范，一旦违反则有相应处罚，直至开除。例如，珠湖书院明确强调生徒"如不遵教训，妄议师长及将课卷撕去者，必非诚心受教之人，一经访闻，定行斥逐"。[4]显然，扬州书院既强调精神鼓励，又注重物质刺激，目的是使生徒能够内外兼修，成为德才兼备的优秀人才。

四、书院的流变与改革

（一）书院管理的官学化

两淮盐业经济的繁荣发展，对地方文化教育事业多有挹注，这成为扬州书院在国内独树一帜的重要原因。扬州书院的创办和兴盛与两淮盐运司密切相关，高斌、尹会一、朱子颖、阿克当阿等历任两淮盐运使高度重视书院的教化功能，"淮扬为人文渊薮，承平以后渐臻富庶，则教养宜先，是以盐政亟亟振兴文教，修讲舍、延院长、课生徒，泽之以诗书，文之以礼乐，然后疮痍一洗，民气复新"[5]。

［1］〔清〕王检心修，〔清〕刘文淇、张安保总纂：《〔道光〕重修仪征县志》卷一八《学校志·书院》，卢桂平主编：《扬州文库》第1辑第18册，第236页。

［2］〔清〕冯馨增修，〔清〕夏味堂等增纂：《〔嘉庆〕高邮州志》卷五《书院规条附》，卢桂平主编：《扬州文库》第1辑第21册，第205页。

［3］〔清〕王检心修，〔清〕刘文淇、张安保总纂：《〔道光〕重修仪征县志》卷一八《学校志·书院》，卢桂平主编：《扬州文库》第1辑第18册，第236页。

［4］〔清〕冯馨增修，〔清〕夏味堂等增纂：《〔嘉庆〕高邮州志》卷五《书院规条附》，卢桂平主编：《扬州文库》第1辑第21册，第205页。

［5］〔清〕王定安等纂修：《〔光绪〕两淮盐法志》卷一五一《杂纪门·书院》，卢桂平：《扬州文库》第1辑第37册，第2187页。

如果没有官方的重视,书院几乎就被废弃。例如,广陵书院"惟院宇自乾隆辛丑创设以来,距今二十余年,楹础轩除,日久倾颓,上漏旁穿,讲舍几废",经过劳宗发、马慧裕和张世浣先后三任扬州知府的持续努力而得以复兴,"乃捐俸茸而新之,复添置几案诸物,使诸士子得弦诵其中"。[1]

扬州书院的成功与两淮盐运司和扬州地方官员对书院教育的高度重视密不可分。例如,顺治时期,扬州知府傅登荣"以导民化俗为先务,率僚属诣书院,与诸生讲论,反覆辩难,环听者千人"。[2]两淮运使朱子颖、尹会一与扬州知府蒋嘉年、高士钥等人先后赴梅花书院校课,培养了一大批优秀学子。正如吴锐在《梅花书院碑记》中所言:

> (朱子颖)公以政余校课,凡月一举,如旧例焉。锐以备员江都,追陪席末……而先后校士院中者,醝使则有尹公会一,太守则有蒋公嘉年、高公士钥,明府则有江都朱公辉、王君格、甘泉龚君鉴;皆与公扶掖羽翼,相与有成。一时群材蔚兴,德造并美……而公所甄拔士,如刘复、罗敷五、郭潮生、郭长源、周继濂、周珠、孙玉甲、蒋爽、耿元成、裴玉音、闵鲤翔、杨开鼎、吴志涵、史芳湄,其尤也。[3]

两淮盐运司不仅直接为书院提供运作资金,而且发动盐商进行社会捐助,使得扬州书院财力充裕,扬州书院以优越的薪俸膏火待遇和学习氛围闻名于世,不仅吸引诸多名家大师前来执教传学,而且助力大批学子学业有成。例如,王步青出生于八股文世家,擅长以古文为时文,在八股文界闻名遐迩,正如徐世昌所云:"己山皆工'四书'文,当时事科举之学者几于家弦户诵。"[4]曾任乐仪山长的王芑孙充分肯定两淮盐运司对扬州书院所发挥的

[1]〔清〕朱方增:《重修广陵书院记》,〔清〕阿克当阿监修,〔清〕姚文田等纂:《〔嘉庆〕重修扬州府志》卷一九《学校志》,卢桂平主编:《扬州文库》第1辑第6册,第319页。

[2]〔清〕阿克当阿监修,〔清〕姚文田等纂:《〔嘉庆〕重修扬州府志》卷四五《宦迹志三》,卢桂平主编:《扬州文库》第1辑第7册,第794页。

[3]〔清〕吴锐:《梅花书院碑记》,〔清〕阿克当阿监修,〔清〕姚文田等纂:《〔嘉庆〕重修扬州府志》卷一九《学校志》,卢桂平主编:《扬州文库》第1辑第6册,第318页。

[4]徐世昌辑:《晚晴簃诗汇》第2册卷六五"王步青"条,中国书店1988年版,第221页。

积极作用,"凡书院之隶盐官者,若安定,若梅花,咸亲与程课,岁登下之,后门孤进,一句之奇,一篇之警,咨赏流连,荐宠甚盛。以是衿儒向风,四远辏至。书院之设,莫盛东南,东南之书院,在今莫盛于扬州,斯其效也"[1]。晚清时期,渐趋落魄的扬州文人还念念不忘两淮盐业对扬州书院作出的重大经济贡献,"梅花安定广陵兼,膏火来源总是盐。书院学堂原不别,挹兹注彼究何嫌?"[2]

两淮盐运司不仅直接插手并干预扬州书院的山长人员、薪资待遇、日常教学等具体事务,而且对山长的教学与管理多有掣肘,正如扬州竹枝词所云:"盐政行台调鼎鼐,梅花讲院列生徒。"[3]例如,沈起元执掌安定时,虽然与时任两淮盐运使卢见曾相交甚厚,但因卢对书院教学干预更多,最终只得悻悻而去,正如其在乾隆二十一年(1756)年谱中所记:"余以扬州士鲜实心向学者,卢运使又好侵书院课政。七月,内诸生赴金陵,余归。九月,遣使寄书辞馆,再四来邀,余坚辞之。"[4]卢见曾并不讳言自己对安定书院日常教学的介入,"侍读(刘星炜)将北行,遴诸生诗课之中程式者示余。余观之,词旨了然,而酝酿遒丽,无芜音累句,其可与采风者之选矣。至试帖之缘起,与其别裁之者,侍读言之略备不缕书。"[5]显然,卢氏认为刘星炜在安定书院的教学符合自己的标准和要求,这使得刘氏在山长任上没出现波折,直至其结束丁忧返回京城。沈、刘二人执掌安定书院的不同结局,充分说明山长去留完全取决于其是否能够甘心接受两淮盐运司的行政干预。曾燠对书院的教学事务颇费心思,其弟子黄承吉在《呈曾宾谷师燠》中亦言"师于安定、梅花两书院课校綦严,予以叨在弟子之列",并赞誉曾氏"数荷绯衣典,亲裁绛

[1]〔清〕王芑孙:《惕甫未定稿》卷三《乐仪书院课艺序》,〔清〕王芑孙著,王义胜整理:《渊雅堂全集》上册,第527页。

[2]倪澄瀛:《再续扬州竹枝词劫余稿》,顾一平辑录,扬州市邗江区党史地方志办公室、扬州市邗江区档案馆编:《扬州竹枝词》,第293页。

[3]〔清〕王锦云:《扬州忆》,顾一平辑录,邗江区史志办、邗江区档案局编:《望江南·扬州好》,广陵书社2018年版,第40页。

[4]〔清〕沈起元、沈宗约:《敬亭公年谱》卷一页三三至三四,北京图书馆编:《北京图书馆藏珍本年谱丛刊》第92册,第668页。

[5]〔清〕卢见曾:《雅雨堂文集》卷二《试帖初桄序》,《清代诗文集汇编》第268册,第62页。

帐型"[1]。

同光之前,扬州书院山长多为丁忧回籍的在职官员,仅在守制期间执掌教席,主持时间较多且更替频繁,使得扬州书院山长一职具有过渡性和不稳定性,山长无暇对书院事务做根本性的变革,多屈从行政官员的个人意志。由于山长与官员之间事实上存在着一种寄食关系,"这种寄人篱下的不安定,阻碍了山长作用的发挥"[2]。地方官员对书院的高度重视,当然有助于书院事业的发展,不过地方官员行政干涉过多,不仅直接影响到书院教学和管理的正常开展,而且使得山长处于一种相当尴尬的境地,最终导致扬州书院官学化特征不断增强。例如,陈祖范出任安定书院山长"一年有半"后就借故辞职,其给出的理由就是厌恶书院的官场氛围,"所以然者,士习难醇,师道难立,大惧上负诏旨,下贻物议也。又此席有似宋时祠禄,仕而不遂者处焉,吾不求仕,而久与其列,为汗颜耳"[3]。

嘉庆时期,扬州书院的教学和考试日益科举化,这一趋势进入晚清愈发突出。阿克当阿出任两淮盐运使后,扬州书院官学化的趋势得到进一步强化。阿克当阿随即在梅花书院内附设孝廉堂,专课应试举人,事实上成为科举考试的"补习班"。扬州书院由此更加重视科举应试,其官学化的色彩愈发浓厚。嘉道以后,扬州书院逐渐成为科举制度的附庸,多以课试举业为正途,讲学内容以八股制艺为重。书院校课的主要内容改为"四书"文一篇、试律一首。

光绪年间,《申报》大量刊载梅花、安定书院校课的试题,从中不难发现,其命题范围完全以"四书""五经"为重心,明显反映其注重科举应试而忽略学术精研的取向,乾嘉时期注重实学的特色已经不复存在。

> 扬州安定、梅花两书院规例綦严,凡名不列课案者不准滥竽混迹,只准于春季投考,俟取录后方准应课。本月初二日为运宪课期,投考者人数较多,统计生童约有九百余名,亦可见人文之盛矣。兹将题目

[1]〔清〕黄承吉:《梦陔堂诗集》卷三《呈曾宾谷师燠》,《清代诗文集汇编》第502册,第116页。

[2] 徐雁平:《清代东南书院与学术及文学》,第325页。

[3]〔清〕陈祖范:《陈司业文集》卷四《自序》,《清代诗文集汇编》第236册,第687页。

录左：安定文题"子谓卫公子荆三章"，诗题"通籍由来在石渠"得"恩"字。投考文题"德行至昆弟之言"，诗题"叶叶春衣杨柳风"得"衣"字。梅花文题"子曰为命至，彼哉彼哉"，诗题"春色先从草际归"得"从"字。投考文题"设为庠序学校，至周曰庠"，诗题"名园相倚杏交花"得"园"字。[1]

由此可见，清代扬州书院校课的主要内容为八股诗赋，实际成为科举考试的预演场和练兵场。扬州书院依然坚守"学而优则仕"的传统科考路径，每年安定、梅花两书院举行甄别考试时，前来赶考的学子依然如炽。例如，光绪六年（1880）二月，"扬城于十三日，安、梅两书院甄别，是日投卷者共有六千余人"[2]。晚清时期，每逢科考时节，大批学子从扬州奔赴京师赶考的景象依旧盛况空前，《扬州竹枝词》对此作有描述："满街风雪酷寒天，乡榜开时已近年。举子齐来通议第，辞行北上送盘缠。"[3]

（二）书院向新学的转变

晚清时期，扬州书院仍以传统"四书"文为教学的核心内容，但在抱残守缺之余则体现出一些新式因素。例如，光绪二十三年（1897），高邮知州章邦直创办珠湖致用书院，内设致用学堂，教授英文、算法，"所习学科只有英文、算学二门为主课，国文乃系兼修，不甚注重"。招收的学生中，30岁以下称为大学生，15岁以下则是小学生。为了不给保守人士以更多口舌，学堂"又请珠湖山长住堂以备顾问，实则只阅书院课卷，与学堂大、小学生毫无关系"。[4]当时，这一做法在风气较为落后的扬州地区无疑是相当大胆和激进的，体现了传统书院向新式学校转变的一种尝试。

光绪二十四年（1898），戊戌变法时期，倡导各地推行新式教育，光绪帝

---

[1]《扬州书院课题》，《申报》光绪十八年三月初七日（1892年4月3日），第2版。

[2]《考生觅死》，《申报》光绪六年二月二十三日（1880年4月2日），第2版。

[3]〔清〕臧毂：《续扬州竹枝词》，顾一平辑录，扬州市邗江区党史地方志办公室、扬州市邗江区档案馆编：《扬州竹枝词》，第189页。

[4] 胡为和、卢鸿钧修，高树敏纂：《〔民国〕三续高邮州志》卷二《学校志·学堂》，卢桂平主编：《扬州文库》第1辑第23册，第73—74页。

谕令"各直省督、抚,将各省、府、厅、州、县大小书院,一律改为兼习中、西学之学校。……各书院之经费,尽数提作学堂经费,绅民如能捐建学堂,或广为劝募,准奏请给奖。有独力措捐巨款者,予以破格之赏。民间祠庙不在祀典者,一律改为学堂,以节糜费而隆教育"[1]。扬州教育顺应时势进行转型,一批旧式学校改为新式学堂,改学西学喧嚣一时,"自奉旨改试策论,各士子之欲觅进身之阶者咸以西学为当务之急,于是昕夕筹议设立学堂,或由本地官绅创建,或纠合同志开设。就扬郡而论,现在已有数处,如西学捷径处、英文算学馆、匡时学会、西学春风馆,均已延聘教习,购办仪器书籍,次第开学。……至本郡官场奉饬创办之中西学堂,各当道已邀集本城绅士会议多次,刻已稍有端倪"[2]。当时,扬州知府沈笔香准备在广陵书院中兼办新式学堂,安定、梅花书院准备修改规章,"扬州学堂现当开创伊始,权由府尊沈笔香太守主政,附入广陵书院之中,拟先聘洋文教习、算学教习各一人驻院授业。其旧有之山长、监院略无更改。所有经费已筹定积谷余款,及开鼎会课指款。盖因开鼎实不急之需,不妨姑从阙如。至安定、梅花各书院亦于七月十二日一律改章"[3]。

戊戌政变发生后,扬州新式学堂并未因此止步不前。光绪二十七年(1901),高邮创办的淮海学堂开设日语课程,"较当时致用(学堂)无英文,而有东文"[4]。同年,两淮运使程仪洛更定《安定梅花广陵三书院章程》,但仍课生监,不课童生。光绪二十八年(1902),程氏将安定、梅花和广陵书院都改名为校士馆,仪征的乐仪书院亦改为乐仪校士馆。在地方官员的直接介入下,扬州书院虽然改名,但大多徒有虚表,实际办学还是书院原来的运作模式,"当时扬州风气尚未大开,安、梅书院仍由司署照常课士"[5]。扬州梅

[1]〔清〕朱寿朋编:《光绪朝东华录》(四),总第4126页。

[2]《西学盛行》,《申报》光绪二十四年八月十一日(1898年9月26日),第2版。

[3]《学堂开创》,《湘报》光绪二十四年八月二十一日(1898年10月6日)第173号,第691页。

[4] 胡为和、卢鸿钧修,高树敏纂:《〔民国〕三续高邮州志》卷二《学校志·学堂》,卢桂平主编:《扬州文库》第1辑第23册,第75页。

[5]《江督札复规画全省教育案内乙之第六条》,《申报》宣统二年四月初二日(1910年5月10日),第26版。

花、安定两校士馆,虽经两淮盐运司饬令"一律改试讲义策论"[1],但在日常教学中多课八股试帖,与旧时书院并无本质区别,只是招生名额和生员膏火大幅减少,"扬郡开办学堂,安定、梅花两书院膏奖银提充学堂经费者十去七八,今虽改名校士馆,照常课试,无如额数既减,膏火又微,寒士向隅者不一而足"[2]。这一状况一直延续存在,直到五年之后都没有发生实质性的变化,正如光绪三十二年(1906)《申报》的报道:"安定、梅花、孝廉堂等校士馆现奉赵都转裁改为尊古学堂,仿照湖北存古学堂办法,一年十课,每课仅取二十人,兹已定期二月十五日开考,所课惟经史词章而已。"[3]

由于科举制尚未最终废止,传统学子为了追求功名身份,对新学多抱观望态度。即便是新式学堂的学生也是脚踏两只船,"学堂开办初期,科举未废,岁试乡会试均在举行,扬州书院有孝廉堂及梅花、安定、广陵等,计四所,时并存在,每月分别举行一课或两课,每届课期,诸生多数请假应课,既为乡岁试做好准备,并借以博取膏火,亦有以算学应课者"[4]。校士馆在传统士子中仍有很大影响,梅花、安定校士馆为了重振所谓旧日声威,曾于光绪三十年(1904)举行"肄业生送院礼",除了两淮盐运使恩铭亲自出席,部分新式学堂的学生亦参与其中,"恩运司及两山长皆至院,而士子衣冠诣院者约二三百人,闻高等学堂学生亦有与其列者"[5]。时人对此多有讥讽和批评,甚至认为这是中国读书人的耻辱,"又如扬州的书院已经改成校士馆,前日发案的时候,叫这种肄业的人一齐儿到运司共山长那里去叩头,便同谢恩一般。你想学堂既立,书院本是不当考的,为甚么叫阖城的士子一同儿都做奴隶,可不是镇压士气的政策么?但是那一天去的人到也有三四百,就是学堂里面的学生去的也不少,真真是丧尽廉耻的了,从前孟子书上说道'无羞恶之

---

[1]《书院改章》,《申报》光绪二十七年九月十五日(1901年10月26日),第2版。

[2]《扬绅好义》,《大公报》(天津版)光绪二十八年五月十五日(1902年6月20日),第3版。

[3]《扬郡学务(扬州)》,《申报》光绪三十二年二月十二日(1906年3月6日),第9版。

[4] 王渥然:《扬州仪董笃材两学堂概况》,扬州市编史修志办公室等编:《扬州史志资料》第1辑,扬州市编史修志办公室1981印行,第97页。

[5]《校士馆之仪式》,《警钟日报》光绪三十年三月十九日(1904年5月4日),第4版。

心非人也'"[1]。扬州士绅不断恳请两淮盐运司增加校士馆的录取名额,最终经恩铭批准,每馆增特等五名,一等十名,加拨经费银六百两。这些举动虽然喧哗一时,但终究昙花一现,不能挽回传统书院衰亡的命运。清末,旧式书院制度存在的合理性基本丧失殆尽,书院的消亡不过是时间问题。

清政府废除科举制后,传统书院被迫进行改制,扬州各大书院逐步向新式学堂转变,"科举既停,所有从前之书院概难保存,刻闻已经议定以安定、梅花两书院之经费改办师范传习所,已聘定周谷人、陈赐卿二君为教员,并于该款内提出数千金办一尊古学堂以恤寒畯。其广陵书院拟改为扬州府中学堂,现因经费未敷,一时尚难定议云"[2]。光绪三十一年(1905)赵滨彦出任两淮盐运使后,将安定、梅花和广陵三书院合并为一,名为尊古学堂。尊古学堂名为保存国粹,实则"变通课士章程,所有经费半仍课士,半则改办师范。恩前升司因为保存国粹起见,仿照湖北存古章程办法,定名为尊古学堂。……不得已即就尊古之名,先为课士之计"[3]。尊古学堂实质上延续着传统书院的运行体制,不能真正视为新式学堂。当时,邑人对此则有同感,"朝廷方诏令天下书院一律改建学堂也,名目虽异而实仍月课、策论一次,缴卷之期展至七月,与书院无异"[4]。两淮盐运司对此并不否认,承认尊古学堂名不副实,"科举既停,各项学堂亟待创兴,值此经济困难之际,使尊古一席至今尤徒存虚名,本司未尝不引为缺憾"[5]。

光绪三十四年(1908),尊古学堂改名为两淮师范学堂,这标志着扬州传统书院教育正式退出历史舞台。两淮师范学堂改制后,出现生源的严重不足,一方面是由于传统生员无法适应新式教学,另一方面新式学子觉得教学

---

[1]《论中国读书人之无耻》,《中国白话报》光绪三十年(1904)第二十一、二十二、二十三和二十四期,第239页。

[2]《书院改办学堂近闻(扬州)》,《时报》1902年12月2日,第5版。

[3]《禀留尊古学堂之批词(扬州)》,《申报》光绪三十三年六月十六日(1907年7月25日),第11版。

[4]《贾观霄等筹议改尊古学堂书》,江苏教育总会编:《江苏教育总会文牍》二编中,上海宏文馆1907年版,第46页。

[5]《禀留尊古学堂之批词(扬州)》,《申报》光绪三十三年六月十六日(1907年7月25日),第11版。

内容和管理均系"新瓶装旧酒",名实并不相符,没有真正达到新学的标准与要求,"惟招生两月有余,报名仅二三十人,究其原因,一为尊古旧生均系年大旧学之士,不愿与少年争胜,其年少者又因义务二字有所不愿,以致群相裹足云"[1]。

即便如此,尊古学堂在撤并过程中遇到许多阻力,特别是一些传统学子由于无法摆脱对膏火的依赖,在哀求无果后甚至试图阻挠其裁撤。

> 扬郡绅士贾观霄前赴运辕禀请,将尊古学堂裁撤,当经赵都转批饬教育会议复等情已纪前报。兹悉于日昨会议时,有镇江在该堂肄业诸生及斋夫等人闯入该会事务所,始则哀恳存留尊古学堂,俾寒士有以糊口,继因不允,互相詈骂,以致议未就诸,即行闭会。[2]

毕竟少数人的不合时宜之举属于螳臂当车,已经无法阻挡历史前进的步伐。此后,扬州各书院纷纷改为中、小学堂,正如时人诗作所云:"书院裁完改学堂,民间学馆也更张。刻成招贴沿街贴,每月脩金一二洋。"[3]至此,书院在名义上和实质上均不复存在,曾经显赫一时的扬州书院最终退出了历史舞台,"自科举废后,学堂起而代之,其制遂不为人所道。抚今思昔,能无慨然!"[4]

不可否认,鸦片战争以后,扬州的文化、教育、学术等均无法再现昔日辉煌,这既是两淮盐业经济衰败的"副产品",更是中国传统教育渐趋没落而被时代淘汰的直接反映。当然,新式学堂取代传统书院,既是办学形式上的一大进步,又是教育近代化的客观要求,清代扬州教育的发展演变亦是如此。

---

[1]《两淮师范报名寥落(扬州)》,《申报》光绪三十四年六月二十四日(1908年7月22日)第11—12版。

[2]《教育会议事未成(扬州)》,《申报》光绪三十三年七月十二日(1907年8月20日),第12版。

[3] 汪有泰:《扬州竹枝词》,顾一平辑录,扬州市邗江区党史地方志办公室、扬州市邗江区档案馆编:《扬州竹枝词》,第219页。

[4] 徐谦芳著,蒋孝达、陈文和校点:《扬州风土记略》卷中,第45页。

表 6-6 **清代扬州书院简表**

名 称	时 间	地 点	创建者	经 费	备 注
梅花书院	始建嘉靖六年（1527），雍正十二年重建	扬州广储门外	扬州知府刘重选、盐商马曰琯重建	乾隆四年由两淮盐运司支给	一
安定书院	康熙元年（1662）	扬州三元坊	巡盐御史胡文学	地方政府资助	雍正十一年重修，光绪二十八年改安定校士馆。
敬亭书院	康熙二十二年（1683）	扬州北桥	两淮盐政裘充美	地方政府资助	未尝校课，嘉庆年间已废。
虹桥书院	康熙二十年（1681）至二十三年（1684）	扬州北门	两江总督于成龙	地方政府资助	嘉庆年间已废
邗阳书院	道光年间（1821—1850）	扬州邗江翠屏洲（一说同善堂）	卞萃文、王豫	社会捐助	咸丰年间毁，尹德培、张守业重建。
正谊书院	始建明代，清代重修	扬州北柳巷	一	两淮盐运司	清末办有两淮初等第一小学
竹西书院	始建雍正十三年（1735），乾隆四十五年（1780）更名	扬州东关街	扬州知府高士钥	两淮盐运司	初名课士馆，乾隆四十六年移址东关街。
孝廉堂	嘉庆年间（1796—1820）	梅花书院内	两淮盐政阿克当阿	两淮盐运司、盐商	同治年间附入梅花书院
邗江学舍	雍正十三年（1735）	扬州课士堂前	江都知县朱辉	地方政府资助	嘉庆年间已废
甪里书院	乾隆三年（1738）	扬州缺口门外大滩	邑人萧嵩	社会捐助	嘉庆年间已废
广陵书院	康熙五十一年（1712）	扬州东关街	扬州知府赵宏煜	地方政府资助	初为义学，乾隆时改为竹西书院，雍正时改名课士堂，光绪时改为广陵校士馆。
西门义学	雍正十三年（1735）	扬州城楼上	江都知县朱辉	地方政府资助	训蒙

续表 6-6

名 称	时 间	地 点	创建者	经 费	备 注
董子义学	—	扬州董子祠、琼花馆、司廨	—	地方政府资助	训蒙
谢公书院	—	江都邵伯镇	—	社会捐助	又名安石书院,嘉庆年间已废。
甘棠书院	—	江都邵伯镇	—	社会捐助	嘉庆年间已废
艾湖学舍	乾隆五十九年（1794）	江都邵伯镇	扬州通判赵履元	自捐廉俸	未几病卒,遂废。
五贤书院	—	江都瓜洲镇	—	社会捐助	嘉庆年间已废
乐仪书院	乾隆三十三年（1768）	仪征涉园废址	仪征知县卫曦骏	地方政府资助	咸丰三年被毁,光绪元年重建。
珠湖书院	乾隆二十四年（1759）	高邮北门长生庵	贾翷林等	社会捐助	—
时雨书院	始于宋朝,道光二十三年（1843）改名	高邮赞化宫	高邮知州左辉春	地方政府资助	后改赞化书院,光绪三十一年办高等公立小学堂。
文台书院	咸丰二年（1852）	高邮文游台左侧	高邮知州魏源	地方政府资助	—
珠湖致用书院	光绪二十三年（1897）	高邮卫署旧址	高邮知州章邦直	地方政府资助	光绪三十三年改高邮官立高等小学堂
存古学社	宣统元年（1909）	高邮板桥西王介公祠	邑人王伟忠	社会捐助	—
画川书院	嘉庆元年（1796）	宝应安宜镇	宝应知县孙源潮	地方政府资助	光绪二十九年改官立高等小学堂

资料来源:《〔康熙〕扬州府志》《〔雍正〕扬州府志》《〔嘉庆〕重修扬州府志》《〔同治〕续纂扬州府志》《〔乾隆〕江都县志》《光绪江都县续志》《〔乾隆〕甘泉县志》《〔光绪〕增修甘泉县志》《〔道光〕重修仪征县志》《〔光绪〕再续高邮州志》《〔民国〕三续高邮州志》《〔民国〕宝应县志》等。

第三节 社学、义学与私塾

清代的地方教育体系中除了官学和书院之外,还有大量的义学和社学。义学和社学都可以视为书院的分支,"书院之支流为义学,为社学,或曰书堂,其风亦起于宋"[1]。与书院相较,义学和社学的办学宗旨并不以培养人才为目标,而是以知识启蒙为主要任务,教学内容只是教孩童读书识字,其本质上就是初级启蒙学校,"义学、社学之课程,止于读书习字,粗通文艺,不能如书院之极深研几,而所在亦有以书院或文社名之者,稽之古义则曰蒙以养正,绳以新制,亦义务教育之椎轮也"[2]。清政府为了巩固统治、稳定社会,非常重视义学和社学的兴办和运作,希望能够发挥其社会教化功能,"乡镇城市,弦诵相闻,无间官私,盛倡文教,名义虽殊,性质实一"[3]。

义学和社学都属于由地方政府出资或由社会力量援建的一种办学机构,专门为无法进入家塾、族塾读书的寒门子弟创办的一种民间办学机构。社学、义学均不收学童的学费,具有较强的社会公益性质。清代扬州地区高度重视文化教育和社会慈善事业,"邑素称东南文教之邦,节义之风后先相望"[4],社学、义学得到大力发展和推广。嘉庆以前,社学是扬州地方最主要的初级教育机构,此后社学多有废弃,义学逐渐兴起并取而代之,占据地方教育的主导地位。20 世纪初,随着清政府改革学制,扬州义塾多改作蒙学课堂。

一、社学与义学

(一)社学

明清时期,设于乡间的学校统称为社学。一些乡村的学校,虽然名曰书院、书屋,但实则为社学。社学学童多为本乡子弟,年龄一般为 8 至 15 岁。社学教师则多由地方政府或绅商延请秀才或者通晓文字之人担任,虽然其

---

[1] 柳诒徵:《江苏书院志初稿》,《江苏省立国学图书馆第四年刊》,第 92 页。

[2] 柳诒徵:《江苏书院志初稿》,《江苏省立国学图书馆第四年刊》,第 105 页。

[3] 柳诒徵:《江苏书院志初稿》,《江苏省立国学图书馆第四年刊》,第 94 页。

[4] 〔清〕谢延庚修,〔清〕刘寿曾纂:《光绪江都县续志》卷五上《女行旌门表第三上》,卢桂平主编:《扬州文库》第 1 辑第 12 册,第 160 页。

束脩相对较低,但是不用服劳役,其名录还要提交地方政府进行审核检查,"每乡置社学一区,择其文义通晓、行谊谨厚者,补充社师。免其差役,量给廪饩养赡。提学按临日,造姓名册申报查考"[1]。

扬州社学发轫于宋朝,康熙年间得以恢复和发展,"宋嘉泰二年,教授乔行简建堂,曰养正。……国朝康熙元年,奉旨置学。十三年,知府金镇复议修学延儒焉"[2]。康熙九年(1670),清政府诏令各地府、州、县,每乡均要设置社学,"康熙十四年巡抚汤斌檄各府州县兴复社学,由是各场渐复其旧,而兴废亦无常焉"[3]。由于扬州崇文重教,科举氛围极其浓厚,这直接推动民间读书重教之风的形成。社学、义学作为科举最初始的预备学校,在社会各界的高度重视下得到广泛发展。清代,扬州府县广置社学,其中扬州城内就有4所社学,分别位于南门内、西门内、大东门内和小东门内。扬州所属各县社学更是数不胜数,如仪征城内小市口大街、东门内大街及刘家集等处均设有社学,"各掌以教读,训迪里井童子"[4]。康熙年间,高邮州办有4所社学。宝应则有2所社学,分别位于府馆西街南和通济桥南街东。雍正三年(1725),高邮州知州张德盛因原有社学废弃,则筹资于州前大街、车逻镇、界首镇和湖西黄荡桥新置社学4所。[5](参见表6-7)

清代社学分为官办和民办两种形式,官办由地方政府提供经费,民办经费则取自社仓、社田的收入,或由地方绅商进行社会捐助。总体而言,扬州社学以官倡民办为主,经费来源渠道并不稳定且难有保障,因此多有废弃。据载,雍正时期,扬州府县社学已经多有荒废,如仪征县"社学,一在小市口

[1]〔清〕素尔讷等纂修,霍有明、郭海文校注:《钦定学政全书校注》卷七三《义学事例》,武汉大学出版社2009年版,第287页。

[2]〔清〕金镇原本,〔清〕崔华、张万寿续修,〔清〕王方岐续纂:《〔康熙二十四年〕扬州府志》卷八《学校》,卢桂平主编:《扬州文库》第1辑第3册,第122页。

[3]〔清〕吉庆监修,〔清〕王世球纂:《〔乾隆〕两淮盐法志》卷二一《场灶七·社学》,卢桂平主编:《扬州文库》第1辑第31册,第545页。

[4]〔清〕王检心修,〔清〕刘文淇、张安保总纂:《〔道光〕重修仪征县志》卷一七《学校志·学制》,卢桂平主编:《扬州文库》第1辑第18册,第230页。

[5]〔清〕尹会一修,〔清〕程梦星纂:《〔雍正〕扬州府志》卷一二《学校》,卢桂平主编:《扬州文库》第1辑第5册,第129页。

大街西,计屋十间。一在东门内大街北,计屋五间。今俱废"[1]。高邮州分别位于州治西、炼阳庵左、真武庙左和土坝口的4所社学"今俱废"[2]。嘉庆年间,扬州府县原有的大多数社学已经废弃,如扬州城内社学"今俱圮",仪征社学"今俱废",高邮社学"今已圮废",宝应社学"今俱废"。[3]由此可见,扬州社学虽然兴办的数量不少,但是并没有得到地方政府和社会各界人士的真正重视和大力扶持,其办学经费、师资力量、教学条件和教学质量等,与书院、义学、族学和家塾等其他民间教育机构相比均处于劣势。晚清时期,由于新学兴起,扬州社学或停办,或改为义学,最终退出地方教育体系。

表6-7   **清代扬州府县社学简表**

名　称	时　间	地　点	资金来源	存废状况
扬州社学（4所）	康熙年间（1662—1722）	扬州南门内、西门内、小东门内和大东门外	官办	雍正年间已废
高邮社学（4所）	康熙年间（1662—1722）	高邮州治西、炼阳庵左、真武庙左、土坝口	官办	雍正年间已废
高邮社学（4所）	雍正三年（1725）	高邮州前大街、车逻镇、界首镇、湖西黄荡桥	官办	嘉庆年间已废
仪征社学（2所）	康熙年间（1662—1722）	仪征县小市口大街、东门内大街	官办	雍正年间已废
宝应社学（2所）	嘉靖三年（1524）	宝应县府馆西街南、通济桥南街东	官办	雍正年间已废

    资料来源:《〔康熙〕扬州府志》《〔雍正〕扬州府志》《〔嘉庆〕重修扬州府志》《〔同治〕续纂扬州府志》《〔乾隆〕江都县志》《光绪江都县续志》《〔乾隆〕甘泉县志》《〔光绪〕增修甘泉县志》《〔道光〕重修仪征县志》《〔光绪〕再续高邮州志》《〔民国〕三续高邮州志》《〔道光〕重修宝应县志》《〔民国〕宝应县志》等。

---

[1] 〔清〕尹会一修,〔清〕程梦星纂:《〔雍正〕扬州府志》卷一二《学校》,卢桂平主编:《扬州文库》第1辑第5册,第128页。

[2] 〔清〕尹会一修,〔清〕程梦星纂:《〔雍正〕扬州府志》卷一二《学校》,卢桂平主编:《扬州文库》第1辑第5册,第129页。

[3] 〔清〕阿克当阿监修,〔清〕姚文田等纂:《〔嘉庆〕重修扬州府志》卷一九《学校志》,卢桂平主编:《扬州文库》第1辑第6册,第319、327、330、332页。

（二）义学

义学又称义塾、义馆，是专门为孤寒子弟创设的学校。清代，扬州社会各界兴办义学可谓方兴未艾，义学广布扬州城乡。

清初，扬州城区义学起初由四门社学改建，后来废圮。康熙五十一年（1712），扬州知府赵宏煜在府治西侧建义学一所，后改为课士馆。康熙年间，甘泉义学则由江都邵伯镇“士民公建”[1]。雍正十三年（1735），江都知县朱辉购买课士馆前民宅，创办义学，名曰邗江学舍。乾隆三年（1738），邑人肖嵩在缺口创办甪里学舍，为扬州城内规模较大的义学。扬州营所办义塾本为方便兵营子弟读书，“义塾旧在关帝庙文昌殿，延师课读兵家子弟”，后“移火神殿”[2]。乾隆三十八年（1773），扬州营游击白云上因见“城南子弟多无力攻书”，提请盐政李质颖同意，在旧教场“为之建立义塾，捐俸延师，弦诵之声溢于比户”[3]。嘉庆四年（1799），盐商洪箴远、鲍志道等“以扬城宽广，止此数学不足以容诵习”[4]，募集社会资金，分别在扬州十二座城门建立义学一所，供贫家子弟就读，“每所以三十人为率”[5]。十二门义学的开办极大地推动了扬城初等教育的普及，正如林苏门诗云：“十二门开新义学，满城风雨读书声。”[6]

咸丰年间，扬城十二门义学多毁于太平天国战火，据《〔同治〕续纂扬州府志》载：“城内义学，前志十二门义学，粤匪之变并已无存。”[7]不过，咸

［1］〔清〕五格、黄湘修，〔清〕程梦星等纂：《〔乾隆〕江都县志》卷五《学校》，卢桂平主编：《扬州文库》第1辑第11册，第69页。

［2］〔清〕陈述祖修，〔清〕郑馀堂、李北山撰：《扬州营志》卷九《署舍志》，卢桂平主编：《扬州文库》第1辑第39册，第552页。

［3］〔清〕陈述祖修，〔清〕郑馀堂、李北山撰：《扬州营志》卷一六《艺文志》，卢桂平主编：《扬州文库》第1辑第39册，第589页。

［4］〔清〕王定安等纂修：《〔光绪〕两淮盐法志》卷一五一《杂纪门·书院》，卢桂平：《扬州文库》第1辑第37册，第2192页。

［5］〔清〕王逢源修，〔清〕李保泰纂：《〔嘉庆〕江都县续志》卷一《学校》，卢桂平主编：《扬州文库》第1辑第12册，第526页。

［6］〔清〕林苏门：《续扬州竹枝词》，顾一平辑录，扬州市邗江区党史地方志办公室、扬州市邗江区档案馆编：《扬州竹枝词》，第83页。

［7］〔清〕方濬颐等修，〔清〕晏端书、钱振伦等纂：《〔同治〕续纂扬州府志》卷三《学校志》，《中国地方志集成·江苏府县志辑》第42册，第685页。

丰五年(1855),扬州知府刘访知"在城立义学四塾,经费自城内厘局提之,复饬经承提前何宏盛店所存恤嫠会之本银四千余两,化钱若干,分作两年,按月付给阖郡贫嫠,又集各学生童观风优奖,备施德政"[1]。截至同治五年(1866),扬州城内原有义学只剩下 4 所,分别位于城东南三元宫、西南文昌宫、东北古通院和西北武庙。

同治年间,随着太平天国战事的逐渐平息,扬州义学兴办再起高潮。同治二年(1863),扬州盐捕营在马市口创办义学。同治四年(1865),署盐运使李宗羲"开养贤馆以收恤寒畯"[2]。同治五年(1866),两淮盐运司又在扬城东南新建 5 所义学,"城东南义学五:朴树湾、施家桥、永安镇、宜陵镇、仙女庙镇,皆同治五年建,亦隶于盐运使"[3]。同治八年(1869)之后,两淮盐运使方濬颐在扬州城内增建义学 6 所,并在扬州城外周边乡镇建有义学 14 所。同治年间,社会人士还在扬州创办了京江抚孤塾(即京江义塾),聘请镇江籍庠生鲍上传(字幼宣)为塾师,"扬之抚孤塾……皆先生尸之"[4]。光绪六年(1880),两淮盐运司再度出资创办义学 2 所,"增经学塾二,旧城赞化宫,新城地藏庵"[5]。

清代扬州府各州县的义学遍布城乡,不胜枚举。据柳诒徵《江苏书院志初稿》的不完全统计,高邮、仪征和宝应分别建有义学 5 所、10 所和 2 所。事实上,扬州城乡义学的数量远远超过这个数字,据相关统计,仅雍正至光绪年间,高邮设立的义学就多达 39 所。[6]1875 至 1908 年,宝应先后创办的义学有 11 所。[7]

[1] 〔清〕佚名著,许卫平、吴善中点校:《咸同广陵史稿》,第 45 页。

[2] 〔清〕谢延庚修,〔清〕刘寿曾纂:《光绪江都县续志》卷一六《学校考第六》,卢桂平主编:《扬州文库》第 1 辑第 12 册,第 356 页。

[3] 〔清〕谢延庚修,〔清〕刘寿曾纂:《光绪江都县续志》卷一二下《建置考第二下》,卢桂平主编:《扬州文库》第 1 辑第 12 册,第 325 页。

[4] 〔清〕冯煦:《蒿盦续稿》卷三《鲍幼宣先生墓志铭(并序)》,《清代诗文集汇编》第 757 册,第 455 页。

[5] 〔清〕谢延庚修,〔清〕刘寿曾纂:《光绪江都县续志》卷一二下《建置考第二下》,卢桂平主编:《扬州文库》第 1 辑第 12 册,第 324 页。

[6] 高邮县编史修志领导小组编:《高邮县志》,江苏人民出版社 1990 年版,第 613 页。

[7] 宝应县地方志编纂委员会编著:《宝应县志》,江苏人民出版社 1994 年版,第 726 页。

义学一般由地方政府和绅士共同主持其事。例如,邗江学舍"俾秀良之无力延师者就学,其一切皆县主之"[1]。"甘棠义学在邵伯镇街北,康熙间本镇士民公买民居建立。"[2]

有些义学并非是独立设置,而是由其他社会慈善事业兼办。例如,对于江都邵伯镇博爱堂而言,义学就是其兴办的一项社会事务之一,"嘉庆十四年,里人捐赀公建。每月给恤本镇嫠妇废疾钱文,兼设义学,并施助医药、棺槥、埋葬等事"[3]。高邮的同善会馆办有义学,但明显属于兼办,因为同善会馆即高邮州恤嫠会,"为恤嫠及施药、施棺、施粥之用"[4]。光绪年间,徐兆裕在郡城创办崇节堂,"设义塾其中,延师课孤儿读"[5]。显然,义学兼具教养功能,是传统社会中非常重要的社会慈善事业之一。一代通儒汪中曾提出一个贞苦堂设想,堂内附设的孤儿社亦属义学性质。

> 门外为社,有师一人,凡孤子五岁至十岁者学焉,命之曰"孤儿社"。三年视其材分志趣,而分授以四民之业。然而必通《孝经》,解字体。至十六,度能自食其力,以次减其廪。至二十则举而迁之于外,其贤者、能者,既老,则使掌其堂之事,各修其业,以教社之子弟。[6]

义学塾师由公众选择诚实可靠且专心教学之人担任,"塾师由众举,择

[1]〔清〕五格、黄湘修,〔清〕程梦星等纂:《〔乾隆〕江都县志》卷五《学校》,卢桂平主编:《扬州文库》第1辑第11册,第69页。

[2]〔清〕陆朝玑修,〔清〕程梦星等纂:《〔雍正〕江都县志》卷六《学校志》,卢桂平主编:《扬州文库》第1辑第10册,第107页。

[3]〔清〕阿克当阿监修,〔清〕姚文田等纂:《〔嘉庆〕重修扬州府志》卷一八《公署志》,卢桂平主编:《扬州文库》第1辑第6册,第305页。

[4]〔清〕阿克当阿监修,〔清〕姚文田等纂:《〔嘉庆〕重修扬州府志》卷一八《公署志》,卢桂平主编:《扬州文库》第1辑第6册,第308页。

[5]钱祥保修,桂邦杰等纂:《〔民国〕江都县续志》卷二五《列传第七上》,《中国地方志集成·江苏府县志辑》第67册,第755页。

[6]〔清〕汪中:《与剑潭书》,〔清〕汪中著,田汉云点校:《新编汪中集》,广陵书社2005年版,第441页。

其心地朴诚屏除外务者,分延各塾"[1]。例如,角里学舍"岁延师四人,课徒百余人"[2]。地方士绅对义学的日常教学进行监督检查,尤其是斥退学习、品行不良的学生,"塾中程课,绅士委员以时督视之,生徒有不率教者,令其父兄领回,另选训谨者补额"[3]。例如,徐兆裕"每亲历课室,验其勤惰,所诵书有不熟者,手自夏楚之,嫠妇感泣"[4]。城乡塾师的薪水则分别按月或季发放,"塾师脩脯,城内各塾按月支领,乡塾分作四季,于季首支领"[5]。

由于义学主要从事孩童的识文读书启蒙教育,因此亦被称为惜字社。惜字社又被称为惜字会、敬字社、惜字局或字纸会,是专门敬惜字纸的民间机构,"字纸向由善堂收买焚化,所以敬惜圣贤字迹也"[6]。清代,扬州地区"敬惜字纸"之风盛行,"扬州采访友人云:经史中素无惜字之文,而近人独加意尊崇,谓亵之恐干神怒,盖亦涉于释氏之言也"[7]。

扬州城乡义学虽然得到两淮盐业和地方官府的经费支持,但因故多有搬迁,办学场所的不稳定似乎可以说明,扬州义学的总体办学氛围并不佳。《〔光绪〕两淮盐法志》有载:

> 扬州义学时或迁移,光绪十七年,淮南总局开呈义学月支经费刘猛将军庙、三元宫、古道院、董子祠、邵伯镇共五塾,月支钱各十三千一百文。扬州营、盐捕营、务本堂共三塾,月支钱各八千文,缺口街、万寿寺、仙女镇共三塾,月支钱各十千文。按刘猛将军庙、董子祠、务本堂、缺口

　　[1]〔清〕谢延庚修,〔清〕刘寿曾纂:《光绪江都县续志》卷一六《学校考第六》,卢桂平主编:《扬州文库》第 1 辑第 12 册,第 356 页。

　　[2]〔清〕五格、黄湘修,〔清〕程梦星等纂:《〔乾隆〕江都县志》卷五《学校》,卢桂平主编:《扬州文库》第 1 辑第 11 册,第 69 页。

　　[3]〔清〕谢延庚修,〔清〕刘寿曾纂:《光绪江都县续志》卷一六《学校考第六》,卢桂平主编:《扬州文库》第 1 辑第 12 册,第 356 页。

　　[4]钱祥保修,桂邦杰等纂:《〔民国〕江都县续志》卷二五《列传第七上》,《中国地方志集成·江苏府县志辑》第 67 册,第 755 页。

　　[5]〔清〕谢延庚修,〔清〕刘寿曾纂:《光绪江都县续志》卷一六《学校考第六》,卢桂平主编:《扬州文库》第 1 辑第 12 册,第 356 页。

　　[6]韦明铧点评:《扬州旧闻·亵字被痖》,古吴轩出版社 2003 年版,第 113 页。

　　[7]《劝惜字纸》,《申报》光绪二十五年九月二十九日(1899 年 11 月 2 日),第 9 版。

街、万寿寺塾又新移设也。[1]

扬州义学的广泛设立,很大程度上解决了诸多寒门子弟的求学问题,有利于文化教育向社会下层的普及推广。例如,扬州十二门义学就大大缓解了扬城诸多贫寒家庭无力供养子弟读书的窘境,这一社会公益行为得到时人的高度评价,正如林苏门在《义学馆》中对此义举的评价:

经蒙任附塾皆争,义学新开已别名。桃李渐成群弟子,品题方定半诸生。

二分明月投针易,一样师门立雪清。自古繁华今返朴,满城风雨读书声。[2]

义学的教学以识字启蒙为主,主要包括学习《圣谕广训》和冠、婚、丧、祭等各种礼节,诵读《三字经》《百家姓》《千家诗》《千字文》《大学》《中庸》《论语》《孟子》等儒经,撰写简单作文以及学做试帖诗等。《光绪江都县续志》对扬州义学的教学日期、日常运作、课程内容等情况作有详细描述:

每年正月望日开塾,腊月望日散馆。平日塾师遇有省亲、祭扫等事,以十日为限,不得日久迟逾。生徒由塾师挑选,旧例每塾额定三十名,内如诵读多经,准以一人抵二人,能为诗者,准以一人抵三人。刊发吕氏坤《社学要略》、唐氏彪《善诱法》为塾中程课。[3]

20世纪初,清政府推行新政,改革学制,兴办新式学堂,义学或是改制办学,或是被直接废弃。光绪三十三年(1907),赵渭卿将两淮盐运司经费支持

---

[1]〔清〕王定安等纂修:《〔光绪〕两淮盐法志》卷一五一《杂纪门·书院》,卢桂平主编:《扬州文库》第1辑第37册,第2192页。

[2]〔清〕林苏门撰,刘永明点校:《邗江三百吟》,第24页。

[3]〔清〕谢延庚修,〔清〕刘寿曾纂:《光绪江都县续志》卷一六《学校考第六》,卢桂平主编:《扬州文库》第1辑第12册,第356页。

的义塾改为蒙学小学堂，"扬州运辖所设义塾八处近已一律改为蒙学"[1]，至此"城内外义学遂废"[2]，扬州义学在名义上不复存在。

（三）办学经费

清代，扬州义学与私塾、家塾等共同构成私学系统，形成私学、官学并举，以府学、县学为主渠道的教育格局。扬州义学获得社会各界力量的大力扶持，有些义学甚至拥有数百亩甚至上千亩的学田，办学经费较为充裕，有力地支撑贫寒学子的读书求学。

义学按其经费来源，可以分为官办和民办。其中，官办经费由地方政府拨款，或源自学田、学租、善堂、善会等公共财产的收入。

扬州城厢义学经费多源自两淮盐运司或者扬城府县的官方资助。例如，四门义学和新增经学塾均由两淮盐运司直接拨款。扬州府义学由扬州知府赵弘煜"置永安乡陆家庄秧田二十五亩、豆田十亩，为岁修费及教学者膏火。雍正四年，知府孔毓璞复置再兴洲稻田五亩五分益之。内受业者，初皆蒙稚"[3]。扬州营义学创办之初，"在两淮务本堂，月支银五两，以为脩脯"，陈述祖等于道光十一年（1831）禀请两淮盐运司，"改为库支，同十城门义塾一体按月支给"[4]。光绪六年（1880），两淮盐运司在扬城新办的两所义学"皆隶于盐运使"[5]。

高邮同善会馆义学则源自善堂、善会的资产赞助，其经费主要是自有田产和房产的租金。为了扩大收入，同善会馆义学还在光绪时期"续置有田四处"，"又续置市房四处"。[6]民办义学的经费，有的源自地方绅商的捐助，有

[1]《各省教育汇志（江苏）》，《东方杂志》第二卷第二号（光绪三十一年三月），第136页。

[2] 钱祥保修，桂邦杰等纂：《〔民国〕江都县续志》卷八下《学校考第八下》，《中国地方志集成·江苏府县志辑》第67册，第524页。

[3]〔清〕五格、黄湘修，〔清〕程梦星等纂：《〔乾隆〕江都县志》卷五《学校》，卢桂平主编：《扬州文库》第1辑第11册，第69页。

[4]〔清〕陈述祖修，〔清〕郑馀堂、李北山撰：《扬州营志》卷九《署舍志》，卢桂平主编：《扬州文库》第1辑第39册，第552页。

[5]〔清〕谢延庚修，〔清〕刘寿曾纂：《光绪江都县续志》卷一二下《建置考第二下》，卢桂平主编：《扬州文库》第1辑第12册，第324页。

[6]〔清〕金元烺、龚定瀛修，〔清〕夏子鐊纂：《〔光绪〕再续高邮州志》卷七《善举志·义学》，卢桂平主编：《扬州文库》第1辑第22册，第200页。

的则受到社仓、社田等收益资助。例如,高邮的凤吟书屋、乔公祠义学、广祀祠义学、养正义塾、文会堂等为民立义学,其他义学均由私人捐资助学。例如,光绪二十七年(1901),李鸿在高邮州三茅宫侧"捐资设立义学一所,名曰凤吟书屋"[1]。扬州十二门义学先由两淮盐商筹措资金开办,其运作经费则由两淮盐运司资助,"扬城十二门,每门新设义学一处,延师以教子弟之无力读书者。膏火一切,皆由都转给之"[2]。

无论官办,还是民立,义学经费来源均难有保障,导致其存续时间一般较短,正如《〔民国〕三续高邮州志》的分析:"本城官立义学以同善、淮海两塾为首要,其余随时增改,为数不常有。"[3]

扬州义学多由两淮盐运司提供经费,教师束脩、学生膏火均有可靠保证,尤其义学中教席待遇很高,这是其他地方无法比拟的。不过,充裕的膏火反而成为少数人徇私舞弊、从中谋利的工具,正如刘声木在《苌楚斋三笔》中所云:

> 扬州城内义学极多,向由盐运使署领给官款,脩脯所入甚半。寒士每费尽心力,以营求此席,得后可终身坐食其馆谷。每月朔望,例有人来查,则预买十余童子,读书半日,以遮掩他人耳目,可谓计巧心毒矣。有□□□茂才□□告徐蛰叟广文师,曰"粤匪乱前之义学师,乱后无一家存者,为伊亲目所睹"云云。岂非天恶其坐食脩脯数十年,误尽孤寒子弟,故有此惨报,以明示大众哉![4]

由于义学大多名不副实,光绪年间,两淮盐运司曾对扬城义学进行整顿,"扬州城乡均设义学,以恤孤贫子弟,意良美也。其款每年支用若干,统

---

[1] 胡为和、卢鸿钧修,高树敏纂:《〔民国〕三续高邮州志》卷二《善举志·义学》,卢桂平主编:《扬州文库》第1辑第23册,第113页。

[2] 〔清〕林苏门撰,刘永明点校:《邗江三百吟》,第24页。

[3] 胡为和、卢鸿钧修,高树敏纂:《〔民国〕三续高邮州志》卷二《善举志·义学》,卢桂平主编:《扬州文库》第1辑第23册,第112页。

[4] 刘声木:《苌楚斋三笔》卷三,《苌楚斋随笔续笔三笔四笔五笔》上册,中华书局1998年版,第540页。

由运库给发,惟各义学日久懈生,不免有名无实。现奉运宪派员逐处稽查,于可删者删之,于可并者并之,其不力者即从而更换之。又于须设义学之处,向无义学者从而增添之。似此一番整顿,行见教化所及,其玉成者当不少也"[1]。光绪二十三年(1897),高邮知州章邦直治理并裁撤义学,"整顿本城义学,八塾裁并为五"[2]。不过,扬州义学运作机制积弊已深,短期治理的效果似乎并不理想。

二、扬州私塾

(一)教学形式

私塾是我国古代由私人设立、最主要的教学场所,既历史悠久,又数量众多,对儿童启蒙、文化传播和教育发展发挥了重要作用。此外,私塾还包括家塾和族学。家塾是一些官宦之家或富商巨贾聘请教师在自己家中教授子女的一种教育形式。族学则是同姓大族为教授本族子弟而创办的一种教育机构。

清代扬州私塾遍布城乡,其主要形式有三种:

一是家塾,或称散塾、门馆,即由私塾教师在自己家里或借祠堂、庙宇、他人房舍设馆,招收附近学童就读。这一形式不仅数量最多,而且分布最为广泛。寓居扬州的两淮商人重视子弟教育,多在私家园林中办有家塾。乾隆时期,扬州休园主人郑庆祜在园中设有家塾,岳团昇"因为其家塾师,得日夕园居者两年"[3]。无论贫富与否,扬州一般家庭为了教育子女,多设有家塾。例如,江都秦黉四岁时,其父"延高邮吴蔚宗师入家塾"[4]。即便经济拮据的刘文淇家族也设有家塾,其父刘锡瑜"年十二岁,始入家塾读《四子书》《诗》《书》《易》三经"[5]。阮元在扬州重修文选楼后,将楼下设置为阮氏家塾。

清代扬州许多著名学者和文化名流迫于生计,多以家塾教师为业。名

---

[1]《整顿义学》,《申报》光绪六年三月十九日(1880年4月27日),第2版。

[2] 胡为和、卢鸿钧修,高树敏纂:《〔民国〕三续高邮州志》卷二《善举志·义学》,卢桂平主编:《扬州文库》第1辑第23册,第112页。

[3]〔清〕岳团昇:《扬州休园志序》,〔清〕郑庆祜:《扬州休园志》,卢桂平主编:《扬州文库》第1辑第39册,第595页。

[4]〔清〕秦黉:《石研斋主年谱》卷上页一,江都秦氏石研斋未刊遗稿钞本,扬州大学图书馆藏。

[5]〔清〕刘文淇:《青溪旧屋文集》卷一〇《先府君行略》,光绪九年(1883)刻本。

儒焦循家境贫寒,一生以家塾授徒为业,曾在扬州郡城寿家鹤立堂任教。凌曙晚年则被阮元延请至广州,担任其家塾教师。刘文淇出身寒门,年轻时为了糊口,曾做过乡村塾师。

二是专塾或坐馆,一般为富裕家庭延请塾师在其家中设馆,专门教授自家子女以及亲朋好友子弟。清代扬州盐商家中都有私塾,专门聘请一些知名学者来家中坐馆教书。例如,著名学者厉鹗一生未入仕途,一直以设馆授徒为业,曾长期坐馆于扬州盐商马曰璐、马曰琯兄弟的小玲珑山馆。马氏兄弟为延请其教授子弟,甚至不惜为其割舍置妾。吴敬梓的堂表兄、金兆燕之父金榘在扬州坐馆多年。号为“桐城方”的方贞观、方息翁兄弟分别在徽商汪氏和程氏家中坐馆,教授诗词、书法。谢九成一举成名后,“自是始,其宗人谢震居邵伯镇,慕九成之教,延于家塾,邵镇之士,翕然从之”[1]。一些并不富庶的家庭为了子孙出人头地,不遗余力地聘请名师为家庭塾师。例如,康熙进士蒋继轼,“君少以颖异称,其属望尤至,家故鲜薄,不惜重币延名师家塾,历岁不少息”[2]。

三是村塾或族塾,即由一村、一族聘请塾师择地设馆,教授本村、本族子弟。例如,郑燮年轻时就因穷困潦倒而出任真州江村的村塾教师,其于康熙五十八年(1719)作有《村塾示诸徒》一诗,抒发心中的困顿和失意:

> 飘蓬几载困青毡,忽忽村居又一年。得句喜拈花叶写,看书倦当枕头眠。萧骚易惹穷途恨,放荡深惭学俸钱。欲买扁舟从钓叟,一竿春雨一蓑烟。[3]

乾隆时期,江都人徐复寄食天都庙,因偶遇焦循而被荐为乡塾塾师,“一日焦孝廉息寺中,见其所诵之‘五经’及所作制义,大奇之,为之延誉,于是

---

[1]〔清〕焦循著,孙叶锋点校:《北湖小志》卷四《王郭谢陈李常传第十四》,第69页。

[2]〔清〕王懋竑:《翰林院编修蒋君西圃墓志铭》,〔清〕焦循辑,许卫平点校:《扬州足征录》,第59页。

[3]〔清〕郑板桥:《郑板桥集》,上海古籍出版社1962年版,第34页。

为乡塾童子师"[1]。

由于孩童多要从事农耕活动，村塾教学日期比较固定，例如，扬州北郊西山陈集，"村塾延师，以重阳后入学，清明后散，以生徒有事耕作也"。林溥有诗云："村塾蒙师天可忧，生徒几个似猿猴。重阳入学清明散，抛却书包又放牛。"[2]

村塾中的孩童数量一般较多，塾师管教并不容易，加上孩童年幼且自律性不足，因此村塾的教学环境和教学质量难以保证。康熙年间，邑人石成金的《传家宝》一书对此有所反映：

> 村馆散馆出，学徒聚集，动以十计。其师偶不在馆，群辈顽劣，无所不为。有年未出幼，因同学诱开欲窦，断丧亡身者；有窃取家中物件卖钱，到学博戏者；有逞强斗胜，跳险负重，伤力成病，终身不痊者；有借名到馆，私自结伴游荡，致成败类者。若为师者不严立规矩，时刻查点，则学徒败坏，皆其师之罪孽也！且其中多有旧家子弟好根基者，有过人聪明好资质者，若能教出一两个人，功德倍常。不然，各家修脯虽集微，俱系辛苦竭措，不知何法得消缴也？[3]

一般而言，经馆塾师的水平、能力、资历及收入一般均高于蒙馆塾师，蒙馆塾师的社会地位则相对较低，主要依靠向学生收取钱粮维持生活。不过，塾师束脩时有拖欠，无法按时收取，直接影响其正常生活，石成金在《读书心法》中特别强调，"先生束脩，按期送用，不可推托，以慢师长。每日供给茶饭不可过丰，随便家常足矣。至于时节礼物酒果之仪，有无各从其便，诸生不许在家殴耍"[4]。

清代扬州地区私塾教师的社会地位、经济收入属于社会下游，正如郑燮

---

[1]〔清〕江藩：《徐复》，《汉学师承记（外二种）》，生活·读书·新知三联书店1998年版，第139页。

[2]〔清〕林溥撰，刘永明点校：《扬州西山小志》，第51页。

[3]〔清〕石成金：《传家宝全集》第1册《师范》，线装书局2008年版，第38页。

[4]〔清〕石成金：《传家宝全集》第1册《读书心法》，第36页。

在《教馆诗》中所云：

> 教馆本来是下流,傍人门户度春秋。半饥半饱清闲客,无锁无枷自在囚。课少父兄嫌懒惰,功多子弟结冤仇。而今幸得青云步,遮却当年一半羞。[1]

许多村塾的塾师多由几个家庭共同出资聘请,饭食由各家轮流分担,生活相当艰苦。咸丰时期,扬州西山陈集的塾师饭食无人传送,更是增添来回奔波之苦,"村塾约定几家合延师,师先置酒延各东家为定准。进塾后几家轮流供馔,无人传送,须先生自往就食,三餐皆然。虽曰邻村,然亦有远至数里外者,盛暑严寒,颇以为苦而无如何也"[2]。

由于塾师收入普遍较低,无法靠教学自立,因此部分塾师则兼作行医、代人书写记账、参与诉讼及踏勘风水等其他职业,以此补贴束脩的不足。塾师这一"不务正业"的兼职现象,引发时人的一些严厉批评,正如石成金所云：

> 为人师者,全要老成自重,既系教书,就要专一,时时与学生讲论,不可懒惰,不可间断,此即先生积德好事,在东家自然敬服。近日师辈有兼行医者,有卖卜算命者,有代书词状、做中做保者,心分外务,何暇训导? 在学生功课因师不稽督,必致贻误,害其一生,不得成人,非但东家轻视,而自己大损德行矣! [3]

不难看出,社会对塾师的学术和师德有着较高要求,但是生计艰难导致塾师无法安心专事教学工作,甚至不得不通过兼职以谋生。

（二）教学内容

根据教学内容,私塾分为蒙馆和经馆。蒙馆为儿童启蒙教育,学生年龄为 6 至 9 岁,主要以《三字经》《百家姓》《千字文》等作为启蒙教材,教学

---

[1] 〔清〕郑板桥:《郑板桥集》,第 198 页。
[2] 〔清〕林溥撰,刘永明点校:《扬州西山小志》,第 51 页。
[3] 〔清〕石成金:《传家宝全集》第 1 册《学堂条约》,第 34 页。

任务以识字、诵读和写字为主,传授一些珠算知识。经馆招收年龄在 10 岁以上并接受过蒙馆启蒙的青少年,主要研读"四书""五经"等经文史书,并以《四书集注》内容为题练习八股文写作,为其将来参加科考作准备。

私塾特别重视尊崇先圣先贤以及孩童的礼仪教育,学童清晨入馆上课、放学均需要到孔子像前焚香行参拜礼,"先揖孔圣人,次揖先生",分别"乃弟子谒见师长之礼""乃弟子告别受教之礼"。每月朔望之日,塾师不仅要带领学生向孔子行参拜之礼,而且要为学生讲解各种行孝之道,"诸生到馆除先后自揖外,俟来齐再排班向圣人前行参拜礼,作对揖,亦演习礼仪法"。"可将孝亲敬长诸事明白细讲,令其作事体贴力行,庶身心佩服,则生受用不小。为师者,不可惮劳。"[1]

私塾的日常教学和管理较为严格,"诸生或有不受教训、不循规矩、书生字丑者,先劝诫两三次。不改,初罚跪于本位以辱之,再罚跪于门口大辱之,再不改,责之"[2]。这些做法虽然没有考虑到儿童的身心特点,但对其学习和成长起到一定的磨砺作用。

(三)历史影响

清代扬州地区经济繁荣、文教发达,许多文人以设馆授徒为主要的谋生手段。扬州地区尚文崇教,浓郁的人文氛围吸引全国各地的文人雅士汇聚于此,为扬州地区提供了文化素质高、教学能力强的师资群体。扬州的巨商大贾多崇尚文墨,争相延请名儒大师坐馆,许多已经出仕的文人在放弃仕途后多愿意在扬州从事教学工作。例如,皖派大师戴震曾在高邮王氏家中坐馆,王念孙即其门下高足。浙派词学大师厉鹗曾在扬州马曰琯、马曰璐兄弟家中坐馆多年,对马氏兄弟诗词创作多有挹注。

私塾多属于启蒙或者初、中级水平,其教学质量远较书院为低。不过,雍正、乾隆年间,扬州地区因有一些名师开设私塾,其教学质量得到明显提升。例如,秦黉认为扬州书院的教学质量和水平其实比不上私塾,其在乾隆十二年(1747)的年谱中言:"自辛酉肄业书院,由梅花改入安定,先后六年

---

[1]〔清〕石成金:《传家宝全集》第 1 册《学堂条约》,第 31—32 页。

[2]〔清〕石成金:《传家宝全集》第 1 册《学堂条约》,第 34 页。

矣。最邀赏识者胡复翁师而外,唯王次山师、王文河师加督焉。次山师与从外舅郭南江沅先生同年,每言及黉,期许过甚。黉益滋惧,因思书院不如馆塾之专。"[1]秦黉先后入梅花、安定书院,得到山长王竣、王乔林等名家的指导,其尚言书院教学不及私塾,虽然这仅是个案,但反映扬州私塾教育在某些方面甚至超过梅花、安定等知名书院。

清末,新学肇兴,私塾随之进行改良。自光绪三十年(1904)五月起,上海士绅就邀集同志绅商设立私塾改良总会,拟订私塾改良会章程,提出私塾教学方法上重讲解而不宜背诵,教学内容除修身、读经讲经、国文外,还应开设算术、历史、地理、卫生、体操等,此外还提出设立师范讲习所,请师范毕业生按期轮流到会为塾师讲授。光绪三十一年(1905)9月,扬州私塾设有分会[2],主张会中事务以官绅合办。1905年11月底,扬州有改良私塾32所,教法照章进行,酌减体操、格致两科。光绪三十二年(1906),扬州改良学社召开了第一次大会,新增38所私塾入会,"扬郡改良学社传知已成立之三十二塾,及已调查而向未成立之三十八塾,定期于本月念四日在旧城赞化宫开常年第一次大会"[3]。截至光绪三十三年(1907),扬州私塾改良会在城内设有江都、甘泉分会,城外则在邵伯、仙女庙、大桥、宜陵、嘶马等处设立分会。此外,宝应县及氾水镇、仪征县及十二圩均有分会。[4]

扬州城乡的私塾改良在取得一定成效后,依然得到地方官绅的积极关注和持续推进。例如,江都邵伯镇的士绅不甘落后,力图有所作为。

上月初间陈提学莅扬调查学务,颇注重改良私塾,兹闻城内已办有端倪,惟邵伯自设教育研究会以来,赞成改良者固多,心怀观望者亦属不少。自治宣讲所特于日昨函告扬州筹办自治公所,转请县尊发给切

[1]〔清〕秦黉:《石研斋主年谱》卷上,江都秦氏石研斋未刊遗稿钞本,扬州大学图书馆藏。

[2]《江南私塾改良总会请将私塾改良会一部分事归入提学司教育行政范围内拟订简章上江督禀并批》,《四川官报》戊申第4册(光绪三十四年二月下旬)公牍,第9—11页。

[3]《改良学社(扬州)》,《申报》光绪三十二年二月二十七日(1906年3月21日),第9版。

[4] 左松涛:《近代中国的私塾与学堂之争》,生活·读书·新知三联书店2017年版,第440页。

实劝谕,以为实行改良之先声。[1]

扬州私塾改良会着力调查城乡私塾情况,以期对私塾改良有所裨益。据宣统三年(1911)六月,黄炎培完成的《常任调查员报告(第二次)》载,江都、甘泉"三年前曾办私塾改良调查会,调查得城厢私塾共二百四十余所,入会者七十二所,每年调其学生会考二次,优者师生均得奖。现已停止。其停止之故,一因经费无着(往时费由两县筹拨),一因考生有以学堂学生冒充者,恐乱学风"[2]。

新式学堂的广泛兴起和新学师资力量的严重不足,直接促使一些开明的塾师在教学内容上增加一些学以致用的新式学科知识。因此,江苏提学使劳尔宣与扬州地方官员对旧式塾师网开一面,允许其充任新式学堂教员或者私自收徒传学。

江都、甘泉两县迭奉大宪札饬兴办学堂,并颁发管学大臣奏定学堂新章,屡次会议经费难筹,而私设学塾月有所增,间亦有禀官立案者。因拟不论城厢内外,凡原有塾师令其来署承认学堂学科程度,其淹贯古今、博通中外、品学俱优者,考验合格给予凭照,准充私塾教员或自行授徒。若专长文理、兼晓时务而品行讲解皆佳者,准其设塾训蒙,试办三月后,由邑宰会同公正绅士前往查核,并试以论一首。如果教法合度,议论宏通,当查照管学大臣奖励章程,准与官生一体保送奖升等语,已由两邑尊禀奉大宪暨学务处批准,大约月内即可宣示矣。至高等、初等小学章程与管学大臣及前抚端中丞先后须到者大略相同。[3]

兴办新学需要大量经费,财力不足使得地方官员捉襟见肘,他们试图通

---

[1]《召伯振兴教育之计画(扬州)》,《申报》宣统元年六月二十六日(1909年8月11日),第11版。

[2] 黄炎培:《常任调查员报告(第二次)》,江苏教育总会编:《江苏教育总会文牍》六编丙,中国图书公司宣统三年(1911)版,第34—35页。

[3]《考验私塾(扬州)》,《申报》光绪三十一年三月十八日(1905年4月22日),第3版。

过改造传统教育系统的路径,以适应新学的要求。正如时任甘泉县令白朵卿所言:"兴国以教育为基,教育以小学为根本,今库帑奇绌,官立学堂一时难期普及,亟应竭力提倡私塾改良。"[1]江苏提学使劳尔宣对私塾改良更是情有独钟,专门赴扬加以劝导私学,"极言私家教育之善,只须购有部定书籍,将来即可照章升学,子弟不必定入学堂"[2]。

不过,塾师往往是仓促上阵,绝大多数难堪重任,邑人刘师培对此提出严厉批评:"且学校之设,以蒙学为基。而蒙学之兴,悉视教师之良否。今扬州学校,仅仪董、育才二区,少年子弟仍多受业于塾师。而为塾师者,复率由旧章,讳言新理,使青年之智识,锢塞于无形,不亦大可痛哉!"[3]

为了提升教育质量,扬州地方官员加大对私塾的改良力度,以期符合新学的基本要求和规范。

> 江苏江都、甘泉两县令近奉江宁提学使札饬,略谓各处塾师未能遵章授课,亟应认真整顿,俾益学务等情。因特转饬清查各私塾并该塾师姓名,开单呈送劝学所,择期考验,其被录取者应即换用学部课本,切实改良云。[4]

私塾改良会定期对私塾学生进行新学内容的考试,地方官员给予考生一定的物质奖励,借此推动私塾加速转型,以期符合新式教育的要求。光绪三十二年(1906),《时报》报道:"此间之私塾改良会于本月初三日在万寿寺考试学生,与考者计有一百八十余名之多,江、甘两县袁、震两大令亦亲来监视并预备奖赏物件,考毕并合撮一影,以志纪念。"[5]光绪三十三年(1907),"提学使调查员沈君戟仪注重私塾改良一事,来扬后定期于十三日合各塾大

[1]《提倡私塾改良(扬州)》,《时报》光绪三十一年七月二十三日(1905年8月23日),第6版。

[2]《劳提学提倡私塾(扬州)》,《时报》宣统三年七月十三日(1911年9月5日),第6版。

[3] 刘师培:《仪征刘君师培留别扬州人士书》,《苏报》光绪二十九年二月十三日(1903年3月11日),第3版。

[4]《时闻》页一〇,《吉林教育官报》光绪三十三年(1907)第10期。

[5]《私塾改良会纪事(扬州)》,《时报》光绪三十二年十一月初九日(1906年12月24日),第5版。

考。是日报考之学生共有三百名,分高、初两等出题考试,试毕后仍将兼习体操。各塾分别试演,于应奖物品外,尚须特别奖励云"[1]。

扬州各地的私塾改良会在改良传统私塾教育的同时,还对新学提供一定的经费支持。例如,光绪三十二年(1906),"扬州邵伯埭之苞亭学堂,既改为公立两等学堂,堂中经费仅恃学捐,殊有未济,且学堂基址荒僻,学生就学者必给以午饭一餐,亦属靡费。管刻经说学员沈君与该镇绅士协商,拟以原有经费改为四区小学,复由私塾改良会每月每塾给以津贴五十千文,以资补助云"[2]。

宣统元年(1909),扬州私塾经过改良之后,竟然受到民众追捧,招生火爆程度远胜学堂,甚至出现学堂学生转学私塾的情况,"扬州城内外学堂林立,招生不易,缺额甚多,皆父兄恐子弟一入学堂濡染习气。虽曾在堂肄业,亦多改入私塾,致私塾异常发达。调查今岁新添私塾,计有五十余所,所收学生均已逾额矣"[3]。时人调查发现,"扬州为文物旧邦,城市殷阗,民居稠密",仅城厢私塾就有240余所之多,而"各小学学生殊寥寥"[4]。

这表明,扬州私塾虽然并不完全符合"新学"的要求,但尚能截趾适履、勉为其难,并在扬州新式教育体系中占有一席之地。扬州一度出现旧式学堂、新兴学校和改良私塾并存的局面,这一状况一直延续到民国年间。朱自清在《我是扬州人》一文中充分肯定其童年塾师戴子秋先生对其的启蒙和教导功劳,明确表示:"我的国文是跟他老人家学着做通了的,那是辛亥革命之后在他家夜塾里的时候。"[5]直到20世纪30年代,私塾依然广泛存在于扬州城乡各地,江都教育局还办理全县私塾学生会考[6],显示出很强的适应力和生命力。

[1]《大考各私塾学生(扬州)》,《时报》光绪三十三年一月十七日(1907年12月21日),第5版。

[2]《时闻改良小学》,《吉林教育官报》第一期(光绪三十二年)第127页。

[3]《记事·私塾发达》,《教育杂志》宣统元年(1909)第1年第2期,第10页。

[4] 黄炎培:《常任调查员报告(第二次)》,江苏教育总会编:《江苏教育总会文牍》六编丙,第34—35页。

[5] 朱自清:《朱自清散文集》,北方文艺出版社2018年版,第103页。

[6]《办理私塾生会考》,《申报》民国二十六年(1937年1月8日),第8版。

三、扬州家学

（一）扬州家学概述

清代扬州地区经济繁荣、文化发达，整个社会重视文化教育。道咸以前，扬州民众崇文尚儒，即使素寒之家多喜好藏书，正如费轩诗云："扬州好，佳句记还无。名士总胜三斗酒，贫家都有五车书。领袖是鸿儒。"[1]诗句虽有所溢美和夸大，但是扬城文化氛围浓厚则毋庸置疑。文化教育的繁荣直接带动扬州本地家学家风的良性发展，并涌现出众多凭借读书而发家的名门望族。

清代扬州家族多以耕读传家，好读书谋上进，追求文化品位。正如道光年间，居住扬州西门外的裴氏在家谱中所强调：

> 务耕种以传家，尚勤俭以立身，数世矣。今于道光二十二年壬寅，议修录谱。而谱之内特著家规十条，示子孙所可为，警后裔所不可为。欲使愚鲁化为贤智，不肖归于正道。子子孙孙勿替引之。将见力农者，名之曰"殷实巨户"；业儒者，美之曰"诗礼大家"。族之大者奚若哉！[2]

扬州以耕读传家的家学世家主要表现为两种类型：一是科举家族，一门中多出进士和举人，其中甚至位列"三甲"。清代，扬州府进士和举人主要集中在 10 多个地方名门大族之中，例如江都的史致俨、顾图河和杨持衡家族，甘泉的杨开鼎、焦循和唐绥祖家族，高邮的夏之芳、王念孙、贾国维和杨福臻家族，仪征的阮元和卞宝弟家族，宝应的刘宝楠、朱彬、王式丹、乔莱和成康保家族。其中，最著名的宝应刘宝楠家族先后出了进士 10 人，举人 16 人，高邮贾国维家族有 7 人考取进士，8 人中举，甘泉杨开鼎家族有进士 7 人，举人 4 人。

扬州科举家族的大量涌现，与其家学渊源和良好家风密切相关，直接得益于祖孙、父子和兄弟之间的学风引导和学术影响。

康熙年间，江都许承宣、许承家兄弟均为进士，二人皆学王士禛一派，其

---

[1]〔清〕费轩:《梦香词》,顾一平辑录,邗江区史志办、邗江区档案局编:《望江南·扬州好》,第25 页。

[2]《〔民国十年加修〕裴氏宗谱》,裴世平:《裴氏家训》,黄山书社 2018 年版,第 112 页。

子孙亦工诗文而举词科,祖孙三代皆擅长作诗,显然这与其家学赓续有着密切关联。据载:

> 江都许力臣(承宣)为给谏,有声于台垣。其弟师六(承家)著《猎微阁集》。师六子眉右(昌龄)官比部,著有《碧摩阁小集》。眉右之子荔生(迎年)官中书舍人,著《槐墅诗钞》;娶徐氏淑则(德音),著《绿净轩诗》。师六弟惕庵,荔生弟闻如、虞传,荔生子渭符(佩璜)举词科,皆工诗。许氏一门有《高阳五种诗刻》。[1]

高邮夏之蓉家族亦是如此,据阮元所言:"夏西涯(闻政)营厅事,有十八鹤翔舞于庭,因名'十八鹤来堂'。子一人绵祚;孙七人,之芳、之蓉俱以名儒入翰林。之芳、之蓉并受业于兄廷莱,廷莱以诸生终。然诗古文词,实两弟之所从出也。"[2]

科举世家之外,扬州还有许多家风优良、家学兴盛的世家大族。自阮元从武转文之后,阮氏家族数代业儒,虽未有人得中进士,但文风颇盛,成为儒雅之家。咸丰元年(1851),江苏巡抚杨文定在《皇清诰授光禄大夫太傅体仁阁大学士阮文达公墓表》中有言:

> 子五:长常生,嘉庆元年二品荫生,由户部主事累官清河道,署直隶按察使,先公卒;次凯,殇;次福,户部郎中,甘肃平凉府知府;次祜,癸卯科举人、刑部郎中,候选知府,特恩遇缺即选知府;次孔厚,道光元年一品荫生,特恩交部带领引见。孙十四人:长恩海,甲辰恩科举人,特恩交部带领引见;次恩洪,郡庠生,浙江候补知县,历署常山、富阳知县;次恩浩,邑庠生;次恩光,国学生;次恩山,业儒;次恩畴、次恩来,邑庠生;次恩喜,邑增生;次恩高、次恩亮,俱童生;次恩勤、次恩延、次恩年、

[1]〔清〕阮元:《广陵诗事》卷三,广陵书社2005年版,第36页。
[2]〔清〕阮元:《广陵诗事》卷三,第36页。

次恩寿,俱业儒。[1]

厉姓本属寒门,通过读书发家,"仪征厉氏,子孙繁衍,人口众多,读书家风,恪守不坠,有科名者,逐年俱增"[2]。其中,厉士贞(字烈士)为清代仪征出的第一位进士,程畹在《厉先生(秀芳)家传》中云:"其四世祖士贞公,康熙庚戌进士,为仪征国朝科名之始。"[3]此后,厉氏家族子弟中不乏登高科、任疆臣之人,其中厉恩官先后出任山东布政使、太常寺卿、福建学政,厉云官则官至湖北布政使,正如厉同勋在《抵京书感十二首(并序)》有诗句为"门第科名二百年",其自注云:"自先七世祖烈士公至今,历代皆幸列科名。"[4]其在《六十述怀八首》亦有"九世香分八世芹"的诗句,其自注则云:"余家自烈士公至子侄八世,皆补博士弟子,今孙辈亦能读书。"[5]厉氏家族经过数代人的前赴后继、刻苦攻读,成为扬州的名门望族,"这是清代家族中一个注重教育、长期努力、终于由寒门跻入名门的典型"[6]。

二是学术世家,一家中祖孙数代专治一门学问,成为独门之学。高邮李震之子必恒、必恒之子基简、基简之子贡,皆工于诗,时有"四世诗人"之目。[7]汪兆宏一门是数代善学能文,或是科场及第,或是著书立说。据载:

　　汪兆宏,字文锡,甘泉人。九岁能文,既长,博极群书,尤究心濂洛、关闽之学。乾隆五十四年进士,以知县用;改就教职,选凤阳府教授。凤

---

　[1]〔清〕杨文定:《皇清诰授光禄大夫太傅体仁阁大学士阮文达公墓表》,王章涛编著:《阮元年谱》,黄山书社 2003 年版,第 1082 页。

　[2]卞孝萱:《〈仪征厉氏支谱〉资料的发掘利用——清代家族文化个案研究之一》,《文献》2005 年第 3 期,第 22 页。

　[3]〔清〕程畹:《啸云轩文集》卷五《厉先生家传》,《清代诗文集汇编》第 719 册,第 379 页。

　[4]〔清〕厉同勋:《蘸花小室诗钞》下卷《抵京书感十二首(并序)》,《重订厉廉州先生诗全集》,《清代诗文集汇编》第 566 册,第 126 页。

　[5]〔清〕厉同勋:《栖尘集·六十述怀八首》,《重订厉廉州先生诗全集》,《清代诗文集汇编》第 566 册,第 221 页。

　[6]卞孝萱:《〈仪征厉氏支谱〉资料的发掘利用——清代家族文化个案研究之一》,《文献》2005 年第 3 期,第 27 页。

　[7]〔清〕阮元:《广陵诗事》卷三,第 35 页。

阳向无学田,学署久圮,捐俸修葺。贫无所赖,上官欲代谋薪水,力辞之。引疾归,课徒为活。诱掖后进,多所成就。道光十年,入祀乡贤祠。著有《诗书易三经注疏》《补周礼辑要》《春秋分国考》及诗文集。子炳生,字星猷,道光元年举人。孙铸,字错庵,号樗农,道光十二年举人,邠州教谕。著有《错庵诗文集》。侄孙惟一,字簠园,一字蜕园,恩贡生,就职训导。淡于仕进,一毡自守。造就子弟,多掇巍科。著有《弟子读书记》一卷、《蜕园诗文集》若干卷。侄曾孙泌,字和仲;宗铬,字朴斋:均诸生。[1]

清代扬州学派的崛起,与学者们高度重视家学、家教密不可分,除江藩、凌廷堪家学不传外,扬州学派学者多以诗礼传家,家学氛围浓厚,学术传承有序,形成学术世家。"降及有清,尤以经学为盛。其最著者,若高邮王文简父子、宝应刘端临、朱武曹、刘楚桢,兴化任子田,仪征阮文达、刘孟瞻父子,江都汪容甫、焦里堂、凌晓楼、薛子韵,甘泉江郑堂诸先生,著作皆为海内所宗仰,乡里贤达之士,互相传习,发名成业者甚众。及学堂兴,新学科目既多,士人每不暇及此;然好古之士,世不乏人,是所望于后来贤哲矣。"[2]确如论者所言:"清代扬州,名流荟萃。究其成就,多得益于深厚的家学。"[3]

(二)扬州著名家学

清代扬州涌现出诸多家学绵延数代的学术世家,其中以高邮王氏、宝应刘氏和仪征刘氏最为著名。

1.高邮王氏

高邮王安国、王念孙和王引之祖孙三代均中进士,入翰林院为官。他们从政不忘精研学问,其学术地位远超其政治影响,后人称赞"高邮王氏,理学经学,代为儒宗"[4]王氏祖孙三代著述颇丰,尤以"王氏四种"传誉学界,成为清代学术史上特别是中国训诂学史上的一座难以逾越的学术高峰,正如

---

[1] 董玉书著,蒋孝达、陈文和校点:《芜城怀旧录》卷一,第30页。

[2] 徐谦芳著,蒋孝达、陈文和校点:《扬州风土记略》卷中,第41页。

[3] 刘建臻:《清代扬州朱氏家学述论》,《扬州大学学报》2006年第5期,第95页。

[4] 〔清〕陈康祺撰,晋石点校:《郎潜纪闻初笔二笔三笔》(下),中华书局1984年版,第400页。

阮元赞曰："高邮王氏一家之学,海内无匹。"[1]

明代,高邮王氏先世迁自苏州,家学渊源颇深,王安国的曾祖父王开运"治《尚书》有声州学",祖父王式耜"通'五经'",父亲王曾禄"守家学……研精理学"[2],王安国"禀承家训,熟精宋五子书"[3]。王安国字书臣,号春圃,谥文肃,雍正二年(1724)先后中式会元、榜眼,后官虽至吏部尚书,但"公事之余,惟潜心学问","矻矻如老诸生,深研经籍之学"。王念孙字怀祖,王安国子,自幼跟随其父学习经史典籍,幼学基础扎实,"公之学行早立于文肃公时"[4]。后来,王安国延请当代硕儒戴震为其家私塾教师,王念孙由此学问精进,终成一代学术大师,"先生之学,精微广博"[5]。王引之字伯申,号曼卿,王念孙长子,聪慧好学,不仅年轻之时就从事声韵、文字、训诂学研究,而且深得其父学术精髓,其所学更为精深。阮元为王念孙作墓志铭时,曾总结其一生的学术成就,"(著作)凡十种,一字之证,博及万卷,折心解颐,他人百思不能到。子引之撰《经义述闻》亦多先生过庭之训"[6]。李斗亦认为王念孙"深于声音训诂之学,海内宗之。其学不蹈于虚,不拘于实,能发戴、惠之所未及,著《广雅疏证》。子引之,字伯申,传父学"[7]。高邮王氏一门擅治经学得到陈康祺的赞誉,"高邮王氏,祖孙父子笃志传经,为本朝儒门之冠,其立朝亦卓有声绩,不坠家风"[8]。

晚清名臣曾国藩治学颇严,以理学闻名,但其特别推崇高邮王氏祖孙三

[1]〔清〕阮元:《揅经室续集》卷二下《王石臞先生墓志铭》,《清代诗文集汇编》第477册,第639页。

[2]〔清〕汪由敦:《光禄大夫经筵讲官吏部尚书谥文肃王公墓志铭》,〔清〕焦循辑,许卫平点校:《扬州足征录》,第42页。

[3]〔清〕夏之蓉:《王尚书传》,〔清〕焦循辑,许卫平点校:《扬州足征录》,第40页。

[4]〔清〕阮元:《揅经室续集》卷二下《王石臞先生墓志铭》,《清代诗文集汇编》第477册,第637页。

[5]〔清〕阮元:《揅经室续集》卷二下《王石臞先生墓志铭》,《清代诗文集汇编》第477册,第638页。

[6]〔清〕阮元:《揅经室续集》卷二下《王石臞先生墓志铭》,《清代诗文集汇编》第477册,第639页。

[7]〔清〕李斗著,陈文和点校:《扬州画舫录》卷三,第38页。

[8]〔清〕陈康祺撰,晋石点校:《郎潜纪闻初笔二笔三笔》(上),第221页。

人,他在教导其子曾纪泽时曾言:

> 余于本朝大儒,自顾亭林之外,最好高邮王氏之学。王安国以鼎甲官至尚书,谥文肃,正色立朝。生怀祖先生念孙,经学精卓。生王引之,复以鼎甲官尚书,谥文简。三代皆好学深思,有汉韦氏、唐颜氏之风。余自憾学问无成,有愧王文肃公远甚,而望尔辈为怀祖先生,为伯申氏,则梦寐之际,未尝须臾忘也。怀祖先生所著《广雅疏证》《读书杂志》,家中无之。伯申氏所著《经义述闻》《经传释词》,《皇清经解》内有之。尔可试取一阅。其不知者,写信来问。本朝穷经者,皆精小学,大约不出段、王两家之范围耳。[1]

2.宝应刘氏

宝应刘氏祖籍苏州,明朝迁居宝应。有清一代,刘氏家风绵延,经学素养极高,得到阮元的高度赞誉,他认为“宝应刘氏最盛”[2]。进入清代中期,宝应刘氏家族成为扬州学派的重要骨干力量,其中以刘台拱、刘宝楠与刘恭冕为代表。

刘台拱先世从苏州迁到宝应,其曾祖、祖父和父亲均有功名,家学可以追溯至明朝末年,江藩在《汉学师承记》中记述:“君六世祖永澄问学于蕺山,以躬行实践为主,子孙世传其学。”[3]刘台拱之父刘世谟“好读书,至老不倦,而尤深于朱子之学”[4]。刘台拱“传经学于其父兄”[5],“深研程、朱之行,以圣贤之道自绳”,一生以教书为业,“学问淹通,尤邃于经,解经专主训诂”[6]。

---

[1]〔清〕曾国藩:《谕纪泽》,《曾国藩全集》第20册,岳麓书社2011年版,第404页。

[2]〔清〕阮元:《广陵诗事》卷三,第35页。

[3]〔清〕江藩:《刘台拱》,《汉学师承记(外二种)》,第138页。

[4]〔清〕刘台拱:《先府君行述》,〔清〕刘台拱等著,张连生、秦跃宇点校:《宝应刘氏集》,广陵书社2006年版,第26页。

[5]〔清〕阮元:《揅经室二集》卷六《江西铜鼓营同知刘台斗传》,《清代诗文集汇编》第477册,第302页。

[6]〔清〕江藩:《刘台拱》,《汉学师承记(外二种)》,第138页。

刘台拱精通汉学,李斗曾赞誉其"为汉儒之学,精于'三礼'"[1],《清史稿》高度称赞其学术成就,"自天文、律吕至于声音、文字,靡不该贯。其于汉、宋诸儒之说,不专一家,而惟是之求。精思所到,如与古作者晤言一室,而知其意指之所在,比之阎若璩,盖相伯仲也。段玉裁每谓'潜心"三礼",吾所不如'"[2]。

刘宝树、刘宝楠兄弟既是刘台拱的堂侄,又是其授业弟子,其中刘宝树好读书,遗著为《娱景堂集》。刘宝楠少时与刘文淇齐名,号称"扬州二刘","以学行闻乡里",成为著名经学家,著有《论语正义》(完成十四篇)、《宝应图经》《圣朝殇扬录》《文安堤工录》《愈愚录》《念楼集》等。刘宝楠子刘恭冕"守家学,通经训","敦品饬行,崇尚朴学"[3],"所学,于训诂文字,辨核极精确,尤喜寻绎微言大义,无主汉奴宋之习"。除续补完成其父《论语正义》之外,还著有《广经室文钞》等。[4]

3.仪征刘氏

清代仪征刘氏家学起自刘文淇,止于刘师培,前后四世专攻《春秋左氏传》,成为与高邮王氏并驾齐驱的家学名家,正如时人所赞:"圣朝昌明,经学集古大成,吾郡如阮文达公、江先生德量、焦先生循、汪先生中皆以经学鸣于时,其父子、祖孙相继尤莫如王文肃(安国)公,若夫名位未彰,而家学渊源缵承罔替相类者,则有如吾邑刘先生,讳毓崧,字伯山。……父讳文淇……研经笃行,为世儒宗所称孟瞻先生者也。"[5]

刘文淇少时即从舅父凌曙学习,最终成为一代名儒,但其科场并不顺利,终身为生计而奔波忙碌,直接影响其《左传旧疏疏证》的撰写。刘毓崧"为左氏学,先生缵承前业,旁通经史、诸子百家,凡所寓目悉留于心,或广坐道其原委,闻者私校原书,不讹一字,精于勘校"[6]。在学术上,刘毓崧"上承

---

[1]〔清〕李斗著,陈文和点校:《扬州画舫录》卷三,第38页。

[2] 赵尔巽等:《清史稿》卷四八一《列传二六八·儒林二》,第13206页。

[3] 赵尔巽等:《清史稿》卷四八二《列传二六九·儒林三》,第13291页。

[4]〔清〕刘岳云:《族兄叔俛事略》,汪兆镛辑:《碑传集三编》卷三三《忠节·儒林》,沈云龙主编:《近代中国史料丛刊续编》第73辑,台北文海出版社1980年版,第1803页。

[5]〔清〕程晙:《啸云轩文集》卷五《刘先生家传》,《清代诗文集汇编》第719册,第380页。

[6]〔清〕程晙:《啸云轩文集》卷五《刘先生家传》,《清代诗文集汇编》第719册,第381页。

刘文淇,下开刘师培,实为扬州学者之佼佼者"[1]。刘毓崧长子寿曾字恭甫,次子贵曾字良甫,三子富曾字谦甫,四子显曾字诚甫。刘寿曾"少工文章,承庭训,遂洞达许、郑之学",其受曾国藩之邀入金陵书局,"惟念《左氏疏义》三世之学,未有成书,创立程限,锐志研纂"[2]。刘师培系毓崧次子贵曾之子,"生而岐嶷,髫龀授读,过目成诵,习为诗文,有如宿构"[3]。刘师培承继家学,著书多达七十四种,不仅是扬州学派的殿军,而且成为中国近代学术史上的国学大师。[4]正如论者所总结:"刘氏之学出于凌氏,而益修其业,演迤三世,遂为吾扬学术之大殿。"[5]

刘氏一门连续数代专攻《左氏春秋》,一脉相承,前赴后继,锲而不舍,终获大成,成为中国学术史上的一大奇观,正如论者感言:

> 青溪旧屋,仪征刘氏三世传经之室也。有清一代言经学者,莫盛于义疏;为义疏者,尤莫善于乾嘉诸儒。嘉庆之季为义疏之学者,江淮间又推仪征刘氏。自孟瞻以经学纯德,师表儒术;伯山继之,良子恭甫又继之。三世通经,精博学者,企若吴门惠氏。孟瞻治《春秋左氏传》,钩稽郑、贾、服三君佚注,精校详释,为《左氏疏证》。积四十年,长篇袤然,仅写定一卷而遽卒。伯山继其业,亦未究而卒。恭甫绍昌家学,念三世之学,未有成书,锐志研纂,属稿至襄公四年,而恭甫又卒。千秋大业,亏于一篑。[6]

[1] 赖贵三:《考据料儳——仪征刘氏经学与文献学研究》,台湾文史哲出版社 2012 年版,第 25 页。

[2] 支伟成:《清代朴学大师列传》,岳麓书社 1998 年版,第 111 页。

[3] 〔清〕刘富曾:《亡侄师培墓志铭》,刘师培:《刘申叔遗书》(上册),江苏古籍出版社 1997 年版,第 16 页。

[4] 李帆:《刘师培与中西学术——以其中西交融之学和学术史研究为核心》,北京师范大学出版社 2003 年版,第 189 页。

[5] 〔清〕李详:《通义堂文集序》,〔清〕刘毓崧:《通义堂文集》,《续修四库全书》第 1546 册,第 260 页。

[6] 董玉书著,蒋孝达、陈文和校点:《芜城怀旧录》卷二,第 84—85 页。

（三）家学兴盛的原因

清代扬州地区家学源远流长并非偶然，而是有着深刻的历史背景和社会因素，正如光绪年间安定书院山长周子瑜所云："盖此邦老宿，根柢之学，讲习者久，师传弟，父传子，扬郡人文称盛，非无本也。"[1]

扬州家学繁盛的主要因素有三方面：一是家学积淀，薪火相传。仅以扬州学派人物为例，其中家学赓续，祖孙或者父子共治一经或者共著一书者并不罕见。例如，高邮王氏父子共同开展训诂学研究，王念孙《广雅疏证》的最末一卷由王引之续成，而其对王引之《经义述闻》则有不少的学术贡献，《经义述闻》甚至可以视为父子二人的合作。[2]焦循家族则精通《易》学，其曾祖父焦源、祖父焦镜、父焦葱"世传《易》学"，"循家三世习《易》，循幼秉父教，令从《十翼》求经"[3]。焦循之子焦廷琥自幼聪颖，少年时即深得家学真传，"焦廷琥虎玉，里堂孝廉子也。读书具慧心，能传家学"[4]。焦循"先生传家教，弱冠即好《孟子》书，立志为《正义》以学，它经辍而不为"[5]。《孟子长编》《孟子正义》可以视为焦循与其子焦廷琥的合著，"循尝与廷琥纂《孟子长编》三十卷，后撰《正义》，其廷琥有所见，亦本范氏《穀梁》之例，为之录存"[6]。扬州学派以"二刘"家学流传最为著名，其中宝应刘氏以研究《论语》闻名，仪征刘氏则专注于《春秋左氏传》。刘宝楠幼时授教于刘台拱，与其兄刘宝树多有学术切磋。此后，刘宝楠、刘恭冕父子专攻《论语》，《论语正义》则成为集《论语》注释大成的经典著作。其中，刘宝楠在世时仅完成前十四篇，最终由刘恭冕续成。从刘文淇伊始，其子刘毓崧，其孙刘寿曾、刘贵曾，其曾孙刘师培四代，对《春秋左氏传》的研究是孜孜以求、前赴后继，最终通

————————

　[1]〔清〕周颋：《二集序》，〔清〕钱振伦编：《安定书院小课二集》，卢桂平主编：《扬州文库》第2辑第54册，第512页。

　[2]刘建臻：《清代扬州学派经学研究》，江苏人民出版社2018年版，第55—56页。

　[3]〔清〕焦循：《雕菰集》卷二四《告先圣先师文》，〔清〕焦循著，刘建臻整理：《焦循全集》，广陵书社2016年版，第6094页。

　[4]〔清〕陈康祺撰，晋石点校：《郎潜纪闻初笔二笔三笔》（下），第781页。

　[5]〔清〕焦廷琥：《焦理堂年谱》，北京图书馆编：《北京图书馆藏珍本年谱丛刊》第127册，第11—12页。

　[6]赵尔巽等：《清史稿》卷四八二《列传二六九·儒林三》，第13258页。

过家族内的学术积累和传承,大功告成,正如邑人王振世的总结:"(刘文淇)先生以经术名海内,深于《春秋左氏》之学。子毓崧,孙寿曾,三世并以经明行修,列《清史·儒林传》;曾孙师苍、师培,均能以经学世其家。"[1]刘师培故交汪东对刘氏家学传承的评价可谓一语中的:"仪征刘氏,五世传其学,至申叔而益大成。盖源之深,积之厚也。"[2]

二是家族重视教育,为族内学子提供大量经济援助,有利于家学赓续相传。扬州地区的许多世家大族均注重文化教育,专门设有义产对学子进行资金扶持。例如,阮元家族不仅对本族子弟读书、科考提供经费,而且对江都、甘泉和仪征三县的举子参加科考给予资助,不仅拟定章程,而且有明确的条目规定,这在阮元家庙石刻碑文有载:

> 生与合族弟兄子侄悉心公议,分为十六条:
>
> ……一设家塾,课子弟读书;一给子弟艺业费;一助族中考费……一助江、甘、仪三县举人公车卷费……
>
> 一设家塾,课族子弟读书也:僧道桥合族所居,光禄公久已捐设学房,延师课读,凡讲学、属文、读经者分别授业,所有束脩膳资,以后皆由东塾支给,其愿自延师者,听之。如有[包漕抗粮]、品行不端、不孝不弟者,尊长传至祠庙,分别惩处。东塾第八代以下小宗子弟延师亦如之。
>
> 一给子弟艺业之费也:如子弟读书至十五岁,质钝难成,贫无恒产,自愿学艺贸易者,给银二十两为[柜]费,如浪用无存及博奕、好饮滋事者,尊长传至祠庙分别责惩处置。
>
> 一助族中考费也:凡族中子弟应县试者,不论贫富,给银二两;府试者二两;院试者四两;乡试者八两;会试者八十两;殿试者一百二十两。前后各条,凡小宗给数,皆倍之。
>
> ……
>
> 一助江、甘、仪三县举人公车卷费也:东塾每年积存银乙百两,三年

---

[1] 王振世著,蒋孝达校点:《扬州览胜录》,第116—117页。

[2] 汪东:《题〈青溪旧屋仪征刘氏五世小记〉后》,梅鹤孙著,梅英超整理:《青溪旧屋仪征刘氏五世小记》,第95页。

三百两,预于[膡]底,寄至京师扬州会馆。俟会试者到齐,无论人数多寡,[尽]银分致。恩科则以一年、二年所积,不再加增。[1]

由此可见,阮氏家族不仅为家塾教师提供了丰厚的束脩,而且对族内子弟读书和迎考大力补助。仅以助考费用为例,阮氏家族对子弟的资助力度颇大,县试花费虽不多,但也有 2 两白银的经费资助,赴京参加会试更是提供白银 80 两,这相当于一般塾师 2 年的束脩收入。即便是阮氏家族中的贫寒子弟也能基本做到无后顾之忧,能够安心赴京应考。

三是注重弟子启蒙和劝诫教育,营造出良好家风和成长环境。焦循在《畚芳社记第二》中记载,嘉庆以前扬州城郊司徒庙徐氏等四姓创办畚芳诗社进行雅集的盛况,四姓家族能够前后坚持数十年,足以反映扬州普通家庭对文教的重视程度,扬州学风、家风之盛由此可见一斑。不过,随着四姓家道中落,家风、家学难以为继,令人感慨不已,焦循对此曾扼腕叹息:

> 社在庙头镇司徒庙南。康熙间,湖中多隐君子,诗酒盘桓,一时之盛也。于是徐、毕、范、施四姓,共立社曰"畚芳",隐四姓之偏旁也。社中植花树,起楼阁亭榭,每聚会,皆在其中,四方诗人或闻风而至焉。四姓子孙多能诗,习祖、父之风概,嗣而续之者,尚数十年。……四姓既中落,社乃圮。……余每过其地,为太息久之。[2]

一些家庭为了引导子女成人成材,培植良好家风,还专门编写家庭教育的书籍。例如,石成金在康熙年间著有《传家宝》四卷,涉及治家处事、读书做人、风俗礼仪等方面,其中关于家庭教育、子弟教育的劝诫内容通俗易懂、生动有趣,具有广泛的社会影响。《传家宝》初集中有《学堂条约》《读书心法》《师范》《课儿八法》《学训》《神童诗》《正学歌》《天福编女训》《童礼知要》等,对儿童启蒙教育提出一些独到观点。光绪时期,江都张鉴屏特

---

[1] 沈蓓:《解读"官批阮氏义产章程"》,阮锡安、姚正根主编:《阮元研究论文选》(上),广陵书社 2014 年版,第 101—102 页。

[2] 〔清〕焦循著,孙叶锋点校:《北湖小志》卷二《畚芳社记第二》,第 14 页。

别重视子女教育,专门作有《芸台戒词》,其中《戒废学》篇就是告诫子女要珍惜时光,刻苦求学。[1]

第四节　科举

一、文举

报考是士子应试之始,凡未曾入学、无功名者,无论年龄大小,统称为童生,又称为文童、儒童,以别于武童生。清初承袭明制,报考士子必须是本籍人,且非优、倡、皂、隶子孙,本人没有刑伤过犯,且无父母之丧。报名、保结后,即可应县试。"扬属县试日期久经登报,兹经江、甘两邑宰出示晓谕略云:本月廿一日县考,扬属八邑同日一律扃试,所有县治与考文童均于前三日报名投卷,照例派认廪保。"[2]

童生在参加乡试前必须通过童试,这是获取科考的资格考试。童试又称童生试,俗称考秀才、小试,既是童生进入官学的入学考试,又是获取功名的初试。童试分为县试、府试和院试,考生必须依次通过考试。所有考试都由官府提前发出通告,例如《申报》曾登载光绪二十四年(1898)扬州府文、武童生的考试日期,"扬属各州县岁考文童,现将告蒇,各邑宰订期本月二十八日考试,武童外场预于二十五日取齐,刻已示谕通衢矣"[3]。

(一)县试

县试由知府或知县担任主考官,由其决定考试的场次。通常,县试考三到四场。第一场是正场,最为重要。其后为覆试,亦称招覆,依次为初覆、再覆和连覆。乾隆五十二年(1787),清政府规定,考试正场考"四书"文一道、经文一道、五言六韵试帖诗一首,即要求考生撰写八股文两篇、五言六韵诗一首。扬州府的县试还分为已冠题和未冠题,二十岁以下应试未冠题,二十岁以上参考已冠题。参加县试的考生一般年龄差距较大,正场考试中区分成年与未成年人考题,对未成年考生能够起到一定的激励作用。

---

[1]〔清〕张鉴屏:《戒废学》,《芸台戒词》页一一,《芸台合编》,光绪二十年(1894)刻本。
[2]《邗沟琐话》,《申报》光绪十三年三月十九日(1887年4月12日),第2版。
[3]《定期武试》,《申报》光绪二十四年四月十六日(1898年6月4日),第2版。

县试时,考生须在黎明入场,日暮前交卷。考生可以提前交卷,满十个人方能开门放行,称为放头牌。考卷由主考官负责阅卷和录取,县试仅是为府试选送考生,录取名额比较宽松。每场考试结束后,公布本场录取童生的考号。头场考试录取最为宽松,录取者即有资格参加府试,考生自己决定是否继续参加此后的各场考试。因此,头场之后,每场考生开始逐渐减少。

扬州县试由扬州知府分别赴各州县主考,正场考试按年龄分为已冠和未冠两类,每类均包括三种试题,即头题、次题和试题,命题范围则是"四书""五经"。正如《申报》对光绪年间扬州县试的相关报道:

> 扬州府属八州县均于十月二十日开考……兹将首场题目录左,已冠首题"玉帛云乎哉"至"色厉",二题"得一善",诗题"诗成珠玉在挥毫"。未冠首题"将入门",二题"孟子道性善",诗题同。[1]

由于对科举考试的高度重视,扬州属县举行县试时,不仅考生众多,而且送考人群更为庞大,江都县试就因送考人群过多而引发社会各界的担忧,这在《申报》中有报道:

> 本月二十日,扬郡县试先期奉江都县示,凡诸童临点名时,所有父兄师友一概不必送考。缘考童已有六七百名之多,加以送考者,当不下一、二千人。点名时难免无拥挤等事,是爱子弟而适所以害子弟也,但积习相沿,恐骤难更改耳![2]

考试全部结束后,主考官排序公布各场录取者的名单,称为出案。知县将录取名单造册,送交本县儒学署,由其将名单和被录取者的试卷一同上报。县试录取者,有资格参加府试。随着近代报刊媒介的出现,扬州府的县试出案信息得以刊载:

---

[1]《江都县试》,《申报》光绪八年十一月初五日(1882年12月14日),第2版。
[2]《谕免送考》,《申报》光绪六年四月二十九日(1880年6月6日),第2版。

扬属各邑县试已竣,江都录取二百七十余名,案首薛金寿;甘泉录取二百四十名,案首朱之镠。旋由府尊示期,月之二十五日举行府试。日来,府署左右,赶考市生涯者业已蜂屯蚁聚矣。[1]

(二)府试

扬州府试由知府主持,通过县试的各属童生赴郡城应试,考试地点为考棚或试院。府试通常是在农历三月或四月举行,即县试结束后的一、二个月。府试在考试前一个月公布日期,程序内容与县试基本相同。通过府试的考生,取得参加学政主持的院试考试资格。府试的分类和内容与县试基本相同。

清代扬州府试涵盖八属考生,考试过程亦盛况空前,"正场连日,府署左近,作赶考生涯者纷至沓来,后至者无屋可租,即以芦席支搭为篷,望衡对宇,俨若市廛。旧城各客寓及各饭店生意陡形畅旺,无不利市三倍云"[2]。

戊戌变法时期,扬州府试增设算学专场,考试内容涉及天文、地理等新学知识,"扬州府沈碧香太守以算学一门为目今当务之急,此次府试时特允刘、胥两明经之请,于各邑正场之后,添试算学一场。……考试为抢才而设,抢才以有用为归,当风气日开,识时务乃为俊杰,即如算学一艺,举凡天文、地理、格致、制造悉权舆于此,实为有用之学,而内政外交一切时务倘能融会贯通,尤堪致用"[3]。戊戌政变后,算学专场无疾而终,扬州府试中新学元素可谓昙花一现。

(三)院试

院试是童生考生的最后亦是最重要的一场考试,由江苏学政赴各地主持。参加院试的童生必须是府试的录取者,如果因故没有及时参加县试、府试的考生可以在院试前参加补考,合格者亦可以参加院试。

乾隆年间,院试正式开考前,先考经古一场,由学政出经解、史论、诗赋题目,考生从中选作一题或数题。院试一般考两场,包括正场和覆试,考试

[1]《邗试竣事》,《申报》光绪二十七年四月十九日(1901年6月5日),第2版。
[2]《扬试纪事》,《申报》光绪十五年四月二十三日(1889年5月22日),第2版。
[3]《振兴算学》,《申报》光绪二十四年五月十五日(1898年7月3日),第2版。

时间为一整天。院试考试分类和考题与府试亦基本类似。自乾隆二十五年（1760）起，清政府规定院试正场为"四书"文一道、经题一道、五言六韵诗一首。覆试为"四书"文一道、论题一道、五言六韵诗一首，并默写《圣谕广训》一二百字。院试的录取者称生员，又称庠生、茂才、诸生，即俗称秀才。生员是一种终身的资格，亦是读书人在科考中获得的第一级身份。

扬州府院试考场位于泰州，原为明代凤阳巡抚衙门，康熙年间改为扬八属考生的院试考场，被称为学政试院或扬郡试院。

二、武举

清代武科沿袭明制，从顺治二年（1645）到光绪二十四年（1898）从未间断，直到光绪二十七年（1901）废止武举制。清代武科为三年一次，为正科，每科录取人数均有定额。常科以外，武科还有恩科、恩额，即遇新帝登基之年或皇帝、太后大寿庆典，则另加恩科，笼络人心，吸纳更多的武勇之人为朝廷效命。武科考试与文科同样分为四级，即童试、乡试、会试和殿试。清代，扬州武科亦相当繁盛，正如《光绪江都县续志》所总结的："嘉庆十五年以来，士之登春秋榜及充贡于朝者，盖尤彬彬矣！……县以武科起家者亦多。"[1]

（一）武童

清代扬州地区武风盛行，不仅涌现出仪征的武状元杨谦，而且还有诸如扬州北湖地区的阮氏、焦氏等武举世家。

杨谦字先豫，仪征人，回族，康熙壬午（1702）科武乡试获解元，康熙丙戌（1706）科又获得武状元，被称为"两元及第"，赐头等侍卫，后官至天津镇总兵。杨谦之弟杨凯是武进士出身，官至湖广提督，兄弟二人被世人"并称儒将"。[2]

据焦循《北湖小志》和阮元《广陵诗事》记载，扬州北郊的北湖地区武风盛行，先后出了毕锐、阮枢忠、阮匡衡、焦熹、阮玉堂、焦瀛等 6 名武进士，阮持衡、焦嘉、张濩、张柯、焦鱼等 19 名武科中举。阮氏家族先后有阮枢忠、

[1] 〔清〕谢延庚修，〔清〕刘寿曾纂：《光绪江都县续志》卷四《选举年表第二》，卢桂平主编：《扬州文库》第 1 辑第 12 册，第 154 页。

[2] 〔清〕王检心修，〔清〕刘文淇、张安保总纂：《〔道光〕重修仪征县志》卷三二《人物志·宦绩下》，卢桂平主编：《扬州文库》第 1 辑第 18 册，第 501 页。

阮持衡、阮匡衡、阮玉堂、阮应武、阮士衡和阮斌7人中举,焦氏家族则有焦瀛、焦嘉、焦鱼和焦淳4位武举。[1]阮、焦二氏可谓武功世家。其中,阮元祖父阮玉堂,康熙五十年(1711)中武举,康熙五十四年(1715)成武进士,先后任分镶蓝旗教习、湖北抚标中军参将、河南卫辉营参将、广东罗定协都司、钦州营游击,卒后追封招勇将军。阮玉堂"少能挽强驰射,矢无虚发。尤喜读书,为古文词诗歌,援笔立就"[2]。阮元父亲阮承信虽然未曾参加武科考试,但自幼酷爱练武,善骑射,"习相马法,乘骑驰千里"。阮元的叔父阮匡衡、阮士衡子承父业,均为武举出身,"枢忠公通经史,兼善骑射……子三……次讳匡衡,癸未科武进士,官滁州卫守备,以官赠曾祖武德将军;三讳士衡,雍正丙午科武举人"[3]。阮元则因体质虚弱才被允许弃武从文,"吾阮氏世以武起家,自元之生独弱,习驰射力辄不支,父固怜之,命改就经业"[4]。

焦循家族世代重视武举,据其在《家述上》中记载,其曾祖一代就有武进士3人,即康熙二年(1663)癸卯科武进士焦憬、康熙四十八年(1709)己丑科武进士焦瀛、康熙五十一年(1712)壬辰科武进士焦熹。至于武举则更多,焦淳"康熙丁卯科武亚元,时亦知名"[5]。焦鱼则为康熙五十六年(1717)丁酉科武举。即便扬州文风盛行,焦瀛之孙焦骗还是坚持入武学,学使张廷璐爱惜其文才过人,曾劝其改武习文,但他公开拒绝并明确表示:"吾家世武,不愿文也。"[6]焦循家族虽属武举世家,但并非粗俗武夫,而是非常重视文化,不乏文武兼备之人。例如,焦兆熊"雍正丙午科武举人,著《敬斋诗》一卷"[7]。焦憬"雍正癸卯科武举人,与徐芃、徐弃疾为词友,著《醒斋诗余》一卷"[8]。焦熹

---

[1]〔清〕焦循著,孙叶锋点校:《北湖小志》卷六《家述上》,第115—121页。

[2]〔清〕王检心修、〔清〕刘文淇、张安保总纂:《〔道光〕重修仪征县志》卷三二《人物志·宦绩下》,卢桂平主编:《扬州文库》第1辑第18册,第502页。

[3]〔清〕阮先辑,孙叶锋点校:《北湖续志》卷六《晋授奉直大夫、布政司理问加二级北渚阮君墓表》,广陵书社2003年版,第61页。

[4]〔清〕阮元:《诰授招勇将军广东钦州营游击诰赠资政大夫内阁学士兼礼部侍郎王考琢庵太府君行状》,〔清〕焦循辑,许卫平点校:《扬州足征录》,第54页。

[5]〔清〕焦循著,孙叶锋点校:《北湖小志》卷六《家述上》,第117页。

[6]〔清〕焦循著,孙叶锋点校:《北湖小志》卷六《家述上》,第121页。

[7]〔清〕焦循著,孙叶锋点校:《北湖小志》卷六《家述上》,第119页。

[8]〔清〕焦循著,孙叶锋点校:《北湖小志》卷六《家述上》,第120页。

"及其执笔为小楷,细若蝇头,秀韵绝俗。时而吟咏,则风雅过于文士"[1]。正是经过家族数代人的文化积淀,焦循最终能够弃武从文,成为一代通儒。

（二）武童试

清代武童生必须通过参加武童试才能获得武生资格,各地官学中均有专门的武生名额。武童试分为县试、府试和院试三级,其中以院试最为关键。武童试的县试由知县任主考官,武科童试县试时间通常定在农历二月,在文科童试结束后进行,由县属造花名册,呈送府（州、厅）进行府试。扬州府武童考试安排亦是如此,《申报》对此有报道:"扬州府试八邑文童刻已将次竣事,陈太守择定本月十八日取齐,武童二十日开考。"[2]

武童试的应试资格与文童试相同,均要求身家清白、不得冒籍。考试前,先由教习将所教武童姓名开明具结。考试日,由教习各率其徒进行识认稽查。各教习所教武童并为一牌,并将同姓者汇聚一处。如有武童作弊滋事,责在教习。无教习具结者即予以扣考。扬州地方官员对武童试中的舞弊行为采取针对性的防范,试图防患于未然。《申报》对此有报道:

> 程太守于初四日考试,八属武童先试外场。是日,西门外大校场人山人海,热闹非常,各童皆能肃静无哗。点名时,分东西两路鱼贯而行。太守恐外场有替代等弊,令各童于点名后在公案旁面填亲供,以便内场默写武经时验对笔迹,倘有不符,概不录送。[3]

1.县试

清代承袭明制,武科童试例分三场进行。其中,第一、二场试弓马技勇,称为外场;第三场试策论武经,称内场。武科的第一项为马弓,首场马箭射毡球,二场步箭射布侯,发箭九支,三箭中靶为合格。乾隆年间,增加"马射地球",俗称"拾帽子"。合式方能参加开弓比试技勇,即头项拉硬弓,测试臂力。弓分八力、十力和十二力三种,由应试者自选,限拉三次,每次以拉满

［1］〔清〕焦循著,孙叶锋点校:《北湖小志》卷六《家述上》,第121页。

［2］《武试日期》,《申报》光绪十五年五月十六日（1889年6月14日）,第2版。

［3］《扬城纪事》,《申报》光绪十二年八月十二日（1886年9月9日）,第3版。

为准。第二项为舞刀比试武艺，刀分八十斤、一百斤和一百二十斤三种，刀号自选，以一次完成闯刀过顶、前后胸舞花等动作为准。第三项掇石比试技勇，看能否双手举起巨石，重量分为二百斤、二百五十斤和三百斤三级。应试者要求将石提至胸腹之间，再借助腹力将石底部左如其右各翻露一次，叫作献印，一次完成为合格。参加应试者，弓、刀、石三项必有两项为头号和二号成绩，三号成绩超过两项者为不合格，三项中能第一、二者为合式，不合式者不得参加第三场考试。[1]

第三场内场的考试内容，初为考试策论，题目出自《武经七书》。乾隆年间，停武经策论，改为默写武经，约以三百字为率，错误及有别字者不取。嘉庆时期，武童试与武乡试内场均改为默写武经，由学政从《武经七书》中拟出百余字段，应考的士子进行默写。

2. 府试

府试由知府（知州、同知）任主考官，多在四月举行。府试与县试的程序完全相同，只不过对考生的要求和标准更高。《申报》对扬州府试多有报道：

> 前纪扬州府武考日期，兹因阴雨连朝，马道内积水成渠，不能驰骤，陈太守遂改五月二十六日先试内场步箭，二十八日试外场马箭，二十九日校阅技勇。闻此次太守校阅甚为认真，于枪替等弊防范尤严，场前发出告示一道，略谓武童考试弊窦甚多，往往有弓马未娴，雇人代考，武经不熟，倩人代默等情，今特出示晓谕。仰与考各武童知悉，务各先期赴领亲供格式，俟外场骑射后，该童即于教场公案旁眼同教官填写亲供，以便内场校对笔迹。倘不先期赴领，即系枪代，概不收录、送试等语。闻者咸谓太守一秉至公，实心任事，举此可以概见矣。[2]

由此可见，清代武科重视外场，尤其是重骑射。为了预防武童生出现舞弊行为，官府采取了亲供、保结等措施，对冒名顶替者严加防范。

---

[1] 李世愉、胡平：《中国科举制度通史·清代卷》（下），上海人民出版社 2015 年版，第 531—533 页。

[2] 《扬州武试纪事》，《申报》光绪十五年六月初五日（1889 年 7 月 2 日），第 3 版。

3.院试

院试则由学政主考,分为岁试、科试,三年一试,通常逢丑、未、辰、戌年进行岁试,寅、申、巳、亥年则进行科试。由于武生首重骑射,学政则需要会同武职官员考试弓马。院试合格者分发各省府州县儒学学习,岁试由学政主持,三年试,岁试名列一、二等者,可参加武乡试。

扬州习武者一直延续着文读武经、武练弓马的传统科考之路。由于扬州文化渊源深厚,扬州武科考生虽然习武出身,但并非目不识丁,而是饱读诗书、颇多文采,其中不乏文武双全之才。如阮元祖父阮玉堂"尤喜读书,为古文词诗歌,援笔立就"[1],著有《珠湖草堂诗集》《琢庵词》。阮元之父阮承信继承了习武进身的家风,不仅善于骑射,而且"幼读书,治《左氏春秋》,为古文辞"[2]。毕锐"康熙甲辰科武进士,贵州平坝卫守备。尝以军事驻养龙坑,坑中多藏书。……罢归,优游烟水间,寄情于画,所作山水人物,得者宝之"[3]。赵嗣夔"雍正己酉科武举人。指头画径丈山水"[4]。江都张发生、张发青兄弟文武兼备,"雍正癸卯科,江都浦村张发生中武举第一,弟发青亦中式。丁未会试,发生中传胪,青中进士,并为御前侍卫。发生善歌诗,下笔倏千百言"[5]。张和"以武进士为侍卫。所历都门、山右、楚南、西秦、恒山,所至皆有吟咏。……文亦简洁有致"[6]。

阮元家族以及江都张氏、甘泉焦氏等世代习武家庭一直高度注重文化教育的传承,这在阮元的《广陵诗事》中多有描述:

江都浦村之张,甘泉黄珏桥之焦,即公道桥吾家阮氏,皆以武世其家,而无不熟习经史、善诗歌,博学能文。焦效朱(熹),以武进士官都司,

[1]〔清〕王检心修,〔清〕刘文淇、张安保总纂:《〔道光〕重修仪征县志》卷三二《人物志·宦绩下》,卢桂平主编:《扬州文库》第1辑第18册,第502页。

[2]〔清〕阮元:《揅经室二集》卷一《诰封光禄大夫户部左侍郎显考湘圃府君显妣一品夫人林夫人行状》,《清代诗文集汇编》第477册,第210页。

[3]〔清〕焦循著,孙叶锋点校:《北湖小志》卷四《文施毕赵传第十二》,第63页。

[4]〔清〕焦循著,孙叶锋点校:《北湖小志》卷四《文施毕赵传第十二》,第63页。

[5]〔清〕阮元:《广陵诗事》卷一,第8—9页。

[6]〔清〕阮元:《广陵诗事》卷一,第9页。

勇力善谋,为李宫保(卫)所知。每效欧阳率更体作蝇头小楷,工妙绝伦。其叔瀛、淳、兄憬皆以武科显而善属文。[1]

鸦片战争后,西洋的坚船利炮已经显示出对长矛大刀的巨大优势,所谓的武举人才早已不能适应新的战争要求,但清代武科考试依然墨守成规,没有与时俱进,"悉照旧制,仍以'四书'文、试帖、经文、策问等项分别考试"[2]。当时,一些文人发现这一弊端,例如同治六年,晚清著名学者张文虎在其日记中对武科考试内容陈旧、不敷实用提出反思:"武科之设,以备将材,三场以步、箭为第一。然此时用兵全待火炮,百步穿杨何功战阵。所学非所用,亦时艺之类而已。"[3]

鸦片战争以降,中国社会加速转型,武举考试逐渐为人所轻视,即便是过去重视武科的扬州地区也出现了武生数量和质量大幅滑坡的现象。进入晚清时期,扬州地区的武科水平已经远远不及周边地区,"武场则以淮安为最优,通州人数较多尚敷选进,江宁、扬州两府武童既少,授艺亦生,其未能如额者,均各缺额不等"[4]。扬州地区"武风平常",武科亦因考生少而劣,甚至出现缺额情况,正如江苏学政杨颐在奏折中所云:

> 伏查淮、扬、通三属虽在江北,然与江南州县舟楫可通,风气不甚相远。惟徐、海两属向无水程,且距省各七八百里,土多碛瘠,士艰弦诵,文风稍逊,然综而论之,亦互有优绌。扬属则泰州、江都、甘泉为优,通属则通州、如皋为优,淮属则山阳、盐城为优,徐属则铜山、宿迁为优,海属则海州为优,其余即未尽完粹,皆可节取如额。至于武试,则淮、徐、海、通等属均多技勇出群、弓马娴熟之士,惟扬州武风平常,仪征县试童

---

[1]〔清〕阮元:《广陵诗事》卷一,第9页。

[2]《江苏学政臣瞿鸿禨跪奏为陈报岁试三府一州情形恭折》,《申报》光绪二十五年正月二十九日(1899年3月10日),第14版。

[3]〔清〕张文虎著,陈大康整理:《张文虎日记》,上海书店出版社2009年版,第107页。

[4]《江苏学政臣瞿鸿禨跪奏为陈报岁试三府一州情形恭折》,《申报》光绪二十五年正月二十九日(1899年3月10日),第14版。

尤少,缺额四名,不敢滥竽充数。[1]

晚清武举考试早已不敷实用,但是扬州地区安常习故者依然不少。光绪二十七年(1901)清政府宣布停止武科后,扬州地区一些武童即在泰州贡院寻衅滋事,"扬州访事友人云:江苏提督学政李大宗师按试通州文事既毕,遵旨停考武场。各武童闻而大哗,纠约多人,拥入贡院滋闹。宗师见来势汹涌,立饬扁门随拿获甲乙二人,发交提调官研讯,旋援照聚众闹考之例,判令荷校头门,而在外各武童依然跃跃欲试"[2]。

有清一代,文进士总共录取了26849人[3],其中扬州府有进士292人,占总数的1.08%,这意味着全国每100名文进士中就有1.08个扬州人。清代约有300个与扬州府平级的府、厅、州,平均每府约有文进士89人,扬州府达到平均数的3倍以上。因此仅从文进士数量上统计,扬州府科举处于领先水平。其中仅就鼎甲而论,则包括2名状元、5名探花和4名榜眼,共计11人。据统计,清代112科共产生336位鼎甲,平均每府不过1.1人,扬州府则为平均数的10倍,这表明扬州府的科举确实处于全国前列。

此外,扬州府还考中武进士129人,其中仅就鼎甲而论,扬州府有2人,即康熙三十六年(1697)丁丑科探花胡琨和康熙四十五年(1706)丙戌科状元杨谦。据统计,清代武举鼎甲共计327人,平均每府为1.09人,扬州达到平均数的近2倍。可见,扬州府武举同样在全国居于领先水平。

第五节　新式文化教育机构

鸦片战争后,以府县官学为中心,辅之以书院、义学与社学的中国传统教育体系日趋没落。在扬州传统教育机构走向衰落的过程中,西方传教士则开始在扬州创办新式学校,传授西学。戊戌变法前后,扬州人士开始兴办

---

[1]《奏为苏省岁试完竣并举行徐海常二府一州科试情形恭折》,《申报》光绪十六年十月初四日(1890年11月15日),第11版。

[2]《武童闹考》,《申报》光绪二十七年九月初九日(1901年10月20日),第2版。

[3] 毛晓阳、金苏:《清朝文进士总数考订》,《清史研究》2005年第4期。

新式学堂。20 世纪初年,随着清政府正式废除科举制度,扬州新式学堂得到快速发展,不过受到经费、师资等教学条件的制约以及传统教育体制和民风的影响,新式教育体系未能得到全面推广和深入普及。

科举时代,扬州崇文重教,以书院为代表的传统教育较为发达,在国内名列前茅。道咸之后,随着盐业经济的逐步衰落,扬州的文化风尚逐渐淡薄,尤其是在国内新式教育广泛兴起后,扬州的文化教育渐趋落伍,正如民国时期徐谦芳所总结的:

> 向昔科举时代,城乡人士,占文武庠者,指不胜屈。每科乡试,举于乡者,城中三五人,乡间亦一二焉。迨科举报罢,学堂遽兴,各县城中,就近肄业者众,女子亦与焉。居乡每不愿子弟远游,因循坐误,致今乡间入大学者,十不获一。然富而后教,古训昭然。今乡间杼轴已空,无怪弦歌之将辍也![1]

一、教会学校

鸦片战争后,扬州教育领域受到西方的影响。第二次鸦片战争后,西方国家加深对中国的侵略渗透,派遣传教士前往中国开办学校,名为教育办学,实则进行宗教渗透。在西方传教士的主动渗透下,扬州出现了一批西方教会学校,因此扬州的新式学堂带有鲜明的西方教会色彩。

同治三年(1864),法国传教士在扬州城区东关街马监巷口创办达义小学堂,后迁至缺口街南首天主教堂内,这是西方教会在江苏省境内兴办最早的近代小学。光绪十四年(1888),美国基督教南浸信会传道部(简称西差会)的传教士焦力·慕究理与毕尔士夫妇、万应远牧师共同来到扬州,创立浸会教堂。慕究理随后在旧城寿安寺巷创办真理女学堂(今育才小学),光绪三十三年(1907),慕究理病逝后的第二年,为了纪念其开创之功,学校改名为慕究理女学堂。毕尔士夫人则创办懿德学校,"扬州贤良街懿德高初两等学

---

[1] 徐谦芳著,蒋孝达、陈文和校点:《扬州风土记略》卷中,第45页。

堂,系毕(尔士)师母热心教育,组织而成"[1]。此后,英、法、美等国传教士在扬州城乡还分别创办务本小学堂、崇爱女学堂、崇德女学堂、圣道书院、惠民小学、忏明小学等学校。[2](参见表6-8)

西方传教士在办学的同时,还创办西式医院以及慈善机构。例如"美国浸礼教会在扬传道有年,近经该会教士毕尔士君竭力扩充创办医院及中西明道学堂,近又在南门都天庙后购得空地百亩,建设女学堂及各种慈善事业"[3]。美国浸礼教会在卸甲桥开设务本小学堂,引市街设立浸信会女学堂,在南门办浸信会医院(今苏北人民医院)。

晚清时期,在扬州众多的教会学校中,以焦力·慕究理的真理女学堂和韩忏明的美汉中学最为著名。慕究理创办真理女学堂,其目的是培养教会的女传道人以及中国教士的"贤妻良母",因此"在那里开办了一个女中学,就是现在的慕究理女学校"[4]。学校开办之初,只招收女童,学校最早的学生则是由慕究理从上海教会济良所领到扬州的7名女童,后发展到近40人,分为《圣经》、刺绣和钢琴三个班。慕究理订立了严格的校规,如有学生违反,则由其亲自加以处罚。

光绪三十三年(1907),圣公会监学韩忏明筹划创办扬州圣公会中学堂,其招生广告载于《申报》:

> 本公会向在苏沪各处创立学堂,历有年所。今于扬州府城组织中学,以广造就,有志者速来报名可也,简章列后。程度:中文粗通,英文初读或少读过者;年龄:十岁至十八岁。脩金:每半年十二元;膳金:每半年念四元,开课时预缴。开学:己酉年正月十六日;校址:扬州府城内左卫街圣公会堂。监学韩忏明谨启。[5]

---

[1]《女学堂之发达(扬州)》,《通问报》民国三年(1914)4月第15号,第20页。

[2]　钱祥保修,桂邦杰等纂:《[民国]江都县续志》卷一二《寺观考第十二》,《中国地方志集成·江苏府县志辑》第67册,第566页。

[3]《各省教育汇志(江苏)》,《东方杂志》光绪三十一年(1905)第二卷第六号,第193页。

[4]　罗金声:《上海第一浸会堂百年史略》,《民国丛书》第五编第15册,上海书店1989年影印版,第508页。

[5]《扬州圣公会中学堂招生》,《申报》光绪三十四年十二月初十日(1909年1月1日),第6版。

宣统元年（1909），扬州圣公会中学堂正式开学，韩忤明出任校长，校址在城内的左卫街圣公会堂。宣统二年（1910），学校迁至便益门内，因美国海军大将美翰（汉）赠捐巨款而改名美翰（汉）中学。"校长美人韩忤明，名鲁杰，以字行……经费由美人美翰氏捐助巨款为基金，兼收学费。"[1]美汉中学的快速发展和办学成绩，与校长韩忤明密切相关，"韩忤明君，系美国勿极尼亚省人，美京哥伦比亚大学文学硕士、华盛顿李大学神学博士。于一千九百年来华，担任上海圣约翰大学教授。……一千九百零七年来扬，创立美汉中学。韩君生平于谱系学造诣极深，为美国斯界之泰斗"[2]。《申报》赞誉韩氏办学取得的成绩，"扬州美汉中学，创始于前清光绪三十三年，规模宏大，声誉夙著"[3]。

当时扬州教会学校没有统一固定的学制，课程虽然自定，但大多兼顾中西文。真理女学堂初创时，"教授《圣经》、英文、华文、算学、物理等，以培植中国女界"[4]。懿德女学堂不仅分为高、初两等，其课程涉及中西多个学科，"聘请镇江崇实女学堂毕业生樊顺英女士为教习，教受（授）各种科学，并有传道张仲溥君教授中文，生徒有三十余人"[5]。学校还考虑性别因素，实行男女分校制。慕究理起初只招女生，后来兼收男生。韩忤明分别创立美汉中学堂和美汉女小学堂，分别招收男女学生，其中美汉中学"学制初分八级，正豫科各四级。后改六级，高中三级，初中三级。学科中西文并重"[6]。这些学校以其严格规范的教学和管理吸引着众多扬城学子，"扬州，扬属七县教会学校之多，首推江都……以前人皆迷信教会学校之校规严整、英语准确，故人多以极重之学费，争送子弟入学"[7]。

［1］陈肇桑修，陈懋森纂：《〔民国〕江都县新志》卷三《教育考第三》，《中国地方志集成·江苏府县志辑》第 67 册，第 838 页。

［2］《扬州美汉中学校长更易》，《申报》民国二十二年十二月十二日（1933 年 12 月 12 日），第 12 版。

［3］《扬州美汉中学校长更易》，《申报》民国二十二年十二月十二日（1933 年 12 月 12 日），第 12 版。

［4］《浸会琐纪（扬州）》，《通问报》丙午年（1906）教务第 1—2 页。

［5］《女学堂之发达（扬州）》，《通问报》民国三年（1914）4 月第 15 号，第 20 页。

［6］陈肇桑修，陈懋森纂：《〔民国〕江都县新志》卷三《教育考第三》，《中国地方志集成·江苏府县志辑》第 67 册，第 838 页。

［7］《江浙各界对于沪案之援助》，《申报》乙丑五月初二日（1925 年 6 月 22 日），第 6 版。

　　扬州的教会学校以传授西方近代科学文化知识为主,不仅打开了学生的眼界,而且有助于中西文化的交融,同时将先进的教育理念和制度传到扬州,对扬州传统教育的变革起到一定的推动作用。徐谦芳对教会学校的传播新知、教书育人的社会贡献给予了高度褒奖:"教会在扬,亦设有学校:耶稣有美汉中学、信成女子中学、慕究理女子中学、惠民小学、懿德小学……青年学子出于其间,服务社会者,亦济济多才也。"[1]

表6-8　　　　　　　　晚清扬州的教会学校简表

名　称	地　址	创办时间	创办者	备　注
达义小学堂	城内缺口街南首	同治三年（1864）	法国天主教堂	原在东关街马监巷口
真理女学堂	旧城寿安寺巷	光绪十四年（1888）	美国耶稣教浸礼会传教士焦力·慕究理	1906年改为慕究理女学堂
务本小学堂	城内卸甲桥	光绪十八年（1892）	美国耶稣教浸会堂	—
教授各国女教士官话学校	城内北河下	光绪二十年（1894）	英国耶稣教内地会	—
崇爱女学堂	城内南门街	光绪二十一年（1895）	英国耶稣教内地会	—
中西明道学堂	城内卸甲桥	光绪三十一年（1905）	美国耶稣教浸会堂传教士毕尔士	—
成美学堂	—	光绪三十二年（1906）	美以美会教育传教士马丁（丁仁德）	初等五年,高等三年
崇德女学堂	城内北河下牛奶坊	光绪三十四年（1908）	英国耶稣教内地会郜浩如	后改为私立江都崇德小学
浸会小学堂	城外仙女镇	光绪三十四年（1908）	美国耶稣教圣公会	—
懿德女学堂	城内贤良街	宣统元年（1909）	美国耶稣教浸礼会	在圣道书局内

---

[1] 徐谦芳著,蒋孝达、陈文和校点:《扬州风土记略》卷中,第46页。

续表 6-8

名 称	地 址	创办时间	创办者	备 注
信成女子中学	城内北河下槐树脚东首	宣统元年（1909）	美国耶稣教圣公会传教士卞德明	—
培根女学堂	城内便益门街	宣统元年（1909）	美国耶稣教圣公会传教士卞德明任校长	后改名江都私立惠民小学
浸礼会小学校	城外甘泉山	宣统元年（1909）	美国耶稣教浸礼会	—
美汉中学堂	城内便益门大街	宣统元年（1909）	美国耶稣教圣公会	原名美翰中学堂
美汉女小学堂	城内便益门大街	宣统元年（1909）	美国耶稣教圣公会	原名美翰女小学堂

　　参考资料:《〔民国〕江都县续志》《〔民国〕甘泉县续志》《申报》《东方杂志》《基督教传行中国纪年（1807—1949）》等。

二、新式学堂

（一）城乡广兴新学

　　甲午战争至戊戌变法时期,国人掀起救亡图存的高潮,创办新学成为其中的重要环节。光绪二十四年（1898）,戊戌变法时期,倡导各地推行新式教育,光绪帝谕令"各直省督、抚,将各省、府、厅、州、县大小书院,一律改为兼习中、西学之学校。……各书院之经费,尽数提作学堂经费,绅民如能捐建学堂,或广为劝募,准奏请给奖。有独力措捐巨款者,予以破格之赏。民间祠庙不在祀典者,一律改为学堂,以节糜费而隆教育"[1]。扬州教育顺应形势进行转型,旧式学校多改为新式学堂,改习西学亦喧嚣一时,扬州官绅兴办一批新式中小学堂,光绪二十三年（1897）,高邮知州章邦直创办珠湖致用书院,内设致用学堂,教授英文、算法等课程,成为晚清时期扬州最早的学校,当时在国内属于最早创办的新式学校之一。光绪二十七年（1901）,高邮开设淮海学堂教授日语课程。

---

[1] 〔清〕朱寿朋编:《光绪朝东华录》（四）,总第 4126 页。

20世纪初年,清政府宣布实行新政,随后又废除科举制,扬州新式教育的兴办如同雨后春笋。光绪二十八年(1902),两淮盐运使程仪洛在东关街武当行宫创办扬州第一所中学堂,取名仪董学堂,"将东关街广厦一所改为扬郡中学堂,提取安定、梅花二书院常款之半以充经费,正斋录取四十名,备斋录取二十名"[1]。程仪洛还将琼花书局改为笃才学堂,实行高等小学制。同年,高邮致用学堂附设启蒙学堂,其中教师2人,幼儿20人,扬州的幼儿教育由此得以发端。光绪三十年(1904),扬州地方官员还在崇节堂、育婴堂中推行幼儿教育,"扬州江、甘两县近奉大吏札饬,将所属之慈善事业附设学校,以期开通妇孺之智识。两县令即照会崇节、育婴堂两经董,略谓兴学之道首重蒙养,拟令崇节堂在孀妇中,育婴堂在乳妇中,各选择识字者数人,专教堂中幼稚,并颁行规则,以益蒙养云"[2]。总之,扬州地方官员希望公私合力共同办学,以方便城乡学子就近读书,"各处设立学堂,中西并习,原为造就人材起见,奈入其中者往往流为诐邪,以致束身自好者流,或竟因噎废食。江、甘两邑宰闻之,因特会衔出示,谆谆剀劝。并申明现在学额渐减,学堂取额日增,学堂实为士人进身之阶,允宜多设,以资教育。殷实之户,力能自设者固妙,不能独设醵资,公设亦无不可,总期多多益善,俾城乡皆可就近肄习"[3]。

仪董学堂一度成为扬州新式教育的重要代表。仪董学堂起初设立学额60名,招收扬州八属生员肄业其中,并聘请当时颇有名气的文人屠静山、王半塘、李鸿轩、宋子联等人为专任教师,堪称扬州新式教育的发轫。刘梅先有诗赞曰:"仪董声名重两淮,达今存古讲堂开。一时执教皆耆硕,八属生员亦隽才。"[4]董玉书亦高度赞誉屠寄开扬州教育风气之功,"仪董学堂,光绪年间,两淮程雨亭都转仪洛创立。延屠静山大令寄主讲席。分斋授课,皆博古通今,方闻之士任之。扬郡自兵燹以后,老儒凋丧,经学浸衰。学者竞习举

---

[1]《学堂开考》,《申报》光绪二十八年二月二十一日(1902年3月30日),第2版。

[2]《郑重姆教》,《女子世界》光绪三十年(1904)第十期,第66页。

[3]《贤令劝学》,《申报》光绪三十年十月初五日(1904年11月11日),第2版。

[4]刘梅先著,赵昌智整理:《扬州杂咏:外三种》,广陵书社2010年版,第8页。

子业,以猎取功名。自静山以实学提倡,开通风气,青年子弟遂蔚然兴起"[1]。

光绪三十一年(1905),清政府正式废除科举制度,扬州新式学堂的创办蔚然成风,《申报》曾报道扬州兴学的盛况:"迨苏抚宪端午帅莅任,又通饬所属各府厅州县广设学堂,江都县朱明府随即捐俸首设仙女镇小学堂以为之倡。查本郡新旧城内本年所设之蒙养小学,已有二十余处之多。"[2]由于社会办学之风兴盛,各种学校遍布扬州的街巷里弄,当时国内主要报刊多有详细报道。据《申报》载,截至1905年初,"扬郡官私小学堂,城厢内外不下数十处,兹又有人在埂子街、太平马头南首开设辅公小学堂"[3]。《东方杂志》亦云:"扬州近又新设学堂三处,一曰养正,一曰正业,一曰务本,均已开办。"[4]《申报》载:"扬城学堂日盛,今岁琼花观后三条巷又添聚英小学堂一所,东关街羊巷豫立小学堂一所,皮市街大芝麻巷钟英小学一所,左卫街储材小学堂一所,及弥陀巷、埂子街等处,均定本月下旬开学。"[5]此外,两淮盐运使赵渭卿"以两淮盐务为财政大端,亟应酌量改良",准备仿行游学预备科办法,遴选盐务人员赴日留学,"先于候补各班中每年遴选三十名,延聘东文教习教育日本语言文字。毕业后,考选二十人,派赴东洋学习盐法、警务。……以三十岁以内身体强健者为合格,学期一年。毕业即选出洋,由起程日起,每名每年给学费洋三百元,安家二百元。现在入堂肄业,每名月给十元,以资津贴纸笔等费,报名处在本署稽查处,一俟足数,即汇考一次,分别去留,然后定期开学。又闻此项经费即就所裁课吏馆之款拨充,约计每年可约钱一万数千串云"[6]。

扬州新学创办一度如火如荼,各种各类学校同时兴起。据统计,从1905年至1912年,扬州城厢共办有官办小学堂29所,其中两淮盐运司改办10所,包括仪董学堂、笃材学堂、两淮高等小学堂和初等小学堂等,江都和甘泉两

---

[1] 董玉书著,蒋孝达、陈文和校点:《芜城怀旧录》卷二,第75页。

[2] 《扬州》,《申报》光绪三十一年正月二十六日(1905年3月1日),第10版。

[3] 《扬郡禀设小学堂(扬州)》,《申报》光绪三十一年三月十一日(1905年4月15日),第9版。

[4] 《各省教育汇志(江苏)》,《东方杂志》光绪三十一年(1905)第二卷第一期,第108页。

[5] 《扬郡学务汇志(扬州)》,《申报》光绪三十二年正月十四日(1906年2月7日),第9版。

[6] 《淮运司派盐员出洋游学(扬州)》,《申报》光绪三十二年六月十八日(1906年8月7日),第3版。

县则另办有 19 所。扬州民间人士则兴办有方氏学塾、汪氏学塾、幼女学堂、丹徒旅扬公学、运商旅扬公学、安徽旅扬公学、振华高等小学堂、三乐小学、三阪小学、乐群小学、儒释小学、清真小学、开敏女学、育英女学、日新小学等私立小学堂 14 所。[1]《〔民国〕甘泉县续志》亦载："十数年间，全县官私立学校合三十余所，虽建设不限于本邑提倡，亦云至矣。"[2]时人有诗云："扬州好，几等学堂开？名别官私分教育，课兼中外植英才。一岁一班来。"[3]

扬州府其他州县的兴学情况同样火爆。以高邮州为例，光绪三十二年（1906）至清廷覆亡，先后办有育才学堂、私立公益学堂、私立庆成学堂、私立义成学堂、启秀初等小学堂、养正初等小学堂、单级模范小学以及简易初等小学等，"以上十五校俱照简易初等五门课程教授，每校教员一人"[4]。此外，高邮城乡还散布有单级教授练习所，师范传习所，存古学社，法政讲习所，自治研究所，界首镇经正两等小学堂，闵家桥轶群两等小学堂，王家营养正、崇正两初等小学堂，水南养良、启蒙两初等小学堂，临泽镇丽泽初等小学堂，塔尔集题塔初等小学堂等。[5]

（二）新学的成绩及其不足

扬州的近代教育，虽不能与国内先进地区相提并论，但还是值得肯定。晚清时期，扬州各类新式学堂培养了众多人才。例如，卢晋恩所办扬州速成师范学堂，"成就生徒数十人"[6]，"自卢氏师范生出而新教育之灌输遂日多，乌得以其速成也而忽之"[7]。后人在回忆晚清扬州新学的育人功效时给予充

[1] 薛庆仁、夏泽民：《扬州市志》（下册），中国大百科全书出版社 1997 年版，第 2813 页。

[2] 钱祥保等修，桂邦杰纂：《〔民国〕甘泉县续志》卷八下《学校考第八下》，卢桂平主编：《扬州文库》第 1 辑第 16 册，第 176 页。

[3] 〔清〕惺庵居士：《望江南百调（并引）》，顾一平辑录，邗江区史志办、邗江区档案局编：《望江南·扬州好》，第 90 页。

[4] 胡为和、卢鸿钧修，高树敏纂：《〔民国〕三续高邮州志》卷二《学校志·学堂》，卢桂平主编：《扬州文库》第 1 辑第 23 册，第 75—77 页。

[5] 胡为和、卢鸿钧修，高树敏纂：《〔民国〕三续高邮州志》卷二《学校志·学堂》，卢桂平主编：《扬州文库》第 1 辑第 23 册，第 78—79 页。

[6] 钱祥保修，桂邦杰等纂：《〔民国〕江都县续志》卷二五《人物传第七补》，《中国地方志集成·江苏府县志辑》第 67 册，第 762 页。

[7] 汤寅臣：《广陵私乘·卢少垣事略》，文富堂 1918 年版。

分肯定，"当笃材学堂、两淮高等小学时，二十年间，成材无算。吾乡近代知名之士，当其幼年，大半肄业于此"[1]。

新式教育起到了开通风气、启迪思想、救亡图存的社会功效，正如时人诗云："半园好，新学敢云非。身着洋装城北美，口操英语泰西归。国步救阽危。"[2]仪董学堂开办伊始，学生的思想还比较守旧，光绪二十八年（1902）6月，总教习屠寄主张学堂内停拜孔子时，曾遭到学生的公开反对，"堂内诸生哗然不服"。[3]时隔不到一年，学生的精神面貌则焕然一新，他们开始喜欢使用新名词，阅读新书籍，甚至公开以新型功利理论反对虚伪的传统仁义道德观。顽固守旧的副总教习鲍心增"禁看一切新书，在课堂高谈仁义道德"，当其公开训斥学生"读书不可存名利心"时，则有学生挺身而起，当面反驳"生等进堂肄业皆为名利，惟名利有公私之别云云"。[4]仪董学堂内的英文教学极大地激发学生的学习兴趣和求知欲望，校内的英文报刊根本无法满足学生的实际需求，"近闻仪董学堂英文一科，以某报西文翻译为课程。学生等以其新奇可喜，故程度大有进步，刻经监督禀请运台，以该报一种，不足尽观摩之益，须多购西文各报，卑教习随时指示，以期益广见闻"[5]。

光绪三十四年（1908），江苏提学使派人赴扬州调查学务，虽然发现新学兴办过程中不无弊端，但是取得不俗的成绩，"府中学堂教员程度、学生功课均有可观。江、甘高等小学堂科学、体操皆能合格，甘泉初等四区小学堂尚无流弊……丁家湾女学校以手工为优。仙女、邵伯两镇公立两等小学堂已办有成效"。[6]当时，扬州夜校颇具特色和成绩，对扬城许多青年学子起到了良好的思想启蒙和科学引导作用，其中就包括民国时期著名将领张治中。20世纪初年，张治中在扬州曾充任警察，因其喜爱读书就报名参加了夜修班

---

[1]　杜召堂著，蒋孝达、顾一平点校：《扬州访旧录》，广陵书社2005年版，第30页。

[2]　方泽久：《调寄望江南十八首·半园即事》，扬州老年大学《扬州历代诗词》编委会编，李坦主编：《扬州历代诗词》（四），第728页。

[3]　《纪扬州学堂》，《大公报》（天津版）光绪二十八年五月十五日（1902年6月20日），第3版。

[4]　《扬州学界中人来函》，《苏报》光绪二十九年三月二十七日（1903年4月24日），第3版。

[5]　《扬州仪董学堂特别课程》，《教育杂志》（天津）光绪三十一年（1905）第14期，第46页。

[6]　《查报扬郡学务情形（南京）》，《申报》光绪三十四年十月十五日（1908年11月8日），第11版。

的课程学习，"一天，忽然在街上看见一张'英算专修科夜班招生'的广告，我高兴极了，认为这是一个求学的机会，自己太没有科学基础。学习英文、算学是一件必需的事。于是就去报名，每晚上两小时课。算学是从加减乘除学起，英文是从ABCD学起，对我等于是'科学的启蒙'"。[1]

体育教学也得到长足发展，使时人充分认识其强身健体的重要功效，"扬州好，广辟体操场。人比虾蟆跳足走，群如狮子抢球忙。从此国民强"[2]，"九京不起司巴达，体育何堪笑病夫。可识英雄造时势，精神幡际望前途"[3]。由此，扬州民众开始接受并开展体操、篮球等新式体育运动，扬城各学校举办的运动会亦吸引众多社会人士前往观摩，"扬郡民立中学与江都高等小学于初八日开联合运动会，官立、私立、男女各学堂前往参观者约五六百人，来宾约三千人，颇极一时之盛云"[4]。

随着新式学校的普及，各种新式教育学会等组织应运而生，开展教学方法探讨以及学术研究，例如扬州城乡先后创办江都教育学会、甘泉教育学会等研究组织。"甘泉教育会议设教育研究所，其注重者尤在教授法、管理法、教育学、教育史，各课除讲员星期演讲外，会员俱各备问答簿，以期教学相长、互换知识。又该会会员孔君小山等仿照上海半日学堂章程，组织扬州简易半日学堂，专收商界及贫民子弟入堂肄业。又戴君友士等创设扬州体育会，假两淮中学操场为会所。"[5]当时，扬州知新算社不仅最为著名，而且成绩最大。光绪二十九年（1903），从日本调查算学归来的周美权对扬州知新算社进行组织改良，以"研究学理，联络声气，切磋讨论，以辅斯学之进化"为宗旨，并按章程规定改设分设四科，即普通研究所，研究数学、代数、几何、三角；高等研究科，研究近代几何、高等代数、弧三角及圆函数、圆锥曲线、平

［1］张治中：《张治中回忆录》，华文出版社2014年第2版，第17页。

［2］〔清〕惺庵居士：《望江南百调（并引）》，顾一平辑录，邗江区史志办、邗江区档案局编：《望江南·扬州好》，第91页。

［3］孔庆镕：《扬州竹枝词》，顾一平辑录，扬州市邗江区党史地方志办公室、扬州市邗江区档案馆编：《扬州竹枝词》，第266页。

［4］《中高等学堂联合运动（扬州）》，《申报》光绪三十三年十月十五日（1907年11月20日），第12版。

［5］《各省教育汇志（江苏）》，《东方杂志》光绪三十三年（1907）第四卷第七期，第169页。

面及立体解析几何、微分方程式；特别研究科,研究整数论、决疑论、变分法、定纪法、最小二乘法、有限较数法、动量法；应用研究科,研究测量学、星学、动静力学、物理计算学等。"每月例会三次……或演说学理,或讨论问题,赏奇析疑,互相研究。"[1]扬州知新算社成为当时传播新知识并从事学术研究的重要组织。周氏公布了结合日本考察所得以及对扬州知新算社章程的重大修改,直达 20 世纪初年世界数学前沿。[2]

戊戌变法时期,扬州的传统书院虽然改制,开始教授新学,但在招生教学中则试图照顾传统学子,"闻西学捷径处,凡入学者,无论何等人家子弟,皆可报名肄业,脩金极微,倘有志向学者,虽年岁稍长,亦一概收受。盖主人之意固为振兴西学、造育人材起见,因思士子之年已逾冠,学尚未成者,在曩时尚可皋比坐拥,作蒙童师以糊口。今则此辈进退维谷,无处谋生,实堪悯恻,故特兼收并蓄,使其得习夫语言文字等浅近之学,日后或可借以赡养室家。是于提倡后进之中犹寓矜恤孤寒之意,可谓一片婆心也"。[3]由此可见,此时扬州新学尚需兼顾传统教育,再加上民风保守、师资滞后、经费不足等因素,使得扬州的新式教育办学条件简陋,教育质量难以保障,可谓蹒跚起步、负重前行。

扬州新学发展迅捷,甚至有"乱花渐欲迷人眼"之感。不过,纷繁热闹之余,不但使人颇觉有仓促上马之嫌疑,而且因一哄而上而遗留下诸多隐患。事实上,无论是校舍场地、仪器设备等教育硬件,还是师资队伍、日常管理等教学软件,扬州新学都存在着许多不足之处,使得新式教育在发展过程中出现一些问题。例如,扬州崇节堂、育婴堂兼办幼儿教育,想法固然良好,实践则是困难重重,正如时评:"识者深恐选择实难得人,不能如西国姆教之尽善也。记者曰:东西国慈善教育实合教养为一辙,法至良意至美也。吾国旧制留遗,大率有养而无教,活人性命者其德小,养成依赖性质者,其害大,所以举天下善堂林立而游民亦塞途矣。欲治其原,非实行教育事业于慈善

---

[1] 周美权:《扬州知新算社改良章程》,《科学世界》1903 年 4 月第 2 期,第 81—84 页。

[2] 姚远、卫玲、亢小玉:《〈科学世界〉开创的国人办刊新理念》,《中国编辑研究》编辑委员会编:《中国编辑研究(2004)》,人民教育出版社 2004 年版,第 476 页。

[3] 《西学盛行》,《申报》光绪二十四年八月十一日(1898 年 9 月 26 日),第 2 版。

中不可,设工艺所以养游民,立幼儿园以端蒙养,乃足为大布施,乃足为大慈善。"[1]由于新旧之学转化速度过快,使得新学师资严重匮乏,官府在办学中多仓促应对,甚至将旧式塾师推向新学一线,颇有滥竽充数的意味。

新式学堂属于新生事物,而扬州传统教育体制无法在短期内实现根本性的转换,一些传统书院、私塾改头换面即成为所谓学堂,许多新式学堂多是徒有虚表,"新瓶装旧酒"的现象较为突出,正如时人在《扬州竹枝词》中所云:

> 法政新班列讲台,斗量车载论人才。文凭毕业夸朋友,年半功夫换得来。
>
> 梅花书院尚存名,招致当时肄业生。师范新班劳位置,四年毕业苦经营。[2]

晚清时期扬州民风对文化教育不够重视,导致新式教育发展并不顺畅,新式教育人才的匮乏,则使得新式学堂的师资严重不足,教学质量难以保障。时人承认"吾扬师资固多,惟偏于旧学,不合世用"[3]。学堂虽可一日改名,但是合格的师资则极度匮乏,不敷需求,致使学堂乌烟瘴气、弊端丛生。高邮致用学堂"提调高某视学堂为利薮,其办事以逢迎官场、压制学生为惟一之手段,故在堂肄业者大半无志无耻,相率而趋于诹谀下流之习,稍有知识者悉相戒不使子弟入此"[4]。笃材学堂"并不讲求实学,英文、算学两课竟付缺如,现各学生稍知向学者均多告退"[5]。由于师资难觅,笃材学堂教习"近则以学殖荒落,洋文、算法未合格者充之"[6]。高邮致用学堂虽然对新学有开风气之先的作用,但其办学实效则不尽如人意,正常的教学活动无法

---

［1］《郑重姆教》,《女子世界》光绪三十年(1904)第十期,第66页。

［2］孔庆镕:《扬州竹枝词》,顾一平辑录,扬州市邗江区党史地方志办公室、扬州市邗江区档案馆编:《扬州竹枝词》,第265—266页。

［3］汤寅臣:《广陵私乘·卢少垣事略》,文富堂1918年版。

［4］《学堂之腐败》,《警钟日报》光绪三十年五月十五日(1904年6月28日),第3版。

［5］《各省记事(扬州)》,《苏报》光绪二十九年二月二十一日(1903年3月19日),第3版。

［6］《官办学堂腐败(扬州)》,《警钟日报》光绪三十年七月三十日(1904年9月9日),第2版。

开展,竟然成为学生混饭吃的场所。"致用学堂自今春三月开学以来,学生十余人皆来往无定,而教习竟绝不上堂。现暑假期满,学生之来堂者寥寥,提调恐督办之诘责,遂用其柔软之术,至各生家中相请,且声言以利益相报。于是贫寒子弟相率往焉,皆曰:'落得吃他白饭。'噫! 以数千金之款而为人啖饭之地,高邮学界尚可闻乎!"[1]致用学堂并非个案,当时高邮所办新学情况基本相同,"高邮学校先复报告成立者已属不少,然虚有其名而已,有仅悬一某某学校之排号而闻其无人者,或竟局门如古刹者。一州之学校类此者十居八九,余如简字学堂、自治研究会招生广告遍贴通衢,及按其实则并未成立"[2]。即使素有隆誉的仪董学堂,其实是难负盛名,在学校监管、课程设置、招生数量等方面多有不堪之处,"扬州有仪董学堂三年矣,其内容之腐败久为有志者所悼叹,如教科之不完全也,教员之无一定课程也,学生之混杂也,监督之夤缘于上而压制其下也,皆为学界上一大污点。堂中之学生凡有志者皆他去,有赴南京实业者,有出为教员者。近所留之学生不过三十六人,现又欲招考新生,此学堂之总办本为两淮运司恩铭,从未闻教育二字之讲义,以故事事授权于杨监督。杨监督者,乃通州儒腐不通之八股秀才也,不知因何夤缘为江都教谕,遂兼充仪董学堂监督,现竟欲出其新思想,拟招素称浊富之龟奴冯某等人入学堂肄业,而杨得大获其烂污之金,此事自运司以下及教员等人无一知其底蕴者。"[3]

晚清扬州新式教育的种种弊端,很大程度上源自师资力量的不足和教学内容的陈旧,邑人刘师培对此有着比较清晰的认识:"且学校之设,以蒙学为基。而蒙学之兴,悉视教师之良否。今扬州学校,仅仪董、育才二区,少年子弟仍多受业于塾师。而为塾师者,复率由旧章,讳言新理,使青年之智识,锢塞于无形,不亦大可痛哉!"[4]新式学校招生本已不易,学生毕(肄)业也是艰难,至于毕(肄)业后的出路更是难上加难。仪董学堂、笃材学堂虽然开设

[1]《官办学堂之无效》,《警钟日报》光绪三十年七月初八日(1904 年 8 月 18 日),第 2 版。

[2]《观高邮学务者言》,《四明日报》宣统二年(1910)八月十八日,第 4 版。

[3]《仪董学堂之怪相(扬州)》,《警钟日报》光绪三十年十二月一日(1905 年 1 月 6 日),第 2 版。

[4] 刘师培:《仪征刘君师培留别扬州人士书》,《苏报》光绪二十九年二月十三日(1903 年 3 月 11 日),第 3 版。

时间较早,但因生源无法保障,学生入学起伏不定,使得许多学生无法完成规定课程而顺利毕业。清末,扬州速成师范学堂的毕业情况相对较好,"是校毕业两次,共得师范生三十三人"[1]。仪董学堂学生"毕业仅一次",笃材学堂自1906年改为两淮高等小学堂,之前尚无毕业生,直至清王朝覆亡,不过"先后毕业三次"。[2]两淮师范学堂和江甘高等小学堂均为至"宣统三年年终,毕业一次"[3]。

随着两淮盐业的日趋衰落,扬州经济日薄西山,导致教育经费的投入相对不足,这直接制约着扬州新式教育的教学条件和办学水平,"凡运商之按纲输课,场商之计引领价,胥于此以综其成,而地方政务、学务、善举诸经费,亦靡不于是乎取之,故淮商盐业之盛衰实与扬州关系为至巨"[4]。由于经费渠道相对狭窄,导致扬州教育经费较为匮乏,郭坚忍女士创立扬州幼女学堂时,起初邑人并不响应,几乎功败垂成,"郭以经费支绌,势不得不乞援于扬州学界最有势力之教育总会,教育总会诸公见其热心公益,莫敢指驳,勉应焉,而亦未有援也。……而教育总会及郡人士莫能应"[5]。后来,经过郭女士的大力游说,地方官员最终对其表示支持,"另于柴捐项下按月拨钱三十千文助之"[6],使其勉强渡过难关。官府虽然对民间办学支持力度有限,但是扬州社会各界对私人教育则多有赞助,想方设法筹措经费以维持学校的正常运作。不过,这些支持都是暂时性的,无法对学校形成可持续的资助。即便是官办学堂,其经费因官府财力困窘而无法保障。光绪三十二年(1906),两淮盐运使赵渭卿裁撤尊古学堂后,原拟同时开办师范和法政学堂,这一想法

[1]　汤寅臣:《广陵私乘·卢少垣事略》,文富堂1918年版。

[2]　钱祥保等修,桂邦杰纂:《〔民国〕甘泉县续志》卷八下《学校考第八下》,卢桂平主编:《扬州文库》第1辑第16册,第176页。

[3]　钱祥保修,桂邦杰等纂:《〔民国〕江都县续志》卷八下《学校考第八下》,《中国地方志集成·江苏府县志辑》第67册,第526—527页。

[4]　钱祥保修,桂邦杰等纂:《〔民国〕江都县续志》卷五《盐法考第五》,《中国地方志集成·江苏府县志辑》第67册,第431页。

[5]　鲍倚桐:《述扬州幼女学堂成立之缘起及其现状》,《女报》第3号,第11页。

[6]　钱祥保修,桂邦杰等纂:《〔民国〕江都县续志》卷八下《学校考第八下》,《中国地方志集成·江苏府县志辑》第67册,第529页。

虽很好,但限于财力而只能束之高阁,"无论师范、法政均属亟应兴办之举,本司去年屡次筹度,尤于创办师范一节禀蒙督宪批准在案,嗣因经费无着,踌躇迄今未能就绪"[1]。受地方经济、社会发展水平的制约,扬州新学在创办过程中,偏重于学校数量,办学质量则有所不足。

总体而言,扬州新旧教育之转化并非轻而易举、唾手可得,扬州在创办新式教育伊始颇有东施效颦、徒有虚表之迹象。扬州早期的学堂兴办情况,《警钟日报》用"形质是而精神非,吾不知当局者果何心,而必耗有用之货财造出若干新奴隶也"一语作了很好的总结。[2]

三、藏书楼、阅书社与图书馆

清代扬州藏书风气浓厚,尤其是扬州盐商私人尤好藏书,如江春的康山草堂、汪懋麟的百尺梧桐阁、马曰琯的小玲珑山馆均以藏书众多、精品丰富而名震一时。乾隆时期,清政府编纂《四库全书》,扬州盐商送交《四库全书》总裁处,以供编纂之用的珍本书籍就达1746种,足见扬州藏书之丰富。马氏小玲珑山馆藏书达十万卷,汇集多种珍本善本。乾隆三十七年(1772),清政府公开征求海内秘本,马曰璐之子马裕进献并被采用的书籍总数名列全国第一,"玲珑山馆后丛书前后二楼,藏书百厨。乾隆三十八年奉旨采访遗书,经盐政李质颖谕借,其时主政已故,子振伯恭进藏书,可备采择者七百七十六种"[3]。

清代扬州官藏图书丰富多彩,在全国占有重要地位。乾隆时,《四库全书》分藏全国七阁,扬州文汇阁即为其中之一。扬州地方官学和各大书院均注重图书收藏,藏书颇丰。扬州府学尊经阁"向为藏书之所"[4],藏有《十三经》《二十一史》等重要典籍。安定、梅花和广陵书院藏书极其丰富,甚至有"四库之籍不外求"之说。扬州官藏图书不仅推动地方文化教育事业的发展,而且为培养众多优秀人才提供强力支撑。例如,"史望之尚书微时家贫,读

[1]《禀请裁撤尊古学堂(扬州)》,《申报》光绪三十三年五月二十六日(1907年7月6日),第12版。

[2]《学生裹足》,《警钟日报》光绪三十年四月二十六日(1904年6月9日),第3版。

[3]〔清〕李斗著,陈文和点校:《扬州画舫录》卷四,第46页。

[4] 董玉书著,蒋孝达、陈文和校点:《芜城怀旧录》卷一,第10页。

书其上，后致通显"[1]。晚清诗人有诗赞云："文汇珍藏万卷书，大观堂阁五云居。诂经当日开精舍，多少名才此地储。"[2]

晚清以前，中国私家图书收藏以传统的藏书楼为主，扬州城内著名的私家藏书楼有马氏兄弟的丛书楼、阮元的隋文选楼、秦氏父子的石研斋、五笥仙馆以及陈逢衡的读骚楼。清末中国传统私家藏书楼为近代公共图书馆所取代，这是历史发展的趋势，扬州亦是如此。

（一）藏书楼

乾隆年间，马曰琯、马曰璐兄弟在街南书屋中建有看山楼、红药阶两栋藏书楼，藏书百橱，计 10 余万卷，其藏书数量之多、质量之高，甲于东南。当时，浙江藏书名家姚世钰称赞云："广陵二马君秋玉、佩兮筑别墅街南，有丛书楼焉。楼若干楹，书若干万卷，其著录之富、丹铅点勘之勤，视唐宋藏书家如邺侯李氏、宣献宋氏、庐山李氏、石林叶氏，未知孰为后先？若近代所称天一阁、旷园、绛云楼、千顷斋以暨倦圃、传是楼、曝书亭，正恐无所不及也。"[3]姚氏将马氏藏书与唐宋名家比肩，甚至超越明清前贤，虽多有溢美，但所言非虚，正如著名学者全祖望所云：

> 扬州自古以来，所称声色歌吹之区，其人不肯亲书卷，而近日尤甚。……迸叠十万余卷。……百年以来，海内聚书之有名者，昆山徐氏、新城王氏、秀水朱氏，其尤也。今以马氏昆弟所有，几几过之。[4]

乾嘉年间，石研斋秦氏为扬州藏书世家，秦黉、秦恩复父子以所藏宋元旧刻善本闻名于世。秦黉喜藏书，斋名为石研斋，故称为"石研斋秦氏藏书"。秦恩复博览群书，建有五笥仙馆，擅长校勘，江藩对其有赞曰："敦夫太史，乐

[1] 董玉书著，蒋孝达、陈文和校点：《芜城怀旧录》卷一，第 10 页。

[2] 〔清〕言声均：《维扬竹枝词》，顾一平辑录，扬州市邗江区党史地方志办公室、扬州市邗江区档案馆编：《扬州竹枝词》，第 182 页。

[3] 〔清〕姚世钰：《屠守斋遗稿》卷三《丛书楼铭（并序）》，《四库全书存目丛书·集部》第 277 册，第 553 页。

[4] 〔清〕全祖望：《丛书楼记》，〔清〕全祖望原著，黄云眉选注：《鲒埼亭文集选注》，商务印书馆 2018 年版，第 337—338 页。

志铅黄,栖神典籍,蓄书数万卷,日夕检校,一字之误,必求善本是正。"[1]可惜,秦氏藏书后毁于战火。

陈本礼、陈逢衡父子亦以藏书闻名,"邗江藏书家,乾隆初,推玲珑山馆,凡八万卷。其后,惟瓠室陈氏"[2]。陈本礼喜好读书收藏,"幼好学诗文,吐弃一切。家多藏书,有别业名瓠室,收储宏富,与玲珑山馆马氏、石研斋秦氏埒。勤于考订,丹黄不释手。或得宋本精椠,尤珍袭藏之"[3]。陈逢衡喜治经,不屑为帖括学,"中年移居城内郑氏园亭,易名思园。开读骚楼,招致东南文学之士,饮酒赋诗,户外之屦恒满"[4]。

嘉庆九年(1804),阮元奉父命,在其宅立阮氏家庙,建五楼楹,起名文选楼,用于藏书、治学和祭祀曹宪等先贤,成为阮元开展学术活动的重要场所。文选楼藏书甚富,藏书标准着眼于学术应用,与同时代的黄丕烈等藏书家不同,阮元藏书并不沉迷宋元精椠旧本,更加专注学术研究,"其藏书四部要籍俱备,颇具系统性,可视为乾嘉学派的资料库"[5]。据阮元《文选楼藏书记》记载,文选楼藏书达2500余种,大多为宋、元、明人的著作。道光二十三年(1843),阮元居所福寿庭所藏图书毁于火灾。咸丰年间,文选楼的大批珍贵书籍因太平天国战事散失殆尽。

嘉庆年间,据藏书家吴翌凤所称,扬州藏书盛况已如过眼云烟,"乾隆初,扬州殷富。时卢雅雨为都转运使,好延致名流。商人好文墨者如马秋玉、张四科等,皆大开坛坫,招集词人。厉樊榭、杭堇浦、金寿门、陈授衣、闵莲峰辈,载酒擘笺,几无虚日。秋玉尤富藏书,有希见者,不惜千金购之。玲珑山馆中四部略备,与天一阁、传是楼相埒。不四五十年,散如云烟,诸词人零落

[1]〔清〕江藩:《石研斋书目序》,江藩撰,漆永祥整理:《江藩集》卷四《炳烛室杂文》,上海古籍出版社2006年版,第109页。

[2]〔清〕平步青:《瓠室藏书》,《霞外攟屑》(下),上海古籍出版社1982年版,第384页。

[3]〔清〕谢延庚修、〔清〕刘寿曾纂:《光绪江都县续志》卷二四下《列传第四下》,卢桂平主编:《扬州文库》第1辑第12册,第415页。

[4]金长福:《陈征君传》,闵尔昌:《碑传集补》卷四八《文学五》页二六,燕京大学研究所1932年版。

[5]翁长松:《清代版本叙录》,上海远东出版社2015年版,第157页。

已尽,而商人亦无有知风雅及好事者矣"[1]。

太平天国战事给扬州的图书出版和收藏以致命打击,扬州城乡久经战火摧残,经济一蹶不振,文化饱受蹂躏,众多文人雅士之家毁于一旦,大量书籍及刻板随之灰飞烟灭,"扬州士家唯焦里堂先生家未经燹毁"[2]。此后,扬州私家藏书虽然有所恢复,但无法再现昔日辉煌,"扬州文汇阁,昔为奉颁《四库全书》庋藏之所,以供士人观览;迨遭兵燹,付诸一炬。私家藏书则以马秋玉小玲珑山馆为最富,次则陈穆堂瓠室,厥后亦零落无存。承平以后,世家子弟虽多读书,不足以言收藏"[3]。

晚清时期,扬州著名的藏书大家有寓居扬城的独山莫氏、江阴何氏、江西何氏和仪征吴氏,"兵燹后,独山莫氏、江阴何氏寓扬,所藏多精本。江西何氏、仪征吴氏收藏亦富"[4]。咸丰时期,移居扬州的江阴何氏家族喜爱藏书,自何栻营造壶园(今何园)伊始,建有精舍作为藏书楼,此后历经其子何彦升、其孙何震彝递加增藏,数量达4万余册。何氏藏书颇具价值,后为商务印书馆所收购,著名出版家张元济在《涵芬楼烬余书录序》中所言:"扬州何氏之书……察其书,多有用,且饶精本。"[5]

比何氏藏书名气更大的,则是吴氏的测海楼藏书。光绪年间,徽商吴引孙、吴筠孙建造名为测海楼的藏书楼,藏书最多时达9000多部,达24万卷,藏书之巨可媲美宁波的天一阁,吴氏被誉为近代藏书四大家之一。[6]吴氏藏书以精品为多,"扬州吴氏测海楼藏书数十万卷,俱系奇□异轶、精刊旧椠,久为举国所企羡"[7]。遗憾的是,吴氏后人将测海楼藏书全部售给北京书商王富晋,扬州藏书大家至此成为绝响,扬州图书收藏再无昔日之盛。

嘉道以前,扬州城内的私家藏书楼具有比较突出的公共性,即注重图书

[1]〔清〕吴翌凤撰,吴格点校:《逊志堂杂钞》,中华书局1994年版,第39页。

[2]〔清〕莫友芝著,张剑整理:《莫友芝日记》,凤凰出版社2014年版,第155页。

[3]董玉书著,蒋孝达、陈文和校点:《芜城怀旧录》卷一,第40页。

[4]徐谦芳著,蒋孝达、陈文和校点:《扬州风土记略》卷中,第43页。

[5]张元济:《张元济全集》第8卷,商务印书馆2009年版,第146页。

[6]江庆柏:《近代江苏藏书研究》,安徽文艺出版社2000年版,第338页。

[7]《上海北平富晋书社扬州吴氏测海楼书目出版》,《申报》民国二十年十一月三十日(1931年11月30日),第5版。

的流通性,马氏兄弟的丛书楼、阮元的隋文选楼、陈逢衡的读骚楼等皆是如此。这些著名藏书家具有相当的开放意识,藏书并不秘不示人,而是通过外借、传钞等方式,使得藏书得以广泛流传。有的藏书楼还对文士专门开放,成为惠及一方的"借书楼",如两淮盐运使卢见曾向马氏兄弟借阅图书,"汪舟次方伯、马秋玉主政两家,多藏书。公每借观,因题其所寓楼为借书楼"[1]。清政府编撰《四库全书》时,官方公开致函向马氏借用其珍藏书籍。马氏兄弟将所藏书向广大文士开放,并为前来浏览者免费提供食宿,支持学者利用其私家藏书,开展学术研究。著名学者厉鹗在小玲珑山馆潜心研究宋人著作数年,对其中藏书博览摘记,先后撰成《宋诗纪事》和《辽史拾遗》。全祖望与马曰琯交游深厚,经常借阅马氏藏书,正如其所言:"予南北往还,道出此间,苟有宿留,未尝不借其书,而嶰谷相见寒暄之外,必问近来得未见之书几何? 其有闻而未得者几何? 随予所答,辄记其目,或借钞,或转购,穷年兀兀,不以为疲。其得异书,则必出以示予。"[2]

此后,扬州藏书家趋于保守,以秘藏书籍为主,外人难以一见。道光年间,江藩对此现象提出批评,"窃怪近日士大夫藏书以多为贵,不论坊刻恶钞,皆束以金绳,管以玉轴,终身不寓目焉。夫欲读书,所以聚书,蓄而不读,虽珍若骊珠,何异空谈龙肉哉!"[3]

（二）阅书社与图书馆

戊戌变法期间,一批提倡改良风气的维新人士开始创办新式学会和传播西学的图书阅览机构,扬州出现了一批新式图书馆,如匡时学会、华瀛公社、扬州阅书社和扬州第一图书馆。晚清时期,扬州教会为了方便信众读书阅报,特意开设阅览室,正如孔庆镕诗云:"席间乱叠新闻纸,净几明窗好阅书。三字署名基督教,笑他几辈足趑趄。"[4]

---

[1]〔清〕李斗著,陈文和点校:《扬州画舫录》卷一〇,第121页。

[2]〔清〕全祖望:《丛书楼记》,〔清〕全祖望原著,黄云眉选注:《鲒埼亭文集选注》,第337—338页。

[3]〔清〕江藩:《石研斋书目序》,江藩撰,漆永祥整理:《江藩集》卷四《炳烛室杂文》,第109页。

[4] 孔庆镕:《扬州竹枝词》,顾一平辑录,扬州市邗江区党史地方志办公室、扬州市邗江区档案馆编:《扬州竹枝词》,第266页。

1.匡时学会

光绪二十四年（1898）9月，支持维新变法的甘泉诸生蒋彭龄（字绍篯）为了传播新思想，与贾士骏、桂邦杰等人在扬州成立匡时学会，大力推动扬州的公共图书事业的发展，"倡议同人咸出其所有之书，移入会中庋藏"。匡时学会虽名为学会，但其章程规定则明显属于图书馆的范畴，如"会中以广购书籍为第一要义"，"本会除购买书籍外，各种报章皆宜广搜博采，以新耳目而开知慧，如《昌言报》《中外日报》《农学报》《蒙学报》《申报》《新闻报》，俱各备一份，置诸会中，共同流览"。匡时学会不仅重视图书的收藏，"至会中备购之书籍，自应永远存储，不得任意分散"。匡时学会以图书收藏与流通作为根本任务，"会中所有书籍，皆可随时阅看，惟不得任意取回并糟蹋污损"[1]。匡时学会还特别强调图书的流通性，对此提出明确要求，即"会中经费，现由倡议之人公同筹措，其未备之书籍，亦当次第购买。后之来者，经同人议定每人酌出入会之资，充为经费。会中所有书籍，皆可随时阅看，惟不得任意取回并糟蹋污损"[2]。根据此《章程》的内容加以分析，扬州匡时学会虽然以学会为名，但是其更具近代公共图书馆的性质，因此"与其说扬州匡时学会是一个'学会'，还不如说它就是一个'图书馆'"[3]。

2.华瀛公社

戊戌维新运动虽然挫败，但是扬州创办图书馆并未止步。20世纪初，在维新变革思想的深入影响下，民间兴办图书馆之风在扬州渐起。光绪二十九年（1903），南牌楼花局阅书社创立，"扬州陆君沉子，欲在南牌楼花局内添设阅报社，并置各种最新时务诸书，任人取阅。刻已措集资本，前赴上海购备各报，一俟到齐，即择日开办，想本郡有志新学者靡不争先快睹也"[4]。

蒋彭年为了开通风气、传播新知，又在扬城创立了华瀛公社，提供书籍

---

[1]《扬州匡时学会章程》，《国闻报》第363号（光绪二十四年九月十九日）。见李希泌、张椒华编：《中国古代藏书与近代图书馆史料》，中华书局1982年版，第103—104页。

[2]《扬州匡时学会章程》，《国闻报》第363号（光绪二十四年九月十九日）。见李希泌、张椒华编：《中国古代藏书与近代图书馆史料》，第103—104页。

[3]谢灼华：《中国图书和图书馆史》（修订版），武汉大学出版社2005年版，第296页。

[4]《风气渐开》，《大公报》（天津版）光绪二十九年闰五月十六日（1903年7月10日），第2版。

供人阅读。据 1903 年《国民日日报》登载的《扬州报界之调查》记载：华瀛公社订阅了《中外日报》360 多份,《江苏》10 多份,《湖北学生界》20 余份,《大陆报》80 余份,《浙江潮》30 份,《政法学报》30 份,《外交报》10 份,《新小说》5 份,《选报》10 份,《经文潮》10 份。其中有大量宣传排满革命的进步刊物《江苏》《浙江潮》《大陆报》《湖北学生界》等,有了解时政国事的《外交报》等。[1]从订阅的刊物来看,华瀛公社对扬城民众的确有启发民智、开通风气之功效。

华瀛公社还兼营图书,是商务印书馆在扬州地区的分销点,曾经"特制名誉券赠人,得此券可以享受该社及阅书社之利益,参观陈列所之书籍。外县各属购买图书均照该馆售例,以为转输文明之一助"[2]。刘梅先对此曾有诗文称赞:"问谁风气获开先,社有华瀛富简编。中外图书勤发售,灌输新学似奔泉。"[3]

3.扬州阅书社

光绪三十年(1904),扬州阅书社得以兴办,"阅书社现已暂借华瀛公社开办,同人拟集资另造草屋数间,在旧城三元巷内。惟现在捐数只有八十余元,尚不敷用,同人议集公债分散,由经理彻还云"[4]。《扬州阅书社章程》明确其创办的宗旨,"本社以研究学问,开通风气,俾人人养成普通之智识为宗旨"。同时,阅书社还强烈拒绝各种社会陋习,"本社之设原为爱惜光阴劝求学问起见,故在社内吸鸦片烟、赌博、挟妓等事概在禁止之例"[5]。虽然经费筹措不易,但是扬州阅书社积极购买图书,推动民间阅读,"以为开通智慧,无过小说,已购齐小说三百余种"[6]。扬州阅书社开办后,很快成为扬城知识分子的重要据点,活动场所无法满足实际需要,"扬州阅书社已于七月初一

---

[1]《扬州报界之调查》,《国民日日报》光绪二十九年八月初十日(1903 年 9 月 30 日),第 55 号。

[2]《华瀛公社之组织》,《北洋官报》光绪三十三年(1907)第 1463 册,《新政纪闻·商务》,第 13 页。

[3] 刘梅先著,赵昌智整理:《扬州杂咏:外三种》,第 11 页。

[4]《阅书社记事》,《警钟日报》光绪三十年八月初三日(1904 年 9 月 12 日),第 2 版。

[5]《扬州阅书社章程》,《警钟日报》光绪三十年八月初八日(1904 年 9 月 17 日),第 4 版。

[6]《阅书社之扩张》,《中外日报》光绪三十三年七月初六日(1907 年 8 月 14 日)。

日开办,尚拟再拓一屋,多栽花木以养空气云"[1]。《警钟日报》对扬州阅报社的快速发展给予积极关注,"扬州风气本甚锢蔽,近年以来经有志之士竭力提倡,稍有进步,出售新书者向止华瀛公社及关通社二处。今有某君又于丁家湾及左卫街两地设立书社,专售东西洋书籍及上海所出各书。闻定于正月念八日开市,又有某志士现在拟创办《学界灯》杂志,二、三月定可发行云"[2]。

扬州阅报社的创办,不仅可以使人通过阅读了解和掌握最新的知识和信息,而且成为知识分子交流的重要平台,甚至一度成为扬州人士向往的时尚场所。光绪三十三年(1907),扬州查禁烟馆,有人就将烟馆改为茶馆,内设阅书报室,这说明当时阅报观念已经在扬城成为时髦的事物,吸引邑人追趋逐耆,"扬州新胜街福源烟馆于五月中旬遵禁烟示谕,改为茶馆,并拟内附阅书报室,借以转输文明,开通风气,亦属可嘉之事,但不识其后果付实践否也"[3]。不过,阅书社毕竟属于新生事物,真正喜好新知的读者数量极为有限,正如时人诗云:"阅书公社忽然开,壁上图书次第排。大好琅嬛真福地,朝朝能有几人来。"[4]

4.扬州第一图书馆

蒋彭龄对华瀛公社的阅报社性质并不满意,为了推动扬州教育文化事业的发展,还积极筹划成立公共图书馆。光绪三十四年(1908),蒋彭龄与江都县视学汪锡恩共同倡导建立扬州第一图书馆,"扬郡华瀛公社社员蒋君少篯,以本郡无图书馆,实为教育上之缺点,特独捐巨资,在小东门内建筑第一图书馆,并附设教育品陈列,所以期教育之发达"[5]。扬州第一图书馆成为扬州地区最早的近代公共图书馆。

蒋氏在推动扬州图书馆的建设中,敢于尝试,开风气之先。"蒋绍篯(彭

---

[1]《各省教育汇志(江苏)》,《东方杂志》光绪三十年(1904)第一卷第八期,第194页。

[2]《风气渐开》,《警钟日报》光绪三十年正月十三日(1904年2月28日),第3—4版。

[3]《本社彰善录》,《兢立社小说月报》光绪三十四年(1908)第一期第162页。

[4] 孔庆镕:《扬州竹枝词》,顾一平辑录,扬州市邗江区党史地方志办公室、扬州市邗江区档案馆编:《扬州竹枝词》,第267页。

[5]《捐建第一图书馆(扬州)》,《申报》光绪三十四年八月初八日(1908年9月3日),第11版。

龄），廪膳生。工词赋，兼通小学，与康有为、梁启超遥通声气。康、梁既败，乃以兴学为己任。组华瀛公社，设私塾改良会、法政讲习所、自治研究所、建图书馆及公园、扬州府中学、江甘小学，兼沪上各报采访。晚清之季，扬人富有新思想者，惟君最先。"[1]时人对其从事新式图书文化事业多有褒奖，"然其为人好新学，勇于任事。方其为县视学时，创办华瀛公社，谋立地方高等小学堂，建设公园，筑图书馆，并筑桥以通行人。虽经费不必尽由己出，然能于晦盲否塞之际，力谋公益，以冀开通，不可谓非一时之人杰也"[2]。

《〔民国〕江都县新志》记载了蒋氏创办图书馆的相关活动："建筑图书馆于旧城之墟，并醵资建筑公园，园在图书馆南，成绩斐然，资望益著，因充任甘泉劝学所所长，得遂提倡教育之夙愿。"[3]蒋氏此举本为推动扬州近代图书事业，"扬州第一图书馆及教育会劝学所均设于华瀛公社内，兹以地狭人稠，特于小东门北首将已毁城墙基地筑造大屋一所，并跨河建桥一座，迁华瀛公社于内，以便推广办理"[4]。时人对此有诗云："蒋桥通过小秦淮，轩敞洋楼傍水涯。愿取图书千万卷，曹仓郇架任安排。"[5]

由于经费匮乏，扬州第一图书馆仅成为扬州教育会的办公场所，清末时只是徒有虚表，没有能够真正藏书。"公园、图书馆俱在扬城小东门北。清末就城址建公园，房屋称是。主其事者市茶取利，为修葺之助。夏秋之交，往纳凉者，实繁有徒。图书馆则空楼独立，仅为劝学所、教育会、款产经理处办公地，及公益会议之场而已。"[6]时人对此感慨不已，"光宣之际，新学蜂起，甘泉蒋绍籛以藏书为号召，遂于旧城基址创建藏书楼；其时虽藏书无多，亦足以开通风气，惜无人继起扩而充之"[7]。这在《扬州竹枝词》中有明确反映：

［１］ 杜召堂著，蒋孝达、顾一平点校：《惜余春轶事》，广陵书社 2005 年版，第 15 页。

［２］ 汤寅臣：《广陵私乘·蒋一夔事略》，文富堂 1918 年版。

［３］ 陈肇燊修、陈懋森纂：《〔民国〕江都县新志》卷七《人物传第二》，《中国地方志集成·江苏府县志辑》第 67 册，第 863 页。

［４］《华瀛公社迁移（扬州）》，《申报》光绪三十四年十一月初八日（1908 年 12 月 1 日），第 12 版。

［５］ 孔庆镕：《扬州竹枝词》，顾一平辑录，扬州市邗江区党史地方志办公室、扬州市邗江区档案馆编：《扬州竹枝词》，第 265 页。

［６］ 徐谦芳著，蒋孝达、陈文和校点：《扬州风土记略》卷上，第 29 页。

［７］ 董玉书著，蒋孝达、陈文和校点：《芜城怀旧录》补录，第 187 页。

图书教育本相需,今有教育无图书。菁莪多士皆宿学,何必公然读五车。

公园近接图书馆,但有虚名耸众听。几处轩窗尘土积,只今觞咏剩茅亭。[1]

晚清以前,扬州地区经济、社会的繁荣发展,构建起官学与私学相互结合、组织完备、分布广泛的教育体系,扬州教育、科举在国内均处于领先地位,文化氛围浓厚,学术研究精深,图书收藏丰富,涌现出安定、梅花书院为代表的著名教育结构,培养出汪中、焦循、阮元等杰出的学术大家。晚清时期,西学兴起后,扬州创办一批新式学校和图书馆,但受制于经济、社会发展水平,学校以中小学教育为主,图书事业亦不成气候。总体而言,晚清扬州文化教育在国内地位不高、影响有限,尤其是没有创办新型高等学校,致使扬州在高层次人才的教育和培养方面未有建树。

---

[1]　倪澄瀛:《再续扬州竹枝词劫余稿》,顾一平辑录,扬州市邗江区党史地方志办公室、扬州市邗江区档案馆编:《扬州竹枝词》,第293页。